政府経費法精義

碓井光明 著

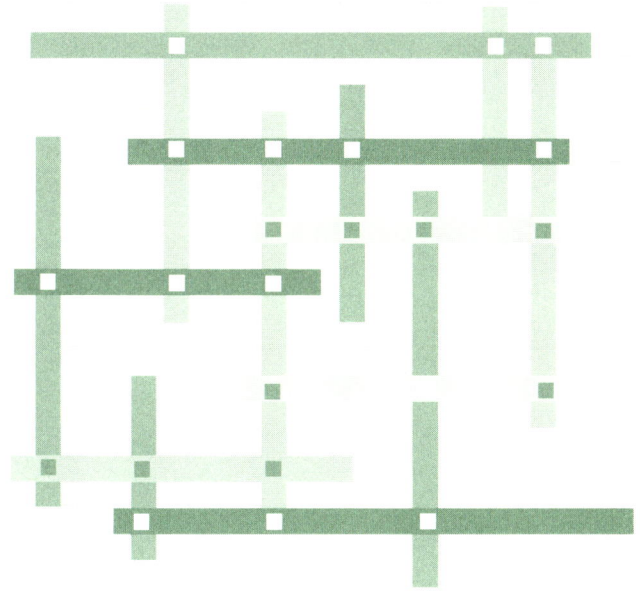

信山社
SHINZANSHA

　　　　　　　は し が き

　国や地方公共団体（本書における「政府」）は，その継続的な活動のために，さまざまな経費支出を要する。民間企業が売上げによって事業経費を賄うのに対して，政府は，主として国民・住民（すなわち人民）の租税負担により経費を賄っている。財源を将来世代の負担に帰する公債収入に頼る場合でも，将来世代の租税負担を要する点において変わるものではない。したがって，政府経費は，国民・住民の租税負担にはね返るのであるから，国民・住民としては，政府経費のあり方に重大な関心を抱かざるを得ないし，政府は，人民の負託に応えて，適正な経費支出に努めなければならない。

　ところが，政府部門の関係者は，租税収入により獲得された公金をもって，あたかも自己の自由にし得る資金であるかのように錯覚して，合理性を欠く経費支出又は違法な経費支出さえもすることになりやすい。それは，「公金の水漏れ」現象といってよい。今から約30年前に，朝日新聞社会部による『公費天国～告発キャンペーンの舞台裏～』と題する書物が人々の注目を集めた（朝日新聞社，昭和54年）。当時，新聞報道により公費天国の言葉が広まったようである。そして，マスコミを含む国民の批判・監視にもかかわらず，公費天国の状況は今日においても依然として存続している。複数の地方公共団体において裏金が造成されていたことなどが判明すると，公費天国の背景には公金のあり方に対する根深い風土がありそうである。それは，「会計処理の形式」を整えることが担当者の「能力」であるとする見方であり，「真実経理原則」を歪めることを当然視する役所内の常識である。国民・住民の常識と役所内・議会内の常識との間には，相当な乖離があるように思われる。

　本書は，このような公金の水漏れを防止することを最大の目的として執筆される，「政府経費に関する法的研究」の書である。本書は，政府を維持するための経費に着目して，政府経費支出の原則や統制の仕組みを総論的に考

察したうえ，給与，旅費，接待・交際などの性質ないし形態に応じて各論的な考察を行なう。行政目的ごとの経費（教育費，社会保障費，国土建設費など）に分解する方法は採用していない。この方針に対する唯一の例外は，「政治と政府経費」（第6章）である。これは，議会内の常識には，国民・住民から理解できないものがあり，かつ，政治に投下される公金のあり方が，国民・住民の政府に対する信頼を維持するうえで極めて重要であり，その信頼度が納税に関するコンプライアンスにも大きく影響すると考えられることによっている。

このような動機によって執筆された本書は，公金の水漏れを防止するために，主要な形態の政府経費の法的検討を行なった本格的著書であり，類書はまったくないものと自負している。総論的な第1章及び第2章においては，政府経費法の基本問題を考察しており，通常ほとんど強く意識されることのない側面にも光を当てている。第3章以下も，これだけ詳しく論じたものはないであろう。もっとも，このように自賛する本書が，真に良書であるのか，またとない悪書（ことに判例の寄せ集めにすぎない悪書）であるのかは，読者の方々のご判断を仰ぐほかはない。

本書は，次のような特色を有している。

第一に，素材として住民訴訟の事案を中心とする判例を網羅的に渉猟して，それらを整理し体系的に考察している。判例がいかに集積しているかは，巻末の判例索引を一瞥するだけでもお分かりいただけると思う。各判決の引用が長文に及んでいるが，要約することによっては伝わらない機微にわたる事柄が多いことによっている。

第二に，ともすれば3面記事的に処理されることの多い政府経費の問題を，法的視点から体系化しようとしている。その意味において法律学的研究である。最少経費最大効果原則などの基本原則，政府経費支出に関する真実経理原則などの，政府経費全体を通ずる原則の発見とともに，給与，旅費，接待・交際等のそれぞれの形態ごとの法原則の発見にも努めている。

第三に，筆者の執筆の姿勢として，政府経費を何が何でも画一的に規制すればよいという考え方にはたっていない。裏金の造成には強く批判している

が，裏金の造成に走る背景，たとえば，サービス残業の存在，会計年度による制約などにも思いを致す必要があると考えている。そして，筆者は，日々献身的に公務の遂行に励んでおられる公務員の方々が，偽の書類の作成などを迫られることなく，安心して公務に専念できることを誰よりも強く願っている者の一人である。真の意味において「公務員の方々を応援する書」のつもりで執筆している。

　本書は，次のような方々にお勧めしたい。

　第一に，政府経費の支出に関する意思決定を日々しておられる公務員，及びその制度のあり方を決定する立場にある政策立案者，政治家である。政務調査費などについては地方議会の議員の方々が襟を正す際の参考にしていただきたい。

　第二に，政府経費の法的問題に遭遇される人々である。特に，住民訴訟の事案に遭遇する原告，被告，訴訟代理人，裁判官等の関係者等に役立てていただけるであろう。そして，本書が広く読まれるようになるならば，違法な公金支出に関与した財務会計職員の損害賠償責任を判断する際の「過失」の認定にも影響するかも知れない。なお，いうまでもないが，不適正支出の叙述などは，決して不適正支出の手口を広める趣旨によるものではない。

　第三に，筆者が最も期待している読者は，特別の職業などにかかわらない主権者・国民の方々である。『政府経費法精義』という書名及び本の体裁が難解なイメージを与え，しかも，中を見ると判例が延々と引用されている。しかし，本書を少しでも読み進めていただけるならば，これぞ現代の行政や政治の実態であることをご理解いただけるものと思う。それは，新しいノンフィクション小説といってもよい内容なのである。この点において，前著の『公共契約法精義』及び『公的資金助成法精義』よりも，一般の方々にお奨めできると思われる。

　本書の刊行にあたり，筆者の研究生活において，ターニング・ポイントを与えてくださった東京都立大学名誉教授・兼子仁先生に対して感謝の意を表したい。

　兼子先生は，先生のリーダーシップの下に学陽書房より刊行された『自治

体法学全集』のうちの自治体財政関係の巻の執筆を筆者に勧められるとともに，そのタイトルを『自治体財政・財務法』とすることをお認めくださった。当時の筆者は租税法を専攻しており，執筆に自信があったわけではない。「財政」も「財務」も同義であり二つの語を並べることの意味は少ないのではないかというような議論もした記憶がある。しかし，その書物において「財務」として執筆した部分が，その後同社より刊行されている筆者の『要説　住民訴訟と自治体財務』につながり，さらに，信山社の本書を含む3冊の「精義」シリーズにつながるものである。その企画に浴することがなければ，これらの後続の研究成果は生まれなかったかも知れないのである。先生は，このようなきっかけを筆者に与えてくださり，しかも，常に筆者を見守っていただいている。いつの日か，先生のご専門である行政法分野の業績により先生の学恩に報いたいと考えている。

　本書を刊行してくださる信山社出版株式会社の関係者には，いくら感謝しても感謝し尽すことはできない。執筆を巧みに激励すると同時に，綿密かつ迅速な編集作業を進めてくださった。同社が，本書の社会的意義を認めてくださり，破格の廉価にて読者に提供くださることにも感謝したい。本書が，これまでの『公共契約法精義』及び『公的資金助成法精義』の2著同様に，多くの読者を得て，関係者の期待に応えることができるならば，筆者としては望外の喜びである。

　本書は筆者の東京大学在職中の最後の著書となるであろう。恵まれた研究環境を与えてくださった東京大学と，さまざまな場面で支えていただいた大学院法学政治学研究科・法学部の先輩教授，同僚教授並びに事務職員の方々に深甚なる謝意を表し，東京大学の益々の発展を祈るものである。

　平成20年1月　　東京大学法学部研究室にて

碓井光明

目　　次

はしがき

主要参考文献等・凡例

第1章　政府経費法への招待 …………………………………………1

　1　政府経費法の意義と範囲 ………………………………………1

　　［1］　政府経費法の意義（1）

　　［2］　政府経費の特質（3）

　2　政府経費を規律する法規範 ……………………………………6

　　［1］　制定法による規律（6）

　　［2］　判例法の重要性（8）

　3　政府経費法の基本原則 …………………………………………10

　　［1］　財政学における経費原則（10）

　　［2］　経費性原則（18）

　　［3］　最少経費最大効果原則（23）

　　［4］　裁量権の逸脱濫用の禁止（41）

　　［5］　説明責任の原則（43）

第2章　政府経費支出の統制 …………………………………………65

　1　法律・条例による統制 …………………………………………65

　　［1］　法律による統制（65）

　　［2］　条例による統制（67）

　2　歳出予算との関係 ………………………………………………68

　　［1］　歳出予算による統制原則（68）

　　［2］　予備費（71）

　3　真実経理原則 ……………………………………………………74

　　　　［1］　真実経理の必要性（74）
　　　　［2］　不正経理（裏金）問題（76）
　　4　政府経費の適正の担保 …………………………………………97
　　　　［1］　内部監査・会計検査・監査委員監査（97）
　　　　［2］　情報公開（102）
　　　　［3］　公益通報の活用（121）
　　　　［4］　住民監査請求・住民訴訟（126）
第3章　給与・報酬，退職手当，福利厚生費，報償費 …………132
　　1　法律主義・条例主義 ……………………………………………132
　　　　［1］　国会議員，裁判官，検察官，国家公務員の歳費・報酬・給与
　　　　　　　等法律主義（132）
　　　　［2］　地方公務員給与等条例主義（135）
　　2　公務員給与等 ……………………………………………………150
　　　　［1］　国家公務員の給与等（150）
　　　　［2］　地方公務員の給与等（155）
　　　　［3］　地方公共団体の委員等の報酬（199）
　　3　退職手当等 ………………………………………………………202
　　　　［1］　国家公務員の退職手当（202）
　　　　［2］　地方公務員の退職手当（205）
　　　　［3］　勧奨退職・退職時特別昇給（211）
　　4　福利厚生費等 ……………………………………………………219
　　　　［1］　公務災害の補償（219）
　　　　［2］　公務員の社会保険料の負担（220）
　　　　［3］　各種給付事業（223）
　　　　［4］　互助組合の活用（228）
　　　　［5］　公務員宿舎・職員住宅（233）
　　5　報　償　費 ………………………………………………………238
　　　　［1］　役務提供の対価としての報償費（238）

［2］　給与等との関係（242）

第4章　旅費・費用弁償 …………………………………………246

1　旅　　費 …………………………………………………………246
　　　［1］　旅費の規律（246）
　　　［2］　公務上の必要性・公務性（252）
　　　［3］　議員の派遣等をめぐる判例（258）
　　　［4］　海外視察等（268）
　　　［5］　旅費の額の算定・相当性（278）
　　　［6］　行政協力者の視察等の実施費用（285）
　　　［7］　留学費用の償還（286）

2　費 用 弁 償 …………………………………………………………291
　　　［1］　地方議会議員に対する費用弁償（291）
　　　［2］　地方議会議員以外の者に対する費用弁償（304）

第5章　接待・交際費，食糧費 ……………………………………306

1　国の接待・交際の費用 ……………………………………………306
　　　［1］　国際社会と国の接待・交際（306）
　　　［2］　皇室の交際等（308）
　　　［3］　省庁の接待・交際費（309）

2　地方公共団体における接待費，懇親会費用 ……………………311
　　　［1］　外部との接待費，懇親会費（311）
　　　［2］　地方公共団体内部の懇親会（324）
　　　［3］　全部違法・一部違法（333）

3　地方公共団体における交際費 ……………………………………342
　　　［1］　交際費の意義・執行基準（342）
　　　［2］　交際費をめぐる裁判例（350）
　　　［3］　記念行事等（359）
　　　［4］　内部者，関係者による会合への出席と交際費の使用（372）
　　　［5］　交際の施設費（377）

第6章　政治と政府経費 …………………………………379

1　政治と政府経費の概要 …………………………………379
[1]　選挙費用（379）
[2]　国会経費・地方議会経費（383）

2　政党交付金等 …………………………………387
[1]　政党交付金（387）
[2]　国会会派立法事務費・国政調査活動費（394）
[3]　国会議員秘書費・議員文書通信交通滞在費（395）

3　地方議会の政務調査費 …………………………………397
[1]　平成 12 年改正前（397）
[2]　平成 12 年改正後の政務調査費（405）
[3]　報告書・使途確認をめぐる問題点（429）

4　議員の歳費・報酬・年金負担 …………………………………439
[1]　国会議員の歳費・地方議会議員報酬等（439）
[2]　議員年金（443）

第7章　政府経費の外延 …………………………………447

1　政府経費の性質論 …………………………………447
[1]　政府経費の多様性（447）
[2]　マイナスの経費に関する問題性（448）

2　紛争解決のための政府経費 …………………………………450
[1]　政府経費としての損害賠償（450）
[2]　損失補償等（463）

終　章　政府経費法の将来 …………………………………470
――あとがきに代えて――
[1]　政府経費の規律の限界（470）
[2]　裁量・「社会通念」の有用性と限界（471）
[3]　政府経費の規範定立と批判可能性の確保（474）
[4]　政府経費の財源は国民・住民のもの（475）

事項索引
判例索引

主要参考文献等・凡例

（ゴシックにより引用）

〈参考文献〉

松本英昭『新版　逐条**地方自治法**第 4 次改訂版』（学陽書房，平成 19 年）

碓井光明『**公的資金助成法精義**』（信山社，平成 19 年）

橋本勇『新版　逐条**地方公務員法**第 1 次改訂版』（学陽書房，平成 18 年）

旅費法令研究会編『**旅費法詳解**（第 6 次改訂版）』（学陽書房，平成 18 年）

退職手当制度研究会編『**公務員の退職手当法詳解**第 4 次改訂版』（学陽書房，平成 18 年）

碓井光明『**公共契約法精義**』（信山社，平成 17 年）

碓井光明『要説　**住民訴訟と自治体財務**〔改訂版〕』（学陽書房，平成 14 年）

〈法令の引用〉（略称引用のもの）

地方自治法

地方自治法施行令

〈判例集の引用〉（略称引用のもの等）

最高裁判所**民事判例集**

行政事件裁判例集

判例集未登載　主として最高裁判所ホームページ掲載のものであるが，例外的に市民オンブズマンのホームページ等によるものがある。

（なお，判例は，一般の方式のように「判決」を「判」と表示することなく，単に裁判所名の意味で「最高裁」，「東京高裁」のように表記し，「決定」の場合のみ，その旨を記している。）

第1章　政府経費法への招待

1　政府経費法の意義と範囲

［1］　政府経費法の意義

政府経費法とは　法律学において「政府経費法」という言葉が用いられることは，これまでほとんどなかったといってよい。しかし，その意味は，文字通りに「政府経費」に関する法すなわち「政府部門の経費」に関する法の領域を意味するはずである（広義の政府経費法）。ここに「政府部門」とは，とりあえず国及び地方公共団体を指すこととする。したがって，国と密接な関係にある独立行政法人，国立大学法人，及び現在改革が進行中の特殊法人並びに地方公共団体と密接な関係にある地方独立行政法人，地方公社等は含めないことにする。その理由は，単純化のためであって，これらの法人の経費に関する法的研究の必要性を否定するものではない。

筆者が政府経費法を研究しようとする動機は，何といっても経費であると称して世間常識から見るときに不当と思われる支出が頻繁に報じられること，それが納税に関する納税者のコンプライアンスに深刻な影響を与えると危惧していることにある。さらに，もしも政府経費法の厳格な執行及び改善すべき点を改善するならば，慢性的赤字財政を少しでも減らし，あるいは脱却できるという思いもある。

政府経費法は，経費を支弁するために公金の支出がなされる点において，政府部門の「公金の支出に関する法」の一領域である。ただし，これまでの会計法（地方公共団体にあっては自治法等）における公金支出に関する法の扱いが，その手続の統制に関する法を中心とする「会計経理の手続法」を中心に扱われてきたのに対して[1]，本書における政府経費法は，むしろ政府経費の内容ないし実体に係る法規範，すなわち「政府経費実体法」に重点を置く観念として用いられている。筆者も，手続法を軽視するつもりはないが，手

続の外観を整えることを重視して、その中身を問わない姿勢がしばしば見られることに大いに不満を感じてきたのである。

政府経費実体法は、これまでどのような状況に置かれていたのであろうか。

政府経費の大きな部分を占める人件費は、公務員関係の法律（国家公務員法、地方公務員法等）、給与等に関する諸法律（一般職の職員の給与に関する法律、特別職の職員の給与に関する法律、裁判官の報酬等に関する法律、検察官の報酬等に関する法律）等により規律されてきた。地方公務員に関しては、直接には条例の定めるところによっている。また、政府経費のうち支出原因となる契約によるものは、契約の「対価」の問題である[2]。それは、筆者が研究してきた「公共契約法」の中で扱った事柄である[3]。政府部門がその施策を実施するために補助金・交付金等が活用されているが、これについても「公的資金助成法」というくくり方で研究したことがある[4]。また、政府経費のなかで、今日社会保障目的の支出が極めて重要であり、そのウエイトも高いが、これらは、主として、社会保障法学が、「社会保障給付に関する法」として研究の対象にしている。社会保障に関する研究歴の乏しい筆者には、その研究に加わる時間も能力もない。

こうした状況において、「政府経費法」ないし「政府経費」の範囲をどのように画するのか、大いに迷うところがある。また、範囲を画することに意味があるのかも問われるであろう。

本書の「政府経費」法の範囲　そこで、本書は、「政府経費」法のすべてを対象にするのではなく、そのうち「政府部門の活動のために通常の活動をしていくのに必要な経費」（通常の政府経費）を、主として給与、接待・交際等の性質別に法的に考察することにしたい。したがって、各個別行政分野の

1　杉村章三郎『財政法［新版］』（有斐閣、昭和57年）は、「会計経理法」の編において「支出の手続」を扱っている（198頁）。

2　ただし、契約を装って、実際には他の支出を行なおうとする場合がある。たとえば、福岡地裁平成13・11・8判例タイムズ1091号231頁は、市内の自治区長により構成される連合会に研修委託したという名目で、実質は旅行費用に公金を支出する名目を与えるためであったと判断した。

3　碓井・公共契約法精義375頁以下。

4　碓井・公的資金助成法精義。

経費（たとえば，教育，社会保障，国土建設など）に着目した法の検討は行なわない。性質に着目するので，教育経費であっても，その人件費に関する規制については取り上げるし，また，個別行政分野の経費についても，総論としての最少経費最大効果原則や説明責任（透明性）原則との関係においては共通に扱うことにする。なお，こうした方針に立ちながらも「政治と政府経費」は，やや個別分野に立ち入っている。不透明な経費を統制したいという本書執筆の動機から，敢えて独立の章にして扱うことにしている。

筆者がこれまでに研究し発表した，「公共契約」のうちの支出原因契約の対価や「公的資金助成」のための支出も経費であることには変わりないが，便宜上本書の対象外としておく。それらが余りに大きな領域を形成していることによるものであって，必ずしも体系によるものではない。もっとも，政府部門の業務の民間委託は，それによる「政府経費の内容の転換」の問題として，簡単ながら検討を加えることにしたい（本書36頁以下を参照）。

かくて，「政府経費法」の出発点である「政府経費」は，極めてあいまいなものである。にもかかわらず，次に述べるような事情により法的研究の必要な領域であることは疑いない。

[2] 政府経費の特質

個人の生活上の支出との比較＝「人民による負託」　　人が生きていくには，衣食住のための支出はもとより，子の養育・教育，医療・介護などの不可避な支出，さらには，教養，娯楽のような選択的支出など，多様な支出がなされる。そのような支出は，支出自体が犯罪行為となる場合（贈賄，公職の選挙による買収・供応など）や公序良俗に反するものを除いて，禁止されることは少ないといってよい。個人の生活上の支出については，法的に（私法上又は特別の法律により）義務づけられるものがあるのは当然であるが，義務的なものを超えて支出することは，原則として個人個人の選択に委ねられている。これに対して，政府部門は，そのような支出に関する自由を有しているわけではない。政府部門を構成する各機関は，国民，住民の負託を受けて活動するのであって，経費についても，国民，住民の負託に応えることが要請される（人民による負託）。そのために法による規律が必要とされ，実際に

も規律がなされている。もっとも，政府経費のすべてについて個別に金額等を法律や条例により定めることは不可能であり，また適切でもない。後に述べるように，予算執行権を有する機関の裁量権が強調されるのも，「生きた政府」としての活力を維持するためにやむを得ないことといわなければならない。しかし，このような裁量権を過度に強調することによって，現に存在する経費を規律する法規範を軽視し，あるいは「法規範の発見」を怠ることのないようにしなければならない。

民間の事業経費との比較　法人や個人が事業を営む場合には，当然のことながら事業を遂行するために経費を要する。その場合の事業経費（business expense）については，特別の法律の規制がない場合は，売上げから経費を差し引いた利益を最大限に確保することが望ましい。法人の場合には，実際に経営する経営者は会社法の規律を受けて株主の利益となるように行動しなければならないのであるが，その場合に，たとえ経費をかけたとしても，その経費がそれ以上の売上げに貢献する限りにおいて法的に非難されることはない。株主の利益になる経営判断こそが歓迎されるのが普通である[5]。政府部門も，「国民，住民の福祉を増大させるというリターン」が認められる限りにおいて経費を投入することが許されるという論理は可能である。たとえば，補助金交付の公益上の必要性が肯定されるかという場面において，リターンに着目した議論がなされることはよく知られている。しかし，リターンの点は，主として政策決定，歳出予算成立までの段階（事前の合意形成段階）の議論であって，その執行段階においては成立した歳出予算の範囲内で執行できるにすぎない。すなわち，「歳出予算による限度額の授権」という点において企業の経費と大きく異なっている[6]。

　会社の場合には，利益を目指すと同時に資本を食いつぶさないようにしなければならない。経費についても，取締役の忠実義務（会社法355条）の包括的な統制の下にあるといえる。政府部門も，国民・住民の負託を受けてい

---

[5]　ただし，法人税法や所得税法が，損金算入又は必要経費算入について制限を加えている場合があるので，そのことをも考慮に入れた事業遂行の判断がなされるであろう。

[6]　ただし，政府部門にあっても，収入の増加に伴い経費の増加するような分野に関して，いわゆる弾力条項によって，弾力的な経費支出が容認されている。

るものであり，その無駄な経費支出に対する国民・住民の強い警戒感がある。憲法15条2項は，公務員は全体の奉仕者であることを宣言し，国家公務員法96条1項も，職員は国民全体の奉仕者として公共の利益のために勤務することを求めている。しかし，抽象的に全体の奉仕者，あるいは政府部門の機関の忠実義務を語るのみでは，実効ある政府経費支出の統制を期待することができない。「国民・住民のために経費支出を監視・統制する必要性」が大きく，そのための法規範を必要とする。そして，監視・統制のための法規範として，一般の公金支出手続に関する規範のみならず，実体的に内容を統制する規範が必要である。たとえば，公務員の給与について法律や条例で定めているのは，給与を国民・住民の意思決定によることとし，かつ，恣意的な給付（お手盛り）を抑制しようとするものである。

投資的経費（資本的支出）と消費的経費　政府経費について，その性質により投資的経費（資本的支出）と消費的経費とに分けることができる。投資的経費（資本的支出）[7]は，その経費の支出の効果が当該年度を越えて一定の期間に及ぶものである。これに対して，消費的経費は，経費の支出の効果が当該年度内で消滅する性質の経費である。資本が形成されることはよいように受け止められやすいが，国民・住民にとって有益な資本でなければならず，無用の長物と化すようなものを資本形成と称して促進することのないよう警戒する必要がある。ことに，投資的経費（資本的支出）に充てる経費の財源は公債に求めてもよいという考え方（建設公債原則。財政法4条1項但し書き，地方財政法5条但し書き）の下において，公債の増発を招きやすいことにも注意しなければならない。

ところで，消費的経費といっても，必ずしも完全に当該年度限りで効果が消滅するとは限らない。たとえば，消耗品で購入した法令集が実際には何年にもわたり執務上利用されることもある。そこで，当該年度を越えて使用さ

---

[7] 出資としての資金の拠出が消費的経費でないことは認められるが，さらに「経費」と呼ぶことができるかどうかについては議論があろう。「投資そのものであるから経費ではない」と考えることが可能であるが，地方公共団体による出資などは，投資活動というよりは行政目的達成手段としてなされるものがほとんどであるから，「経費」に含めることも許されよう。

れる物品にはすべて備品番号等を付して管理を徹底しなければならないものであるのかが問題になる。物品管理法36条は，物品管理官，物品出納官及び物品供用官は，政令で定めるところにより，帳簿を備え，これに必要な事項を記載し又は記録しなければならないとしている。そして，その委任を受けた同法施行令42条は，物品管理簿，物品出納簿又は物品供用簿を備えて，それぞれの職務に応じ，その管理する物品についての異動を記録しなければならないとしている。しかし，すべての物品について，この手続を要求することは適当でないという考え方から，但し書きを設けて，「財務大臣が指定する場合は，この限りでない」とし，「物品管理法等の実施について」（昭和40・4・1各省各庁の長宛の大蔵大臣通達）は，「取得後比較的すみやかに供用することを通例とする生鮮食料品，修繕用部品，薬品，新聞その他の定期刊行物等の物品で保存を目的としないもの」を指定している。執務の停滞を招かないように配慮する必要があるという考え方によるといえよう。

2　政府経費を規律する法規範

[1]　制定法による規律

国の規範　　国の政府経費を規律する通則的規範は，極めて少ない。財政法を開いても，国の経費を直接に規律する条項を見出すことはできない[8]。強いていえば，憲法89条を挙げることができる程度である。なぜ，国に関する規範が少ないのか，その理由を探究することは，簡単なようでありながら，実際は難しい。そのようなことの研究自体が乏しいからである。強いて推測するならば，国の経費は，毎年度の予算審議により国会の統制の下にあるので，それ以上の規範を設ける必要はないとする見方によるのかも知れない。

ただし，停止中の法律ではあるが，「財政構造改革の推進に関する特別措置法」は，政府経費の縮減，特に量的縮減目標を定めるなど，政府経費の縮

8　財政法9条が「国の財産」について，その処分，管理・運用の基本原則を定めているのと対照的である。

減を図ることにより財政の健全化を図ろうとする法律であった。社会保障，公共投資，文教，防衛，政府開発援助，農林水産，科学技術，エネルギー対策，人件費を掲げ，かつ，補助金に関しても，見直しや縮減を定めている。たとえ，停止中であっても，なお当然実現に努めることが望ましい規範も存在する。たとえば，補助金等に関して，次のように定めている。

> 「国は，経済社会情勢の変化，行政の各分野における国及び地方公共団体と民間との役割分担の在り方並びに行政の各分野における国と地方公共団体との役割分担の在り方を踏まえ，すべての分野において，国の補助金，負担金，交付金（国以外の者が実施する特定の事業等に要する費用の財源の配付を目的として国が交付する給付金をいう。）補給金（国以外の者が事業等を実施するための経費について不足を生ずる場合にその不足を補うために国が交付する給付金をいう。），委託費（国の事業を国以外の者に委託する場合に国が交付する給付金をいう。）その他相当の反対給付を受けないで国が交付する給付金であって政令で定めるもの（以下「補助金等」という。）に関する見直しを行うものとする。」

通則的規範と別に，公務員の人件費，選挙経費，国会議員に対する給付金など，個別分野の経費について規定する法律は多い。それらを「政府経費法」の視点からどのように観察できるのか，また，観察することにいかなる意味があるのか，常に問いかけられるであろう。

地方公共団体の規範　地方公共団体に関しては，自治法及び地方財政法に通則的規定が存在する。

まず，自治法は，最少経費最大効果原則を定める2条14項のほか，経費支弁を定める232条，寄附又は補助につき定める232条の2が存在する。また，地方財政法は，予算の編成について，「法令に定めるところに従い，且つ，合理的な基準によりその経費を算定し，これを予算に計上しなければならない」（3条1項）とするとともに，その執行についても，「地方公共団体の経費は，その目的を達成するための必要且つ最少の限度をこえて，これを支出してはならない」（4条1項）としている。

個別分野の規制法律があることは，国の場合と同様である。なお，地方公共団体の経費を間接的に統制する結果をもたらす法律として，「地方公共団

体の財政の健全化に関する法律」（平成19年法律第94号）が制定されている。同法は，地方財政再建促進特別措置法に代わる新たな「財政再生」等を定めるものであるが，健全化判断比率の公表等（3条）を通じて，財政運営に対する批判可能性を確保し，地方公共団体の経費の節減を迫る効果を期待している。「財政の早期健全化」措置（第2章）及び「財政の再生」措置（第3章）が経費の圧縮に繋がることはいうまでもない。

［2］　判例法の重要性

制定法主義の限界と判例法の重要性　　政府経費を実体的に統制する規範を制定法で網羅的に用意することは，おそらく不可能である。あるいは，実体的に統制する制定法は，ある程度抽象的なものにならざるを得ない。しかも，政府経費実体法に関する通則的な制定法規範は少ない。そこで，判例により形成される規範が，実際上極めて重要な役割を果たしている。公的資金助成法に関する公共目的原則，自治法に即していえば「公益上必要がある」（232条の2）の要件を具体化する膨大な裁判例が見られる。本書の対象とする狭義の政府経費についても，制定法の定めを根拠にしつつも，判決の示す判断基準が重要な役割を果たすものといえよう。公共目的原則は，狭義の政府経費法にも等しく妥当する。

　そして，さまざまな経費の適否を判断する際の判断尺度として，判例において「社会通念」の観念が用いられている。たとえば，公費による接待についての例を挙げておこう。最高裁昭和63・11・25（判例時報1298号109頁）は，市が県当局者との意見調整をした機会に行なわれたもので社会通念上相当な範囲内にとどまるものであってそのための交際費支出が違法とはいえないとした原審の判断は正当として是認できるとした。また，最高裁平成元・9・5（判例時報1337号43頁）は，次のように述べた。

　　「普通地方公共団体の長又はその他の執行機関が，当該普通地方公共団体の事務を遂行し対外的折衝等を行う過程において，社会通念上儀礼の範囲にとどまる程度の接遇を行うことは，当該普通地方公共団体も社会的実体を有するものとして活動している以上，右事務に随伴するものとして，許容されるものというべきであるが，それが公的存在である普

通地方公共団体により行われるものであることに思いを致すと，対外的折衝等をする際に行われた接遇であっても，それが社会通念上儀礼の範囲を逸脱したものである場合に，右接遇は当該普通地方公共団体の事務に当然伴うものとはいえず，これに要した費用を公金により支出することは許されないものというべきである。」

このように頻繁に用いられる「社会通念」が真に客観性ないし説得力をもつ尺度であるのかについては，慎重な検討が必要である。あらかじめ結論を決めておいて，それを正当な結論であるように見せかけるための修飾語にすぎないとする批判も不可能ではない。しかしながら，そのような批判があっても，社会通念の観念を用いて適法・違法の振り分けがなされていることは事実である。しかも，社会通念は，人々の生活状況，民間企業の状況などを含む社会経済状況の変化に応じて変遷する可能性をもっている。ある公共の支出が過去のある時点において社会通念に照らして許容されると判断されたとしても，現在，あるいは将来も同じ結論になるとは限らないことに注意する必要がある。

社会通念をはじめとする統制は，裁判において何らかの制定法に結合させて形成されるものであるから，言葉の本来の意味の「判例法」と呼ぶことには異論もありうるであろうが，制定法の内容が必ずしも明確でないことを考えると，「判例法」と呼ぶことも許されると思われる。

住民訴訟判例の役割　　政府経費の統制に大きく貢献してきたのが住民訴訟である。国に関して，同様の訴訟形態がないために，国の経費支出が訴訟において扱われることが稀であり，したがって国の経費に関する直接の判例は登場しにくいので，住民訴訟判例が，間接的に国の経費支出の判断にも影響を与える。住民訴訟の判例は，その意味において，国の政府経費法としても妥当するものが少なくない。たとえば，公金を用いて接待目的の支出をする場合を統制する規範に関しては，住民訴訟の判例を援用することができるであろう。後にも述べるように，予算執行権を有する者の第一次的な裁量を認めつつ，裁量権の逸脱濫用のある場合に限って違法とする処理が広範囲に定着しつつある。

3　政府経費法の基本原則

[1]　財政学における経費原則

田中穂積による国家歳出の原則　明治期の書物から，田中穂積の「国家歳出の原則」に関する考え方を拾い出してみよう[9]。歳出に関する原則として，8個の原則があるとしている。あまりに多くの原則ではあるが，今日における政府経費の議論にも役立つところがあるので，まず，そのすべてを概観しておく。以下の，表題は，筆者が意味を読み取って付したものである。

①経済的使用（＝歳出の結果が必ず国民の利益幸福を増進させるとともに，少額の支出によりなるべく多くの効果を収めなければならない。支出に対して満足な効果を収めることができるかどうかを考査し，少ない歳出額で多くの結果を収めるよう図るべきである）

この原則は，今日いわれる最少経費最大効果原則といえよう。

②国民一般への効果・利益（＝国家権力をもって人民全体から租税を徴収して歳出に充てるのであるから，国民全体の幸福利益を増進するために用いなければならない。ある一部の地方の人民，ある階級のみが独占してはならない）

この原則を述べるにあたり，地方の事業に対する特別の補助に関しては慎重な議論を展開している。すなわち，元来国家は各地方の集合体として地方は国家の一部分なのであるから，地方の状態若しくは事業の性質によってある場合に国家は補助しなければならないが，補助の目的は消極的であるべきで，積極的に他の一般地方より特殊な恩恵利益を一地方に下すような歳出をしてはならないと述べている。また，会社に対する補助・奨励金については，最終の利益が国民全体に及ぶのであれば強いて排斥されるものではないと述べている。

③国家の目的との一致（＝「国家本然の職務」（国家のみに許されるもの，国家でなければなし得ないもの，国家のなすことが好ましいもの）及び「国家当然の事業」（事業の性質からみて私人に放任してよいものであっても補助すれば大い

9　田中穂積『財政学』（明法堂，明治31年）42頁以下。

に公益を増加する事業）に充てる）

　この議論の展開に当たって，「歳出善視論者」と「歳出悪視論者」とを対比させて，いずれかの極端に陥ることを戒めている点が注目される。
　④比較的最緊急なるものの優先（＝必要欠くべからざる費用であっても，各種歳出費目を比較対照し国家の現状に照らし最も緊急の費目から支出すべきである）
　この一般論は，誰もが承認するであろうが，優先順位の付け方について国民の合意を形成することが課題であるといわなければならない。
　⑤生産力の不阻害（＝国家歳出の増加については国民の富力の状況に着目することが緊要である）
　歳出の財源が租税であることに鑑みて，国民の富力に応じていないと経済の進歩を阻害し国力を弱体化させることになるという警告である。
　⑥極端な歳出節約の弊害（＝歳出の節減のみを固守すると行政運営を阻害し国家を萎縮衰退させるので，国家目的を達成できないような歳出の削減をしてはならない）
　官吏の俸給についても，優秀な者を確保して政務を活発にするには相当の高給とすべきであって，歳出の節減ばかりを図るときは，事務の停滞等を招き種々の弊害を生ずると指摘している。
　⑦国内支払の志向（＝歳出の目的を害さない限り，なるべく国内において支払うことが経済上重要である）
　これは，国内産業のために，調達は，品質を充たすならば国内事業者からなすことが望ましいというものである。なお，国内のうち，国家歳出が中央都市においてなされ地方に落ちるものが僅少である傾向をもつことは，経済の発展を局部に偏らせ全体的発展を阻害させるとして，財政上注意しなければならないとしている。これらは，公共調達のあり方についての議論である。
　⑧特別の機関による厳重な監督（＝巨額の歳出を厳重に監督しなければならない）
　「立法監督」，「行政監督」及び「司法監督」を挙げている。これらのうち，司法監督に注目しておきたい。司法監督とは，政府が予算の施行上において正確に遵守したか，官吏に不正な行為がなかったかどうかを局外より公平に

審判し，その結果を議会に報告するもので，歳出歳入の正確を保つために必要欠くべからざるものである，と述べている。必ずしも裁判所と述べているわけではないが，立法部や行政部から独立した機関でなければならないことが強調されている。

以上紹介したことのすべてを，政府経費法の原則として用いることができるわけではない。しかし，どのような見方があるかを教えてくれることは否定できない。

その後の議論　次に，大正期の文献を見ると，小林丑三郎は，ドイツ財政学を参照しつつ，「経費は政務に対する生産費に類し政務は経費に依りて生産せらるる無形財に当るべし」としたうえ，次のような原則を掲げた[10]。

第一に，節約の原則を掲げている。この原則は，目的の如何に関係なくいたずらに経費の金額を低減することを要求するものではなく，同一の効果を挙げようとするに当って，複数の経費の方法がある場合には，なるべく経費の少ない方法によるべきである，という意味であると説いた。

第二に，経費の実行は，目的との関係においてその効果をなるべく大きくするようにする必要があるとする。

第三に，経費は，国民の富力と相伴うべきであると主張する。ただし，必ずしも現在の国民所得又は富力との関係にのみ着目すべきではなく，将来の富力の増進を予期して相当多額の経費を計画することも差し支えないとしている。公債容認論ということになろう。

第四に，経費の分配は，社会及び文化政策に厚くする必要がある，とする。これは，「文化的国家」観に基づく主張である。

第五に，「経費の散布」は，普遍的でなければならないと主張する。これは，公共の収入が全国民一般から徴収されるのに対応して，経費の散布，すなわち配分は，一地方又は数地方のみに偏してはならない，という意味である。

また，昭和初期において，神戸正雄は，次のような議論を展開した[11]。ま

10　小林丑三郎『財政学評論』（明治大学出版部，大正12年）85頁以下。
11　神戸正雄『財政学大系』（弘文堂書房，昭和4年）113頁‐118頁。

ず，経費にも歳入にもその他のものにも共通して最高の指導原則として，「国家公共の全体の利益に最適切なるが如くに之を定むべし」という原則が考えられるとしていた。そして，この指導原則の下に，以下の経費に関する3原則を挙げた。

　第一は，財政的原則としての「節約の原則」である。すなわち，財政も，一の個別経済として，私経済と斉しく節約が肝要であるというばかりでなく，特に財政の経費に充てられる資料（資金＝筆者注）は，大部分が人民大衆の所得から出されたもので，その関係する利害が私経済の場合の単に1個人のみに関するのと比してはるかに重大であるからという点にあるとした。人々の負担による財源を用いることに着目した節約の原則というわけである。いわゆる経費膨張法則を安易に肯定してはならないが，その傾向が強いだけに，節約の原則をいかに強調しても強調しすぎることはない。

　第二は，「政治的原則」である。経費は政治的に必要なるものに限られるという原則である。これは，二つの側面，すなわち，経費は，統治団体のみがなしうるか少なくとも最もよくなしうる公共事務に充てられなければならないこと（私人不可為の原則），及び，一地方・一階級・一個人を利するのではなく国家公共の全体を利する経費でなければならないこと（一般的利益原則）が求められるとした。もっとも，公共事務の範囲は所により異なり，また時とともに変化することを認めていた。

　第三は，「経済的原則」である。これは，経費が経済的に有益なものであることを要するとする原則である。これには，二つの内容がある。一つは，経費が再生産的なものであること（再生産の原則），もう一つは，経費は国民経済又は団体員の経済の発達を阻害しないこと（経済発達不阻害原則）である。ただし，前者は，経費が直接かつ有形的に生産的働きをなすことを期することではなく，むしろ間接の有形無形生産に関することが大で，それが国家公共の全体の利益に役立ち，その存立発達に貢献するか否かによって判断する必要がある。

　若干のコメント　　以上が，目にした若干の書物に見られる見解である。このような考え方がどれだけ定着していたといえるのかは，ここでは確認し得ない[12]。しかし，経費原則を語ろうとするこのような努力がなされていた

事実こそが興味深い[13]。何点かコメントしておきたい。

第一に，田中と神戸及び小川郷太郎＝汐見三郎（以下，「神戸ら」という）との間において注意しておきたいのは，神戸らが「節約の原則」を唱えるのに対して，田中は，「極端な歳出節約の弊害」を説いていることである。田中にあっても，節約の原則を否定するものではなく，極端な節約を弊害があるとするのであるから，これらの考え方が対立するとみる必要はないであろう。そして，節約の原則を基調としつつも，たとえば有効需要の創出のためには財政支出を積極的に行なうべきであるとするケインズ的主張も成り立たないわけではない。小林の見解には，そのような趣旨が見られる。地方公共団体においても，地域の活性化のために積極的施策を展開すべきであると主張されることがある。節約と積極的施策展開による財政支出を行なうこととは決して矛盾するものではない。

次に注目すべきは，節約の原則を主張する際に，小林が，特に目的との関係における効果を重視していることである。その際に「目的」を設定することは政治的意思決定にほかならないが，当然のことながら，今日の日本に即して言えば，日本国憲法がどのような国家を目指しているのかを踏まえて，その範囲内における政治的決定の問題である。そして難しいのは，小林が述べたように，国家の経費は主として間接的な生産的経費であって，その「効果」を直接に測定できるものが少ないことである。たとえば，道路の建設に

12　小川郷太郎＝汐見三郎『財政学』（有斐閣，昭和9年第3版）120頁以下も，政治的原則，財政的原則（経済主義，収支の均衡），経済的原則の3原則を挙げている。

13　別の例として，牧野輝智『財政概論』（日本評論社，昭和10年）135頁以下においては，「政治上の原則」として，個人又は私団体の力によっては絶対になすことのできないものは国家がなさなければならないこと，個人又は私団体に任せることのできないものは国家がその公務としてなすべきこと，個人又は私団体がなすことを欲しないものは国家又は公共団体がなさなければならないこと，「財政上の原則」として，経費を十分有効に使用するという経済主義（最少の労費をもって最大の結果を挙げること）及び収支均衡の原則，「経済上の原則」として，経費は経済界に好結果をもたらすように使用しなければならないこと，国民経済との調和を考慮して支出する必要があること，「社会上の原則」として，社会的公正の要求に応ずるために経費を支出する必要があること，をそれぞれ挙げている。

充てる経費の「効果」をどのような段階で測定するかが問題である。特に最終的効果になればなるほど困難になる。この点は，民間企業において，利益という効果（成果）によって測定できるのと大きな違いがある。

　第二に，経費が，一地方，一階級に偏ってはならないことは，田中の②，小林のいう経費散布の普遍性，神戸のいう一般的利益原則として，ほぼ共通している。しかし，このような見解に対して，牧野輝智による，次のような主張なされたことにも注意しなければならない[14]。牧野は，経費の「社会上の原則」とは，経費を「社会的公正と一致せしめる事」とし，従来語られていた均衡普遍の考え方に納得できないとした。すなわち，経費が一地方のみの利益に限られることがあっても，そのことが社会的公正に一致するならば社会上の原則に適合する（たとえば，ある地方の凶作に対し国が救済するため当該地方の利益のために支出した場合に，均衡普遍の原則に反するように見えるが社会的公正に一致する）。また，社会のある階級のみを利益するかのような経費も，それが社会的公正に合致するならば社会上の原則に適合する[15]。牧野は，現代財政の一つは，社会的原則に従った経費が著しく増加しつつあることである，と認識していた。今日においても，このような考え方が通用しそうであるが，微視的に一地方，一階層の利益のためにする経費の支出がなされること（重点的経費支出）を肯定しつつ，そのような重点的経費支出が一貫して普遍的に実施されること（一貫性）とは矛盾しないばかりでなく，重要な経費原則というべきであろう。今日，大災害や企業の違法行為により一定地域の住民や消費者が深刻な損害や健康被害を被ったときに，政府が個別対応しようとする際に，必ず登場するのが普遍性原則に反するという問題提起である。しかし，微視的な重点的経費支出の側面にのみ振り回されて，一貫性原則に基づく制度設計を怠るならば，そのことの方が責められるべきであろう。問題は，一貫性原則に立ちつつ制度設計を行なうための原則は，

14　牧野輝智・前掲書142頁‐144頁。

15　一階級のみを利する経費であっても，それが庶民階級の窮状打開，生活改善，幸福増進のためであり，その財源とするために有産階級に新たなる負担を課するようなことがあっても，却って社会的公正に一致することとなる，と述べていた（牧野輝智・前掲書144頁）。

牧野によれば「社会的公正」ということになるが，それ自体に関する国民的合意の形成が容易でないことにある。

ところで，先に紹介したような経費原則は，今日の財政学の書物においては，ほとんど目にすることができない。この点は，租税原則などと対照的である。

しかも，経費に関する実質的原則を打ち立てることは，ある国家任務の重要性の程度，それに応じてどの程度の規模の経費とするかについて見解の一致をみることが困難である以上，不可能であるといわれている[16]。

以上述べてきた経費原則は，歳出予算編成の方針設定において具体化される。それを拘束する規範は，通常は存在しない。しかし，すでに述べたように，平成9年12月には，「財政構造改革の推進に関する特別措置法」を制定して，平成10年度からの財政運営について縛りをかけようとした。しかし，景気を悪化させてはならないことから，平成10年12月に施行を停止する法律が制定されて，今日に至っている。目下は，停止状態にあるが，法律による財政構造改革の推進という手法は，今後再び登場する可能性を秘めているように思われる。

経費膨張等への警戒の必要性　経費原則とは別に，政府経費は一定の方向に向かう必然性を備えている。その典型は，「経費膨張法則」である。また，官僚組織の故に，「既得経費存続」の傾向をもちやすい。大内兵衛は，かつて，「現実行政においては予算に盛り上げられた金額はその行政機関のもつ目的，その予算の款項がもつ目的を達するための手段としてのみ現はれるのであって，この経済価値の本質やその社会性は問題とならない」とし，このような状況が制度を化石せしめ，「予算の分科固定」の原因となると指摘し

16　参照，松野賢吾『改訂　財政学原理』（千倉書房，昭和55年9版）75頁以下。井手文雄『新稿　近代財政学［改訂版］』（税務経理協会，昭和42年）256頁以下も，それまでの通説的な経費原則として，政治的原則，財政的原則，国民経済的原則及び社会的原則を紹介したうえ，それらは，形式的抽象的であって無内容であると述べ，これらのうちの政治的原則，財政の原則及び社会の原則は，本質的に「経費技術原則」であって，これらの課題は，すべて国民経済の原則すなわち経費政策原則たる生産原則の角度から決定されてきたとしている。

た。その結果，デモクラチックな予算が，事実はしばしば反社会的なことが起こるというのである[17]。

　国民・住民は，経費膨張や既得経費存続の傾向があることに対して，常に警戒しなければならない。このような傾向に対して点検する作業を根本から行なうことは困難を伴うことが多い。そこで，国についていえば，予算編成におけるシーリング及び各省の歳出予算の規模を絞ったうえで省内部におけるやりくりを求める方法が採用されることが多い[18]。スクラップ・アンド・ビルドと呼ばれるのも，その一方法である。このような方法に一定の意味があることは疑いないが，真に必要な経費を削減するならば，それを捻出するために裏金を造成することも起こりやすい。さらに，歳出予算編成において，ある政策分野を充実させる方針が固まると，官僚組織は，その政策にリンクさせた予算要求を行ない，しばしば実体を伴わない水増し要求が歳出予算として承認されてしまうという問題もある。

　ともあれ，歳出削減への努力は，法律自体というよりは，いわゆる行政改革の一環としての方針決定を通じて実行に移されることが多い。国においては，毎年閣議決定により策定される「骨太の方針」に示される。地方公共団体も，一定の期間にわたる行政改革の方針（目標）を設定することが多い。そのなかには，職員数の削減などが盛り込まれている[19]。このような歳出削減を，一般に国民・住民が歓迎することが多いが，一律に実施しようとすると，それが行政サービスの水準の低下や政府部門における非正規労働の増大などにつながるおそれもある。

17　以上，大内兵衛『財政学大綱上巻』（岩波書店，昭和5年）186頁–187頁。

18　たとえば，『経済財政改革の基本方針2007～「美しい国」へのシナリオ』（平成19年6月）は，予算編成の原則として，「新たに必要な歳出を行う際には，原則として他の経費の削減で対応する」としている（28頁）。

19　たとえば，神奈川県は，平成15年度比で平成22年度当初までに知事部局（病院事業庁を含む）職員数を1,500人以上削減すること，他任命権者（教員，警察官を除く）も同一の歩調で削減することを打ち出している（神奈川県『行政システム改革基本方針』（平成19年）9頁）。同じく，平成15年度比で同一時期に人件費を1,500億円抑制することとしている。

[２]　経費性原則

経費性とは　すでに述べたように，個人の生活においては，いかに浪費的目的に支出しようが，公序良俗に反しない限り，あるいは犯罪行為でない限り，その者の自由である。これに対して，政府経費としての公金の支出は，国又は地方公共団体の存立目的に適合する限りにおいて許容されるものである。政府部門は，国民・住民の負託を受けて，国民・住民のために活動することが予定されているのであって，その機関の自由な判断によって公金の使途を決定することはできない。「国民・住民のために活動するのに要する支出」でなければならないことが政府経費の適法性の大前提である。これを「経費性原則」と呼ぶことができる。

このことを明確に定めている法律の条項を探し出すことは難しいが，国に関しては，「国の各般の需要を充たすための現金の支払」をもって「支出」と定義する財政法２条１項に，また，地方公共団体に関しては，「普通地方公共団体は，当該普通地方公共団体の事務を処理するために必要な経費その他法律又はこれに基づく政令により当該普通地方公共団体の負担に属する経費を支弁するものとする」と定める自治法232条１項に，それぞれ経費性原則が示されていると理解することができる。また，地方財政法４条１項が「地方公共団体の経費は，その目的を達成するための必要且つ最少の限度をこえて，これを支出してはならない」と定めているのも，経費性の枠内における最少経費原則を謳ったものであって，経費性原則の表れであるといってよい。

もっとも，従来，少なくとも財政法２条１項に「経費性」の強い根拠を見出す学説は少なかったのではないかと思われる。いま，「各般の需要を充たすため」と表現する同項が国の経費の実体的規範性を有するものとして再認識する必要があるといえよう。

経費性原則による支出の統制　明確に「経費性原則」と呼ばれることが少ないにしても，過去20年ほどの間に住民訴訟を通じて経費性原則が次第に形成されてきたといってよい。経費性原則により統制される典型は，関係者個人の遊興や利得に当たるものが，国又は地方公共団体の経費の外観をもって支出される場合である。食糧費を用いた接待活動，公金による海外旅行な

どに見られる。経費性原則は、これらの、どちらかといえば、消費的支出についての統制機能を発揮してきたように思われる。それは、公的資金を充てる「必要性」を要素とする原則であるといってよい。以下においても、「経費性」は、「公金支出の必要性」、「公金充当の必要性」と読み替えてもよいと思われる。そして、これらの「必要性」は、当然のことながら「公益上の必要性」である。また、経費性原則は、多くの場合に、政府活動にとっての「有益性」ともいえる。

ただし、経費性原則は、本来もう少し広く適用される原則であると思われる。

第一に、補助金等（それは本書の対象外であるが）について、財政公共目的原則により、その交付について公益上の必要性（自治法232条の2）が要求されるのも[20]、経費性原則を補助金等の側面において言い換えたものであると理解することが可能である。広義の「経費」としての出資についても公共性ないし公益性が要求されるというべきである[21]。

第二に、経費性原則は、先に述べた消費的性質の経費のみならず、政府部門の資本的支出（capital expenditure）にも妥当する原則であることが確認されなければならない。たとえば、市が巨費を投じて美術館を建設する場合に、投下された資金は、美術館に形態を変じて存続するのであるから（等価の資産価値としての存続）、一見すると、特に「経費性」を問題にする必要は

20　碓井・公的資金助成法精義102頁以下。
21　盛岡地裁平成13・12・21判例集未登載は、地方公共団体のする出資も公金の支出であることに変わりはないことから、地方公共団体が全く無制限に行ない得ると解するのは妥当でなく、自治法232条の2の規定の趣旨や地方公共団体の存立の基本理念に照らすと、出資の適法性を判断するには、「出資がその目的において公共性ないし公益性を存するか否か、及びその目的達成の手段として合理性を有するか否かを考慮する必要があると解される」と述べている。そして、その判断は、地方公共団体の機関の裁量に委ねられ、その判断が著しく不合理で裁量権を逸脱し又は濫用するものであると認められるような場合にのみ、出資が違法になるとしている。具体の事案は、再開発事業の財源確保のため保留床を取得することを目的とする会社を設立する必要があり、かつ、市の出資する第三セクター方式を採用しなければ保留床の取得代金を調達するための補助金や借入金の交付を受けることは困難であったいうべきで、第三セクター方式は保留床の取得代金調達のための有効な手段であったとした。

ないようにみえる。しかし，経費性原則が，「その資金に相応する見返りが国民・住民にもたらされる場合に公金の支出を認めること」を意味するとするならば，単に美術館が建てられていることによって直ちに経費性原則との抵触がないとは断言できないであろう。無用の公共施設，過剰な公共施設を建設することは経費性原則違反というべきである。「等価の資産価値としての存続」と述べたが，無用な公共施設は，実需に支えられない施設であるから，たとえ建設直後に市場に放出しようとしても，買い手が応ずることのできる対価が建設費をはるかに下回ることは，年金施設の売却などの際に実証済みのことである。

　第三に，法律が公金支出の金額まで定めている場合に，その必要性に関して政策論として議論できても，法解釈論として立ち入ることはできないかのように見えるが，明らかに不必要と認められる場合には，国民の負託に反する制度として，制度そのものの違法性を問題にする余地も例外的にありうると思われる（地方公共団体の議員に対する費用弁償については，この観点からの分析が必要である）。

　経費性原則は，立法を支配する原則，法律を解釈する際にそれによる必要があるという解釈原則，及びそれに直接違反するが故に違法とする効果をもつ原則，という多様な意味を発揮する原則である。

経費性原則と賠償金・補償金等の支払い　経費性原則は，「必要性」や「有益性」と言い換えることが可能である。このような見方をする場合に，国又は地方公共団体による公金支出のうち，私有財産を公共のために用いるための損失補償は，必要性や有益性の認められるものである。他方，国又は地方公共団体が賠償金を支払うのは経費性原則の範囲外であるかのように見える。しかし，法的義務を履行して安定した政府活動を継続できるようにする公金支出は，必要性や有益性を満たすといえるのであって，なお，経費性原則の範囲内にある。これに対して，過大な賠償金を支払ったり，相手の主張に従って不必要な補償をするようなことは，経費性原則違反となる。これらの点については，第7章において触れることにする。

経費性原則をめぐる裁判例　経費性原則については，第3章以下において，個別費目ごとに検討されるが，そこで扱われない裁判例を若干紹介して

おこう。

　まず，地方公共団体の場合は，地方公共団体の事務に属しない事務の処理に費用を支出することはできない，ということとの関係で経費性の有無が争われることがある。岐阜地裁平成18・9・28（判例集未登載）は，岐阜県が，国会移転法に基づき移転審議会が発足して活動することに呼応して，平成8年度以降14年度まで首都機能誘致のために4億5,000万円の累積予算を組み，移転審議会が岐阜・愛知地域を含む3地域を答申し，衆議院の移転特別委員会が移転候補地を1箇所に絞るとの方針を示したものの，絞込みされずに推移していた時期の平成13年度及び14年度のPR費用について，首都機能移転の議論が行なわれていたのであるから，「その議論の結果，首都機能の移転先として岐阜・愛知地域が選定され，首都機能の移転が実現した場合には，岐阜県及び県民に大きな経済的，文化的な効果をもたらすことは容易に予測できるのであるから，首都機能の移転は，岐阜県の住民の福祉に資する可能性の高い国の政策であるといえる」とし，「岐阜県が，国に対し，国が検討している首都機能移転の実行及びその移転先として岐阜・愛知地域が選定されることを要求し，こうした政策に対する支持を得るために，岐阜県内外の一般市民に対し，PR活動を行うことは，岐阜県の事務に該当するというべきである」と述べた。そして，首都機能移転の要望活動，PR活動のために支出された各支出は，同県の事務について支出されたものと判断した。このような活動の展開に当たり，地方公共団体と別の任意団体を設立することがあるが，その活動費用を地方公共団体が直接に支弁することは，地方公共団体の事務のための費用支弁ではなく，違法とされる[22]。しかし，そのような任意団体に対して補助金を交付することは許されるであろう。

22　岐阜県の首都機能移転対策費の支出をめぐっては，本文の事件に先行して，別の住民訴訟があり，名古屋高裁平成12・8・25判例集未登載は，新首都構想（中間報告）の印刷（増刷）の業務委託費支出の適法性を判断するに当たり，知事らが設立発起人となって設立した「岐阜県東濃新首都構想推進協議会」につき，その運営，必要費用等も県が負担してきたと認定しつつ，協議会は県の行政組織とは別に存在する団体であるとみるほかないとし，前記中間報告書は協議会が事業の一環として作成し公表したものであるから，それを印刷に付することは県の事務とはいえず，県が費用を支弁したことは県の事務処理のための支弁には当たらないので，違法であるとした。

たとえば，市が自治会等に対して「報償金」名目の公金を支出したことについて，大津地裁平成 14・4・22（判例集未登載）は，地方公共団体の事務の中には，私人に委託して処理することが許容されるものがあり，それらの事務を地方公共団体の執行機関自体が処理するか，私人に委託して処理するかは当該地方公共団体の裁量に委ねられているとし，住民自治組織である自治会等に対し地域住民の生活に密接した事項[23]を依頼し，それらの事項をはじめ市政全般にわたる自治会等の協力実態に報いるため謝礼として公金を支出することは自治法 232 条のいう「地方公共団体の事務を処理するために必要な経費の支弁」に該当し，適法であるとした。

　当該支出の複合的性質により経費性が肯定される場合もある。奈良地裁平成 15・2・26（判例地方自治 249 号 9 頁）は，小学校区を単位とする単位自治会の上部団体として地区自治連合会があり，その地区自治連合会相互の情報交換と市政の発展と行政と相互に協力し合い，住民の福祉増進を図ることを目的として，各地区自治連合会会長によって組織された任意団体である自治連合会に対する交付金の交付及び自治連合会の県外研修に市職員が同行したことの適法性を扱っている。交付金の交付について，①自治連合会は市と住民との間のパイプ役といえる重要な役割を担っており，その役割に鑑みると一定の公共的性格を有するということができるので，運営経費の一部に資する目的で交付金を交付することは社会通念上相当である，②単位自治会には「市民だより」等の配布に対する報償的性格を有するものとして，また，地区連合会に対しては，運営費の一部として，委託している事務に対する報償たる一定の金員が支払われているが自治連合会及びその会員には，「交付金」のほかに報償的性格を有する金員が支払われていないとして，自治連合会会員の日頃の活動に費やした時間と労力に対する報償的な性格を有することもできない，などと述べて，目的・効果等に照らして社会通念上相当な範囲内のものであるとした。

---

[23] 問題とされている平成 11 年度には，火災予防運動の実施，大型ごみ収集の実施，市街灯不点灯の報告，「ねんきん滋賀」・消費生活センターだより「ぽけっと」の組回覧，緑の募金における家庭募金，親と子のまちづくりコンクールの実施，交通安全県民運動の実施，「くらしの無料相談所」の開設に伴う周知などが委託されている。

この判決は，補助金的性質と報償的性質の複合により社会通念上相当な範囲内にあると判断して経費性を肯定したものと理解することができる。

[３]　最少経費最大効果原則

最少経費最大効果原則の法的意味　「最少経費最大効果」という言葉は，国語的意味としては無理難題を要求するものであるが，経費に見合う効果が発揮されなければならないことを意味し，前述の経費性原則の一側面であるといえよう。実定法についてみると，自治法2条14項（平成11年法律第87号改正前は13項）が，「地方公共団体は，その事務を処理するに当っては，住民の福祉の増進に努めるとともに，最少の経費で最大の効果を挙げるようにしなければならない」と定めるとともに，地方財政法4条1項も，「地方公共団体の経費は，その目的を達成するための必要且つ最少の限度をこえて，これを支出してはならない」と定めている。このところ盛んに用いられる"value for money"や"best value"の言葉も，最少経費最大効果原則を意味しているといってよい。これを具体例で考えると，たとえば，市の課長が中央官庁に出向く所用が生じて，JRの新幹線を利用する場合に，普通車で目的を達するところを，特別の事情がないのに，わざわざグリーン車を利用して，その料金全額を支給する必要はないということである[24]。

　しかし，最少経費最大効果原則の法規としての強度に関しては，弱いものとする見方が存在する。財産の取得対価との関係において，大阪地裁平成17・2・24（判例地方自治271号103頁）は，自治法2条14項，地方財政法4条1項は，「地方公共団体が事務処理に当たって準拠すべき指針である『最少経費による最大効果』の原則を一般的・抽象的に，あるいは予算執行の観点から定めたにとどまり，それを超えて具体的な規制をするものではない」と断言している[25]。もっとも，同判決も，裁量権の逸脱・濫用による違法がありうることは，次のように述べて肯定している。

24　しかし，これには若干の留保を要する。当該課長が余人をもって替え難い人材で，かつ特定の日に出張するほかないと仮定して，体調が優れないためどうしてもグリーン車の座席利用が必要と認められるような場合には，むしろ弾力的にグリーン車利用料金を支給して良好な仕事ができるようにすることが望ましい場合もあろう。

「地方自治法96条1項8号の規定による議会の議決を要しない場合において，普通地方公共団体の長が行った財産の取得に係る契約の締結が，財務会計法規上の義務に違反する違法なものとされるのは，明らかに当該財産を取得する必要性がないにもかかわらずこれを取得した場合や，合理的な理由もなく適正価格を大きく超えた高額な対価で当該財産を取得した場合等，長がその付与された裁量権の範囲を逸脱し，又はこれを濫用して契約を締結した場合に限られるものと解するのが相当である。」具体の事案に関しては違法とはいえないとした。

この判決に示されたように，地方財政法4条は，具体的な事情に基づいて最少経費で目的を達成するよう努めるべき当然の義務を示すものであって，地方公共団体の支出を具体的に規制するものではないという見方が，しばしば登場している[26]。

他方，事務処理のために必要な経費であっても，目的を達成するために必要かつ最少の限度を超える支出は違法と評価され得るという出発点に立ちながら，裁量権の逸脱濫用論につなげる考え方が定着しつつある。

まず，東京地裁平成9・4・25（判例時報1610号59頁）は，普通地方公共

---

[25] このような考え方が，当然に適法の結論に直結するものではない。神戸地裁平成6・11・30判例タイムズ884号183頁は，自治法2条13項（現行14項）及び地方財政法4条1項の定めていることは，執行機関に課された当然の義務を示したものであって，購入する財産について具体的に規制するものではなく，土地を取得すべきかどうか，その対価がどうあるべきかについては，長に広範な裁量権があるとしつつ，「必要性の少ない財産を適正価格よりも著しく高額な対価で取得した場合は，合理的な理由がない限り」裁量権の逸脱若しくは濫用に当たると述べている。具体の売買価格は一般の取引通念に照らして著しく高額であって適正を欠き，裁量権の濫用があったとした。しかし，その控訴審・大阪高裁平成9・10・7判例地方自治179号15頁は，逆に裁量権の逸脱ないし濫用があったとまでいうことはできないとした。

[26] 建設省の「皇太子殿下御成婚記念公園事業要綱」に基づき国庫補助金1億5,000万円の交付を受けて，地元の町の負担1,500万円，県の負担1億3,500万円で記念庭園を建設した場合について，大分地裁平成9・12・16判例地方自治174号62頁は，本文のように述べたうえ，公園をどの場所に，どの程度の規模及び内容で設置するかは，地域全体のバランスや公園設置の目的などの要因に基づき，多様な選択があり得るのであり，長に広範な裁量権があるとして，記念庭園の建設について裁量権の行使に逸脱ないし濫用があったとは解されないとした。

団体の事務処理経費に該当する場合であっても，自治法2条13項（現行14項）及び地方財政法4条1項に抵触する経費の支出は違法と評価されるが，「何をもって必要かつ最少の限度というべきかは，当該事務の目的，当該経費の額のみならず，予算執行時における経済状態，国民の消費及び生活の水準等の諸事情の下において，社会通念に従って決定されるものであるから，第一次的には，予算の執行権限を有する財務会計職員の社会的，政策的又は経済的見地からする裁量に委ねられているものと解するほかはない」として裁量論を採用した。次いで，「具体的な支出が当該事務の目的，効果との均衡を欠いているときは不当の評価に止まるものであるとしても，具体的な支出が当該事務の目的，効果と関連せず，又は社会通念に照らして目的，効果との均衡を著しく欠き，予算の執行権限を有する財務会計職員に与えられた前記裁量を逸脱してされたものと認められるときは，違法というべきである」と述べている。ここには，単に「目的・効果との均衡を欠くにとどまる場合」と「目的・効果との関連を欠く場合」又は「目的・効果との均衡を著しく欠く場合」とを区別する考え方が示されている。目的・効果との均衡についていえば，均衡を欠く程度が問題ということになる。

松山地裁平成11・7・7（判例タイムズ1046号137頁）も，次のように述べて，裁量権の逸脱濫用論に落ち着いている[27]。

> 「もっとも，普通地方公共団体における公金の支出が事務処理のため必要かつ最少の限度を超えるものであるか否かは，予算執行時における社会経済状態，すなわち，地域住民の生活水準や一般的経済観念等に照らし，社会通念に基づいて決定されるべきものであって，その判断は，第一次的には予算執行権限を有する職員の裁量に委ねられているというべきであり，具体的な支出が当該事務の目的，効果と関連せず，又は，社会通念に照らして右目的，効果との均衡を欠き，予算の執行権限を有する職員に与えられた裁量を逸脱ないし濫用してなされたものと認めら

---

27 具体の事案は，町議会議長・議員らの打合せ，懇談の会食代，監査委員の昼食代・懇談の会食代，町長らのタクシーチケット代であって，いずれも違法とは評価されないとした。

れる場合には違法と評価すべきである。」

　奈良地裁平成15・2・26（判例地方自治249号9頁）も，地方公共団体の事務処理のための個々の公金支出についての適否についての判断は，さまざまな行政目的を考慮した政策的な判断が要求されるものであることに鑑みると，予算執行権限を有する財務会計職員には，社会的，政策的又は経済的見地からする一定の合理的な裁量が認められているものと解されるとし，経費等に係る公金支出については，その目的及び同目的達成のために選択された手段として社会通念上著しく妥当性を欠き，裁量権の逸脱又は濫用に当たると認められる場合に限って地方財政法4条1項に反し違法となるとした[28]。

　これらの裁判例から導かれることは，おそらく法的義務ではあるが[29]，裁量権の逸脱濫用の場合に限り違法となること，目的・効果との関連性及び均衡を要すること，判断の尺度は「社会通念」であること，であろう。社会通念は，とりわけ交際費や記念行事等に充てる経費などに関して強調される。そして，社会通念は，その時々の社会的，経済的状況，さらには当該地方公共団体の置かれた状況によって変化することもありうる。

　そもそも目的自体の正当性が問われることもあり得よう。たとえば，知事公邸に関して，知事の私邸が県庁舎から離れていることもあり非常時に対応するには庁舎に近い場所に公邸を設けておく必要があるという考え方にたつのか，知事に当選した以上は，庁舎に近いところに自己の負担で私邸を置くことで対処すべきであると考えるのか，によってスタートから異なるであろう。さらに，その設置目的に関して，単に宿舎であることで足りるとするのか県の迎賓館的機能を期待するか，後者の迎賓館的機能を予定する公邸自体

---

[28] 具体の事案に関して，地区自治連合会会長らによって構成された市自治連合会に交付金を交付したことについて社会通念上妥当性を欠くものとはいえないとし，その組織が県外研修旅行を実施した際に職員を同行させて市が旅費等を支出したことについて必要性，相当性がなかったとはいえないとした（本書22頁参照）。

[29] 名古屋地裁平成元・10・27行集40巻10号1476頁及びその控訴審・名古屋高裁平成2・7・25行集41巻6・7号1266頁は，訓示的規定であるとする主張を斥けつつ，地方財政法4条1項違反となるか否かは，個々の事案の具体的事情に基づいて，社会的，経済的及び政策的見地から総合的にみて，支出目的の達成に必要かつ最小の限度を明らかに超えているか否かによって判断されるべきものであるとした。

が許容されるのかなどの問題があろう。そして，これらの目的が正当といえるかどうかについては，当該地方公共団体の置かれている状況により異なる判断になりうる。小さな村が迎賓館的機能の村長公邸を建設しようとするならば，誰もが首をかしげるであろう。

目的との関係においては，長の関係する業者や団体の利益を図るなどの隠れた目的を達成しようとしている場合は違法性に繋がりやすいであろう。大規模開発などの場合に，関係する建設事業者の受注の確保などを意図していることもあり得る。また，長は，歴史に残る大事業を行ないたいという欲求に駆られることがあるようである。その場合に問題となるのは，事業の効果についてコンサルタント等の算定する予測は過大になりやすいことである。コンサルタント業者が長の意図を忖度して甘めの数字を出しやすいことは，多くの事業失敗例に表れている。

最後に，「社会通念」は，本来は住民一般の社会通念であるはずなのに，裁量権の逸脱又は濫用を判断する際には，ややもすれば「役所における通念」に依拠しやすいことを警戒しなければならない。

なお，事業等において最大の「効果」を問題とするときに，それは当該事業等の目的との関係における効果であるから，その事業等によりもたらされるマイナスの効果（たとえば環境破壊等）は当然には考慮されていないという問題がある。

最少経費最大効果原則の機能　自治法2条14項や地方財政法4条1項の最少経費最大効果原則の規定は，多様な機能を発揮しているように思われる。

第一に，裁量権の逸脱濫用であれ，それに違反することにより違法な公金の支出となるとする機能である。必要性のないことに公金を支出する場合などに，そのような機能を発揮する。

第二に，最少経費最大効果原則の趣旨に鑑みて，社会通念上許容できない支出であるかどうかを判断するという機能である。これは，主として接待や交際目的の支出の場合に妥当する[30]。

第三に，法規範というよりは，予算執行を行なうにあたり考慮すべき指針としての機能である。

このような複合性に最少経費最大効果原則の特色があるといえよう。

事業と最少経費最大効果原則　狭義の政府経費法に限定せずに，これまでの最少経費最大効果原則に関する裁判例を若干みておこう。まず，事業そのものに着目して違法性が争われることがある[31]。

大阪地裁平成15・11・27（判例集未登載）は，地下鉄建設事業に関して需要見込のない地域に莫大な費用を支出して建設する事業で最少経費最大効果原則に反するとの主張に対して，従来から用いられている需要予測の算出方法を用いて行なわれていること，運輸大臣の鉄道事業許可を得ていることなどから，当時の予測として一応合理的なものであったとし，当該路線の決定やその事業費の決定につき被告に裁量権の逸脱，濫用があるとまではいえず，自治法2条14項及び地方財政法4条1項に反するとの主張に理由はないとした。市水道事業管理者が配水を受けている県水道事業管理者と締結した協定に基づいて県営水道負担金を支出することについて，「必要且つ最少の限度」の判定は，広く社会的，政策的ないし経済的見地から総合的になすべきであるとして，同原則に違反していないとした神戸地裁平成6・3・30（判例タイムズ861号240頁）も，事業に着目した違法性の範疇に入るであろう。請負契約が自治法2条14項及び地方財政法4条に違反するとの主張が都市計画決定の違法性を前提とするものであるとして，都市計画決定に係る道路は建設後に具体的な利用による効果を期待でき，都市計画決定によって予想

30　たとえば，県の商工労働部が老舗料亭で行なった「誘致企業との懇談会」における飲食代の支出について違法とした金沢地裁平成13・5・17判例地方自治227号37頁。交際費に関して，地方財政法4条1項違反の有無を直接に問うのではなく，交際費にも合理的な限界があることを述べるに当たり，交際費も市民の公租公課によって賄われており，かつ地方公共団体の存立目的に照らせば，その支出は社会通念上著しく妥当性を欠くものであってはならず，地方財政法第4条第1項の規定に従い，必要最小限度を超えてはならないのが当然であると述べた裁判例（千葉地裁昭和58・2・18行集34巻2号246頁）も，ここに入れてよいであろう。

31　福島地裁平成14・5・14判例集未登載は，原告住民が林道開設の必要性は低く自然環境が破壊されることから目的を達成するための必要最少限度を超え地方財政法4条1項に違反すると主張したのを受けて，林道開設事業の目的及び林道の必要性について検討し，開設する合理的な理由及びその必要性を否定できないので，財務会計行為を直ちに違法であるとすることはできないとした。林道整備事業につき，他に那覇地裁平成15・6・6判例地方自治250号46頁がある。

される道路の建設請負代金がその目的や効果に比して高額に過ぎ，著しく均衡を欠くと認めるに足りる証拠はないとした大津地裁平成 14・9・19（判例地方自治 244 号 84 頁）も，事業そのものに着目した判断といえよう。

　一部事務組合の事業のための公金支出は直接には組合の支出であり，それが最少経費最大効果原則に違反するかどうかは，一部組合の財務会計行為に関する住民訴訟により争うのが自然である。しかし，一部組合の規約に基づく市の組合経費負担金の支出の適否として争われることもある（名古屋地裁平成 16・1・29 判例タイムズ 1246 号 150 頁）。この場合には，仮に組合の公金支出が違法であるとしても，直ちに市の公金支出が最少経費最大効果原則に反する違法なものとなるわけではない[32]。ある目的を達成するのに，どのような方法によるかについて問題とされることがある（名古屋地裁平成 16・1・29 前掲においては，排水処理の方法が争われた）。

　事業に着目する場合の判断基準が必ずしも明らかではない。たとえば，高松市が市制 100 周年記念事業の一環として市立図書館の建設と同図書館内に菊池寛記念館を設置し，その開館記念事業として菊池寛全集全 24 巻を刊行することとし，当該住民訴訟の対象となった平成 6 年度分（12 巻分）1 億 1,946 万円と平成 7 年度分（7 巻分）7,118 万 5,000 円の支出について，高松高裁平成 11・11・30（判例タイムズ 1058 号 163 頁）は，高松市の教育文化行政の見地から社会通念上著しく妥当性を欠き，裁量権の濫用に当たると解することはできないとした。裁判所の認定によれば，全集の刊行目的は，「同市出身の偉大な文豪菊池寛の業績を後世に残しその名誉を末永く顕彰するとともに，菊池寛を見直して全国的により多くの関心を集め，また菊池寛研究に活用できる基礎資料としても提供し，もって我が国文芸の発展に資するこ

---

[32] 加須市の加入している一部事務組合がごみ焼却炉の余熱を利用する施設の建設のために市が規約により 4 分の 3 を負担することとされている場合について，さいたま地裁平成 13・8・27 判例地方自治 226 号 104 頁は，先行する組合の判断に違法があるとしても直ちに負担金支出が違法となるものではなく，その違法性の判断については自ずから別個の判断基準が必要であるとしつつも，別個の判断基準から負担金支出を違法とするには組合の判断による施設建設費の支出が地方財政法 4 条 1 項等に違反することが必要であるとして，組合の裁量判断に逸脱又は濫用があるとはいえないとした。

とを目的として，菊池寛の著作を可能な限り収録した本件全集を刊行した」という。この目的との関係において上記のような公金支出をすることを裁量権の濫用と断定することは困難であろう。しかし，どの程度の公金支出まで許容されるのかと問われても簡単に答えることはできない。この種の事業については，単に裁量というのみでなく，住民の意向を確認する然るべき手続をとることが望まれる。オリンピック招致や国体の開催など，効果の明確でない企画の場合も同様である。

目的物の取得と最少経費最大効果原則　次に，目的物の取得の必要性・合理性が問題とされることがある[33]。たとえば，細かい問題であるが，松山地裁平成9・10・8（判例地方自治172号8頁）は，新任町長が町長室の町長の事務机専用椅子を購入した場合につき，旧町長時代に購入したのが約2年前で比較的新しく，通常の使用が十分可能であったという認定に基づき，買換えを必要とする合理的目的があり，かつ，買い換えた椅子がその目的に適合し金額的にも相当でなければならず，新町長就任の祝儀的意味合いや町長の個人的嗜好に迎合して購入された疑いがある場合には違法な公金支出としての評価を免れないとしつつ，具体の買換えについては必要性や合理的目的（町長の持病である腰痛の緩和による公務能率の向上）があり，かつ，買い換えた椅子がその目的に適合し金額的にも不相当なものとまでいえず，町の備品購入として社会通念上許される範囲に属するとした。

対価の適正性と最少経費最大効果原則　契約関係では，対価の適正性[34]との関係において最少経費最大効果原則が争点とされることがある。名古屋地

---

[33] 市営住宅建設用地の取得に際して同土地上のゴルフ練習場の建物及び付属施設を買い取った場合について，必要性を欠くとはいえないとした熊本地裁平成13・12・21判例地方自治229号30頁，その控訴審・福岡高裁平成15・3・7判例地方自治252号15頁がある。ただし，1審判決は，地方財政法4条1項等は，地方公共団体が購入する財産について具体的規制をするものではなく長の裁量に委ねられているとしつつ，「長においてその裁量権を逸脱，濫用し，必要性のない財産を，合理的な理由なく購入し，又は著しく高額な対価で財産を取得した場合に限って，当該財産の購入が違法となるものというべきである」と述べ，2審判決も，同趣旨を述べている。

[34] 碓井・公共契約法精義387頁以下を参照。駐車場管理委託料につき裁量権の逸脱・濫用がないとした大阪地裁平成15・10・30判例地方自治258号49頁。

裁平成元・10・27（行集40巻10号1476頁）及びその控訴審・名古屋高裁平成2・7・25（行集41巻6・7号1266頁）は，土地建物等の経済的価値，取得することの必要性，相手との交渉の経過等の具体的事情を考慮に入れたうえ，価格が一般の取引通念に照らして著しく高額であって適正を欠くと判断される場合には地方財政法4条1項に違反すると述べて，具体の事案は，それに該当しないとした。

横浜地裁平成16・7・28（判例集未登載）は，県が県有地の上にあるテント式ドームシアターである建物等を代金12億円余で買い取ったことを問題とした事案である（横浜21世紀座事件）。判決は，当該建物等の購入についての県の意思決定過程や，その公益上の必要性に関する判断内容はいささか不透明かつ不自然な印象を払拭することができないとしつつも，その意思決定過程や公益上の必要性に関する判断のなかに横浜21世紀座の経営破綻の回避が含まれていると解すると前記の不自然な印象は氷解するとし，かつ，もっぱら21世紀座という私企業[35]を経営破綻から救済することを目的とすると推認されるのではなく，芸術監督辞任により事業の継続が著しく困難となった状況を踏まえた対応策として，県が建物等を購入し，そこを会場として「希望の年」記念事業やワールドカップ関連事業に係る各種のイベントを実施し，かつ，建物を県民の芸術・文化関連の活動の成果を発表する場，あるいは練習の場として活用しようと考え，建物購入が21世紀座の経営破綻の回避にもつながり，協力してきた地元や県の財界関係者らの負担等を軽減して，事業の頓挫をめぐる行政上の混乱を最小限にとどめる方策にもなるとして，購入に公益上の必要性があると判断し契約を締結したと推認されるとした。そして，次のように述べた。

「本件における事実経過や諸事情からすれば，本件売買契約の締結が，

---

[35] 地元企業11社らの出資により設立された株式会社で，その運営する事業は県の2001年「希望の年」特別記念事業に位置づけられ，県は，できる限り協力・支援を行なう方針でスタートしていた。県は，当初は財政的支援を考えていなかったが，方針を変更して筆頭株主となりうる金額1,500万円を出資し，施設整備費10億円の2分の1の補助，さらに損失補償債務負担行為6億余円の設定などの支援を実施していた。

広域的な地方公共団体としての行政需要に適切に対応した各種施策を講じていくべき責務を負う県の長として，県の事務を管理し，これを執行する職責を有する知事がした，社会的，経済的，政策的，財政的見地等を総合して行う合目的的な裁量判断として，知事に委ねられた裁量の範囲を逸脱し又はこれを濫用したものとして違法であるということはできないものといわざるを得ない。」

判決は，以上のように述べたうえ，再調達原価を求める方法による特定価格[36]を鑑定して購入価格としたことが，自治法2条14項，地方財政法4条1項の趣旨に反するものではないとした。おそらく，どのような解決が最善であるかを探り苦悩のうえ決断して議会に提案したであろう知事の努力に思いをいたすと，知事個人の損害賠償責任を肯定することは困難であろう[37]。

名古屋地裁平成14・7・10（判例地方自治239号50頁）は，私法上の行為が無効となるかどうかに関して，「問題とされた行為の性質，これに至る経緯，当該地方公共団体と相手方双方の利益，法的安定性などを総合勘案して，上記各法条の趣旨が損なわれ，社会通念上も著しく妥当性を欠くと認められる場合には，私法上も無効の効果をもたらすことがありうる」と述べている。そして，物品購入契約については，「その対価たる代金が著しく高額に過ぎ，地方公共団体の財政の健全化を著しく損なう一方，相手方が不当な利益を得ると考えられる場合には，特段の事情が認められない限り，代金約定のうち不当な部分に限って無効の効果をもたらすと解するのが相当である」として，一の契約であっても分解して考察する考え方を示した。問題の化石標本類の購入においては品目ごとに代金が定められているので，個別的に判断する方法を採用すべきものとし，一部について無効と判断した[38]。

さらに，京都地裁平成6・12・19（判例タイムズ883号167頁）は，市が第三セクターと締結した売買契約（土地の表層部分及び地上施設の売買契約）の対価が市の取得する権利と比較して不当に高額であるとし，売買契約は自治

---

36 特殊な建物で市場価格を求めることが困難であるという理由によるものである。
37 しかし，その後間もなく建物を除却することになったことを考慮に入れると，短期的な利用についての公益性はともかく，長期的な展望がどのようになっていたのかを住民としては知りたいところであろう。

法2条13項（現行の14項）及び地方財政法4条1項の趣旨に著しく反し，相手方会社は不当に高額の代金支払いを受けるのであるから社会通念上著しく妥当性を欠くとして，「対価的な不均衡の著しい契約として公序良俗に違反し（民法90条），無効というべきである」とした。この判決は，地方財政法4条1項等の趣旨に違反することをもって公序良俗違反の根拠として用いた判決といえよう。

最高裁平成20・1・18（判例集未登載）も，市が高額の対価で土地を先行取得することを土地開発公社に委託した判断に裁量権の範囲の著しい逸脱又は濫用があり，無効としなければ自治法2条14項，地方財政法4条1項の趣旨を没却する結果となる特段の事情がある場合には，委託契約は私法上無効であり，その土地の公社からの置取りのための売買契約の締結が違法になるとする一般論を展開した。

わざわざ対価を高くすることが違法なことはいうまでもない。横浜地裁平成15・3・31（判例地方自治247号58頁）は，まず，「地方公共団体と第三者とが双務契約ないし有償契約を締結する際には，当然ながら，契約が対価的関係にあることが必要である」とし，業務委託契約により委託料を支払う契約の場合は，業務に見合う委託料が支払われなければならず，業務に見合わない過大な委託料が支払われた場合には，地方財政法4条1項，自治法2条13項（現行14項）に違反する違法な公金支出になるとする一般論を展開した。そして，早期勧奨退職制度により市を退職した職員が再就職した財団法人に対する業務委託料を増額して当該職員の給与相当額を上乗せして支払ったという認定に基づいて，地方財政法4条1項等に違反するとした。この判決も，白紙状態で委託料が過大であるかどうかを判断する場合には，裁量権の逸脱・濫用論により，容易に最少経費最大効果原則違反を認めることはないが，この事案の特殊性により違反を認めたものと推測される[39]。

同じく，対価が高くならざるを得ない契約方法も，最少経費最大効果原則

---

38 市長個人の損害賠償債務と相手方業者の不当利得返還債務とは，不真正連帯債務の関係にあるとした。なお，控訴審の名古屋高裁平成17・7・13判例集未登載は，科学館の構想等に見合った調達等の必要性に鑑み，不当に高額とはいえないとした。

に違反し違法とされる[40]。

手段の選択等と最少経費最大効果原則　　国際交流や研修旅行について，その行政目的とそのための手段の選択について一定の合理的裁量が認められるとしても，裁量権の逸脱濫用がない限り最少経費最大効果原則に違反するものではないとする裁判例がある[41]。

職員にタクシー乗車券を交付して使用させていたことが争われた事件において，最少経費最大効果原則違反を認めた裁判例がある。大阪地裁平成14・9・26（判例地方自治237号55頁）は，経費が当該地方公共団体の住民の公租公課によって賄われるものであるから，その目的を達成するために必要かつ最小の限度を超えて支出してはならない（地方財政法4条1項）のであるから，「事務処理のために必要とされるものであっても，予算執行時における地域住民の生活水準や一般的経済観念等に照らし，この限度を超えると判断される支出については違法というべきである」として，単なる訓示的規定ではないことを明らかにした。そして，タクシー乗車券の使用が市の実施要領に定める使用の要件及び手続を満たしているかどうかも当該使用に係る支出の違法性の判断に当たって一要素として考慮すべきものと考えられると

39　この事件は，住民監査請求期間の遵守の有無という本案前の問題について最高裁平成18・6・1判決地方自治247号58頁が，自治法242条2項但し書きにいう「正当な理由」があるということはできないとして，棄却すべきものとした。したがって，1審判決は，具体の事件に関する判断としては意味をなさないが，1審の実体判断は事例としては参考になろう。

40　土地家屋調査士の任意団体，司法書士の任意団体及び測量業者の任意団体との間で随意契約により業務委託契約を締結した場合につき，京都地裁平成15・3・27判例タイムズ1131号117頁。

41　大分地裁平成14・12・16判例地方自治245号41頁，大分地裁同日判例地方自治245号48頁，奈良地裁平成15・2・26判例地方自治249号9頁，大分地裁平成15・3・10判例地方自治245号34頁。

42　判決によれば，それは，何らかの法令による委任を受けて定められたものではなく，その法形式からしてタクシー乗車券の取扱いに関する市の内部規律として定められたものにすぎないのであって，タクシー乗車券の使用が実施要領に反したからといって，それ自体で直ちに法令に違反する使用として当該支出が財務会計上違法となると解することはできないとされている。

した。ここには，内部的に制定された取扱基準[42]が違法性判断の一要素となることを肯定する重要な考え方が示されているといえる。具体の事案に関して個別の乗車券使用ごとに判断して，たとえば，最終電車の発車した後に自宅に帰宅するために約1万円のタクシー料金を支出することは最小の限度を越えたものとは認められないが，最終電車に間に合う時間帯に使用されたものは，体調不良により公共交通機関による帰宅が困難であるというような特別の事情が必要であり，市の実施要領にも違反しており違法な支出であるとして使用者の不当利得返還義務を認めた。

目的・効果を吟味する必要性　抽象的に最少経費最大効果原則を唱えても，具体的場面において，ある経費を投じて達成しようとする目的及び効果を慎重に見極めなければ，この原則に違反するかどうかの判断をすることができない。たとえば，観光客に依存する町が，豪華な花火大会を開催して観光客を集めようとする場合に，どの程度の観光客が集まることをもって効果があるとみるのか，難しいところである。寂れている町が，町民の楽しみのために，せめて花火大会を開催しようとする場合に，どれだけ町民の心の癒しになるかという点になると，人により判断が分かれるであろう。また，職員の表彰制度[43]や高齢者の祝金などは，目的が明確であっても，効果は定かではない。広報経費の効果を判断することも容易ではない。

目的・効果を重視した裁判例として，監査委員協議会に関する東京地裁平成9・4・25（判例時報1610号59頁）を挙げることができる。判決は，「目的・効果との関連を欠く場合」又は「目的・効果との均衡を著しく欠く場合」に裁量権の逸脱濫用として違法になるという視点に立って判断を進めている。監査委員の研鑽，研修も監査事務に付随する事務であるとしつつ，複数の地方公共団体の監査委員が共通の問題を討論し率直に意見を交換しあい地方公共団体の事務に関する見識を広めることは研鑽，研修の有効な方法であるから，複数の地方公共団体の監査委員の討論，意見交換等の場を設置，運営することに要する経費も監査事務を円滑に処理するための経費といえる

43　教員の表彰について地方財政法4条に違反しないとされた事例として，京都地裁平成19・3・22判例集未登載がある。

として，各支出が意見交換又は見識の養成に該当するか否か，該当する場合に目的，効果との関連性及び均衡を著しく欠いているか否かを検討する方法をとっている。そして，委員協議会及びその準備のための局長会については相互研鑽，意見交換の場として開催され，また，ホテルを用いたこと，会議の合間の昼食及びコーヒー等，終了後の記念撮影等については社会通念を逸脱した違法な財務会計行為とはいえないとした。

しかし，懇親会支出に関しては，「意見交換等をする際に行われた接遇であっても，それが社会通念上儀礼の範囲を逸脱したものである場合には，右接遇は当該団体の事務に当然伴うものとはいえず，これに要した費用を公金により支出することは許されない」として，最高裁平成元・9・5（判例時報1337号43頁）を参照し，「接遇が当該普通地方公共団体が遂行する事務に当然伴うものと認められる場合であっても，当該接遇に要した各費目の支出ごとに，接遇が行われるに至った経緯，当該接遇に要した費用の総額及び当該接遇の態様等を検討し，当該事務の目的，効果と関連せず，又は右目的，効果との均衡を著しく欠き，裁量権の逸脱が認められる場合には，右支出は違法というべきである」と述べている。懇親会自体は監査事務を円滑に処理するための事務に付随するものということができるとしつつ，個別の費目ごとに検討する方法により，料理は1人当たり11,000円以内で均衡を著しく欠くものではなく，飲み物も社会的に不相当といえないとしつつ，音響照明，和風カウンター，司会料，カラオケ，ハープ演奏料，司会料，コンパニオンについては，目的，効果との均衡を著しく欠き，地方財政法4条1項の趣旨に照らし裁量を逸脱した違法があるとした。他県職員宿泊費の補てん，視察費，記念品代については違法とはいえないとした。

民間委託等による政府経費の内容の転換　最少経費最大効果原則は，同一の効果を達成するには，なるべく経済的な方法で政府業務を実施すべきであるという意味をも含んでいる。その一つの場面として，民間委託等の可能な政府業務について，それを政府部門自らの人材を用いて遂行する場合の経費と民間部門に委ねて遂行する場合の経費とを比較して，民間委託等による方がより経済的といえるのであれば民間委託等をすべきであるという考え方が登場する。このプロセスを踏んで民間委託等がなされるならば，民間委託等

による政府経費の内容の転換が生ずる。すなわち，業務委託の場合についていえば，政府部門の人件費等であったものが，業務委託契約の対価の中に取り入れられるのである。

「民間委託等」と述べたが，目下，「官から民へ」の動きのなかで，さまざまな手法により，政府業務を民間に委ねる動きが強まっている。業務委託のほか，公の施設の指定管理者制度（自治法242条の2第3項〜11項）[44]，PFI方式（「民間資金等の活用による公共施設等の整備等の促進に関する法律」）[45]などがある。政府は，「行政改革の重要方針」（平成17・12・24）の中において，「包括的・抜本的な民間委託等」や「官業の民間開放の促進」を謳うなど，民間に委ねることを強力に推進しようとしている。

総務省は，「都道府県・政令指定都市における事務の外部委託の状況（平成14年12月1日現在）」（平成15・4・16公表），「市区町村における事務の外部委託の実施状況（平成15年4月1日現在）」（平成16・3・25公表）を踏まえて，民間委託等の推進の観点から事務事業の総合的点検を求め，「特に，当該団体と同じ団体区分の委託実施団体の比率が高かったり伸びの大きい事務事業や最近委託化の取組が広まっている事務事業であるにもかかわらず，当該団体としては未だ外部委託によらず直接実施している事務事業については，重点的な検討」を行なうよう地方公共団体に要請した[46]。横並びで総点検をするよう求めたともいえる。この時点以降，市町村合併が急速に進み，また，指定管理者制度の導入などにより，現在の状況は，相当異なっている。地方公営企業については，民営化・民間譲渡も含めた「民間的経営手法の導入等」が図られており，外部委託（アウトソーシング）についてみると，その団体単位の実施率は都道府県・大都市等の各事業でほぼ100%に近く，市町村等においても水道事業（末端供給），簡易水道事業，ガス事業，病院事業，

44　総務省が平成18年9月2日現在で実施した「公の施設の指定管理者制度の導入状況に関する調査結果」によれば，指定管理者制度が導入されている施設の数は都道府県7,083，指定都市5,540，市区町村48,942の合計61,565施設で，そのうち民間企業等が指定管理者に指定されているのは，11,252施設で，18.3％であるという。

45　碓井・公共契約法精義303頁以下。

46　平成16・3・25総行整第9号総務省自治行政局長都道府県知事宛通知。

下水道事業においていずれも100％近い割合に達しているという[47]。また，地方公営企業における指定管理者制度の導入済み事業は，396事業（都道府県・大都市等67事業，市町村等329事業）であるという[48]。

競争による業務委託を強力に進めるための法律が，「競争の導入による公共サービスの改革に関する法律」（いわゆる公共サービス改革法）である[49]。「競争の導入による」という法律名の部分には，これまでの外部団体等との随意契約による業務委託[50]からの訣別も含意されている。

この法律は，国の行政機関等又は地方公共団体が自ら実施する公共サービスに関し，「その実施を民間ができるものは民間にゆだねる」観点から見直して，「民間事業者の創意と工夫が反映されることが期待される一体の業務を選定して官民競争入札又は民間競争入札に付する」ことにより，「公共サービスの質の維持向上及び経費の削減を図る」ことを狙っている（1条参照）。ここで注意しなければならないのは，単に経費の削減のみを狙っているのではなく，公共サービスの質の維持向上をも図ろうとしていることである。また，「一体の業務」が想定されていることにも注目しておきたい。閣議決定により定められる「公共サービス改革基本方針」の中には，官民競争入札の対象として選定した国の行政機関の公共サービスの内容，民間競争入札の対象として選定した国の行政機関の公共サービスの内容も含まれている（7条2項5号・6号）。この法律により，実際には民間競争入札が推進されつつある。しかし，そのことがすべての問題を解決するものではなく，それが，適正な手続によりなされることが大前提である。特定の業界の圧力を受けて，公共サービスの質の低下が明らかに懸念されるにもかかわらず，民間競争入札によることは許されない。公正を欠く競争参加資格を設定して，特定業者（たとえば役所のOBが要職を占める法人）を想定した民間競争入札が実施され

47　総務省編『平成19年版（平成17年度決算）地方財政白書』（国立印刷局，平成19年）176頁。

48　総務省編・前掲書175頁－176頁。

49　碓井光明「政府業務の民間開放と法制度の変革」江頭憲治郎＝碓井光明編『法の再構築[1] 国家と社会』（東京大学出版会，平成19年）3頁・14頁以下。

50　碓井・公共契約法精義226頁。

る懸念がないとはいえない。要するに，民間競争入札にも「光と影」があることを忘れてはならない。

　民間委託や指定管理者制度を活用するに当たり，長期的にみた経済性をいかに確保するかが課題である。

　第一に，期間設定の問題である。事業者にとっては，単年度ではなく複数年度にわたり業務を遂行できることが最初から固まっている方が，入札等における価格を低下させ，また，サービスの向上を図ることが期待できる。しかしながら，極端に長期にわたる契約とすることは，より有利な事業者選定の可能性を奪うおそれもある。この両者の兼ね合いを，どのように判断して実施するかが重要といえよう。

　第二に，受託事業者ないし指定管理者が「業務遂行を通じて得た新たなノウハウ等」を，次の受託事業者ないし指定管理者に引き継ぐことが，サービスの費用低下につながると考えられる。これまで随意契約等により特定の事業者に継続的に委託してきた一つの理由は，経験やノウハウの蓄積を生かして，対価を低下させることが可能であるという建前論にあったと思われる。今後，競争的な事業者の選定において，次の事業者に引き継ぐことが可能かどうかが問題である。受託者ないし指定管理者が業務遂行を通じて得た新たなノウハウ等を，当該事業者の独占にしないことを予め契約内容あるいは指定の条件とすることが考えられる。この点について，総務省の「地方公共団体における民間委託の推進等に関する研究会」は，「複数年度にわたり業務を受託した委託先は，次回の入札において，経験やノウハウ等の面で，新たに参加しようとする他の民間事業者よりも優位な地位にあると考えられる」という認識から，「業務実施手順や手法，運営上の留意点等公共サービスの質の維持に欠かせない定型的事項をマニュアルとして行政に引き継ぎ，行政はその内容を募集要項に盛り込む必要がある。この際，行政に引き継ぐべき事項は，その必要性や見積条件等を総合的に勘案し，あらかじめ両者で合意をしておく必要がある」と指摘した[51]。しかし，それを超えて業務を通じて

---

[51] 総務省「地方公共団体における民間委託の推進等に関する研究会〈報告書〉」（平成19年3月）33頁。

得たノウハウ等の扱いについては，なお問題が残される[52]。地方公共団体の業務の特殊性故に取得できたノウハウ等の権利については，地方公共団体が無償で取得できるとすることが難しいとしても，すべてを当該事業者が独占できるのではなく，地方公共団体との準共有の権利とすることができないであろうか。

　PFI方式にあっては，"value for money"（VFM）ということが強調される。筆者は，この言葉は，「金額に見合った価値」と考えているが，PFIに即していうと，「支払に対して最も価値の高いサービスを供給する」考え方であるとされている[53]。ある事業についてPFI方式を採用する基準は，公共部門が自ら事業を実施する場合に比べてPFI方式による方がVFMがあって，当該事業を効率的かつ効果的に実施できる場合である。この比較をどのように行なうかは，極めて重要である。PFI方式にあっては，同一の公共サービス水準の場合は，「公共が自ら実施する場合の事業期間全体を通じた公的財政負担の見込額の現在価値」すなわちpublic sector comparator（PSC）と「PFI事業として実施する場合の事業期間全体を通じた公的財政負担の見込額の現在価値」，すなわちlife cycle cost（LCC）とを比較することになる。特定事業の選定（PFI法6条）の際には，この方法による。さらに，民間事業者の選定（7条1項）の際には，これに公共サービス水準の評価が必要となる場合がある[54]。このような仕組みにおいて，事業期間が長く設定されている場合に，特定事業選定における両者の比較の判断のミスがあっても，「長期的なリスク問題」に解消される可能性が高く，しかも，その判断ミスの顕在化は事業が開始されてから相当経過した時点になる。PFI

52　総務省「地方公共団体における民間委託の推進等に関する研究会〈報告書〉」前掲33頁は，「知的財産権として当然保護されるべき権利や民間委託等の業務を受託する以前から委託先等が保持していたノウハウ，営業上保護されることが合理的なノウハウ等については，地方公共団体が委託先に対して正当な対価を払うことにより，著作権等の知的財産権の実施許諾を受けた場合を除き，行政への引き継ぎの対象外とすべきである」と述べた。

53　民間資金等活用事業推進委員会「VFM（Value For Money）に関するガイドライン」（平成13・7・27）。

54　以上，民間資金等活用事業推進委員会・前掲による。

方式において，政府部門の責任者の法的責任を問うことは著しく困難である。先駆的な素晴らしい事業であると宣伝している事業が，当該地方公共団体の長の宣伝の手段にすぎず，杜撰なVFMの判断によるものであったとしても，法的責任を追及することはできないことが予想される。このような意味において，VFMを追求する財政法の理念に合致した手法でありながら，そこから逸脱する結果を甘受せざるを得ない危険性をも内包させているのである。第三セクターの活用が，やはり長期的なリスクの問題として，設立時の責任の所在が追及されずに済まされがちであるのと同様の問題がある。

IT化の推進と経済性　行政減量化の有力な手段としてIT化が促進されている。しかし，IT化の検討業務や実施，システムの改修などが経済性原則によって行なわれているかどうかは吟味を必要とする。その吟味を怠るならば，大きな水漏れを伴ったIT化に陥る虞がある。ことに，いったん当初の業務を委託すると，以後の契約につき，その性質上随意契約にせざるを得ないことが多く[55]，その対価が適正といえるかどうか検証しにくいという問題がある。受託事業者の言いなりの対価にならないよう厳しくチェックする必要がある。

［4］　裁量権の逸脱濫用の禁止

裁量権の逸脱濫用論の機能　政府経費は，法律による規制がある場合にはその規制に服しつつ（たとえば給与），特別の規制がない場合には，予算執行権者の裁量により意思決定されて支出される。しかしながら，予算執行権者の完全に自由な裁量に委ねられているわけではない。地方公共団体の支出を統制するのに，住民訴訟の判決において，裁量権の逸脱濫用がある場合には違法であると述べることが一般化している。裁量処分（裁量的行政行為）についての統制として用いられてきた裁量権の逸脱濫用（行政事件訴訟法30条）が，財務会計行為の違法性を判断する基準としても用いられているのである。

このように裁量権の逸脱濫用は極めて重要な観念であるが，どのような場合に裁量権の逸脱濫用と評価されるのかについての基準は必ずしも明らかでない。その意味において，政府経費の適法・違法の判断基準として裁量権の

逸脱濫用が真に機能しているといえるのかどうか，自信をもって答えることはできない。裁判官は，あらかじめ適法とすべきであるという結論を決めてから，「裁量権の逸脱又は濫用があったということはできない」と述べ，逆に，違法とすべきであるという結論を決めてから，「裁量権の範囲を逸脱したものといわざるを得ない」というように述べることもあろう。裁量権の逸

---

55 大阪市総務局の業務委託契約で平成18年以降平成19年4月2日までに随意契約によったものの中には，以下のものがある（大阪市総務局ホームページによる）。カッコ内は，1千万円以上のものの契約金額（税込）である（10万円以下四捨五入）。勤務状況事務処理システム保守委託，職員情報システム改修等業務（3億9,400万円），共通管理業務簡素化・集約化等の実施検討に係る支援業務（2,100万円），システム関係支援業務及び共通管理業務簡素化・集約化実施検討支援業務，勤務状況事務処理システム改修業務（1,400万円），休暇・超過勤務手当等の発生源入力実現に向けた業務仕様検討業務，文書管理システム運用保守等業務（1億3,600万円），文書管理システム2次稼動後の安定運用のための支援等業務，児童手当システム保守，勤務状況事務処理システム改修等業務委託（1,400万円），電子計算機室運用支援業務（5,800万円），現行業務システム運用保守業務（3,200万円），税務事務システム運用保守等支援業務（9,300万円），住民基本台帳・外国人登録等事務システム運用保守等支援業務（3,500万円），国民健康保険システム，老人保健・医療助成システム及び国民年金システム運用保守等支援業務（6,300万円），財務会計システム運用保守等支援業務（3,800万円），介護保険システム運用保守等支援業務（4,200万円），総合福祉システム運用保守等支援業務（3,900万円），文書管理システム運用保守等支援業務（5,700万円），職員情報システム（人事・給与システム）運用保守等支援業務（4,300万円），業務系ネットワーク運用・保守業務（9,400万円），システム開発・維持管理にかかる基盤技術支援コンサルティング業務（2,900万円），庁内ネットワークに係る運用管理業務（1億8,200万円），ホームページ基盤の運用管理業務（8,300万円），電子申請システム運用保守業務（3,500万円），職員情報システム運用保守等支援業務（3億3,500万円），職員情報システム改修等業務（1億3,000万円），職員情報システム及び勤務状況事務処理システム関係並びに共通管理業務集約化関係支援業務（2,200万円），共通管理業務簡素化・集約化等の実施推進に係る支援業務（5,200万円），勤務情報システム改修・構築業務（1億2,400万円），住民基本台帳・外国人登録等事務システム及び住民基本台帳ネットワークシステムの機種更新に伴う移行・検証・運用引継ぎ業務（1億7,100万円），総合福祉システムの機種更新に向けての移行検証及び方式検討業務（2億2,200万円），庁内情報ネットワークの拡充・整備に係る設計・構築業務（7,800万円），ホームページ基盤等の機能拡充業務（2,700万円）。

脱濫用論は単なる飾り言葉となっていることもありうることに注意する必要がある。

[5] 説明責任の原則

政府経費と説明責任の原則・透明性原則　財政法の基本原則たる国民財政主義の下において，政府経費は，国民・住民の負担した租税等を財源にして，国民・住民のために使用されるべきものである。そのためには，事前の予算統制のみならず，実際にどのように使用されるのかについて，国民・住民に明らかにされるのが原則である。さらに，どのように使用されたのかについても国民・住民に明らかにされなければならない。

このようなことを示すものとして，「透明性の原則」及び「説明責任の原則」の言葉を充てることができる。もっとも，この二つの言葉の意味ないし関係が必ずしも確定されているわけではない。たとえば，行政法学において，透明性の原則が行政手続法との関係で語られ，それは手続関係者との透明性であるとされ[56]，実際に，行政手続法は，わざわざ「行政上の意思決定について，その内容及び過程が国民にとって明らかであること」をもって「透明性」と定義している（1条1項）。他方において，説明責任の原則は情報公開との関係において語られ[57]，実際にも，行政機関情報公開法において，「政府の有するその諸活動を国民に説明する責務」の全うが謳われている（1条）。このような実定法上の用語に従わなければならないとするならば，以下において述べようとすることは「説明責任原則」と呼ぶべきかも知れない[58]。

しかし，情報公開制度も含めて，公共工事の入札過程・契約締結過程・契約内容の透明性の確保などを「透明性原則」の言葉で説明し，そのなかで財

56　塩野宏『行政法Ⅰ [第4版] 行政法総論』（有斐閣，平成17年）260頁。
57　塩野宏・前掲書299頁。
58　櫻井敬子＝橋本博之『行政法』（弘文堂，平成19年）23頁以下においては，法律による行政の原理以外の一般原則の主たるものとして「適正手続の原則」（それは公正性・透明性の原則の内容と実質的に重なっているとする）と「説明責任の原則」とを掲げている。
59　大橋洋一『行政法　現代行政過程論 [第2版]』（有斐閣，平成16年）43頁‐44頁。

政公開主義を強調する見解もある[59]。しかも，透明性の一般用語は，行政手続法のそれよりも広い意味を有している。他方，平成17年の改正により行政手続法に意見公募（パブリック・コメント）手続が導入されたことなどを根拠に，それまでの自由主義を基調とする透明性が民主主義の観点からの透明性も求められるようになったとして，「民主主義の観点からは，単なる透明性にとどまらず，国政を国民から信託された者が主権者たる国民に対してアカウンタビリティを負うという原則が導かれる」として，「民主主義の観点からの透明性の要請も，アカウンタビリティの原則に包摂される」とする見解もある[60]。

　こうした状況において，言葉の用い方について大いに迷うところであるが，透明性原則と説明責任原則とをほぼ同義であると理解して，便宜上「説明責任原則」の言葉を用いることにする。

　重要なことは，先にも述べたように，国民・住民の負担した資金（公金）の行方が国民・住民に明らかにされなければならないということである。もしも公務員が守秘義務を楯にして経費の使途を秘匿するならば，裏金の造成も発見することはできないことになってしまうであろう。「守秘義務が実質的な泥棒を保護する」結果となる。使途を秘匿できる経費を仮に「機密費」と呼ぶならば，機密費の存在を積極的に認める規定は財政法等に見られない。むしろ，憲法や財政法は財政公開主義[61]を基本にし，その延長上に「説明責任原則」が存在すると考えられるので，無制限に機密費を認めることは説明責任原則に反するといわなければならない。

　そして，予算制度との関係においても，歳出の目的（使途）を歳出予算によって特定するという「使途特定原則」が採用されているのであるから，「使途を一切明らかにしない」という意味の機密費の存在は認められていないというべきであろう。「使途を明かさない経費も，その限りで使途が特定された経費である」と述べることは一種の詭弁である。予算により特定され

60　宇賀克也『行政法概説Ⅰ　行政法総論［第2版］』（有斐閣，平成18年）52頁‐53頁。

61　財政公開主義には，憲法91条及び財政法46条の定める財政状況の報告（狭義の財政公開主義）のほか，広義の財政情報公開主義が含まれると解される。

た使途に充てられたことを確認できないような機密を認めることは予算制度の根幹を崩すことになるといわなければならない[62]。予算制度は憲法上の制度であることを忘れてはならない。

説明責任原則の吟味　説明責任原則の意味を明らかにしておく必要がある。その場合に，少なくとも二つのレベルがあるように思われる。

第一に，誰との関係における説明責任（透明性）であるかにより二つに大別される。国の場合に着目して説明したい。

まず，国民（住民）との関係において説明しなければならないという意味（国民・住民との関係における説明責任）において説明責任が語られるのが一般的である。財政が国民のために存在しなければならないという国民財政主義を基調にして財政公開主義が要求されているのであるから，政府経費が国民との関係において説明され，透明であることが望ましいことはいうまでもない。行政機関情報公開法及び地方公共団体の情報公開条例による文書の開示が大きな意味をもっている（これについては本書第2章を参照）。しかし，財政公開主義は，ある具体的経費につき，「誰に対して，いつ，いくら支出されたものであるか」を国民（一般公衆）に対して明らかにすることまでを要求するものではない。事柄に応じて「行政上の秘密」あるいは相手方の保護の必要性により，合理的根拠があるならば，これらを明かさないことも許容されるというべきである。このような意味において，国家の存立そのものに係わる「国家機密」とされるべき費用の存在を憲法や財政法が一切認めていないと解されるものではない[63]（なお，行政機関情報公開法5条3号・4号を参照）。「機密費」の問題は，極めて重要な検討課題である[64]。

説明責任原則という場合にも，個別の経費の使途につき，支出の目的・相

62　碓井光明「機密費の使用に関する財政法的検討」ジュリスト1196号86頁（平成13年）。

63　行政機関情報公開法5条3号は，不開示情報として「公にすることにより，国の安全が害されるおそれ，他国若しくは国際機関との信頼関係が損なわれるおそれ又は他国若しくは国際機関との交渉上不利益を被るおそれがあると行政機関の長が認めることにつき相当の理由がある情報」を掲げている。

64　前田英昭『国会の「機密費」論争』（高文堂出版社，平成15年）を参照。

手方・金額・時期をすべて明らかにするというレベルの説明責任のほかに，これよりもより緩やかな説明も考えられる。その意味において，説明責任（透明性）のレベルに関して多様なレベルが想定されるのであって，経費の性質に応じて説明責任を果たす（透明性を確保する）必要がある。

次に，国家内部において，特に予算執行系列の機関及び内部監査・会計検査の機関との関係において透明でなければならないという意味の透明性（国家内部における透明性）の視点もある。国民との関係において相手方や金額を明らかにできない場合であっても，国家内部，ことに公金支出の事務系統の国家機関（会計検査院を含む）内部の会計上においては明らかにしなければならないのが原則である。

もっとも，「国家内部」というときに，さまざまなレベルないし単位があることに注意する必要がある。国会を含めた国家機関内部という把握の仕方もある。公務員が守秘義務を負い，その義務が遵守されるならば，行政組織内において本来は「機密」が守られるはずである。また，国会も機密費の使用に関する委員会を設けて同委員会に所属する議員が「機密」を守るならば，機密費の統制も可能なはずである。一定期間経過後に公表する方法もありうる[65]。その場合には，委員たる国会議員が国民の代表者又は代理人として機密費を統制することになり，その限りにおいて一定の説明責任を果たすものと評価できる。しかし，公務員一般の守秘義務や委員会所属国会議員の守秘義務が確実に遵守されることを必ずしも確信できないところに問題がある。

そこで，次のレベルとして，機密費を使用する省庁と会計検査院に限定し

---

[65] 平成13年に民主党がまとめた「機密費の使用に係る文書の作成，公表等に関する法律案」は，「国の安全，外交その他の国の重大な利益又は国民の生命・身体若しくは財産の安全に係る国の機密の活動に使用するための国の経費」を「機密費」と定義し（2条），機密費支払記録書（支払をした職員の官職及び氏名，支払年月日，支払金額，支払の相手方の氏名又は名称，支払に係る活動及び当該活動が機密である具体的な理由，支払について承認をした者の官職及び氏名）の作成を義務づけて，翌年度の4月から起算して，一般の場合は10年，特に機密の程度が高い活動であると所管大臣が認めるもののために支払われた機密費に係るものは25年経過後に公表すること（行政機関情報公開法5条1号から4号までの情報については延長，再延長ができる）を義務づけていた。

た意味の「国家内部」においては明らかにすべきであるとする考え方がある。会計検査院が憲法上の機関（憲法90条）としてその使命を果たすことに鑑み，実効的な検査を可能にするためにも検査担当職員に守秘義務の遵守が強く求められることはいうまでもない。筆者としては，少なくとも，「国家内部」というときに，このレベルの単位を考えることが適当であると考えている[66]。なお，後に述べるように内閣官房報償費に関しては「簡易証明」の処理により，会計検査院も中身に立ち入らない運用がなされている。国家内部において透明でなければならないというときに，領収書の徴取及び領収書の真正さの確認などを伴わない単なる記録により透明性が確保されているとするときは，不正使用を統制できないという問題がある。

　第二に，どの時点における透明性であるかにより2段階がある。すなわち，通常は，公金支出の時点における透明性（公金支出手続時点の透明性）であるが，公金の受領者が特定の使途に充てることとされている場合に，その使途を明らかにするという意味の透明性（公金受領者の使途の透明性）が求められる場合がある。このような透明性が問題とされる場面は，補助金や地方公共団体の政務調査費の場合に典型的に問題とされている。

　報償費　国において，説明責任（透明性）原則が完全に貫かれるものではないとされる。大括りの歳出予算による授権を受けて，その具体の使用について秘密にすることのできる分野があるというのである。国が，その活動を行なうには，その性質上実際の使途（特に誰に対する支出であるか）を明かすことのできない経費支出も避けることができない，というのである。その典型は，国の安全を脅かすような事態に備えて情報収集活動を行なうための，いわゆる諜報経費であるとされる。このような「使途を明かさない経費」は，存在しないに越したことはないが，いわば必要悪として認めざるを得ないというわけである。しかし，先に述べたように「使途を明かさない経費」というときに，誰に対して明かさないのかが問題である。

---

[66] このほか，法的に許されないとしても，観念的には，省庁内部にとどめられる経費の存在もありうる。そして「省庁内部」というときに，大臣以下の監督系統のなかにおいては明らかにされる意味の「省庁内部」，使用する局・課・係のような限定された単位の内部，さらに最も小さな単位として，「担当者限りの内部」もありうる。

国には，外部に対して「報償費」のレッテルのみでその内容を明かさない一群の経費がある。内閣官房報償費，外務省報償費（本省報償費と在外公館報償費とを含む）などが問題とされた[67]。「報償費」とは，国の歳出予算の目区分表によれば，「国が国の事務又は事業を円滑かつ効果的に遂行するため，当面の任務と状況に応じその都度の判断で最も適当と認められる方法により機動的に使用する経費（例えば国の事務又は事業に関し功労があった者等に対し，特に労苦に報い更にそのような寄与を奨励することを適当と認める場合において使用する経費又は部外の協力者に対して謝礼的又は代償的な意味において使用する経費）」であるとされている[68]。この定義には，必ずしも使途を明かさないこと，いわゆる機密費であることが示されているわけではない。むしろ，「当面の任務と状況に応じその都度の判断で最も適当と認められる方法により機動的に使用する経費」という表現には，「その都度の判断」及び「機動的に使用」の文言により，「使用方法に関する広い裁量権を付与された経費」であるように見える。また，「部外の協力者に対して謝礼的又は代償的な意味において使用する経費」の部分には，たしかに情報収集経費が含まれるように見えるが，すべてが情報収集経費であるわけではない。仮に予算編成上の慣習法として，「報償費」は機密費であることが確定されているとするならば，かつて報道されたような政府首脳の公然たる外国訪問に随行する職員の旅費に報償費をもって補てんすることは，「報償費」の定義に反する公金支出ということになろう[69]。

なお，「機動的に使用する経費」とされる報償費を予備費の使用と比較すると，次のような違いがある。

予備費にあっては，財務大臣が管理することとされ（財政法35条1項），

---

[67] 平成18年度一般会計予算において，内閣官房報償費は14億6,165万円，外務本省報償費は10億円，在外公館報償費は20億円が計上されていた。一時話題になった検察官署報償費は1,916万円であった。平成19年度分については後述。

[68] 「平成18年度一般会計，特別会計歳出予算目の区分表」『平成18年度予算事務提要』（大蔵財務協会，平成18年）124頁。財務省のホームページによる「平成19年度一般会計，特別会計歳出予算目の区分表」12頁も同じ。

[69] 碓井光明「機密費の使用に関する財政法的検討」前掲88頁。

使用前の手続をとることが要件とされている。すなわち，各省各庁の長は，予備費の使用を必要とする理由，金額及び積算の基礎を明らかにした調書を作成して財務大臣に送付し，財務大臣がその要求を調査し所要の調整を加えて予備費使用書を作成し閣議決定を求める手続を経ることが原則とされている。予め閣議の決定を経て財務大臣の指定する経費については，閣議を経ることを必要とせず，財務大臣が予備費使用書を決定することができる（財政法35条2項，3項）。このような手続による場合，機動性の発揮には限界がある[70]。さらに，使用後においても，各省各庁の長が予備費をもって支弁した金額に関する予備費使用調書を次の国会の常会の開会後直ちに財務大臣に送付し，財務大臣がその調査に基づいて「総調書」を作成し，内閣から総調書及び各省各庁の調書を国会に提出してその承諾を求める手続がとられる（財政法36条1項〜3項）。

これに対して，内閣官房報償費に関して，仮に使途の特定されていない機動的使用の可能な経費であると理解するならば，予備費としての手続も要しない，事前に裁量的に使用することを許容されている特別の経費であるという位置づけになる。そのような経費が，法律の根拠も国会の議決を経た予算でもなく，予算参照書の予定経費要求書（財政法20条2項，予決令11条1項）及び歳出予算目区分表（予決令12条，14条2項）のみによって可能といえるのか大いに疑問である。同じ報償費であっても，外務省報償費（外務本省報償費及び在外公館報償費）は，はるかに使途が特定されているといえよう。

地方公共団体においても「報償費」が存在する。しかし，それらの中には，特に使途を秘匿する必要性のないものも多く存在する。たとえば，測量等の立会いを土地の所有者等に求めた場合に「報償金」を交付する扱いがなされることがある[71]。地域住民等がボランティアとして行なう道路の路肩及び法面等の除草作業等に対して報償金を交付する例もある[72]。ボランティアの協力に対しては，「謝金」という言葉が相応しくないと考えて報償費という言葉を付しているのかも知れない[73]。これらからすれば，「報償費」が必然的

70　機動性の発揮には限界があるが，理論上は報償費予算の不足に対して予備費使用の手続をとることも可能である。

に使途の秘匿を要する経費ではないことがわかる。

　報償費についての一つの問題点は，それが真に必要な経費であるならばよいが，経費性のない職員の個人的満足を満たすために使用されても，外部からそれを明らかにすることができないことである。さらに，組織的にプールしていわゆる「裏金」が造成されることも多いといわれる[74]。要するに，真に予定されている使途に使用されたことを確認する手立てがなく，不正が横行してしまう虞がある点に最大の問題がある。したがって，もしも国家的機密を要する経費を報償費と定義して特別の扱いをする必要性を認めるのであれば，法令により明確に位置づけて，かつ，その実効ある統制を法制化すべきであろう。使用方法に懸念を感じつつ（「後ろめたいところのある経費」），黙認する態度は改めなければなるまい。自由民主党の政務調査会外交部会外務省改革に関する小委員会は，「機密費を審査する国会機能の強化」の一環として「国会に守秘義務を課した外交機密費等の検査機関を設置することを積極的に検討」することを提案した[75]。一つの改善方策として受け止める必要があろう。

71　埼玉県は，県外かつ遠隔地に居住している者から請求があった場合に交通費等を支給することがやむを得ないと認めた者に支給することとしている（「測量等の立会に対する報償金支払に関する事務取扱要領」）。隣接土地の所有者は休暇をとって協力しても報償金交付の対象にならないことになる。これに対して，つくばみらい市は，用地買収協力員（用地買収ために特に協力を依頼した者）及び境界立会協力者（事業用地に隣接する土地所有者，土地所有者以外で用地測量のため境界立会いを依頼した者及び現地調査のために特に立会いを依頼した者）に報償金を支給するとし（1日5,000円，4時間未満は2分の1），市外居住者である境界立会い協力者で市長が特に必要と認める場合には，交通費実費相当額を加えて支給することができる，としている（「つくばみらい市用地立会等報償規程」）。

72　酒田市道路除草等活動支援事業報償費交付要綱。ただし，この要綱によれば，同市補助金等交付規則の適用を行なうとされているので，補助金等の位置づけかも知れない。

73　たとえば，さいたま市教育委員会「平成18年度小学校英語活動ボランティア講師募集要項」。

74　古川利明『日本の裏金［上］首相官邸・外務省編』（第三書館，平成19年）を参照。

75　自由民主党政務調査会外交部会外務省改革に関する小委員会の『外務省改革案──国益を担う外交の再生：31の提言──』（平成14・4・17）。

内閣官房報償費　内閣官房報償費（通称，官房機密費）は，先に紹介した報償費であり，「一国の総理として広く内政，外交の円滑な推進を図るうえにおいて，これに関し功労，協力及び努力があった者等に対し，その労苦に報い更にそのような寄与を奨励することが望ましいと考えられる場合において，その状況に応じ最も適当な方法で支出しているもの」であるとされる[76]。平成19年度一般会計予算参照書の予定経費要求書による科目別内訳によれば，内閣官房報償費は，1,461,652千円で，平成17年度及び平成18年度と全く同額が計上されている。その積算の根拠は明らかでないが，毎年度，端数まで同額が計上されていることに注目したい。また，歳出予算現額と支出済歳出額とが，ほぼ同額に近いことにも注目したい[77]。これは，よく言えば，真に必要な最低限の金額を予算に計上していると説明されようし，悪く言えば，上手に不用額の発生を最小限にとどめるよう使い切ることに努めているといえよう。

　内閣官房報償費は，「一般行政に必要な経費」と「情報収集及び分析その他の調査に必要な経費」（情報収集経費）とに区分され，前者は，さらに「経常事務費の一般事務費」（一般行政経費）と「内閣総理大臣外国訪問等経費」（首相外国訪問経費）に区分されているという。会計検査院の『平成12年度決算検査報告』によると，平成8年度から12年度までの，経費区分別の決算額は，次のとおりであった[78]。

76　会計検査院『平成12年度決算検査報告』54頁。
77　最近の各年度の決算参照書を見ても，歳出予算現額と支出済歳出額とを掲げると，平成15年度（1,420,726,000千円，1,420,592,964千円），平成16年度（1,429,726,000千円，1,420,184,580千円），平成17年度（1,420726,000千円，1,420,250,776千円）となっている。ちなみに，平成8年度から12年度までの，歳出予算現額と支出済歳出額は，会計検査院『平成12年度決算検査報告』に掲げられている。当時と現在との違いは，歳出予算現額が，当時（平成9年度から12年度までは1,518,950千円）より若干低くなったことのみである。もっとも，平成13年度1,461,652,000千円，平成14年度1,388,569,000円と減少したものの，平成15年度以降は，上記の金額に固定されている。
78　会計検査院『平成12年度決算検査報告』55頁。

(単位：千円)

	一般行政に必要な経費		情報収集経費	合　計
	一般行政経費	首相外国訪問経費		
8年度	1,213,701	85,864	216,477	1,516,043
9年度	1,213,701	88,769	216,476	1,518,946
10年度	1,213,701	88,769	216,480	1,518,950
11年度	1,213,701	88,769	216,480	1,518,950
12年度	1,213,701	88,768	216,480	1,518,950
8〜12年度計	6,068,507	440,939	1,082,395	7,591,842

　これらの区分ごとの支出済額が各年度ほぼ同額に近いことをいかに評価すべきか迷うところであるが，たとえば，首相の外国訪問の回数や日数が年度により一様でないことを考えると，あまりに不自然な支出といえよう。

　会計検査院の『平成12年度決算検査報告』によれば，内閣官房報償費のうち，一般行政に必要な経費については，内閣官房長官が「取扱責任者」とされている。内閣官房長官から請求書の提出を受けた支出負担行為担当官である会計担当内閣参事官が支出負担行為を行なう。これに基づいて，官署支出官である内閣府大臣官房会計課長が支出決定を行なう。この支出決定に基づいて，センター支出官である財務省会計センター会計管理部長から，日本銀行を経て資金前渡官吏である内閣府大臣官房会計課用度・給与担当課長補佐に資金が交付される。この資金が，取扱責任者である内閣官房長官に交付される[79]。そして，内閣官房長官の下において，主席内閣参事官（平成13年1月以降は内閣総務官）及びその指示のもと官邸職員が事務補助者となって出納・保管の事務を行ない，その事務の一環として，取扱責任者内閣官房長官の支払承認に基づき，内閣官房長官自身又は役務提供者等に対し現金支払又

79　会計検査院『平成12年度決算検査報告』55頁‐56頁。

は口座振込を行ない，その都度帳簿に記録するなどし，これらの領収証書等が保管されている[80]。

　これらのうち，最も問題となるのが，内閣官房長官自身に交付された報償費の扱いである。決算検査報告によれば，取扱責任者内閣官房長官に提出された内閣官房長官自身による領収証書はあるが，その後の役務提供者等に対する支払に関する帳簿や支払を証明する書類等を整備するなどの事務補助は行なわれていないという[81]。それ以降の使途は，すべて官房長官の裁量ということになる。通常の会計処理は，使途を明らかにして支出負担行為，支出命令，支出と手続が進行するのであるが，内閣官房報償費のうち内閣官房長官自身が取扱責任者としての内閣官房長官から受領するものにあっては，使途を明かすことなく官房長官がまとめて現金を手にする仕組みなのである[82]。

　会計検査院との関係において「簡易証明」が認められているという。これは，会計検査院に対する計算証明（会計検査院法24条）の方法の特例である。すなわち，会計検査院の検査を受ける者は，会計検査院の定める計算証明の規程により，常時に，計算書及び証拠書類を会計検査院に提出するものとされている。会計検査院の定める規程が，会計検査院の規則制定権（会計検査院法38条）に基づき制定された「計算証明規則」である。同規則11条は，「特別の事情がある場合には，会計検査院の指定により，又はその承認を経て，この規則の規定と異なる取扱をすることができる」と定めている。各省各庁等の報償費，捜査費などの費目について計算証明の特例の承認がなされているということであるので[83]，計算書に添付する証拠書類（同規則2条1項）としての領収証書，支出の内容を明らかにした決議書の類，請求書，契約書など[84]の提出について特例が認められていることを意味する。すなわち，報償費を支払う部外の協力者の請求書，領収書等の証拠書類は，会計検査院

80　会計検査院『平成12年度決算検査報告』58頁。
81　会計検査院『平成12年度決算検査報告』58頁。
82　古川利明・前掲書19頁。
83　山本泉編『新訂版　わかりやすい計算証明——逐条解説——』（全国会計職員協会，平成18年）75頁。
84　山本泉編・前掲書30頁。

から要求があった際に提出させることとして，手元保管することを認めているのが「簡易証明」なのである[85]。報償費のなかには，その性質上領収書を徴することの困難なものがあるし，経費の性質によって他の方法により証明できるものもあるであろう。その意味において，常時提出を求める証拠書類に関して計算証明規則11条を活用した特例を認めること自体は許されると思われる。

しかし，内閣官房長官自身が役務提供者等に支払っている報償費については，内閣官房長官の領収証書どまりで，それ以上の検査を行なわない扱いがなされてきた。すなわち，「帳簿や書類の整備などの事務補助が行われていないこと，内閣官房長官としての高度な政策的判断に基づき執行される特に機密性の高い経費であることなどから，取扱責任者内閣官房長官に対する内閣官房長官自らの領収証書を確認し，説明をうけてきた」という[86]。この「説明」がどの程度のことを指すのか外部から知ることはできない。たしかに，機密性の高い経費があることは予想できるが，そのことは会計検査がおよそ立ち入ってはならないことを意味するものではない。すなわち，「具体の支出について，当該予算の目的に使用されたかどうかが疑われる」「ぎりぎりの場面」においては，「当該目的に使用されたことを証明するためのあらゆる資料の提供が必要になる」のであって，現行法を前提にする限り，この場面において会計検査院に対する秘密は存在し得ないというべきである[87]。もっとも，司法権の限界としていわれる「統治行為」ないし「政治的行為」と同様に，会計検査院の検査の限界として，「国家の最高機密に係わる支出について会計検査院の検査権限は及ばない」ことが憲法解釈として是認されるとする見解もありえないわけではない[88]。もし，そのような主張者がおられるならば，筆者のような見解との間で真摯な議論が必要となろう。

官房長官が領収証書を書く分の多額の資金につき，官房長官による受領後

---

85 『日本国憲法下の会計検査50年のあゆみ』（会計検査院，平成9年）53頁。
86 会計検査院『平成12年度決算検査報告』58頁‐59頁。
87 碓井光明「機密費の使用に関する財政法的検討」前掲87頁。
88 碓井光明「機密費の使用に関する財政法的検討」前掲92頁注(5)において，このような主張が予想される旨を指摘した。

の行方を明かさなくてよいという仕組みを放置してよいのか，国民的議論を必要とすると思われる。

外務省報償費　平成19年度の外務本省報償費は，同じく900,000千円で，平成17年度及び平成18年度の1,000,000千円から100,000千円減額されている。こちらは，減額があったものの，各年度の金額が極めて切りのよい金額で計上されており，内閣官房報償費と対照的である。また，外務省の在外公館報償費は，1,800,000千円で，やはり平成17年度及び平成18年度の2,000,000千円から200,000千円減額されている。これらの報償費は「外交機密費」[89]と呼ばれることがある[90]。日本国として外交を行なうに当たって，情報収集等の目的で機密費を使用する必要があることは，内閣官房報償費よりも理解しやすいといえよう。外務省が平成13年3月に発表した「『松尾元要人外国訪問支援室長に係る事件』に関するＱ＆Ａ」において，「国際情勢がめまぐるしく変化する中で，国益の増進，すなわち国の安全と繁栄を確保し，世界各地で働く日本人の安全を守っていくためには，常に国際社会の微妙な関係を知っておくことは極めて重要で」「多元的な情報収集がますます重要になって」いるとし，「外務省報償費」は，「第一に，絶え間ない努力によって作られた信頼関係によって支えられた人脈をもとに的確な情報の収集を行うために，第二に，外国との交渉や日本にとっての外交関係を円滑かつ有利に展開するために，そして，第三に国際会議での議論を日本にとっ

---

[89]　外交機密費については，小黒純『検証　病める外務省』（岩波書店，平成14年）及び東京地裁平成18・2・28判例時報1948号35頁を参照。

[90]　平成13年度までは，在外公館経費のなかに政府開発援助報償費が計上されていたが，平成14年度以降は計上されていない。筆者は，外交上の機密費は常識的には理解できるが，平成12年度予算に「政府開発援助報償費」14億円余が計上されている理由が明らかでないと指摘したことがある（碓井光明「機密費の使用に関する財政法的検討」前掲87頁）。平成14年度以降，報償費が必要でなくなったのか，それとも本来の報償費と性質が異なる経費であるということで別の項目（たとえば，前年度の4億円余から平成14年度に36億円余へと大幅に増額された政府開発援助庁費又は約5億円増額された政府開発援助在外職員旅費）に移されたのかは明らかでない。なお，平成14年度は，会計法改正により在外公館渡切費（前年度約47億円）が廃止され在外公館庁費が約45億円増額された年度でもある。

て有利に導くため，会議の場などで様々な関係者に対して働きかけを行うために使用されているものです」，と説明していたという[91]。しかしながら，真に情報収集目的で必要な機密費の額は，外交機密費合計額に比べると，はるかに低い金額であるという指摘もなされている[92]。機密を要しない経費は「報償費」から除外する方向の議論が展開された[93]。

外務省報償費についても，簡易証明を認めているという[94]。

検察庁調査活動費・公安調査庁調査活動費　平成19年度予定経費要求書において，検察庁調査活動費は7,512万円で，平成13年度の1億5,857万円に比べると半減している[95]。他方，公安調査庁の公安調査官調査活動費約17億7,500万円が記載されている。この金額は，平成13年度の約19億2,900万円より若干減少しているものの，極端な減少ではない。これらの調査活動費の実態を外部から知ることはできないが，計算証明に関して「簡易証明」が認められている点において，内閣官房報償費等と同じ扱いがなされているようである[96]。これらは，事件の調査や情報提供者への謝礼などに充てられ，外務省報償費などと似た目的の経費として位置づけられていると思われる。国の存立を維持するうえで，公安調査の有用性を認めるのであれば，

91　小池政行『こんな外務省は必要か？』(朝日新聞社，平成14年) 42頁より再引用。

92　小池政行・前掲書45頁は，純粋に情報収集に支払われている機密費の総額は年間4億円を超えることはないと試算し，平成12年度の外務省報償費予算額が，すべて外務省が正当性を主張する機密費(報償費)に使用されているとは思えないとしている。会計検査院も，庁費等の他の費目で支出すべきものがあるとした(『平成12年度決算検査報告』113頁)。

93　松尾事件を契機に設置された「外務省機能改革会議」は，「使途・支払先を明らかにしても外交上問題が発生する可能性がなく，一般予算で支出しうる費目は，他の予算項目を拡充あるいは新設して，そちらで使い公開すべきである」とし，平成14年度以降の報償費については減額すべきは減額して概算要求すべきであると提言した(平成13・4・24)。また，自由民主党政務調査会外交部会外務省改革に関する小委員会の『外務省改革案──国益を担う外交の再生：31の提言──』(平成14・4・17)も，「平成14年度予算において，既に報償費のうちレセプション費等を別項目で予算建てしたものに加え，さらに報償費の内容を峻別，公開出来る費目は切り出し，本来の『外交機密費』の姿を確立」することを唱えた。

94　会計検査院『平成12年度決算検査報告』109頁。

95　これと別に報償費1,666万円がある。

そのための経費を惜しむ必要はない。しかし，職員個人や一定範囲の組織の公務外の使途に充てることのないシステムを構築する必要のあることは外務省報償費等と共通である。検察の調査活動費については，偽の領収書を用意した裏金づくりや私的流用がなされていたという指摘がある[97]。

警察報償費の仕組み　地方公共団体に関しては，警察の捜査報償費が問題とされる（ただし，後述するように，警察の捜査費には国庫が支弁すべきものも含まれている）。この種の使途を明かさない経費の支出を一切認めないとする考え方もありうるが，一定の情報収集活動が必要であって，使途を明かすことが後の情報収集の妨げになるとするならば，その存在そのものは認めざるを得ないであろう。そのうえで，適切な統制方法を考える必要がある。

警察報償費の仕組みを外部から知ることは難しいが，警察報償費問題が都道府県の監査委員や会計検査院により取り上げられるようになって，次第に明らかになっている。

宮城県監査委員の随時監査結果報告書[98]によれば，宮城県警察本部の場合は，「犯罪捜査報償費（県警）の取扱い要領について」（昭和58・3・7）という県警本部の通達によっている。それによれば，「捜査報償費は，犯罪捜査の過程において必要となる経費であり，特に緊急かつ秘密を要するため，通常の手続による支払いでは捜査活動上支障を来すことから，一般の資金前渡とは異なる取扱いがなされている」という。その使途は，刑事・保安・交通等[99]各種犯罪の捜査に伴う協力者等に対する謝金及び謝金支払いに関連して必要となる諸雑費（交通費・接触費等）である。緊急性及び秘匿性を必要とすることから，概括的な資金前渡により，所属長が捜査員に現金を概算交付している。資金前渡職員には県警本部関係課の管理官（次長・副隊長等）が指定されている。

その手続の概要は以下のとおりである。

96　古川利明『日本の裏金 [下] 検察・警察編』（第三書館，平成19年）23頁。
97　古川・前掲書を参照。
98　「県警察本部の犯罪捜査報償費に係る随時監査結果報告書」（平成18・3・23）。
99　ただし，要領自体は，「刑事警察費・交通指導取締費の報償費のうち，捜査協力謝礼の経費に適用する」と述べている。

資金前渡職員が，所属長の指示を受けて，毎月所要額を支出命令者（県警本部会計課長）と合議し，支出命令者は，その合議に基づき支出を決定して出納執行者に通知する。出納執行者は，財務規則に定める資金前渡の方法により現金を交付（資金前渡職員の預金口座に送金）する。所属長は，捜査報償費の交付を必要とするときは，資金前渡職員に支払伝票を起票させ，支出額を決定して捜査員に現金を交付する。捜査員は現金支払完了後に支払精算書を作成し関係書類を添えて所属長に精算報告する。関係書類は領収書が原則であるが，領収印にかえてサイン又は拇印の領収書を徴取したときは理由を記した報告書類（所属長の確認を受ける）を付し，また，諸雑費など少額の支払いで社会通念上領収書を徴することが困難なものについては徴取を省略できる（その内容を支払精算書に記載し所属長の確認を受ける）。資金前渡職員は，領収書その他必要な書類を取りまとめて精算票に添付し支出命令者に提出する。支出命令者は，精算を確認し，精算通知票により出納執行者に精算通知する。

　この手続において，不思議なのは，これまで推測されていた「性質上秘匿すべき経費」という視点が強調されていないことである。ある相手に多額の報償費を支払ったときに，領収書の徴取を省略することはできないのである。しかし，平成12年度の捜査報償費に関して，この監査報告書によれば，支払精算書の債主名欄，支払報告書の債主の住所・氏名欄，領収書の住所・氏名欄はすべて非開示とされたという。また，領収書を徴取したものは全体の21.8％にすぎなかったとされる。ここから浮かび上がるのは，住民一般に対する非開示ではなく，監査委員に対する秘匿の必要性があるかどうかである。自治法198条の3第2項は，「監査委員は，職務上知り得た秘密を漏らしてはならない。その職を退いた後も，同様とする」と定めている。この規定が遵守される限り，監査委員から外部に漏れることはないはずである。にもかかわらず，県警本部は監査委員を信頼していないことを意味する。このことが果たして法律論として是認できるのかという問題を提起しているといえよう。

　広島県監査委員も，同様に平成16年6月に「県警察における捜査報償費及び旅費の執行に関する監査（随時監査）の結果」を公表した。過去の監査

において捜査上の秘密を理由に捜査協力者の氏名などの情報が伏せられていたことから，この監査に当たって，捜査報償費の執行に係る書類は，捜査協力者の氏名を含めてすべて開示するよう要請したという。それに対して，公安委員会委員長から，捜査報償費関係資料のなかには，「①当該の情報が表面化することにより，生命・身体等に危難が及ぶ又はそのおそれがあるもの」，「②捜査機関以外の者には知られることがないという前提で提供がなされたもの」などが含まれていることから，治安責任遂行上，最大限の配慮が必要と思っており，これら以外のものについては要請に応じたいと考えているが，「捜査活動への支障がないよう配慮いただきたい」等の回答があったという。この考え方により，監査委員は，これらに該当する部分をテープ貼付により非開示にしたという。この①及び②の実体的要件によって宮城県の場合よりも非開示の対象が絞られたものと推測される[100]。

　会計検査院も，捜査費について関心を示してきた。都道府県警察に対しては，警察法 37 条 1 項が一定の経費について国庫が支弁すべきものと定めており，その中に「国の公安に係る犯罪その他特殊の犯罪の捜査に要する経費」（8 号）が含まれているからである。『平成 16 年度決算検査報告』は，特定検査対象として「都道府県警察における捜査費及び活動旅費の経理の状況について」を選択し，報告している。その報告によると，捜査費は，犯罪捜

---

[100] 同監査報告書によれば，支払精算書及び捜査諸雑費支払伝票の支払事由欄に捜査協力者や情報提供者に対する謝礼や接触のための飲食に使用した場合，それら相手方の氏名が記載されていたこと，日付も記載されていたことを述べたうえ，「捜査協力者や情報提供者の氏名など一部事項については，前述のとおり，非開示とされた」と述べている。これが，捜査協力者や情報提供者の氏名についても，本文の掲げた①及び②により絞って，一部のみを非開示としたのかどうかは必ずしも明らかでない。しかし，同じ監査報告書が，捜査協力者や情報提供者に対する事実確認に触れて，監査委員がこれらの者に対して調査を行なうことにより，これらの者から「以後の協力や情報を得られなくなるばかりか，本人に危害が及ぶおそれがあり，また，その後の捜査活動に重大な支障を来すため，捜査協力者等への事実確認等の接触は容認できないとの県警察の強い意見があること」等に触れて，この監査によって今後の捜査に支障を生じ，警察本来の業務である県民の安全・安心を守るという活動に影響が出ることは本意ではないと判断し，捜査協力者等に対する調査を実施しなかった，と述べているので，①及び②に該当しない捜査協力者等の氏名は開示されたものと推測される。

査に従事する職員の活動諸経費及び捜査等に関する協力者又は情報提供者（捜査協力者）に対する諸経費などであるとされている。そして，「捜査費経理の手引き」（平成13年4月，警察庁長官官房会計課作成）の内容が紹介されている。捜査費は，「特に緊急を要し，正規の支出手続を経ていては事務に支障を来し，又は秘密を要するため，通常の支出手続を経ることができない場合に使用できる経費」とされているという。具体的な使途として，車両，船舶等の借上費，捜査本部設置に伴う什器等の借上費，聞き込み・追尾等に要する経費，捜査協力者への謝礼及び接触経費等が例示されているという。また，国庫支弁の対象となる捜査費の経理については，捜査費の支払が緊急性又は秘匿性を必要とするため，県警本部長等が取扱責任者となり，本部の各課等又は各警察署の長が取扱者となって，交付を受けた現金の出納保管を行なうなど，通常の経理とは異なり，会計機関以外の者もその会計事務を分担しているという。会計手続の詳細も述べられているが，取扱者から捜査員への現金の交付は，一般の捜査費に関しては，事前に1件ごとに使途を特定して捜査員が取扱者に交付の申請を行なう必要があるのに対して，平成13年度に「捜査諸雑費」制度が導入されて，毎月当初にあらかじめ少額の捜査費を使途の特定をせずに捜査員に交付し，一定期間内に使用実績により精算する方法を執ることとなっているという[101]。この会計検査に際しては，北海道及び福岡県の警察本部の不適正経理が内部調査により判明したのを受けたものであって，両警察本部が会計検査院に対して捜査上の秘匿の必要性を理由に資料の提供を拒絶したのかどうかは明らかでない。

　なお，平成19年からスタートした捜査特別報奨金（公的懸賞金）及び平成20年からスタートする予定の「けん銃110番報奨金」も，警察報償費に含まれる。

　警察報償費使用状況の不透明性　警察の報償費について捜査上の秘密保持などの理由から特別の扱いが主張されるなかで，必ずしも秘匿する必要のない経費も報償費とされており，それは「報償」の国語的意味に合致するにもかかわらず，全体として不透明な印象を与えていることは否定できない。広

---

[101] 以上，会計検査院『平成16年度決算検査報告』592頁‐593頁。

島県監査委員が平成16年6月に公表した監査報告において,「合議が整わなかった意見」において,長期にわたる重要事件及び困難な重要事件の捜査等に従事する捜査員等に対する激励慰労のための経費として執行されていることについて,二人の監査委員が,そのような経費は緊急を要する又は秘密を要するとは考えられず,捜査のための他の経費と比べると異質のものであると指摘し,「捜査報償費から執行されることで,捜査上の秘密等により,その執行が公表されないことにもなるのではないかと考える」という危惧を述べている。そのうえで,激励慰労のための経費は,必要というのであれば,捜査報償費としてではなく,別途予算を計上し執行することを検討すべきであると述べている。一つの見方を示したものとして注目される[102]。

警察報償費をめぐる裁判例　　都道府県警察の捜査報償費に関しては,まず情報公開請求に対する不開示をめぐる裁判例が見られる。

北海道警察の元警部Aが同人の捜査協力者B及びCに支払った謝礼に関する一切の書類の開示請求に対して存否応答拒否の決定処分をしたことについて,札幌地裁平成16・12・22（判例集未登載）は,特定の事件の捜査に関して,特定の捜査員に協力し謝礼を受け取った事実及び捜査協力者の氏名,住所等の個人識別情報が記載されていると推認されるから,文書の存在を認めることによって,協力者の氏名,住所等の情報が明らかとなると考えられるとし,「被疑者側に捜査協力の事実が発覚した場合,捜査協力者の生命,身体等に危害が及ぶおそれがあるため,大多数の捜査協力者が,自己の生命,身体等に危害が及ぶことを危惧して,自らが捜査協力者である事実を秘匿することを求めていることは,一般に想定されるところである」と述べて,条例が存否応答を拒否できると定めている要件の「特定の個人の生命,身体若しくは名誉が侵害される」場合に該当するとした。情報公開との関係におい

---

[102] これに対して,他の二人の監査委員は,公費により職員間で飲食を行なうことが必要とする考え方は,県の他の執行機関にはなく,時代の趨勢からして県民の理解を得ることはできないのではないかとして,今後は激励慰労のための経費として公費を支出することは取りやめることを検討すべきである,と述べた。これは,必ずしも,激励慰労のための経費につき経費性を認めることができない,すなわち違法であるとする見解を述べたものではなく,政策の当否としての見解といえよう。

てこのように判断することは妥当であろう。

　青森県の「平成15年度分の警察本部交通指導課の捜査報償費（県費）支出に関する財務会計帳票及び支出証拠書類のうち捜査諸雑費に関するもの全て」及び「平成15年度分の警察本部少年課の捜査報償費（県費）支出に関する財務会計帳票及び支出証拠書類のうち捜査諸雑費に関するもの全て」の開示請求について，青森地裁平成19・2・2（判例集未登載）は，次のように判断した。まず，「取扱者から捜査員に捜査費を交付した月日」を開示すると，警察が内偵捜査の着手や協力者との接触等の何らかの捜査目的のために捜査報償費を交付した年月日を推認することが可能となることから捜査活動に支障が生じるおそれがあると判断したことには相当の理由があるとした。次に，捜査費証拠書の表紙の枚数を開示すると，「その多寡により1件あたりのおおよその執行額を推認することが一応可能であり，殊に枚数が少ない月については1件あたりの執行額を相当正確に推認することも可能となるほか，枚数の多寡から各月の捜査報償費の執行件数の増減を推認することも可能であるから，被疑者等の事件関係者がこれらの情報を入手した場合，自己の身辺で起きた事情等の他の情報と照合することによって自己に向けられた捜査の進展状況を推察して証拠隠滅，逃亡等をするおそれや捜査が自己の周辺に及んでいないと判断して更なる犯行に及ぶおそれがあることを全く否定することはできないから」捜査活動に支障が生じるおそれがあると判断したことには相当の理由があるとした。さらに，捜査報償費の個別の執行に関する情報に関して全部非開示とされていることについては，被疑者等の事件関係者が個別の執行内容を分析することにより，「特定の時期の捜査活動が自己に向けられたものと推認して証拠隠滅，逃亡等をするおそれや当該被疑者等が捜査協力者であるとの疑念を持った自己の周辺者に対して危害を及ぼすおそれ，他の周辺者等が後難を恐れて警察に協力することをちゅうちょするなど事後の捜査協力の確保に支障を生じるおそれがないとはいえないから」捜査活動に支障を生じるおそれがあると判断したことに相当の理由があるとした。

　もしも，このような考え方が相当であるとするならば，一般には，捜査の継続の可能性に着目すると，開示請求時点が当該年度から相当程度後になっても，このような判断になろう[103]。

3　政府経費法の基本原則　　63

　これに対して，裁判例には，やや異なる判断方法を示すものがある。京都地裁平成 18・6・30（判例集未登載）は，情報提供者や捜査協力者を識別できる情報及び捜査員による捜査費の具体的な執行についての情報は非開示とされるべきであるとしつつも，各部署単位の捜査費の執行に関する情報は，それにより捜査方法が推測されるとはいえないとし，警部の氏名，支出時期，支出金額が判明することで捜査等に係る動きの重要性，重大性，時期等を推測するおそれは抽象的なものにすぎないとした。そして，捜査諸雑費についての捜査費支出伺には支出事由欄に何月分の捜査員何名に対する捜査諸雑費であるかが記載されるのみであり，具体的な捜査状況が推測できるものと考え難い捜査費の具体的な執行に関する情報が記載されているということはできない，とした。一般捜査費の捜査費支出伺の支出事由欄に事件名等が記載されている場合であっても，抽象的一般的事件名の表示にとどまり，具体的な各捜査員の捜査費の執行についてまで明らかとならないような記載が通常と考えられる（もし，そのような情報が記載されている場合には被告が主張立証すべきである）とした（捜査費交付書兼支払精算書及び現金出納簿についても同様に判断した）。

　さらに不正経理疑惑[104]に着目した注目すべき裁判例が見られる。

　高知地裁平成 17・5・27（判例タイムズ 1237 号 217 頁〈参考〉）も，県費及び国費の捜査費の月別の収支を明らかにする文書について，捜査の繁閑は明らかになるものではあるが，これによって捜査協力者の氏名や個別具体的な捜査の状況までも明らかになるわけではないとし，情報量に照らし捜査に影響を及ぼすおそれは抽象的であり，仮におそれが顕在化したとしても，捜査に対して直ちに深刻な影響を与えるとまでは容易には想定し難いと述べたう

---

[103]　他に同様の裁判例として，仙台地裁平成 15・1・16 判例タイムズ 1185 号 189 頁，その控訴審・仙台高裁平成 17・10・27 判例集未登載（犯罪捜査協力報償費部分に限る），大津地裁平成 17・1・31 判例タイムズ 1216 号 133 頁，東京地裁平成 18・7・28 判例集未登載がある。また，非公開事由についての具体的主張立証がないとして開示を認めた裁判例として，大阪高裁平成 18・3・29 判例集未登載（前記大津地裁の控訴審判決）がある。

[104]　裁判例には不正経理疑惑は非開示の判断を左右するものではないと述べるものがある（東京地裁平成 18・7・28 判例集未登載）。

え，捜査費執行から数か月以上経過していることなども考慮すると，「捜査費の執行に係る組織的不正経理に関する疑惑を解明するという公益性」が，「非開示とすることによって保護されるべき利益」に明らかに優越するものと認められると述べた（捜査第二課及び暴力団対策課に関しては同水準の疑惑があるとはいえないから，明らかに優越する公益上の理由があるとはいえないとした）。なお，この事件の控訴審・高松高裁平成 18・9・29（判例タイムズ 1237 号 211 頁）は，捜査第二課及び暴力団対策課についても，同程度の不正経理があることから，同様であるとして開示すべきものとした。

以上のような情報公開制度との関係において，報償費の使用について違法性があるとの心証を抱いたとしても，住民が住民訴訟により損害賠償請求又は不当利得返還を求める 4 号請求で勝訴する前提が整う可能性は極めて薄いといえよう。

渡切費の廃止　かつて国に存在した渡切費も，説明責任原則との関係において問題となりうるものであった。これは，公務上必要な一定金額を見積もり，それを事務費の全部又は一部を支弁するために主任の職員に支給し，その者の責任において使用し経理させるものであった（平成 14 年改正前の会計法 23 条，予算決算及び会計令 59 条）[105]。その管理等について会計法令の制約を受けることがなく，会計検査院の検査の対象にもならないとされていた。国の郵政事業の一環として設置されていた当時の郵便局や登記所，在外公館のような小さな事務所において常時必要な少額事務費について事務の簡素化を図り，かつ，受給者の責任及び計算をもって経理させて冗費を節約するという趣旨によるものであった[106]。特定郵便局の渡切費が問題とされたところから，郵政改革関連の法改正（平成 14 年法律第 98 号）により根拠規定たる会計法 23 条が削除されたため，在外公館における渡切費も存在し得なくなった。

105　細溝清史編『最新会計法精解（増補版）』（大蔵財務協会，平成 14 年）371 頁。
106　細溝清史編・前掲書 371 頁。杉村章三郎『財政法［新版］』（有斐閣，昭和 57 年）213 頁をも参照。ただし，通説は，支給後の渡切費も公金であるとしていた（細溝清史編・前掲書 372 頁，杉村章三郎・前掲書 214 頁）。

第2章　政府経費支出の統制

1　法律・条例による統制

[1]　法律による統制

憲法による実質的統制規範の希薄さ　憲法は，国費の支出について「国会の議決」を要求しているが（85条），政府経費を実質的に統制する憲法規範としては，憲法89条が見られる程度である。最高裁判所は，宗教上の組織若しくは団体の使用，便益若しくは維持のための公金支出を禁止する憲法89条前段を，政教分離を定める憲法20条3項と同一の基準で解釈しようとしている（津地鎮祭訴訟に関する最高裁昭和52・7・13民集31巻4号533頁，愛媛玉串料訴訟に関する最高裁平成9・4・2民集51巻4号1673頁）。しかし，筆者は，憲法20条3項と89条とは，完全に重なるものではなく，それぞれが単独に政府経費の支出を違憲・違法とする場合があると考えている[1]。このほかにも戦争放棄を定める憲法9条との関係において，憲法の禁止する戦争を遂行するための戦費の支出は違憲・違法とされるであろう。このような憲法規範を除いて，政府経費支出の統制は，主として法律により統制される。

もっとも，法律は，一面において政府経費の統制機能を果たしつつも，たとえば，公務員給与のような場合には，支出の相手方に対する権利保障の性質も有している。

ところで，国の支出にあっては，仮に憲法違反の評価を受けるものであっても，国民が支出の違憲性を訴訟により争う機会を見出すことが極めて困難である。国民や納税者たる立場において裁判を求めることはできないとされるからである[2]。このことは，次に述べる法律による国の経費支出の統制の場合も同様である。

1　碓井光明『要説自治体財政・財務法［改訂版］』（学陽書房，平成11年）189頁。

国の経費支出と法律　　国費を支出するには，国会の議決に基づくことが必要とされる（憲法85条）。この「国会の議決」は，通常は，次に述べる歳出予算の議決によっているが，事柄によっては法律によることが望ましい。実際にも，多数の法律が制定されている。では，なぜ，歳出予算では足りず法律によることが望ましい分野が多いのであろうか。それには，次のような理由があるといえる。

第一に，予算は，年度ごとに議決されるので，年度を越えた継続的な効力をもつものではない。一貫性のある基準で経費支出を行なうには，法律を必要とする。

第二に，歳出予算は，「項ごとの総額」により限度が議決されるにすぎず，どのような基準により経費支出がなされるのかを予算書自体に掲げるには適していないし，実際にもそのような方法は採られていない。

第三に，政府経費のなかには，相手方の権利保障を図る必要のあるものが少なくないので，そのような政府経費について予算ではなく，「権利保障に相応しい法規範」によらなければならない。その代表例が公務員給与である。そして，権利保障に相応しい法規範は，国にあっては法律である。

地方公共団体の経費支出と法律による統制　　地方公共団体の経費支出についても，法規範が必要とされる理由は国費支出の場合と同様であり，法律に並ぶ規範形式は，次に述べる条例である。しかし，地方公共団体の経費支出について，国がまったく無関心でいるわけにはいかない。不適正な経費支出を生じないように国が法律により一定の枠を定める必要のある場合がある。自治法が経費性の原則（232条1項）を定め，地方公共団体の予算制度を定めていること（210条以下）も，そのような枠にほかならない。また，ある経費について条例によることが望ましいとしても，その判断が個別地方公共団体の判断に委ねられていたのでは，実際に条例方式が採用されるとは限らない。そこで，法律が条例による規律を義務づけること（条例主義）も多い。その典型は，給与等条例主義である。かつて，補助金等の位置づけにより要

2　たとえば，湾岸戦争に関する支出の違憲・違法の確認請求について訴えの利益がないとされた東京地裁平成8・5・10判例時報1579号1035頁，同趣旨の大阪地裁平成8・3・27判例時報1577号104頁。

綱等によっていた政務調査費についても，平成12年法律第89号による自治法改正によって条例の定めを要求するなど（現行自治法100条13項），条例主義を求める場面も次第に増えている。

［2］ 条例による統制
法律が条例によることを要求している場合　前述したように，法律が地方公共団体の経費支出について条例によることを要求している場合に，その法律に即した条例を制定しなければならない。典型的には給与等に関する条例（自治法204条の2）を挙げることができる。また，従来，地方公共団体の判断に委ねられていた経費について，条例事項として定めることを法律が義務づけるに至る場合もある（たとえば，政務調査費に関する自治法100条13項）。

自主的条例による統制　条例によることのメリットは，国の経費支出に関する法律による規律について述べたことが，ほぼそのまま当てはまる。法律が条例によることを要求していない経費に関して，地方公共団体が自主的に条例を制定して，自己拘束を加えることができるかどうかについては，争いがある。それは，自治令173条の2が，「この政令及びこれに基づく総務省令に規定するものを除くほか，普通地方公共団体の財務に関し必要な事項は，規則で定める」としていることの解釈，あるいは，その背後にある長の予算執行権限と議会の権限とをどのように考えるかにある。「そもそも財務会計行為が長に専属する執行権の行使そのものであることから，執行権の独立を侵すような条例の制定は排除されている」[3]とする有力な考え方がある。これは，財務事項規則主義，財務事項規則専管主義の考え方である。「執行権の独立」とは，いかにも重い言葉である。しかし，個別の予算執行に関して個別的議決により議会が関与するような条例は別として，財務事項に関する規範としての条例制定による議会の関与が一切排除されるという趣旨であれば納得することができない。あるいは，「財務に関し必要な事項」とは，純粋に手続的なことであって，実体的なことは条例で定めることができるというのであれば，多少理解できないわけではないが，実体的事項と手続的事

3　田谷聡『財務管理』（ぎょうせい，平成14年）16頁。

項とは密接な関係があるので，そのような区別論を採用することは実際には難しい。

　ある経費の支出について，一般には，以下に述べる歳出予算に計上して，以後はもっぱら予算執行権の問題であるとする傾向が強いなかで，それぞれの地方公共団体が条例方式を採用する場合には，その予算執行権も条例の規律に服することになり，それだけ強い統制となる。本書において扱う多様な経費のなかで問題の生じやすいものについては，条例により事前統制をしておく必要の認められる場合があろう。条例においては，当然のことながら実体的統制と手続的統制とが考えられる。

2　歳出予算との関係

［1］　歳出予算による統制原則

　事前統制　　政府経費は，公金の支出を伴うものであるから，歳出予算による事前統制を受ける。この点において他の類型の公金支出（たとえば社会保障給付目的の支出）と区別されるものではない。公金の支出について，支出負担行為，支出決定（支出命令），狭義の支出という段階を踏んでいくので，どの段階との関係において「事前」なのかが問題になる。公金支出の出発点が支出負担行為であることに鑑みると，支出負担行為時点において，歳出予算の裏づけを確認することが求められるが[4]，少なくとも狭義の支出時点までに歳出予算が議決されていなければならない[5]。ただし，支出時点において，予算の裏づけがなかった場合においても，当該年度内に補正予算による措置がなされた場合には，瑕疵の治癒を認める裁判例もある[6]。

4　工事請負契約の成立後に同一年度内に車庫建築直営工事予算が成立しても，直営工事のための支出と請負工事のための支出には重大な要件的手続的相違があるとして，違法は治癒されないとされた事例として，水戸地裁昭和 48・8・23 行集 24 巻 8・9 号 828 頁，その控訴審・東京高裁昭和 52・8・9 行集 28 巻 8 号 823 頁がある。

5　支出負担行為時に予算に基づかなかったことの違法は，支出時に予算が成立していれば，治癒されるとする裁判例がある（大阪地裁昭和 57・4・21 行集 33 巻 4 号 825 頁，その控訴審・大阪高裁昭和 58・6・29 行集 34 巻 6 号 1106 頁）。

歳出予算による統制の意味は，使途及び金額が歳出予算の範囲内にあることを意味する。この例外をなすのが，予備費の使用である。

予算科目違反の効果　歳出予算の科目を誤って処理して公金の支出がなされている場合に，そのような処理がいかなる法効果をもたらすかが問題になる。一般論としては，歳出予算の拘束力をどのようにみるべきかという問題である。議会との関係における議決科目は，款・項であり（自治法 216 条），款の間又は項の間の流用は，禁止されている（220 条 2 項）。そして，各項の経費の金額は，予算の執行上必要がある場合に限り，予算の定めるところにより，流用することができる（同項但し書き）。

裁判例には，たとえば，議員の出張に助役及び総務課長等が同行した場合に，その助役，総務課長等の旅費を議会費から支出したことが違法とされたものがある（大津地裁平成 7・10・9 判決地方自治 147 号 24 頁）。

しかし，裁判例には，議決科目相互間の流用が常に違法とされるわけではないとするものがある。奈良地裁平成 11・7・28（判例集未登載）は，建設省河川局所管の国庫補助事業の会計検査の際に調査官に昼食を提供した場合について，「款・河川費，項・河川改良費」から支出されるべきところ，「款・土木費，項・道路橋りょう費」から支出されていることは，予算外支出として「不適法」であるとしながら，このような支出は事務手続の過誤によるものと推認されるとし，損害賠償義務を生じさせるような違法ではないとする結論を示すために，次のように述べた。

> 「そもそも地方自治法において予算手続に関し詳細に規定している趣旨は，議会での予算審議・議決等を通じて行政に対し民主的統制を加える点にあり，したがって，例えば予算が不足し又は計上されていないにもかかわらず支出するなど民主的統制という法の趣旨を逸脱する場合には当然その予算外支出は違法とされるべきであるが，事務手続上の軽微な過誤があるにすぎない場合にまで一律に損害賠償義務を発生させるような違法であると解することは硬直に過ぎて円滑な行政運営に支障をき

6　仙台高裁昭和 33・4・15 行集 9 巻 4 号 713 頁。しかし，年度経過後における補正予算措置の途はない（松山地裁昭和 48・3・29 判例時報 706 号 18 頁）。

たすとも考えられる。」

　目・節は，執行科目であるから（自治令150条1項3号），議会の予算審議権を損なわない限り，その流用は許される[7]。しかしながら，議会の予算審議との関係において，目・節の流用による支出が違法とされることがある[8]。

　市議会が予算案から全額削除した病院誘致費用を目・節間の流用により支出したことについて，東京地裁平成14・8・30（判例地方自治254号28頁〈参考〉）は，「議会の否決した費途に充てるためにされた予算の流用は，それが目節の間における予算の流用であったとしても，議会の議決権を侵害する違法なものであり，このような予算の流用を受けてされた財務会計行為は，財務会計法規に違反する違法なものというべきである」と述べ，それを導く理由として，議会は，予算の議決に当たり目節の内容について考慮することができること，執行機関は誠実管理執行義務を負うこと（自治法138条の2），このような趣旨から予備費について議会の否決した費途に充てることができないと定められていることを挙げた。控訴審の東京高裁平成15・12・10（判例時報1849号37頁）も，自治法は，長の誠実管理執行義務（138条の2）を前提に，「予算議決時の事情がその後変化し，あるいは，その後新たな事情が判明したなどにより，予算の流用を一定の範囲で許容しなければ，臨機に適切な予算執行を実現することができない場合に対処するために，予算の流

7　東京地裁平成8・2・28判例地方自治150号33頁。同判決は，公益上必要である場合には，原則として目節間の流用は許されるとしつつ，議会に予算審議権を与えた自治法の趣旨に照らすと，予算調製事務を担任する長が，「ある施策に要する経費を，議会の議決を得るときにのみ殊更別の目節の予算科目に計上して，その経費の使途に関して議会に対して虚偽の説明をしたような特段の事情がある場合には」，その後に本来想定していた施策に流用することは違法と解すべきである，と述べた。

8　目・節間の流用は，資金前渡が許されるかなどにも影響することがある。区長交際費について資金前渡が認められている場合に，助役，収入役，総務部長が読むための政党の機関紙（赤旗，公明新聞）及び特定の宗教団体と関係深い新聞（聖教新聞）を区長交際費の支出として扱った場合について，東京地裁平成14・3・29（判例集未登載）及び控訴審・東京高裁平成14・12・24（判例集未登載）は，区長の交際とは関係のないもので資金前渡の趣旨を逸脱しており，交際費から需用費への流用が可能であったとしても，流用に必要な手続及び通常の支出手続がとられていないので，違法とした。

用を目節間に限りやむを得ない手段として許容したものであると解される」とし，自治法が，「一方で，議会に予算修正権を付与しながら，他方で，執行機関が議会の議決に反してこれを有名無実化するような目節間における予算の流用を全く自由自在に行うことができるものとしているとは，到底解されない」と述べた。「目節間における予算の流用の実施については，執行機関に相応の裁量権が認められるとしても，それには一定の制約があり」，法の趣旨を逸脱，濫用しないようにすべきは当然であって，「議会が当該事業の実施を否定して予算案から全額削除した事業の費途に充てることを目的とする予算の流用は，議会の予算修正権を有名無実化し，議会による予算統制を定める地方自治法の趣旨を実質的に没却し，濫用するものにほかならず，違法であると解するのが相当である」とした。

同様に，再開発事業費予算を議会が否決したにもかかわらず，節の間の流用により支出したことを違法とした東京地裁平成16・4・28（判例集未登載）及びその控訴審・東京高裁平成16・12・21（判例集未登載）がある。ただし，この事件においては，損害がないとして請求は棄却されている。

これらの裁判例からいえることは，「議会の予算修正権を有名無実にするような予算執行は，たとえ目・節間の流用であっても許されない」というものである（議会や住民からの批判をおそれて，ことさら別の節に計上した場合について岐阜地裁昭和59・4・25判例タイムズ534号206頁，空港立地可能性調査経費について虚偽の説明をした場合につき，京都地裁昭和59・9・18行集35巻9号1366頁）。この考え方には賛成できる。この考え方は，議会の否決した費途に予備費を使用することを禁止する自治法217条2項に通ずるものである。

[2] 予備費

国の予備費　　一定の場合には，ある経費に，使途を特定されていない予備費を充てることができる。国にあっては，憲法87条が，「予見し難い予算の不足に充てるため，国会の議決に基いて予備費を設け，内閣の責任でこれを支出することができる」（1項）とし，「すべて予備費の支出については，内閣は，事後に国会の承諾を得なければならない」（2項）と規定している。この憲法の規定を受けて，財政法24条が，「予見し難い予算の不足に充てる

ため，内閣は，予備費として相当と認める金額を，歳入歳出予算に計上することができる」と定めている。憲法が「国会の議決」と定めて広い方法を許容しているのに対して，財政法は，予備費を「歳入歳出予算」に計上するものとして，議決方法を特定したことを意味する。歳入歳出予算に計上することにより，使途の特定された歳出予算と一緒に審議できるメリットを有している。

予備費の使用に関する財政法の規律に注目する必要がある[9]。予備費は，財務大臣が管理することとされている（35条1項）。予算の不足があるからといって，直ちに予備費を使用できるわけではなく，一定の手続を踏まなければならない。まず，各省各庁の長は，予備費の使用を必要と認めるときは，その理由，金額及び積算の基礎を明らかにした調書を作製し，財務大臣に送付しなければならない（2項）。財務大臣は，この要求を調査し，所要の調整を加えて，予備費使用書を作製し，閣議の決定を求めなければならない。ただし，予め閣議の決定を経て財務大臣の指定する経費については，閣議を経ることを必要とせず，財務大臣が予備費使用書を決定することができる（3項）。この予備費使用書の決定があったときは，そこに掲げられた経費については財政法31条1項の規定により，予算の配賦があったものとみなされる（4項）。

予備費使用後の手続は，次のとおりである。予備費をもって支弁した金額については，各省各庁の長は，その調書を作製して，次の国会の常会の開会後直ちに，これを財務大臣に送付しなければならない（36条1項）。財務大臣は，その調書に基づいて予備費をもって支弁した金額の総調書を作製しなければならない（2項）。内閣は，予備費をもって支弁した総調書及び各省各庁の調書を次の常会において国会に提出して，その承諾を求めなければならない（3項）。財務大臣は，前記の総調書及び調書を会計検査院に送付しなければならない（4項）。

---

9 国の予備費に関する立法政策に関しては，碓井光明「財政法上の予備費に関する立法政策」金子宏先生古稀祝賀『公法学の法と政策 下巻』（有斐閣，平成12年）569頁。

ところで，国会の承諾を得られなかったとしても，政治的責任にとどまるという学説が定着している。この見解によると，たとえば，国会に提出した予算案について，特定の予見されている歳出科目について全部又は一部を否決された歳出予算の下において[10]，その予見されていた経費に予備費を充てて当初提案どおりの金額の歳出を執行し，事後に国会の承諾を得られなかったとしても，単なる政治的責任にとどまるということになる。もし，このような考え方が通用するならば，使途の特定された歳出予算が事前に議決されていることを要するという原則は，予備費の使用を媒介として，内閣の政治的責任問題に凝縮されてしまうのである。しかも，各省各庁の長，財務大臣の責任も，最終的に内閣の政治責任に吸収されてしまう。

　以上のような構造において，予備費使用の要件を備えた適法な予備費の使用について国会の事後承諾を得られなかった場合と，違法な予備費使用について国会の事後承諾を得られなかった場合とは区別すべきものであろう。違法な予備費使用の場合には，少なくとも行政内部における懲戒処分などの発動事由になることがあろう。

　地方公共団体の予備費　　自治法217条は，「予算外の支出又は予算超過の支出に充てるため，歳入歳出予算に予備費を計上しなければならない」（1項本文）として，予備費計上を義務づけている[11]。ただし，特別会計に関しては，予備費を計上しないことができる（1項但し書き）。国の場合と異なり，「予見し難い予算の不足」という文言が登場していない。この点について，本来の予備費が予見し難い予算の不足に充てるためのものであることは否定しないが，予見し難い支出の発生が少なくて済むことが判明した段階におい

10　自治法217条2項が「予備費は，議会の否決した費途に充てることができない」と定めている点について，その否決の趣旨には，予見される経費であるが議会の意思として歳出を認めないというものと，予見し難いので歳出予算計上を認めないという趣旨とがありうる。したがって，この二つの趣旨を混在させたまま，国の予備費について，否決の趣旨を問わずに当然に国会の否決した費途に充てることができないという解釈を展開することは意味がない（碓井・前掲594頁‐595頁）。

11　議会は，予算案の予備費の金額を一部減額することはできるが，全額削除することはできないと解される。碓井光明「自治体予算の規範的性質と法政策」日本財政法学会編『地方財政の変貌と法（財政法講座3）』（勁草書房，平成17年）149頁，168頁。

て，予見されているが支出を抑制していた事項に対して予備費を用いて「条件付きないし補充的な支出」をなすことを予め授権する方式（補充的予備費使用）を認める必要があると考える[12]。これにより，不必要な補正予算の編成を回避することもできる。

　前述したように，議会の否決した費途に充てることができないことが明示されている点が，国の予備費に関する規律と異なっている。予見しうる経費について議会が否決した場合には，自治法の規定が直接に適用されるので，予備費をその費途に充てることはできない。これに対して，議会が，「その経費の支出の必要性が生ずることを予見できない」という理由で否決した場合には，実際に経費支出の必要性が生じた段階において，予備費を充てることが禁止されるものではない[13]。

3　真実経理原則

[１]　真実経理の必要性

真実経理とは　経費支出は，その事実を忠実に反映させて経理処理をしなければならない。このようなことを「真実経理原則」と呼んでおこう。真実経理原則に反する処理は，さまざまなレベルで起こることがありうる。

　それらのうち，当該経費支出の事実が全くないのに経費支出があったかのように処理する行為（架空経費処理）が，最も悪質な行為である。いわゆる「裏金」の造成は，そのような行為を伴っている。裏金は，形式上正当な目的の経費性のある支出としての経理処理をしながら，その支出の実体を欠き，ある組織の隠された資金として保管され，別の目的又は同一目的ではあるが後年度に使用される資金のことをいう。「裏金」は，組織的に造成される点に特色がある[14]。保管されている裏金の法的帰属は明らかでない。依然とし

　12　碓井光明「自治体予算の規範的性質と法政策」前掲169頁。
　13　碓井光明「自治体予算の規範的性質と法政策」前掲170頁。そこでも指摘したように，このような議会の否決に際して，議会は，予算科目から削除するけれども，万一必要を生じた場合には，予備費を充ててよい旨の意思を表示する方式が検討されてよい。予備費の使用の事前承認といってもよい手続である。

て公金というべきであるのかどうかも明らかでない。仮に政府の帰属から脱したとしても，誰の資金といえるのか認定が難しい。

なお，裏金の造成方法には，一部は真実をもちながらも，真実に基づかない経費を水増しする混合方法も含まれる。たとえば，3日間の出張であるにもかかわらず，経理処理において4日間の出張とするような方法である。

架空経費の認定　真実経理に反する架空経費処理であるという認定を外部からすることは，必ずしも容易ではない。機密にする必要性がある旨の抗弁がなされ，その合理的必要性の認められる場合を別として，真実経理原則は，どのような使途に充てたのかについて，少なくとも裁判の場においては明らかにしなければならない。ある経費に充てたことについては，当該支出に関与した職員の側が立証する必要があるといえる。その立証が不十分な場合は，主張されている使途に充てられていないと推定すべきであろう[15]。

この点について，北海道庁公金不正支出事件に関し，札幌地裁平成9・10・14（判例集未登載）は，会食の支出と主張しているものの会食の内容を具体的に明らかにすることが可能であると認められるにもかかわらず，具体的な主張立証を一切行なおうとしなかったので，このような応訴態度は，それ自体会食が存在しなかったことないし会食の必要性がなかったことを強く推認させる事情であるとし，各省庁職員の出席が確認されなかったものは，国の公務員を接待した会食自体が存在しなかったと推認できるとした。控訴

14　住民訴訟において，知事の職にあった者に対して旅費の不正支出に伴う損害賠償として，1億円余を支払えと命じた判決（福井地裁平成18・12・27判例時報1966号40頁）がある。他の地方公共団体において全庁的な旅費の不正支出があった旨，監査委員が不正な公金支出をしていたケースも報道されていたことなどの事情の下において，監査委員による監査には限界があることを念頭に置き，外部の民間団体による指摘を真摯に受け止めるべきであって，監査委員から旅費の不正支出の指摘を受けたことがなかったとか，監査委員事務局長が不正を否定する発言をしたからといって，それを鵜呑みにすべきではなく，全庁的調査を行なう必要性を感じるべきであったとし，旅費支出に関する専決権者の違法な支出行為があることについて具体的な予見可能性があり，専決権者に対する指揮監督上の義務として，各部局に対して旅費支出の実情の調査を命ずべきであったのに，それをしなかったことが違法であると判断した。

15　その一例として，大阪地裁平成6・2・18行集45巻1・2号113頁。

審の札幌高裁平成13・11・27（判例集未登載）も，訴訟において食糧費を会食の費用に充てたと主張されている場合に，「人数を含めて相手方出席者の特定がなされていることは，それにより会食を設定するか否か，会食の規模や内容等を判断するに当たっての重要な要素となることから必須の要件というべく，その意味で出席者の人数が一致しない場合，相手方側出席者の特定がされなかった場合等は，適法な会食とは認められない」とした。当時の北海道において，広範に不適切な会食や請求書の書換え等，手続的に違法な事務処理がなされていた蓋然性が高い状況における判断であり，そのような状況を前提とする限り，正当な判断方法といえよう。

[２] 不正経理（裏金）問題

不正経理（裏金）問題の状況　　会計法規の制約を受けない資金を造成し保有したいという欲求は根強いようである。その欲求の中身は，さまざまである。幹部の交代時の餞別，歓送迎会の飲食費等の懇親会費用，残業時の夜食代，大きな仕事の終了時の慰労の費用，外部者の接待費用など多様である。また，そのような裏金の存在は関係者が外部に対して秘密にするので，その実態を知ることはできない。何らかのきっかけで明らかとなるのは，氷山の一角なのかも知れない。旅費についてカラ出張による現金化，取引先に架空の購入代金を預ける「預け」，「書き換え」[16]などが代表的な方法である[17]。なかには，勤務実態のないのに勤務したものとして，虚偽の勤務実績による給与支給の処理がなされることもある[18]。

　不正経理により捻出された資金が組織的な了解の下に使用されることが予

16　会計検査院『平成18年度決算検査報告』868頁以下は，「都道府県における不適正な経理処理に係る国庫補助金等の状況について」と題して，平成10年11月から19年4月までの間に実施した内部調査により明らかにされた13府県における不適正経理処理を検査対象にし，資金捻出の方法として「預け」，「書き換え」などがあるとしている。預けの例として，長崎県雲仙市は2000年度から2006年度にかけて預けにより約7,450万円，「書き換え」により約1,610万円の不正経理があったという（西日本新聞平成19・2・24）。

17　一部署においてさまざまな不正が企てられることもある。広島労働局の例について，会計検査院『平成15年度決算検査報告』177頁以下。

定されている場合には（組織的不正経理），「裏金」と呼ぶことができる。銀行預金あるいは現金保管など，多様な管理方法がある[19]。それに対して，不正経理により捻出された資金が組織と切断された個人的な目的に費消される場合には，単純な不正（横領）である。組織内の論理としては，裏金としての管理を徹底して，確実に組織目的に使用されることが望ましいとされるであろう。しかし，必ずしも組織的管理が徹底されないと，組織としても個人的目的による不正行為をも容認せざるを得ないことがある。外務省の報償費をめぐる不正は，そのような一例であった。また，組織的なものか個人的なものか判然としないこともありうる。

　不正経理が発覚したときには，その調査等のための委員会等が設置されることが多い（詳しくは，本章4［1］）。委員会には，複数の性質のものが見られる。調査のみに限っても，執行機関内部の職員による調査委員会，外部の者と内部職員の混成による調査委員会，外部者のみによる調査委員会，議会が設置する議員による調査委員会などがあり，内部職員による調査委員会と外部者による調査委員会とを併用することも多い。また，処分等については別個の委員会を設ける例もある。このような方式を批判するつもりはないが，監査委員が不正経理に関与している場合は別として，不正経理による支出について，本来最も接近しうる機関として監査委員が存在するのであるから，長の要求による監査委員監査（自治法199条6項）も活用されてよい。監査委員が住民から信頼されていないとするならば，そのこと自体が問題である。

　調査文書の開示　このようにして，裏金処理が何らかのきっかけで判明した場合に，当該地方公共団体内に調査委員会が設けられることが多い。このような委員会も含めて調査結果を住民が知ることによって責任追及の手立

18　国立療養所の例について，会計検査院『平成14年度決算検査報告』168頁以下。国立療養所八雲病院では，医師のうち，1名については勤務実績を確認できず，13名についても虚偽の勤務実績によっていた。

19　労働局の例について，会計検査院『平成16年度決算検査報告』158頁以下。勤務実態に反する超過勤務手当につき，会計検査院『平成18年度決算検査報告』142頁以下。

てとすることが考えられる。そこで，そのような調査の過程で作成される文書の開示が認められるか否かが問題となる。

最高裁平成16・9・10（判例時報1874号65頁，判例タイムズ1164号111頁）は，福井県の旅費調査の事案を扱った判決である。県庁内に総務部長及び各部次長を構成員とする旅費調査委員会が設置され，旅費の全庁調査要領に基づき，県各課等の所属長及び課長補佐が調査実施者となり，書面調査，聞き取り調査等の方法により実施された。そして，調査の結果，各課等において適正な執行であると確認することができないものを事務処理上不適切な支出とし，年度別に支出額，公務遂行上の経費に充てられた額等を整理し集計した「取りまとめ文書」が作成され，県各課等が所属する各部次長に報告された。この文書を基礎にして，旅費調査委員会による「旅費調査結果と改善方策に関する報告書」が作成・公表された。この「取りまとめ文書」の位置づけをめぐる最高裁の判断が注目される。

原審は，県の公文書公開条例が「決裁または供覧の手続終了後，県において管理されているもの」をもって「公文書」と定義しているのを受けて，「取りまとめ文書」は，旅費支出の調査の際に作成した説明のための内部資料であるから決裁の手続ないし供覧の手続が予定されている文書ではないとして「公文書」に該当しないとした。これに対して，最高裁は，報告書が「取りまとめ文書」を基礎にして作成され，決裁の対象とされ手続終了後に公表されたのであるから，「取りまとめ文書」自体について決裁等の手続が予定されているかどうかはともかくとして，「本件報告書について決裁の手続が予定されていたことからすると，決裁の対象となるものと同視すべきであり，同手続が終了した以上，本件条例により公開の対象となる文書に当たると解するのが相当である」と判示した。決裁・公表文書作成の基礎とされた文書は決裁・公表文書と同視すべきであるとする見解である。この「連動説」が直接に基礎とされた文書に限定されるとする「直接連動説」にとどまるのか，間接的に連動する文書も含める「包括連動説」に与するかにより大きな違いが生ずるが，さしあたり直接連動説を採用したものと理解してよい。この判決に続いて，大分県公金不正支出調査検討委員会（平成8年に発覚した大分県職員が裏金をつくり不適正な支出に充てていたことを調査検討する委員

会)の入手した基礎資料についても,最高裁平成 16・11・11 (判例集未登載) が同様の判断をした。

　調査委員会に提出された文書の公開請求がなされることがある。福岡県旅費問題調査委員会の調査対象となった知事部局の本庁各課,出先機関,事務局ごとの,①旅行命令と旅行実態が一致するもの,②旅行はしたが命令と不一致のもの,③旅行の実態がないものの各旅費支出額の全部又は一部を記載した文書あるいはメモの開示請求について,福岡地裁平成 11・3・18 (判例集未登載) は,当該文書は,旅費の不正支出の実態調査,旅費支出執行の改善等の事業に関する情報であり,旅費の支出について県の機関が行なう「取締り,監督,検査」に関する情報であり,非開示部分は,調査報告書作成の前段階における調査の過程で作成されたものであり,調査を確定させる過程における未確定の情報である,とした。そして,この情報が開示されると,旅費の支出に関する未確定,不正確な情報を住民が覚知し得ることとなり,それを前提にした住民の事実上の影響,圧力等を受けた形で,調査の確定作業,旅費支出の改善策の検討等を行なわなくてはならないこととなるおそれがあり,旅費支出の実態調査,旅費支出の適切な執行のための改善策の検討等の当該事務事業の実施の目的が失われ,当該事務事業の公正かつ適切な執行に著しい支障を生ずるおそれがあるとして,請求を棄却すべきものとした。この請求部分についての判断は,控訴審の福岡高裁平成 12・3・1 (判例集未登載) により是認された。「取りまとめ文書」よりも前の段階の文書であるのか,同程度の文書であるのか明らかでないが,調査報告書確定前において開示するならば,判決指摘のような支障を生ずるおそれがあることは否定できない。しかし,違法性判断について,一般論として処分時説によるか判決時説によるかは別にして,この種の非開示に対する取消訴訟においては,判決時説により判断すべきものと思われる。

　外務省プール金問題　　裏金づくりの典型例の一つが,外務省のいわゆる「プール金」問題である。外務省が経費を支出する各種の行事 (外国の賓客やその他の要人の招聘,国際会議,レセプション等) に際して,取引先のホテル,ハイヤー会社等に取引実績を上回る支払を行ない,それを取引先にプールしておいて,職員が必要に応じて戻してもらって費消していたことが判明した。

地方公共団体において発覚した「預け」に相当する裏金である。プール金の使途は，大きく3種類に分けられるという。第一は，要人の本邦における接遇に関連して生じた経費で，要人の随行者の接遇経費，要人に対する予算単価以上の設宴，要人の宿泊するホテルにおける外務省連絡室の設営，緊急の配車等，予算執行上認められにくいもの，ないし認められるとしても時間がかかるものについて，臨機応変に対処するための経費である。第二は，本来であれば予算が認められる可能性のある会議経費であるが1件ごとの決裁の手間を省くためにプール金から充当した経費である。第三は，諸行事に際しての弁当代，職員間の懇親の経費などである[20]。職員間の懇親の経費を捻出することが許されないことはいうまでもないが，予算上の窮屈さ，その執行上の制約なども一因になっていることを忘れてはなるまい。

岐阜県の不正プール金問題　　岐阜県においては，不正経理によって捻出された資金が県職員組合にプールされていたことが平成18年に発覚し，外部者により構成される「プール資金問題検討委員会」が設置されて，不正経理の実態解明と再発防止に向けた提言がなされた。平成18年9月に公表された同委員会の報告書は，資金づくりが行なわれた背景について，①正規の予算に計上できないが，当時の各所属業務を遂行していくために必要と考えられていた費用（たとえば官官接待費用，土産代，予算措置が講ぜられなかった備品等の購入費用等）を捻出する必要があったこと（この場合は「必要悪」の意識があった），②予算使い切り主義の予算執行が行なわれていたため，予算を年度内に使い切る必要があった（予算を全額使わず，これを余して返還することになれば，次年度の予算が減らされる可能性が高く，また，担当者の見積もりの甘さを指摘される可能性もあった）ことを挙げて，一石二鳥的発想で不正経理による資金が造成されたと指摘した[21]。県の調査チームの推計は平成6

20　以上，外務省『「プール金」問題に関する調査結果報告書』（平成13・11・30）による。

21　岐阜県「プール資金問題検討委員会」報告書3頁。なお，現地機関の方が旅費の予算が多く不正な経理による資金づくりが容易なのに対し，本庁の主管課の方が資金づくりが困難な場合に本庁主管課の庶務係から頼まれて現地機関の庶務係が不正経理により資金を作って本庁主管課に回す部署もあったという（同報告書3頁）。

年度4億3,000万円，7年度2億437万円，8年度6,940万円，9年度1,277万円と減少し，10年度及び11年度は各689万円，558万円，12年度は12万円と極端な減少ぶりである。情報公開制度が大きく影響している[22]。

資金の捻出方法は，旅費の架空請求によるものが大半であった。そして，平成9年5月以前は，年度初めに所属の庶務係長を受領代理人とする届出をする方式が採用されていたので，容易にプールできたようである。また，食糧費による資金捻出は，庶務担当者があらかじめ飲食店から白紙の請求書用紙をもらっておいて架空の会議，来客用飲食，情報交流会等の経費として架空の請求書を作成して（人数や金額の水増しを含む），それに基づいて支出の決済を得て飲食店に支払い，飲食店の「預かり金」とし又は飲食店から資金をバックさせていた。消耗品等についても同様の手法が用いられた[23]。

報告書によれば，資金の費消内容は，業務に関連したもので通常の予算では支出しにくいものとして，外部者を招いた懇談会等の接遇経費（官官接待を含む），予算要望時における国の所管省庁への土産代，中元・歳暮代，他県調査時の土産代などをはじめ，多岐にわたる。来客用の茶代・菓子代や職員が出張した際の高速道路代のように，通常の予算で支出しにくいと考えることが不自然なものもある。予算との関係において，予算措置のできなかった備品（パソコン，シュレッダー，職員用の事務机，椅子等），予算が認められなかった施設整備費・校舎等の小修繕，予算が認められなかった学校長・教頭・部主事・教諭・事務職員の全国組織等諸会議への会費・分担金，運営費，参加費，資料代などが並ぶのを見ると，何とも寂しいかぎりである。要するに真に必要な経費についての予算措置をせずに，旅費は比較的潤沢に予算計

---

[22] 報告書によれば，平成7年度から情報公開条例が施行され，また，対外交流費執行基準（平成7年9月），弔事対応基準（平成9年3月）の各制定，旅費請求受領代理人方式の廃止（平成9年6月）などにより，平成7年度途中から不正経理が減少し，平成9年度末には，ほぼなくなったとされている（14頁）。

[23] 同報告書8頁以下。なお，平成9年度までは，外郭団体や県と密接な関係のある団体に対するパンチ委託料，設計等委託料，消耗品代等の架空請求分が預かり金処理されていたが，これは予算使い切り主義の関係によるもので，他の目的に使用されたものではないとされている。

上されていたことになる。また，職員費消分として，職員間の会議・懇談会（課長会，総括課長補佐会）費，職員懇親会等への補助，職員関係慶弔費・退職者餞別金・異動者餞別金，二次会後のタクシー代（タクシーチケット）などがあったという。なお，この報告書は，電子レンジ，コーヒーメーカー，冷蔵庫，ビデオ，石油ストーブ，テレビ等も県費で購入できないものとして「職員の費消」に含めている[24]。

　岐阜県の特色は，不正経理の減少時期に平成11年度からの本庁組織の再編に伴い，各部の資金をどのようにするか苦慮し，結果的に職員組合に資金が集約されるようになったことである（若干集約されなかった資金がある）。資金調査チームによれば3億1,560万円が集約されたとされ，他方職員組合の調査によれば2億5,292万円が集約されたという。報告書は，その差額の6,000万円の半額3,000万円は現金で入金されて費消されたと認定した[25]。そして，平成11年以降約1億4,000万円が職員組合において費消され，その内訳は，職員組合活動経費（職員組合行事費・他の労働組合などとの交流経費等，県や報道機関主催の各種イベントへの協賛金，県や民間企業主催事業のチケット購入），職員への貸付けその他の支援等（懲戒処分を受けた職員に対する生活資金の貸付け及び助成，スピード違反者処分裁判費用の助成，多重債務職員に対する貸付け，多重債務者の債権者である職員に対する貸付け，県の不正経理に協力して倒産に追い込まれたと主張した企業への助成），職員組合正規会計への繰入れ（組合基金特別会計への繰入れ，職務関連訴訟等特別会計への繰入れ）であったという[26]。何とも多様な内訳である。

　長崎県物品調達の裏金問題　　長崎県においては，物品調達に係る「預け」の方法による裏金が発覚した。ことの発端は，平成18年2月に住宅課において職員Aが元係長から支払いの指示のあった123枚の請求書（約56万円相当）の処理に苦慮し，上司に相談して事態が発覚し，Aを懲戒処分にするなど関係者の処分がなされ，かつ警察への告訴状の提出を受けて，地方裁判所

24　同報告書12頁‒13頁。
25　同報告書16頁以下。
26　同報告書24頁‒25頁。

の公判において被告人Ａが少額の請求書で備品を購入する方法を他の課の庶務担当から教わったと証言し，庁内に広がっているおそれのあることが判明したことにある。その後内部調査チーム及び外部調査委員会による調査が実施された。それによると，消耗品を購入したように見せかけて代金を支払い，後に必要に応じて請求内容と違う備品や消耗品を納入させたもの（いわゆる預け），請求書を5,000円以下に小分けするなどして請求書と違う備品や消耗品を納入させたものなどが発見された。この預け等の処理が事実を反映しない経理処理であるから，そのことの違法性があることは当然として，すべてが公用の物品の調達に充当されているのであれば，まだ救われる。しかし，内部調査及び外部調査委員会の調査の結果，土木事務所においては，公用以外の不適切な使用とされるものの存在が判明した[27]。このうち，長崎土木事務所においては，「人事課へのインスタントラーメンなどの提供」に約105万円が充てられ，その他にも，米，ネクタイ，ストッキング，ゴルフクラブなど公用とはいいがたいものが多数含まれていた[28]。また，他所属等への「配分」のなされた金額が大きな割合を占めている[29]。平成12〜18年度において，総額約5,269万円で全体の41.0％を占めた。

　外部調査委員会は，「預け」が組織的なものであると指摘した。すなわち，次のように述べた。

　　「会計担当者が全く私的に預けや肩代わり等を行っていると考えることは実態にそぐわない。むしろ，会計担当者は，上司による明示の指示，黙示の承認又は事実上の圧力を受けているものと判断される。例えば，

---

[27] 長崎土木事務所において，平成11年度約50万円，平成12〜18年度に約159万円，また，大瀬戸土木事務所において，平成12〜18年度に約222万円であった。この大瀬戸土木事務所の「預け」の資金は，長崎県港湾漁港協会への支援及び長崎県栄養士会への支援に充てられており，職員の飲食・遊興や職員の着服などではない。

[28] 米は2回にわたり計152 kg，ネクタイ10本・ストッキング10足，ゴルフクラブ計3本，ビール券200枚，平戸丼6個・チャンポンセット6個などが並んでいる。交際目的に使用したものもあるのかも知れない。

[29] たとえば，平成12年度〜18年度において，長崎土木事務所は，総額約2,890万円の預けのうち1,689万円を，大瀬戸土木事務所は総額約3,439万円の預けのうち3,147万円を，それぞれ他所属等に「配分」したという。

工事予算について年度末の執行残がないかは部署の管理職にとって重大な関心事であり，預けの発生を知らないということは事実上考えられない。また，工事予算を持っている部署には，預けや配分を当然のこと又は必要悪と考える風潮・組織文化が存在すると判断される。」

また，流用の点について，次のように述べた。

「会計担当者にも県庁全体にも，公的流用は私的流用より違法性が軽いと考える風潮がある。逆に，公的流用により予算不足に苦しんでいる他の部署をお世話している，いいことをしているとの考えがある。いずれも，誤った風潮・考えである。」

このような預けがなされると，以後は裏金となって，納入業者との癒着による私的流用や不適切な価格設定も行なわれやすくなる[30]。前述のような風潮・組織文化を根絶しなければならない。

宮崎県の裏金問題 宮崎県においても，新知事の幹部職員に対する就任挨拶で「県庁内に裏金はありませんね」と投げかけた言葉を端緒に，平成19年に裏金の存在が明らかになった。同県は，副知事を委員長とする「不適正な事務処理に関する庁内調査委員会」を設置するとともに，弁護士2名，公認会計士1名よりなる「不適正な事務処理に関する外部調査委員会」を設置して調査を行なった。後者による調査を踏まえた全庁調査の結果は，次のとおりであった[31]。

「預け」（物品の納品なしに代金名目で一定額を納入業者に支払い，後の物品購入等の代金として，納入業者に管理させるもの）は，平成14年度から19年度（平成19年8月）までに3億1,700万円で，年度当初から架空の請求書により取引業者に預け，実際に消耗品・備品等の必要が生じるたびに連絡して納入させるという調達の簡便化のために行なっていたものや，「予算を余らせたくない」として予算消化を図るために年度末になされたものが多かったという。また，「預け」から他の所属等に一定額の配分を行ない，配分を受け

---

30 長崎県の外部調査委員会は，私的な飲食代金を数年にわたり納入業者に支払わせるとか，不当に高い金額で購入したと思われるケースも発見されたとしている。

31 宮崎県「不適正な事務処理に関する全庁調査報告書」（平成19・9・5）。

た所属がその配分の枠内で納入業者に物品の納入等をさせる「預けの配分」も行なわれていたという。なお，「預け」の使途のほとんどは公的使用と確認できたという。しかし，一部に不適切な使途のものがあったという。

物品購入の「書き換え」（消耗品の発注を行ない，その支払った金額で発注と異なる物品等を購入するもの）は，同じ期間において約5,300万円が確認されたという。公務と無関係な個人的使用や着服は確認されなかったが，主として本来需用費では買えない備品を購入するために行なわれ，なかには不適切な使途の例があったという。

「不適正な現金等」（所属内に保管されている預金通帳や現金又は金券等のうち，不適正な事務処理に起因するもの，その他目的・性格が不明朗なもの）は，現在高で総額192万余円，うち50万円を超えるものが2件であったという。内訳は，補助金等の不適切な実績報告により発生したもの，県施設に実習や視察に来た際の謝金など公金としての収入手続を怠り管理しているもの，及び由来の不明確な現金があったという。これらの使途は，公務と無関係な個人的使用や着服は確認されなかったが不適切と言わざるを得ない使途が一部にあったという。

以上のうち不適切な使途の例として，①公務に関係した使途であるが，正規の予算執行が可能な範囲から逸脱又は予算措置が困難と考えられるもの（血圧計，電子カーペット，サマーベッド，アルカリイオン整水器など），②公務に関係した使途であるが，職場の親睦会等で負担すべき内容であったもの（一般県民用や緊急の用途で予算化される場合もあるが通常職員用としては予算化されないもの）（所属長会の交流会等への出席のためのタクシー代，災害待機時用夜食，香典袋，のし袋，お茶，コーヒー，食器乾燥機など），③公務に関係した使途であるが，不適切の程度が著しいもの（野球部ユニフォームなど）が，それぞれあった。

これら宮崎県の例を見ていくつかの問題点が感じられる。

第一に，物品調達手続の簡便化の動機には，もっともな点がある。ほぼ同一種類の物品の反復的な調達がある場合の会計処理についての制度的工夫が望まれる。

第二に，前記②のなかには，職員福利厚生費として正面から認めることが

できるものがあるように思われる。福利厚生費について細部を長の予算執行権に委ねるならば住民の納得できない使途に充てられるおそれもあるので，事前又は事後に議会・住民に公表するなどの手続をとることとセットにして支出自体を許容することを検討すべきであろう。

返還・損害賠償についての問題点　不正経理の事実が確認された場合には，返還するのが原則である。しかし，いくつかのレベルの問題がありうる。

第一に，不正経理がなされた場合において，その事実のみで損害があったといえるかどうかである。この点に関して，いわゆるカラ出張を扱った福井地裁平成18・12・27（判例時報1966号40頁）が注目すべき判断を示した。次のように述べている。

　「法232条以下の支出に関する規定及び地方財政法4条等の関係法令によって，財務会計行為は，予算の範囲内において正確，厳正，公正に処理されることが求められており，真実に合致した会計処理をすべきことがその前提とされているといえるから，虚偽架空の事実に基づいて会計処理が行われ，公金が支出された場合，そのような公金の支出は，それだけで当然に違法であり，地方公共団体には当該支出金額に相当する損害が発生したものというべきである。」

そして，カラ出張により捻出した資金をもって県にとり有用な経費に充てられているのであるから，損益相殺をすべきであるとの被告の主張に対しては，経費の支出について財務会計法規に従ってなされることを要求して「厳格な規制により地方財政の健全性を確保しているのであるから，虚偽架空の事実に基づいて会計処理を行っても，それで得た金銭を公務遂行上の経費に充てれば，損害がないと解することができるとすれば，法や地方財政法等の経費が支出に関して様々な規制を設けているのにこれらを容易に潜脱することができることになってしまい，地方財政の健全性の確保の要請に真っ向から反することになり不当である」と述べて，かりに架空の旅費支出によって「県が公務遂行上の経費の支出を免れたとしても，虚偽架空の旅費の支出との間に相当因果関係があると認めることはできない」とした。

この判決は，経理不正の重大さ及び不正経理の抑止力を重視して，免れた経費分との損益相殺を否定しているといえよう。この点については，反対の

見解も予想されるところである。

　宮崎県の考え方は，公的使用分についても，その必要性や価格の相当性・適正性に問題があったものと推定されるとして，一定割合（15％）を職員が返還するとしている[32]。

　第二に，不正経理支出相当額の損害賠償（返還）をしなければならないときに，誰が賠償（返還）をしなければならないのかが問題になる。個人的目的に費消されたときに（私的流用），その費消した個人が賠償（返還）義務を負うことは当然である。そうではなく組織的に資金のプールがなされて，組織的に使用がなされているときに，その組織の中において，誰がどれだけを賠償（返還）すべきかは，難しい問題である。なお，私的流用と組織的流用とがある場合は，私的流用分については流用者が賠償し，残額についての処理を考えることになる。

　住民訴訟の段階に至ると，長が不正経理に関与していない場合であっても，長が適切に監督権を行使していたならば不正経理支出（損害）を防止できたとして，この点に責任を認めて対応する全額の損害賠償を命ずる例がある。福井県のカラ出張に関して，福井地裁平成18・12・27（判例時報1966号40頁）は，他の地方公共団体における架空の旅費支出等の不正な公金支出が報じられ，市民オンブズマン全国連絡会議が県の監査事務局において架空の旅費を支出した疑いの極めて強いケースが13件あるとして調査を申し入れたこと，群馬県において市民オンブズマン全国連絡会議の調査申入れを機に調査したところ3億6,700万円もの不正な経費支出が判明した旨報じられたこと，各都道府県知事及び各政令指定都市市長宛の自治事務次官通知[33]が発せられたことなどの事情を総合すると，自治事務次官通知（平成8・12・19）頃には，被告知事が同県においても，架空の旅費支出等の違法な行為がなされていたと疑うべき具体的な徴表ないし状況が存在したと認めるのが相当で

32　預け，書き換えに係る物品購入価格と，県で最も競争性が確保されていると考えられる本庁総務事務センター取引の物品購入価格との価格差を調べて，平均して消耗品は7％，備品は9％程度の差があり，全体としては平均して8％程度の差が見られ，購入の必要性のチェックが十分でないことを勘案し，約2倍の15％相当の損害と想定されるとしている（前掲注（31）33頁）。

あるとして，知事の職にあった被告の損害賠償責任を肯定した[34]。損益相殺否定説によっているだけに，極めて厳しい判断である。

自主的返還　「自主的返還」もなされてきた。国にあっては，「予算執行職員等の責任に関する法律」4条による弁償責任の規定や会計法41条以下の出納官吏の弁償責任の規定に基づく措置ではない。また，地方公共団体にあっても，自治法243条の2の職員の賠償責任規定に基づくものではない。

外務省のプール金の場合　外務省のプール金については，取引先に現存する資金については取引先から同意を取り付けて返還してもらい，費消した額については，次のようなランク分けによる負担額を決めた[35]。

【本省】

事務次官，外務審議官，官房長	各50万円
上記以外の指定職の幹部	各40万円
11級の職員（参事官，課長クラス）	各30万円
10級の課長・室長及び9級の室長	各20万円
企画官及び首席事務官	各10万円
課長補佐手当を支給されている課長補佐	各3万円
その他の賛同する職員	任意の額

---

[33]　その記載内容は，「最近，地方公共団体の一部において，旅費，食糧費等の不適正な執行が問題となっていることについては，国民の間に地方公務員への不信感を惹起させ，ひいては行政に対する信頼を損ないかねないものであるので，各地方公共団体においては，公務員倫理の確立と厳正なる予算の執行を図られるよう特に留意されたい。」というものである。

[34]　総務部長及び各部次長を構成員とする旅費調査委員会が平成9年4月から12月までの知事部局及び監査委員事務局における旅費支出について1件ごとに調査した結果の報告書（「旅費調査結果と改善方策に関する報告書」）において，旅費支出のうち事務処理上不適切な支出（公務出張の事実がないのにされた旅費支出）が2億5,836万余円，そのうち公務遂行上の経費に充てられたものは2億2,046万余円と認定されており，原告がその全額が平成9年8月17日以降になされた事務処理上の不適切な支出とされた旅費であるとして，損害賠償を求めた事案である。判決は，損害額を，民事訴訟法248条を適用して，前記2億2,046万余円を日割りにして（275日中の137日），1億983万余円と算定した。

[35]　外務省『「プール金」問題に関する調査結果報告書』（平成13・11・30）。

【在外公館】
特命全権大使（待命を含む）各50万円
総領事，特命全権公使，指定職の公使　　　　各40万円
11級の職員（公使，参事官，領事）　　　　　各30万円
10級の職員，9級の職員で室長経験者　　　　各20万円
上記以外の9級の職員及び8級の職員で企画官
ないし首席事務官経験者　　　　　　　　　　各10万円
上記以外の8級の職員及び7級の職員　　　　各3万円
その他の賛同する職員　　　　　　　　　　　任意の額

　この方式は，職のランクにより負担額に差を設けるものである。地方公共団体の不適正経理額の返還にも見られる方式である。「その他の賛同する職員」からの返還も歓迎していることがわかる。

　そして，何よりも注目されるのは，本省と在外公館との区別をしているものの，どのような部署に配属されていたかを問うことなく一定の職以上の職員に返還を求めていることである。これは，外務省の業務は，いわばネットワークで実施されていることに鑑みたのかも知れないが，それ以上に組織的になされてきたことを外務省として率直に認めた結果ともいえよう。一部の跳ね上がり職員の不正行為であるならば，全省上げての返還をする必要はないはずである。

岐阜県の不正プール金の場合　次に，岐阜県の不正プール金については，次のような返還方式が採用された。退職幹部・管理職の返還は直接県になされた[36]。現職の幹部・管理職（約800人）は，財団法人岐阜県職員互助会が銀行から資金を借り入れて一括立替返還したうえ，借入金利息をも含めて平成19年4月から平成29年3月までの10年間かけて償還する。その際に，ポスト・リレー方式を採用している。それぞれの幹部・管理職ポストごとに毎月の償還額を決めておいて，それぞれのポストに就いた者が，その償還額を負担する方式である。毎月の償還額は，上位の幹部・管理職ポストほど大

---

[36]　前知事3,700万円，元副知事1,850万円，元出納長1,800万円，元知事公室長・元総務部長・元代表監査委員各805万円，元副出納長・元総務部次長各370万円である。

きな負担となるように決定するという。このポスト・リレー方式は，関与ないし責任に着目した返還ではなく，典型的な組織的償還方式である。知事には，公職選挙法の寄附制限があるため償還額を定めず，もっぱら給料減額で対処し，また，平成19年3月までは他の現職幹部・管理職も給料減額で対処する。さらに，現職幹部・管理職のうち，退職時までの償還期間が4年に満たないものについては，償還期間のほとんどを現職幹部・管理職として償還する職員との不均衡を是正するため，その満たない期間に相当する償還額を退職金の一部から負担する制度（退職時負担金制度）を設けることとしている[37]。

長崎県物品調達の裏金の場合　長崎県の物品調達における「預け」を利用した不正経理に関しては，前記の事案と異なる事情があった。すなわち，知事就任1年余を経過した平成11年に，知事が知人から県庁内で不適切な物品調達（預け）が行なわれているのではないかという指摘を受けて，当時の出納長に調査し是正するよう指示がなされた。それを受けて当時の会計課長が会議の場において預けの有無と残高を調査し，預けが存在する場合には解消するよう指示した。そして，翌年4月までには解消された旨の報告が知事に対してなされた。ところが，前述したように，平成18年に懲戒免職処分を受け背任罪で起訴されていた元職員の初公判において，業者に依頼して請求書を各課で処理できる5,000円以下の消耗品に小分けさせ，請求書記載の消耗品と異なる備品を購入する方法を他の課の庶務担当に教わったこと，それが庁内で少額の備品を購入する際の一般的な方法であることを証言したため，知事は，厳正な調査が必要であるとして直ちに内部調査を開始した。さらに，内部調査だけでは一定の限界があることから，その後外部調査委員会が設置された。また，内部調査も特別調査チームにより進められ，その内容は外部調査の一部として合体された。この結果，平成11年当時に，すでに判明していた以外にも預けが存在したこと，平成12年度から18年度までに42の部署で預けがあったことが確認された。この調査の結果に基づいて，外部者による「物品調達問題処分等検討委員会」が設置されて，関係者の処

---

[37] 以上，「岐阜県政再生プログラム」（平成18・9・28）6頁以下。

分や返還についての検討がなされた。

　そして，同委員会の「意見書」（平成19・2・8）において，返還を求める人的範囲（責任の所在）について，次のような整理がなされた。①知事は，平成11年当時の調査が十分ではなかったこと，預けの廃止・禁止が全庁的に徹底しては行なわれなかったことなどから，違法な手続による不適切な物品調達が続いてきたことについて，その指揮監督上の責任が認められる可能性がある。②副知事は，知事を補佐し，その補助機関たる職員の担任する事務を監督する職としての責任があり，在職時期・期間により責任にも軽重がある。③会計部門は，法令に基づき支出事務を行なわなければならない職としての責任があり（在職時期・期間により責任の軽重がある），特に，平成11年に知事から調査・適正化を指示された出納部門の関係職員は，指示にもかかわらず十分な調査及び関係機関への指導等を怠り，その後も違法な財務会計上の処理を継続させた責任は大きい。④監査部門は，監査機関として長年預け問題を見逃していた責任がある。⑤各所属・地方機関（預け，配分に関与した部署，書き換えに関与した部署，不適切な使途等に関与した職員）は，知事の補助機関として，法令，上司の職務上の命令に従い職務を遂行する義務に違反した責任がある。特に，平成11年度に知事から指示を受けた出納部門から預け等の調査・適正化を命ぜられたにもかかわらず，十分な調査を怠り，その後も違法な財務会計上の処理を継続させた職員の責任は大きい。

　なお，退職者の責任についても述べられている。不適切処理は，遅くとも昭和40年代から続いていたと認められ，悪しき慣習は，すでに退職している職員から現職員に受け継がれてきたものであり，すでに退職している知事等三役・教育長，出納部門，監査部門はもとより，管理責任者の立場にあった元職員も同様の責任があるとしている。

　同意見書は，現役職員の返還対象者について，次のように述べている。

　　「返還を求める具体的な職員や職員毎の返還額の検討にあたっては，預けや配分が悪しき慣習として全庁的・組織的に行われてきたことを考慮し，多くの職員に広く負担を求めるのが相当である。しかし，他方で採用後勤務期間がまだ短い職員に負担を求めることは避けるべきであり，県に採用された後，在職年数が一定年数経過している職員と係長以上の

役職職員とを対象とすることが望ましい。そのうえで，一定の責任を有する係長以上については，役職によって償還額に差を設けるなどの方法を検討するのが相当である。この際，返還額は，職員の返還能力を十分考慮する必要がある。」

意見書は，この返還は，当時の職員の職務内容やその範囲によっては，民法上又は自治法上の損害賠償責任を負担しない場合も考えられるが，退職者も含めて，損害賠償的な性格の返還責任であるとし，「預け等による違法な公金の処理は，長年の県庁内での悪しき慣習によるものであり，全庁的・組織的なものであった。従って，これらの特性を，返還にかかる職員の責任の取り方に反映させるのが相当」であるとしている。このことについて，次のように敷衍している。「たまたま人事異動により当該部署に又は当該会計担当に配置転換されたため，このような違法な使途等に直接又は間接的に関与せざるを得なかった側面」という偶然性の側面があることを否定できないので，「そのような偶然性の代償としての返還については他の職員にもその負担を求めるのが，県民との関係では，県庁という組織全体としては公平であり，かつ公正である」。要するに，「法的な責任を負担しない職員による返還も，法的責任を負担する職員の責任を一部代わって負担する損害賠償的性格のものと理解することが必要である」というのである[38]。「全庁的組織責任」の位置づけにより，法的責任を負う職員の責任の一部を他の職員が肩代わりするというものである。

長崎県は，これを受けて，知事は2,000万円，副知事・教育長・元三役・元教育長が1,000万円，平成6年度以降退職した職員のうち課長相当職以上で退職した元職員に，返還総額の10％相当の返還を要請するとしている。

職員による返還について，採用後10年を超える職員（主査，主任主事等を含む）及び係長以上の職員を対象とし，1人当たり金額は，役職ごとの責任の度合い等を考慮して，部長級15万円，次長級12万円，課長級9万円，課長補佐級5万円，係長3万円，一般職員・主任主事・主査等1万円としている。不適切な使途の支出に直接関与した職員には，これに別個の金額を加算

38　物品調達問題処分等検討委員会「意見書」（平成19・2・8）9頁‐15頁。

する。この返還方式の特色は，役職に応じた一律方式のみならず関与職員の加算を採用している点にある。また，係長以上の職員は勤続に関係なく負担するが，それ以外の職員も勤続10年を超える場合には，1万円の返還をするという裾野の広い返還方式が採用されている[39]。まさに，「全庁的組織責任」が端的に示されている。

宮崎県の裏金の場合　宮崎県も，他県の事例等を参考にして，職員等全体で返還すべきものについては，「預け」等が悪しき慣習として組織的に行なわれてきた経緯を踏まえて，広く職員等に負担を要請するとしている。特別職及び退職者で約10％，現役職員で80％を負担するとしている。うち，知事は返還ではなく給料1か月分の100分の60の減額措置で744,000円，特別職については副知事は40万円，教育長，企業局長，病院局長は各25万円で平成9年度以降の退職者にも負担を求めて総額610万円，平成9年度以降の退職者で在職時に課長級以上の職にあった者に合計670万円，さらに現役職員については，1人当たり部長級14万円，次長級11万円，課長級8万円，課長補佐4万円，警察本部は別途基準により843,820円で総額53,974,093円としている。これらの職員等返還額の合計は66,774,093円である。

自主的返還方式の問題点　自主的返還方式（外務省方式が自主的返還であるかどうかは別として）の問題点を検討してみよう。

第一に，誰にとっての「自主的」かが問われる。関係する職員が真に自主的に返還を申し出て実行されることはほとんどなく，執行部の方針により返還の方法が決定され，一般の職員は個人的に応じたくないときでも，組織から離れられないために，応じざるを得ないことが多い。場合によっては，退職した者（地方公共団体の場合に国から出向していた職員で国に戻った者を含む）も返還を求められる。日本的職場風土において，真の「自主的」態度を貫くことは相当に難しい。

第二に，一律方式の抱える問題がある。責任の度合を個別に判断する方式を断念しているので，個別には不合理ないし酷な場合がある。不正経理に関

---

[39] 以上，長崎県「不適切な物品調達問題に関する総括報告書」（平成19・2・20）59頁。

与せず，また，その「恩恵」に預かることなく，なかには不適正な使用に反対意見を述べていた者さえも返還を求められることがありうる。組織的不正経理に関しては，当面の措置として，このような一律処理もやむを得ないであろうが，その不合理性を十分に認識する必要がある。前述した岐阜県のポスト・リレーの返還方式にあっては，監督・管理責任を負うという考え方に立っていると思われるが，資金プールの原因事実の時点において幹部・管理職のポストに就いていなかった者（課長のなかには，そのような者がいる可能性がある。発覚直前に国家公務員から出向してきた者が幹部・管理職に就いている場合も同様である。現職の知事も，それに近いといえよう）にも償還を求めることになりそうである。

　第三に，この「自主的」と裏返しに，個々の職員に対する返還請求権があるとしても，その権利を行使することは困難である。そもそも，誰が個々の職員に返還を求めているのか明らかでない面もある。地方公共団体において，職員互助組合等が金融機関から借り入れて，全額を返還した後に，互助組合等に対して職員がその責任に応じて，特別会費等の名目で支払う方式が採用されることが多かったようであるが（互助組合等活用方式）[40]，この場合に，互助組合等が特別会費等の請求権を有しているとはいいがたい。あくまで任意の特別会費等の支払という位置づけになろう。外務省は，プール金の返還にあたり，職員が「返還資金の徴収，とりまとめ及び国庫への支払いを行う任意団体」として「外務省職員等返還会」を設立し，同返還会を通じて国に一括返還することにしたというが[41]，その任意団体が各職員に支払を求める権利を有するとはいえないであろう。仮に，支払に応じない者に不利益を及ぼすならば，そのこと自体が違法な行為と評価されるであろう。国や地方公共団体自身も，真に弁償責任や不当利得返還の義務を負う者に対しては別であるが，返還の法的根拠のない一般職員に対しては，法的手段により履行を強制できないことはもとより，たとえば，懲戒処分にすることなども違法と

40　互助組合等活用方式の中身は，多様である。本文に述べたもののほか，返還のための職員の任意団体が互助組合等から資金を借り入れて一括返済する方式（福岡県警察本部の捜査報償費）もある。

41　外務省『「プール金」問題に関する調査結果報告書』（平成13・11・30）。

される。懲戒処分にしないまでも，協力要請に応じなかったということで，職場におけるいやがらせなどがなされるならば，そのこと自体が違法であろう。要するに，個別職員との関係において返還を強制できないという弱点を抱えているのである。

　第四に，実質的に，過去のどの時点の在職者まで返還への協力を求めるかが問題となる。また，現職の職員に返還を求める場合に，退職後も負担を求めるのかも問題になる[42]。さらに，自主的返還の開始後に，返還を約した者が死亡した場合の処理も問題になろう。法的に誰（地方公共団体自体，「返還会」のような任意団体，互助会等のいずれか）に対して返還を約しているかを精査する必要があるが，それが，その者の相続人に承継されるような「債務」であるのかも問題になる。特に「返還誓約書」などを提出しているときに，その法的性質の探究を必要とするであろう。

　懲戒処分等　不正経理に関して，返還と別に懲戒処分等が実施される。これまでの例をみると，着服・横領職員に対しての懲戒は当然として，知事には指揮監督上の責任を問う意味で減給，副知事，教育長には，監督責任を問うことが多い。

　最も難しいのは，監査委員の責任である。不正経理を見逃してきたことの責任があることはいうまでもないが，もしも監査を受ける職員等に不適切な監査対応があったとするならば監査委員が不正経理を発見できないことにも無理からぬものがある。代表監査委員につき，長崎県は，「財務に関する事務の執行などを監査する機関の代表として，物品調達問題を見逃していたことについての責任があることなどから」[43]，また，宮崎県も，「財務に関する事務の執行などを監査する機関の代表として，不適正な事務処理が行われていたという結果に対して責任があることから」[44]，いずれも給料1か月100分の20の減額としている。そして，それ以外の監査委員の責任は問わないようである。そして，監査委員のみならず，監査事務局長，監査事務局の課

42　福岡県の公金不正の後始末に当たって，10年間の返済期間とするので，「公金不正のツケ，第二の人生まで……」と報じられたことがある（朝日新聞平成9・1・23）。
43　長崎県総括報告書60頁。
44　宮崎県報告書37頁。

長に対しても文書訓告を行なうとしている[45]。

刑事責任の追及　裏金などの不正経理について刑事責任を追及できるかどうかが問題になる。この点についての先例となる判例として、最高裁昭和30・11・18（刑集9巻12号2470頁）がある。県の財務事務所長らが、虚偽の支払確定通知書及び支払通知書を作成行使して、県支金庫係員を欺もうし、現金を交付させる方法により、同事務所の予算を現金化させた場合について、「被告人等は、予算上の一切の拘束をはなれて、交際費や接待費をふくむどんな用途にでも、まったく被告人等の意のままに支配費消しうる違法な資金のプールを作る意図で」1審判決摘示のような手段により「常時大規模に予算の現金化を行ったものであって、単なる財政法規違反としての予算の流用ないしは公金の移管の域にとどまるものとみることはできないから、本件につき詐欺罪の成立を否定することはできない」と述べた。

しかしながら、平成になってからの一連の不正経理について、検察は刑事責任を問わなかったという。不起訴にした理由は、①裏金は、プールされて接待費や会議費などに充てられており、私的利益を得ていないもの、②飲食等の私的利益を得ていた事実があっても1人当たりの不正が少額で弁済もなされているもの、③多数の者がかかわり、長年の慣例として行なってきたもので違法性の認識の薄い（犯意の認定が困難な）もの、④末端の職員だけ刑事罰として起訴することがバランスを欠くと考えられるもの、⑤すでに懲戒処分を受け返還もしているもの、⑥マスコミ報道などで社会的制裁を受けているもの、などであったという[46]。事案次第であるが、特に④に該当するものについて、末端職員を起訴することは躊躇されるであろう。

組織的不正経理に対して、刑事罰をどのように適用するのか、大きな課題である。

地方公共団体における不正経理と国庫補助金との関係　地方公共団体において不正経理がなされた場合に、その資金に国庫補助金が含まれているときは、国庫補助金の不適正な使用として、国庫補助金の返還問題を生ずる。会計検査院の『平成18年度決算検査報告』は、平成10年11月から19年4月

45　宮崎県報告書37頁。
46　朝日新聞平成7・12・28、同平成11・1・24。

までの都道府県における内部調査により不適正経理が明らかになった13府県の経理処理について検査し，不適正な経理処理による資金捻出の方法，金額，府県への返還額と並んで，国庫への返還についての状況もまとめている。そして，不適正な経理処理がなされていた府県においては「不適正な経理処理の対象となった公金の中に国庫補助金等が含まれている場合は，速やかに返還等所要の措置を執る」，「府県における経理処理の対象が公金であり，その中には，住民の税金だけでなく，国民の税金を財源とする国庫補助金等も含まれていることを十分認識した上で，再発防止策を確実に実行する」と述べている。それ以外の地方公共団体に対しても，「経理処理に係る内部調査を行う際には，国庫補助金等との関連についても留意する」ことなどを求めている[47]。

問題は，地方公共団体における調査が不十分な場合には，果たして国に返還する分があるのか，あるとしてもどれだけの金額であるかを確定できないことにある。杜撰であればあるほど返還を求めることができないのである。推計方法を用いることができるのかなど法律問題も残りそうである。

4 政府経費の適正の担保

[1] 内部監査・会計検査・監査委員監査

内部監査 政府支出の適正さは，まず現場に最も近いところで確認する必要がある。そのような目的で実施されるのが内部監査である。それぞれの組織は，さまざまな単位で内部監査を実施していることが多い。国にあっては，これまでは，収入事務に関与する職員の多い職場において，内部監査体制が充実していたといえる。典型は，国税組織であって，国税庁長官官房に首席国税庁監察官が置かれ，監察業務の統括がなされている（かつての郵政官署も同様であった）。社会保険庁は，47地方社会保険事務局に地方社会保

---

47 会計検査院『平成18年度決算検査報告』868頁–892頁。なお，同報告が長崎，佐賀，大阪の3府県に国に返還するよう指摘したのに対し，約17億円の裏金が発覚した岐阜県について資料が不十分のため返還を求めていないことに関し，不満が出されている旨が報じられた（朝日新聞夕刊平成19・10・18）。

険監察官を配置してきたが，平成18年からは，9ブロック担当事務局に集約配置し，本庁併任とし，本庁の直接の指揮監督の下に監察を実施することにしたという[48]。それら以外は，必ずしも明らかでない。

地方公共団体も，内部監査体制を整えている場合がある。

東京都の例をみておこう。東京都は，会計規則に基づいて，局長に対して，当該局及び所管に属する所の特別出納員，出納員，現金取扱員及び資金前渡を受けた者の取扱に係る現金及び有価証券の出納保管その他の会計事務について，毎年度1回以上所属の主事のうちから検査員を任命して検査させなければならない，としている（129条1項）。この検査は，会計管理者が別に定める方法により実施することとされている（4項）。局長は，毎年度開始までに，この検査の年度実施計画を作成し会計管理者の承認を得なければならない（5項）。さらに，会計管理者も，必要があると認めるときは，所属職員のうちから検査員を命じて，前記職員の会計事務について，直接検査することができるとされている。

大阪府は，「大阪府会計検査規程」を定めて，知事及び会計管理者の所管事務に関する会計検査を実施している。この検査の目的は，「府の経済に属する会計経理の執行状況を自主的に常時考察して，その適正を図り，違法又は不当な処理を未然に防止し，財政の公正妥当にして効率的な運営に資すること」である（2条）。検査は，会計指導課に勤務する吏員のうちから指定される会計検査員により実施される。検査員は，自己の主観により会計事務の処理について是正を求め又は将来の指図をしてはならないが，明瞭な違法又は錯誤については，直ちに訂正を勧告し，又は将来の注意を与えることができるとされている（4条）。検査員の検査に当たって特に留意しなければならない事項として，①関係法規の運用状況，②予算とその執行との適合状況，③予算執行の経済性，④会計経理執行上の組織及び運営の状況，⑤監査委員，会計検査院その他関係官庁の監査又は検査等との関連性，⑥これらのほか，検査対象の特殊性により特に必要と認める事項，が掲げられている。

東京都や大阪府は，組織が大きいこともあって，監査・検査体制が整備さ

---

[48] 社会保険庁「業務改革プログラムの状況について」（平成19年4月）40頁。

れている。このような体制が整備されているかどうかは別にして，このような内部の監査ないし検査は，国，地方公共団体ともに，広く実施されているものと思われる[49]。しかしながら，内部監査は，職員の個人的不正行為の摘発・是正には有効であるが，組織的な隠蔽等の不正行為の場合は，必ずしも機能しないことが多い。それどころか，監査しているという外観により，外部からの真実確認の努力をシャット・アウトする機能を果たしてしまうことが多い。しかも，外部から疑いをかけられないように上手に隠蔽することさえも指導するかも知れない。

特定の部門の不正行為に対して，職員の懲戒等を扱う委員会が対応することもある[50]。

なお，すでに述べたように，恒常的な内部監査等とは別に，不適正経理等が問題になったときに，その調査及び適正化を図るための臨時的な委員会等を設置することが多い。その委員等の構成についてみると，内部者のみによるもの[51]，外部者のみによるもの[52]，両者の混成によるもの[53]，さらに，内部者の委員会等を監視する委員会を設ける方式[54]などがある。これらの委員

---

[49] 会計関係等に限定しない行政監察の組織を設けている場合もある。たとえば，鳥取県は，行政監察監とそれを支える行政監察監室を設けて，行政監察を実施しており，たとえば，「不適正な経理処理による資金造成等に関する調査結果（最終）」（平成19年2月）をまとめている。

[50] 青森公立大学の不適正経理に対する青森市職員懲戒等審査委員会の調査（平成17・3・18に最終報告）。

[51] 岐阜県不正資金に関する「資金調査チーム」（平成18年），新潟県公金実態調査のための「会計処理検査チーム」（平成18年）。

[52] 佐賀県「食糧費等調査委員会」（平成16年），大阪府「不適正な会計処理に関する調査委員会」（平成18年），長崎市外部調査委員会（平成18年）。

[53] 大阪市福利厚生制度等改革委員会（平成17年）。

[54] 秋田県の食糧費等の執行に係る「秋田県調査委員会」（平成7年）とそれを監視する「食糧費等適正執行考査委員会」，山形県「公金管理実地調査班」（平成18年）とそれに対する助言・検証を行なう「公金管理実地調査検証委員会」，宮崎県の「不適正な事務処理に関する庁内調査委員会」（平成19年）と「不適正な事務処理に関する外部調査委員会」。なお，本文に述べた長崎県も，内部，外部の各調査委員会方式を採用している。

会は，要綱等により設置されたものである。しかし，要綱等であっても，それが長により定められたものであるときは，行政内部の機関・職員を拘束することはできる（訓令的効力）。したがって，たとえば，要綱において職員が委員会の委員による調査に応ずること，職員を委員会に出席させること，職員に帳簿等を委員会に提出させること等を定めている場合[55]に職員が応じなかった場合は，前記訓令的効力により，懲戒処分を受けることもありうる。

　会計検査院の検査　会計検査院は，恒常的に経費についても検査を行なっており，その結果は，検査報告として公表されている。特定検査対象に関する検査の実績も蓄積されつつある。会計検査院の検査結果の情報が共有されるならば，どのような経費支出の仕方が不適正であるのかが広く認識され，抑止されるであろう。もっとも，租税回避策と同様に，不適正な経費の使用のテクニックがわかってしまうことによる弊害がないともいえない。

　監査委員の監査，外部監査人の監査　地方公共団体には，二つの監査制度が存在する。一つは，監査委員による監査であり，もう一つは，外部監査人による監査である。

　監査委員監査についてみると，かつての監査委員は，個人的な不適正経理に対しては厳しい姿勢をとっていたが，組織的な不適正経理に対しては寛大であったといえよう。食糧費の使用などについていえば，監査委員ないし監査委員事務局も，疑いをもたずに使用していたように見受けられる[56]。こうした状況において，食糧費，旅費等をめぐる不適正な公金支出が各地で問題とされ，前述した臨時的な委員会等が設置され，その調査手法が公表されるにつれて，監査委員も，従来よりも立ち入った監査を実施することを求められるようになろう。その地方公共団体のOBが監査委員となっている場合など，監査について消極的態度をとることがあったかも知れないが，もはや，そのような態度は住民が許さないであろう。毎年全庁的な監査を実施することは不可能であるにせよ，内容のある抽出監査を実施するならば強い牽制効

---

[55]　その例として，佐賀県「食糧費等調査委員会設置要綱」5条。
[56]　たとえば，全国都道府県監査委員協議会連合会（全監連）の懇談会の費用について，朝日新聞平成8・1・25。

果を発揮するであろう。その際には，不正経理の発見のためには，必要に応じて支払先・出張先への確認[57]など[58]も行なう必要がある[59]。

監査委員監査に外部の人材を活用することも検討されている。たとえば，岐阜県監査委員は，これまで書記が実施してきた予備監査業務の一部について，監査法人，公認会計士，税理士等への委託を行なうことにより，財務会計事務に関する専門的知識を有する外部人材の活用を図るよう検討するとしている。そして，「監査計画の立案，監査手法の検討，予備監査の実施，監査結果報告書の作成などを，公認会計士等と書記が共同で実施する」と述べている[60]。監査委員の立場上，監査委員の任命について言及することができなかったので，このような見解の表示にとどめざるを得なかったのであろうが，むしろ，指摘されている外部の人材を監査委員に任命するのが筋であろう。監査委員が書記等による原案作成に依存する姿勢が垣間見られるのが残念である。なお，監査委員監査に当たり，監査委員のイニシアティブによる個別監査の活用は認められていない（自治法252条の39以下）。

外部監査人たる包括外部監査人は，自らの判断により地方公共団体の経費支出の適否について監査することができる。実際にも，重点的な経費支出に着目した監査が実施されることがある[61]。

57　監査委員監査には，予備監査と本監査とがあって，支払先・出張先等への確認は，予備監査の段階で行なうことになろう（岐阜県監査委員「不適正資金問題に関する監査等の結果について」（平成18・8・30））。

58　裏金の発見のためには，金庫，ロッカー，キャビネット，机の引き出しなどの点検も必要となる（岐阜県監査委員「不適正資金問題に関する監査等の結果について」（平成18・8・30））。

59　監査の悩みについて，朝日新聞平成8・3・10。そこでは，東京都は大所帯のため，たとえ抽出調査を実施しても相当な時間と人員を要し，「費用対効果」の問題がある旨の談話も紹介されている。

60　岐阜県監査委員「不適正資金問題に関する監査等の結果について」（平成18・8・30）。

61　たとえば，熊本県包括外部監査人は，平成16年度の監査対象として「旅費」を取り上げた。また，徳島県包括外部監査人による『平成18年度　包括外部監査結果報告書』は，「議会費の執行について」をテーマとし，その中には，政務調査費，費用弁償が含まれている。

［2］　情報公開

情報公開制度の重要性　真実経理を外部から確認するのに，情報公開制度の果たす役割が極めて大きい。これまで，地方公共団体の情報公開条例による情報公開は，政府経費に関する文書の開示請求についても活用されてきた。そして，請求対象の文書が条例の定める非開示事由に該当するか否かが争われることが多い。情報公開請求による開示を通じて得られた財務処理は，それが市民オンブズマン，マスコミ等の手によって批判されるのみならず，住民監査請求や住民訴訟の手がかりとなる点においても重要である。平成11年には，国の行政機関情報公開法が成立し，国も含めて，政府経費支出に関する透明化（真実の経理の確認）と統制が図られることになった。本書の各章において扱われる政府経費支出の適否をめぐる実体問題は，情報公開請求の結果に基づくものが多い。しかも，開示・非開示をめぐる基準が，次第に開示の方向に動きつつあるように思われる。それは，「社会通念の変遷」を背景にしているのかも知れない。

最高裁平成6年大阪府知事交際費訴訟第一次判決　地方公共団体において知事交際費を中心とする交際費関係文書をめぐる判例が蓄積されている。

大阪府知事交際費訴訟第一次最高裁判決の最高裁平成6・1・27（民集48巻1号53頁）は，知事の交際の相手方が識別されうるものは，氏名等が外部に公表・披露されることがもともと予定されているものなどを除き，「企画，調整等を公正かつ適切に行うことに著しい支障を及ぼすおそれのあるもの」及び「事務の目的が達成できなくなり，またはこれらの事務の公正かつ適切な執行に著しい支障を及ぼすおそれのあるもの」（事務事業執行情報）並びに「一般に他人に知られたくないと望むことが正当であると認められるもの」（個人情報）に該当するとした（栃木県知事交際費に関し，平成6・1・27判例時報1487号48頁）。差し戻し後の最高裁平成13・3・27（民集55巻2号530頁）については後述する。「外部に公表，披露されることがもともと予定されているもの」など，不確実な点が残されていることは否定できない。

知事交際費に関しては，その後も，下級審の重要な判決が出されてきた。いずれも，基本的に前記最高裁判決に従って具体の判断を行なっている。ほとんどの場合に，事務事業情報又は個人識別情報（又は個人情報）該当性が

争われるものであった[62]。

最高裁平成13年大阪府知事交際費第二次訴訟判決とその後の判決　下級審が個別の判断に苦労してきたのを踏まえて，大阪府知事交際費に関する第二次最高裁判決である最高裁平成13・3・27（民集55巻2号530頁）が，個別の費目ごとの判断方法を示した。その前提として，第一次上告審にいう「相手方の氏名等が外部に公表，披露されることがもともと予定されているもの」とは，交際の相手方及び内容が不特定の者に知られ得る状態でされる交際に関する情報を意味し，このような情報は氏名等の公表によって交際事務の目的が達成できなくなり又は交際事務に著しい支障を及ぼすおそれがあるとは認められないとして事務事業執行情報に該当しないとしたものである。交際の事実そのものは不特定の者に知られ得るものであっても，支出金額等，交際の内容までは不特定の者に知られ得るものといえない情報は「予定されているもの」に該当せず，他に事情がない限り事務事業執行情報に該当するとした。また，個人情報該当性に関する，「私人である相手方に係るもの」とは相手方が公務員であると否とを問わず「当該交際が相手方にとって私的な出来事であるもの」を意味するとした。

---

[62] 京都府知事交際費に関して，京都地裁平成7・10・27判例タイムズ904号65頁は，交際の相手方が識別され得るものは，もともと公表が予定されているなど公表によって信頼・友好関係を損なう恐れのないような場合を除き，公開しないことができる文書（事務事業に関する情報で公開により著しい支障を生ずるもの）に該当するとしたうえ，「取引業者名」は，これに該当しないとした。交際相手の氏名は個人特定情報に該当し開示できないとした。東京都知事交際費に関して，東京地裁平成4・10・15判例時報1436号6頁は，前記最高裁判決前のもので，交際の相手として特定の個人が識別され個人に関する情報が明らかになるものは個人識別情報として非開示であるが，事務事業情報については当事者間の信頼関係が失われるとか公正・円滑な執行に支障を生ずることを具体的に立証することを要するがそれがなされていないとした。2審の東京高裁平成9・5・13判例時報1604号39頁は，個人の氏名を記載した部分は非開示とできるが，その余の部分は立証がないので取り消すべきものとした（役職名及び肩書きについて個人識別情報に該当することの立証がなされていない。また，事務事業情報に関しては，知事という公的立場に鑑みれば，機密性が重視される交際事務のみならず，公開性に意義があるものも少なからずあるので，交際事務が公開性の高いものであるか，機密性の高いものであるかを立証すべきところ，それがなされていない）。

具体的な判断は次のとおりである。①個人に対する出版祝，退官祝，就任祝，国会議員主催の会合に贈った祝金は，具体的金額が不特定の者に知られ得るものではなかったので事務事業情報に該当する。当選祝としての物品の贈呈は相手方又は内容が不特定の者に知られ得る状態でなされたものといえず事務事業情報に該当する。②生花料・供花料・きしみ料は不特定の者に知られ得る状態でされたもので事務事業情報に該当せず，公表・披露が予定されているもので個人情報にも該当しない。香料・見舞は相手方にとって私的な出来事で一般に公表・披露が予定されているものではないから個人情報に該当する。③政財界人との意見を交換するための懇談会は，具体的負担額が不特定の者に知られ得るものであったとは通常考えられず事務事業情報に該当する。④政界関係者の後援会・懇談会の具体的金額が不特定多数の者に知られ得るものであったとはいえない。⑤報道出版関係法人・府民団体及び法曹関係団体に対する周年記念祝い金，せん別・賛助金・援助金は，贈呈の事実又は具体的金額が一般に公表，披露されるようなものとは考えられないから事務事業情報に該当する。⑥団体の会費は一般に知られ得る状態にあったもので事務事業情報，個人情報のいずれにも該当しない。

　大阪府知事交際費の二次にわたる上告審判決により，相手方の氏名等の特定と「一般に公表・披露することが予定されているか否か」に重点が置かれていることがわかる。交際事務の「事務としての重要性」を尊重したものと思われるが，「客観的にみて公表を義務づけられることがありうる」という視点が欠けているのが気になるところである。東京高裁平成9・5・13（判例時報1604号39頁）などの考え方が否定されたものとすれば，財政統制の

　　茨城県知事交際費について，東京高裁平成11・9・8（判例時報1716号40頁）は，個人識別情報については最高裁判決と同様の判断をし，知事の交際が通常の儀礼的交際としてされたものであり，かつ，その相手方が識別され得る場合は，「相手方の名称等を公表することによって知事の交際事務の実施の目的が失われ，又はその公正若しくは適切な実施を困難にするおそれがあるとは認められない」との特別事情が存在しないことが推認されるとした。事務事業情報に関しては，支出の事実，その額などが公開されることにより不快や不満を抱く者が出てくるから今後の交際事務の適切な実施を困難にするとして非開示に違法はないとした。具体的に立証を要するとする裁判例と対照的である。

機能が大きく後退することになる。実質的に機密性を要する正当な交際であることを立証できる場合でないのに，形式的に「機密性」のレッテルを張ることによって非開示にできるからである[63]。情報公開の限界であろうか。

京都府知事の交際費に関する文書について，最高裁平成13・5・29（判例時報1754号63頁）は，結婚祝及び受賞祝賀会の祝に関する相手方の氏名が記録されている部分は，非公開とすべき個人識別情報，事務事業情報に該当するとした。その結論を導くにあたり，「内容が不特定の者に知られ得る状態でされる交際に該当するか否かは，当該交際が，その行われる場所，その内容，態様その他諸般の事情に照らして，その相手方及び内容がそれを知られることがもともと予定されている特定の関係者以外の不特定の者に知られ得る性質のものであるか否かという観点から判断すべきである」と述べた。

類型別考察方法　さて，最高裁は平成14・2・28（民集56巻2号467頁）（愛知県知事交際費事件）によって，一定の軌道修正が図られたようにみえる。接遇費・賛助金・記念品代・賞品代のなかには，類型によっては相手方及び内容（金額）が明らかにされても相手方が不快な感情を抱き当該交際の目的に反するような事態を招くとはいえないものも含まれる蓋然性があるから，抽象的に公表・披露を予定したものでないことを主張・立証するだけでは足りず，類型を明らかにしたうえで要件に当たらないことを主張・立証すべきであるとした。同じく，千葉県知事交際費に関する最高裁平成15・10・28（判例時報1840号9頁）も，「予定されている」の例として，交際の相手方及び内容が不特定の者に知られうる交際に関するものを掲げている[64]。

さらに，最高裁平成17・7・14（判例時報1908号122頁）は，北九州市局

63　宇賀克也「首長交際費の公開(1)」法学教室246号56頁・64頁（平成13年）は，従前の行政スタイルの維持を前提とする限り最高裁判決の指摘には首肯しうる点があるが，より根本的には，交際費のあり方が問われていると述べている。

64　なお，同判決は，交際費から支出された新聞，雑誌，機関誌等の購読料について，相手方が識別されるとして，事務事業情報（当該事務事業若しくは将来の同種の事務事業の公正若しくは円滑な執行に著しい支障が生ずると認められるもの）に該当し非開示とすべきであるとした。そのような交際行為が許されるかどうかと，情報の開示・非開示は別問題であるということになる。

長の交際費のうち，交際の相手方である個人又は団体を識別されない文書は公開したとしても，交際目的を損ない，又は交際事務の適正若しくは円滑な執行に著しい支障が生ずるとは認められないから，交渉その他の事務事業情報に該当しないとした。これは，相手方が識別されるものは，原則として事務事業情報に該当することの裏返しである。

　判決は，それ以外のものについて個別に判断を進めた。「会費」には，局長等が加入していることが公知のものや，会合への出席が不特定の者に知られうる状態でなされるものが含まれている蓋然性があるので，そのような公然たる交際で会費の金額が相手方により一定の金額に決められているものは公開しても相手方との信頼関係ないし友好関係を損なうなどの支障が生ずるおそれがあるとは認められないとし，事実の有無を確定する必要があるとして差し戻すべきであるとした。「懇談」は，事務事業情報に該当する蓋然性が高いが，他の地方公共団体の公務員との間で公式に開催する定例の会合等は相手方及び内容が明らかにされても，通常は交際目的に反するような事態を招くとはいえないから，類型を明らかにする必要があるとした。「御祝」，「餞別」，「見舞い」，「賛助」，「土産」又は「お礼」に分類されるものについては，その支出の要否や金額等が相手方とのかかわり等をしんしゃくして個別に決定されるものであり，具体的な金額等が不特定の者に知られ得る状態でされるものとは通常考えられないから事務事業情報に該当するとした。交際費の類型ごとに審査する方法が定着しているといえよう。

　このような流れが定着しているが，泉裁判官が北九州市事件で述べた考え方，すなわち，交際事務をもって，条例が想定している独立の事務事業（本来的事務）とみるべきではなく，付随的事務にすぎないから，個別の交際が関係する本来的事務の執行に著しい支障が生ずることを地方公共団体が具体的に主張立証しなければならないとする見解が注目される。特に，交際を独立の事務事業に該当するとみると，「地方公共団体の職員が選挙での支援を得るなどの個人的な利益のために支出した交際費や，逆に民間の個人や団体が自己の利欲のために地方公共団体から不当に支出させた交際費が，容易に住民の監視を逃れることになる」という問題提起を真摯に受け止める必要がある。

当然のことながら，開示の基準を作成して積極的な公表を促進することが望ましい。東京都，大阪府をはじめ，基準の作成・公表が進行している[65]。

接待費（食糧費）に関する大阪府水道部事件判決及び京都府知事事件判決
飲食を伴う接待費は，「食糧費」の費目で処理されることが多い。交際費と並んで判例が集積されている。

その出発点となるのが大阪府水道部事件の最高裁平成6・2・8（民集48巻2号255頁）である。同判決は，大阪府水道部が飲食店を利用して行なった懇談会等についての支出伝票，債権者請求書・経費支出伺いについて，条例の定める，「公にすることにより当該若しくは同種の事務の目的が達成できなくなり，またはこれらの事務の公正かつ適切な執行に著しい支障を及ぼすおそれのあるもの」に当たるというためには，企業管理者において，懇談会等が企画調整等事務又は交渉事務に当たり，関係者との内密の協議を目的として行なわれたもので，記録内容自体から，あるいは他の関連情報と照合することにより，懇談会等の相手方等が推知される可能性があることを主張・立証する必要があると述べた[66]。

京都府知事の「外国賓客等渉外経費」（国内外の関係者・関係団体と良好な関係を保持し，情報の収集等を行なうための経費）に係る支出票に関し，京都地裁平成7・10・27（判例タイムズ904号72頁）は，口座番号は接客業者の正当な利益を害するが，接客業者の氏名，代表者名，担当府職員の氏名，支出目的の記載は，その公開によって業者の競争上の地位その他正当な利益を

---

[65] 東京都は，東京高裁判決を踏まえて，「交際費を考える会」を設置して諮問したうえ，「交際費に関する開示基準」を制定した（平成11年3月26日）。原則として開示することとし，相手方が個人であり，病気見舞い等相手方のプライバシーに特段の配慮が必要と認められる場合については，相手方の氏名等を非開示とすることができるとしている。また，領収書等に記載されている債権者（物品購入先）の印影，銀行口座情報等は非開示としている。大阪府も，経費の執行状況は原則としてすべて公開することとしつつ，病気見舞い等で相手方のプライバシーに特段の配慮が必要と認められる場合は，公開しないことができるとしている（平成13年7月3日施行）。

[66] 宇賀克也・前掲法学教室246号64頁によれば，知事交際費に関する平成6年最高裁判決は，首長交際費を射程にしたものであって，他の部局の接待費等は射程範囲外であるという。

害するとは認められないとして，非公開決定の一部を取り消した。

事務事業の意思形成への支障　事務事業の意思形成への支障の点について多数の裁判例が集積しつつある。

浦和地裁平成9・2・17（判例時報1596号45頁）（埼玉県食糧費文書事件）は，懇談の相手方の所属省庁名・職種等の公開により行政運営に支障を生ずるというためは被告が特段の事情が存在することを主張立証しなければならないとした。そして，懇談会の相手方の位置づけや評価について疑念を生じ行財政運営に支障を生ずるという主張に対しては，「食糧費は，その予算の目的からみれば，行政事務の執行に関して費消される食品等に用いられるものであり，交際自体を目的として支出されるものではないと解される上，被告が主張するように懇談会は中央省庁等ときたんのない意見交換や情報交換を行うために開催されるものとすれば，その目的は行政事務そのものに裨益するためであって，接遇ではないのであり，このことは相手方においても了知している筈である」などとして，支障を生じるとはいえないとした（債権者名等も，特段の事情がない限り，法人等に著しい不利益を与えると認めることはできないとする）。ここには，接遇を目的とする交際費と食糧費との違いの認識が示されている。しかし，食糧費が交際目的で活用されてきた実態をどう評価するかという問題は残されているように思われる。

また，東京高裁平成9・2・27（判例時報1602号48頁）は，会議の内容等が了知されてしまうという問題について，当該事案において外形的事実を他の情報と照合することによって個々の会議・懇談会等の具体的な目的，内容や相手方を了知し得ることを認めるに足りる証拠はないとし，また，内密の協議を目的としたもので，懇談会の相手方が明らかになることや会合の内容等につき種々の憶測等がなされるおそれがあることについて，個別具体的な立証がされていないとした。会議の内容が外部に了知されては困る場合があることを肯定しつつも，その立証がないとしたものである。この判決の問題点は，そのような事情を裁判所に納得させるのに，どのようにすれば立証できるかということであろう。

この判決は，裁判段階における，いわゆるイン・カメラの審理方式の必要性を迫るといえよう。しかし，イン・カメラ審理は，憲法82条との関係に

において，違憲とされる可能性もあるとされる[67]。とするならば，不服申立の審査に関する諮問機関である情報公開審査会のイン・カメラ審理の結果がどのように説得的であるかが重要になろう。

さらに，東京高裁平成11・4・28（判例時報1714号50頁）は，県東京事務所の企業誘致関係の会合又は贈答の相手方の会社名等については，特定の誘致折衝企業の存在する段階で関連企業等の関係者から誘致対象企業に関する情報を収集したことから，文書を開示すると贈答の相手方から自己に関する情報収集活動を行なったことを容易に認識することができ，誘致企業と贈答の相手方との信頼関係に悪影響を及ぼし，贈答の相手方に多大の迷惑を及ぼすおそれがあるので，事務事業情報に該当するとした。

この事案は，具体の企業誘致に関するものであったが，最高裁平成15・11・21（判例時報1847号24頁）は，県東京事務所が在京の国家機関や企業等を対象とした情報収集，連絡調整等の事務事業として，又はこれに関連して行なった会合又は贈答の相手方に係る情報につき，企業誘致事務に関するものについて，特定の企業を対象とした誘致折衝活動を前提としたものではなく，一般的な情報を収集する目的の会合であり，その内容自体は文書中に記載されていないのであるから，国等の公務員である相手方氏名等の記載部分を公開しても，非公開とされるべき事務事業情報（当該事務事業の性質上，公開することにより，当該事務事業若しくは将来の同種の事務事業の実施の目的を失わせ，又は当該事務事業若しくは将来の同種の事務事業の公正若しくは円滑な実施を困難にするおそれのあるもの）に該当しないとした。

公務員等の相手方に着目した考察方法　懇談会等の出席者に関する情報は，個人に関する情報との関係で問題とされることが多い[68]。公務員としての出席者[69]の情報は，条例の定め方により個別条例ごとに判断すべきものであるが，非開示事由たる個人識別情報に当たらないとする判例が定着したといえ

67　宇賀克也『新・情報公開法の逐条解説』（有斐閣，平成18年）146頁。なお，民事訴訟法は，文書提出命令の申立てに係る文書につき文書提出義務を負わない場合（同法220条4号イ～ニ）の文書に該当するかどうかの判断をする際には，一種のイン・カメラ審理を認めているが（223条6項），当事者が自ら提出する文書についてのイン・カメラ審理を求める手続を認めてはいない。

そうである。

　まず，宮城県食糧費事件に関する仙台地裁平成 8・7・29（判例時報 1575 号 31 頁）が，極めて注目される。懇談会に出席した公務員の役職・氏名について，公務の遂行者を特定し，責任の所在を明らかにするにとどまり，個人としての行動ないし生活にかかわる意味合いをもつものではないから，原則として個人に関する情報に当たらないとし，「公費によって開催された懇談会について，県民には税の無駄遣いを監視するうえでも可能な限り具体的な情報の開示を受ける利益がある」ことを強調し，たとえ，当該公務員がこれを公表されることについて了解していなかったとしても，「社会通念上公表が予定された情報」であり，当該公務員が懇談会の主催者側であると相手方であると異ならないと述べた[70]（同じく，東京高裁平成 9・2・27 判例時報 1602 号 48 頁も，出席した相手方は，国と地方公共団体の担当職員であり，いずれも公務員の職務の遂行として出席したものであって，この出席に関する情報は，私事に関する情報ではなく，公務員の私人としてのプライバシー保護に対する配慮は必要でないから，同号の「個人に関する情報」には当たらないとした）[71]。

---

[68]　最高裁平成 16・2・24 判例地方自治 258 号 22 頁は，県監査委員事務局が執行した食糧費の支出に係る支出負担行為・支出命令票及び請求書のうち，懇談等の相手方等出席者が識別され得る部分に関して，原審が「食糧費が行政事務又は事業の執行上直接的に費消されるものであり，かつ，本件において開示を求められている各文書からの情報では具体的な懇談の内容は明らかにはならず，出席者個人のプライバシー等の権利利益の侵害が生じる可能性が少ないことなどからすれば，出席者が県職員，県職員以外の公務員，公務員以外の者のいずれの場合であっても，社会通念上公表されることを予定して作成され，又は取得された情報と認められる」として，条例所定の情報（実施機関が公表を目的として作成し，又は取得した情報）に当たり非開示情報には該当しないとしたのに対して，懇談会等の出席者が公務員以外の者である場合には，その出席した行為が法人等の行為そのものと評価される場合を除き，その出席者に関する情報は原則として非開示情報に該当するというべきであるから，この部分について審理を尽くさせるため原審に差し戻すのが相当であるとした。

[69]　出席者が公務員であるかどうかが問題とされる事件もあるが，公務員であることを「推認」した裁判例もある（福岡高裁平成 17・10・27 判例集未登載）。

[70]　飲食業者の氏名，口座関係資料についても，「競争上の地位その他正当な利益が損なわれると認められる」とはいえないとした。

公務員に限らず所属する団体や機関の職務としての出席とみるべきでプライバシーに関係のない事柄であるとする裁判例も存在した（大阪地裁平成9・3・25判例時報1615号29頁（大阪市食糧費事件），鹿児島地裁平成9・9・29判例地方自治173号9頁，東京高裁平成11・4・28判例時報1714号50頁[72]）。

この点については，最高裁平成15・11・11（民集57巻10号1387頁）が，ほぼ決着をつけたものといえる。同判決は，大阪市財政局食糧費事件に関して，市政に関する情報の大部分は同市の公務員（特別職を含む）の職務の遂行に関する情報ということができるとし，「同市の公務員の職務の遂行に関する情報が記録された公文書について，公務員個人の社会的活動としての側面があることを理由に，これをすべて非公開とすることができるものとしているとは解し難いというべきである」と述べた。そして，「国又は他の地方公共団体の公務員の職務の遂行に関する情報についても，国又は当該地方公共団体において同様の責務を負うべき関係にあることから，同市の市政に関する情報を広く市民に公開することにより市政に対する市民の理解と信頼の確保を図ろうとする目的を達成するため，同市の公務員の職務の遂行に関する情報と同様に公開されてしかるべきものと取り扱うというのが本件条例の趣旨であると解される」と述べた。ここには，国又は他の地方公共団体の公務員を当該地方公共団体の公務員と同じに扱う考え方が示されている。

最高裁平成15・11・21（判例時報1847号24頁）は，国等の公務員以外の相手方にかかる氏名等の情報記載部分について，その氏名，所属，職名等により特定の個人が識別され，又は識別され得るものが含まれていると考えられ，原審において，それら相手方が法人等の代表者又はこれに準ずる地位にある者であってその職務として会合に出席したり，贈答を受けたりした事実は認定されていないから，非公開情報に該当するというべきであるとした。次に，国等の公務員である相手方については，国等の部局の職務として会合に出席するなどしたというのであるから，公務員の職務に関する情報であるが，そのうち，相手方の住所又は出身地の記載があるものと，その記載がな

71　同様の結論のものに，熊本地裁平成10・7・30判例地方自治185号42頁がある。
72　この東京高裁判決は，出席者の住所は個人に関する情報に該当するとした。

いものとを区別し，前者で氏名等と合わせて特定の個人が識別され又は識別され得るものは，私事に関する情報を含むものとして非公開情報に該当するとした。この判決に対する疑問は，住所又は出身地が私事に関する情報であるからといって，当該相手方に関する情報が全体として非公開情報に該当するとしている点である。細分化ができないと考えているのかも知れないが，住所又は出身地以外の氏名等のみを開示することが可能と思われる。

　最高裁平成15・12・18（判例時報1848号69頁）は，広島県の条例について，「広島県の公務員の職務の遂行に関する情報が記録された公文書について，公務員個人の社会的活動としての側面があることを理由に，非公開とすることができるとしているとは解し難い。また，国又は他の地方公共団体の公務員の職務の遂行に関する情報についても，国又は当該地方公共団体において同様の責務を負うべき関係にあることから」，広島県の公務員の職務の遂行に関する情報と同様に公開されてしかるべきものと扱うのが条例の趣旨である，と述べた。国及び地方公共団体の公務員の職務の遂行に関する情報は，公務員個人の私事に関する情報が含まれる場合を除き，「個人」に当たることを理由に非公開情報に当たるとはいえないとする判決である。そして，相手方出席者のうち国家公務員については非公開情報に該当せず，他方，各省庁OBについては個人的な社会的活動にかかわる情報であるとした[73]。

　最高裁平成16・2・24（判例地方自治258号22頁）は，監査委員事務局主催の懇談会等につき，「非開示部分に係る懇談会等は，県の食糧費が支出されたものであって，いずれも県の行政事務又は事業の施行のために行われたものとみることができるものであるから，その懇談会等に出席したものということができる」とし，非開示部分には県職員個人の私事に関する情報が含まれているものとは認められないから，県職員に関する部分は非開示情報たる個人識別情報に該当しないとした。

　なお，条例が個人識別情報を非開示情報として掲げて，公表予定情報をそ

---

[73] この判決には，泉德治裁判官の反対意見が付されている。各省庁OBについて，在籍者と同じく，出席は公人としてのものであって私的領域のことということはできないと述べた。

れから除外している場合に，懇談会等への出席者のうち公務員以外の者が公表予定者として，非開示情報に該当しないのかどうかが問題になる[74]。この最高裁判決は，「出席者が県職員以外の公務員である場合においても，当該出席者がその公務の遂行として懇談会等に出席したのであれば」，その出席者情報は非開示情報に該当しないが，公務員以外の者である場合には，その出席が法人等の行為そのものと評価される場合を除き，その出席情報は原則として非開示情報に該当するとした。この判決は，県職員，県職員以外の公務員及び公務員以外の者の3類型に分けて個人識別情報該当性を判断していることがわかる。そして，県職員以外の出席者に関する部分の情報が非開示情報に該当するかどうかを確定するために原審に差し戻した。

　この判決において，県職員の場合には，懇談会等は県の行政事務又は事業の施行のためになされるべきであるという規範論が先行しているのに対して，県職員以外の公務員，民間人となるにつれて規範論が弱くなっているといえる。

　最高裁平成19・4・17（判例時報1971号109頁）は，愛知県商工部万博誘致対策局の需用費中の食糧費に関する予算執行書，支出金執行書等の懇談の

---

[74] この事件の原審判決は，県職員以外の公務員の出席者については，県職員以外の公務員も県の行政事務，事業に関わりをもった以上，特別の事情がない限り，当該公務員の所属官庁，役職及び氏名は公表されることが予定されているものというべきであり，食糧費の性格及び本件文書の情報等からすると特別の事情があるとはいえず，社会通念上公表を予定して作成し，又は取得した情報と認められるとした。また，民間人出席者についても，食糧費が行政事務，事業の執行上直接的に費消されるものであることからすると，「相手方が私人であっても，純粋の個人としてでなく，その所属する団体等の職務として，あるいは，自己ないしその所属する団体の営む職務として，若しくは有識者等の立場で控訴人が主催する公的な懇談会等の宴会，会食等に出席したものと推認できる」のであって，社会通念上公表されることを予定して作成し，又は取得した情報で非開示情報に該当しないとした。「交際費と異なり，食糧費の執行としての懇談等での宴会，会食等への出席は，県の行政事務，事業そのものへの関与にほかならないから，行政事務，事業に支障がない限り，また，それが出席者個人のプライバシー等の権利利益と密接に関連しているといった特段の事情がない限り」，出席を秘匿すべきことは予定されておらず，民間人出席者も公表されることがありうる旨を自覚しておくべきことを根拠にしている。

相手方等の所属名，職名，肩書，氏名等の懇談会の相手方が識別される部分で，公務員（公務員であって大学に在職する学者を含む）とそれ以外の者とが混在している場合の判断をしている。原審判決が，文書中に公務員の出席に関する情報と公務員以外の者の出席に関する情報とに共通する題名欄等の記載部分があって，情報を細分化することはできないから，相手方識別部分はすべて非公開情報に該当するとしたのに対して，最高裁は，公務員の氏名や所属名，職名等の出席公務員が識別される部分は，公務員の出席に関する情報として，すべて公開すべきであるとした[75]。

警察職員の場合　　警察職員の場合には，その氏名公開により警察官の権利侵害や職務遂行の支障が起こるかどうかが問題になる。

鳥取地裁平成 16・6・15（判例地方自治 260 号 107 頁）は，条例が非開示とする個人識別情報から「公務員等の職務の遂行に係る情報に含まれる当該公務員等の職の名称その他職務上の地位を表す名称及び氏名（当該公務員等の権利利益を不当に侵害するおそれがある情報であって，規則に定めるものを除く。）並びに当該職務遂行の内容」と定めている場合における，県警本部警務課，監察官室，警備第 1 課の食糧費及び出張旅費に関する各支出負担行為書及び支出内訳書を扱った事案である。この条例に基づく規則のなかには，開示することにより当該公務員等に対する暴行，脅迫等を招く明白かつ差し迫った危険が予見される情報，及び「警部補及びこれに相当する職以下の職にある警察職員の氏名」（3 号情報）が含まれている。判決は，警部補及び同相当職以下にある者の氏名及び印影を非開示とするためには，この 3 号に該当するだけでなく，その開示によって，条例の定めるところに従い，当該警察職員の権利利益を不当に侵害するおそれが必要であるとし，次のように述べた。

　「そのためには，何らかの権利侵害が発生する抽象的可能性があるというだけでは足りず，たとえば，当該警察職員の所属する部署がその性質上他者からの攻撃に晒されやすいとか，あるいは，当該警察職員自身，現在や過去の職務内容などから，他者からの攻撃を受ける可能性がある

---

[75] 部分開示に関して，藤田宙靖裁判官の詳細な補足意見が付されている。

など，当該警察職員の現在の部署，これまでの経歴，その他，警察を取り巻く状況等諸般の事情にかんがみて，当該警察職員又はその家族に危害，嫌がらせ等何らかの不利益が及ぶ危険性を相当程度具体的に推認し得ることを要するというべきである。」

判決は，この一般論に基づいて，問題の事案において具体的な主張立証がないとして処理した。判決も述べるように，他県には一定範囲の公務員の氏名等を一律に非開示とする条例が存在するとしても，鳥取県の条例の文言において，「当該公務員等の権利利益を不当に侵害するおそれがある情報」を要件としていることは明らかである。

これに対して，「宮城県警察本部総務課職員の出張に関する一切の資料」，「宮城県警察本部総務室の食糧費支出に関する一切の資料」等の開示請求をした事案に関する訴訟に関して，仙台地裁平成15・1・16（判例タイムズ1185号189頁）は，次のように述べた。

「警察の業務は，相手方からの反発，反感を招きやすく，警察職員が攻撃や懐柔の対象とされるおそれが高いものであるところ，総務室勤務の警察職員は，捜査部門等の警察職員と組織的に一体となって犯罪捜査及び警察規制の業務に従事しているものであるから，外部からは総務室勤務の警察職員も警察組織の一員とみなされ，攻撃や懐柔の対象とされるおそれが高いものと認められる。」

この判決は，このように述べて，氏名等の職員情報は，宮城県警察職員かそれ以外の警察職員かを問わず，非開示情報たる「公開することにより，犯罪の予防又は捜査，人の生命，身体又は財産の保護その他の公共の安全と秩序の維持に支障が生ずるおそれのある情報」に該当するとした。問題としている非開示事由が異なるのであるから，判断が異なるのは当然かも知れないが，基本的スタンスに大きな違いがあるように見える。

捜査関係費の文書　　前記の諸事件と連続線上にあるのが，捜査関係費に係る文書の情報が非開示とされるべきかどうかである。

まず，開示すると捜査に悪影響を及ぼす公共安全情報といえるかどうかが問題となることが多い。

東京地裁平成18・7・28（判例集未登載）は，東京都の情報公開条例7条4

号が「公にすることにより，犯罪の予防，鎮圧又は捜査，公訴の維持，刑の執行その他の公共の安全と秩序の維持に支障を及ぼすおそれがあると実施機関が認めることにつき相当の理由がある情報」を非開示と定めている場合について，まず，その審査方法の議論を次のように展開した。

　「このような情報の開示又は不開示の判断には，その性質上，犯罪等に関する将来予測等についての専門的・技術的な情報と経験に基づく判断を要し，公共の安全と秩序の維持という都民全体の基本的利益を守るための高度の政策的判断を伴うことなどの特殊性があることから，同号は，行政上の上記判断に相当程度の裁量を付与したものと解される。そうすると，同号該当性の司法審査の場面においては，裁判所は，同号に該当する情報が記録されているかどうかについての実施機関の長の第一次的な判断が合理性を持つものとして許容される限度のものであるかどうかを判断するという審査方法によるべきであると解される。」

　そして，取扱者出納簿，取扱者証拠書類，中間者出納簿，中間者証拠書類，取扱者領収書及び中間領収書のうち，警察職員（非管理職職員）の氏名・印影については，「これを公にすることにより，当該警察職員（非管理職職員）及びその家族の生命若しくは身体又はその他地位若しくは正常な生活への不法な侵害等を誘発し，それによって犯罪の予防及び捜査その他の公共の安全と秩序の維持に支障を及ぼすおそれがあると判断したことには，相当の理由があるということができる」として，非開示を適法とした。前記文書のうちから，警察職員（非管理職職員）の氏名・印影を除いた部分については，個別に詳細に判断を進める方法をとっている。①取扱者出納簿（取扱者である少年事件課長が受け入れた捜査費についてその出納の状況を明らかにするために作成された書類）については，受け入れた捜査費の各月ごとの個々の執行額が公にされると特定の事件の捜査状況が把握されたり，被疑者等の逃亡又は罪証隠滅等が図られる事態を全く想定できないわけではないとして，犯罪の予防及び捜査その他の公共の安全と秩序の維持に支障を及ぼすおそれがあるものと判断したことには相当の理由がある。②取扱者総括表（少年事件課の取扱者が捜査費の当月分の現金出納を記録した書類）の現金出納の状況に関する情報のうち各月ごとの受入額及び執行額の合計額の増減を表すものが非開

示とされているが，増減の状況から特定の事件の捜査状況が把握されたり，被疑者等の逃亡又は罪証隠滅等を図ったりするおそれがあることを認めることはできないから，公共の安全と秩序の維持に支障を及ぼすおそれがあるものと判断したことに相当の理由があるとはいえない。③取扱者支出伺（取扱者が自ら捜査費を執行する場合，取扱者が中間取扱者に捜査費を交付する場合又は取扱者が捜査員に直接捜査費を交付する場合に作成する書類）の非開示とされた情報のうち，「課長」欄の取扱者の印影，「渡」欄の取扱者から捜査費の交付を受ける取扱者の職名若しくは階級又は氏名等については，これが公にされても捜査状況が把握される等の事態を想定することはできず，公共の安全と秩序の維持に支障を及ぼすおそれがあるものと判断したことに相当の理由があるとはいえないが，「内訳」欄の「職」欄に記載された，取扱者から捜査費の交付を受ける捜査員の階級，「領収書」の「年月日」欄に記載された，取扱者，中間取扱者又は捜査員が取扱者から捜査費の交付を受けた年月日は，捜査費の各月ごとの個々の執行額を全く明らかにし得ない情報ではないということができるから，これを公にすることによって，捜査状況が把握される等の事態を全く想定することができないわけではないので，前記おそれがあるものと判断したことには相当の理由がある。

　判決は，取扱者証拠書類のうちの取扱者支払精算書，中間者出納簿，中間者総括表，中間者支出伺等についても，同様に判断を進めた。そして，「相当の理由がある」と判断するにあたり，警視庁の職員が支払いを仮装して捜査費の一部をいわゆる裏金として蓄えていたことがあったことにより判断が左右されるものではない，と述べた。

　次に，県警本部交通指導課及び少年課の捜査報償費に関する文書の前渡資金精算書の支払金額欄の開示について，青森地裁平成19・2・2（判例集未登載）は，個別の執行に関する情報である「取扱者から捜査員に捜査費を交付した月日」が記録されているため，「これを開示した場合には，警察が内偵捜査の着手や，協力者との接触等の何らかの捜査目的のために捜査報償費を交付した年月日を推認することが可能となるから，その開示により捜査活動に支障が生じるおそれがある」と実施機関が判断したことについて相当の理由があると認めることができるとし，また，個別の執行に関する情報につい

ても,「いつ,どの捜査員に,捜査報償費をいくら,何の目的で支出したのかなどといった捜査報償費の個別の執行内容が明らかとなるところ,被疑者等の事件関係者が捜査報償費の個別の執行内容を分析することにより,交通指導課及び少年課による特定の時期の捜査活動が自己に向けられたものと推認して証拠隠滅,逃亡等をするおそれや当該被疑者等が捜査協力者であると疑念を持った自己の周辺者に対して危害を及ぼすおそれ,他の周辺者等が後難を恐れて警察に協力することをちゅうちょするなど事後の捜査協力の確保に支障が生じるおそれがないとはいえないから」それらの開示により捜査活動に支障を生じるおそれがあると判断したことについて相当な理由があるとして,いずれも公共安全等情報に該当するとした。

警察関係文書について,非開示事由たる公共安全情報に該当するとしながら,高知県情報公開条例6条2項の規定する「当該公文書の開示をしないことにより保護される利益に明らかに優越する公益上の理由があると認められるとき」に該当するとして,開示すべきものとした裁判例がある。行政機関情報公開法7条は,「開示請求に係る行政文書に不開示情報が記録されている場合であっても,公益上特に必要があると認めるときは,開示請求者に対し,当該行政文書を開示することができる」として,いわゆる裁量的開示を規定しているが,前記の条例には,「公益上の理由があると認められるときは,当該文書を開示するものとする」の文言が,「開示することができる」の代わりに置かれている。高知地裁平成17・5・27(判例タイムズ1237号217頁〈参考〉)は,捜査費に関する文書の情報が個人識別情報や公共安全情報に該当し非開示事由に該当するとしながら,公益上の理由により開示すべきかどうかを判断している。「開示するものとする」の文言は,非開示情報を開示することに明らかに優越的な公益があると認められる場合についてまで,開示するか否かの裁量権を実施機関に許容したものとは解されない,とした。そして,組織的不正経理と公益上の理由による開示について,次のように述べた。

「県警本部において,組織的に不正経理が行われているものとは証拠上認められないとはいえ,仮に,捜査費がすべて適正に執行されていると積極的に認めるに足らず,逆に,捜査費の執行に関して,それが違法,

不当な目的のために流用されているのではないかなどといった疑惑があり，それに相応の根拠が伴っている場合には，捜査費が警察法に規定された警察の重要な責務を達成するために公金から支出されるものであることや，平成12年3月に設けられた，有権者[76]から構成される警察刷新会議が，警察組織における会計支出の透明性確保の重要性を指摘し，これを受けた警察庁が，会計適正化を求める通達を都道府県警察に発出していること（弁論の全趣旨）などに鑑みれば，情報公開制度を利用して捜査費の執行状況を事後的に検証し，当該疑惑の解明を図り，もって警察会計の透明化を促進することに，十分な公益上の理由があるものというべきであり，疑惑の濃淡及び当該情報を非開示とすることにより得られる利益に明らかに優越すると認められるのであれば，6条2項により，被告が当該情報の開示を義務づけられる場合があるというべきである。」

そして，市民オンブズマン高知のメンバーが入手した「捜査費執行状況等の一覧表」の記載内容が捜査費の実際の執行状況に合致している疑いがあり，捜査費の執行の組織的不正経理が存在するのではないかという疑いがあること，新聞報道に対する県警の対応をみても組織的不正経理の疑惑は相当程度強いことなどから，「平成14年度における捜査第1課の捜査費の執行に係る組織的不正経理に関する疑惑は相当に具体的であり，これを解明することには相当に高度の公益性があるというべきである」とした。さらに，個人識別情報，公共安全情報該当性の認められるものについて，それによって保護される利益との比較検討を行ない，捜査費に関する文書に記載された警部補以下の階級にある警察官の氏名及び印影，捜査協力者等の実名に係る住所・氏名，印影については，組織的不正経理の疑惑が相当に具体的であるとはいえ，未だ疑惑の域にとどまっていることから，個人情報の秘匿という重要な利益の保護よりも，明らかに優越する公益があるとまでは認められないとした。

しかし，捜査第1課の県費及び国費の捜査費の月別の収支を明らかにするものについては，「捜査の繁閑は明らかになるものではあるが，これによっ

---

[76] この「有権者」は，有識者の誤記であろう。

て，捜査協力者等の氏名や個別具体的な捜査の状況までもが明らかになるわけではなく，その情報量に照らし，捜査に対して直ちに深刻な影響を与えるとまでは，容易には想定し難いことに加えて」，当該捜査費が執行されてから数か月以上経過していることなども考慮すると，平成 14 年度における捜査第 1 課の捜査費の執行に係る組織的不正経理に関する疑惑を解明するという公益性は，非開示とすることにより保護される利益に明らかに優越するものと認められるとして，条例 6 条 2 項を適用すべきであるとした。

丁寧な判断を進めていることに敬意を表さざるを得ないが，極めてデリケートな問題を裁判所が扱う困難さがあると思われる。そして，捜査費の執行時点からの時間的経過に言及している点については，長期にわたり継続する捜査もありうることをいかに考えるかという問題も残されている[77]。

食糧費使用の調査結果文書　　福島地裁平成 12・9・26（判例地方自治 214 号 26 頁）は，食糧費執行の実態調査結果を記載した文書の公開を扱った判決である。公開により不適正支出が判明する場合や氏名の冒用を扱っている点に特色がある。所属ごとの不適正執行の内容・件数・金額を記載した部分を職員録と照合すれば不適正支出のあった所属の長や事務担当者が容易に特定されるが，それは公務そのものを遂行した者や責任を負うべき者が特定されたということにすぎず，それ以上に公務員個人としての行動や生活に関わる意味合いをもつものではないから非開示事由たる個人情報に該当しないとした。被冒用者の名誉が毀損される可能性の危惧は，抽象的な憶測であり，仮にそのような蓋然性が具体的に予測される場合には，県において被冒用者が不正な会計処理に加担していないことを外部に明らかにして防止できるとした。

外務省報償費　　外務省報償費について，東京地裁平成 18・2・28（判例時報 1948 号 35 頁）は，会計検査院の『平成 12 年度決算検査報告』の指摘を踏まえて，大規模レセプション経費，酒類購入経費，文化啓発用日本画等購入経費に係る文書について，不開示事由の立証がなされていないとした。

---

[77] 控訴審の高松高裁平成 18・9・29 判例タイムズ 1237 号 211 頁も，ほぼ同様の判断を示した。

［3］ 公益通報の活用

内部告発　不正経理の問題が発覚するきっかけは内部告発であるといわれることが多い[78]。しかし，日本において内部告発は，組織に対する挑戦と受け止められ，内部告発者に対する組織を上げての告発阻止，告発後の不利益扱いなどがなされやすい。とりわけ，警察組織において，そのような傾向が報じられている[79]。

公益通報の重要性と公益通報者保護法　日本においても，ようやく公益通報の制度が動き出している。しかし，公益通報者保護法は，限定的な内容になっている。同法において「通報対象事実」とされているのは，個人の生命又は身体の保護，消費者の利益の擁護，環境の保全，公正な競争の確保その他の国民の生命，身体，財産その他の利益の保護にかかわる法律として「別表」に掲げるもの（これらの法律に基づく命令を含む）に規定する罪の犯罪行為の事実（2条3項1号），「別表」に掲げる法律の規定に基づく処分に違反することが1号に掲げる事実となる場合における当該処分の理由とされている事実（同項2号）である。別表には，刑法，食品衛生法，金融商品取引法，大気汚染防止法等が掲げられている。したがって，たとえば，補助金適正化法違反の事実は，通報対象事実に該当しないことになる[80]。公務員が食糧費を充てて違法な公金の支出をしたような場合，地方議会の議員が政務調査費を使途基準に反する目的に充てた場合などが，通報対象事実に該当するかどうかについては慎重な検討が必要である。まず，それらの行為が刑法の犯罪に該当しなければならない。

78　その典型は，北海道警察の捜査費に関する原田宏二氏の告発であった。原田宏二『警察内部告発者』（講談社，平成17年）を参照。

79　愛媛県警の巡査部長が記者会見を開いて警察の会計処理の不正を告発したことについて，松山地裁平成19・9・11判例集未登載は，①記者会見前の会見をやめることを求める執拗な説得行為が相当性の限度を超え違法であった，②会見直後の配置換えが社会通念上著しく妥当性を欠き違法であった，③配置換えなどを違法として国家賠償請求を起こし，県人事委員会に不服申立てをしていた原告の勤勉手当を減額したことは違法であった，として，精神的損害として，県に対して100万円の損害賠償を命じた。

80　碓井・公的資金助成法精義231頁。

刑法との関係において，すべての犯罪が通報対象事実になるのかどうかが問題になる。通報対象事実該当性の明確性を重視する見解によれば，形式により判断すべきことになろう[81]。これによれば，経費支出の実体があるかのような公文書を偽造して公金を詐取した場合は，虚偽公文書作成罪や詐欺罪として通報対象事実に該当することになる。しかし，公益通報者保護法の目的が「国民の生命，身体，財産その他の利益の保護にかかわる法令の規定の遵守を図る」こと（1条）にあるので，この目的規定により国，地方公共団体の利益に係わる犯罪は含まれないという解釈論も全く成り立ち得ないとは断定できない。そのような疑念を解消するには，国家公務員法違反を含め，国又は地方公共団体の財政上の利益が損なわれる犯罪行為，違法行為をも含めるべきである。本書において念頭にある違法な公金支出のほか，脱税行為なども含めることが考えられる。

　もっとも，国，地方公共団体の利益に係わる犯罪が通報対象事実に該当しないという解釈による場合に，そのような事実を通報した者に対してたとえば公務員法上の不利益処分をしてよいということを意味するものではない。少なくとも，当該公務員の所属する国又は地方公共団体は，通報対象事実以上に通報者を保護する義務を条理上負っているというべきである（条理上の保護義務）[82]。

外部窓口の重要性及び独自条例制定の必要性　　公益通報の窓口が，当該組織内に置かれているときには，職員は，どうしても自己に不利益が及ぶこと

---

[81] 内閣府国民生活局企画課編『詳説　公益通報者保護法』（ぎょうせい，平成18年）63頁は，「対象法律については，一つの法律に規定する犯罪行為等をすべて通報対象としている」とし，その根拠については，①法令は，それぞれの法目的の達成に必要な範囲内で各条項が置かれており，それらが一体となって法目的の達成のために機能していること，②通報の対象となる法令の規定の範囲については，明確であることと同時に通報者が理解しやすいものである必要があること，を挙げている。刑法についても，②は当然に当てはまる論拠であるが，①は，必ずしも当てはまらないといえよう。

[82] ただし，条理上の保護義務は，国又は地方公共団体並びにそれらの機関，職員に課せられる義務であるから，たとえば，「預け」の相手方事業者の従業員が通報した場合に，その事業者についてまで同義務が課されるわけではない。

をおそれて，通報を断念することになりやすい。その意味において，公益通報窓口は外部にも用意されていなければならない。公金の不適正支出に関連して，外部に通報窓口を設ける必要性が強く認識されるようになっている[83]。大阪市は，「職員等の公正な職務の執行の確保に関する条例」を制定して，外部委員からなる「大阪市公正職務審査委員会」を設置し，総務局法務監察室及び各局室区のコンプライアンス所管課に「公益通報受付窓口」を設置しているほか，特定の法律事務所（大手前法律事務所）に「公益通報外部受付窓口」を設置している[84]。

この条例は，このような外部窓口の設置のみならず，条例独自の定義をしている。「公益通報」とは，「本市職員又は委託先事業者の役職員について，通報対象事実が生じ，又は生ずるおそれがある旨を，本市の機関，委託先事業者又は第24条の規定による大阪市公正職務審査委員会」に通報することであるとし（2条1項），「通報対象事実」の中には，本市職員の職務の執行に関する事実（通報する者が受けた処分その他の措置に係るものその他通報する者自らの私的利益に係るものを除く）であって，法令等（法律及び法律に基づく命令並びに条例及び規則（自治法138条の4第2項に規定する規程，地方公営企

---

[83] たとえば，山形県「公金管理の取扱実態に関する実地調査結果を受けた対応」（平成19・6・21）は，「弁護士による独立した外部の通報窓口を平成19年7月を目途に新たに設置し，その機能の充実を図る」と述べている（4頁）。長崎県「県コンプライアンス（法令順守）委員会」も，知事選任の弁護士が外部窓口となる案を検討しているという（長崎新聞平成19・7・19）。また，大阪府議会不適正会計調査特別委員会「不適正会計調査特別委員会報告書（平成18年12月～平成19年3月）」も，外部者による通報窓口を設置し，通報窓口を担当する弁護士等は，府や関係機関，公共事業受注企業などから完全に独立し，弁護士会などからの推薦を原則とする配慮を提言している（9頁）。これを受けて，平成18年12月から弁護士による窓口が開設された（当初，府の顧問弁護士を任命したため府議会の批判を受けて後に交代）。さらに，頻発する談合に対する対策を検討した全国知事会公共調達に関するプロジェクトチーム「都道府県の公共調達改革に関する指針（緊急報告）」（平成18・12・18）も，弁護士等外部の有識者による独立した通報窓口を設置すべきであるとしている（3頁）。他方，岐阜県は，当初は「県政監視委員会」を設置して外部窓口の機能を担う予定であったが，議会の意見等を踏まえて，結局既存組織内に通報窓口を設置することにしたという（第8回県政再生推進本部本員会議（平成18・12・28）の資料14頁）。
[84] 宮崎県も，「公益通報外部窓口受託者」として弁護士を選任している。

業法10条に規定する管理規程その他の地方公共団体の長以外の機関の定める規則その他の規程を含む）をいう）に違反するもの，人の生命，身体又は財産に危険が生ずるおそれがあるもの，環境を害する虞があるものその他の不適正なもの（3項1号），が含まれている。この定義は，「法令等」違反を広く包含している点に特色があって，経費支出に係る財務会計に関する法律，政令，地方公共団体の規則等違反の事実をすべて含んでいる。いわば，公益通報者保護法の欠落部分を埋めるものであって，全国の地方公共団体が参考にしうる内容となっている。

滋賀県甲賀市も，「甲賀市法令遵守の推進条例」を制定した。「職員等の職務に係る倫理に反する行為及び市政運営上の法令違反行為並びに環境に著しい影響を及ぼすおそれがあると認められる事実」が生じ，又はまさに生じようとしていると思料することについて通報することをもって「公益通報」と定義している（2条5号）。「倫理に反する行為」が広く含まれている点が特色である。「法令」は，法律，法律に基づく命令（告示を含む。），条例，規則及び規程をいうものとされている（2条3号）。この点は，大阪市と同様の広い内容になっている。法令に関し専門的知識を有する者及び学識経験者の中から市長が委嘱する委員により「コンプライアンス審査会」が組織され（13条），内部窓口のほか，審査会は，職員等の公益通報を受け付ける外部窓口を設置し，審査会の委員のうち，法令に関し専門的知識を有する者に公益通報の受理を行なわせるとしている（同条例施行規則9条1項）。

要綱による公益通報制度　以上のような条例に基づくもののほか，要綱により通報対象の拡張と外部窓口の設置を定める方式も広がりつつある[85]。

たとえば，神奈川県は，「公正・透明な職場づくり推進要綱」を制定して，県職員等が，県の事務の管理，運営，執行等に係る行為が，①法令（条例，規則を含む。）に違反する行為，②人の生命，身体，健康，財産若しくは生活環境を害し，又はこれらに対して重大な影響を及ぼすおそれのある行為，③

---

[85] 三重県職員等公益通報取扱要綱。福島県の通報対象の中には，「県に対する県民等の信頼を損なうおそれがある事実」も含まれている（福島県職員公益通報制度実施要綱2条2号ウ）。

公益に反し，又は公正な職務を損なう虞のある行為，のいずれかに該当すると思料する場合に，「内部通報」を行なうことができるとしている（2条2項・6条）。この制度を実施するために「公正・透明な職場づくり相談窓口」を設置するとともに（3条），内部通報等外部調査員が置かれる（4条1項）。外部調査員は，内部通報等について公平で中立な立場で適切に職務を遂行することができる者のうちから，知事が委嘱する（4条2項）。内部通報先は，前記相談窓口又は外部調査員である。したがって，外部調査員は，外部窓口の役割を果たすことになる。なお，外部調査員は，職務を遂行するにあたり，「公正・透明な職場づくり相談窓口」に対して必要な指示をすることができる（4条3項）。なお，外部調査員に通報のあった内部通報を含めて調査自体は，「公正・透明な職場づくり相談窓口」の任務として位置づけられている（9条）。

次に，「横浜市不正防止内部通報に関する要綱」は，職員等は，①法令（条例，規則等を含む。）に違反する行為，②市民の生命及び健康に重大な損害を与えるおそれのある行為，③前各号のほか事務事業に係る不当な行為，であって，市民全体の利益を損ない，及び行政に対して著しく損害をもたらすおそれがある行為（「行政運営上の違法・不当な行為」）があると思料するときは，「不正防止内部通報制度委員会」に通報を行なうことができる，としている（3条1項）。この委員会は，職員等からの通報を処理するために置かれる委員会で（5条1項），委員は，弁護士資格を有する者その他必要と認められる者の中から，市長が委嘱することとしている（5条3項）。この委員会の通報に係る調査等の事務を補助するため，行政運営調整局行政システム推進部職務公正調査課に事務局を置くこととしている（9条1項）。通報委員会は，調査等が適正かつ円滑に行なわれるように事務局を監督しなければならない（9条2項）。この横浜市の仕組みが，明確な外部窓口の設置を意味するのか不明であるが，通報についての調査の責任は通報委員会にある（8条）。調査の任務・責任を外部者が負う点において神奈川県と異なっている。

これらの要綱方式において，本書が扱う地方公共団体の経費支出に関する違法行為が通報の対象になっていることは，前述の条例方式と共通である。これらの要綱方式について気になる点は，自治法上の附属機関としての扱い

をしないでよいのかという点である。附属機関とは，「法律若しくはこれに基く政令又は条例の定めるところにより，その担任する事項について調停，審査，審議又は調査等を行う機関」であり（202条の3），法律又は条例で定めるところにより附属機関として，設置することができる（138条の4第3項）。この趣旨は，法律又は条例で定めたもののみが附属機関となる（それは循環論になる）というのではなく，一定の性質をもつ機関を附属機関と定義したうえ，法律に定めのない附属機関を地方公共団体が任意に設置しようとするときは，必ず条例によらなければならないことを意味していると解されている[86]。そして附属機関を画する考え方は，必ずしも定説がないが，筆者は，次の二つの基準のいずれかに該当するものをもって附属機関とすべきであると考えている。第一の基準は，住民等外部者の権利義務に影響する権限行使の前提となる「調停，審査，諮問又は調査」を行なう機関である。第二の基準は，執行機関に関係をもつ恒常的な「調停，審査，諮問又は調査」を行なう機関である。そして，この「恒常的」といえるかどうかは，おおむね2年度ないし3年度を超えるか否かで区別することが合理的と考えている[87]。不適正支出についての調査のための外部調査委員会は，通常は臨時的であるから附属機関ではない。これに対して，横浜市の「不正防止内部通報制度委員会」は，明らかに恒常的な機関であるから附属機関に該当し[88]，本来は条例により設置すべきものであろう。事務局に対する「監督」権まで有しているのであるから，実質的には，執行機関に限りなく近いものである。

[4] 住民監査請求・住民訴訟

政府経費の支出と住民訴訟　　政府経費の適法性が，公金の支出の適否の

86　松本・逐条455頁。
87　以上，碓井光明「地方公共団体の附属機関等に関する若干の考察(下)」自治研究82巻12号22頁，26頁（平成18年）。
88　「恒常的」といえるかどうかについて，建前のみならず，実態をも考慮すべきであるとする見解がありうる。横浜市の不正防止内部通報制度委員会は，平成16年3月の第1回に始まり，平成19年4月には第17回の会議が開かれている。そして，交通局の「行政路線補助金」の水増し請求などの案件を処理した実績がある。行政路線補助金については，碓井・公的資金助成法精義13頁注19を参照。

問題として住民訴訟で争われてきた。本書において取り上げる裁判例も，そのほとんどが住民訴訟に係る判決である。住民訴訟の手続面について考察することは，本書の対象外である。しかし，政府経費に特有の問題点があるので，その点に限定して述べておきたい。まず，住民訴訟の前提要件たる住民監査請求の要件が問題になる。

住民監査請求の対象の特定　政府経費のなかには，多数の支出が総体として違法であるとして争われることが多い。その場合に，住民監査請求において個別の支出を特定することは至難なことである。

最高裁平成16・11・25（民集58巻8号2297頁）は，複数年度にわたり複写機リース会社に対する複写機使用料に係る支出が水増しされた違法な支出であるとして知事の職にあった者に損害賠償を請求するとともに，複写機リース会社に対する不当利得返還請求権及び関与職員に対する損害賠償請求権の行使を怠る事実の違法確認を求める住民訴訟の事件である。原審は，監査請求が複数の部課において各複数回の支出を包括して監査の対象としているところ，これらを一体とみてその違法又は不当性を判断するのを相当とする特段の事情は認められないから，監査請求人は，当該支出を他の支出と区別して特定認識できる程度に個別具体的に摘示する必要があるとし，本件において支出の個別具体的な摘示がされていないから，請求の対象の特定を欠くというべきであるとした。これに対して，最高裁は，「監査請求書及びこれに添付された事実を証する書面の各記載，監査請求人が提出したその他の資料等を総合して，住民監査請求の対象が特定の当該行為等であることを監査委員が認識することができる程度に摘示されているのであれば，これをもって足りるのであり，上記の程度を超えてまで当該行為等を個別的，具体的に摘示することを要するものではないというべきである。」と述べ，最高裁平成2・6・5（民集44巻4号719頁）も，これと異なる趣旨をいうものではないと述べた。そして，具体の事案に関して，請求の対象の特定に欠けるところはないというべきであるとして，監査請求期間の徒過の有無を審理すべきであるとして，原審に差し戻した。

差し戻し後の控訴審・福岡高裁平成17・8・9（判例タイムズ1195号135頁）は，県は，本件支出に架空水増し請求分があることを隠すための虚偽説

明ないしは事実の解明に消極的な弁明に終始するといわれても仕方のないものであり，請求人らが全容を把握するためには，さらに資料の収集や分析検討が必要であったと考えられ，結局，県庁全体の複写機使用料の不正支出の事実を知ることができたのは，県が県庁全体で不正支出がなされた事実を認めたと新聞に報道された時点までずれ込むことになったと考えるのが相当であるとした。よって，相当の期間内にされた適法な監査請求であったとして，本案審理のために1審に差し戻した。

また，最高裁平成16・12・7（判例時報1886号36頁）は，県が複数年度の旅費の支出を逐一検討し不適切な支出の合計額を公表した事案である。判決は，「旅費調査委員会等の各調査においては，それぞれ対象とする旅費の支出について1件ごとに不適切なものであるかどうかを調査したというのであるから，本件監査請求において，対象とする各支出，すなわち，支出負担行為，支出命令及び法232条の4第1項にいう狭義の支出について，支出に係る部課，支出年月日，支出金額等の詳細が個別的，具体的に摘示されていなくとも，県監査委員において，本件監査請求の対象を特定して認識することができる程度に摘示されているものということができる。」と判示した。そして，事件を1審に差し戻した（差し戻し後の1審判決が福井地裁平成18・12・27判例時報1966号40頁である）。

さらに，警察報償費との関係において，仙台地裁平成17・6・21（判例集未登載）が，極めて注目すべき考え方を示している。ある年度の警察報償費のうちの県警本部の分の全額につき損害賠償を求める住民訴訟の前審たる住民監査請求における対象の特定を問題にしたものである。判決は，最高裁平成16・11・25（民集58巻8号2297頁）を引用して，その判決の趣旨について，次のように述べた。

　「監査請求の対象の特定は，監査委員において監査の対象とすべき当該行為等を他の行為又は事実（以下「行為等」という。）と区別するためのものであるから，単に監査の端緒を与える程度に特定すれば足りるというものではないけれども，他に類似の行為等があって，そのいずれを監査の対象とすべきか識別するための指標として欠けるところがなければ足り，したがって，特定の指標は監査の対象とされる当該行為等の定

め方によって相対的に異なりうるものであって，例えば，違法な支出について監査請求する場合に，他の支出との誤認又は混同の可能性がなければ，必ずしも，個々の支出の日時，支出金額，支出先等を列挙する方法により特定することまで要するものではないと解すべきである。」

この一般論には，「いずれを監査の対象とすべきかを識別するための指標として欠けるところがない」という判断基準が示されている。そして，具体の監査請求は，平成12年度の県警報償費のすべての支出合計3,600万余円が裏金に回された違法な公金の支出であるとして損害の補塡を求めるものであって，監査請求書添付の事実を証する書面に同年度の県警本部の各課，各隊，各警察署ごとの支出額を明らかにしていることを踏まえ，次のように述べた。

「監査請求の内容自体から，適法な報償費の支出と違法な報償費の支出とが混在していることがうかがわれ，そのうち違法な報償費の支出とされるものが特定されないと監査の対象が特定されない場合と異なり，本件監査請求においては，報償費という費目での支出がすべて裏金を作る方法とされた違法なものであるというのであるから，この請求を受けた監査委員は，部署，年度を区切られた，報償費という特定の支出費目による個々の支出行為が，その予算上予定された目的に合致しない違法なものであったかどうかを判断すべきことになるところ，この判断をする上で，監査対象の行為（報償費の支出）と監査対象でない他の財務会計上の行為との識別について誤認又は混同をきたすおそれはないはずであるから，個々の報償費支出の日時，支出金額，支出先等が個別的，具体的に摘示されていなくても，本件監査請求の対象の特定に欠けるところはないと認めるのが相当というべきである。

執行機関が，監査請求の対象とされた財務会計上の行為の個々の日時，支出金額，支出先等を十分承知しているにもかかわらず，その情報が住民に開示されない場合には，住民監査を免れることになり，法が住民監査制度及び住民訴訟制度を創設した趣旨を没却することになりかねないことも，このように解する必要性を支えるものである。」

この判決のような考え方によった場合に，請求人が広く包括的に公金支出

の違法・不当を主張して監査請求をすれば対象の特定に欠けることはないとされてしまうおそれがある。そこで，判決は，「請求者が，適法な支出と違法な支出とが混在している可能性を認識しながら，もっぱら特定の問題を潜脱するために，その費目の支出がすべて違法なものとして，請求対象をその費目の支出全部としたような場合には，監査請求は濫用的なものとして許されないとする余地がある」と述べつつ，この監査請求については，濫用的なものとはいえないとしている。濫用的な場合を排除する考え方である。この考え方が判例として定着するかどうか注目される。

個別外部監査の活用　地方公共団体の公金の支出をめぐる住民監査請求は，地方議会の経費に関するものが多い。そして，政務調査費や議員の費用弁償に関しては，個別外部監査の申立てがなされて，活用されることがある。監査委員には議員選出委員も含まれているので[89]，個別外部監査によることが望ましい場合がある。そして，監査委員が個別外部監査人の判断を是認するとして勧告した事例が見られる[90]。

住民訴訟提起の訴訟費用　住民訴訟は，原告を含む住民全体の利益のために公益の代表者として財務行政の適正化を主張する訴訟であるから，訴額の算定については，財産権上の請求でない訴訟と扱うべきであるというのが判例である（最高裁昭和53・3・30民集32巻2号485頁）。現行の「民事訴訟費用等に関する法律」においては160万円とみなされるので（4条2項），訴えの提起については13,000円である。控訴の提起については，その1.5倍である。そのことを前提にするとして，多数の経費支出を住民訴訟により争おうとするときに，どのような単位で訴訟費用が算定されるのかが問題になる。この問題に対する裁判所の扱いは一致していないようである。宇都宮地裁平成9・12・18（判例タイムズ981号93頁）は，多数回にわたる同種の支出を一律に問題とし，その違法事由が全く共通するものである場合には，1個の請求と見るのが相当であるとした。しかし，食糧費支出に関して，カラ

---

[89]　議員選出監査委員が自治法199条の2により除斥の対象となることもある。
[90]　たとえば，大阪府平成19・6・15の監査結果を参照。この勧告の基礎になった個別外部監査の報告書について，本書第6章3［2］を参照。

飲食の主張のなされている分については1件としつつ，官官接待が単なる飲み食いで違法であると主張した分は個別に1件と数えるべきであるとした例もあるという[91]。1件当たりの支出が少額であっても，それぞれの訴額を160万円として，件数分の手数料を支払うことになると膨大な金額になることもありうる。支出手続の部署が同一でなければならないのかも含めて検討する必要がある。

---

91 秋田地裁の事案について，朝日新聞平成8・1・20。その記事によれば，単なる飲み食いで違法と主張した58件は別個に算定すべきものとし，他方，カラ飲食の指摘分81件は，「横領的意図に基づいて継続的になされたとみられ，それぞれ独立していない」という理由により1件の訴訟としたという。また，同記事によれば，平成7年に，宮城県財政課の食糧費支出52件の違法を主張した事案について仙台地裁は1件の訴訟とみなした扱いをしたという。

第 3 章　給与・報酬, 退職手当, 福利厚生費, 報償費

1　法律主義・条例主義

［1］　国会議員, 裁判官, 検察官, 国家公務員の歳費・報酬・給与等法律主義

　国会議員の歳費　　国会の両議院の議員は,「法律の定めるところにより, 国庫から相当額の歳費を受ける」(憲法49条)。これを受けて,「国会議員の歳費, 旅費及び手当等に関する法律」が制定されている (本書第6章4［1］を参照)。

　裁判官の報酬　　最高裁判所の裁判官は,「すべて定期に相当額の報酬を受ける」(憲法79条6項前段) とともに,「この報酬は, 在任中, これを減額することができない」(同項後段)。また, 下級裁判所の裁判官についても, 同趣旨が規定されている (80条2項)。これを受けて,「裁判官の報酬等に関する法律」が制定されている。それによれば, 報酬月額は, 最高裁判所長官2,071,000円, 最高裁判所判事1,512,000円, 東京高等裁判所長官1,448,000円, その他の高等裁判所長官1,341,000円, 判事は, 1号の1,211,000円から8号の533,000円まで, 判事補は1号の430,600円から12号の225,300円まで, 簡易裁判所判事は1号の843,000円から17号の225,300円までが別表に定められている。なお, 簡易裁判所判事の報酬月額は,「特別のものに限り, 当分の間」994,000円とすることができる (15条)。報酬以外の給与に関しては, 複線型の定め方がなされている。最高裁判所長官, 最高裁判所判事及び高等裁判所長官には,「特別職の職員の給与に関する法律」1条1号から42号までに掲げる者の例に準じ, 判事及び15条に定める報酬月額, 別表の1号から4号までの報酬を受ける簡易裁判所判事には,「一般職の職員の給与に関する法律」による指定職俸給表の適用を受ける職員の例に準じ, その他の裁判官には, 一般の官吏の例に準じて最高裁判所の

定めるところにより支給する（9条1項本文）。ただし、報酬の特別調整額、超過勤務手当、休日給、夜勤手当及び宿日直手当は、支給されない（同項但し書き）。高等裁判所長官には単身手当を、寒冷地に在勤する高等裁判所長官には寒冷地手当を、それぞれ、一般の官吏の例に準じて、裁判所の定めるところにより支給する（9条2項・3項）。

裁判官の報酬その他の給与に関する細則は、最高裁判所が定める（11条）。

なお、裁判官の退職手当に関しては、国家公務員退職手当法の適用があるが、最高裁判所裁判官の退職手当に関しては、最高裁判所裁判官退職手当特例法が制定されている。

検察官の俸給等　検察官に関する俸給等は、「検察官の俸給等に関する法律」により定められている。検察官の俸給月額は、別表により、検事総長は1,512,000円、次長検事1,235,000円、東京高等検察庁検事長1,341,000円、その他の検事長1,235,000円、検事は1号の1,211,000円から20号の225,300円まで、副検事は1号の592,000円から17号の204,600円までが定められている。副検事の俸給月額は、「特別のものに限り、当分の間」654,000円とすることができる（9条）。検事総長の俸給月額が最高裁判所判事の報酬月額と、また、東京高等検察庁検事長の俸給月額が東京高等裁判所以外の高等裁判所長官の報酬月額と、それぞれ同額とされているのは、法曹としての均衡に配慮したものである。検事総長、次長検事及び検事長については、「特別職の職員の給与に関する法律」1条1号から42号までに掲げるものの例により、1号から8号までの俸給を受ける検事、9条の俸給月額の俸給を受ける副検事、1号若しくは2号の俸給を受ける副検事については、「一般職の職員の給与に関する法律」による指定職俸給表の適用を受ける職員の例により、その他の検察官については一般官吏の例によるとされている。ただし、俸給の特別調整額、超過勤務手当、休日給、夜勤手当及び宿日直手当は支給しない（1条1項）。次長検事及び検事長には、一般官吏の例により、単身赴任手当が（1条2項）、寒冷地に在勤する検事長には、一般官吏の例により寒冷地手当が支給される（1条3項）。

一般職国家公務員の給与　国家公務員の職は、一般職と特別職に分かれ（国家公務員法2条1項）、特別職について限定列挙方式で掲げたうえ（2条3

項），それ以外の国家公務員の一切の職が一般職とされている（2条2項）。そして，一般職又は特別職以外の勤務者を置いて，その勤務に対し俸給，給料その他の給与を支払ってはならないとされている（2条6項）。国家公務員法は，一般職に属するすべての職に適用されるとともに（2条4項），別段の定めがなされない限り特別職に属する職には適用されない（2条5項）。

　国家公務員法は，「職員の給与は，その官職の職務と責任に応じてこれをなす」として（62条1項），職務＝責任対応原則，一般に「職務給原則」と呼ばれる原則を定めている。また，人事院が，必要な調査研究を行ない，職階制に適合した給与準則を立案し国会及び内閣に提出するものとし（63条2項），給与準則には，俸給表を規定し（64条1項），その俸給表は，生計費，民間における賃金その他人事院の決定する適当な事情を考慮して定められ，かつ，等級又は職級ごとに明確な俸給額の幅を定めていなければならないとしている（64条2項）。63条2項が給与準則創設時の規範であるのに対して，改訂に関しては67条が定めている。すなわち，人事院は，給与準則に関し，常時，必要な調査研究を行ない，給与額を引き上げ又は引き下げる必要を認めたときは，遅滞なく改訂案を作成して，国会及び内閣に提出しなければならないとしている。これが「人事院勧告」と俗称されているものである。かくて，一般職国家公務員の給与に関して，人事院が重要な役割を果たしている。給与準則に定める事項は，国家公務員法65条に定められている。

　法律主義を定めるのが，国家公務員法63条1項である。「職員の給与は，法律により定められる給与準則に基いてなされ，これに基かずには，いかなる金銭又は有価物も支給せられることはできない」とされている。この規定が，給与準則は法律により定められるべきことを予定していることは明らかである。給与準則の実質を定めている法律が「一般職の職員の給与に関する法律」である。その内容については，後に触れる。なお，「防衛省の職員の給与等に関する法律」及び「国有林野事業を行う国の経営する企業に勤務する職員の給与等に関する特例法」などの特例法が制定されている。

　ところで，前記条項が，金銭のみならず「有価物」についても給与準則に基づかずには支給されない旨を定めている点については，若干の検討が必要である。「有価物」のすべてが対象になるわけではなく，「職員にとって経済

的利益といえる有価物」に限定されるであろう。職務上不可欠な制服（たとえば，自衛隊員の制服，守衛の制服など）は，たとえ給付の形式をとる場合でも，給与準則に定める必要はない。また，ある組織の創立50周年を記念して記念誌を作成し関係する職員に1部支給するなどのことは，必ずしも経済的利益とはいえないように思われる。

民間企業等において特に問題とされることなく給付される有価物も，公務員の場合には，必ず給与準則に定めることを要するのかどうかである。さまざまな場面が考えられる。たとえば，ある組織の創立50周年を記念して記念品を支給する，御用納めに際し酒食を提供する，残業職員に夜食を提供する，大きな仕事が終ったときに慰労の酒食を提供することなどは，給与準則に定めなければできないことなのであろうか。このことは，同様のことを規定する地方公務員法25条1項との関係においても問題となることである。さらに，「有価物」とはいえない利益の供与として，スポーツ施設の無償利用，低価格による宿泊施設の利用などの福利厚生施策は許されるのであろうか。これらの点については，それぞれ別の項目の箇所で検討したい。

特別職職員の給与　特別職職員の給与に関しては，「特別職の職員の給与に関する法律」が制定されている。同法が給与を定める「特別職の職員」は，内閣総理大臣，国務大臣，会計検査院長及びその他の検査官，人事院総裁及びその他の人事官，内閣法制局長官，内閣官房副長官，副大臣，大臣政務官などの多数の職である（1条）。

注目されるのは，国会職員及び国会議員の秘書も含まれていることである。その内容については，第6章において述べる。

［2］　地方公務員給与等条例主義

給与等条例主義　地方公共団体という政府組織を維持する場合に，一般にいわれる人件費は，法的には，複数に分かれる。

第一は，自治法203条1項の定める議員等に対する「報酬」である。すなわち，議会の議員，委員会の委員，非常勤の監査委員その他の委員，自治紛争処理委員，審査会，審議会及び調査会等の委員その他の構成員，専門委員，投票管理者，開票管理者，選挙長，投票立会人，開票立会人及び選挙立会人

その他の非常勤の職員（短時間勤務職員を除く）に対して支給される勤務の対価である。

　第二は，自治法204条1項の定める常勤職員等に対する「給料」である。すなわち，長，その補助機関たる常勤の職員，委員会の常勤の委員，常勤の監査委員，議会の事務局長又は書記長，書記その他の常勤の職員，委員会の事務局長若しくは書記長，委員の事務局長又は委員会若しくは委員の事務を補助する書記その他の常勤の職員その他の常勤の職員並びに短時間勤務職員に対して支給される勤務の対価である。なお，等しく勤務の対価でありながら，「手当」は，「給料」とは区別されている（204条2項）。地方公務員法も，職員の給与，勤務時間その他の勤務条件は，条例で定めるとし（24条6項），職員の給与は，この条例に基づいて支給されなければならず，これに基づかずには，「いかなる金銭又は有価物も職員に支給してはならない」と規定している（25条1項）。

　このように，自治法においては，議員等に対する「報酬」と常勤職員等に対する「給与」とが別の条文で定められている。条文に明確に示されているように，常勤の監査委員が受けるのは「給料」であり，非常勤の監査委員は「報酬」の支給を受けることになる。そして，勤務の対価のみならず，一般的意味の旅費も，議員等に対し支給されるのは「費用弁償」（203条3項）であり，常勤職員等に対するものは「旅費」（204条1項）である。「報酬」と「給料」との区分は，原則として非常勤であるか常勤であるかの違いであるが，短時間勤務職員は，非常勤であっても「給与」が支給される。立法上の形式としては，非常勤職員のなかでも，議員には特別の性質があるので，別個に取り出しておくことが望ましい。203条2項が，同条1項の職員のうち「議会の議員以外の者に対する報酬」は勤務日数に応じて支給する（但し，条例で特別の定めをした場合は，この限りでない）と定めていること，また，同条4項が議会の議員に対し期末手当を支給することができると定めていることにも，議員とそれ以外の非常勤職員との扱いの違いが表れている（議員報酬については，本書第6章4［1］を参照）。

　「報酬」は，費用弁償及び期末手当とともに，その額並びにその支給方法は条例で定めなければならない（自治法203条5項）。また，「給料」も，手

当及び旅費とともに，その額並びに支給方法は条例で定めなければならない（204 条 3 項）。そして，自治法 204 条の 2 は，「いかなる給与その他の給付も法律又はこれに基く条例に基かずには」職員に支給することができないとしている。ここには，報酬，給料及び手当の文言に代えて「給与その他の給付」の文言が登場している。「給与その他の給付」という表現によって勤務の対価を包括的に示していると思われる。なお，常勤の職員は，退職年金又は退職一時金を受けることができるとされている（205 条）。それらは，職員の退職時又は退職後の給付であるので，文言上は必ずしも職員に対する「給与その他の給付」（204 条の 2）に含めることが適当でないという意味で，204 条の 2 の後に置かれているが，「職員であった者」に対する給付についても，204 条の 2 の規定が適用されるというべきである。そして，不服申立てに関する 206 条 1 項の「給与その他の給付」には，明示的に 205 条の退職年金又は退職一時金も含まれている。

かくて，「給与その他の給付」が，報酬，給料，手当，費用弁償，旅費，退職年金及び退職一時金を包括的な観念であるということができる。そこで，これらについて法律又はこれに基づく条例に基づかなければ支給できないことを「給与等条例主義」と総称することができる。

条例の種類　　常勤職員等に対する給与を定める条例も複数よりなっていることが一般化している。

第一に，県の場合に，知事，副知事，市町村の場合に，市（町村）の場合に，市（町村）長，副市（町村）長の給与等について，独立の条例が定められるのが普通である。不祥事に際して給与等を減額するときは，公職選挙法との関係もあって，減額する条例を個別に制定する方式が定着している。

第二に，教育長の給与等については，他の一般職に属する地方公務員と別個に，条例で定めることとされている（教育公務員特例法 16 条 2 項）[1]。

第三に，市町村立学校職員については，都道府県負担の制度が採用されている関係で，都道府県の条例で定められる（市町村立学校職員給与負担法 3 条）。これと都道府県立学校職員の給与等を一の条例で定める場合もある[2]。

条例による給与等の創設の可否　　給与等条例主義を定める 204 条の 2 は，「法律又はこれに基く条例」に基づかなければ支給できない旨を定めている。

しかも，204条2項は，常勤職員の手当に関して，限定列挙方式を採用している。このような構造によれば，法律に定めのない給与等は，条例によっても創設することができないように見える（長野地裁平成10・2・13判例タイムズ995号180頁）。そのような解釈に従うときは，地方公共団体において行政運営上新たに一定の給付を行なう必要性を生じたときは，タイムリーな立法措置が講ぜられなければならない。もしも，タイムリーな立法措置が講じられないならば，「地方自治の本旨」に反する法律状態ということになる。

手当限定列挙主義との関係が問題とされた事案として，岡山地裁平成18・6・13（判例集未登載）を挙げることができる。岡山市が，「岡山市病院事業管理者の給与に関する条例」において，管理者の諸手当の種類及びその額並びに支給方法は別に条例で定めるほか職員給与条例行政職給料表の9級に属する職員の例によるとしたうえ（3条），これにより準用する職員給与条例18条2項に定める期末手当の額は，当分の間，別に市長が定める基準により算出した額を加算した額とすることができるとしていた（附則2項）。

---

1 たとえば，神奈川県の「教育長の給与等に関する条例」は，教育長の給料の額について，月額74万円を下らず93万円を超えない範囲内で教育委員会が知事と協議して定めるものとしている（1条）。また，「横浜市教育委員会教育長の給与，勤務時間その他の勤務条件に関する条例」は，「教育長の受ける給料および諸手当の種類および額ならびに支給方法については一般職職員の例による」と定めている（2条）（大阪市の「教育長の給与等に関する条例」2条も，「……職員の例に準じ，市長が定める」としている）。前者にあっては所定範囲内で協議により決定できることとされ，後者にあっては「例による」としているのみであるから，一般職員のいずれの級にするかについては任命権者の裁量に委ねる結果となっている。また，「東京都教育委員会教育長の給与等に関する条例」は，職員の給与に関する条例別表第6指定職給料表の適用を受ける職員（「局長級職員」）の例により東京都教育委員会が定める額としている（2条）。教育委員会が給与の決定に関与する方式は，教育長が教育委員長以外の教育委員の中から任命されること（地方教育行政の組織及び運営に関する法律16条2項）を考慮するならば，「お手盛り」を生じやすいという問題がある。これに対し，「大阪府教育委員会の教育長の給与等に関する条例」は，月額93万円（2条），「札幌市教育委員会教育長の給与等に関する条例」は月額83万円（2条2項）と，それぞれ定額の定め方を採用している。

2 たとえば，神奈川県「学校職員の給与等に関する条例」，「静岡県教職員の給与に関する条例」。

この規定に基づき，市長は，「岡山市病院事業管理者成功報酬支給要綱」を制定した。この支給要綱は，前年度と比較して収支差額が改善し，かつ功労があったと市長が認める場合に適用するとされ（2条），期末手当に加算できる額は，当年度決算の収支差額を前年度決算の収支差額に比較して改善した額に100分の20の範囲内で市長が別に定める率を乗じて得た額とされていた（3条）。これに基づいて平成13年度の加算金が支払われることになったが，市長は支払いを留保して，改正条例を提案し，条例附則を改正して，管理者に3月に支給すべき期末手当の額は，当分の間，給与条例18条2項の規定による額に，決算における収支差額の改善額に100分の20を乗じて得た額とする旨の規定が置かれ施行された。要綱の定めを条例に格上げするとともに，比率も条例で限度ではなく確定率で定めたものである。

　この条例に基づく加算金の支払いの差止めを求める住民訴訟が提起された。判決は，「地方自治法は，地方公共団体の条例による自主的決定の余地を専ら法定手当の種類からの選択と給与その他の給付の額，支給方法に限定しており，その限りで地方議会の裁量権を認めているものの，法定手当以外の手当を創設することについての裁量権を認めていない。したがって，条例において，名目上，法定手当として支給することを定めた場合であっても，その金員が法定手当の性質を有しない場合には，地方自治法204条4項，204条の2に違反することになる」と述べた。この判決は，明らかに手当限定列挙主義を認めたものである。これを前提にして，「期末手当」は，その沿革のみならず現在の公務員の給与体系においても，勤務の状況に応じた増減を予定していないとし，本件加算金は，条例における名目は期末手当加算額とされているが，その実質は，収支改善結果に対する成功報酬であると解されると評価して，自治法204条2項の期末手当に当たらないとした。そして，公務遂行の結果に対する成功報酬的給付は「給料」にも当たらないから，自治法204条2項及び204条の2に違反し，自治法2条16項，17項により無効であり不当利得として返還すべきであると結論づけた。

　「期末手当」の意味をこのように限定的に解する必要があるのか，やや疑問のあるところである。しかし，手当限定列挙主義は承認せざるを得ないであろう。

事後の条例制定による違反の遡及的是正　給与等条例主義違反の支給がなされた後に，条例の制定（改正）をして遡及的に適法とできるかどうかが問題となるが，判例は，このような方法による瑕疵の治癒を肯定している。下級審判決が常に引用するのが最高裁平成5・5・27（判例時報1460号57頁）である。町の職員の初任給を決定する際に条例等に定められた基準による学歴格付け，前歴通算が行なわれていなかったことなどから，他の地方公共団体の職員の給料に比べて低くなっていることを是正する目的で，3年程度かけて給料を引き上げるために3回にわたり「特別調整」を実施した事案である。この調整は，当時の条例の定める昇給等の要件を考慮した調整ではなかった。事後に，この調整と同じ目的の調整措置をとる権限を町長に付与する規定を条例に設けて，改正前の規定に基づいて支給された給与は，改正後の規定による給与の内払いとみなす規定が置かれた。最高裁は，改正条例の制定によって，議会が町長のした特別調整及びこれに基づく増額給料分の支給行為を是認し，遡って適法なものとしたものと解するのが相当である，とした[3]。条例制定者の有していたであろう意思を常識的に把握したものと推測される。

　この判決が，後の下級審で引用されていくことになるのであるが[4]，初任給の決定の際の問題点を是正するための特別調整に関する判断を，個別事案の内容を吟味することなく援用してよいのかどうか。ことに，お手盛りの特殊勤務手当について，事後の条例制定（改正）により瑕疵の治癒を認めることについては，若干躊躇を覚える。

　給与等支給の時点において条例の根拠があることが大原則というべきであり，それに対する違反を事後の条例により是正することが許容されるのは，実質的正当性の認められる場合に限られるとする考え方も模索すべきであろ

---

[3]　判決は，1審・山口地裁昭和63・3・31行集39巻3・4号205頁及び控訴審・広島高裁平成2・3・13行集41巻3号395頁が増額分の給料に係る支給時から改正条例施行の前日までの間の運用利息相当額の損害を賠償すべきであるとしたのに対し，この違法性も認められないとした。

[4]　京都地裁平成7・12・22判例地方自治153号56頁，東京地裁平成9・10・28判例タイムズ995号152頁。最高裁判決前にも，神戸地裁昭和56・12・25行集32巻12号2337頁，その控訴審・大阪高裁昭和57・8・20行集33巻8号1685頁などがあった。

う[5]。受給した職員に対する返還請求に関しては，特に条例違反の支給に関与したなどの事実があって保護する必要のない場合を除いて，返還を要しないが，他方，条例の規定なしに支給した長等の関係においては，条例の規定なしに支給したことの違法性がなくなるわけではないので，損害がある限り賠償責任が肯定される可能性が高いと考えられる[6]。

専決処分による場合　給与等の引上げを内容とする条例の議決を長の専決処分によることができるかどうかが問題になることがある。青森地裁昭和52・10・1（判例時報895号65頁）は，12月議会において4月に遡って一般職職員の給与を引き上げる内容の条例改正がなされたが，特別職の給与引上げの条例が議会で否決されて閉会した直後に専決処分による場合について，「議会を招集する暇がないと認めるとき」に該当しないとして無効とした。

給与等条例主義は，給与引下げや手当の廃止も，条例によらなければならないことを意味する。調整手当廃止条例案を議会が否決した後に，市長が専決処分により調整手当の廃止を内容とする条例を制定した場合について，千葉地裁平成19・3・9（判例集未登載）は，当時の専決処分の要件であった「長において議会を招集する暇がないと認めるとき」を充足していなかったのであるから，同条例は効力を生じていないとして，従前の条例に基づく調整手当の支払を命じた。

規則への委任　特殊勤務手当に関して，条例においては包括的な条項を置くのみで，規則に委任する例が多かった。そのために条例主義が問題とされることが多かった。しかし，条例を改正して，改正前に支給されたものは，改正後の条例により支給されたものとみなすことによって，訴訟の提起により問題とされた違法性の疑いを除去しようとすることも多かった。判例は，このような改正条例の遡及により適法となることを認める点で一致している。なかには，改正後の条例にも条例主義の点において問題があるとしても，過

5　成田頼明ほか編『注釈地方自治法〈全訂〉2』（第一法規，加除式）3821頁（執筆＝藤原淳一郎）は，「余程の緊急の事由が存在しない限り，事後の条例制定によりさかのぼって適法にすることはできない」としている。

6　碓井・住民訴訟と自治体財務241頁。長に対する関係で治癒を認めなかった裁判例として，最高裁平成5・5・27の1審及び控訴審の判決（前掲注3）がある。

去の特定の手当の支給に適法性の根拠を与えようとするものであることを強調して，適法性を肯定するものも見られた[7]。

前橋地裁昭和42・4・20（行集18巻4号510頁）も，教員の宿日直手当について条例が限度額を設定して，具体的金額の定めを教育委員会規則に委任したことを適法とした。さらに，給与の増額改定分の支給時期を規則に委任したことを適法とした裁判例もある（東京地裁昭和53・7・4行集29巻7号1249頁，その控訴審・東京高裁昭和53・12・19行集29巻12号2092頁）。

議会の議決への委任の可否　富山県の退職手当支給条例が常勤職員に退職手当を支給する旨を規定し，常勤職員に対する退職手当の額を算出するために必要な事項等を定める一方（3条以下），「知事，副知事及び出納長の在職期間に対する退職手当の額は，この条例の規定にかかわらず，議会で議決することができる」と定めていた（平成17年条例第99号による改正前の条例15条）。この規定に基づいて，議会の議決により前知事に退職手当を支給したことについて給与等条例主義に違反するとして提起された住民訴訟がある。この事件の控訴審・名古屋高裁金沢支部平成19・3・26（判例集未登載）は，前記15条の規定は，知事等の特別職の退職手当の額について，他の常勤職員と同様，3条以下の規定に従って算出されることを原則としながらも，知事等の特別職の地位及び職責の特殊性及び重大性を考慮して，議会で議決された場合にはこれによることとしたものと理解し，条例には，「議会が議決の際に由るべき基準等に関して何ら定めるところがないから，その額をどのような額とするかは全面的に議会に一任しているものということができる」ことを認めて，条例の規定自体から額を直接に確定できない点において，自

---

[7]　東京地裁平成9・10・28判例タイムズ995号152頁は，改正前の条例が特殊勤務手当の上限のみを定め，手当の種類，支給対象職員の範囲及び支給額は，人事委員会の承認を要するものの任命権者の決定に委ねていたことを給与条例主義に違反するおそれが極めて強いものであったことを認めつつ，改正条例の制定は，過去の支給自体を是認し，給与条例主義違反を遡って適法なものとしたものと解するのが相当であるとした。そして，改正後の条例も，手当の種類，種類ごとの支給対象者，支給事由及び支給対象ごとの上限支給額を定めているものの，支給範囲の細目及び具体的な支給額の定めを規則に委任していることについて，過去の支給を是認する目的で議決されたことを根拠に「給与条例主義に実質的に反するものではない」と述べた。

治法204条3項の文言に適合しない面があることは否定できないと述べた。

　しかし，判決は，給与等条例主義に次の二つの趣旨があるとして，その趣旨との関係において判断を進めている。その趣旨は，①住民の代表である議会の条例制定を通じて，給与体系を公明化し，給与等の額等を民主的にコントロールするとともに，②勤労者である職員に対し，憲法28条が勤労者に対して保障する団体行動権の一部を制限する代償として，給与等を権利として保障することにあるとしている。そして，①との関係において，退職手当の決定方法を条例が明示していることに加え，議会が条例を制定する場合の議決方法と条例でこれを議会の議決事項とした場合の議決方法との間に特段の相違がないことを考慮すると，実質的には，議会が知事等の特別職に対する退職手当の額を条例をもって定めるに等しいものということができるから，①の趣旨を満たしているとした。また，②との関係においては，知事は公選によりその地位に就任し執行機関の立場にあるので，②の趣旨はそもそも当てはまらないとした。控訴人・住民の主張に触発されて，条例方式は，公布により住民に了知され得る状態に置かれ，住民の条例改廃請求により内容を修正する余地があるのに対し，議会の議決方式の場合は，議案が議会に提出される前の段階でその議案の内容（退職手当の額）を住民が了知することができないことを認めつつも，議員が住民の選挙により選出された住民の代表者であることからすれば，民主的なコントロールの下で退職手当の額を決定しているのであって，議会の議決方式よりも条例方式の方が民主的コントロールが及ぶとまではいえないと述べた。

　この事件は，条例方式と議会の議決方式とを同視できるかという問題を提起したものである。おそらく，「民主主義」というときに，本来は住民の意思を可能な限り吸収すべきであると考えるか，いったん議会制度を設けた以上は「議会による民主主義」で十分と考えるのかという根本問題でもある。判決は，予め条例で定められた金額が自動的に支給されるのに比べて，個々の退職手当の支給ごとに金額を議会で議決することの方が，より住民の関心を惹きやすい面もあると述べて，住民の意思の反映との関係においても議決方式にメリットがないとはいえないとしている。このような方式を採用する場合には，議案の提出に先立って，単に支給額のみではなく，従来の支給額

の決定の考え方等の資料，それとの関係において，どのような基準で支給額を算定しようとしているのか，という考え方を住民に知らせる必要があろう。なお，この判決の指摘にも鑑みるならば，条例方式の場合にも，返納規定に該当しない場合であっても，議会の議決により減額できる仕組みを考案しておく必要があるともいえよう。大幅な財政赤字を生じさせた責任をとって辞職した長に対して，極めて苦しい財政事情のなかで条例所定の満額の退職手当を支給することに納得できない場合もあるからである。

地方公営企業職員の給与の種類及び基準の条例主義　地方公営企業法は，企業職員の給与に関する規定を用意している。給与は，給料及び手当とし（38条1項），その給与の種類及び基準は条例で定めるものとしている（同条4項）。これにより，企業職員の給与の種類は法律が限定することなく条例に委ね，また，「給与の基準」を条例で定めるということは，給料額算定のための基本原則や種類ごとの手当の性格の限定など原則的な基準を定めることで足り[8]，給料表や具体的な額を定めることを要しないという意味である[9]。

給与等条例主義をめぐる裁判例　給与等条例主義違反を認めた裁判例が多数存在する（教員等に対する委託料について，委託事務と職務との区別が明確でないとして条例主義違反を認めた例として，京都地裁平成19・12・26判例集未登載）。その多くは，次に述べる「やみ給与」とされるものである。

他方，給与等条例主義に違反しないとされた例もある。横浜地裁平成10・9・16（判例地方自治187号86頁）は，横浜市の健康保険組合規約において事業主である市が保険料の2分の1を超える部分を負担すると定め，超える部分についてその都度認可を得ていた場合に，その部分は，実質的給与ではないとした。大阪地裁平成17・3・25（判例タイムズ1227号224頁）は，一般職の職員である夫婦それぞれに自動車通勤手当が支給され，夫婦が同一

8　一般職単純労務職員については，地方公営企業法が準用される（地方公営企業労働関係法附則5項）。給与手当の大幅な委任が適法とされた例（大阪地裁平成18・9・14判例タイムズ1233号211頁），賞与が条例の根拠を欠き違法とされた例（大阪地裁平成16・9・27判例集未登載）がある。

9　高松地裁平成11・7・19判例集未登載。

の乗用車に同乗していたとしても，通勤手当制度の趣旨に反することはなく，自治法204条2項に違反しないとした。具体の給与条例は，自動車通勤を常例とする場合の自動車通勤手当について，自動車の使用距離が片道15km未満の場合は月額6,500円，15km以上の場合は月額8,900円と規定していた。判決は，国家公務員の給与法を参照しつつ，通勤手当の支給方法及び支給条件等につき，実費弁償的性格を失わせない限りにおいて，条例により，厳密な実費弁償方式を採用せずに，一定の支給基準を設け，当該基準に適合する限り，通勤のための経費負担との厳密な対応関係まで問うことなく所定金額を支給するなど定型的な定め方をすることも許容する趣旨であると述べている。したがって，給与等条例主義に違反しない点よりも，条例による裁量の肯定にこそ，この判決のポイントがあるというべきであろう。強いていえば，給与条例を前記のように解釈して，夫婦それぞれに自動車通勤手当を支給することは給与等条例主義に反しないということであろう。

「やみ給与」　　いわゆる「やみ給与」は，条例主義違反である。

八幡市の事件が代表的なものである。同市は，地方公務員法42条に基づき，職員の元気回復措置として職員の旅行やレクレーションを行なってきたが，職員数の増大や業務の停滞などを理由に，この方式を中止して，昭和49年頃から，その費用を職員に個別に支給することとした。労働組合との交渉に基づいて夏期と期末に一時加給金として支給した。労働組合や職員は「やみ賞与」であると認識していた。予算や決算のうえでは，職員厚生研修費の目に計上し，議会には職員個人に個別に支給される「やみ賞与」であることを秘匿して議決を得ていた。京都地裁昭和60・6・3（行集36巻6号789頁）は，この給付の実質は給与（賞与）であるとし，根拠となる法律や条例がないばかりか，予算上補助金として計上された経費を給与（賞与）として支給したのであるから予算上の根拠も欠くとした[10]。結局，法律，条例，予算上の根拠を欠く違法な公金の支出であるとした。控訴審の大阪高裁平成元・1・27（行集40巻1・2号50頁）も，本件支出の実質は自治法204条に規定する手当又は給与であるとし，同法204条の2，地方公務員法24条6

10　本件支出は，労働組合との交渉に基づき職員に個別に支給したもので，使途すら明らかでないから補助金の支出とは到底いえないとした。

項及び25条1項に違反した「やみ給与」として明らかに違法であるばかりでなく，予算に計上されていない支給をした点においても違法であるとした。これが違法な「やみ賞与」であることは疑いないであろう。

　なお，同じ八幡市が昭和53年に職員互助組合に歳出予算の「負担金補助金及び交付金」の節から元気回復レクレーション事業補助金（職員厚生費）名目の公金を支出したことについても住民訴訟が提起された。京都地裁昭和62・7・13（行集38巻6・7号550頁）は，昭和52年度以前の職員への交付，そして昭和53年度において従前と同一の目的を達成しようとした本件支出は，「給与の支給としての性格が極めて強く，その適法性には疑いがあると言わねばならない」と述べつつも，被告市長はこれを違法と認識しておらず，違法と認識すべき事情があったともいえないので，過失があったとはいえないとし，損害賠償責任を否定した。これは，トンネル機関活用方式の「やみ給与」といえよう。職員局長決裁により，超過勤務の有無にかかわらず，職員全員に一律に手当を支給することは，手当の形式をとった「やみ給与」である（大阪地裁平成9・1・23判例タイムズ970号173頁）。

　条例の定めがないにもかかわらず，町職員の所有する通勤用自動車の任意保険（自動車保険）の掛金の50％を町が職員に支給したことの適否が争われた事件がある。職員が職員生協と自動車共済契約を締結した場合に，加入者である職員の6月の期末勤勉手当から本人負担額を町が天引きし，これに町の負担分50％分を併せて職員生協指定の口座に振り込む方法がとられていた。岡山地裁平成3・4・24（判例時報1431号125頁）は，町職員が締結した自動車共済契約に基づく共済掛金の半額を町が支払うことによって，職員の共済掛金支払債務の半額を免れさせ，その金額相当額の利益を職員に与えるものであるから，自治法204条の2の定める「その他の給付」の支給に該当するところ，これを認める法律又は法律に基づく条例は存在しないから，この支出は違法であるとして町長個人に対し損害賠償を命じた。町内の公共交通機関が路線バス1本で，公用車も少なかったために職員が私用車を利用して出張することが多く，出張中の職員が自動車事故を起こした場合に，公用車を使用中の場合と私用車を使用中の場合との不均衡を生ずることに配慮する必要があったという事情が認定されている。手当の限定列挙主義の下にお

いて，このような必要に対して条例独自で対応できないという問題点があるように思われる[11]。そして，このような場合にまで町長個人が損害を賠償しなければならないことには，法解釈を離れて素朴な疑問がある。

　退職手当組合に加入している町が，職員組合との間で合意された早期退職者に対する退職の際の特別昇給，特別手当の支給等に関する協約及び協定書に代わる優遇措置要綱において，「特別手当」と定め，予算上は「報償費」とされているものの，職員の退職時に支給され，その支給基準は通常の退職金と同様に退職時の本俸を基礎とする給付について，広島地裁平成9・11・19（判例タイムズ972号156頁）は，「支給要件，基準等において，実質的に退職手当組合から支給される退職手当と何ら異なるところはない」から，「報償費」は，退職手当組合から支給される退職手当に上乗せして，別途町から支給される退職手当とみるのが相当であるとして，退職手当の支出権限がないにもかかわらずなされた点，及び，「報償費」は自治法204条の2の「給与その他の給付」に該当し条例の規定が必要であるにもかかわらず条例に基づかずになされた点においても，違法な公金の支出であるとした。

　さらに，仙台地裁平成15・7・24（判例集未登載）は，「報償費」から社会教育指導員，公民館長及び体育施設運営指導員に対して支払われた「特別謝礼金」の支出を違法とした。このうち，社会教育指導員及び公民館長に対する特別謝礼金に関しては，それらが非常勤特別職職員であり，非常勤特別職職員としての勤務に対して報償するために「報償費」から支出することは，報償費の要件を満たさないと述べている。そのような支出を認めることは，自治法203条5項，204条の2を潜脱することを許容するおそれがあると論じている。これに対して，「特別職の職員で非常勤のものの報酬及び費用弁償に関する条例」1条1項但し書きが，地方公務員法3条3項3号の特別職職員（嘱託員）については，予算の範囲内において，任命権者が町長と協議して定める額の報酬を支給することができる旨を定めていること，「報酬額を定めるに当たっては，当該職員の仕事の内容，別表に規定されている非常勤特別職職員の報酬額との均衡，同種の仕事を行う常勤の職員の給与との均

---

[11] このようなことを旅費条例に定めることができるかどうかが問題になるように思われる。

衡等を考慮することを当然の前提としているものと考えられるから」，この但し書きをもって委任立法として許されないものと解することはできないと述べ，展示解説員への謝礼金，国体推進員への謝礼金，体育施設運営指導員への謝礼金は前記但し書きの規定による協議により報酬額を決定したものと認められるとして，適法とした[12]。

しかし，体育施設運営指導員に対して，募集要項において，月額報酬に加えて年3回の「特別賞与」が支給される旨が記載され，実際にも期末手当支給日に特別賞与（特別謝礼金）が支給されているところ，体育施設運営指導員への特別謝礼金は，報酬としてではなく，一般職職員に対する期末手当に相当するものとして支出されたものであり，議員を除く非常勤職員に対し期末手当を支給することは認められていないのであるから，仮にこれが前記協議によるものであっても，協議のうち，この特別謝礼金の部分は，前記但し書きの委任の範囲を超えており無効であるとした。そして，この特別謝礼金についての支出負担行為及び支出命令は違法であるとした。

この判決は，①報酬月額については但し書きによる委任を許容するとともに，②期末手当については委任が許されないとしている点において注目される。①については，非常勤職員に対する報酬は勤務日数に応じて支給することを原則とし，それ以外の支給方式による場合は条例で特別の定めをすることを要求している自治法203条2項との関係においても，委任が可能なのかどうかという問題が残っているように思われる。条例の規定がどのようになっているのか確認できないので，この点をさらに論ずることは困難であるが，月額報酬とする旨の規定が条例に置かれていないとするならば，委任の範囲を超えるものと思われる。②については，非常勤職員といっても，さまざまな勤務状況があって，限りなく常勤に近い勤務実態のある非常勤職員に期末

12　これらの報酬は本来「報酬」（節）として予算計上すべきものを「報償費」（節）に計上し，報償費として支出負担行為及び支出命令を行なったことについて，判決は，目，節の間の流用は禁止されていないうえ，予算案において，展示解説員，国体推進員及び体育施設運営指導員への謝礼金は，それぞれの金額を明示して可決されているので，報償費からの各支出は，実質的にみて町の財務規則が禁止している節相互間の予算の流用に当たらず，違法とはいえないとした。

手当の支給ができないという自治法の制約の不合理性が問われるべきであろう。

条例によって金額を確定できない場合に不当利得を認めた例もある（特別区長の「管理職手当」につき，最高裁昭和50・10・2判例時報795号33頁）。

給与抑制条例　多くの地方公共団体において，財政の厳しい状況に鑑みて給与を抑制する条例が制定されている。たとえば，千葉県は，「知事等の給料及び職員の給与の特例に関する条例」を制定して，平成15年12月1日から19年7月31日までの間，知事は100分の15，副知事・出納長は100分の12，常勤監査委員・特別職知事秘書は100分の7を減じ，平成17年8月1日から平成19年7月31日まで一般職員の給与を100分の1.8減ずるとしている。福岡県は，平成11年条例第31号により平成12年4月1日から14年3月31日まで，一般の職員の給料，管理職手当について100分の3の減額措置をとった。さらに，平成17年条例第4号により再び平成17年7月1日から19年3月31日まで100分の2の減額措置等を講じた。同県は，平成11年条例第15号により，同じ期間中，知事については給料100分の8，期末手当100分の20，副知事・出納長・公営企業管理者・常勤監査委員・教育長については給料100分の5，期末手当100分の10の減額措置をとった。

また，京都府は，平成19年条例第23号により管理職員の給料につき，平成19年4月1日から22年3月31日まで100分の2の減額措置を講じ，平成11年条例第23号により，管理職手当を平成11年11月1日から19年3月31日までの間100分の10減額する措置を講じている。京都府は，平成11年6月1日から20年3月31日まで知事の給料・期末手当を100分の10，副知事の給料・期末手当を100分の5減額する措置を講じている。一般職の給与についても，平成15年4月1日から18年3月31日まで減額措置を講じた。

給与抑制条例による減額措置に対する国家賠償請求が棄却された例もある（名古屋地裁平成17・1・26判例時報1941号49頁）。

なお，不祥事が生じて組織責任の一端として長等に実質的に返還を求めるときには給与減額の条例が制定されることがある[13]。これは，ここにいう給与抑制条例とは別である。公職の候補者，公職の候補者となろうとする者

（公職にある者を含む）は寄附をなすことを禁じられているので（公職選挙法199条の2第1項），給与減額の措置によっているのである。このような違いにもかかわらず，外観上は全く同じである。

年度当初に遡り給与を減額するのと同じ目的を達するために，3月の期末手当を減額する旨の条例を制定したことについて，減額割合が月例給の比率で一人当たり1.99％にすぎないことなどを理由に，裁量権の逸脱濫用に当たらないとされた例がある（大阪高裁平成18・2・10労働判例910号12頁）。

職員定数条例との関係　職員定数条例が制定されているときに，その定数を超える採用は違法であるが，労務の提供がなされている限り，損害があるとはいえない（熊本地裁昭和58・1・31行集34巻1号162頁，和歌山地裁平成3・9・11判例タイムズ773号137頁）。

2　公務員給与等

[1]　国家公務員の給与等

一般職国家公務員の給与　国家公務員のうち裁判官及び検察官についてはすでに述べた。以下においては，一般職国家公務員を中心に考察し，これに加えて若干の特別職についても言及することとしたい。

一般職国家公務員に関しては，まず，国家公務員法が「官職の職務と責任」に応ずべきとする職務給原則（62条1項）及び給与準則に定められるべき俸給表は，「生計費，民間における賃金その他人事院の決定する適当な事情」を考慮すべきとする生計費確保・均衡原則（64条2項）を定めている。そして，「一般職の職員の給与に関する法律」（以下，「給与法」という）が制定されて，俸給表が定められている（6条1項に基づく別表）。同法の内容については，公務員法の観点から検討されることで十分であって，財政法の観点から論ずべき点は，それほど多くない。ただし，財政法の観点からすると，

13　他の地方公共団体において同様の事態に対して給与の減額措置を講じているのに，当該地方公共団体において減額措置を講じないのは違法であるとする主張がなされることが予想される。しかし，不祥事に対する対応は，給与の減額措置を必然的に含むとはいえない。

濫りに昇給がなされることのないよう注視する必要がある。給与法は，職員（指定職俸給表の適用を受ける職員を除く）の昇給は，人事院規則で定める日に，同日前1年間におけるその者の勤務の成績に応じて行なうものとし（8条5項），昇給させるか否か及び昇給させる場合の昇給の号俸数は，その1年間の全部を良好な成績で勤務した職員の昇給の号俸数を4号俸（一定の場合は3号俸）とすることを標準として人事院規則で定める基準に従い決定するものとしている（8条6項）。ここにおいて，「勤務の成績」や「良好な成績」の認定を甘くすることが起こらないとは限らない。

　給与法による地域手当制度が，後述のように地方公務員の地域手当制度に影響を与えていることに注意する必要がある。このように給与法及び同法を実施するための人事院規制は，あたかも地方公共団体の給与条例の準則のような役割を果たしている。

　国家公務員給与に関しては，人事院の役割が重要である。人事院勧告の権限（2条3号）が最も一般的であるほか，初任給・昇格，昇給等の基準に関する人事院規則制定権（2条4号）も付与されている。俸給の調整額表（10条1項），特別調整額表（10条の2第1項）を定める権限，初任給調整手当を支給される職員の範囲・支給期間・支給額その他の必要事項を人事院規則で定める権限（10条の3第3項），地域手当の級地に関する人事院規則を定める権限（11条の3第2項），特殊勤務手当の種類・支給される職員の範囲・支給額その他特殊勤務手当の支給に関する人事院規則を制定する権限（13条2項）など，無数の重要な権限を有している。一方において公務員の権利に関する事項であり，他方において財政支出に直接影響する公務員給与に関する重要事項を人事院の決定に委ねることについて，全く問題がないとはいえないが，給与の根幹部分は法律によっており，法律の委任に基づく人事院の決定内容は，人事院規則等により明らかにされ，国会の対応が可能な状態に置かれているので，財政民主主義にも違反しないと考えておきたい。

　「国有林野事業を行う国の経営する企業に勤務する職員の給与等に関する特例法」は，農林水産大臣又は政令の定めるところによりその委任を受けた者に，国有林野職員の給与準則を定めることを授権している（4条）。まったく白紙の委任であるならば問題であるが，恒常的に置く必要がある職に充て

るべき常勤の職員に係る給与準則については，その給与準則に基づいて各会計年度において支出する給与の額が，その会計年度の予算の中で給与の総額として定められた額を超えないようにしなければならないとして，予算に定める「給与総額」の制約に服することとされている。ただし，「職員の能率の向上により収入が予定より増加し，又は経費を予定より節減した場合において，その収入の増加額又は経費の節減額の一部に相当する金額を予算の定めるところにより，財務大臣の承認を受けて，特別の給与として支給するとき，及び中央労働委員会の裁定があった場合において，その裁定を実施するために必要な金額を，予算の定めるところにより，財務大臣の承認を受けて，給与として支給するときは，この限りでない」とされている（5条）。収入増加・経費節減による弾力性（一種の収入金支弁）及び中央労働委員会の裁定実施の場合の特例で，いずれも財務大臣の承認を受ける手続を必要としている点が特色である。財政上の支障を生じさせない配慮がなされているのである。

国家公務員の退職手当 　国家公務員が退職した場合には，「国家公務員退職手当法」により退職手当が支給される。国家公務員の退職手当の性質は，民間企業の退職金と同様に勤続報償，生活保障，賃金後払いの要素のいずれもが含まれているとされ，その中では勤続・功績報償的な考え方が基本にあるとされている[14]。定年退職等及び整理退職等の場合以外の退職手当の基本額は，退職の日のその者の俸給月額（日額で定められている者については日額の 21 日分）に，その者の勤続期間を次のように区分して，所定の割合を乗じて得た額の合計額である（3条1項）。勤続期間 25 年までは割合が次第に増加し，それを超えると減少し，31 年以上の期間については一律であることがわかる。

　　　1 年以上 10 年以下の期間　　　1 年につき 100 分の 100
　　　11 年以上 15 年以下の期間　　　1 年につき 100 分の 110
　　　16 年以上 20 年以下の期間　　　1 年につき 100 分の 160
　　　21 年以上 25 年以下の期間　　　1 年につき 100 分の 200

14　退職手当制度研究会編・退職手当法詳解 5 頁 - 6 頁。

| 26 年以上 30 年以下の期間 | 1 年につき 100 分の 160 |
| 31 年以上の期間 | 1 年につき 100 分の 120 |

　傷病（負傷若しくは疾病）又は死亡によらず自己都合により退職した者の退職手当の基本額は，勤続期間に応ずる次の割合を前記により計算した額に乗じて得た額である。勤続期間 1 年以上 10 年未満は 100 分の 60，11 年以上 15 年以下の者は 100 分の 80，16 年以上 19 年以下の者は 100 分の 90 である。これは，勤続期間の短い者に対する減額措置である（3 条 2 項）。減額措置は，傷病又は死亡（公務上によるものを除く）の場合には適用されない。

　11 年以上 25 年未満の期間勤続し定年退職等で退職した者又は 25 年未満の期間勤続しその者の事情によらないで引き続いて勤続することを困難とする理由により退職した者で「政令」[15]で定めるものに対する退職手当の基本額は，退職日俸給月額にその勤続期間を次のように区分して所定の割合を乗じて得た額の合計額とする（4 条 1 項）。11 年以上 25 年未満勤続した者で，通勤による傷病により退職し，死亡（公務上の死亡を除く）により退職し又は定年に達した日以後その者の非違によることなく退職した者に対する退職手当の基本額について準用される（4 条 2 項）。これは，中期勤続退職者の支給率を引き上げて退職手当の支給率カーブをフラット化する措置として，平成 17 年改正により導入されたものである。

1 年以上 10 年以下の期間	1 年につき 100 分の 125
11 年以上 15 年以下の期間	1 年につき 100 分の 137.5
16 年以上 24 年以下の期間	1 年につき 100 分の 200

　整理退職者（定員の減少若しくは組織の改廃のため過員若しくは廃職を生ずることにより退職した者で政令で定めるもの），公務上の傷病若しくは傷病により退職した者，25 年以上勤続し定年により退職した者若しくはこれに準ずる

15　国家公務員退職手当法施行令 3 条が，①11 年以上 25 年未満の期間勤続し，その者の非違によることなく勧奨を受けて退職した者，②25 年未満の期間勤続し，定員の減少若しくは組織の改廃又は勤務していた官署若しくは事務所の移転により退職した者，③裁判官で 25 年未満の期間勤続し，日本国憲法第 80 条に定める任期を終えて退職し，又は任期の終了に伴う裁判官の配置等の事務の都合により任期の終了前 1 年内に退職した者，④11 年以上 25 年未満の期間勤続し，法律の規定に基づく任期を終えて退職した者，としている。

他の法令の規定により退職した者又は「25年以上勤続し，その者の事情によらないで引き続いて勤務することを困難とする理由により退職した者で政令で定めるもの」については，退職日俸給月額に次の勤続期間の区分に応じた割合を乗じて得た額の合計額とされる（5条1項）。優遇した退職手当が支給される仕組みである。25年以上勤続した者で通勤による傷病により退職し，死亡により退職した者等についても準用される（5条2項）。

　　1年以上10年以下の期間　　　1年につき100分の150
　　11年以上25年以下の期間　　　1年につき100分の165
　　26年以上34年以下の期間　　　1年につき100分の180
　　35年以上の期間　　　　　　　1年につき100分の105

前記「その者の事情によらないで引き続いて勤務することを困難とする理由により退職した者」につき，国家公務員退職手当法施行令4条2項は，次に掲げる者としている。

① 25年以上勤続し，その者の非違によることなく勧奨を受けて退職した者
② 25年以上勤続し，定員の減少若しくは組織の改廃（前項に規定する定員の減少及び組織の改廃を除く）又は勤務していた官署若しくは事務所の移転により退職した者
③ 裁判官で25年以上勤続し，日本国憲法第80条に定める任期を終えて退職し，又は任期の終了に伴う裁判官の配置等の都合により任期の終了前1年内に退職したもの
④ 25年以上勤続し，法律の規定に基づく任期を終えて退職した者

①が勧奨退職者を対象としていることに注目しておきたい。

勤続期間34年までは段階的に高まるが，35年以上については，割合が著しく低くなることがわかる。これは，平成17年改正により，在職期間の長期化に対応するための算定方式として，ピーク時までとピーク時の後の退職時までの期間とを分けて計算する方式が採用されたものである。

平成17年の法改正により退職手当の調整額制度が創設された（6条の4）。これは民間企業におけるポイント制の考え方を取り入れたもので，職員の在職期間のうち，職務の級等が高い方から60か月分（5年分）を勘案した一定

額を基本額に加算することにより，在職期間中の貢献度を反映させ，人材流動化にも対応できるようにするものと説明されている[16]。

以上のような退職手当について，退職手当制度そのもののあり方としては，さまざまな議論の余地があろう。たとえば勤続期間をどのように考慮すべきか，自己都合退職と定年退職との間の扱いの区別のあり方，生活保障の考え方（その際にどの程度を考慮するか）など，いずれも難しい点である。しかし，財政法の観点からは，退職手当の中身に立ち入って議論する余地は少ない。大量の退職者が予定されるときに，どのような財源確保（将来の支給に対する備えを含む）を考えるかという程度のことである。

[2]　地方公務員の給与等

地方公務員の給与　地方公務員の給与について，法律は抽象的な基準を定めるのみである。すなわち，地方公務員法24条が，職員の給与は，その職務と責任に応ずるものでなければならないとする職務給原則（1項）を定めるほか，生計費並びに国及び他の地方公共団体の職員並びに民間事業の従事者の給与その他の事情を考慮して定めなければならないとする生計費確保・均衡原則（3項），条例主義（6項）などを規定している。この条例主義に従って，個別地方公共団体の給与は，それぞれの地方公共団体の条例によって定められる。

職務給原則は，国家公務員法62条1項に対応し，生計費確保・均衡原則は，国家公務員法64条2項に対応している。職務給原則を具体化するために，給料表に「級」の区分が設けられる。都道府県の場合は，9級は部長，6級は課長，4級は課長補佐といった具合である。

職務給原則との関係で，「わたり」と呼ばれる運用上の病理現象があるとされる。職務の内容や責任に実質的な変更がないにもかかわらず，上位の級に格付けすることであって，職制を濫設することにより行なわれることもあるとされる[17]。「わたり」が行なわれる理由は，職責を問うことなしに，同一の経験年数であれば同一の給与を受けられるようにする配慮によるものと

16　退職手当制度研究会編・退職手当法詳解138頁。

される。そのような運用が職務給原則に反することはいうまでもない。さらに，職員の意欲，能力，実績等の有無を問うことなく同一の給与を受けられるようにすることは，職員の職務への意欲を低下させ，能率の低下にも繋がるとともに，給与費の総額を高める結果になる。

　こうした問題が意識されてきたにもかかわらず，容易には改善されていない。しかし，このところ，「わたり」の廃止が急速に広まっている。鳥取県は，平成18年2月1日から「わたり」を廃止することとした。まず，標準職務表を条例で規定することとした。すなわち，職員の職務は，その複雑，困難及び責任の度に基づき，級別標準職務表に定める標準的な職務の内容を基準として人事委員会規則の定めるところにより，給料表に定める職務の級に分類することとされている（職員の給与に関する条例3条2項）。行政職給料表級別標準職務表によれば，次のとおりとされている。

　　1級　主事又は技師の職
　　2級　高度の知識又は経験を必要とする業務を行なう主事又は技師の職務
　　3級　係長の職務
　　4級　本庁の課長補佐の職務
　　5級　困難な業務を行なう本庁の課長補佐の職務
　　6級　本庁の課長の職務
　　7級　困難な業務を行なう本庁の課長の職務
　　8級　本庁の次長の職務
　　9級　本庁の部長の職務

　これにより，従来あった主任，主査等，さらに4級主事，6級係長等を削除したとされる。具体の職をいずれの職務の級とするかについては，「職員の職務の級の分類に関する規則」（人事委員会規則）の定めるところである。それによれば，たとえば，総務部政策法務室長は6級又は7級，生活環境部

　17　橋本・逐条地方公務員法355頁。朝日新聞平成18・1・7によれば，都道府県，県庁所在市の計93団体について調査したところ岩手，山形，長野，鳥取，鹿児島の各県と青森，仙台，福岡，長崎の各市において行なわれていたという。また，各県の調べによると平成17年7月時点で少なくとも102市町村で実施されていたという。

消費生活センター次長は4級又は5級，東京事務所長は8級又は9級のように定められている。

地方公務員給与の均衡原則　均衡原則は，民間企業における企業利益のような尺度がないため，採用されている原則であって，労働市場における公務員の人材確保の要請及び公務員給与に対する国民・住民の納得という二つの要請に基づくとされる[18]。しかし，実際には，国家公務員の給与が，生計費や民間企業の従事者の給与を考慮に入れて人事院勧告に基づいて決定されるので，国家公務員給与に準ずる運用がなされている[19]。

各地方公共団体の給与水準と国家公務員給与の水準とを比較し，均衡を求めるために用いられる指数がラスパイレス指数である。これは，国家公務員行（一）の俸給月額を100とした場合の地方公務員一般行政職の給料の水準を示すもので，100であれば同水準ということになる。職員を学歴別，経験年数別に区分し，地方公共団体の職員構成が国の職員構成と同一と仮定して算定するもので，地方公共団体の仮定給料総額（地方公共団体の学歴別，経験年数別の平均給料月額に国の職員数を乗じて得た総和）を国の実俸給総額で除して得る加重平均である。なお，平成18年度からは，国の給与構造が改正され，給料表の引下げと客観的な支給基準に基づく地域手当が導入されたことから，「地域手当補正後のラスパイレス指数」も算出されている。これは，地域手当を加味して比較しようとするものである。次の算式により算出される。

$$（現行のラスパイレス指数）\times \frac{（1＋当該団体の地域手当支給率）}{（1＋国の指定基準に基づく地域手当支給率）}$$

「ラスパイレス指数」及び「地域手当補正後のラスパイレス指数」は，総務省のホームページにより公表されている。そして，他の給与に関する情報も，総務省の「地方公共団体給与情報等公表システム」により，全国の地方公共団体相互間における比較が可能になっている。

非正規職員の報酬の扱い　地方公共団体においても，人件費抑制政策として，嘱託員などの非正規職員を採用することが多い。非正規職員の報酬の

18　橋本・逐条地方公務員法 349 頁。
19　橋本・逐条地方公務員法 357 頁。

あり方は，極めて重要である。財政運営の観点からは，非正規職員により，一人当たり人件費も抑制でき，その点にこそメリットがあると誤解される向きがある。しかし，一人当たり人件費を当然に少なくしなければならないという法規範が存在するわけではない。職務の性質によっては，正規職員と同一の水準の報酬を設定することもでき，そのことが望ましい場合もある[20]。

　非正規職員をどのように活用するかについては，慎重な検討が必要である。単に「財政の健全化」のみに着目することはできない。八王子市行財政改革推進審議会は，同市の「集中改革プラン」への対応に関する意見として，「雇用ポートフォリオ」の項目を掲げ，「多様な雇用形態の活用を推進する」として，「事業の仕分け」等を充分に行なったうえで嘱託員や臨時職員などの「非正規職員」や「任期付職員」，さらに将来的には「短時間正規職員」を活用していくことが，「小さな自治体政府」の構築に有効なだけでなく，地域における雇用や団塊世代の自己実現の場の提供にもつながるものである，として積極的評価を示しつつも，非正規職員の数や適用職場などの情報を広く市民に周知していくことが重要である，と指摘している。そして，次のように述べている。

　　「『市政パートナー』として非正規職員の単なる労働力の補完として考えるのではなく，市民協働の一環として連携していくのであるならば，正当な一定の報酬と権限を与えることが重要で，それが自己実現と責任倫理と使命感につながるものである。正規職員の定員・人事・給与制度の見直しと合わせて，非正規職員のあり方・待遇についても再検証されたい。非正規職員の活用は，正規職員の勤務条件を不当に切り下げたり，地域の人材を安価に自治体が収奪することであってはならないからである。そのような『焼き畑農業』的人事改革は，持続可能な地域社会には

20　長野県塩尻市は，嘱託保育士を非常勤の特別職として扱い（同市ホームページによる），従来の嘱託保育士の平均年収は正規職員に対し，初年度92%，5年目81%，7年目76%であったが，平成19年度から報酬体系を見直して，初年度93%，5年目86%，7年目84%を確保することにしたという（信濃毎日新聞平成19・4・3）。常勤職員との均衡を図るこのような措置が適法であることはいうまでもない。

21　以上，八王子市行財政改革推進審議会「八王子市の『集中改革プラン』への対応に関する意見」（平成18・2・20）による。

有害である。」[21]

　非正規職員の現行法上の位置づけは，どのようになっているのであろうか。非正規職員の定義があるわけではない。地方公務員法 28 条の 5 の規定による定年退職者等の短時間勤務職員も非正規職員といえるが，それ以外の非正規職員の代表的なものは，非常勤職員と臨時職員であろう。

　勤務の実態が一般の常勤職員と同様の非常勤職員の扱い方（運用）には，二つの系列があるようである。

　一つは，非常勤職員は，自治法においては，203 条 1 項の職員として扱うというものである。同項の「その他普通地方公共団体の非常勤の職員」には，たとえば嘱託等の名称であっても，非常勤の者は，すべて含まれるとされている[22]。そして，非常勤職員の報酬は勤務日数に応じて支給する原則に立ちつつも，「条例で特別の定をした場合は，この限りでない」として，勤務の実態が常勤職員とほとんど同様である非常勤職員も存在すること等に配慮しているとされる[23]。この勤務の実態が常勤職員と同様の非常勤職員について，同条 1 項に明示的に列挙されている職員とは性質が大きく異なる一般の常勤職員がなす職務の内容と同様の職務を行なう職員にも適用する方法である。そして，地方公務員法のうえでは，特別職としての「臨時又は非常勤の顧問，参与，調査員，嘱託員及びこれらの者に準ずる者の職」に該当するものとして扱うという処理である[24]。この方法によるときは，明示的列挙職員とは異質の職員でありながら，他に受け皿の条項がないために一緒に扱っているとみるほかはない。以下において，この明示的に列挙されていない非常勤職員を「列挙外非常勤職員」と呼ぶことにしよう。非常勤職員の勤務の対価は「報酬」として条例主義が適用される（自治法 203 条 5 項）。これを受けた条例において，列挙外非常勤職員であっても，条例等により明確に定められる

22　松本・逐条 654 頁。

23　松本・逐条 655 頁。

24　橋本・逐条地方公務員法 64 頁は，地方公務員法 3 条 3 項は，特定の学識又は経験に基づいて任用される職を例示しているのであるから，このような特定の要件に基づかない者を臨時又は非常勤の職に任用しようとするときは，同法 22 条 2 項の規定に基づいて臨時職員として任用すべきである，と述べている。

職員は，報酬条例において掲げることができるが，なお明確に定めることができない職員は，「前各号以外の非常勤の職員」[25]のように定め，その報酬額も限度額方式などにより任命権者に委任せざるを得ない[26]。

　もう一つは，非常勤職員についても，「給与」として扱う方法である。神奈川県は，「非常勤職員（短時間勤務職員を除く。）については，任命権者は，常勤の職員の給与との権衡を考慮し，予算の範囲内で，給与を支給する」とし，「報酬」ではなく「給与」の扱いをしている。そして，任命権者への大幅な委任がなされている[27]。

　臨時職員は，地方公務員法22条2項により6月を超えない期間で臨時的に任用される職員であって，6月を超えない期間で更新できるが再度更新をすることはできない。臨時職員の給与については，「別に人事委員会規則で定めるところにより給与を支給する」[28]とか，「人事委員会の承認を得て任命権者が定める」[29]のような定め方がなされ，条例による拘束が弱いことが多い（大阪地裁平成20・1・30判例集未登載は違法とした）。

　以上のような非正規職員の運用状況を見ると，意思決定手続における大幅な委任が条例主義に違反しないのかという問題があることに加えて，前記八王子市の審議会が必要性を強調した「住民に対する情報提供」の不十分さが

25　横浜市非常勤特別職職員の報酬及び費用弁償に関する条例2条24号。ただし，同市の扱いが，一般の常勤職員と同様の勤務実態の非常勤職員を対象としているのかどうかは確認できない。

26　横浜市の条例（前掲）は，前条24号に規定する非常勤の職員の受ける報酬の額は，日額50,000円又は月額900,000円を超えない範囲内で任命権者が定めるとしている。特別職職員の定め方をみると，「川崎市報酬及び費用弁償額並びにその支給条例」は，月額又は日額の支給額による職を列挙した後に，附属機関の構成員その他の非常勤の特別職の職員に対する報酬の額は，日額28,000円又は月額336,000円を超えない範囲内において任命権者が定めるとし（1条3項），3項の規定にかかわらず，市民オンブズマン及び人権オンブズパーソンの報酬は，月額740,000円と定めている（4項）。

27　「川崎市職員の給与に関する条例」は，臨時職員及び非常勤職員（短時間勤務職員を除く。）の給与については，予算の範囲内で，任命権者が人事委員会の承認を得て別に定めるところにより支給するとしている（18条）。

28　神奈川県「職員の給与に関する条例」19条1項。

29　横浜市「一般職職員の給与に関する条例」21条。

気になるところである。

茨木市非常勤嘱託員報酬事件　そうした危惧が実際に問題とされた典型例が，茨木市の非常勤の嘱託員の報酬について，給与等条例主義に違反するとして市長個人に支払い報酬相当額を損害として賠償するよう命じた大阪地裁平成 19・2・9（判例タイムズ 1246 号 129 頁）である。「茨木市報酬及び費用弁償条例」2 条が，非常勤職員の報酬を別表方式で定め，別表において「非常勤の嘱託員」の区分に対応する報酬額を「月額 27 万円又は日額 1 万 2700 円の範囲内で任命権者の定める月額又は日額」と規定し，9 条において，この条例の施行について必要な事項は，市長が別に定める旨を規定している。この規定に基づいて「専門委員及び非常勤の嘱託員の範囲及び報酬に関する支給内規」という訓令が定められている。そして訴訟で問題とされている期間において，支給内規に非常勤の嘱託員の区分として「建設事業指導業務」を設けて，その報酬限度額を 26 万 9,000 円と定め，これに基づいて，建設事業指導業務を委嘱した非常勤の嘱託員の報酬の月額を 26 万 7,000 円と決定し，平成 15 年 4 月から 16 年 3 月までの間，報酬として合計 320 万 4,000 円を支給した。この報酬の支給が給与等条例主義に違反するかどうかが争われた。

　判決は，次のように判断を進めている。

　まず，非常勤職員に対する給与法との対比を行なっている。国の一般職に属する非常勤職員については，昭和 25 年改正後の給与法 22 条が，現行法と同様に，委員，顧問若しくは参与の職にある者又は人事院の指定するこれらに準ずる職にある者以外の常勤を要しない職員については，各庁の長は，常勤の職員の給与との権衡を考慮し，予算の範囲内で，給与を支給する旨規定し，法においては基本的基準を示すのみにとどめ，具体的な給与の決定は予算の範囲内で各庁の長の裁量に委ねる仕組みを採用していた。他方，自治法には同趣旨の規定が置かれることなく，昭和 31 年改正で，給与体系を国家公務員のそれと一致させるための規定の整備がなされたにもかかわらず，条例主義の点において非常勤の職員と常勤の職員との間に異なった定め方がなされることなく，現行法に受け継がれている。昭和 31 年改正において，給与法と異なる立法政策が採用されたものと理解せざるを得ない。

また，給与等条例主義には，給与等の支給に対する民主的統制の趣旨に加えて，職員の権利保障の趣旨も含まれているところ，条例において報酬等の額等についての基本的基準を定め，その具体的な決定を広く長の裁量的判断に委ねることは，この権利保障の趣旨にも抵触する。

　そして，自治法203条2項の規定（「議会の議員以外の者に対する報酬は，その勤務日数に応じてこれを支給する。但し，条例で特別の定をした場合は，この限りでない。」）は，「非常勤の職員に対する報酬が生活給的意味はなく純然たる勤務に対する反対給付としての性格のみを有するものであることにかんがみ，当該報酬は，勤務量，具体的には勤務日数に応じて支給すべき性格のものである趣旨を明瞭にし，これをもって非常勤の職員に対する報酬の支給の原則としたものであり，その例外として，勤務の実態がほとんど常勤の職員と異ならず，常勤の職員と同様に月額ないし年額をもって支給することが合理的であるものや，勤務日数の実態を把握することが困難であり，月額等による以外に支給方法がないものなど，特殊な場合について，条例で特別の定めをすることができるようにする趣旨のものであるから，条例において非常勤の職員に対する報酬の支給方法をその勤務日数に応じて支給するものとするかそれとも月額ないし年額等をもって支給するかを含めて広く普通地方公共団体の長の裁量判断にゆだねることは，同項の規定に抵触することが明らかである。」

　具体の条例については，次のように判断している。

　条例のうちの非常勤の嘱託員についての報酬を定めた部分は，その性格上その職務内容，勤務態様が多種多様な非常勤の嘱託員を包括的に「非常勤の嘱託員」と区分したうえで，これに対応する報酬について日額又は月額の各最高限度額（上限）のみを規定し，当該範囲内での具体的な金額の決定のみならず当該報酬を月額支給するか日額支給とするかの決定をも任命権者にゆだねたものであり，条例の関係規定から当該報酬を月額支給とするか日額支給とするかの決定をも含めた個々の非常勤の嘱託員に対する報酬額を決定するための具体的基準を読みとることもできないから，条例2条，別表中非常勤の嘱託員に対する報酬を定めた部分は，自治法203条2項，5項，204条の2の各規定に抵触し，違法といわざるを得ない。

なお，このように結論づけるにあたり，括弧書きの形式で，突発的に発生する行政需要等に対応するために臨機に新たな非常勤の嘱託員の職を設ける必要等が生じることも考えられるが，支給内規に列挙されている非常勤の嘱託員の少なくとも相当部分は，定型的，常設的なものであって，予め報酬を条例で定めておくことが行政事務の適正な執行にとって支障となるような事態はにわかに想定し難いとし，各職種ごとの報酬を条例において可能な限り具体的に規定したうえで，突発的に発生する行政需要等に臨機に適切に対処することができるよう，条例において新たな非常勤の嘱託員の職の設定並びに報酬の額及びその支給方法の決定を任命権者にゆだねる規定を設けた場合には，その委任規定は，前記自治法の各規定に抵触しないと解する余地もありうるとしている。

　この判決の述べる条例主義に反する運用実態が広く見られると思われるので，若干の検討を加えておきたい。

　第一に，給与等条例主義が非常勤嘱託員にも及ぶことは認めざるを得ないであろう。しかし，判決も認めるように臨機に非常勤職員を配置する必要があって，しかも，そのような非常勤職員の報酬を事前に一律に定めておくことができないとするならば，一定の範囲で規則等に委任することが認められよう。本件の建設事業指導業務の職の設置理由は，次の①から④の業務に対応するため専門職員を雇用する必要が生じたためであるとされていた。①建設部全般に関する渉外業務，②建設リサイクル法や法定外公共物（里道，水路等）の譲渡に伴う明示等，地方分権に伴う法律等による窓口業務に対する補助事業，③マンション管理等住宅相談業務，及び「マンションの建て替えの円滑化等に関する法律」に基づき市町村が行なわなければならない業務，④その他上記に付随する業務。これらが，真に臨機に非常勤嘱託員を置いて対応しなければならない業務であったのかどうかは，それ自体事実認定を必要とするが，たとえば，ある市がPFI事業を実施することになって，その立上げ期間中に専門的知識を備えた非常勤職員を高額の報酬で任用することにするような場合も考えられる[30]。

30　職務の内容によっては，専門委員（自治法174条）方式によることも可能である。

第二に，定型的，常設的非常勤職員について条例主義を満たす定めを有していない限り，前記のような実体を有する臨機の職員についての報酬を委任して処理することが違法になるのかどうかは検討を要する。この判決は，非常勤職員に対する全体としての条例主義の運用が適正と認められることが，当該個別非常勤職員の報酬についての委任を適法とする前提であるかのように見ている（一体説）。しかし，当該非常勤職員に固有の職務の性質を取り出して判断する考え方もあり得ると思われる（分離説）。

　第三に，最も気になるのは，この事件において，判決は，非常勤嘱託員に対する報酬の条例主義違反を理由に，当該報酬の支払額全額が市の損害であるとして，市長の職にあった者個人に損害賠償を請求すべきであるとしている点である。自治法の諸規定に抵触する違法なものであることは市長の職にある者にとって容易に知り得るものであるということで過失を認定している点はともかく，市が被った損害額を算定するに当たり，当該非常勤職員の提供した勤務の対価を金銭的に評価してこれを損益相殺等をすることは自治法204条の2の規定の趣旨を没却するものとして許されない，と述べている。しかし，判決は給与等条例主義遵守の担保の要請を損害額の算定方法に反映させているように思われてならない。このような場面の給与等条例主義違反は，損害賠償で問題を解決するのではなく，将来に向けた解決こそが相応しいといえる。もっとも，そのような目的に適合する適切な訴訟形態があるのかどうかが問題である[31]。

　ところで，国における顧問，参与，地方公共団体における嘱託員等は，幹部職員が退職した場合の退職後一定期間の処遇として活用されるおそれもある。その職務内容のチェックも併せて行なう必要がある。

　勤務実態を欠く場合の給与支給の適法性　勤務実態がないのに給与を支給することは，休職の手続をとっている場合を除き許されないことである。

　一般職の職員に関しては出勤・欠勤は厳格に管理されるべきものである。執務時間を短縮した場合の扱いが問題になるが，千葉地裁昭和60・10・

---

[31] 現行の住民訴訟としては，さしあたり1号差止訴訟ということになろうが，必ずしも適切な訴訟形態ではない。

30（判例時報1173号3頁）は，午前8時30分を開庁時刻としつつ，30分間の出勤猶予を認める扱いは違法とはいえないとした（控訴審・東京高裁平成元・4・18判例地方自治57号10頁も同旨）。

　これに対して，長等については，通常の意味の「出勤」の観念が当てはまらないので，どのように見るかが問題になる。岐阜地裁平成15・11・26（判例集未登載）は，町長が収賄の被疑事実により逮捕・勾留されて町長としての職務を執行することができない状態にあったにもかかわらず，町が，その間の給料及び期末手当を支給した場合について，期末手当の支給に関しては，特別職給与条例に減額又は不支給とする規定がないから適法であるとしつつ，逮捕・勾留期間の1か月以上の間は町長としての職務を全く提供していなかったとして，一般職給与条例が，職員が勤務しなかった場合にその時間に応じて給料を減額する旨を定めているのは，「ノーワーク・ノーペイの原則」を具体化したものであるから，町長の給料についても常勤特別職給与条例の規定（「給与の支給方法は，一般職の例による」との規定）により準用されるとして，不当利得として返還すべきであるとした。「町長の職務は広範，多岐にわたり，自宅において町政全般について思索を巡らすなどの精神的活動も職務に含まれること，勤務時間の定めのないこと（1日24時間勤務であること）等を考慮すると，1日を単位として当該日において町長としての職務を全く提供しなかったときは1日分の給料を減額することが合理的であると解される」と述べている。勾留中は何ら職務を遂行できなかったという評価である。これに対して，同様の事例に関して，大阪地裁平成19・3・22（判例タイムズ1254号118頁）は，市長の場合は，市長という地位そのものに対価ないし報酬として給料が支払われ，勤務と給料との間に具体的対価性がないことを理由に全額支給を肯定した。筆者としては，職務遂行の実績ではなく職務遂行可能性に着目して給与支給を否定したい。

　非常勤監査委員の報酬を月額で定めている条例の下において，監査委員としての職務遂行の実績が全くない月についても所定の月額報酬を支給しなければならないのかどうかについて，大阪地裁平成18・7・7（判例タイムズ1247号186頁）は，職務遂行の実績のない期間について報酬を支給しないとか減額することはできないとした（控訴審・大阪高裁平成19・5・30判例集未

登載も，これを正当とした）。ただし，法令により規定された職務及び責任を全く果たしていないと評価し得るような場合に月額報酬を支給することは違法となるという留保を付している。監査委員は例月出納検査（自治法235条の2第1項）の義務を負っている。それ以外の非常勤の職員で必ずしも当該役所等に毎月出向くことを要しない場合がありうるが，「いざという事態」に備えている必要のある非常勤職員（潜在的待機状態の職員）も存在する。そのような職員には，むしろ月額報酬の併用が望ましいものと思われる。

公務従事の要件と外郭団体等の業務従事（職員派遣）　勤務したといえるかどうかが問われる場面の一つは，ある仕事の「公務性」の問題である[32]。地方公務員法35条は，職員の職務専念義務を定めている。すなわち，「職員は，法律又は条例に特別の定がある場合を除く外，その勤務時間及び職務上の注意力のすべてをその職責遂行のために用い，当該地方公共団体がなすべき責を有する職務のみに従事しなければならない」とされている。

これを受けて，地方公務員が，法律又は条例に特別の定めがないのに，当該地方公共団体以外の者（たとえば外郭団体等）の業務に従事したときに，それは当該地方公務員の公務とはいえないとして，その公務員に給与を支給することは違法とされてきた[33]。森林組合事件の最高裁昭和58・7・15（民集37巻6号849頁）は，最初から公務従事を予定しないものであった。

職員派遣をめぐる先駆的な判決は，上尾市事件に関する浦和地裁平成4・3・2（判例時報1454号73頁）であった。市が実施した第一種市街地再開発

---

[32] 町職員を職務命令により町議会の全員協議会に出席させたことにつき，職員の公務といえるから給与支出が違法とはいえないとされた例（鹿児島地裁平成16・1・26判例集未登載），教諭の民間教育団体への研修派遣が研修の趣旨を逸脱するとされた例（福岡高裁平成17・10・17判例タイムズ1206号187頁）がある。

[33] たとえば，町が出資している株式会社でサーフプール事業，食堂事業，弁当事業など営利事業を行ない，委託を受けて町の公園施設の管理業務も営むものにおいて，町からの業務委託に基づくリゾート関連施設（スキー場）の運営全般に関する指揮を行なうとともに町役場との連絡調整業務に当たっていた者に町が給与を支給した場合について，地方公務員法35条の趣旨に反し違法であり，給与支出は同法24条1項，自治法204条の2に違反し違法であるとして，町長の職にあった者に損害賠償を命じた例がある（青森地裁平成16・5・11判例地方自治269号72頁）。

事業による再開発ビルの管理運営のために市が50％出資して設立された株式会社に対して職員を派遣して給料等の人件費を負担した事業である。職員定数条例1条2項3号に基づき、「上尾市職員を派遣することが必要と認められる法人等を定める規則」に前記会社を掲げるとともに、会社との間において、会社の申出に基づき経営指導を行なうため市職員を派遣すること、派遣職員に対する給料、諸手当等は市が負担することを定める協定を締結して、市が派遣職員の給料等を負担した。判決は、法人その他の団体へ職員を派遣しその業務に従事させることは、法律に特別の定めがある場合を除いては、それが職務専念義務に反しないと見られる場合か、若しくは予め職務専念義務違反の問題が生じないような措置がとられた場合においてのみ許されるとし、当該会社は、本質的には営利を目的とする株式会社組織の私企業の一つで、再開発ビルの管理及び運営、不動産の売買、賃借等の業務は、地方公共団体の事務とは性質を異にするのであるから、市職員の身分を保有したままその業務に従事することが職務専念義務に反しないとは到底見られない、とした。そして、職務専念義務違反の問題を生じないような措置がとられた形跡がないので、地方公務員法35条に違反する違法な措置であり、自治法204条の2に違反する違法な公金の支出であるとした。また、協定は私法上の契約の性質を有するが、それは公共の利益に係る行政法規に反する違法な事項を内容とするものであるから強行法規ないし公序良俗に反する契約として無効であるとして、会社に不当利得の返還を命じた。

　この判決から導かれる点は、二つある。

　第一は、職員を派遣して給料等を負担することが許されるのは、職務専念義務に反しないと見られる場合（実質基準）か、若しくは予め職務専念義務違反の問題が生じないような措置がとられた場合（手続基準）に限られるとしたことである[34]。

　実質基準に関して、山形地裁平成12・10・17（判例タイムズ1061号72頁）は、職務命令のみにより職員の身分を保有させたまま他の団体に派遣することは、当該団体の事務が地方公共団体の事務と同一視できるものであり、かつ、職員に対する地方公共団体の指揮監督権が及んでいるような特段の事情がない限り許されないとして、「特段の事情」の存在を必要とする考え方を

示した。「特段の事情」の例示として，事務の同一視可能性及び職員に対する指揮監督権の存続が掲げられている。この考え方を適用するならば，地方公共団体の業務遂行と密接な関係にある土地開発公社に派遣して当該地方公共団体の指揮監督を受けながら用地の先行取得業務に従事させることなどは適法とされる余地があったのであろう。この判決（山形地裁平成12・10・17）の扱った具体の事案は，市が市民の保養と健康増進等を目的とした市の施設の管理運営を委託する会社の総支配人として職員を派遣した場合に関するものである。判決は，当該会社は，「地方公共団体の行政組織に属するものではなく，温泉保養施設である本件施設の管理・運営業務の受託を主たる業務とする株式会社にほかならないものであって，そのような本件会社の総支配人，すなわち一従業員としての業務に専従することは，地方公共団体の事務と同一視するものとはいえない」として，地方公務員法に違反するとした。市の温泉保養施設として，管理委託することなく市の職員が総支配人となる場合と区別されるのが，株式会社形態の利用のみの点にあるとするならば，前記の「特段の事情」の存在を肯定した判決と必ずしも整合していないように見える。おそらく，市の出資は全額ではなく50.4％で，公民の共同出資であることが判断に大きく影響したと思われる。市による全額出資の会社で，市の指揮監督が強く及んでいる場合には，同判決のいう「特段の事情」が肯定されるように思われる。

　さて，先の上尾市事件判決において，手続基準のみで適法となると断定さ

34　この判断方法とほぼ同様の考え方を示すものとして，松江地裁平成10・9・30判例タイムズ1061号203頁がある。「法律又は条例に特別の定めがある場合を除いては，予め当該職員について職務専念義務に違反しないような措置を採ることが必要であり，右のような単なる職務命令により職員を他の法人等に派遣することは，派遣先の法人等の事務が当該地方公共団体の事務と同一視し得るものであるなど職務専念義務に反しない限り地方公務員法35条に違反する違法な措置というべきである」とし，村が職務専念義務の免除をすることなく職員を第三セクター2社に各1名を派遣して人件費を負担したことについて，自治法204条1項，地方公務員法24条1項等に違反する違法な公金の支出ではあるが，1名の人件費は特別交付税により措置され，他の1名については先方より返還されたことにより，村の被った損害が回復されたとして請求を却下した。

れたのかどうかは明らかでない。後述する最高裁平成10年判決が、その場合も実質基準の網がかけられるとする考え方を採用することになる。同最高裁判決に先立って、上尾市事件の考え方によりつつ、手続基準のみで適法となるものではないとする下級審判決が見られた。岡山地裁平成6・3・22（労働判例658号75頁）は、黙示的に職務専念義務の免除がなされているという前提に立っても、免除は、派遣先の業務が公益上特に必要であることが客観的に明らかで「地方公共団体がすべき責を有する職務」と同視できる程度のものである場合に限るべきであり、免除の目的が「研修を受ける」ことにある場合は、「事前に研修内容が定められた上で、客観的に、当該研修を職員に受けさせることが地方公共団体において必要不可欠であり、かつ派遣によって右研修目的に資する効果が相当高度に見込まれる場合に限って許されると解すべきである」とし、市と民間企業グループとが各約50％を出資して設立された総合開発事業の運営会社に対する派遣職員の給与負担額について会社の不当利得を肯定した。

　第二に、協定に関して、強行法規違反ないし公序良俗違反を肯定したことである。この点に関して、この事案は、市長が会社の社長に就任していたというのであるから、双方代理的色彩の強い協定の観点からも無効が肯定されてよかったのかも知れないが、市と関係を有しない者が代表者として締結している協定であるときに、後述の最高裁平成16年判決の指摘するような給与支出の適否に関する定説のないような状態の時点における協定を、強行法規違反、公序良俗違反の無効なものとしてよいのかという疑問が、（後の時点の判例を遡って当てはめるという不合理な論じ方であるが）提起されよう。

　職務専念義務の免除による場合　　地方公務員法35条にいう条例の特別の定めの一例が、職務専念義務免除条例に基づく職務専念義務の免除がなされた場合である。しかし、職務専念義務の免除がなされたからといって、当然に給与の支給が適法となるわけではない。

　この問題を扱った代表的事例は、茅ヶ崎市商工会議所派遣事件である。同市の職員職務専念義務の特例に関する条例（以下、「免除条例」という）2条3号（「前2条に規定する場合を除くほか市長が定める場合」）に基づいて、幹部職員の職務専念義務を免除して、かつ、商工会議所との間に派遣に関する協定

（そこでは，派遣された職員を会議所の職員に併せて任命し双方の身分を併有させること，派遣職員に対する給与の支給，休暇，分限，懲戒及び福利厚生については，市の関係規定を適用して市が行なうこと等が定められていた）を締結して商工会議所に派遣し，その者が専務理事の職に就き市が給与を支給したことが違法であるとして，市長の職にある者を被告とする損害賠償請求及び商工会議所を被告とする不当利得返還請求の住民訴訟である。

　1審の横浜地裁平成5・4・28（判例タイムズ827号123頁）は，商工会議所の事業を市の事務と同一視することはできず，長期にわたる派遣のために職務専念義務の制度が予定されているとは考え難いとして，免除条例及び地方公務員法に違反し，また，給与を負担する旨の市と商工会議所との間の協定も強行法規に違反する無効なものであるとした。これに対して，2審の東京高裁平成6・8・24（判例地方自治134号22頁）は，正反対に，商工会議所との連携を強めることにより商工業の発展を図る目的で派遣を決定したものであって，派遣の必要性，合理性が存在し，また，職務専念義務の免除も職員の身分・処遇の保障をも考慮してなされたもので裁量権の逸脱濫用とまではいえず，給与支出は違法とはいえず，不当利得も成立しないとした。

　最高裁平成10・4・24（判例時報1640号115頁）は，市の給与条例11条前段が職員が勤務しないときは，その勤務しないことにつき任命権者の承認があった場合を除く外，減額した給与を支給することを定めているので，免除条例に基づく適法な職務専念義務の免除が必要であることはもちろんであるが，これに加えて給与全額を支給するには給与条例11条前段に定める「勤務しないこと」についての適法な承認が必要であるとした。そして，免除条例2条3号及び給与条例11条前段は，処分権者が全く自由に行なうことができるというものではなく，職務専念義務の免除が服務の根本基準を定める地方公務員法30条や職務専念義務を定める35条の趣旨に違反したり，勤務しないことについての承認が給与の根本原則を定める24条1項の規定の趣旨に違反する場合には，これらは違法になるとした。この事案につき違反するかどうかを判断するには，会議所の性格及び具体的な事業内容並びに派遣職員が従事する職務の内容のほか，派遣期間，派遣人数等諸般の事情を総合考慮して慎重に判断すべきであるとした。具体の事案に関して，会議所との

連携を強めることにより市の不振な商工業の進展を図るためのものであったとしても，適法と判断するには，目的の達成と派遣との具体的な関連性がさらに明らかにされなければならないと述べ，会議所の実際の業務内容，それが市の商工業の振興策とどのような関連性を有していたのか，職員の会議所における具体的な職務内容がどのようなもので，それが市の企図する商工業の振興策とどのように関係していたかなどの諸点について十分な審理を尽くしたうえ，その目的達成のために派遣をすることの公益上の必要性を検討して判断する必要があると述べて，審理不尽があるとして原審に差し戻した。この判決においては，目的達成と派遣との間の具体的関連性が強調され，また，派遣する公益上の必要性の検討を求めている点に特色がある。

差し戻し後の控訴審・東京高裁平成11・3・31（判例時報1677号35頁）は，当該職員は，会議所の専務理事として，その職務の中心は，市の企画する商工業振興策とは直接的には関連性のない内部的事務にあったといわざるを得ないとし，市の商工業振興という行政目的達成のためにする公益上の必要性があったとは認め難く，職務専念義務の免除及び勤務しないことについての承認が違法であり，給与の支給も違法であるとした。協定について，それが違法なものであり，違法事由が服務や給与の根本基準という地方公務員法の根幹にかかわる重大なもので，勤務の対価である給与を雇い主でない者が支払い，雇い主はその代償として具体的な出えんをしないという点で「一般常識にも反する不自然なものであるから，通常人ならばその違法性を容易に理解できるもの」であったとして，会議所はこれが仮に無効とされても本来支払うべきであった報酬を支払うことになるにすぎず不測の損害を受けるとはいい難いので，私法上も無効であるとし，両請求を認容した。これが再び上告（ただし，市長の職にあった者のみ）された。

この事件の第二次上告審判決が最高裁平成16・3・2（判例時報1870号8頁）であるが，それに先立って，岡山のチボリ事件に関する最高裁平成16・1・15（民集58巻1号156頁）の判断が出された。職員派遣を違法としつつ，県と会社との間で締結された派遣協定は，公序良俗に反するものであったとはいえず，協定が地方公務員法24条1項，30条，35条の趣旨に反することが会社の知り得るほど明白であってこれを無効としなければ，これら

の規定の趣旨を没却する結果となる特段の事情があるものということもできないとして35，私法上無効といえないので会社に不当利得返還義務は存しないとした。また，知事の損害賠償責任に関しては，最高裁昭和46・6・24（民集25巻4号574頁）等の述べた過失についての考え方，すなわち，「ある事項に関する法律解釈につき異なる見解が対立し，実務上の取扱いも分かれていて，そのいずれについても相当の根拠が認められる場合には，公務員がその一方の見解を正当と解しこれに立脚して公務を執行したときは，後にその執行が違法と判断されたからといって」直ちに公務員に過失があったものとすることはできないとする考え方36を適用して，職務専念義務免除条例及び免除規則に，県の行政の運営上，その地位を兼ねることが特に必要と認められる団体の役員，職員等の地位を兼ね，その事務を行なう場合に職務専念義務を免除することができると規定され，この規定に基づき職務専念義務を免除し，勤務しないことの承認という法的手続を踏んで行なわれたのであるから，知事に故意又は過失があったということはできないとした。

　この判決を下した小法廷とは別の小法廷による茅ヶ崎市商工会議所事件第二次上告審の最高裁平成16・3・2（前掲）も，支出の違法性については原審の判断を是認することができるとしつつ，最高裁昭和46・6・24（民集25巻4号574頁）等の述べた前述の過失についての考え方を適用して，全国各地

35　判決がこのように判断する根拠となる事情として，①協定締結当時，全国各地の地方公共団体において第三セクター等への職員派遣が行なわれていたこと，②地方公務員の派遣に関する法制度が整備されておらず職務命令や職務専念義務の免除等の方法が採られていたこと，③職務専念義務の免除による職員派遣の場合には派遣元の地方公共団体派遣職員の給与を支出する例が多かったこと，④このような方法の適否については定説もなく，平成10年最高裁判決において判断基準が示されるまで下級審の判断も分かれていたこと，が挙げられている。

36　これは，国家賠償請求訴訟において，未登記立木に対する強制執行につき執行吏に故意過失があったとはいえないとされた事案である。なお，判決が「等」と述べている他の判決の一つとして最高裁昭和49・12・12民集28巻10号2028頁があるが，これも不動産の任意競売手続において競売裁判所が交付を留保した異議ある債権の配当額を供託する義務があるか否かについて確立された説及び取扱いがないときに競売裁判所が配当額を供託することなく，そのまま保管する措置をとった場合について裁判所の措置に過失がないとしたものである。

で職務専念義務免除等の方法により職員が第三セクター等に派遣されて給与支出がなされ，本件の第一次上告審判決において判断基準が示されるまで下級審判断も分かれていたうえ，市の免除条例と給与条例の手続を踏んで行なわれたというのであるから，市長が給与支出をしたことにつき故意又は過失があったということはできないとして，損害賠償請求を棄却すべきものとした[37]。この判決自体は，当時において市長が適法と考えていたことに無理もないと認められる事情があったことに着目して故意又は過失がないとしたもので，受け容れることのできるものである。ただし，第一次上告審判決が，過失を否定する事態を想定していたとは考えにくい。第二次上告審が別の法廷であったことが明暗を分けたといってよいように思われる。

違法性の有無に関する判断方法については第一次上告審判決（平成10・4・24）が以後の事件の先例となるとともに，過失については，最高裁平成16・1・15（民集58巻1号156頁）及び第二次上告審判決（最高裁平成16・3・2）が先例性を発揮することになる。ただし，過失を否定する判断は，最高裁平成16・1・15の判決が出された後における給与支出には当てはまらないことに注意する必要がある。ここで注目しておきたいのは，違法性の判断と過失否定による損害賠償責任否定の結合により，判決が将来の職員派遣と給与支出に対する警告の機能を果たしていることである。これを「警告判決」と呼んでおこう[38]。損害賠償責任を問うことは酷であるが，将来に同様

---

[37] 会議所が上告しなかったので，会議所の不当利得返還を肯定した原審判決は確定をみている。この判決が，最高裁平成16・1・15を引用していないのは，株式会社と商工会議所という派遣先の違いによるのかどうかは明らかでない。

[38] 最高裁が，故意又は過失がないことのみを理由として，違法性についての判断を示さないならば，警告判決とはならないので，今後，裁判所が警告判決機能の発揮を自制することのないよう切望したい。目下，警告判決の期待される法律問題の一つは，地方公共団体が法人との間において将来法人が資金の貸付による損失を被ったときに当該地方公共団体がその損失を補てんする旨を約する損失補償契約（筆者のいう「損失補償の保証」）である。目下，下級審判決が分かれている状態において，住民訴訟事件が最高裁に係属した際には，筆者の主張する違法説を採用しつつ，契約を締結した長等に過失がなかったとするのが一つの解決方法であろう。警告判決の認識をもっていなかったが，損失補償契約に関して，その効力及び職員の賠償責任の問題については，碓井・公的資金助成法精義346頁－347頁を参照。

の行為をするならば損害賠償責任を問われる可能性があることを警告する機能は，極めて重要と思われる。このような機能が最高裁判決のみに認められるのかどうかは，もう少し慎重に検討する必要があろう。そして，差止め訴訟であれば請求が認容される可能性があることをも意味している。

公益法人等への地方公務員派遣法の影響　従来からの問題点を踏まえて，特に最高裁平成10年判決を踏まえて立法的手当てをしたのが，「公益法人等への一般職の地方公務員の派遣等に関する法律」である。任命権者は，公益法人，地方独立行政法人，特別の法律により設立された法人で政令で定めるもの等のうち，「その業務の全部又は一部が当該地方公共団体の事務又は事業と密接な関連を有するものであり，かつ，当該地方公共団体がその施策の推進を図るため人的援助を行うことが必要であるものとして条例で定めるもの」（「公益法人等」）との間の取決めに基づき，当該公益法人等の業務にその役職員として「専ら従事させるため」，条例で定めるところにより，職員を派遣することができる（2条1項）。派遣職員には給与を支給しない原則であるが（6条1項），「派遣先団体において従事する業務が地方公共団体の委託を受けて行う業務，地方公共団体と共同して行う業務若しくは地方公共団体の事務若しくは事業を補完し若しくは支援すると認められる業務であってその実施により地方公共団体の事務若しくは事業の効率的若しくは効果的な実施が図られると認められるものである場合又はこれらの業務が派遣先団体の主たる業務である場合」には，地方公共団体が派遣職員に対して，派遣期間中，条例で定めるところにより，給与を支給することができる（6条2項）。

　この立法措置が，この手続によらない派遣にいかなる影響を与えるであろうか。まず，勤務場所が別の団体の事務所内であっても当該地方公共団体自身の職務を遂行していると評価される場合は問題にする必要はない。これに対して派遣先の団体の業務に従事している場合には，依然として最高裁平成10年判決が妥当することになろう。すなわち，派遣先の団体の業務に従事する場合には，職務専念義務の免除，給与条例上の勤務をしないことについての承認などの手続が必要であり，かつ，派遣の目的，派遣先の性格，具体的な事業内容，派遣職員の従事する職務内容等を考慮して，給与を支給することが地方公務員法35条等の趣旨に反しないといえるかどうかを慎重に判

断する必要がある。「専ら従事させる」場合には，派遣法のみによることになるが，わずかに地方公共団体自身の職務遂行を織り交ぜることにより同法の適用を免れることは好ましくない。同法は，グレーゾーンの状態における給与支給を排除して明確化することを暗黙に求めているのであって，前記最高裁の判断基準の適用も厳格さが求められるといえよう。派遣法の手続によらないで職員が派遣先団体の通常の業務に従事していながら，その職務の遂行が派遣元の事務の遂行であると認定することは，研修の場合を除き極めて困難である[39]。道府県が個人の道府県民の賦課徴収事務の執行について必要な援助をするものとされているが（地方税法41条3項），市町村に住民税の賦課徴収を支援するために給与負担付きで職員派遣をしている例があるようである。派遣法の趣旨に鑑みると，派遣法に準じた手続をとるべきであろう。

昇　給　　地方公務員の給与額に大きく影響するのが昇給制度である。地方公務員法は，給与に関する条例において，「昇給の基準に関する事項」を定めるべきものとしている（25条3項2号）。12月を下らない期間を良好な成績で勤務した職員を1号級上位の号級に昇給させることを「普通昇給」という（しばしば「定期昇給」とも呼ばれる）。さらに，職員の勤務成績が特に良好であった場合に，昇給の期間を短縮して現に受けている号給よりも2号給以上上位の号給に昇給させ又はこれらの双方を併せて実施することを「特別昇給」と呼んでいる。そして，給与条例においては，国家公務員の昇給制度にならって昇給の基準を定めていることが多い。

昇給が条例の定める昇給の基準に適合しているかどうかが問題となることがある。特別昇給制度を利用して一律に昇給短縮措置をとった事例について，さいたま地裁平成13・10・15（判例集未登載）は，対象者の具体的勤務実績に基づき「勤務成績が特に良好である場合」に該当しなければならないという特別昇給の昇給要件を考慮してなされたと評価することに疑問があり，給

---

[39]　東京高裁平成19・3・28判例集未登載は，土地区画整理法123条1項の「援助」規定を根拠に，市が土地区画整理組合の仕事を援助することは市の事務であると述べて，公益法人等派遣法や職務専念義務の免除方式によらない給与支給を適法としているが，これは，「援助」の意味を給与負担による「人的援助」を含むとする誤った解釈に基づく判断である。

与条例主義を定める諸規定に違反するおそれがあることを否定することは困難であるとした。しかし，条例を制定して，3年間にわたり順次昇給期間を6か月短縮し，改正前に支給された増額分は改正後の昇給による内払い分とみなす旨定めたことにより，遡って適法になったと判断した。要するに，事後の条例による瑕疵の治癒を肯定した判決である[40]。

また，大阪地裁平成19・9・6（判例タイムズ1257号104頁）は，「勤労成績が特に優秀である場合その他市長が特に必要と認めた場合」に特別昇給をなすことができるという給与条例の下において，定数内特別昇給を実施したことの適否が争われた事案である。判決は，国家公務員の同制度が，勤務評定が上位の者で，執務に関連して見られた職員の性格，能力及び適性が優秀であること（成績特昇）又は公務に対する貢献が顕著であること（公務貢献特昇）のいずれかの要件を満たして行なわれ，全職員を対象として公正に実施された厳格な成績評価を経て，評定が上位30％以内に収まった成績優秀者を対象として，定員の15％という比較的狭い範囲に限定して実施されていることを認定し，「勤務成績の特に優秀な少数の職員を，給与上特に優遇することにより，成績主義を実態的に確保する趣旨のものというべきである」とした。そのうえで，給与条例の特別昇給も国家公務員における特別昇給に準ずるものとして規定されたと解されるから，同様の趣旨で定められたものというべきである，と述べた。そして市長部局において定数内特別昇給を普通昇給の要件と同一のものとして運用されていたとし，成績主義を実態的に確保するという給与条例の趣旨に反した形で実施されてきた違法なものというべきであるとした。ただし，過失がないとして4号請求を棄却した。

特殊な事例として，自治省からラスパイレス指数を引き下げるよう指導を受けた市が，給与条例を改正して昇給延伸措置をとった後に，その減収分を回復するために一律に特別昇給をしたことが特別昇給の要件を充足せず違法である場合の事後処理が問題とされた事案がある。1審の浦和地裁平成元・3・20（判例時報1316号52頁）が，住民監査請求をきっかけに，昇給前の状

---

[40] 同様に条例に基づかない昇給について，事後の条例制定による瑕疵の治癒を認めた例として神戸地裁昭和56・12・25行集32巻12号2337頁，その控訴審・大阪高裁昭和57・8・20行集33巻8号1685頁がある。

態に戻すことが最良と考えて，普通昇給の延伸を定めた給与条例附則に基づいて再び昇給期間を戻したことにより，瑕疵が治癒されたとした。これに対して，控訴審の東京高裁平成3・10・15（行集42巻10号1627頁）は，「本件昇給延伸措置は，昇給期間を3か月短縮した本件昇給を前提として，その1年後に予定されていた次期昇給を3か月延伸するというものであるから，次期及びそれ以降の昇給に関しては，本件昇給をいわば帳消しにし，本件昇給がなかったと同じ状態に戻したものということができるが，本件昇給によって既に支給された3か月間の違法昇給分の損害まで回復されるものではないというべきである」とした。要するに，当初の3か月の昇給分の損害は何ら回復されていないというのである。「本件昇給延伸措置によって支出しなくなった次期昇給の3か月分が本件昇給による損害の回復に充てられたということは，結局，右3か月分相当額を次年度から支出して前年度の本件昇給による損害を補塡したというに等しく，その結果，本件昇給による損害は観念上回復されたことになるとしても，その分だけ次年度の違法な損害として現れることになり，それ以降も同じ手法で実質的に当初の違法昇給による損害が順次後年度に繰り越されていくことになる」と理解している。

　この考え方自体には賛成できるが，市長の職にあった者が，3か月間の昇給分の合計1,753万余円を賠償すべきものとしたことについては，素朴な疑問がある。むしろ，条例主義違反の無効な昇給であったとして，職員に対する不当利得返還請求を認め，市長の職にあった者の賠償責任は，否定することが望ましいと思われる。給与等条例主義は，単に地方公共団体の財政状態を悪化させないという理由のみならず，条例の定めなしには，職員に適法に保有させないという規範的意味を有していると思われるからである。しかし，市長の職にあった者に過失がなかったということは困難で，通常の法論理によれば，せいぜい2種類の請求権が成立するにとどまる。不当利得返還請求権優先の法理論を組み立てる必要性を痛感するものである。

　各種手当　　自治法204条2項は，同条1項の職員に支給できる各種の手当を列挙している（大阪地裁平成20・1・30判例集未登載は，臨時的任用職員が

41　橋本・逐条地方公務員法431頁。

同項の職員に該当しないとして，年2回の一時金支給を違法とした)。この規定は，昭和31年の改正により新設されたもので，法律に基づかない諸手当の支給を認めず手当の濫設を防止する目的をもつとされている[41]。この規定との関係において，条例により法定外の手当を創設できるかどうかが問題となるが，厳格に限定列挙であるとする手当限定列挙主義説が通用している。

ところで，退職金の額の算定において給料（基本給）のみが基礎とされるので，給料を引き上げないで手当で対処することもあると推測される[42]。

地域手当　自治法204条2項には，「地域手当」が掲げられている。これは，平成18年度から，従来の「調整手当」を廃止して導入された手当である。実際には，基本給を引き下げたうえで，国の地域手当に併せてそれぞれの地方公共団体の定める地域手当を支給することとされた。全国的な統一性を確保する運用が目指されている。自治法には「地域手当」の定義が置かれていないが，「一般職の職員の給与に関する法律」11条の3第1項が定めるように「当該地域における民間の賃金水準を基礎とし，当該地域における物価等を考慮して」特定の地域に在勤する職員に支給される手当である。賃金水準を基礎とすること及び物価等を考慮することから，それらの変動には敏感でなければならない。

地域手当の具体化は，条例及び規則によっている。

たとえば，神奈川県の「職員の給与に関する条例」は，「地域手当は，民間の賃金水準を基礎とし，物価等を考慮して職員に支給する」（9条の2第1項）としたうえ，「地域手当の月額は，給料，管理職手当及び扶養手当の月額の合計額に100分の12を乗じて得た額とする」（同条第2項）としている。

これに対して，東京都の給与条例は，「地域手当は，民間における賃金，物価等に関する事情を考慮して，人事委員会の承認を得て東京都規則で定める地域に在勤する職員に支給する」（11条の2第1項）として支給対象地域を規則に委任するとともに，「地域手当の月額は，給料，給料の特別調整額及び扶養手当の月額の合計額の100分の18の範囲内の額とする」（同条2項）とし，「地域手当の支給額，支給方法その他地域手当の支給に関し必要

42　この点を指摘する裁判例として，高松地裁平成11・7・19判例集未登載がある。

な事項は，人事委員会の承認を得て東京都規則で定める」（同条3項）としている。金額に関しては条例においては限度を定めるにとどめて，その具体的定めを規則に委任しているのである。そして，実際に「地域手当に関する規則」という名称の規則において，支給地域と支給割合を定めている。それによれば，東京都の区域については，特別区の存する区域のみならず奥多摩町，瑞穂町，日の出町，檜原村に至るまで100分の18であり，他方，湯河原町，東伊豆町，長野市は100分の12とされている。

同じく，福岡県の給与条例も，「地域手当は，当該地域における民間の賃金水準を基礎とし，当該地域における物価等を考慮して人事委員会規則で定める地域に在勤する職員に支給する」（17条の2第1項）とし，地域手当の月額は，給料，扶養手当及び管理職手当の月額の合計額に100分の18を超えない範囲内で人事委員会規則で定める割合を乗じた額としている（同条第2項）。そして，人事委員会規則により，東京都の特別区100分の18，大阪市100分の15，立川市100分の12，府中市100分の12，小平市100分の12，神戸市100分の10と定められている（2条1項）。

また，北海道は，地域の定めを人事委員会規則の定めに委ねるとともに，条例において，地域手当の額は，「給料，扶養手当及び管理職手当の月額の合計額」に，1級地は100分の18，2級地は100分の15，3級地は100分の12，4級地は100分の3を乗じて得た額とする旨を規定している（北海道職員の給与に関する条例10条の2第2項）。そして，この「級地」は人事委員会規則で定めるものとしている（同条第3項）。「地域手当に関する規則」により，札幌市は4級地，東京都の特別区は1級地，大阪市は2級地，名古屋市は3級地とされている。

以上概観したところから，地域手当の考え方をどのように理解すればよいのであろうか。

まず，神奈川県方式の趣旨が，同県の職員の勤務する実際の勤務地（＝在勤地）に着目して，一定の地域を限って地域手当を支給する趣旨なのかどうかが問題になるが，一律の率が定められていること，特別の地域が存在しないことから，一律支給の運用がなされているように見える。もし，この理解が誤っていないとするならば，地域手当のない，給料，管理職手当及び扶養

手当がどのように観念されているのか明らかではない。なぜなら，少なくとも給料は，もともと民間賃金水準準拠方式であり物価にも配慮するのは当然と思われるからである。

しかし，他の地方公共団体の例をも考慮すると，国家公務員に関して「一般職の職員の給与に関する法律」が，地域手当について，俸給，俸給の特別調整額及び扶養手当の月額の合計額に級地の区分に応じた割合を乗じて得た額とし，1級地の100分の18から6級地の100分の3までの割合を掲げていること（11条の3第2項）との関係を理解しなければならないように思われる[43]。級地は人事院規則で定めることとされている（同条第3項）。人事院規則9—49（地域手当）によれば，札幌市は6級（100分の3），仙台市・宇都宮市は5級（100分の6），福岡市・千葉市・三鷹市は4級（100分の10），さいたま市・八王子市・横浜市・川崎市・名古屋市は3級（100分の12），大阪市・鎌倉市は2級（100分の15），東京都特別区は1級（100分の18）のように定められている。ただし，前記の支給割合は平成22年度の完成時のものであって，それまでの間は，従前の調整手当から円滑に移行されるように，前記人事院規則9—49の附則により，別に級地と支給割合を定めることとされている。平成19年度の支給割合は，札幌市は6級地で100分の3，仙台市は5級地で100分の5，宇都宮市は5級地で100分の2，福岡市・千葉市は4級地で100分の8，横浜市・川崎市・名古屋市は3級地で100分の12，大阪市・鎌倉市は2級地で100分の12，東京都特別区は1級地で100分の14などとなっている。地域の経済状況の変動などにより，制度完成時には級地を見直す必要性の生ずることもありえよう。

神奈川県が100分の12としているのは，横浜市，川崎市を勤務地とすることの多い同県が，国家公務員の場合にそれらの市が3級地であって100分の12が適用されることに倣ったものといえよう[44]。そして北海道職員の地域手当の定めは，級地の区切り方が異なり，1級地から4級地までで，国の

---

[43] 国家公務員の地域手当に関して，日本人事行政研究所編『平成19年度版　国家公務員の給与——その仕組みと取扱い——』（日本人事行政研究所，平成19年）221頁以下を参照。

1級地から6級地までの区分と異なっているが，大阪市は国家公務員に関し2級地で100分の15の適用であり，北海道職員の場合も2級地で100分の15，名古屋市は国家公務員の場合に3級地で100分の12であり北海道職員の場合も100分の12，さらに，札幌市についても国家公務員につき6級地で100分の3であり北海道職員も4級地で100分の3である。これによって，割合は完全に国と一致していることがわかる。新潟県職員の場合は，国家公務員に関して新潟県内の地域手当の級地が定められていないために，単に，東京都の特別区（100分の18），大阪市（100分の12），立川市・府中市・小平市（100分の12），神戸市（100分の10）が掲げられているにすぎない。

　かくて，地域ごとの割合は，国家公務員の地域手当の級地と割合に併せた運用がなされていることがわかる。このことは，地方公共団体にとっての「地域手当」の意味が，当該団体を基準にした「地域」に着目しているのではなく，国家公務員準拠の全国レベルの「地域」に着目しているものであると理解することができる。そして，このような地域手当の統一化は，それを乗ずる基礎となる給料，扶養手当等自体の収斂をも志向していると見てよい。

　なお，国家公務員の地域手当と異なり，完成時までの段階的移行という考え方は採用されていないようである。これは，もともと，まちまちな地方公務員について，個別の移行措置を認めては，容易に統一化が実現しないという見方によっているのであろうか。

　ところで，地方公共団体の職員の地域手当について，国家公務員の地域手当に関する級地の割合と異なる割合を定めて，それを適用して支給したからといって違法になるわけではない。ことに，地方公共団体の場合には，国と異なる事情がある。それは，国の場合には，勤務地と居住地（＝住所地）とが一致しているという前提で制度を組み立てることができるが，地方公共団体の場合には，必ずしもそのようなわけにはいかない場合がある。

44　横浜市給与条例が，簡単に「職員には，地域手当を支給する」とし（10条の3第1項），「地域手当の月額は，給料，扶養手当及び管理職手当の月額の合計額に100分の10を乗じて得た額とし，その支給方法は，給料の例による」（2項）としているのも，同市が国家公務員に関して4級地で100分の10とされていることによる。そして，この割合と異なる勤務地が存在しないということであろう。

東京都が奥多摩町，瑞穂町，日の出町，檜原村に至るまで，特別区の区域と同じ級地にしているのは，たとえば檜原村の事務所に勤務する異動の発令を受けた職員も，従前の特別区内の住所を維持することが多いだろうというような事情によっていると推測される[45]。国家公務員の地域手当に関する級地において，これらの町村は掲げられていないのであるから，建前として独自に設定できるにせよ，特別区を1級とし，武蔵野市など10市を2級，八王子市など7市を3級，三鷹市など4市を4級，武蔵村山市を6級としている流れからするならば，仮に国家公務員の勤務地があって級地を定めようとするならば，これらの町村は6級にも入らない可能性が高いであろう（そのような趣旨で掲げられていないのかも知れない）。にもかかわらず，東京都は東京都職員の状況を勘案して前記のような定め方をしているものと思われる。もっとも，勤務地が東伊豆町，湯河原町，長野市[46]の場合に，なぜ100分の12であるのかは理解しにくいところである。なお，東京都の職員のなかには，埼玉，千葉，神奈川などの周辺地域から通勤している職員も多いと思われるが，地域手当の支給割合は勤務地に着目して定められる結果，勤務地である東京都に居住しない選択をしたことが居住地の物価水準との関係においては結果的に有利に働くことになる場合が多いといえよう。さらに，特別区の区域内であっても，地域により生活費には相当な開きがある。このあたりに，物価水準に着目するといいつつも，勤務地に着目せざるを得ない制度の限界があるといえよう。

旧手当（調整手当）に関する裁判例　　調整手当制度から地域手当制度に改められているので，直接に参考になるとはいえないが，旧制度の下における裁判例を考察することにも，ある程度意味があると思われる。一律支給方式について争われた裁判例がある。

まず，八千代市が，給与条例において，民間における賃金，物価及び生計費を考慮し，すべての職員に支給すると定め，かつ，その月額について，給

45　逆に，東京都が勤務地に着目して勤務地が檜原村等の場合は地域手当を支給しないことにしたと仮定して，そのような扱いが違法といえるかというと，それも難しいであろう。

46　長野市は，国家公務員の地域手当に関しては6級地で100分の3である。

料，管理職手当及び扶養手当の合計額に 100 分の 10 を乗じて得た額と定めていたときに，原告住民が，5％が相当であり，10％は合理性を著しく欠くとして，5％を超えて支給してはならないとする差止めを求めた事件があった。千葉地裁平成 10・10・9（判例地方自治 187 号 33 頁）は，最高裁平成 4・12・15（民集 46 巻 9 号 2753 頁）を引用して，市長は，条例の調整手当支給条項又は支給率条項が「著しく合理性を欠きそのためにこれに予算執行の見地から看過し得ない瑕疵が存するにもかかわらず本件調整手当を支給するとき」は，その行為は市長が職務上負担する財務会計法規上の義務に違反した違法なものになる，とする一般論を展開した。そして，八千代市在勤の国家公務員の調整手当が 3％，同市在勤の千葉県職員の調整手当が 5％であること，同市の経常収支比率が千葉県内で最も高いことを認定しながらも，同市が東京のベッドタウン化し同市居住の就業者の 3 分の 1 が東京 23 区への通勤者であり，そのうち官公署勤務者は 12％の調整手当を受けており，もしも同市職員が 5％の調整手当となれば，同じ市に居住しながら不均衡は無視し得ないと述べている。さらに，千葉県内で同市と同様に 10％の調整手当を支給している市が 18 市に及んでいること，埼玉県内市町村，神奈川県及び同県内全市町村が一律 10％の支給をしていることを挙げて，近隣の他市との競争に勝って優秀な職員を採用するためには，少なくともこれらの市と同一の給与条件を定めざるを得ない状況にある，としている。ここには，「労働市場における競争」が調整手当の水準設定に影響するという興味深い見解が展開されている。判決は，民主主義社会において議会の議決が最大限に尊重されるべきものであることにも言及して，10％と定める支給率条項が著しく合理性を欠くとはいえない，とした。

次に，愛知県が「職員の給与に関する条例」9 条の 2 第 1 項において，「調整手当は，民間における賃金，物価及び生計費が特に高い地域で人事委員会規則で定めるものに在勤する職員に支給する」と定めているのを受けて，同条例附則 7 項が県職員に調整手当を地域に関係なく一律に支給していたことが違法であるとして提起された住民訴訟に関して，名古屋地裁平成 17・1・27（判例タイムズ 1191 号 242 頁）は，調整手当は地域手当の性格が強いものと認められるとし，全国を勤務地とする国家公務員と異なり，地方公務員

のそれがその区域内に限定されるのが通常であるとしながらも，当該地方公共団体の区域外に勤務場所を設置することはあり得るし，都道府県のようにある程度の広がりをもつ区域を有する地方公共団体においては，その内部における地域格差の存在は十分に考えられると述べた。そして，名古屋市内は物価水準は県内の平均に比べて 4.5％高いが，民間の給与水準については県内全域でほとんど較差がなく，かえって名古屋市内よりも高水準の地区が相当数存在すること，愛知県はそれほど広くなく公共交通機関の整備状況から異動の際に転居を伴うとは限らないことから在勤の地域によって手当の額に差を設けることは必ずしも生活実態に沿うとはいえないこと，調整手当の一律支給を求める職員団体の強い要望があることなどから，一律支給を定める附則の規定は相応の合理性があることは否定できないとした。また，調整手当を廃止した場合には，民間給与との間に相当額の乖離が生ずるのであるから，調整手当の本来の性格に沿うかについては疑問がないではないものの，裁量権の濫用・逸脱とはいい難く，違法無効なものではないとした。この判断は，名古屋高裁平成 17・7・13（判例集未登載）によって維持された。この事例は，前記の神奈川県方式をどう考えるかに影響すると思われる。

超過勤務手当（時間外勤務手当）　　超過勤務手当（時間外勤務手当）は，所定の勤務時間を超過して勤務したことに対して支給される手当である。この手当の運用に関して問題とされたのは，超過勤務の実績の認定手続を経ることなく一律に支給されるものが適法といえるのか，である。

大阪地裁平成 9・1・23（判例タイムズ 970 号 173 頁）の事案において，大阪市が 30 分未満の短時間超勤のみについて週 1 時間又は月 4 時間を限度として，支給事務の効率化を図る観点から超過勤務命令簿に記載する原則的方法によることなく，命令簿に記載したものとみなして，あらかじめ給与課が支給限度額をコンピューターに入力しておき，減額の必要が生じたときに各局からの報告に基づき減額するという簡便な特例的方法を採用した。しかし，判決によれば，同制度の存続した約 10 年間において，ごく限られた例外を除き減額報告のなされたことはなかったという。判決は，この超過勤務に関する決裁は，超過勤務の有無にかかわらず職員全員に対して一律に手当を支給することを定めたものと認めるほかなく，条例において定められた給与以

外の給与の定めをしたものとして違法であり支出も違法であるとした。簡便な手続による支給方式を模索するとしても，勤務実績の認定自体を省略することは，超過勤務手当制度の趣旨に反するであろう。

　超過勤務手当の運用における最大の問題は，予算の制約により実際の勤務時間と超過勤務命令による超過勤務時間との間に乖離を生じて，サービス残業を強いられることが多いことである。しかも，その乖離の程度は部署により異なることが多い。こうした事情が不適正経理による「裏金」の捻出にもつながる一つの要因である。

　特殊勤務手当　　しばしば手当の適法性ないし合理性が問われているのは，特殊勤務手当である。

　熊本市昼窓手当事件最高裁判決　　最も有名なのは，熊本市の昼休み窓口業務を特殊勤務であるとして手当を支給したことの適否が争われた「昼窓手当事件」である。同市特殊勤務手当支給条例が13種類の手当の種類，受ける者の範囲及び額を別表方式で定めたうえ，「この条例に定めるもの以外の勤務で特別の考慮を必要とするものに対しては，市長は，臨時に手当を支給することができる」（6条1項）とし，その場合の手当の額は，「そのつど市長が定める」（6条2項）としているのを根拠に，午後零時から1時までの時間も，職員の昼休みの休憩時間を交代で繰り下げることにより窓口業務を行ない，昼休み窓口業務に従事した職員に「昼窓手当」と称する特殊勤務手当を支給したことの適否が問題になったものである。昼窓手当を支給するかどうか，その額は毎年度決定する方法がとられた。市長の職にあった者に対し損害賠償を求める住民訴訟旧4号請求に関し，最高裁平成7・4・17（民集49巻4号1119頁）は，まず，本件条例6条が法律に違反しないとした。すなわち，「どのような勤務を対象として特殊勤務手当を支給するのかは，条例において規定すべきものであって，この判断を広く普通地方公共団体の長の裁量にゆだねること」は，自治法204条の2，204条3項及び地方公務員法25条1項の許容しないところであるとしつつ，臨時に，著しく危険，不快，不健康又は困難な勤務その他著しく特殊な勤務に従事することを職員に命ずる場合に，特殊勤務手当の支給対象とされている他の勤務との対比において，支給対象としないことが不合理であると考えられるのに，条例で対象とされ

ていないことで均衡を失する事態を生ずることがあるので，条例6条は，「職員を臨時に従事させた勤務について特殊勤務手当を支給しないことが，同条例別表に掲げられた特殊勤務手当の支給の対象となる勤務との対比において不合理であると認められるような場合に，市長が応急的措置として，特殊勤務手当を支給することを許容したものと解するのが相当であって，その限りにおいて，地方自治法及び地方公務員法の前記各規定に抵触しないものということができる」というのである。条例6条は市長に白紙委任するものではなく，別表列挙の勤務との対比における均衡の観点からの限定が付されたもので，その限りで法律違反を生じていないというものである。

判決は，この条例解釈を前提にして，昼休み窓口業務は継続的，恒常的に行なわれてきたのであって，昼窓手当は，職員を臨時に従事させた職務につき応急的に支給されたものとは認め難く，また，別表に掲げられた特殊勤務対象となる勤務との対比において，特殊勤務手当の支給の対象としないことが不合理であると認められるような勤務に当たるということもできないので，昼窓手当の支出は，条例6条によって市長に許容された範囲を超えて行なわれたもので，条例に基づかない違法な支出であるというほかはないとした。

この判決は，条例の限定解釈を示したもので，その限りで賛成することができる。しかし，市長の過失を認定するにあたり述べていることには，疑問がある。昼窓手当の支給を始めるに当たり，同様の手当を支給している他の地方公共団体の調査を実施しているところ，昼休み窓口業務を特殊勤務手当の支給対象とする旨の条例の定めがあったというのであるから，その点についての調査を行なっていたならば，条例6条に基づいて手当の支給を続けることに疑義のあることは容易に知りえたものというべきであり，市長としての注意義務を怠り誤った条例の解釈に基づき漫然と手当の支給を継続した点において過失があるとしている。

まず，昼窓手当の支給の開始自体は前任市長によるものであって，本件の賠償責任を追及されている後任市長に調査可能性による注意義務を要求することは，世間の常識と乖離があるように思われる。また，この部分が，条例において特殊勤務手当の1種類として明記し，その額を掲げることにより適法に支給しうるという意味まで意図しているとするならば，法律の予定して

いない給付も条例が「特殊勤務手当」のレッテルを貼ることにより，手当限定列挙主義を容易に潜脱できることになる[47]。地方公務員法 25 条 3 項 4 号の「特別地域勤務，危険作業その他特殊な勤務に対する手当」の要件を満たさないおそれがある。もちろん，当該勤務が法律の意図する特殊勤務手当対象の勤務との関係においてグレーゾーンにあり，条例で採用するならば適法に支給しうる勤務であるといえるのであれば，この最高裁の論理を認める余地があろう。

奈良市投票事務者等手当事件　　奈良地裁平成元・3・15（行集 40 巻 3 号 164 頁）において，国会議員選挙，県知事選挙，市長選挙等の際に，市の職員を含むすべての投票管理者に報酬及び報償費を，奈良市職員である職務代理者，投票事務従事者，開票事務従事者に特殊勤務手当を，それぞれ支給したことの適否が問題とされた。判決は，特殊勤務手当の支給の対象となる勤務とは，地方公務員法 24 条 3 項，一般職の職員の給与等に関する法律 13 条に照らして，「著しく危険，不快，不健康又は困難な勤務その他著しく特殊な勤務で，給与上特別の考慮を必要とし，かつ，その特殊性を給料で考慮することが適当でないと認められるものと解すべきであり」，給与条例の規定する「通常にない勤務」も，同様に，著しく危険，不快，不健康又は困難な勤務その他の著しく特殊な勤務と解すべきであるから，規則も，このような勤務でなければ特殊勤務手当を支給することを定めることはできないとした。

そして，具体の投票事務者について，通常よりも長時間にわたりある程度の緊張感を持続することを強いられることは否定できないが，その職務内容が著しく困難又は不快とはいえず，勤務が長時間にわたることについてはむしろ時間外手当や休日勤務手当をもって対処すべきであるとした。また，投票管理者の職務代理者について，投票事務従事者よりも重要な事務に従事しているが，投票事務のうえで生起する問題についての最終的意思決定は投票管理者であること，手当の算定方法が時間外勤務手当ないし休日勤務手当のそれを前提としていることに照らすと，著しく不快又は困難な著しく特殊な

---

[47]　斉藤誠・法学教室 181 号 122 頁（平成 7 年），藤原淳一郎・判例評論 443 号 21 頁（判例時報 1546 号 167 頁）（平成 8 年）を参照。

ものということはできない，とした。開票事務従事者についても，ほぼ同様の判断をした。このような認定に基づいて特殊勤務手当の支給を違法とした。なお，投票管理者に対する報償費については，給与の性質を有するもので，何ら法律，条例の根拠なく支給している点において自治法204条の2に違反し違法であるとした。他方，報酬については，報酬条例に基づくもので適法であるとした。この判決について控訴がなされ，大阪高裁平成2・5・31（行集41巻5号1094頁）は，国会議員選挙については国庫の負担により市に損害が生じていないことを理由に請求を棄却した。

　この判決について論評を加えることは難しい。投票事務に従事する者が強いられる緊張感の持続をもって，「特殊」というべきか否かという微妙な事柄である。日常の業務内容とも異なることを考慮するならば，敢えて違法とするまでのことはないように思われるが，いかがであろうか。

　条例の定める特殊勤務手当の要件との関係　　条例の定める各種特殊勤務手当の要件を満たしているかどうかが争われることがある。大阪地裁平成12・8・10（判例地方自治211号44頁）は，条例の定める滞納徴収手当について，個々の職員ごとの滞納繰越徴収額の実績を把握し，これを基に手当の金額を算出することを予定しているとし，税務課全体の滞納繰越徴収額の6分の1を各職員の徴収額として支給したことは条例に基づかない支出であり，自治法204条の2に違反するとした。条例の規定を確認することができないので，断定的にはいえないが，仮に，単に滞納徴収手当として滞納繰越徴収額の一定割合（1000分の3）を支給する旨の規定の場合に，チームで滞納徴収事務を処理することも多いことを考えると，6人の職員が従事しているときに，6分の1にする方法を直ちに違法とすることには躊躇を覚える[48]。仮に違法であるとしても，この程度の瑕疵のみを理由に，町長個人に同手当全額の損害賠償責任を負わせることには賛成できない[49]。さらに，同判決は，清掃現場業務手当に関して，当該年度において，清掃課職員の作業は，「ご

---

[48] 判決は，筆者のような主張に対して，6名がすべての事案に携わっていたと認めることはできず，地区ごとに担当者が決められていた事実が認められるとして，排斥している。滞納処分のようなものではなく，単に分担を決めて滞納者に納付を説得する業務であるとすれば，それは，特殊な勤務とはいえない。

み査定」(臨時の依頼により収集したごみについての分別の確認と収集量の確認),「ごみ処理」(委託業者の収集後に残ったごみや,集団清掃により排出されたごみを収集し,処理する作業),「苦情ごみ処理」(住民からの苦情により不法に投棄されたごみを収集し処理する作業)に限定され,いずれも臨時に発生したごみを処理する作業又はそれに密接に関連する作業であり,条例の想定する分別収集作業それ自体ではなかったとして,手当の対象となる勤務を行なっていたとは認められず,違法な公金の支出であるとした[50]。この部分の判断も,やや厳格すぎるように感じられる。

地方公共団体のなかには,条例においては,特殊勤務手当の基本的要件を定めて,個別の手当の種類等を規則に委任しているものが多い。その場合に,そもそも委任が許されるかという問題がある。

東京地裁平成13・6・14(判例集未登載)は,条例が「特殊勤務手当は,著しく困難な勤務その他著しく特殊な勤務で,給与上特別の考慮を必要とし,かつ,勤務の特殊性を給料で考慮することが適当でないと認められるものに従事する職員には,その勤務の特殊性に応じて特殊勤務手当を支給する」と定め,「特殊勤務手当の種類,支給される職員の範囲,支給額その他,特殊勤務手当の支給に関し必要な事項は,別に規則で定める」としていた場合について,特殊勤務手当に関する基本的事項についての定めを無条件に規則に委ねており,これらを決定する手がかりとなる定めもないと述べて,給与等条例主義の趣旨に反し,自治法204条3項,204条の2,292条,地方公務員法24条6項,25条1項に違反するもので無効といわざるを得ないとした。この事案において,条例が改正され,改正後は条例に特殊勤務手当の種類等を掲げるとともに,改正条例の施行日前に支給された特殊勤務手当のうち改正後の条例で定められている特殊勤務手当と同種のものは,改正後の条例に

---

49 被告らが職員ごとの滞納繰越徴収額を明らかにして条例に従った滞納徴収手当の額を主張立証しない以上,支給した金額の合計額に相当する額が町の損害額であるとした。手当の額が徴収額に比例する点の合理性の問題が別にあろう。

50 判決は,用地取得業務従事手当についても,現地において直接所有者等と交渉する業務を行なった者に対して支給される手当であるのに,交渉業務を行なったと認められず,違法な公金の支出であるとした。

基づいて支給したものとみなすこととされていた。同判決は，この改正条例による瑕疵の治癒を認めつつも，同種の手当であるかどうかを精査する手法を採用し，一部について同種の手当とはいえないので治癒されず違法であるとした[51]。

　この判決は，さらに，条例に定められている個別の特殊勤務手当について，条例が定める特殊勤務手当の3要件（①「著しく困難な勤務その他著しく特殊な勤務」，②「給与上特別の考慮を必要」とする，③「勤務の特殊性を給料で考慮することが適当でないと認められるもの」）を満たしているかどうかを審査する方法を採用した。たとえ条例に定めがあるとしても，3要件を満たさない特殊勤務手当の支給は違法であるという考え方である。実際に，競艇場ではなく本部事務所に勤務する者にも競艇の開催手当を支給することは違法であるとした。これに対して，控訴審の東京高裁平成13・11・6（判例集未登載）は，同じく3要件を満たす必要性を認めつつも，次のように述べて，裁量を重視する考え方を示した。

　　「特殊勤務手当の対象をどのようなものとするかは，各地方公共団体の実情に応じてそれぞれの議会の合理的な裁量判断にゆだねられていると解されるから，上記の要件を満たすか否かは，議会の判断が事実の基礎を欠き，又は社会通念上著しく妥当を欠いて，与えられた裁量権を逸脱，濫用したと認められる場合において，はじめて違法と判断されるべきものであって，たとえ妥当を欠くと解されるとしても，上記の程度に至らない場合には，その判断につき議会において当不当が論じられ，改廃の論議の対象となることはあっても，それは民主主義の過程を通じて是正されるべきものであって，当該条例が法律に反することを理由に当然に無効とされるべきものではないと解すべきである。」

　筆者としては，この控訴審判決に賛成したい。同判決は，本部事務所勤務者も，非常事態に常に備えるという相応の緊張感を伴うことなどから，給与上特別の考慮を必要とする旨の議会の判断が合理性に欠けると断ずることは

---

[51] 競艇の開催日の手当は「開催日手当」と同種であるが，前検日の勤務に対して支給されたものは，「開催日手当」と同種の手当とはいえないとした。

できないとした。

次に，規則の定める手当が条例の想定する要件を充足する勤務実態であるかどうかが問題とされることがある。税務事務特別手当について，東京地裁平成10・12・18（判例地方自治192号70頁）は，次のように述べて条例の定める「著しく危険，不快，不健康又は困難な勤務で，給与上特別の考慮を必要とし，かつ，その特殊性を給料で考慮することが相当でないものに従事する職員には，その勤務の特殊性に応じて特殊勤務手当を支給する」の要件を満たすとした。

> 地方税の賦課，徴収等は，「いずれも，法律，条例等により定められた厳格な手続，要件に従って広範な納税義務者に対して税負担を求め，最終的には納税義務者の財産から一方的かつ強制的にこれを徴収することにより地方公共団体の財政の基盤を確保しようとする点において，税負担の発生要件，その金額あるいは納付方法についての住民の疑問，不満が当然に予測されるのであって，これに対しては，窓口での受付又は調査に際して，各事案に応じた的確かつ適正な応答，教示を適時に行うことが必要となるのであり，納税義務者が広範であり，適用すべき法令が極めて専門性の高いものであることを考えると，地方税の賦課，徴収等に係る事務に従事する者は，税に関する法律，条例等に関する知識を涵養し，課税，徴税という一連の手続を理解した上で，慎重に事務を遂行しなければならないものというべきであり，この点において，特別区税の賦課，徴収の事務は，旧給与条例13条1項が規定する著しく特殊な勤務に該当するものであるということができる。」

同じく，東京地裁平成11・12・24（判例集未登載）は，規則において定められていた税務事務特別手当，滞納整理事務特別手当の対象とする勤務が条例の定める「著しく特殊な勤務で，給与上特別の考慮を必要」とするもの，「特殊性を給料で考慮することが適当でないと認められる」ものに該当し，具体的支給対象とされた職員がそれに当たるとした。

しかし，滞納整理の執行事務についてはともかく，それ以外の滞納整理事務及び一般の税務事務について特殊勤務手当支給の合理性を認めることはできないように思われる。

なお，消防職給料表の適用を受ける隔日勤務の消防吏員に対して特殊勤務手当条例の勤務手当を支給したことについて，同手当の考慮しようとする勤務時間の特殊性は，前記給料表において考慮されているとして，違法とした裁判例がある（福岡地裁昭和56・2・24 行集32巻2号253頁，その控訴審・福岡高裁昭和59・9・26 行集35巻9号1403頁）。この判断は正当といえよう。

管理職手当との併給の可否　　特殊なケースかも知れないが，横浜市が，一般職員全員に個別の超過勤務時間を認定することなく一律に1万6,000円の超過勤務手当を支給するのに併せて，管理職員について管理職手当が他市に比して低額であることを理由に，特殊勤務手当規則に基づき人事委員会に対して，在職期間に応じた支給額とし，支給理由を管理職員の事務が複雑多岐にわたり，かつ，専門化の傾向にあるため事務の迅速な処理を行なうには正規の時間外にも勤務しなければならない実情にあるとする上申をして，その承認を得て，特別業務手当を支給したことの適否が争われた事件がある。

横浜地裁昭和58・6・29（行集34巻6号1116頁）は，局長職にある者を被告として提起された不当利得返還請求住民訴訟の事案である。被告らは，給料月額の100分の20の割合の管理職手当の支給を受けていた。判決は，特別業務手当の支給が，被告らの勤務がしばしば正規の勤務時間外，特に深夜に及ぶことに鑑み，深夜に及ぶ業務の特殊性を重視したものであるという認定に基づいて，管理職手当に加えて，前記の特別業務手当の支給を受けられるかどうかを問題にした。判決は，同市の管理職手当は，給与条例の規定によれば，「管理または監督の地位にある職員」に対して「その職の特殊性に基き」支給されるもので，同手当の趣旨は，職務内容の特殊性（部下職員を指揮監督することにより担当業務の運営，管理を行なう等の職務に困難性及び高度の責任が伴うこと）及び勤務形態の特殊性（しばしば正規の勤務時間外に勤務することがあり，その実績を時間で計測することが不適当であること）に着目して支給される手当であると解されるとし，管理職手当を支給される者は，超過勤務手当（深夜勤務割増手当を含む），休日給，夜勤手当を一切支給されないとされていることに鑑み，「被告らが仮に正規の勤務時間外において勤務したとしても，その勤務に対する手当は管理職手当ですべて考慮されていると解すべきであり，被告らの従事する勤務が正規の勤務時間外，たとえそれ

が深夜に及ぶものであっても，それにつき特殊勤務手当を支給することは管理職手当と重複する結果となり，許されないと解するのが相当である」と述べた。なお，判決は，「特殊勤務手当は個々の職員の具体的な勤務の実績を個別に的確に把握することが，手続上不可欠の条件である」として，一律支給方式で勤務実績を何ら調査把握していない点に手続上重大な瑕疵があり無効であるとした。

　控訴審の東京高裁昭和59・12・24（行集35巻12号2320頁）も，「通常の深夜の時間外勤務につき，市長の裁量により人事委員会の承認を受けて特殊勤務手当に属する特別業務手当を支給することは，その相手方が超過勤務手当の支給対象者である場合はもちろんのこと，超過勤務手当の支給対象者でない管理職である場合であっても」，給与条例及び特殊勤務手当規則の許容していないもので，条例上の根拠を欠く違法な公金の支出であるとした。そして，一律支給決定は市長に裁量権のないことの明白な事項についてなされたもので無効であるとした。

　この結論は，もっともといえよう。管理職にある者の勤務が深夜に及ぶことが多いという実情に配慮する必要があるというのであれば，なぜ管理職手当の増額措置によらなかったのであろうか。特殊勤務手当が直接に住民に見えない追加支給であることに目をつけたものとすれば，そのような姿勢こそが問題である。なお，1審判決が「個々の職員の具体的な勤務の実績を個別に的確に把握すること」をもって特殊勤務手当支給の手続要件としている点については，管理職に対する特別業務手当の適法性のための要件に限定するならばよいが，特殊勤務手当一般に妥当する手続要件であるとするならば正当ではない。たとえば，勤務時間中の全時間について著しく不快な業務を続行していなくても，おおむねそのような状態と認められるならば著しく不快を理由とする特殊勤務手当を満額支給してよいであろう。

　地方公営企業職員の場合　　地方公営企業職員の特殊勤務手当は，やや異なっているようである。東京地裁平成10・6・29（判例地方自治188号35頁）は，東京都水道局及び同下水道局の職員の特殊勤務手当を扱った事件である。都の「公営企業職員の給与の種類及び基準に関する条例」（給与基準条例）において，特殊勤務手当は，「特殊な勤務で業務能率昂揚のため給与上特別の

考慮を必要とし，且つ，その特殊性を給料で考慮することが適当でないものに従事した職員に対して」支給すると定められ，それぞれの特殊勤務手当規程において，特殊勤務手当を支給する場合として，①身体，生命に危険を及ぼし又は健康に有害のおそれのあるものと認められる勤務に従事したとき，②過度の疲労又は不快を伴う勤務に従事したとき，及び，③事務又は業務の能率の維持，向上のため特に必要と認められる勤務に従事したときの三つの場合が掲げられていた。このうち，③の場合に支給する手当（業務手当）の適法性が問題とされた。判決は，業務内容につき業務能率昂揚を考慮する必要があるとしても，業務手当が，さまざまな職務に服する企業職員の本来の勤務そのものを支給対象とする点で，特殊な勤務に対するものといえるか疑問なしとしないと述べつつも，次のような議論を展開した。

「普通地方公共団体が地方公営企業に委ねられた事務を地方公営企業の経営によることなく常勤の職員をして実施させたときには，当該事務を特殊な勤務ということが可能であること，地方公営企業は普通地方公共団体の事務のうちから分化されたいわば現業に属する特定の事務の実施を担当することからすれば，特定の地方公営企業の業務そのものを特殊と評価し得る場合もあるというべきである。そして，地方公営企業の業務の運営が公共性に加えて経済性を発揮すべきものとされ，原則として，独立の採算の下に経営されるものであること，企業職員に対する給与についても，給与基準条例においては，それぞれの業務内容を異にする地方公営企業に共通する給与の種類及び基準を定めるに止め，その具体的内容は管理者の決定及び最終的には各地方公営企業の労働関係に委ねられていることを考慮すると，給与基準条例6条が規定する特殊な勤務とは，当該地方公営企業の企業職員の勤務内容を基準として著しく危険，不快，不健康又は困難な勤務等を含むとともに，普通地方公共団体の常勤職員の勤務内容又は他の公営企業における勤務内容と対比した場合の当該地方公営企業の業務に一般的な勤務形態の労働過重性，困難性等を排除するものではないと解することも可能であるというべきである。」

以上のように述べて，水道局職員について，「一定規模以上の災害時に，

緊急に参集し，通常と異なる勤務を行うことが予定されており，職員の職種，職責を問わず通常服している業務の所管を超えた知識，技術の習得が不可欠であるとされており，これに加えて所属部署ごとに専門的知識の習得，事故時の対応に常に備えるべきこと及び時に危険な作業に従事することが求められるという勤務の特殊性が認められ，そのような特殊性を有する勤務を行う職員に対し，業務能率昂揚を図る必要性も認められる」とした。下水道局職員についても，さまざまな特殊性を挙げて給与基準条例6条に違反しないとした。水道局職員について判決が述べるところは，災害時を想定している点において，やや大げさであって，むしろ，水道局職員が，365日24時間体制がとられ，職種や事務系等の区別を超えた勤務を強いられ，総合的な知識を必要とされ，業務能率昂揚を図る必要があるなど水道事業自体が業務遂行上の労働過重性や困難性等を内包していると述べる高松地裁平成11・7・19（判例集未登載）程度の説明の方が自然であろう[52]。

職務遂行上必要な物品の現物給付等　職務の遂行上必要な物品を職員に対し給付することは合理的なことであって，「手当」の範囲外である。しかしながら，職務遂行上必要であるという名目のみではなく，実質的に必要でなければならない。たとえば，職員に汎用性の背広を給付すること（本章4［3］を参照）は，職務遂行上必要な物品の給付ではない。職務遂行に必要な学会参加費負担などは，一般に手当に該当しない（県立病院医師の医師会費負担を適法とした例として，高知地裁平成15・3・18判例集未登載）。

期末手当　期末手当は，沿革的には，生計費が一時的に増大する盆と暮を中心に，その生計費を補充するために支給される手当であり，勤務成績に応じて支給される勤勉手当とは性質が異なるとされる。平成9年に自治法204条2項に「期末特別手当」が追加された。この手当は，従来，国家公務

---

[52]　判決によれば，高松市の水道事業管理者は，企業職員の給料が退職共済年金や退職金の算定基準になるため，地方公営企業の財政の負担を考慮して，企業職員手当を特殊勤務手当と位置づけているとされている。判決は，この事情をもって「給料で考慮することが適当でない」場合に該当するとし，企業職員手当が全支給対象者に対して一律に給料月額の100分の8の割合で支給するとされていることは能率給の原則からみて決して好ましいことではないものの，能率給の原則を定める地方公営企業法38条2項に違反するとまでは解されない，と述べている。

員の一般職の指定職職員について，その地位・職責から勤務成績に基づいて支給する勤勉手当を支給しない制度であったところ，勤務成績不良の指定職職員に期末手当を減額できるように，期末手当に代えて設けられたものとされる。岡山地裁平成18・6・13（判例集未登載）は，このような理解に基づいて，期末手当は勤務の状況に応じた増減を予定していないと述べている。そして，自治法204条2項は，特別職の地方公務員である地方公営企業（病院事業）の管理者について，「期末手当」その他の手当として，成功報酬（勤務時間や勤務実態に基づかずに結果として決算上の収支改善があればその結果そのものについて支払う意味の報酬）の支払を是認しているものとは解しがたいとし，問題の「加算金」は，決算における収支改善額に100分の20を乗じて算出するものであるから，実質は収支改善結果に対する成功報酬であると解され，期末手当に当たらず，また別に「勤勉手当」の支給を受けているので同手当でもないと解されるので，法律に基づかない支給であるから自治法204条2項及び204条の2に違反するとした。加算金の支払は無効であるとして，不当利得として返還請求を認容するとともに差止請求も認容した。

控訴審の広島高裁岡山支部平成19・2・22（判例集未登載）も，成功報酬の性質を有するものであって，自治法204条2項の定める期末手当の範疇の外にあり，加算金の規定は違法無効であるとした。形式的にみると，この判断にならざるを得ないが，実質的には勤勉手当の上乗せと解する余地もある。病院事業の管理者に収支改善努力のインセンティブを与えるものでありながら，支給形式の誤りの故に違法とされたことは残念である。

退職手当　退職手当については後述する。

定年延長等と給与の支給　地方公務員についても昭和56年の地方公務員法改正により定年制が導入され，昭和60年3月31日から実施された。定年に達した日以後における最初の3月31日までの間において，条例で定める日（定年退職日）に退職するものとされ（地方公務員法28条の2第1項），その定年は，国の職員につき定められている定年を基準として条例で定めることとされている（第2項）。ただし，「地方公共団体における当該職員に関しその職務と責任に特殊性があること又は欠員の補充が困難であることにより国の職員につき定められている定年を基準として定めることが実情に即さ

いと認められるときは、当該職員については、条例で別の定めをすることができる」（第3項）。その場合は、「職」を特定して別の定年年齢を定める方式が採られる。

これと別に、定年に達した職員が退職すべきこととなる場合において、「その職員の職務の特殊性又はその職員の職務の遂行上の特別の事情からみてその退職により公務の運営に著しい支障が生ずると認められる十分な理由があるときは」条例で定めるところにより、定年退職日の翌日から1年を超えない範囲内で期限を定め引き続き勤務させることができる（28条の3第1項）。この場合に、さらに、1年を超えない範囲内で期限を延長することができるが（勤務期限の延長）、定年退職日の翌日から起算して3年を超えることはできない。これは、「公務上の必要に基づく定年の延長」と呼ばれ、「職」ではなく、個々の職員についての例外を許容するものである[53]。条文に示されているように、「その職員の職務の特殊性」又は「その職員の職務の遂行上の特別の事情」から見て、退職により「公務の運営に著しい支障が生ずると認められる十分な理由」が必要とされ、これは、「余人をもって替え難い能力ないし特別の事情」があることを意味するとされている[54]。この要件を満たすかどうかの判断について、任命権者の裁量を広く認めるのか、定年の例外としての「公務の運営に著しい支障が生ずると認められる十分な理由」という文言に着目するかが問題になるが、「何人も納得する明白な理由」の存在を求める見解が示されている[55]。定年延長の手続については条例で定めなければならない。

勤務期限の延長（勤務延長）が違法であることを理由に、その給与の支出が違法であると主張された事件がある。大阪地裁平成12・4・28（判例集未登載）は、勤務延長につき、定年制が個々の職員の事情いかんにかかわらず

---

[53] 橋本・逐条地方公務員法529頁。
[54] 橋本・逐条地方公務員法530頁。同書は、「その職員の職務の特殊性」の例として、へき地勤務の医師の定年を延長する場合を、「その職員の職務の遂行上の特別の事情」の例として、特殊な分野の専門的な研究に従事する職員の定年延長、特定の研究やプロジェクトが間もなく完成する場合における優れた能力により芸術・芸能に従事する職員を掲げている。

画一的な退職年齢を定め計画的な人事管理を行おうとするものであることからすると，任命権者の裁量も厳格に覊束されたものと解されるとし，保育所用務員，小学校給食調理員に対する勤務延長は，いずれも条例の定める要件を欠き違法であるとした。これらのうち，小学校給食調理員については，教育長が任命処分をしたもので，庶務担当課長の財務会計法規上の義務に違反した違法はないとしたが，そのうちの1名について再延長がなされ，再延長には市長が承認手続で関与していることを理由として財務会計法規上も違法とした（損害額の算定に当たっては臨時職員を充てた場合の賃金・報酬額を控除して算定している）。控訴審の大阪高裁平成13・6・28（判例集未登載）も，ほぼ同様の判断をした。奈良地裁平成15・5・21（判例地方自治253号46頁）も，小学校調理員等についてほぼ同趣旨の判断をした。勤務期限の延長を違法とする判断には賛成できるが，このような損害賠償責任に結びつけることまで地方公務員法が想定しているようには思われないが，いかがなものであろうか。

---

55 橋本・逐条地方公務員法530頁。大阪地裁平成15・12・11判例集未登載は，福祉サービスを行なう公社に派遣してきた看護士及びホームヘルパーについて市職員を退職後に公社が採用することが可能であるとし，スポーツ施設の管理をする公社に派遣してきた職員についても同じ判断をし，図書館勤務職員について，その業務内容が一定の知識・技能・経験等が必要なものではあるがその習得が極めて困難なものとは認められず他の職員によって代替が不可能ということはできないとし，校務員として定年を迎えた職員につき補充が十分可能であり一定の経験や能力が必要ではあっても習得が困難なものとは認められず他の職員による代替が不可能ということはできないとし，いずれも要件を満たさず違法であるとした。これらのうち，退職手当の支出命令の原因行為である違法な勤務延長の取消し等の権限を有するにもかかわらず，これをすることなく自ら支出命令をしたもの及び補助職員に支出命令を専決させたものについて，市長の職にあった者の損害賠償責任を肯定した。また，教育委員会から委任を受けて勤務延長等の権限を有していた教育長が，同時に支出命令等の権限につき市長から委任を受けた教育委員会からさらに委任を受けていたという事情の下において，勤務延長等を取り消すことなく退職手当等の支出命令をしたとして損害賠償責任を肯定した（教育委員会委員長は加担していないとして否定）。損害額の算定方法が興味深いが，紹介を省略する。

[3]　地方公共団体の委員等の報酬

委員等の報酬の決め方　委員等の報酬に関しては，報酬支払義務があり（自治法 203 条 1 項），その額及び支給方法は条例で定めなければならない（同条 5 項）。そして，報酬は，勤務日数に応じて支給する原則であるが，条例で特別の定めをした場合は，この限りでない（同条 2 項）。勤務日数に応ずる定め方（その場合は日額である）以外の場合について，検討しよう。

まず，時間単位の報酬を決めることができるかという問題がある。委員等の勤務には，勤務場所への出勤の意味においては，1 日の全日を要する場合もあろうし，2 時間程度で済む場合もあろう。そのような勤務時間の変動を生じやすい場合は，時間単位の報酬額を定めることも合理的である。

しかし，委員等の職務には，いつ問題が提起されても対応しなければならないことも少なくない。いわば常時，職務に関して潜在的待機状態に置かれているとするならば，役所に出向く意味の勤務のみに着目することなく，月額報酬とすることにも十分な合理性があるというべきである。ことに，最近は，ファックス及び e メールの普及により，事務局から頻繁に事前相談や確認を受けることが増えており，在宅による潜在的待機状態ないし準備の業務が強まっている委員等も少なくない。こうした状況に鑑みると，月額報酬に日額報酬を加算する併用方式なども検討に値すると思われる。

監査委員について月額報酬方式の適法性が争われた住民訴訟の事件として，大阪地裁平成 18・7・7（判例タイムズ 1247 号 186 頁）がある。一部事務組合の監査委員について条例により月額の報酬が定められていたが，原告は，この報酬条例は少なくとも月 1 回の例月出納検査があるという監査業務の実態があることを前提に月額の定めを採用したものであるのに，監査委員は自治法に基づく監査委員条例の規定に違反して，例月出納検査や定期監査を一部怠っているとして監査委員の不当利得であるとして返還を求めた住民訴訟である。判決は，まず，監査委員の職務の内容，職務上の義務及び地位等に鑑みると，非常勤の監査委員についても，その報酬を勤務日数に応じて支給するものとせず，その職務及び責任に対する対価として，常勤の委員と同様に月額ないし年額をもって支給するものとすることは，不合理ということはできないとした。

この判決のポイントは，監査委員の職務の内容，職務上の義務及び地位は，常勤の監査委員と非常勤の監査委員とにおいて法令上異なるところがないという認識にある。そして，この事件の一部事務組合にあっては，毎月ないし毎会計年度これを行なうことが法令により規定されている職務を除いて，その余の職務を遂行することが必要となる事態はさほど多くないものといえるが，この一部事務組合の監査委員の職務の内容，職務上の義務及び地位は普通地方公共団体の監査委員のそれと法令上何ら異なるところがないこと，条例の定める報酬月額（識見委員月額1万円，議会選出委員4,000円）などに鑑みると月額報酬を定める条例の規定は自治法203条2項の趣旨に反するということはできないとした。そして，監査委員が自治法及び監査委員条例の規定に違反して2か月分ないし5か月分をまとめて自治法の規定による例月出納検査を行なっていたほか，平成9年度から13年度にかけて定期監査を怠っていたことが認められるものの，決算等の審査は毎会計年度行なっていたことなどから，該当の期間において監査委員が実質的にみて法令により規定された職務及び責任を全く果たしていなかったとまで評価することはできないので，不当利得を構成するものではないと判示した（この判決については，本章本節［2］をも参照）。月額報酬方式が違法になるものでないことは，いうまでもない。

　勤務実態との関係　　勤務実態がないのに報酬が支払われることは原則として想定されていない。たとえば，岡山地裁平成14・6・26（判例地方自治241号55頁）は，町の特定地区の住民が設置した焼却場対策委員会の委員に対して地区立会賃金の名目で公金を支出した場合について，委員会は，地区住民の総会に代わるもので地区住民の代表者機関（迷惑施設の設置場所の当事者の代表者機関）であったとし，町と独立し，むしろ対立する立場にあったこと，町が委員会を支配していたとか委員会が町の諮問機関であったわけでもなく，会議は委員が独自に日時を決めていたことなどを認定して，「賃金」は，委員会の活動自体に対しての支払いであって，報償金には当たらないとした。そして，法律上の根拠のない違法なものであるとした。この事例は，町が事実を隠蔽して「委員に対する賃金」であると主張したために賃金に該当せず違法とされたのであるが，反対する者があっても，委員会が次第に意

見を集約してくれることを期待して，実態は同じであっても，最初から「委員会の活動に対する補助金」として交付した場合には適法とする余地もあったと推測される。

附属機関条例設置主義との関係　自治法138条の4第3項は，普通地方公共団体の執行機関の附属機関につき「法律又は条例」の定めるところにより設置できる旨を規定している。附属機関の内容について，同項は，「自治紛争処理委員，審査会，審議会，調査会その他の調停，審査，諮問又は調査のための機関」としている。自治法202条の3第1項も，重ねて「法律若しくはこれに基く政令又は条例の定めるところにより，その担任する事項について調停，審査，審議又は調査等を行う機関」としている。そして，自治法203条は，これらの規定を受けて，これらの機関の委員その他の構成員に対し報酬を支給しなければならないとし（1項），職務を行なうために要する費用の弁償を受けることができるとし（3項），かつ，報酬，費用弁償の額及び支給方法は条例で定めなければならないとしている（5項）。

　ところで，地方公共団体は，しばしば条例設置主義に反して，条例によらないで，要綱等により審査，審議又は調査等を行なう機関を設置することがある。そのような機関の委員等に報酬の支払又は費用弁償をしたことが違法であるとして，支出決定や支出命令をした長等に対する損害賠償請求又は支払を受けた委員等に対する不当利得返還請求を認容する裁判例が散見される。

　執行機関である市長が市会の議員すべてを構成員（審議員）とする諮問機関として設けた市政調査会の審議員に対する費用弁償のうちの調査活動分について市長に損害賠償を命じた事例（名古屋地裁平成10・10・30判例集未登載），まちづくり委員会の委員に対する報酬，費用弁償及び特別旅費の公金支出につき町長に損害賠償を命じた事例（福岡地裁平成14・9・24判例集未登載（平成13年（行ウ）第25号事件）），教育施設適正化審議会，商工観光振興審議会及び農業振興審議会の委員に対する報酬及び費用弁償の公金支出につき，町長に損害賠償を命じた事例（福岡地裁平成14・9・24判例集未登載（平成13年（行ウ）第42号事件））がある。これに対して，さいたま地裁平成14・1・30（判例集未登載）は，情報公開懇話会委員に対する報償費等の支出が違法な公金の支出であるとしつつ，条例に基づき適法に設置されていたと

仮定した場合の報酬等の額は本件報償費等の額と同額であったと推認されるので損害はないとした。

これらの裁判例をみて，損害賠償を命じたものには疑問がある。条例設置主義違反の附属機関であるということが，そのような附属機関の委員等に報酬等を支給すべきではないことに直結するものではないから，原則として，長等の損害賠償責任を肯定すべきものではないと考える。委員等の不当利得にもならないというべきである[56]。

3　退職手当等

[１]　国家公務員の退職手当

国家公務員の退職手当　　国家公務員（定年退職者再任用者等を含む）及び特定独立行政法人職員の退職手当は，国家公務員退職手当法の定めるところにより支給される。退職手当は，基本額と調整額とからなっている。

退職者の退職手当の基本額については，すでに述べたが（本章２［１］），便宜のために再度掲げておこう。

退職の日における俸給月額に，勤続期間を次のように区分してそれぞれの割合を乗じて得た額の合計額とされる（３条１項）。

［勤続期間の区分］	［１年につき］
１年以上10年以下の期間	100分の100
11年以上15年以下の期間	100分の110
16年以上20年以下の期間	100分の160
21年以上25年以下の期間	100分の200
26年以上30年以下の期間	100分の160
31年以上の期間	100分の120

これにより，勤続期間が長くなるほど割合が増大するが，21年以上25年以下の期間で最高に達した後，それを超えると減少に転ずることがわかる。

---

[56]　これらの問題については，碓井光明「地方公共団体の附属機関に関する若干の考察」自治研究82巻11号53頁，82巻12号22頁（平成18年）を参照。

これは，年功の過度な重視の仕組みを改めて，支給率カーブのフラット化を図ったものとされている[57]。

負傷若しくは病気又は死亡によらずに自己都合により退職した者で，次の勤続期間に該当する場合は，前記の割合に次の割合を乗じた額とされる（3条2項）。19年以下の自己都合退職者の基本額が減額されることを意味する。

  1年以上10年以下の者　　　100分の60
  11年以上15年以下の者　　 100分の80
  16年以上19年以下の者　　 100分の90

11年以上25年未満勤続後の定年退職者等（4条），整理退職等（5条），定年前早期退職者（5条の3）については，それぞれ割増しがある。

刑事事件等と退職手当との関係　職員が在職中に禁錮以上の刑に処せられた場合は，欠格条項（国家公務員法38条2号，地方公務員法16条2号）該当として失職する（国家公務員法76条，地方公務員法28条4項）。この失職の場合は，一般の退職手当が全く支給されないこととされている（8条1項2号）。地方公共団体の条例も同趣旨を定めている（たとえば，東京都「職員の退職手当に関する条例」11条2号）。また，この制度とのバランスから，退職者が在職期間中の行為に係る刑事事件により有罪とされたときの扱いについて，国家公務員退職手当法は，返納の規定を置いている。すなわち，退職手当等の支給をした後に，基礎在職期間中の行為に係る刑事事件に関し禁錮以上の刑に処せられたときは，その支給をした一般の退職手当等の全部又は一部を返納させることができるとしている（12条の3第1項）。地方公共団体も，後述するように，旧自治省の指導を受けて同種の規定を設けていることが多い。このような規定における問題点は，「できる」規定によって大幅な裁量が認められていることである。このような規定方式を採用したのは，退職手当支給後相当の年月が経過して，退職手当を基礎に家族の生活が築かれている場合がありうることに鑑みたものとされる[58]。いずれにせよ，運用基準を明確にしておく必要がある。なお，まだ支給されていない場合の支給の一時差止

57　退職手当制度研究会編・退職手当法詳解26頁以下。
58　退職手当制度研究会編・退職手当法詳解353頁。

め（国家公務員退職手当法12条の2）の制度もある。

なお，在職中の非違行為であっても，刑事事件に発展しない不祥事や刑事事件になっても禁錮刑未満の場合には，返納を求められないことが問題視され，政府は返納の強化に向けた検討を開始している（地方公務員の場合について，本書210頁を参照）。要件を明確に定めて裁量の範囲を限定し，非違行為の重大性と返納との間に比例関係を保たなければならないであろう。

勤続期間の計算　退職手当の算定の基礎となる勤続期間の計算は，「職員としての引き続いた在職期間」である（7条1項）。「引き続いた在職期間」の用語は，やや難解な表現であるが，「引き続いて職員としての身分を保有している期間」である[59]。この職員としての引き続いた在職期間には，地方公務員が機構の改廃，施設の移譲その他の事由によって引き続いて職員となったときにおけるその者の地方公務員としての引き続いた在職期間を含むものとされている（7条5項）。以上の規定により国は地方公務員としての在職期間をそのまま通算するのに対して，地方公共団体等は，職員としての在職期間を通算するかどうかを任意に定めることができる建前である。この建前を裏付ける規定が退職手当法13条である。職員が，機構の改革，施設の移譲その他の事由によって，引き続いて地方公務員となり，地方公共団体又は特定地方独立行政法人に就職した場合において，その者の職員としての勤続期間が当該地方公共団体の退職手当に関する規定又は当該特定地方独立行政法人の退職手当の支給の基準により，その者の地方公務員としての勤続期間に通算されることに定められているときは，退職手当法による退職手当は支給しないこととされている。このように，法律上は地方公共団体等が国家公務員としての在職期間を通算する規定を設けるかどうかは任意の建前であるが，「職員の退職手当に関する条例案」（昭和28・9・10自丙行発第49号）に従い，後述のように，ほとんどの地方公共団体が通算規定を設けている[60]。

ところで，このような通算の場合における国と地方公共団体等との間の費用分担について，法律上も予算上も特別の措置は講じられていないという[61]。

59　退職手当制度研究会編・退職手当法詳解 182頁。
60　退職手当制度研究会編・退職手当法詳解 190頁。
61　退職手当制度研究会編・退職手当法詳解 189頁。

国の職員が地方公務員等となって，地方公務員等として退職する事例の方が逆よりも多いとするならば，地方公共団体等が退職手当の財源負担のしわ寄せを被っていることになる。

最高裁判所裁判官の退職手当の特例　最高裁判所裁判官退職手当特例法が制定されている。退職の日におけるその者の報酬月額に，その者の勤続期間1年につき100分の240を乗じて得た額とされている（2条1項）。この割合は，平成17年改正によるものであって，同改正前は，勤続期間1年につき100分の650とされていた。大きな改正がなされたといえる。

［2］　地方公務員の退職手当

地方公務員の退職手当　「時間外勤務，夜間勤務及び休日勤務に対する給与」（地方公務員法25条3項3号），「特別地域勤務，危険作業その他特殊な勤務に対する手当及び扶養親族を有する職員に対する手当」（4号）が地方公務員法上予定されている「給与」であるのに対して，地方公務員の退職手当は，地方公務員法に明示されているものではない。地方公務員法が明示していない理由は明らかではない。しかし，自治法は，204条2項において，諸手当を列挙したうえ，205条において，204条1項の職員は，退職年金又は退職一時金を受けることができるとしている。この退職一時金が退職手当である。なお，この規定の反対解釈として，203条に掲げる議会の議員，委員，非常勤職員（短時間勤務職員を除く。）に対して退職手当を支給することはできない。

市町村の職員の退職手当の支給に関する事務を共同処理するために一部事務組合としての退職手当組合が設立されていることが多い。また，複数の事務を共同処理する総合事務組合の事務の一事務として掲げられている場合もある（たとえば，長野県市町村総合事務組合，千葉県市町村総合事務組合）。組合を構成する市町村の職員の退職手当について組合の条例で共通に定め，構成市町村は負担金を拠出する方式が採用されている。市町村合併等を通じて，比較的健全な財政状況の市が次第に脱退していくという問題がある。構成市町村負担金は毎月の給料月額に一定率を乗じて得られる一般負担金と個別の退職に伴う追加的負担の性質を有する特別負担金とから成っている。

退職手当債　地方公共団体が退職手当の支給に要する財源対策として地方債を発行する途が開かれている。すなわち、平成18年度から27年度までの間（特例期間）に限り、当該各年度に支給すべき退職手当の合計額が著しく多額であることにより財政の安定化が損なわれることのないよう、退職手当の財源に充てるため、当該年度に支給すべき退職手当の合計額のうち著しく多額であると認められる部分として総務省令で定めるところ[62]により算定した額の範囲内で、地方債を起こすことができる（地方財政法33条の5の5）。この場合は、一般の地方債の場合と異なり、原則として総務大臣又は都道府県知事の許可を受けなければならない（同法33条の8第1項）。

退職手当と条例　先に述べた仕組みにより、地方公務員の退職手当をどのように支給するかは、条例の定めに委ねられている（定年制実施による割増退職手当につき、岡山地裁昭和62・2・25労民集38巻1号74頁）。

まず、京都地裁昭和63・11・9（判例時報1309号79頁）は、知事に対する退職手当の支給を定める条例の規定について、金額、支給方法の決定をすべて無条件で知事に一任するもので、自治法204条3項、204条の2に違反する無効なものであるが、それに基づく違法な退職手当の支給は、その後に退職手当の額の確定方法を定める改正給与条例を制定し、その条例の附則において遡及効を認める規定（改正前の条例により支給された退職手当を改正後の給与条例の規定により支給されたものとみなす規定）を置いたことにより、遡及的に適法になったものとした。その控訴審・大阪高裁平成元・4・28（判例時報1322号63頁）も、この判断を維持した。

長の退職手当の定め方が訴訟で争われたものがある（議会の議決への委任につき、本章1［2］を参照）。名古屋地裁平成2・12・21（判例タイムズ753号115頁）は、市の一般職職員の退職手当に関する条例が職員の退職の日における給料月額の60倍の額を退職手当の最高限度額とする旨を定め、特別職

62　地方債に関する省令附則2条。平成18年度の退職手当の予定額は、総務省自治財政局地方債課の発表によれば、都道府県の合計額は約1,860億円（うち、兵庫県150億円、北海道140億円、千葉県120億円、京都府116億円）、指定都市の合計額は約127億円（うち、京都市55億円、千葉市37億円）、市町村の合計額は約526億円（うち北海道内の市町村が89億円、大阪府内市町村72億円）であった。

員退職手当支給条例が給料月額に1年につき100分の552の割合を乗じて得た額と定めている場合について，一般職の退職手当条例の最高限度額に関する規定は一般職の職員のみを適用対象とするものであって，市長の退職手当に適用されるものではないとした。一般職につき最高限度額を設けることは，一般職地方公務員の勤続期間が長期にわたり，原則的算定方法によると高額になりすぎる場合があるので，その調整の必要性が高いが，任期4年と法定されている市長及び助役の退職手当については事情が異なることを理由にしている。判決も指摘しているように，条例制定時の担当者の認識，同様の条例を有する県内の他の市における解釈などに鑑みると，このような解釈が是認されると思われる。ただし，政策論として，長の退職手当に関して限度額方式を採用しないことが合理的であることを意味するものではない。

地方公務員の勤続期間の計算　地方公務員は，さまざまな理由で当該地方公共団体以外の法人等に勤務することが多い。その場合に勤続期間をどのように計算するかが問題である。そこで，退職手当条例において，明確化を図る必要がある。たとえば，神奈川県の条例は，退職手当の算定の基礎となる勤続期間の計算は，「職員としての引き続いた在職期間による」(7条1項)としつつ，職員以外の地方公務員若しくは国家公務員退職手当法2条に規定する者又は地方独立行政法人法55条に規定する一般地方独立行政法人に使用されるもののうち任命権者が特に認める者が引き続いて職員となった場合は通算するものとしている (7条5項)。また，職員又は職員以外の地方公務員等のうち，任命権者の要請に応じて公庫その他特別の法律により設立された法人でその業務が国又は地方公共団体の事務又は事業と密接な関連を有するもののうち人事委員会規則で定めるもの(退職手当に関する規程において勤続期間の通算を定めているものに限る)に使用される者となるために退職し，かつ，引き続き公庫等職員として在職した後，引き続いて職員となった者又は職員以外の地方公務員等として在職した後引き続いて職員となった者の在職期間の計算についても，みなし規定を用意している (7条の5第1項)。公庫等職員が，公庫等の要請に応じ，引き続いて職員となった者又は職員以外の地方公務員等として在職した後職員となった場合における在職期間には，その者の公庫等職員として引き続いた在職期間を含むものとしている (7条

の5第2項)。

　引き続いた在職期間といえるかどうかの問題を扱った判決として，名古屋地裁平成16・2・19（判例地方自治263号97頁）がある。一部事務組合の条例が，退職一時金その他給与の額及び支給方法は津島市職員の例によると定め，「津島市職員の退職手当に関する条例」が，退職手当の算定の基礎となる勤続期間の計算は職員として引き続いた在職期間によること，在職期間には職員以外の地方公務員等が引き続いた在職期間を含むものとすることが定められていた。判決は，「引き続いて職員となったとき」とは，通常職員たる身分が連続していること，すなわち前後の在職期間の間に職員たる身分を有しない期間を含まないことを意味すると解されるとし，「前職を退職して身分を失った日の翌日付けで採用された場合，退職日の午後12時まで前職の身分を有し，翌日の午前0時に新たな職員の身分を取得するから，その間に職員たる身分を有しない期間が存在しないと考えられるが，その間に少なくとも1日以上の空白の期間が存在すれば，上記の要件を満たしていないと解さざるを得ない」と述べた。そして，在職期間の通算による退職手当金の支出の差止めを命じた。これは，平成2年3月31日に町を退職し，同年4月2日に組合に採用された場合に，1日以上の空白があるとして「引き続いて職員となったとき」に該当しないとしたものである。この形式論で，たとえば，4月1日が休日のため辞令交付の都合上4月2日採用とされた場合に当然に要件を満たしていないと判断してよいといえるかどうかは，大いに疑問である[63]。たしかに，国家公務員退職手当法7条3項が，職員が退職した場合に「退職の日又はその翌日に再び職員となったときは」在職期間の計算について，引き続いて在職したものとみなし，同条5項が，「職員として引き続いた在職期間」には，地方公務員が引き続いて職員（国家公務員）となったときにおけるその者の地方公務員としての引き続いた在職期間を含むも

63　この判決は認定していないが，原告は，当該職員は，在職期間が通算されないことを了承して，いったん退職金を受け取り，平成2年以降，退職金の返納を条件として在職期間を通算することを求めたため，組合が通算の措置をとらざるを得なくなったとの主張をした。そのような事実関係が認められるときは，「引き続いた」とはいえないであろう。

のとして，この場合に同条 3 項をも準用するとしている。辞令の日付の形式のみを重視して，休日が入る場合を無視することには根本的な疑問を感ずる次第である[64]。

非違行為があった場合　懲戒処分を受けた職員又は非違行為のあった職員で一定の要件を満たす者に対しては，退職手当を支給しないと定めるのが普通である。さらに，東京都は，平成 19 年条例第 123 号により，死亡退職の場合及び退職後で退職手当支給前に死亡した場合において，職員の基礎在職期間中の行為が懲戒処分若しくはこれに準ずる処分を受け又は失職若しくはこれに準ずる退職に相当し，「一般の退職手当を支給することが，公務に対する都民の信頼を確保し，退職手当制度の適正かつ円滑な実施を維持する上で重大な支障を生ずることが明らかであると認めるときは」一般の退職手当を支給しないことができると定めた（改正後の職員の退職手当に関する条例 11 条の 2，11 条の 3）。京都市も，在職期間中の犯罪が発覚し，それが懲戒免職処分相当の行為と認められるときは，支給制限又は返納をさせることができる旨を定めている（京都市職員退職手当条例 13 条，14 条）。

懲戒処分に付しうるような非違行為のあった職員を懲戒免職にせず分限免職又は依願退職にして退職手当を支給したことが違法であるとして提起された住民訴訟が若干存在する。有名な川崎市の事件は，収賄罪で逮捕された職員を懲戒免職にせず分限免職にして退職金を支給したことが違法であるとして市長個人を相手に提起された住民訴訟旧 4 号損害賠償請求であった。最高裁昭和 60・9・12（判例時報 1171 号 62 頁）は，住民訴訟の対象が執行機関又は職員の違法な財務会計上の行為又は怠る事実に限られるとし，その行為が違法となるのは単にそれ自体が直接法令に違反する場合だけではなく，その原因となる行為が法令に違反し許されない場合の財務会計上の行為もまた違法となるとして，地鎮祭訴訟に関する最高裁昭和 52・7・13（民集 31 巻 4 号 533 頁）を引用している。そして，分限免職処分と退職手当の支給との関係

64　国家公務員退職手当法 7 条の「引き続いた」というのは，文字通りの引き続きで身分保有に 1 日以上の空白がないことであると解されている（退職手当制度研究会編・退職手当法詳解 182 頁）。

に関して，条例において分限免職処分がなされれば当然に所定額の退職手当が支給されることになっており，分限免職処分は退職手当の直接の原因をなすものというべきであるから，前者が違法であれば後者も当然に違法となるとして，いわゆる非財務会計行為の違法性が財務会計行為に承継されるという判断をした。具体の事案に関して，問題の収賄事実は，地方公務員法所定の「その職に必要な適格性を欠く場合」に該当し分限免職の要件を満たすとしつつ，同時に，地方公務員法の懲戒事由に該当することは明らかであるが，職員に懲戒事由が存する場合に懲戒処分を行なうかどうか，それを行なうときにいかなる処分を選ぶかは任命権者の裁量に委ねられているとする裁量論を展開して，収賄事実のみが判明していた段階において懲戒処分に付さなかったことが違法であるとまで認めることは困難であるとした[65]。

大阪高裁平成10・12・1（判例地方自治199号22頁）は，依願退職を承認して退職金を支給したことに関して住民が市長に対して損害賠償を求めた住民訴訟の判決である。判決は，依願退職した職員には食糧費による私的飲食やゴルフのプレー代を業界団体に負担させるなど懲戒免職に相当する非行があったと認められるものの，市長が非行行為を確知していたとか確知するための調査を怠っていたとはいえないとし，退職を承認し退職手当を支給したことに裁量権の逸脱・濫用は認められないとした。依願退職後に懲戒を相当とする事由が見つかったときに，後から懲戒処分に変更することができないのであるから，退職手当の返納制度を拡大させるほかはない。

地方公務員の退職手当の返納　退職手当の支給をした後に在職中の非違行為が明らかになる場合がある。そこで，退職手当等の支給をした後において，その者が退職手当の対象となった在職期間中の行為に係る刑事事件に関し禁錮以上の刑に処せられたときは，一定額の返納を命ずる旨を定める条例が多い[66]。これは，昭和60年に「国家公務員等退職手当法の一部を改正する法律」の公布に伴い，地方公務員の退職手当についても改正の必要があるとして，自治省行政局公務員部長から各都道府県総務部長に，さらに，そこから

---

[65] この判決は，分限免職処分発令後に別件の収賄容疑で追起訴された事実が判明したとしても，すでに市職員としての身分が剝奪されていることに照らせば，その段階で分限免職処分を取り消さなかったことが違法であるとはいえないとした。

市町村長に「職員の退職手当に関する条例の一部を改正する条例（等）について」と題する通知がなされたのを受けたものである。ところが，知事等の退職手当について同様の規定を置いていない場合がある。これは条例制定権の行使のうえの不備というべきものであるから早急に整備しなければならないであろう[67]。なお，国家公務員の場合は，返納事由を拡張するには法改正を要するが，地方公共団体にあっては，条例の改正により，在職期間中の非違行為が退職後に判明した場合の返納制度を拡充すること（たとえば，一定の犯罪については罰金刑を含めることなど）ができると解される。

［3］ 勧奨退職・退職時特別昇給

勧奨退職　地方公務員に定年制が導入される前にあっては，人事の刷新目的等により勧奨退職が活用された。現在も，退職者数の平準化や財政対策のために活用される。勧奨退職による退職手当の支給の適法性が問題になる場合がある。

まず，退職手当条例が勧奨退職手当を支給すべき場合として，単に「その

66　たとえば，神奈川県「職員の退職手当に関する条例」12条の3，大阪府「職員の退職手当に関する条例」13条の3，東京都「職員の退職手当に関する条例」14条の3など。

67　一般職員について返納規定を設けた後に，市長等の退職手当支給条例に，一般職員に関する返納規定を準用すると定め，遡及適用したことについて，高知地裁平成4・10・13判例タイムズ853号127頁は，支給済みの退職手当は具体化され行使された権利であって，個人財産そのものにほかならないことに加え，侵害の程度は対象となる権利をほぼ全面的に失わせるものであることを考慮すると，刑事上の制裁に準ずるものとして，遡及適用をすることはできないと述べて，遡及規定を無効とした。この事案に関し，成田頼明ほか編『注釈地方自治法〈全訂〉2』（第一法規，加除式）3822頁（執筆＝藤原淳一郎）は，条例改正が退職手当支給日よりも前であること，退職時に容疑が明らかで議会で問責されつつあったこと，一般職公務員に対する条例上の取扱いとの均衡等を考慮すれば遡及適用を否定できるに足りる事案ではない，としている。なお，大阪地裁平成11・9・7判例タイムズ1046号134頁は，市長退職手当の「支給に関し必要な事項」は，職員退職手当条例の適用を受ける職員の「例による」と定める条例の下において，職員退職手当条例の定める退職手当返納に関する条例が市長等退職手当条例の適用にあたり準用されるとして，在職中の犯罪により有罪判決を受けた前市長に対する市の退職手当金返還請求を認容した。

者の非違によることなく勧しょうを受けて退職した場合」と定めているときに，町の特別職に就任させるために一般職の退職を勧めて割増退職金相当額の負担金を退職手当組合に支出したことについて，鹿児島地裁昭和56・4・24（行集32巻4号654頁）は，退職勧奨は，人事権に基づく事実上の行為であって，本来任命権者の自由裁量に属する行為であるとして，裁量権の濫用に該当するとは認められないとした。あまりに概括的な要件のみであるために広い裁量が肯定された事例であるが，財政にも大きな影響のある退職勧奨の大幅な裁量を認める条例自体に問題があるように思われる。この判決は，控訴審の福岡高裁宮崎支部昭和59・8・29（行集35巻8号1323頁）により維持された。

　勧奨退職を定める条例の規定による規則への委任の趣旨を超えた規則の定めであるかどうかが問題となった事例がある。「鎌倉市職員の退職手当に関する条例」5条の2が「規則で定める年齢に達したことによりその日に退職した者」及びその「年齢に5年以内で達することとなる者が同項に定める年齢に達する日の前日までの間に退職した場合」に退職手当の額を増額する優遇措置を定め，その委任に基づき規則が満60歳とすると規定していたところ，次のような動きがあった。従来，特別職条例により，一般職職員が助役等の特別職に選任された場合，その者が退職する際の退職手当の額は，特別職の給料月額を基礎として，一般職の在職期間と特別職の在職期間とを通算して退職手当の額を算出し，さらに特別職条例による加給金を付加する結果，莫大な額になることが批判されたため，特別職条例を改正して，一般職職員が助役等の特別職に選任されたときは，その時点において一般職職員として退職手当条例により退職手当を支給し，また，特別職在任による退職手当はその任期ごとにその都度所定の退職手当を支給することとされた。ところが，この特別職条例等の一部改正と同時に，旧規則の附則を改正し，改正後の附則6項において，一般職職員が20年以上勤務し，特別職に選任されたことにより一般職を退職したときは，その退職の日をもって，規則の定める満60歳に達したものとみなす旨を定めた。このみなし規定により優遇措置を適用しようとするものである。

　横浜地裁昭和58・2・14（行集34巻2号191頁）は，前記条例5条の2に

よる退職手当優遇の趣旨は，職員の高齢化による事務の非能率化，人事の停滞，財政負担の増加を回避するために，一定の年齢を設定して，その年齢で退職する職員の退職手当の額を特に優遇して退職後の生活に備えさせ，間接的に退職を促して，職員の人事を刷新し，組織の流動化及び財政負担の軽減を図ることにあるとした。そして，5条の2の趣旨の下に想定される退職と規則附則6項所定の退職とを対比すると，前者は一定の年齢の到来を契機とする自然的機械的な退職であるのに対し，後者は任命権者である市長の行政政策的裁量に基づく特別職への選任を原因とする人為的任意的な退職であることに本質的な差異があり，両者は範疇を異にするというべきであるから，これを同列に扱うことは正当とはいえないとした。よって，規則附則6項は，条例5条の2の委任の範囲を逸脱したものとして，違法無効な規定であるとした。判決は退職事由の違いを強調しているが，満60歳に達したものとみなすことにも問題がある。

　退職手当条例の勧奨退職の要件を満たしているかどうかが問題とされることがある（自己都合退職であるのに勧奨退職扱いとしたことを違法とした例として，前橋地裁平成16・2・25判例集未登載）。「北海道職員等の退職手当に関する条例」が「25年以上勤続しその者の非違によることなく勧しょうを受けて退職した者であって，任命権者が知事の承認を得たもの」について，勧しょう退職特別措置により特別昇給させて，その金額を基礎にして退職手当を支給することを定めていた場合に，条例のいう「勧しょう」を受けたといえるかどうかが問題とされた事件として，札幌地裁昭和54・11・29（行集30巻11号1995頁）がある。地方公務員の定年制のない時点の事案である。

　判決は，勧奨退職は，定年制のない地方公務員らについて職員構成の老齢化を防ぐための人事上の措置としてなされているもので，その目的は高齢の職員にその意思に基づいて職を退いてもらい人事の刷新を図って行政能率の維持向上につとめ人件費の増大を抑えるなど能率的で経済的な行政を実現するところにあると述べ，「行政を能率的なものとするため，やむをえずとくに通常の場合とくらべて多額の退職金を支払うわけであるから」，優遇措置を伴う「勧しょう」とは，「人事の刷新，行政能率の維持向上を目的として退職の意思を慫慂する行為であると解するのが相当であり，その者を退職さ

せることが行政の能率化のため必要と考えられ，勧しょうした結果対象者が退職の意思をかためた場合が該当するのであって，たとえ任命権者らからなんらかの働きかけがあり，その後対象者の退職があったとしても，その働きかけが行政の能率化等を目的とするものではないような場合は，右働きかけをもって『勧しょう』ということはできない」とした。そして，具体の事案においては，知事は，商工観光部長の職にあった職員に市長選挙への立候補を決断するよう促し，立候補の意思があるのであれば，もはや現職に止まっているべきではないと告げているのであって，退職させることを眼目に勧告したものではないと認められ，「勧しょう」に該当しない，とした[68]。制度の趣旨に鑑みて，「勧しょう」の限定解釈をしたものである。

この事案においては自然なように見えるが，たとえば，願ってもない外郭団体の役員ポストが空いたときに，腹心の職員に対して，やや早いにもかかわらず退職を勧めるような場合は，内心において退職させることを眼目にしたものでないとしても，外部からはわからないであろう。

この事件と対照的に，5月31日に町技術参事兼総務課長を退職し6月1日に町助役に就任した者に対して勧奨退職の扱いをしたことについて，津地裁平成16・6・17（判例地方自治268号59頁〈参考〉）及び控訴審・名古屋高裁平成16・12・27（判例地方自治268号56頁）は，同人は，助役就任を目的に含んで退職勧奨を受けて退職したものではあるが，25年以上勤続し，町長の退職勧奨を受けて定年退職日の1年以上前に退職したものであるから，退職手当組合は条例に定められた額の退職手当を支払う義務があり，町長は所定の特別負担金を支払う義務があったとした。その理由として，退職後に助役に就任する場合を勧奨退職の対象から除外する定めはないし，助役は特別職公務員であって，就任について議会の同意が必要で4年の任期中であっても町長は助役を一方的に解任できる事情もあるうえ，助役就任含みの勧奨退職であっても，一般職の後進の昇進の道が開け町職員の人事の刷新に寄与したことは，そうでない場合（退職後民間企業に再就職する場合等）と何ら異なるところはないからである，と述べている[69]。この論理をもってすれば，

---

68 この判決は，退職者に対して勧奨退職を適用しない場合の退職手当額を超える部分は，退職者の不当利得であるとして，退職者に対して返還を命じた。

前述の札幌地裁昭和54・11・29（行集30巻11号1995頁）の事案についても，勧奨退職扱いを否定するまでのことはない，という見方もあり得ると思われる。ただし，助役就任と民間企業への再就職とを同視することには疑問がある。

　次に，自己都合退職を決めていた者に対して勧奨退職を適用するために，敢えて勧奨退職の募集をして勧奨退職扱いにした場合について，自己都合で退職することを知りながら勧奨退職金を支払うために募集することは勧奨退職の目的に反するうえ，特定の者の退職希望に合わせて特に募集を行なったことは裁量権の濫用であるとした裁判例がある（津地裁平成14・11・7判例集未登載）[70]。温情的な勧奨退職扱いを認めない趣旨である。

　退職時特別昇給　昇給のうち，普通昇給（定期昇給）について問題が生じることは，ほとんどないが[71]，特別昇給については，適法性について疑義が出されることがある。しばしば地方公共団体において見られるのが，退職時の一律特別昇給である。かつて退職時の基本給を退職金の算定の基礎にしていた時代には，退職時の特別昇給は退職金の額を大幅に引き上げる効果をもっていた。

　この問題の素材を提供したのが有名な「1日校長事件」であった。公立学校の教頭職にある者で勧奨退職に応じたものを教育委員会が3月31日付で

---

[69] これと似た事案として，名古屋地裁昭和59・6・13判例集未登載がある。勧奨による退職手当の支給対象者について「25年以上勤続し，その者の非違によることなく勧奨を受けて退職した者」と条例が定めている場合に，市長による退職の勧奨は人事管理上の必要性が相当程度存在してなされたものであり，退職によりその目的が十分達成されたと認められる以上，退職の勧奨が，退職後に収入役に抜擢する意向を示してなされるなど就職先を示して行なわれたことの故をもって条例にいう「勧奨」に該当しないものとは解しがたいとした。

[70] この事案において，年度初めに勧奨退職希望者を募集し応募した者が要件を満たさないとして却下された後に，その者を勧奨退職扱いにするために敢えて第2回の募集をしたもので，勧奨退職募集の目的に反するといわざるを得ないとされた。

[71] もっとも，普通昇給（定期昇給）にも問題がまったくないわけではない。かつて，退職日を4月1日にすることにより，同日の定期昇給後の号給を基礎に退職手当の支給をしていたことがあったようで，この場合には，退職手当を増額するための普通昇給の適用の色彩が強いものであった。

校長に任命し，所定の条例及び規則の関係規定により2号給昇給させて，同日付で退職承認処分をし，昇給後の号給を基礎にして算定した退職手当が支給された事案である。住民訴訟で，退職手当の支給の適否が争われた。最高裁平成4・12・15（民集46巻9号2753頁）は，教育委員会の有する職員の任免等に関する処分権限と地方公共団体の長の有する予算執行権限との分配の状況に鑑み，地方公共団体の長は，教育委員会の前記処分が著しく合理性を欠きそのために予算執行の適正確保の見地から看過し得ない瑕疵の存する場合でない限り，その処分を尊重し，その内容に応じた財務会計上の措置を採るべき義務があり，拒むことは許されないと述べた。このことから，当該事案において教育委員会のした昇給処分及び退職承認処分が著しく合理性を欠き，そのためにこれに予算執行の適正確保の見地から看過し得ない瑕疵が存するものとは解し得ないから，知事個人としては，前記処分を前提に所要の財務会計上の措置を採るべき義務があるものというべきであり，財務会計法規上の義務違反はないとした。昇給処分の差止請求訴訟を提起していれば，裁判所がこの方式が適法であるかどうかを正面から判断したであろう（ただし，平成14年の自治法改正前は，「回復の困難な損害を生ずるおそれがあること」が要件とされていた）。

　また，大阪地裁平成18・8・23（判例タイムズ1247号168頁）は，大阪市が一定の職員の退職時に一律に特別昇給を行なったことの適否が争われた事案である。根拠とされた給与条例の定めは，普通昇給の規定を前提に，「職員の勤務成績が特に優秀である場合その他市長が特に必要と認めた場合」に特別昇給を行なうことができるというものであった。判決は，「その他市長が特に必要と認めた場合」の特別昇給について，「その判断を広く市長の裁量にゆだねる趣旨のものではなく，普通昇給の要件として規定されている職員の勤務成績が良好であることを前提に，国及び他の地方公共団体の事情等をしんしゃくして，『職員の勤務成績が特に優秀である場合』に準じる事由をその裁量により認定して特別昇給を行うことができるものとする趣旨の規定であると解するのが相当であり，そのように解される限りにおいて，地方公務員法25条3項，1項，地方自治法204条の2に抵触しないものというべきである」と述べた。条例に関するこの理解は正当であろう。

この事案において，「市長が特に必要と認めた場合」の基準として，①定年退職，早期退職，希望退職をする者で10年以上勤続したもの，②傷病・死亡退職する者で55歳に達する日の属する年度の末日を超えて退職する場合で10年以上勤続したもの，という昇給基準に基づき，教育委員会所管の学校に勤務する教員等を除く職員の定年退職及び定年に準ずる事由による退職については10年以上勤続した者に特別昇給をする，また，教育委員会所管の学校に勤務する教員等については府費負担教員等との均衡を考慮して20年以上勤続して定年退職する者に対して特別昇給を実施する旨の教育長決裁がなされていた。この運用基準に従いなされた平成14年度及び15年度の退職時特別昇給について，住民監査請求に基づく監査により，監査委員より，勤続20年に満たない者並びに勤続期間中に懲戒処分を受けた者及び勤怠不良で退職手当の減額措置を受けた者に対する退職時特別昇給による退職手当の増額分について塡補をするよう勧告がなされ，その全額が弁済された。その結果，住民訴訟の段階においては，①定年退職，早期退職，希望退職をする者で20年以上勤続したもの，又は②傷病・死亡退職をする者で55歳に達する日の属する年度の末日を超えて退職する場合で20年以上勤続したもの，のいずれかに該当し，かつ，勤続期間中の懲戒処分又は勤怠不良による退職手当の減額措置を受けたことのないもの，に対する退職時特別昇給の適否が問題とされた。

　判決は，まず，一般職国家公務員について，平成16年の人事院規則改正までは，人事院細則により「勤務成績の特に良好な職員が20年以上勤続して退職する場合」が特別昇給の基準の一つとされ，実態として20年以上勤続して退職する場合に該当する職員のほぼ全員について一律に特別昇給させる退職時特別昇給の運用がなされてきたという事実が認められるとしたうえ，国における運用の適否を検討して，20年以上という長期間勤務したことをもって，公務の運営に多大の貢献をしたものと評価し，その功績をもって職員の勤務成績が特に良好であることの徴表とすること自体は何ら不合理とはいえないし，20年以上勤続したこと自体が一般的に勤務成績が特に良好であると評価するに足りる事由であるとの社会通念が存したと推認されるなどとして，このような運用は，一般職の職員の給与に関する法律の特別昇給に

関する規定や国家公務員法 72 条の規定の趣旨に反するものではないというべきであるとした。

次いで，前記のような事情は，一般職の地方公務員についても，そのまま妥当するとし，国における退職時特別昇給の運用を踏まえて，20 年以上勤続して退職する職員について，勤務成績が特に優秀であると推定し，そのように評価することを相当としない特段の事由が認められない限り，給与条例の「市長が特に必要と認めた場合」に該当するものとして特別昇給させることは，勤務成績の評定について定めた地方公務員法 40 条の規定の趣旨に反するものではなく，給与条例により市長に付与された裁量権の範囲を逸脱するものではないというべきである，とした。

控訴審の大阪高裁平成 19・3・28（判例地方自治 295 号 30 頁）も，国が平成 16 年の制度廃止まで，特別昇給を適用する要件の「勤務成績が良好である」ことを緩やかに解釈し，実際には 20 年以上勤務して退職する職員のほぼ全員について広く特別昇給を認める運用をしてきたことに照らすと，市長が「勤務成績が特に優秀である場合」を満たすかどうかの判断を行なわずに，20 年以上勤続した者で，かつ，勤続期間中に懲戒処分又は勤怠不良による退職手当の減額措置を受けたことのない者につき退職時特別昇給及びこれに基づく退職手当の支給を行なったことにも一定の合理性があるとして，市長の裁量権の範囲内にあるとした[72]。

思うに，20 年以上勤続して退職する者を，原則として勤務成績が特に優秀であると推定するという考え方は間違いであるというべきである。常に厳しい勤務成績の評定の下に，失職のリスクを背景に懸命な努力の求められる職場環境であるならばともかく，身分保障のある公務員制度下において，組織のなかで特に問題を生じないように無難に勤め上げることをもって勤務成績が特に優秀であると認める運用は，組織の論理であるにとどまり，一般国民の常識からは乖離しているといわざるを得ない。現行人事院規則 9—

---

[72] この判決は，特別昇給後の退職手当の支給額そのものについては，総務省の民間企業退職金実態調査に基づき，支給率が適宜見直されることによって，国及び地方公共団体と民間企業との均衡が図られる制度になっていることも，裁量権の範囲内にあることの一要素として挙げている。

8（初任給，昇格，昇給の基準）41条は，「勤務成績が良好である職員が生命をとして職務を遂行し，そのために危篤となり，又は著しい障害となった場合その他特に必要があると認められる場合には，あらかじめ人事院の承認を得て，人事院の定める日に，給与法第8条第5項の規定による昇給をさせることができる」としており，これは，過去の運用から訣別する趣旨を含意していると思われる。では，このような退職時特別昇給が違法であったといえるかというと，違法とはいえないとする一種の行政慣習法が成立していたと見るべきである。特段の事由なしに特定の公務員に対してのみ退職時特別昇給を行なわないときは，そのこと自体が違法とされる可能性もあったといえよう。

4　福利厚生費等

[1]　公務災害の補償

国家公務員の場合　一般職国家公務員の公務上の災害（負傷，疾病，傷害又は死亡）又は通勤による災害に対する補償は，国家公務員災害補償法により行なわれる。国（実施の責めは人事院及び人事院が指定する実施機関）自体が給付をするので，保険的仕組みは用意されていない。補償の種類は，療養補償，休業補償，傷病補償年金，障害補償（障害補償年金，障害補償一時金），介護補償，遺族補償（遺族補償年金，遺族補償一時金）及び葬祭補償である。

地方公務員の場合　地方公務員の公務上の災害又は通勤による災害に対する補償についても，地方公務員災害補償法が制定されている。補償の実施等のために地方公務員災害補償基金が設置されている。同基金は，平成15年からは，一種の地方共同法人の性質を有する法人として位置づけられている。代表者委員会を設けて自主的運営を行なうものである。国とは別の法人である基金が，あたかも保険者のような地位をもち，地方公共団体及び地方独立行政法人が基金に対して保険料に相当する負担金を納付する仕組みが採用されている。負担金の額は，定款で定める職務の種類による職員の区分に応じ，当該職務の種類ごとの職員に係る給与の総額に，補償に要する費用及び基金の事務に要する費用その他の事情を考慮して定款で定める割合を，それぞ

れ乗じて得た額の合計額とされている（49条2項）。職種に応じた負担金が採用されているが、地方公共団体ごとの事故発生率による負担金の差を設ける方式は採用されていない[73]。補償の種類は、国家公務員の場合と同じである。

ところで、地方公共団体のなかには、この制度とは別に公務災害見舞金支給制度を設けているところが多い（本章4［3］を参照）。見舞金の金額は、地方公共団体により開きがあるが、公務災害補償の上乗せであるといえる。

[2] 公務員の社会保険料の負担

社会保険料負担等の位置づけ　公務員は、共済組合の組合員とされ、その掛金に関しては、各共済組合法により、その半額は国等又は地方公共団体の負担である。この点においては、健康保険法や厚生年金法の仕組みと同じであるから、社会保障法や社会保障財政法として論ずることで足りる。また、その負担は、給与等と同様に公務員に係る人件費である。

民間と異なる点を挙げると、一般の保険の適用除外とされるものがある。

前述した公務災害補償制度との関係で、国の直営事業、官公署の事業（労働基準法別表第一に掲げる事業を除く）については、労働者災害補償保険法を適用しないとされている（3条2項）。

また、国家公務員又は地方公務員に関しては、原則として雇用保険の適用対象外とされている。これは、雇用保険法が「国、都道府県、市町村その他これらに準ずるものの事業に雇用される者のうち、離職した場合に、他の法令、条例、規則等に基づいて支給を受けるべき諸給与の内容が、求職者給付及び就職促進給付の内容を超えると認められる者であって、厚生労働省令で定めるもの」（6条4号）を雇用保険の適用除外としていることによる。雇用保険法施行規則は、国については、特別の手続を求めないが、都道府県（都

73　基金の経理には普通補償経理と特別補償経理とがある。後者は、基金制度創設前から一部の地方公共団体において職員が公務災害による療養のため勤務できない場合に給与を支給しないで休業補償を行なっていた経緯をふまえて、これらの地方公共団体からは別途の負担金を徴収して普通経理と区分した経理により休業補償等を実施するものである。総務大臣の指定した43団体が対象となっている。以上、地方公務員災害補償基金のホームページによる。

道府県の加入する組合を含む）にあっては，当該都道府県等の長が同法を適用しないことについて厚生労働大臣に申請しその承認を受けたもの，市町村についても同様に同法を適用しないことについて都道府県労働局長に申請し厚生労働大臣の定める基準によって，その承認を得たものとしている（4条1項）。承認申請書には，申請に係る被保険者が離職した場合に法に規定する求職者給付及び就職促進給付の内容を超える給与を支給することを規定した法令，条例，規則等を添えなければならないとされている（5条2項）。

横浜市は，退職手当条例において，退職した職員が，一般の退職手当の支給を受けないとき，又は支給を受けた一般の退職手当等の額が雇用保険の規定によりその者に支給すべき給付の額に満たないときは，同法の支給条件に従い，その給付に相当する額又はその差額を退職手当として支給するとしている（11条）。その具体的定めは，横浜市失業手当支給規則によっている。

地方公務員健康保険組合　地方公務員の医療保険に関して，地方公務員等共済組合法によるのが原則である。その場合には，短期給付に係る保険料（掛け金）の半額が地方公共団体負担である。しかし，同法によらない健康保険制度が一部の地方公共団体に残っている。これは，地方公務員等共済組合法附則29条が，同法の公布（昭和37年9月8日）の際，現に組合員となるべき者を被保険者とする健康保険組合が組織されている地方公共団体にあっては，施行日以後は存続しないことの議決があった旨を申し出た場合を除き，同法の短期給付に関する規定は，施行日以後においても当該健康保険組合の被保険者である当該地方公共団体の職員については適用しないとしていることによる。そして，この健康保険組合方式にあっては，保険料の負担を独自に定めることができる。健康保険組合方式の場合は，直接の根拠は健康保険組合規約である[74]。健康保険法に従い，組合会を構成する議員は各同数の選定議員と互選議員とからなり，互選議員は被保険者である組合員の互選によることとされている。そして，保険料に関する事項は規約事項で，かつ，規約の改正は組合会の議決事項とされているので，組合員の負担を高める改正は容易に実現しない。その結果，公費負担割合が50％を超える地方公共

74　名古屋市健康保険組合規約は，一般保険料額及び調整保険料額につき，事業主は65.0分の36.73，被保険者は65.0分の28.27の負担割合と定めている（44条）。

団体が相当数存在するという[75]。公費負担割合を含めた保険料の事項について，組合員から互選された議員が反対する限り改正することができない制度そのものが不合理である。

このような制度を選択することを許容した立法措置について，横浜地裁平成10・9・16（判例地方自治187号86頁）は，健康保険法が民間健保と自治体健保とを区別しない態度をとっていることを強調したうえ，沿革，あるいは現に健保法の適用を受ける健保組合（自治体健保）を組織していた自治体を共済組合方式に強制的に変更させることができず，健保組合を組織していなかった自治体と別に扱うことになったと思われるとしたうえ，これが，立法政策として著しく公平を欠き無効であるとまではいえない，とした。市が保険料の2分の1を超える割合[76]の負担を支出したことを適法とした。健康保険法に基づく運用である以上，その支出を違法とすることは困難であろう。

こうした解釈論のレベルとは別に，関係者の合意を得ながら健康保険組合を解散し地方公務員共済組合に移行することが望ましいとする意見も強い[77]。

児童手当費用の負担　国家公務員に対する児童手当の支給に要する費用は国が負担し，都道府県の地方公務員に対する児童手当の支給に要する費用は当該都道府県が負担し，同じく，市町村の地方公務員に対する児童手当の支給に要する費用は当該市町村が負担する（児童手当法18条3項）。この点は，民間被用者の場合に，10分の7につき事業主拠出金をもって充て，10分の2相当額を国庫が負担し，10分の0.5相当額を都道府県と市町村が負担する仕組みとなっているのと異なっている。民間被用者の児童手当にあっては，事業主負担分は，個別事業主と受給者との対応関係がないのに対して，

---

[75] 総務省の資料によれば，平成18年度において，18健康保険組合のうち，14組合が50％を超えて公費負担していたところ，国からの是正の要望を踏まえて，平成19年度は，公費負担の割合を引き下げたところが多いものの，依然として12健康保険組合が50％を超える公費負担となっている。ただし，平成20年度から又は20年度中には9組合が50％にすることとしている。

[76] 昭和56年に事業主80分の61，被保険者80分の19，平成9年に事業主82分の62，被保険者82分の20，平成10年に事業主84分の62，被保険者84分の22とする負担率を定めていた。

[77] 総務省「地方公務員の医療保険制度に関する懇談会」意見（平成18・3・20）。

地方公共団体の場合は，受給公務員とその負担をする地方公共団体とは個別対応の関係にある。民間の事業主が出産・育児の環境を整えて多数の児童手当受給者を雇っていても，直接に当該事業主の児童手当負担が高まるわけではなく，全国の事業主による拠出金により薄められた負担増があるにとどまるのに対して，地方公務員の場合には，児童手当受給者の存在が，その公務員の帰属する地方公共団体の負担に直接反映されることになる。

[3] 各種給付事業

各種給付事業とは　地方公共団体は，個別に職員に対する福利厚生目的の給付事業をしていることがある。その内容は多岐にわたるが，平成18年度及び19年度の都道府県及び指定都市について総務省が調査した結果によれば[78]，結婚祝金，出産祝金，入学祝金，弔慰金，災害見舞金，入院・傷病見舞金，人間ドック補助，永年勤続給付，保養施設利用補助，レクレーション補助などがあるという。

どのような給付がどの程度なされているかを知ることは容易ではない。地方公務員法58条の2が，「職員の任用，給与，勤務時間その他の勤務条件，分限及び懲戒，服務，研修及び勤務成績の評定並びに福祉及び利益の保護等人事行政の運営の状況」を公表しなければならないと定めているにもかかわらず，職員の「福祉」に関して，個別の事業の内容や個別事業の実績について公表されていない地方公共団体が多いようである[79]。

大阪市は，後述する互助会の活用も含めて，職員の福利厚生のための事業について最も批判を浴びた地方公共団体の一つである。平成17年に設置された「大阪市福利厚生制度等改革委員会」が第7次報告（最終報告）（平成18・7・14）に至るまで，各次の報告において具体的な改善措置を提案し，

78　総務省公務員部福利課「地方公共団体における福利厚生事業の状況について」（平成18・11・15及び平成19・12・26）の参考資料別表3―1及び3―2。平成19・12・26の公表には，見直しの状況も紹介されている。

79　都道府県と政令市について，総務省公務員部福利課・前掲の参考資料別表3―1及び3―2を参照。各県発表の「県内市町村の福利厚生事業の状況について」（前記公表参考資料別表5）をも参照。

あるいはガイドラインを示してきた。第1次報告を受けて，大阪市は福利厚生制度に関して総務局ホームページによる情報公開を行なっている[80]。

給付事業の問題点 これらの給付事業の根拠が何により決められているのかが問題である。たとえば，堺市は，「堺市職員の厚生制度に関する条例」を制定しているものの，実質的な定めとしては，職員の厚生制度の実施のための事業は，職員で組織する堺市職員厚生会又は社団法人大阪府市町村職員互助会に行なわせることができる旨の規定（3条）及びこれらの団体にその費用を補助することができる旨の規定（4条）がある程度である。そして，この条例の委任に基づく同条例施行規則も，職員厚生会の構成員の範囲，組織，事業その他厚生会の運営については，職員の意見を反映させるために厚生会規約で定めるとしているにすぎない。

そして，同市は，職員に対して公務災害等見舞金を支給しているが，その根拠は「堺市職員公務災害等見舞金支給規則」という規則であり，しかも，同規則は，職員が公務上若しくは通勤により死亡した場合又は公務上若しくは通勤により負傷し，若しくは疾病にかかり，治ったとき障害が存する場合に，当該職員又はその遺族に対して見舞金を支給する趣旨の規則である旨（1条），職員の定義（2条），見舞金は死亡見舞金と障害見舞金の2種類である旨（3条）を規定するものの，見舞金の支給手続，支給額その他同規則の施行に関して必要な事項は市長が別に定めるものとしている（4条）。支給額という重要な事項が規則にさえ登場していないことに驚きを禁じえない。要綱によっている例として，たとえば，逗子市は，次に述べる福島市と同程度の内容を要綱で規定している。死亡見舞金の額は2,500万円，障害見舞金は，障害の等級に応じ，第1級が2,500万円，第14級が100万円，傷病見舞金は療養の期間に応じて，15日以上30日未満の5,000円から始まって，90日以上の5万円まで6段階の定めがある。

これと対照的に，たとえば，福島市は福島市公務災害見舞金支給条例を制定して，その中で重要事項を規定している。見舞金は，職員が受けた災害で

---

80 職員の福利厚生事業の実施状況，共済組合事業の実施状況，健康保険組合事業の実施状況，互助組合事業の実施状況のほか，互助組合改革進捗状況報告が掲載されている。

地方公務員災害補償法の規定に基づき公務上の災害と認定された場合に支給するとし（3条），見舞金の種類を定め（4条），死亡見舞金は職員が公務上死亡した場合にその職員の遺族に支給し，その額は2,000万円と定めている（5条）。障害見舞金の額については，障害の等級に応じて別表に定めている。地方公務員災害補償法別表に定める身体障害の等級の例によることとし，第1級は2,000万円，第14級は100万円である。

　条例を制定している地方公共団体が多いものの，要綱等によっている地方公共団体も混在しているのである。同じ性質の見舞金に関する定め方が，なぜこのように大きな違いを見せているのであろうか。もしも，社会的儀礼の範囲でごく些少の額を支給して市としての気持を示すものにすぎないのであれば，このような違いがあるのも頷ける。他方，逗子市の例のように，高額の見舞金[81]を支給しているとするならば，もはや社会的儀礼の範囲を超えるものであるから，条例によるべきであろう。

　神戸市永年勤続者旅行券事件　　神戸市が永年勤続職員に対して慰安会名目で，旅行券を支給したことについて，神戸地裁平成18・3・23（判例地方自治293号74頁〈参考〉）は，違法であるとして，市長の職にある者に損害賠償を請求せよとの判決を下した。同市が，永年勤続職員慰安会実施要綱，特別永年勤続職員慰安会実施要綱及び35年勤続職員慰安会実施要綱の三つの要綱に基づいて，それぞれ神戸市観光ホテル・旅館協会が発行するクーポン，市が指定する旅行社が発行する旅行クーポン券と引換え可能な旅行クーポン券引換証及び5万円相当の旅行クーポン券を支給した。被告神戸市長が，旅行クーポン券等の支給は地方公務員法42条の元気回復措置に該当すると主張したのに対して，判決は，元気回復措置とは，職員が職務によって蓄積した疲労を解消し，気分を転換して明日の活力を養うための措置をいうと解されるところ，本件制度は，永年勤続自体を功労とし，これに対する報償的な

---

[81] 藤沢市も要綱によっており，公務上の災害による死亡の見舞金は3,000万円，通勤による災害の死亡見舞金は1,500万円，障害見舞金についても，公務上の災害と通勤による災害に分けて，公務上の災害によるものに関しては第1級の3,000万円から第14級の75万円まで，通勤による災害に関しては第1級の1,500万円から第14級の38万円までを定めている。

ものとして旅行券等を支給する制度であると認められるから，元気回復措置に含めることは困難であるとした。もっとも，元気回復措置は，地方公務員法42条の厚生制度の一例であるから，厳密な意味で元気回復措置に該当しないとしても，同条の予定する厚生制度に含まれるならば，それに対する公金支出は違法にならないとし，厚生計画の樹立及び実施については原則として長の裁量によるものであるが，裁量権の逸脱又は濫用がある場合は，違法になると述べた。この一般論を前提にして，永年勤続職員に対して報償の趣旨で金品を授与することが地方公務員法42条の厚生制度として容認できるのは，記念品的な物品の価額を大きく上回らないものに限られるとし，永年勤続者職員慰安会の飲食宿泊券3万円相当は大きく逸脱するとはいえないが，特別勤続職員慰安会の旅行券10万円相当は記念品的な物品の価額を大きく上回り，35年勤続職員慰安会の旅行クーポン券5万円相当も，記念品的な物品の価額を上回ると考えられるとした。そして，三つの制度は別個独立の制度ではなく，全体として制度設計がなされたと考えられるから，各慰安会毎又は金額により分断して違法性の有無を論ずるのは相当でないとして，全体が違法であるから損害賠償を請求すべきであるとした。控訴審・大阪高裁平成19・2・16（判例地方自治293号59頁）も，旅行券は換金も可能で，その性質は現金に近く，実質的には給与に当たるとして，違法であるとした。また，県費負担教職員旅行券の支給についても，神戸地裁平成19・5・25（判例集未登載）が違法とした。

　これらの事例に接して感じられるのは，法的に許容される福利厚生措置と違法な措置との区別の難しさである。福利厚生目的の給付を一切認められないとすることはできない。前記神戸地裁平成18・3・23（判例地方自治293号74頁〈参考〉）が，飲食宿泊券3万円は適法であるのに対して，10万円の旅行クーポン券（及びその引換券）は違法であるとする区別は，結局「社会通念」によるのであろうか。当然のことながら，当該地域の一般的な事情や当該地方公共団体の財政状況なども考慮されるべきであろう。

　被服等の支給　　国や地方公共団体が業務に必要な特別の被服を貸与することは，むしろ合理的である。たとえば，東京都は，①職務の性質上，衣服の汚損又は摩耗が著しい場合，②保健衛生等の観点からの必要，③被服の着

用により従事する職務を象徴する必要のある場合に，被服の貸与をすることとしている（東京都被服貸与規程2条）。大阪府の訓令「大阪府職員被服貸与規程」によれば，守衛（夜警）業務，漁業取締監視業務，医療業務，保育業務などの貸与業務が列挙されており，いずれも業務の性質上もっともなものが並んでいる。ところが，業務の性質にかかわりなく「制服」と称して職員にスーツ等を支給する例が発覚することがある[82]。このような支給は福利厚生の範囲を逸脱するものである。

神戸市が，市教育委員会に異動した教職員にスポーツウエア（約20万円分）を支給したことについて，神戸地裁平成19・1・19（判例集未登載）は，職員が学校現場に復帰した際に利用するもので，市教育委員会に在籍するときには必要がないとして，違法であるとした。

このような例は，「隠れ給与」，「隠れ報酬」ないし「隠れたるフリンジ・ベネフィット」として，違法とせざるを得ないであろう。しかし，特別の人材を確保するために，法律又は条例の授権により，特別のフリンジ・ベネフィットをパッケージで用意すること（住宅，車の提供，携帯電話の使用等）も，将来の検討課題となるであろう。また，真に職務遂行に必要な物品については，費用弁償の対象とするか現物給付をすべきであろう（本書第4章2［2］を参照）。

職員の送別会等への補助　福利厚生の項目で取り上げることが適切であるかはともかく，職員の送別会等に補助することの適否が問題とされることがある。熊本地裁平成17・7・29（判例地方自治283号83頁〈参考〉）は，一部事務組合たる病院組合の前院長の送別会費用666,000円のうちの41万円及び忘年会費用788,000円のうちの48万円を補助したことについて，1人当たり補助額が，送別会は3,203円，忘年会は2,609円であり，それほど高額とはいえないことなどを理由に，社会通念上相当な範囲にとどまるもので

---

[82] 大阪市が，かつて，2〜3年に1回，係長以下の職員約2万3,000人に「制服」として支給し，これと別にワイシャツも支給したことなどが報道され，大阪国税局が給与として課税したという（朝日新聞平成17・4・15）。国土交通省の全国の22出先事務所においては，レクレーション用のスポーツのユニホームを「作業着」と偽って公費購入していたという（朝日新聞夕刊平成17・6・24）。本書第4章注68も参照。

あって裁量権の範囲を逸脱したものということはできないとした。控訴審の福岡高裁平成18・3・24（判例地方自治283号76頁）は，福利厚生費として予算化されて執行されていることを強調して，忘年会は「全職員の親睦と交流を図ることにより，相互の信頼関係を構築することを目的として例年行っている」もので，福利厚生費として社会通念上不当な支出とはいえないとした（送別会費用については，監査請求の期間制限により却下すべきものとした）。公務員の綱紀粛正の動きのなかで，職員の福利厚生費に対する消極的評価が広まっているが，広く職員の参加する会で遊興といえない一定の飲食に補助することは許容されるというべきである。

［4］ 互助組合の活用

職員の互助組合等の活用　地方公共団体においては，福利厚生事業として職員互助組合等が活用されてきた。総務省が平成19年に集計し公表した状況によれば[83]，互助会等に対する公費支出総額と公費率（公費と会員掛金との合算額に対する公費の割合）は，次のとおりであった。

	16年度決算	17年度決算	18年度決算
都道府県	311億円（35.2％）	249億円（31.3％）	125億円（22.7％）
指定都市	169億円（67.3％）	78億円（56.3％）	57億円（49.9％）
他の市区町村	361億円（57.0％）	240億円（48.8％）	165億円（41.9％）

また，同じ公表資料によれば[84]，会員1人当たりの公費支出額は，都道府県及び指定都市の平均は，それぞれ，16年度決算で19,867円，54,961円，17年度決算で16,730円，30,159円，平成18年度決算で10,087，21,972円と，いずれも指定都市の方が高くなっている。報道を通じて批判を受けた大阪市は，平成16年度決算において1人当たり144,541円と群を抜いていたが，17年度以降は廃止されている。平成18年度決算において1人当たり金額が3万円を上回ったのは京都市のみ（30,603円）である。全国的に見て，確実に見直しが進行中である（京都市も，平成19年度予算においては，19,501

83　総務省公務員部福利課「地方公共団体における福利厚生事業の状況について」前掲。
84　総務省公務員部福利課「地方公共団体における福利厚生事業の状況について」前掲の参考資料別表1-1及び1-2。

円である）。

職員互助組合補助金等の活用をめぐる裁判例　職員互助組合等を活用した福利厚生事業の適法性が争われる住民訴訟がいくつか提起されてきた[85]。

まず，京都地裁昭和62・7・13（行集38巻6・7号550頁）は，市が，職員に対して職員厚生費（元気回復レクレーション事業補助金）として交付してきた方式について実質において給与であって給与条例主義に違反するとする住民監査請求に対して，監査委員が違法ではないが支給事務手続に紛らわしい点があるので今後適切な制度を確立するよう求めたのを受けて，次の年度に，職員互助会を設立して，同互助会に補助金を交付し，互助会が職員に対して同様の支給を行なう方法を採用した事案を扱っている。市が，元気回復レクレーション事業分として互助組合に3,330万円を支出し[86]，互助組合が，即日，会員たる職員全員に元気回復レクレーション事業助成前渡金名目で3,306万余円を支払っている。各職員に対する支払額は，一般職員で，給与月額の10％の額に22,000円及び13,000円を加えた額とされ，多い者で66,056円，少ない者で44,600円であった。支払に先立ち，各人から元気回復レクレーション事業実施計画書を提出させたが，それは，旅行先を問わず，また，観光，海水浴，里帰り，親族訪問等の目的を問うこともなかった。

こうした事実を前提にして，判決は，昭和54・8・31自治省公務員部長通知「違法な給与の支給等の是正について」[87]の存在に言及して，各人への支給金額，その算定方法，使途，使途の確認手続等を考慮すると，昭和52年度以前の元気回復レクレーション補助金名目の職員への支給，53年度にお

---

[85] 神戸地裁平成7・12・25判例タイムズ901号181頁においては，県費負担教職員により構成される職員の厚生団体に対して市が公金の支出をすることについて，地方公務員法との関係がどのようになるかが争われた。

[86] 昭和53年度の互助会の決算で，収入金3,547万余円のうち，市の補助金が3,480万円，また，支出金3,487万余円のうち，元気回復レクレーション事業が3,300万余円を占めていた。

[87] 「地方公務員の給与は，地方自治法及び地方公務員法の定めるところにより，法律又は条例に基づいて支給されるべきものである。従って，……実質的に給与とみなされるような研修費，福利厚生費などはいずれも法律又は条例に基づかない給与等であり，これらの支給を禁止する法律の規定に照らし違法となるものであること。」

いて従前と同一の目的を達成しようとした支出は，給与としての性格が強く，適法性には疑いがあるとした。しかし，被告に過失がないとして損害賠償請求自体は棄却すべきものとした。どのような使い方をするかが職員の選択に委ねられ，かつ，使途の確認手続がとられていないことから，使途自由な資金の給付というべきであり，その原資を市が交付していたというのであるから，「迂回的な給与の支給」として違法の評価を受けても仕方がないであろう。

次に，浦和地裁平成13・1・22（判例地方自治223号55頁）は，埼玉県の平成10年度職員互助会補助事業計画に基づいて交付された補助金合計2億円余のうちの療養費経理及び福祉経理に充てられたものの適法性が争われた事件である。判決は，事業の内容を掲げたうえ，補助金対象事業は，「その種類，内容及び給付の程度において，他の都道府県，民間企業における福利厚生事業のそれとおおむね類似していることが認められ，これらと対比して特に過剰であることを認めるに足りる証拠は見当たらず，また，地公法41条の趣旨に反するものともいえない」とし，自治法232条の2にいう「公益上必要がある場合」に該当するものと見るのが相当であるとした。他の都道府県や民間企業との横並び論で十分といえるか，また，それらの金額の程度自体が判決において認定されていない点に，説得力不足が感じられる。他の地方公共団体が一般的に事業内容を縮小した場合には，個別の地方公共団体の補助金交付が違法になるのかなどの問題も残されている。

職員互助組合等に対する補助金の交付が，退会給付金の原資に充てられるなどの連動関係にあるときは，違法とされることが多い[88]。

まず，直接の連動関係の認められる事案に関するものとして京都地裁平成18・5・19（判例タイムズ1230号158頁）を挙げることができる。宇治市の市職員共済組合の非適格互助年金給付事業の事業費に市が補助金を支出することの適法性を扱った事案である。組合員期間20年未満の組合員が退会したときは退会一時金を，組合員期間20年以上の組合員が死亡によらずに退会したときは選択に従って退会一時金又は互助年金を，組合員が死亡したときは遺族に対して死亡以外の退会の場合と同額の遺族退会一時金又は遺族互助金

---

[88] 碓井・公的資金助成法精義118頁以下参照。

を，それぞれ支給する事業であって，それら退会一時金等の金額は，4年以上45年までの組合員期間に応じて，組合員期間1年ごとに定められている。組合は，生命保険会社と「新企業年金保険契約（非適格）」を締結し，組合員を被保険者とする新企業年金保険契約を締結し組合が保険会社に保険料を支払い，組合員が退会又は死亡したときに保険会社から退会一時金等が支払われる仕組みであり，市が，その保険料の2分の1を負担することとしていた。この負担のために，市が組合に公金を支出したことについて，原告らは，実質的に職員に対し退職手当又は退職年金を支給するためのもので，給与条例主義に違反する違法無効なものであるとして，組合に対して返還請求することを求めた。

判決は，本件公金の支出は組合に対する補助金であって，給与条例主義に直接抵触するものではないとしつつも，「地方公共団体が，互助組合等に補助金を交付し，互助組合等がその補助金を用いて給与等に当たる給付を支給することは，直接には給与条例主義に抵触するものではないとしても」，給与条例主義の規定を「潜脱」することになるから，補助金交付の違法性の有無を判断するに当たっては，給与条例主義の規定の趣旨を考慮して判断すべきであるとした。そして，本件退職一時金等は，支給事由及び支給対象者は，退職手当のそれらとほぼ同一であり，退職手当と類似したものであって，退職手当に退職一時金等を上乗せする性質のものというべきであり，組合をしてそのような金員を支給させることとし，条例の規定によらずに組合にその費用に充てるための補助金を支出することは給与条例主義を潜脱するものであり，そのような補助金の支出は，公益性のないものであり違法というべきであるとした。そのうえで，組合が支給を受けたことについては法律上の原因がなく，支出された公金と同額の利得を得ているとして不当利得返還請求をすべきものとした。この事件の控訴審・大阪高裁平成18・12・26（判例集未登載）は，平成16年1月までの支出について監査請求期間を過ぎているので不適法であるとしたが，同年2月以降の支出を違法とした。

組合員の利益に帰する保険料に充てられる負担に着目したものであって，結論として不当利得を肯定することに筆者も賛成したいが，組合と市との関係に着目して「無効」といえることを示す必要があろう。この「潜脱」論は，次に紹介する吹田市事件の高裁判決が用いていた論法である。

次に，直接の連動関係になく，互助組合等の事業に対する一般的補助金であっても，互助組合等における事業費に占める退会給付金のウェイトが高い場合にも違法とされることがある。その典型例が吹田市の事件に関する大阪高裁平成 16・2・24（判例地方自治 263 号 9 頁）である。判決は，職員互助会への補給金の支出自体が違法でないとしても，互助会が運営する事業内容や互助会が会員に支給する給付内容如何によっては，職員に対する手当と同視され，補給金の一部が自治法 204 条の 2，232 条の 2 等の規定の趣旨を逸脱して違法と認められる場合もあると述べている。そして，退会給付金は会員が会費として支払った金額をはるかに超えるもので，補給金に対する割合も高率であることを指摘したうえ，互助会が会費収入と利息収入から退会給付金を除く給付金及び厚生事業に充てた残りの額を退会給付金に充てた場合における補給金から退会給付金の財源に用いられる計算上の最小限度の金額とそれが補給金に占める割合を算定している。それによれば，割合は，期間ごとに 45％から 91％に及んでいる。判決は，前記最小限度の金額の 3 分の 2 相当額の支出は，当不当の問題を超えて違法といわなければならないとした。互助会が会員になす給付は，直接自治法 204 条の 2 に抵触するものではないが，高額の退会給付金の財源に地方公共団体の補給金を充てるのは福利厚生等を定める地方公務員法の趣旨に反するとし，本件退会給付金は，「実際上の趣旨，金額，給付の時期等からみて，その相当性を超える部分については実質的には，地方公共団体が退職した職員に支給する退職手当金の上乗せを図っているものと言わざるを得ない」として，補給金のうち相当性を超える部分は自治法 204 条の 2 の趣旨を潜脱するものであり，自治法 232 条の 2 所定の公益上の必要の要件を欠き違法であるとした。不当利得を認めている根拠の説明が薄弱なことは，宇治市事件と同様である。

議員の互助組合等の活用　議員の互助組合等に地方公共団体が負担金や補助金を交付することの適否も問題となる。訴訟になった事例がいくつかある。

議員の自主的団体として全議員の参加による相互扶助と親睦を図ることを目的とし，議員の慶弔等に係る給付及び成人病健康診断事業を行なう神戸市議員互助会に対する市の補助金交付の適否が問題とされた。神戸地裁昭和 59・3・7（判例時報 1120 号 30 頁）は，この補助金支出は，「単に議員個人の

厚生福利に資するのみならず，議員が議会活動に専念できるための条件を整えることにより，究極的には市民の利益にも資するものである」とし，他の政令指定都市の多くも類似した議員の厚生団体に対して同様の補助を行なっていることにも照らすと，社会観念に照らして著しく妥当を欠くとまではいえないとした。

この一般論は肯定できるにせよ，そのような団体の活動内容は公開される必要があると思われる。

また，宇都宮地裁平成18・9・28（判例タイムズ1237号207頁）の事案は，全国町村議会議長会が，町村議会議員等の福利厚生事業として互助事業を実施しているところ，町が町の予算からその互助事業負担金を支出したことの適否が争われたものである。判決は，この互助事業は，加入者である町村議会議員を対象とした生命保険，傷害保険的な性質を有する事業であり，その負担金（互助負担金）は，被保険者的立場にたつ個々の加入者である議員ごとに加入口数に応じて金額が定められ，互助事業による経済的利益は議員個人が享受し，負担金も議員個人の経済的利益のために支払われるものといえると認定した。このような負担金を町が支出したことは，議員個人の利益のために議員自身が支払うべきものを町が支払ったことになるから，「直接町議会議員に対して支給されたものではないものの，町議会議員としての地位に関連して，議員個人に対して行われた給付に当たり，また，町議会議員について別途共済組合制度が存在することからすれば，社会通念上儀礼の範囲内のものであるとはいえ，地方自治法204条の2にいう『給付』に当たるというべきである」と述べて，法律又は条例の規定なくして「給与その他の給付」を支給するものであって，自治法204条の2に違反するとした。そして，町長の職にあった者，支出負担行為権限を有する課長の職にあった者には損害賠償を，負担金による利益を受けた議員には不当利得の返還を，それぞれ命じた。これらの者の債務は，不真正連帯債務ということになろうが，最終的には，負担金による利益を受けた議員が負担するのが衡平というものであろう。

[5] 公務員宿舎・職員住宅

国家公務員宿舎　国家公務員宿舎については，国家公務員宿舎法という

法律が制定されている。同法によれば，国家公務員宿舎は，公邸，無料宿舎及び有料宿舎の3種類とされている（3条）。

「公邸」は，次の職員のために設置され無料で貸与される（10条）。

> 衆参の正副議長，内閣総理大臣，国務大臣，最高裁判所裁判官，会計検査院長，人事院総裁，国立国会図書館長，衆参の事務総長，衆参の法制局長，宮内庁長官・侍従長，検事総長，内閣法制局長官，在外公館の長

公邸には，いす，テーブル等公邸に必要とする備品（もっぱら居住者の私用に供するものを除く）を備え付け，無料で貸与することとされている（11条）。これらの公邸は，福利厚生の範疇というよりは，それぞれの職務遂行を円滑に行なうという目的が強いといえよう。また，これらの職にある者は要人であるから，警備上の便宜の観点もないとはいえない。

「無料宿舎」は，次の職員のうち政令で定める者のために予算の範囲内で設置され，無料で貸与される（12条）。

① 本来の職務に伴って，通常の勤務時間外において，生命若しくは財産を保護するための非常勤務，通信施設に関連する非常勤務又はこれらと類似の性質を有する勤務に従事するためその勤務する官署の構内又はこれに近接する場所に居住しなければならない者[89]

② 研究又は実験施設に勤務する者であって継続的に行うことを必要とする研究又は実験に直接に従事するため当該施設の構内又はこれに近接する場所に居住しなければならないもの[90]

③ へき地にある官署又は特に隔離された官署に勤務する者[91]

④ 官署の管理者であって，その職務を遂行するために官署の構内又は

---

[89] 政令9条1号により，警察官署，陸上自衛隊・海上自衛隊及び航空自衛隊，刑務所・少年刑務所，拘置所，少年院，入国者収容所等，国立の病院等，独立行政法人の開設する病院に勤務する職員のうち，本来の職務に伴って，通常の勤務時間外において，国民の生命又は財産を保護するための非常勤務に従事するために当該官署の構内又はこれに隣接する場所に居住する必要がある者とされている。

[90] 政令9条3号により，法律とほぼ同様の要件が繰り返されている。

[91] 政令9条4号は「へき地にある官署に勤務する職員」としているので，特に隔離された官署であっても，「へき地」に所在しない官署に勤務する者は，無料宿舎の提供を受けられないように読める。

これに近接する場所に居住しなければならないもの[92]

政令9条により，所定の要件に該当する者について，各省各庁の長が，財務大臣に協議して指定することとされている。

「有料宿舎」は，「職員の職務に関連して国等の事務又は事業の運営に必要と認められる場合」（1号）及び「職員の在勤地における住宅不足により国等の事務又は事業の運営に支障を来たすおそれがあると認められる場合」（2号）に，予算の範囲内で設置され，有料で貸与される（法13条）。この2要件のうち，2号要件の住宅不足といえるかどうかは，それぞれの時代の住宅事情により変動する可能性のある事柄である。したがって，ある時点において住宅不足がほぼ解消したとしても，近い将来に住宅不足が見込まれる場合には，すでに建設されている宿舎を直ちに廃止しなければならないわけではない。しかし，将来も住宅不足を生ずることがないときに，宿舎の建替えにより同数の戸数の宿舎を確保しようとすることは法の趣旨に反するであろう。しかし，個別の宿舎が必ずしも2号要件によるものであると特定されていないとすると，2号要件の規範性は弱いものになる。そして，1号要件の具体的当てはめは，住宅不足以上に難しい。たとえば，頻繁な人事異動に伴う転勤により勤務地も変動する場合には，転勤が国等の事務・事業の運営に支障を生じないようにする必要があるとして，1号要件が充足されるといわれるかも知れない。また，霞ヶ関などにおいて深夜まで勤務する実態があるときに，深夜の帰宅を可能にするような宿舎を整備する必要があるという議論も予想される（もっとも，連日の深夜勤務自体が異常なことである）。民間の賃貸住宅を探して斡旋する仕組みが十分に機能するならば，必ずしも有料宿舎を準備する必要はないようにも思われる。

有料宿舎については，その使用料の水準がどのように設定されるかによって，実質的な国等の経費の程度も左右される。有料宿舎の使用料は，月額によることとされ，その標準的な建設費用の償却額，修繕費，地代及び火災保険料に相当する金額を基礎とし，かつ，居住の条件その他の事情を考慮して政令で定める算定方法により，各宿舎についてその維持管理機関が決定する

---

92 これを受けた政令の定めがないので，適用がないことになろうか。

こととされている（15 条）。政令は，延べ面積（家屋又は家屋の部分の延べ面積）と有料宿舎の所在地との組合わせにより 1 m² 当たりの使用料の基準使用料額を定めたうえ（13 条 1 項）[93]，当該宿舎が建築後相当の年数を経過しているとき，その立地条件，構造又は施設が著しく他と異なるとき，その土地又は家屋若しくは家屋の部分の延べ面積が著しく大きいとき，その他特別の事情があるときは 1 m² 当たり基準使用料の額又は当該宿舎の延べ面積に調整を加えることができるとしている（13 条 2 項）。

地方公共団体の職員住宅　地方公共団体においても，国と同様に長の公舎を設置している場合がある。その入居料の定め方の例をみると，たとえば，福岡県の知事公舎条例施行規則は，知事公舎のうち専ら居住の用に供する部分の床面積を対象として，1 m² 当たりの基準入居料の額（885 円から経過年数に応じた金額[94]を控除した額）に専ら居住の用に供する部分の床面積を乗じて算定した額の 2 分の 1 の額としている。20 年を経過していない 100 m² の専ら居住の用に供する部分を有する知事公舎の入居料は，88,500 円の 2 分の 1 の 44,250 円となる。このような知事公舎入居料をどのようにみるか，人により判断の分かれるところであろう。

　地方公共団体における一般職員の住宅提供に関する政策は，その地方公共団体職員の置かれている状況により一様ではない。東京都は，勤務時間外の非常勤務のため常時待機的な拘束を強いられる職員の第 1 号住宅，勤務時間外の応急的災害対策等に当たる者，通常の勤務場所に比して僻遠な場所の公署に勤務する者等の第 2 号住宅及び住宅に困窮している職員のための第 3 号住宅を区別している（東京都職員住宅管理規則）。小さな町村にあって，その町村の外には事務所等を有しないときは，職員住宅を用意する必要性が認識されないことも多い。もっとも，過疎地域等で，その町村の外から優秀な職

---

[93] たとえば，東京都特別区で 55 m² 未満のものは 536 円，55 m² 以上 70 m² 未満のもの 623 円，70 m² 以上 80 m² 未満のもの 934 円，80 m² 以上 100 m² 未満のもの 1,035 円，100 m² 以上のもの 1,206 円である。これによれば，都心の新築の 80 m² の宿舎で調整を要しないものの月額使用料は，82,800 円となる。このような使用料水準をどのように見るかが問題となる。

[94] 20 年経過の場合の 333 円から始まって 50 年経過の場合の 533 円までが定められている。

員を確保するために，特に住宅を用意して職員を公募するようなことも例外的にあろう。

　都道府県の場合には，さまざまな理由から職員住宅を用意する例がある。

　第一に，新規採用職員で現住所からの通勤が困難な者に対する住宅の提供である。新規職員の現住所が，当該都道府県の外にある場合もあるが，当該都道府県の中にある場合であっても勤務地との関係において通勤が困難な場合があり，そのような職員に住宅を提供する必要性が認識されることがあるからであろう。

　第二に，都道府県の区域が広域にわたるので，交通事情等によって，その勤務地も広く点在し，異動を命じられた職員が勤務地に自ら住宅を求めることが困難又は臨時的経費を伴うことに配慮する必要性がある。また，東京事務所を設けている道府県（一部には，市にも例がある）が，職員に東京事務所勤務を命ずる場合も同様である。

　第三に，必ずしも都道府県に限定されるわけではないが，国家公務員の出向者を迎えるのに住宅を提供する必要性が認識される場合も多い（自治省から出向した職員に対して県が借上マンションを低額で貸与したことを違法でないとした例として・徳島地裁平成6・4・15判例タイムズ897号99頁〈参考〉及びその控訴審・高松高裁平成7・3・20判例タイムズ897号96頁）。

　このような背景で実際のルールを，たとえば福岡県についてみると，「福岡県職員住宅貸付規則」は，職員住宅の貸付けは，「新たに採用された職員又は転任を命ぜられた職員で，現住所からの通勤が困難と認められるもの」及び「人材確保のために知事が必要と認めた者」に限定している（3条1項）。そして，貸付料は，「家賃算定基礎額」に，専用床面積を70で除した数値，職員住宅所在地に応じて定められている数値[95]，住宅の構造と経過年数により算出される数値[96]を乗じて算定した額から，住居手当相当額を減じた額とされている。「家賃算定基礎額」は，寮以外は70,900円，寮は53,200円である。

　前記の「人材確保のために」必要と認めた者に対して，特別に優遇する家

---

[95] 最高は福岡市の1.05で，北九州市0.90のように減少し，県内の市町村で最も低い数値は0.70とされ，県外の市町村については公営住宅法施行令2条1項1号に規定する数値とされている。

賃とすることができるかどうかは、一つの法的論点である。外国において、しばしばフリンジ・ベネフィットを含めて特定ポストの人材を求めることがある。日本においても、特別の行政課題に対して特別の人材（それは、国家公務員からの出向者という意味ではない）を求める必要性が高まると思われるので、そのような必要性に向けた法的検討が求められるといえよう。

5 報償費

[1] 役務提供の対価としての報償費

報償費の意味の確認　第1章において述べたように、国においては、「国が国の事務又は事業を円滑かつ効果的に遂行するため、当面の任務と状況に応じその都度の判断で最も適当と認められる方法により機動的に使用する経費（例えば国の事務又は事業に関し功労があった者等に対し特に労苦に報い更にそのような寄与を奨励することを適当と認める場合において使用する経費又は部外の協力者に対して謝礼的又は代償的な意味において使用する経費）」をもって、「報償費」と定義したうえで、内閣官房報償費や外務省報償費が使用されている（本書47頁以下）。この定義には、「その都度の判断」、「機動的に使用」という表現があるにすぎず、決して機密費であることを示しているわけではない。しかし、実際の運用には、細部の使途を示さないものが多い（情報公開との関係については、本書第2章4 [2] において述べた）。

これに比べて、地方公共団体における報償費は、自治法施行規則別記の「歳出予算に係る節の区分（第15条関係）」において「報償費」の節があり、さらに、その説明として、報償金（報酬に掲げる以外のもの（謝礼金を含む。））、賞賜金、買上金が掲げられている[97]。報償費は、「役務の提供や施設の利用

96　木造以外は（1−0.0114×経過年数）、木造は（1−0.0177×経過年数）とされている。経過年数については一定の調整等がある。

97　賞賜金は、「警察吏員の犯人検挙の際の賞与金、卒業生優秀者の表彰金等善行等を広くほめあらわす際に与えるもの」であり、買上金は、「害虫買上げ等の奨励的意味を持つ買上げに要する経費」を計上するとされている。松本英昭『地方公共団体の予算』（ぎょうせい、昭和54年）148頁、宮元義雄編著『予算（現代財務全集②）』（第一法規、昭和63年）156頁。

などによって受けた利益のつぐない」であり[98],「役務の提供等に対する純粋な謝礼又はいわゆる報償的意味の強い経費」が計上されるという[99]。したがって, 報償費に役務の提供の対価が含まれるが, 報酬, 給与, 退職手当等の実質をもつものを報償費として支出することはできない。これらについては, 自治法204条の2により条例に基づき, それぞれ, 別の費目により執行されなければならない。報償費は, もっぱら個人による役務の提供等に対する対価なのであって, 地方公共団体の機関のなす役務の提供等に対する対価ではないのである[100]。

　役務提供の種類に応じて, 多様な報償金がありうる。講演等の謝金, 人命救助に係る謝礼, 多少奨励的意味をもつ納税報奨金等も含まれるという[101]。自治会の役員に対して報償金が支払われることもある[102]。神戸地裁平成13・12・19（判例地方自治231号21頁）の事案は,「行政協力員」に対する委託料（戸数割）と行政協力員報酬（均等割）の支給の適法性を扱ったものである。行政協力員は, 要綱により, 各集落（自治会, 町内会を含む）から推薦を受けた各集落の代表者であって, その業務は, ①町広報等の配布, ②「善意の人」「ささゆり賞」等表彰候補者の推薦, ③各種選挙事務についての協力, ④土木事業等町行政の推進協力, ⑤住民同和学習会の開催, ⑥その他行政連絡の伝達, 募金協力等, とされていた。このうち, ①は, 毎月発行の広報, 年4回発行の「議会だより」,「共済だより」などの各戸への配布で, 通常の月で10種類程度, 多い月は20種類程度に達していた。平成9年3月に支出したのは, 委託料（戸数割）は, 1戸当たり2,259円に集落の世帯数を乗じて得た金額を1集落当たりの支払額とするものであり, 報酬（均等

98　宮元義雄編著『予算（現代財務全集②）』（第一法規, 昭和63年）155頁。
99　松本英昭『地方公共団体の予算』（ぎょうせい, 昭和54年）148頁。
100　宮元義雄編著『予算（現代財務全集②）』（第一法規, 昭和63年）156頁。
101　松本英昭『地方公共団体の予算』（ぎょうせい, 昭和54年）148頁, 宮元義雄編著『予算（現代財務全集②）』（第一法規, 昭和63年）156頁。
102　大津地裁平成15・12・15判例集未登載における認定事実。さいたま地裁平成14・8・7判例集未登載においては, 区長会主催の視察研修が, 町から区長らに報酬として支払われた行政区運営委託料を含む区長の自己負担により実施されたものと認定されている。

割）は，1集落当たり9万円であった。住民訴訟を提起した原告は，この支払の仕組みは不合理で違法であると主張したが，判決は，この方式，算出方法，金額は適正であるとした。

町長の職にあった被告の主張によれば，行政協力員との関係は，随意契約による業務委託契約であったという。①及び⑥の業務はともかくとして，すべての業務が業務委託契約をもって説明できるわけではない。②，③，⑤等の業務については，「報酬」名目で報償金が支払われていたものとみてよいであろう。いずれにせよ，このような報償金を違法とすることはできない。

食糧費を用いた接遇の後の「おみやげ」について，食糧費と一体のものと判断すべきか，独自に報償費としての適否を判断すべきかが問題になる。食糧費を充てた会合の性質に応じて，出席者に対する報償の性質が認められる場合と，接遇と一体のものと判断される場合があろう[103]。

反対給付性等の検討　前述したように，奨励的色彩のあるものも報償費として支出することが許されるが，反対給付性は，報償費の重要な要素である[104]。報償費の適法性が争われた代表的裁判例として，大阪高裁平成8・11・22（判例タイムズ927号115頁）を挙げることができる。報償費を充てる経費が，反対給付的性格が明らかな場合はもとより，奨励的色彩が強い場合にも，執行機関には，一定の限度でその裁量に基づいて支出することができる，としつつ，「奨励的意味合いが強くなる反面，反対給付的性格が薄れていくものについては，報償費支出の正当性の判断は曖昧で安易に流れ易いから，支出決定に際しては，十分な検討が必要であるし，市民感情等諸般の状

---

[103]　大津地裁平成10・9・21判例地方自治189号12頁は，空港整備事務所が開いた接遇の際の「おみやげ代」が報償費であるとしつつも，おみやげの中身が，接遇の場所として使われた料理店の折詰め（1人当たり1,751円から2,575円の範囲のもの）であるところ，そもそも接遇の場に出席してもらうことが役務提供等といえるかは疑問が多いうえ，空港整備事務所の負担で酒食を提供していることを超えて謝礼を支払わなければならないほどの役務提供とは到底考えられないとして，裁量権を逸脱・濫用した違法な支出であるとした。

[104]　岡山地裁平成14・6・26判例地方自治241号55頁は，町内の地区焼却場対策委員会の委員に支払われた「賃金」名目の支出について，同委員会は，迷惑施設の設置場所の当事者の代表機関として町と独立し，対立する立場にあったもので，町が支給する理由はないとして報償金に当たらないとした。

況などにも慎重な配慮をしなければならない」と述べている。さらに，支出の目的が，行政事務の遂行に際しての，関係公務員等に対する情報収集，折衝等の交際的色彩の強いものの場合には，本来の報償費の性格から離れて，かなり異質性を帯びたものになってくるので，その違法性の有無の判断にあたっても，「支出の反対給付性について十分な検討をすることはもちろん，支出目的の正当性，支出態様の社会的相当性などをも総合して検討する必要がある」と論じている。そして，違法性の判断基準として，「違法性を否定するには，相手方から提供を受けた情報・助言の必要性・有益性が認められるとともに，右情報・助言の提供者に対して反対給付をすべき場合（状況によっては，奨励的な意味合いを込めて給付すべき場合）であると認められることが必要である」と指摘している。判決は，このような基本的スタンスに立って，市の空港対策室が，運輸省職員，自治省職員，空港専門家，関係機関に対して，空港アクセスの南ルート架橋推進の相談，打合せ等に対する謝礼として交付したとされる支出について，この行政目的のために行なわれたことを一応認めることができるとしつつ，次のような理由で，報償費支出は，裁量権を逸脱した違法なものであると結論づけている。

　その交付先が明確でなく，関係機関，空港専門家が具体的に何を指すのか明らかでなく，誰にどのように交付したかも不明であること，報償費支出をして得られた情報・助言の必要性・有益性を明らかにする的確な証拠及び相手方がどのような立場で情報・助言を提供したかを明らかにする的確な証拠のいずれもないこと，情報・助言の提供がなされた場所及び機会は不明であること，これらを総合すると，「本件報償費支出は，これが一定の行政目的のもとに行われたものと認めるとしても，情報・助言の内容や，同提供者の地位，氏名，その提供方法などが不明であるから，右認定の運輸省職員，自治省職員，空港専門家，関係機関などと抽象的に示される者からの，これまた抽象的な情報，助言と，これに対する報償としての交付目的物の価格との比較衡量をすると」，前記の要件を充たしていない「社会通念上不相当なもの」というべきである，としている。

　警察の捜査報償費等（本書第1章3［5］を参照）について，その内容を秘匿しようとすることが，結果的に裁判所により役務提供の実体を欠くものと

認定される場合がある。たとえば，仙台地裁平成17・6・21（判例集未登載）は，宮城県警本部総務室会計課長の職にあった者に対して，総額で約2,000万円の損害賠償を請求した旧4号請求住民訴訟である。それによれば，平成12年度報償費の毎月の受入額及び年の受入額がほとんど使い切られたこと，各課（隊）及び署の毎月の協力者数が特定の人数に集中する傾向があったこと，月別犯罪発生件数等と受入額，支払額，協力者数に相関関係が認められないことを指摘し，それは，「取扱者が捜査員に資金前渡された現金を必要の都度交付することによって，緊急時にも機動的に執行できるように配慮されている費目」である報償費の執行と相反するものであって，支出の実体が存したのかを疑わせるものであるとした（特に鑑識課について，毎月10万円前後，年間124万円の報償費を受け入れて，月ごと，年単位のいずれもほとんど使い切ったことになっており，支出の実体がどの程度存したか疑わしいとした）。さらに，警視庁や北海道警等における裏金，宮城県警の情報公開審査会の答申，監査や知事の要求に対する県警の対応等を総合すると，平成12年度に県警本部の報償費の支払の相当部分が実体がなかったものと推認する余地があり，鑑識課についてはその全額123万円につき実体がなかった疑いが強いとした。しかし，判決は，被告が決裁や支出命令をなすに当たり支出の実体を欠く違法なものであることを知ることができたことを認めるに足る証拠はなく，重過失があるともいえないので，報償費支払の実体がないとしても請求を棄却すべきものとした。この判決は，個人の賠償責任を否定しつつ，組織としての報償費の違法な使用の強い疑いを指摘して，報償費の執行に強い警鐘を鳴らしたものと評価することができる（警告判決）。請求棄却にもかかわらず，将来に向けた是正効果を期待できる判決である。

［2］ 給与等との関係

地方事務官に対する報償費支給の適否 前述の大阪高裁平成8・11・22（判例タイムズ927号115頁）は，一般論として，「当該行政事務にかかわる官庁の関係公務員であっても，当該公務員の職務遂行自体としてではなく，一個人として専門的な立場から情報・助言を提供することがあり，この場合には，講演会等の講師・助言者と同視することができるから」，情報・助言

の提供に対する反対給付的な趣旨で報償費を支出することは許されるべきである，と述べている。国家公務員倫理法違反の疑いのある反対給付に充てるため報償金を交付した場合に，国家公務員倫理法違反問題は，地方公共団体の支出の適法性とは別の問題であるといえるのか，広い意味の政府部門にある地方公共団体は，国家公務員倫理法の規律も受けているとして公金支出を違法とすべきか問題となろう。同法の規範性を強く認めるならば，無効であるとして不当利得返還請求権を行使すべき場合もあるかも知れない[105]。

現在は廃止されている地方事務官に対する報償費の支出が争われた事件がある[106]。高知地裁平成12・3・31（判例集未登載）である。高知県が社会保険地方事務官に対し，「知事の指揮監督下にある国費職員に対する報償費支給要領」を定めて，平成5年度から，県の行政に対する協力費として報償費を支給した。平成8年度についてみると，保険課及び国民年金課（社会保険事務所を含む）に所属する地方事務官は，いずれも知事の指揮監督のもとに県民生活に密接な関係を有する社会保険及び国民年金業務に従事し，県の社会福祉行政と一体になって県民福祉向上のため多大な貢献をしたとして，県行政への協力に対する謝金として，地方事務官172名に報償費として合計554万8,100円（168名に対し1名当たり32,700円，残る4名には中途人事異動を理由に13,625円から21,800円）を支出した。判決は，報償費の適法性の判断方法について次のように述べた。

> 「報償費は，受けた利益の反対給付であるが，奨励的な性格を帯びることもあり，その支出の正当性については，反対給付といえるようなものであるかどうかはもちろん，反対給付をすべき場合であるかどうか，社会通念上相当な範囲内にあるか，支出態様が社会的に相当かなど諸般の事情を考慮して判断されるべきである。」

そして，高知県において，社会保険地方事務官が行なっている老人保健法，生活保護法，国民健康保険法，農業者年金保険法に対する事務は，地方事務

---

105 さらに規範性を強く認めると，不法原因給付になるとする見解もありうるが，それは，地方公共団体の財政にとっては歓迎できない解釈論である。
106 朝日新聞平成9・1・19によれば，同社調べで31都府県で年間約21億円が支給されていたという。

官の職務ではなく，これらの事務に対する謝礼として，地方事務官に対し，奨励的意味合いの強い報償費を支給すること自体は十分ありうると述べた。しかし，個々の地方事務官の県行政への協力の程度は質・量とも千差万別であるのに，地方事務官1名当たり一律に32,700円を支給したもので，反対給付性は極めて希薄であり，社会保険地方事務官という地位にある者全員にその協力の程度を問うことなく一律の金額を支給したといわざるを得ない，と述べた。さらに，社会保険地方事務官が取り扱った職務外の事務は，社会保険地方事務官の有する保険の専門的知識が必要とされる種類の事務であって，そのほとんどが，職務上の指揮監督権を有する県（知事）から協力を要請されるまま，本来の職務時間中に行なわれてきたもので，法律上の義務こそ負わないものの，これらの事務に不可欠な担い手として，当然のこととして予定され，本来の職務と渾然一体として取り扱っていたものと認定した[107]。結局，法令によらずして社会保険地方事務官の給与に実質的な上乗せをしたと見られても仕方のないものであり，正当な報償費の支給と評価できるものではなく，専決により支出負担行為をした被告Gの行為は違法であるとした。しかし，この支出負担行為に重大かつ明白な瑕疵があるとはいえないので，これを前提にした被告Hの支出命令及び被告Iによる支払は，いずれも財務会計行為として違法ということはできないとした。さらに，被告Gには，故意又は重過失が認められないので，同被告が賠償責任を負うものではないとした。かくて，この判決も，請求棄却判決であるにもかかわらず，報償費の執行について警鐘を鳴らすものであった。なお，社会保険地方事務官は，現在は制度自体が廃止されている。

　この事件の控訴審・高松高裁平成13・2・26（判例集未登載）は，支出負担行為，支出命令はともに本来的権限が知事にあるから，支出負担行為が違法である場合には支出命令も当然に違法となるし，支払も違法になるとして，この点において1審判決と異なる判断をしたうえ，3被告とも故意又は重過

---

[107] このほか，判決は，高知県において昭和46年から総務部福利厚生課の予算から職員互助会，職員団体を経由して社会保険地方事務官に金銭が支給されていたところ，その支出方法に問題があるという指摘を受けて，その方法が平成4年度で取りやめられて，平成5年度から報償費の方法となったことも指摘している。

失がないとして，請求を棄却すべきものとした。報償費に係る支出負担行為以降の行為全部を違法としたのであるから，1審判決に対するコメントは，そのまま妥当する。

なお，かつて，路線価の算定に協力した市の職員に対して謝礼を支払っていたことが報じられた[108]。協力に対しては，職員個人に対してではなく，市自体に対して交付する仕組みの是非を正面から検討すべきであろう。政府間関係における協力をいかに扱うかという基本問題の一環をなしていると思われる。

議員以外の職務に対する報償金　地方公共団体の議員は，議会の議員活動のほかに，さまざまな活動をすることが多い。そのような議員に対して報償金を支給することの適否が争われることがある。津地裁昭和45・2・26（行集21巻2号379頁）は，津市が競艇事業に関する市長の諮問機関として津市競艇運営協議会を設置し，その委員は，市議会議員のうちから任命された6名，三重県競走会役職員のうちから任命された3名，市の職員から任命された3名の合計12名の競艇運営委員により構成されていた。そして，競艇事業開始15周年を記念して競艇事業関係者の表彰を行なうこととし，その一環として競艇運営委員の一部も表彰して記念品代を特別会計予算の競艇事業費の報償費から支給した。原告らは，市議会議員から任命された競艇運営委員の仕事は，市議会議員本来の職務と関連を有しているというべきであって，記念品代の支給は，議員に対する金員の支給として自治法204条の2に違反すると主張した。これに対して，判決は，市議会議員のうちから任命される競艇運営委員の仕事は，市議会議員の本来の職務とは関係のないものというべきであるとし，違法はないとした[109]。

この事案については，この判決に加えるべきコメントはないが，地方公共団体の議員の多様な活動のなかには，微妙な事案も登場すると推測される。

108　朝日新聞平成9・12・10，同平成9・12・11，同平成9・12・12。
109　この事案に関しては，附属機関条例設置主義との問題も議論すべきかも知れない。

第4章　旅費・費用弁償

1　旅　　費

[1]　旅費の規律

国家公務員の場合　国にあっては,「国家公務員等の旅費に関する法律」(昭和25年法律第114号) が制定されている。この法律は,公務のため旅行する国家公務員等に対し支給する旅費についての基準を定めて,公務の円滑な運営に資するとともに国費の適正な支出を図ることを目的としている (1条1項参照)。

旅費は,国家公務員 (=「職員」) の出張及び赴任に対して支給されるほか,職員の配偶者又は遺族が所定の事由に該当する場合にも,所定の者に支給される (3条)。出張及び赴任以外の支給事由と支給の相手が法に列挙されている (3条2項)。代表例を挙げると,①職員が出張又は赴任のための内国旅行中に退職,免職 (罷免を含む),失職又は休職 (=「退職等」) となった場合 (当該退職に伴う旅行を必要としない場合を除く) には,当該職員に支給する (1号)。すでに概算払で支給を受けている旅費の一部を返還しないで済むようにするとともに,「帰住旅費」[1]を支給するものであるとされる[2]。②職員が出張又は赴任のための内国旅行中に死亡した場合には,当該職員の遺族に支給する (2号)。これは,死亡の事実に基づいて遺族に旅費を支給し遺体処理等の費用に充てるとともに,概算払により支給された旅費の返還をしなくてよいことにするものである[3]。③職員が,外国の在勤地において死亡し,

---

[1]　「帰住」は,旅費法におけるテクニカル・タームであって,「職員が退職し,又は死亡した場合において,その職員若しくはその扶養親族又はその遺族が生活の根拠地となる地に旅行すること」と定義されている (2条1項8号)。

[2]　旅費法令研究会編・詳解37頁。

[3]　旅費法令研究会編・詳解39頁。

又は出張若しくは赴任のための外国旅行中に死亡した場合には，当該職員の遺族に支給する（5号）。外国在勤の職員がその在勤地において死亡した場合には，外国であるが故に葬祭，遺体処理等の不時の出費を要することに鑑みてそのような費用を補てんする趣旨によるとされる。出張又は赴任のための外国旅行中に職員が死亡した場合の支給は前記②と同じとされる[4]。④職員が死亡した場合において，当該職員の本邦にある遺族がその死亡の日の翌日から3月以内にその居住地を出発して帰住したときは，その遺族に支給する（3号）。⑤外国在勤の職員が死亡した場合において，当該職員の外国にある遺族（配偶者及び子に限る）がその死亡の日の翌日から3月以内にその居住地を出発して帰住したときは，その遺族に支給する（6号）。④と⑤とは，いずれも遺族の「帰住旅費」を支給しようとするものであって，遺族が3月以内に居住地を出発しないときは，居ついたものと見ることにしている。⑤の遺族が配偶者及び子に限定されているのは，外国旅行の場合の扶養親族移転料が妻及び子に限定されていること（38条）に対応しているとされる[5]。⑥外国在勤の職員の配偶者が，当該職員の在勤地において死亡し，又は法38条1項1号若しくは2号の規定に該当する外国旅行中に死亡した場合には，当該職員に支給する（7号）。

　旅行は，原則として旅行命令又は旅行依頼（「旅行命令等」）によって行なうこととされ（4条），公務上の必要又は天災その他やむを得ない事情により当初の旅行命令等に従って旅行できない場合には，予め旅行命令等の変更の申請をしなければならないが（5条1項），その申請のいとまがない場合には，旅行命令等に従わないで旅行した後，できるだけすみやかに変更の申請をしなければならない（5条2項）。

実費弁償方式（証拠方式）・定額方式　　旅費制度において，実際に要した旅費を過不足なく支給する実費弁償（実費支給）方式と，「標準的な実費額を基礎として計算された定額」を支給する定額支給方式とがある。前者は，証拠資料に基づいて支給額を定めようとする点において「証拠方式」と呼ばれる[6]。旅費の建前が実費弁償にあることは大前提であるものの，それを徹

---

[4]　旅費法令研究会編・詳解40頁。
[5]　旅費法令研究会編・詳解41頁。

底することはできず，多くの旅費の種目が定額方式として定められている。両方式は，本当に旅行のために必要とされた費用であるかどうかの判定方法の違いであると理解されている[7]。

旅費法6条が旅費の種類を列挙し，日当，宿泊料，食卓料，移転料，着後手当，支度料については定額方式であることが明示されている。また，車賃については，路程に応じた定額又は実費額によることとされている。

6条において，単に「旅客運賃」とされている航空賃については，旅費法18条に「現に支払った旅客運賃による」と定められているので，実額弁償方式が採用されている。多様な価格の割引航空運賃が見られるようになったことに伴い，平成12年の旅費支給規程の改正により，常に支払ったことを証明するに足りる資料（航空券の半券を含む）の添付を求めることとされている[8]。実費弁償方式と定額方式については，後に再度考察する。

国会議員の場合　国会議員に関しては，「国会議員の歳費，旅費及び手当等に関する法律」が，「議長，副議長及び議員は，議院の公務により派遣された場合は，別に定めるところにより旅費を受ける」と規定している。しかし，この「別に定めるところ」は，実際には「国会議員の歳費，旅費及び手当等支給規程」である。それは，前記法律の13条が「両議院の議長が協議して定める」としているのを受けた規程である。国家公務員につき旅費法により定め，地方公共団体の職員につき，次に述べるように条例主義が採用されているのと対照的である。この仕組みは，国会議員の旅費を国民の知りにくい状況に置いているといわなければならない。

この規程によれば，次のような支給がなされる。議長，副議長及び議員が議院の公務により国内に派遣された場合には，旅行日数に応じて日額19,200円（議長にあっては，日額22,100円）の定額による旅費のほか，内閣総理大臣等が公務により国内を旅行する場合の例により，鉄道賃，船賃及び航空賃を支給する（4条1項）。また，これらの者が議院の公務により外国に派遣された場合には，政府職員が外国に旅行する場合に受ける旅費の例によ

6　旅費法令研究会編・詳解4頁。
7　旅費法令研究会編・詳解4頁。
8　旅費法令研究会編・詳解146頁。

り，鉄道賃，船賃，航空賃，車賃，日当，宿泊料，食卓料，支度料，旅行雑費及び死亡手当を支給する（9条1項）。そして，この場合の旅費の額は，議長にあっては内閣総理大臣と，副議長及び議員にあっては国務大臣と同一の額とする。ただし，議長において特別の事情があると認めるとき又は当該旅行の性質上正規の旅費を支給する必要がないと認めるときはこれを減額して支給することができる（9条2項）。

地方公共団体の場合　地方公共団体にあっては，議員や非常勤職員に対しては，「職務を行うため要する費用の弁償」（自治法203条3項）として，その額及び支給方法を条例で定めなければならない（同条5項）。長，補助機関たる常勤の職員等に対しては「旅費」（204条1項）として，同様に条例で定めなければならない（同条3項）。このようにして，費用弁償・旅費に関する条例主義が採用されている。これを受けて，地方公共団体が条例を制定している。議員に関しては，たとえば，「東京都議会議員の報酬，費用弁償及び期末手当に関する条例」のように，報酬，費用弁償及び期末手当を一括して一つの条例で定める方式が採用されている。もちろん，費用弁償条例のみを別個に定めることもできる。

費用弁償に関しては，二種類のもの，すなわち，①職務のための出張に伴う旅費，及び②議会（委員会等を含む）の招集に応じて会議に出席した場合の費用弁償を定めるのが普通である。後者の②の費用弁償については後述する（本章2）。

前記の東京都の条例は，出張に伴う旅費に関しては，順路により費用を弁償するものとし，鉄道賃，船賃，航空賃，車賃，日当，旅行雑費，宿泊料，食卓料，支度料，渡航手数料及び死亡手当とし，その額は，「東京都知事等の給料等に関する条例」の規定により副知事が受けるべき額に相当する額とされている。ただし，議長又は副議長が都議会を代表する場合は，同条例の規定により知事が受けるべき額に相当する額とされている（7条1項）。職務のために都の区域内又は都の区域と隣接する県の区域内に出張したとき（航空賃又は宿泊料の支払いを伴うときを除く）は，費用弁償として1日につき12,000円とされている（8条）。

前記条例に登場する「東京都知事等の給料等に関する条例」によれば，知

事，副知事，出納長及び特別職の指定に関する条例に基づく秘書の職にある者（知事等）が公務により旅行するときは順路により旅費を支給するとし（3条1項），その旅費の算定方法は，同条例に定めるものを除き旅費条例の例によるとしている（3条2項）。旅費の種類は，鉄道賃，船賃，航空賃，車賃，日当，旅行雑費，宿泊料，食卓料，移転料，着後手当，扶養親族移転料，支度料，渡航手数料及び死亡手当とされている（3条3項）。ただし，「鉄道賃，船賃及び外国旅行の航空賃」，「内国旅行の日当，宿泊料及び食卓料」，「内国旅行の移転料」，「外国旅行の日当，宿泊料及び食卓料」及び「支度料」については，別表方式で定めている。たとえば，知事の外国旅行の航空賃は，運賃の等級を2以上の階級に区分する航空路による旅行の場合は，最上級の運賃の範囲内の実費額とされている。

日当の支給の縮減，宿泊手当支給・航空運賃の等級の見直し　　旅費について，かつては先例を踏襲する傾向が強かったが，このところ見直しが進行している。

第一に，日当を支給する範囲の縮減等の動きがある。国の「日当」は，「旅行中の昼食費及びこれに伴う諸雑費並びに目的地である地域内を巡回する場合の交通費等を賄うための旅費」と説明され，金額的には概ね昼食代が半分，その他の費用が半分とされている[9]。道路網の整備と自動車の普及により，たとえば県の職員が県内出張する際には，日当を支給しないことにしたところも多い[10]。さらに，日当の支給を外国への出張のみに限定する地方公共団体もある（神奈川県）。

第二に，道路交通網の整備や新幹線の開通で，従来は一定距離以上の場合に自動的に支給してきた宿泊料を廃止することにした例もある[11]。

第三に，特別職職員の航空運賃について，従来ファースト・クラス運賃を

---

[9] 旅費法令研究会編・詳解77頁。
[10] 静岡県は，国内旅行に関して，日当に代えて「旅行諸費」として，①目的地のすべてが静岡県内にある旅行（在勤庁が県内にある職員の旅行に限る）又は人事委員会規則で定める旅行の場合は1日につき200円，②それ以外の場合は1日につき800円としたうえ，①の旅行であって在勤庁から4キロメートル以内の地域におけるものについては支給しないとしている。外国旅行に関しては，「日当」が残されている。
[11] 長野県喬木村について，信濃毎日新聞平成10・3・3。

支給してきたところをビジネス・クラス運賃に改めるなどの動きも見られた。

旅費支給の方法　旅費に関しては，確定払（自費等で旅費を一時立て替えて旅行を行ない旅行終了後に旅費を請求し確定額の支払いを受ける方法），概算払（旅行出発前に概算額で旅費を請求し支払いを受ける方法）があり，概算払の場合は，旅行終了後に精算確定をして，概算払額と過不足を生ずる場合は支払又は返納がなされる（精算払）。実際は，概算払方式が一般的で，急を要する旅行で事前に旅費請求をできなかった場合に確定払方式がとられる[12]。

しかし，電子政府の構築のために，旅費支給事務の改革が進行中である。各府省情報化統括責任者（CIO）連絡会議平成16・9・15決定「物品調達，物品管理，謝金・諸手当，補助金及び旅費の各業務・システム最適化計画」は，「旅行業務・システム」に関して，決裁の電子化及び入力の自動化に加えて，「支払業務の合理化」として，①概算払（及びそれに伴う返納）は煩雑な手続が生ずるので，精算払[13]を原則とする，②近距離で頻度の多い出張・外勤についてはその都度の精算を行なわないこととし，毎月1回程度一括して精算処理すること，を掲げ，さらに，「支払の電子化」，「決裁階層の簡素化」，「業務処理の標準化」，「情報の一元管理」及び「旅費計算業務等の外部委託化」を掲げている。

最近は，旅行する職員の手を経ずに旅行費用が支出される方法が採用されることがある。切符の現物支給が典型である。民間企業が地方公共団体向けの旅費システムのソフトウエアを開発し[14]，それを導入する地方公共団体が増加しているが，それらの中には，地方公共団体又はその委託業者（旅行業者）が切符や宿泊先を手配して，旅行者に現金を交付する必要のない方法も見られるようである[15]。旅行業者を通ずることにより割引を得ることが可能となる場合もある。

議員の派遣の許容性　地方議会が議員を海外に派遣することができるか

12　以上，旅費法令研究会編・詳解102頁。
13　ここにいう「精算払」は，確定払の意味であろう。
14　内部の決裁のみを電子的に処理するものもある。
15　システム開発及び旅費処理業務の外注により，それら業務は，民間事業者の重要な市場ともなっている。

どうかについては，最高裁昭和63・3・10（判例時報1270号73頁）が，「普通地方公共団体の議会は，当該地方公共団体の議決機関として，その機能を果たすために必要な限度で広範な権能を有し，合理的な必要性があるときはその裁量により議員を海外に派遣することもできる」と述べて，市議会が東南アジア行政視察に議員6名を，米国行政視察に議員12名を派遣したことに違法はないとした。この判決は，自治法に明文の規定がない段階において，議決機関の権能を根拠に議員派遣が許されることを述べたものである。国内・海外を問わず議員を派遣することができること自体については争いがないであろう。しかしながら，公務上の必要性に基づくものといえるかどうかをめぐり争われることが多い。この点について，次に考察しよう。

[2] 公務上の必要性・公務性

公務上の必要性・旅行の公務性　　旅費は，「公務」のための旅行に対して支給される。したがって，目的が公務上の必要性に基づいて行なわれる旅行で，かつ，結果としても公務性の認められるものでなければならない。目的と結果との両面において公務であることが，旅費支出の適法性の要件である。これらの要件の充足は，国及び地方公共団体の双方に必要とされる要件である。これらの二つを合わせて「広義の公務性」と呼ぶことができよう。公務性の要件は，国内旅行であれ海外旅行であれ，異なるところはない。

地方公共団体にあっては，旅行の公務性の有無が争われる住民訴訟が多数見られる[16]。

たとえば，福井県知事が随行者3名とともに，フィレンツェ，ミラノ，ハンブルク，ヴィンゼン等に出張した事案について，福井地裁平成13・10・27（判例地方自治229号19頁）は，出張先の大部分が観光地あるいは観光名

---

[16] 稀に，研修に参加したとして旅費等の支払請求訴訟が提起されることもある。仙台高裁平成13・11・28判例集未登載は，町議会議員が海外研修旅行の一部に参加したとしてその分の旅費，日当等の支払いを求める請求について，議会の視察承認議決は，視察参加議員は団体統制の下に予め定められた日程に従って行動することを前提に当該旅行日程に従って旅行した場合に限り旅費等を支給するという内容を含んでいたのであり，当該議員も旅費等の請求をしないことを事前に約束して視察に同行したものであるなどとして棄却すべきものとした。

所といわれる場所で約1週間以上に及ぶ日程であることや，費用が知事は200万円，職員は1人当たり100万円を超えていることなど，県の厳しい財政状況に照らして実体が適切であるかどうか疑義を生じさせる側面もないではないとしつつも，知事及び職員が広く国内外の事情に通じてその見識と能力を高めることも必要であり，それがひいては住民の利益にも繋がるとして，具体の出張旅行が社会通念上相当性を欠いているとはいえず公務性が認められるとした（条例の定める増額調整との関係において，ホテルの室の選定につき，多くても基本額の3倍の額を超える部分につき格別の事情があったとは認められないので裁量権を逸脱した違法があるとした）。しかし，見識と能力を高めることが必要であるとしても，それが公費負担によるべきものかどうかについては，より具体的な必要性が認定されなければならないと思われる。

また，2008年オリンピックの大阪市への招致活動の目的で市職員をシドニーオリンピックに派遣したことについて派遣の必要性を認めた事例（大阪地裁平成18・3・15判例集未登載）がある。オリンピック招致活動という具体的目的との関係において必要な公務旅行といえるので，前記の福井県の例とは大いに異なっている。

他方，公費による旅行者が，予め計画された私的旅行者と一体の行動をする外国旅行について，私的旅行と認定された例がある[17]。

国内の旅行についても，旅行の必要性・公務性が争われることがある。たとえば，札幌地裁平成14・2・15（判例集未登載）は，廃棄物処理施設の建設予定地の住民に施設の安全性や環境に与える影響等について不安を解消し，施設に関する正確な情報をわかりやすく提供することにより理解を深めるため，数名の住民を嘱託職員に任命し随行職員とともに，すでに稼動している他の地方公共団体の施設を視察したものであるとして，不必要な視察とはいえないとした。

また，町内会，自治会等の役員の視察旅行の費用を公金から支出することの適法性が問題とされることが多い[18]。東京高裁平成15・2・27（判例集未登載）は，区長・区長代理50人の視察研修と称する旅行について，区長[19]の

---

[17] 和歌山地裁平成15・10・28判例集未登載。大学訪問等があったとしても，一般の観光旅行と変わらないものであるとした。詳しくは，本章1［4］を参照。

職務遂行に必要な見聞や知識を広める視察・研修的な要素があり，相互の理解や懇親を深めることによって地域社会における公務の遂行に役立つ面があったことは否定できないとしつつも，視察・研修のために宿泊する必要性があったとは認められず，全体としてみれば，相互理解や懇親の域を超えて，慰安ないし観光に比重が置かれたものであったとし[20]，公務とはいえないものであるとした。

　なお，公用車を利用して旅行した場合に，それが公務外とされるときに，その公用車の運転手の手当相当額を旅行者の不当利得と認定できる場合がある。東京地裁平成12・3・31（判例時報1750号80頁）は，特別区の区長が区長室職員の職場旅行への出席が公務と認めることができないとして，有料道路料金相当額，ガソリン代相当額，運転手の時間外勤務手当相当額について不当利得として返還すべきであるとした。公務性を否定する点については疑問があるが[21]，公務性を否定する場合に不当利得を認定することは可能であると思われる。

18　視察旅行の主催者が地方公共団体であるのか，自治会等であるのかが問題になることもある。さいたま地裁平成14・8・7判例集未登載は，従来町の主催で実施してきた区長視察研修を，区長会主催の視察に切り替えて，区長が負担する資金の一部に町が交付する行政区運営委託料を充てたものと認定している。なお，この視察旅行に町の総務課長及び総務課員が参加し，かつ，町有バスを運転手つきで視察の用に供したことなどを適法と判断している。公的資金助成の側面からの問題について，碓井・公的資金助成法精義141頁。そこに掲げた判決のほか，自治連合会の実施した県外研修に市職員が同行し旅費を支出した場合につき，奈良地裁平成15・2・26判例地方自治249号9頁は，研修参加者の世話といった点については，その必要性，相当性に若干疑問の余地があるものの，他市における研修を円滑に進めたり，他市の実態を何らかの形で市政に反映することについては，必要性，相当性があるといえるとして，職員の同行の公務性を認めた。

19　昭和62年の条例改正まで区長には特別職非常勤職員の地位が認められていた。

20　140万円の公金支出のうち，6割を超える部分が宿泊と懇親会に充てられていること，2日目の昼食代と昼のビール代を加えると7割に相当する金額となることから，慰安の要素が強かったとしている。

21　判決は，「親睦旅行における親睦が地方自治体の事務であると観念すること」は困難であるとして公務外であるとしているが，それは，区長室職員の懇親の場に区長の立場で出席することの公務性の否定に直結するものではないと思われる。

一部に公務性が欠けている場合の損害 　一連の旅行の一部に公務性を欠く部分がある場合に他の部分については公務性を認める考え方が主流である。その場合に、損害額をどのように認定するかが問題となる。後述のように、日程の一部に公務性を欠く部分がある場合には、その日程部分に限って滞在手当等を損害額とする考え方が一般的である。主たる目的地までの往復旅費についても、公務日程ないし公務時間と非公務日程ないし非公務時間とに按分するという考え方もありうるが、そのような考え方は採用されていない。

　山形県議会が議員等を北海道・東北6県議員交流大会に1泊2日で派遣し、1日目に意見交換会（基調講演と分科会）、2日目に野球大会が、開催された場合について、山形地裁平成12・10・31（判例タイムズ1105号151頁）は、意見交換会の公務性は認められるが、野球大会参加に公務性を認めることはできないとしつつ、「派遣先の行事の一部のものについて公務性が肯定され、一部において否定される場合、公務性が否定される行事が全日程の大半を占め、当該派遣全体において公務性を否定すべき特段の事情がない限り、当該派遣自体の適法性には影響がなく、派遣に必要な支出のうち、公務性が肯定される行事への参加に必要な限度を超える支出、換言すると一部の公務性が否定される行事への参加がなければ免れたであろう支出のみが、違法の評価を受けるというべきである」と述べた（残余説）。そして、具体の交流大会への派遣のための支出のうち野球大会への参加がなければ免れたであろう支出のみが違法な支出となるとし、交流大会の日程からすると、意見交換会終了後当日中に帰宅することは不可能若しくは著しく困難であるから旅費、宿泊費等は適法な支出であるとした。

　これに対して、さいたま地裁平成18・5・31（判例集未登載）は、1泊2日の視察のうち1日目は公務であるが2日目が公務外である場合について、2分の1が不当利得になるとした（按分説）。この事例に残余説を適用するならば、宿泊費及び2日目の移動に要する費用（日当）が不用になるかどうかの問題ということになろう。

　山形地裁判決は、一定の留保を付しているので（「公務性が否定される行事が日程の大半を占め、当該派遣全体において公務性を否定すべき特段の事情」）、この留保を前提にするならば、通常は残余説でよいように思われる。しかも、

それは，航空賃の一部（たとえば半額）のみを支給するような方法が用意されていない現状においては，事務処理の方式にも適合している。しかし，将来は，公務と私的用務とを併せて行なう旅行を明示的に許容し，按分する方式も模索すべきであろう。そのようになれば，個人的な趣味を追求する日程を「見識」を高めるなどと無理に説明する必要もなくなる。なお，この点は，海外旅行の場合に，より一層問題となる事柄である（本章1［4］参照）。

　一部個人負担方式・補助金方式　旅費支給の対象たる旅行の公務性を問題にするのは，前述したように，その必要な費用を所定の算定方法に従って全額公費負担することを前提にすることが多い。しかし，海外派遣の場合を中心に，全額を公費負担としないために，旅行者個人の旅行と位置づけたうえで，一定額の補助金を交付する方法も採用されている。

　補助金方式の採用された事案についての裁判例が見られる。

　まず，和歌山地裁平成12・12・12（判例集未登載）は，和歌山市議会議員により構成される「弘和クラブ」に対して市が視察費に充てる補助金を交付し，議員らが同クラブに旅費の申請をして受領した金員を2泊3日の国内旅行に充てた場合に関して，その旅行の実態は視察を目的としたものではなく，視察に名を借りた観光旅行にほかならないとし，議員らの行為は不法行為を構成するから，市は議員らに対して損害賠償請求権を取得するとして，財産の管理を怠る事実の違法があるとした。この事実関係の下で，判決は，観光旅行ではあっても，それにより精算や損害賠償等の問題が生じることは別として，公金支出自体が違法とされる理由はないとした。

　次に，福島地裁平成15・3・25（判例集未登載）を挙げることができる。町議会議員7名が行政視察研修として8日間にわたりスイス，フランスを旅行した際に町が1人当たり10万円の補助金を交付したことが違法であると主張して提起された住民訴訟の判決である。判決は，旅行の目的は欧州の環境衛生施設（ごみ処理施設，下水道施設）の状況を広く研修するという正当なものであったし，この目的を達成するのに必要な日程が組まれていることを認めつつ，フィレンツェ市内視察，パリ市内視察，ルーブル美術館視察等は一般人の観光旅行と特に異なる視察をしたとは認められないので，この旅行には海外視察の側面と議員個人の観光旅行の側面とが併有されているとした。

そして，公費から視察旅行の旅費の一部が支給されるにとどまり，個人負担が相当程度あるときは，支給された補助金額と公務関連の視察との間の均衡が著しく失われていなければ，旅程に個人の観光旅行の部分が含まれていても直ちに違法であるとまではいえない，とした。この判決は，公務旅行と個人観光旅行との併存（公私混在旅行）を肯定するものである。実際上の必要性に鑑みて，このような考え方に賛成しておきたい[22]。

議員の海外視察見直しの動き　法的な許容性の問題とは別に，議員の海外視察を見直す動きが広まっている。新聞報道によれば，都道府県，政令指定市，特別区，県庁所在市の各議会のうち，平成19年3月時点で，茨城，千葉，島根，山口など8県議会，静岡，堺，神戸の3政令指定市，19特別区，9県庁所在市の計39議会に達しており，予算に計上している場合も，ほとんどが条件や制限を加えているという[23]。しかし，たとえば，任期中に，2期目以上の議員は1人130万円，1期は60万円のような制限（長崎県）を付することは，逆に内容的な吟味を要しないことを示唆することになりやすい。

タクシー券の利用　旅費支給（費用弁償）に代えてタクシー券を交付する場合がある。東京都において，帰宅用の使用は，超過勤務が深夜（概ね11時を超える）に及んだ場合に認めていたことにつき，東京地裁平成10・5・28（判例タイムズ983号224頁）は，超過勤務のため帰宅が深夜に及び，通常の交通機関による帰宅が困難又は不可能となる場合等には公務の遂行上必要があるものとして例外的にタクシーによる帰宅を認めようとするもので，給与条例の趣旨に照らして合理性を有するとし，「タクシー券を使用しての帰宅が適法なものと評価できるのは，特段の事情のない限り，通勤手当の支給などの各種手当の支給において『住所』であると給与条例上取り扱われ，かつ，現実に当該職員の生活の本拠となっている場所に帰宅した場合に限られる」と述べた。そして，住所が職員住宅にあるのに毎週末に家族の住む横浜の家に帰るのにタクシー券を使用したことを違法とした。この判決は，地方

---

[22]　碓井・公的資金助成法精義124頁。
[23]　朝日新聞平成19・3・26。同紙によれば，予算に計上しているのは，39都道府県，12政令指定市，4特別区，25県庁所在市の計80議会で，長野市を除き，参加対象者や渡航回数，費用などに条件や制限があるという。

公共団体の経費支弁について定める自治法232条，及び物品管理者は物品を供用しようとするときはその使用目的に適合するように使用させなければならない旨を定める都物品管理規則違反としたものである。その職員は，タクシー券の使用者であると同時にタクシー券に係る物品管理者でもあった。常識に適った判断というべきである[24]。

[３] 議員の派遣等をめぐる判例

単なる観光旅行との区別　　地方議会議員の視察については，議員自身の希望が重視されることが多い。高槻市において会派視察（議員１人でも可）と呼ばれる議員視察があって，議員１人当たり年間20万円の範囲内で原則として議会の閉会中に議長の承認又は許可を得て実施されていたことにつき観光旅行にすぎないとして争われた事件について，大阪地裁平成９・７・17（判例地方自治173号51頁）は，まず，一般論として，「議会は，当該普通地方公共団体の議決機関として，議案その他の審査権及び団体の事務調査権に基づき，その権能を適切に果たすために必要な限度で広範な権能を有しているから，合理的な必要性が認められるときは，その裁量により構成員たる議員をして視察等のために派遣することが認められるというべきである」と述べ，当該市議会本会議において自己の所属する常任委員会に付託される議案については質疑を行なわず，所属外の委員会の付託議案に質疑できることになっていること，議案審議終結後の一般質問では市の一般事務に質問できることになっていることなどを挙げて，議会の議員視察等の派遣は，事項，地域とも広範なものとならざるを得ないと述べた。そして，具体の複数の出張について判断した。

たとえば，①名護市等への視察について，１日目は，市役所建物を外から見学し，タクシーで博物館，城跡，ガジュマロの木等を見学し，２日目は，宮古島に向かい市民会館を訪れた程度でホテルで過ごし，３日目は，平良市議会事務局職員の案内で市営球場，地下ダム，トライアスロンのコース等を

24　最終電車に間に合う時間帯等におけるタクシー券の使用が違法とされた事例として，大阪地裁平成14・９・26判例地方自治237号55頁がある。本書34頁を参照。

見学した場合につき，地域活性化に資するための出張であって，議長が承認したことに裁量権の逸脱・濫用はないとした。

また，②市の緑化計画の推進に関心を有する議員が，高知県のフラワーロードの実情を見学するとして，高知駅到着後に県庁，市役所周辺，中央公園，はりまや橋等を徒歩で回り，タクシーで五台山に登り高知市全域を眺め，翌日は，市役所老人福祉課にて老人憩所や保健婦センターの場所を聞き，みどり課にて市民参加の緑化事業の内容の話を聞いたうえ，「桂浜花街道」までタクシーで往復し，途中花が植えられている状況等を見るとともに，老人憩所及び保健婦センターに立ち寄り内部を見学した（その後委員会や議会本会議でフラワーセンター建築構想について質疑を行なったことも認定されている）場合について，行政視察としていささか杜撰で不十分との非難は免れないものの，なお私的な観光旅行と断ずることはできないとした。

さらに，③昼間人口の増加に伴う町おこしを図るための方策として観光事業を考え小樽市の観光行政に関心を抱いていた議員が，1日目は札幌市に着いて大通公園を歩き宿泊，翌日に小樽市に行って，市博物館，小樽運河及びその付近の倉庫，倉庫を利用したガラス製品の販売所を見学し，天狗山にあるガラス工房にてガラス製品を見たという事案についても，行政視察としては，いささか杜撰で不十分との非難は免れないものの，私的な観光旅行と断ずることはできないとした。

このような認定方法によれば，地域活性化目的，緑化構想，観光行政などを掲げるならば，どのような場所をどのように訪れても裁量の範囲内になってしまうように思われる。要するに，名目はいかようにもなり，かつ，議員の選択によることができる仕組みに大いに疑問を感じるものである。議員の行なう特別の目的の視察について公費負担とすることは当然として，議員としての一般的な見聞を広めることは，本来は自己負担で行なうべきことであるように思われる。

この事件の控訴審の大阪高裁平成11・4・16（判例地方自治193号10頁）は，一般論としては，「視察等への議員の派遣については，その必要性，相当性の有無，対象，範囲，方法等の判断は，議会の自治に任され，原則的にその議会（議会閉会中にあっては，議長）の裁量に委ねられていると解すべき

であって，その目的，動機，態様等に照らして，視察（行政出張）として著しく妥当性を欠く場合に限り公務性が否定され」，議会（議長）の視察承認が裁量の範囲を著しく逸脱し裁量権を濫用した違法なものとなると述べて，原審と同様の判断を示しつつ，個別の旅行については，原審が裁量の範囲内としたもののうち，次の5件については公務性に乏しく，会派視察の出張として著しく妥当性を欠くとして損害を賠償すべきものとした。

　第一に，町役場，公民館，福祉機器販売店を見学した後，労働組合主催の政界再編を主たるテーマとするシンポジウムに参加した場合につき，所属する政党の活動としてなされた色彩が強く，目的，動機及び態様等からして，公務性に乏しいとした。第二に，高齢者問題等の老人福祉を考えることを目的として出張先の市民団体が主催したシンポジウムへの参加と観光地松島の視察について，前者は，当該議員が代表者を務める市民団体に案内状が来て仲間5名とともに参加したものであり，後者は同議員が役員をしていた観光協会の役員としての立場から観光を目的として行なったものであるとして，公務性に乏しいとした。第三に，前述の高知市への出張事案について，事前に市の担当部局と連絡をとり，あるいは出張中に担当部局職員の説明を受けることなくなされたものであること，回った場所等に鑑み高知市内の観光名所をタクシーで回ったにすぎないといえないではないこと等から，公務性に乏しいとした。第四に，小樽出張の事案に関しては，観光名所を回ったにすぎず，市の担当部局の職員から話を聞いたこともないなどのことから，公務性に乏しいとした。第五に，高齢化問題について国会議員に陳情するために東京に出張した事案について，「地方公共団体において多くの問題で国との調整等を必要としていることから，陳情を行うことが議会（議員）の権能の範囲であることを肯認し得るとしても，市会議員が自己と同一の党派の国会議員に会って陳情を行うことは，その目的，動機，態様等に鑑み，公務性に乏しく，会派視察による出張として，著しく妥当性を欠くものというべきである」とした。

　この控訴審判決が，原審とほぼ同様の判断基準からスタートして，これほどまでに異なる判断，すなわち，公務性を欠くという結論に到達したのはなぜであろうか。二つの点を指摘しておきたい。

第一に，前記の第三及び第四に掲げた単なる観光旅行の判断は，原審も杜撰で不十分としていたものであって，紙一重で異なる結論に至ったもので，実質的に大きく異なるわけではない。しかし，単なる観光にすぎないかも知れないという姿勢で，行政視察といえる手懸かりを探そうとするか，逆に，それぞれの市政の課題のためには広範な視察が許容されるということからスタートするかにより，結論が違ってくるように思われる。要するに，控訴審は，一般論として原審に同調しつつ，具体の判断を行なうときの思考は，かなり違うスタンスであったものと推測される。

　第二に，議員が所属する政党や市民団体の活動と評価されやすいものについて公務性を欠くとされていることである。この点については，それらが個人としての活動として評価すべきであるとの見方は理解できるものの，実質的内容においては最も市政に役立つ場合がありうるという矛盾も感じられる。すなわち，訪問先の役所との事前の打ち合わせをするなどの手続をとれば平板な視察旅行の公務性が肯定される一方，具体の施策実現のために所属政党の活動を利用しようとすると公務性が否定されるというわけである。

　いずれにせよ，単なる観光等の実質を有する旅行に公務性を認めることはできない[25]。

平成14年自治法改正　その後，平成14年法律第4号により自治法100条12項の条文が追加挿入された。「議会は，議案の審査又は当該普通地方公共団体の事務に関する調査のためその他議会において必要があると認めるときは，会議規則の定めるところにより，議員を派遣することができる」という条項である。この規定により初めて議員派遣が可能となったのではなく，この規定は，会議規則に定めておくことを義務づけた点に意味がある[26]。会議規則にどのような定めを置くかは，個別地方公共団体の議会の自律権に委ねられている。たとえば，神奈川県議会会議規則は，この規定により議員を派遣しようとするときは，議会の議決でこれを決定する（ただし，緊急を要する場合又は閉会中においては，議長が議員の派遣を決定することができる）旨

---

[25]　たとえば，甲府地裁平成10・3・31判例地方自治181号30頁は，議員互助会主催の視察研修旅行について，ゴルフプレーの遊興目的で実施されたもので視察研修の実体を有しないとして，バス借上げ料，懇親会の飲料費等の支出を違法とした。

(113条の2第1項），この議員の派遣を決定するに当たっては，派遣の目的，場所及び期間を明らかにしなければならない旨（同条2項）を定めている。また，長野県議会会議規則138条の2は，議会の議決で議員派遣を決定する旨（1項）及び派遣決定に当たっては，派遣の目的，場所，期間その他必要な事項を明らかにしなければならない旨（2項）を定めている。他の地方公共団体も，ほぼ同様の定めを置くにとどまっていると推測される。これらの例は，手続を定めるのみで，議員派遣の内容的規律を予定しているとはいえないように思われる。したがって，以下に紹介する平成14年改正前の判例は，同改正後においても通用するといえよう。

徳島県議会野球大会旅費事件最高裁判決　　旅費の支給をめぐる基本的な判例は最高裁平成15・1・17（民集57巻1号1頁）である。それまでに議員野球大会参加旅費をめぐる下級審裁判例が多数出されていた状況において，議員野球大会に対する最高裁の法的評価を下した判決である。第49回全国都道府県議会議員軟式野球大会に参加するため県議会議員26名に旅行命令を発し，議会事務局長が病気療養中のため議会事務局長兼総務課長Ａが議会事務局職員9名に旅行命令を発し，これに基づいて旅行がなされた。このために支出した旅費の適法性が争われた事件である。

　1審の徳島地裁平成11・11・26（判例タイムズ1037号141頁）は，まず，裁量論を展開した。すなわち，議会は，「議決機関として，その権能を適切に果たすために合理的な必要性がある場合，その議員を国内又は海外に派遣することができ，派遣目的や派遣先，派遣内容等の決定については，原則的に議会の合理的な裁量に委ねられていると解すべきであるから，議員派遣の必要性や，派遣内容の相当性等についての議会の判断は，議員派遣の目的，動機，態様等に照らし，これが著しく妥当性を欠いていると認められる場合

26　同改正前において，名古屋地裁平成12・4・14判例地方自治207号9頁は，自治法109条の2第3項1号の「議会の運営に関する事項」には，議事に関する事項のみならず，議会としての対外的な活動や内部的な自治に関する事項も含まれると解されるので，内部的な自治に関する事項に含まれる海外派遣も同号の事項として，議会運営委員会の調査，審査権限に属するとして，議会運営委員会における人選と視察目的，その日程と視察先について決定し議長による旅行計画の承認手続をとった行政調査を適法とした。

にかぎり，裁量権を逸脱又は濫用したものとして違法になると解すべきである」。ここには，明示的な引用が見られないものの，議員の海外派遣に関する最高裁昭和63・3・10（判例時報1270号73頁）に従っていることは明らかであろう。そして，「議員の派遣が議会活動の一環もしくはその権能を適切に果たすためになされるもの，すなわち公務として行われることからすると，少なくとも，その日程や行事計画等からみて，これに参加する議員が，他の都道府県議会議員と，個人的な親睦，交流を持つにとどまらず，県政の重要課題にかかわり県政の発展に資するような事項について，積極的に意見，情報交換等を図ることが期待できることが必要であると解され，そのような内容となっているかぎりにおいて，他の都道府県議会議員との意見交換等の目的，意義が認められ，派遣の必要性及び相当性が肯定される」という見解にたち，具体の事案について議員派遣の必要性や相当性を認めることができないとした。

控訴審の高松高裁平成12・9・28（民集57巻1号66頁）は，合理性基準による裁量論を展開した。地方議会は議決機関として広範な権能を有しているから，「普通地方公共団体の施策を適切に実現するため，他の普通地方公共団体の実情を把握し，意見交換をし，又は相互交流等を目的として，議員を他の地方公共団体に派遣することも，議会の権能を適切に果たすために合理的な必要性がある場合には許されることはいうまでもない」とし，その場合の議員の旅行は議員の職務のための旅行であり，その事務を取り扱うために議会事務局職員が随行することも「職務」ないし「公務」であると述べ，合理的必要性の有無の判断は，「当該地方議会の合理的な裁量に委ねられているものであるが，派遣の目的，態様等に照らして右派遣決定等に必要性がある旨の地方議会の判断が著しく妥当性を欠くと認められるときは，裁量権の行使に逸脱又は濫用があるものとして違法と解すべきである」とした。野球大会の場合における裁量権の逸脱・濫用の有無は，野球大会の意義，議員の参加する目的，参加と目的達成との関連性，野球大会の実態，参加による具体的な効果などを総合的に勘案し，「野球大会への参加が，地方議会の権能を適切に果たすための権限の行使と合理的に関連するかどうかにより判断されるべきである」と述べた。具体の事案に関する判断のなかで，日程，行事

計画のうえで意見交換や相互交流等の機会が設けられておらず，現実に行なわれたことも認められないとして，本件野球大会への参加は，「地方議会の機能を適切に果たすための権限の行使」[27]と合理的に関連するとは認められないとした。

　最高裁も，昭和63年最高裁判決を引用して，各旅行命令に裁量権の逸脱・濫用があるとした原審の判断は是認できるとした。ただし，原審が議員の不当利得返還義務を肯定した判断については是認できるとしたが，知事に代わって専決権限を有するＡが議員旅費について支出負担行為，支出命令をしたことについては，旅行命令が著しく合理性を欠き，そのために予算執行の適正確保の見地から看過し得ない瑕疵があるとまでいうことはできないから[28]，財務会計法規上の義務に違反してされた違法なものであるということはできないと同時に，故意又は重大な過失があるとはいえないので，損害賠償責任を肯定することはできないとした。

　さらに，議会事務局職員が支給された旅費について原審が不当利得を認めた点についても，次のように述べて，是認できないとした。すなわち，「地方公務員法によれば，地方公共団体の職員は，上司の職務上の命令に忠実に従わなければならないものとされており（同法32条），上司の職務命令に重大かつ明白な瑕疵がない限り，これに従う義務を負うものと解される。上記服務関係からすれば，地方公共団体の職員が職務命令である旅行命令に従って旅行をした場合には，職員は，旅行命令に重大かつ明白な瑕疵がない限り，当該旅行に対して旅費の支給を受けることができ，それが不当利得となるものではない」というのである。具体の事案において，旅行命令に重大かつ明

27　この判決において，「地方議会の権能を適切に果たすための権限の行使」の表現と「地方議会の機能を適切に果たすための権限の行使」という表現とが用いられている。しかし，これは文脈から同じ意味なのであろう。

28　このような考え方は，下級審においても見られたところである。福岡地裁平成11・10・22判例タイムズ1037号149頁は，1日校長事件判決を引用して，長は，議長がその議員を海外に派遣することを決定した場合には，その決定が著しく合理性を欠き，その予算執行の適正を確保する見地から看過することのできない瑕疵が存する場合でないかぎり，その決定を尊重し，その内容に応じた財務会計上の措置を採るべき義務があり，これを拒むことはできないとした。

1　旅　費　　　　265

白な瑕疵があったとはいえないから，不当利得とはならないとした[29]。結局，参加議員の不当利得返還のみが認められたことになる。

　この判決は，地方議会の議員派遣の権能とその限界，不当利得の成否等に関して，その後の下級審裁判所にも大きな影響を及ぼすことになる。

　ところで，議会，議長及び予算執行権を有する長という地方公共団体の組織の構造との関係において，検討すべき問題がある。

　第一に，この最高裁判決は，参加議員の不当利得返還を肯定している。同判決も，一般職員は上司の職務命令に従う義務を強調しているところ，議員に対する旅行命令に関しては職務命令と同視し得るような強い効力を認めていないと解される。この点は，希望しない議員は参加しないで済むという運用実態を重視したものかも知れない[30]。

　第二に，議員又は議会事務局職員に対して議長が旅行命令を発し，その旅行が違法であるという場合に，議長が損害賠償責任を負うのかどうかである。山形地裁平成12・10・31（判例タイムズ1105号151頁）は，前記の第49回

───────

[29] 同じ野球大会に係る大分県職員の応援旅費の事件についても最高裁平成17・3・10判例時報1894号3頁が，同趣旨により旅行した職員の不当利得を否定する判断をした。その原審・福岡高裁平成12・10・26判例タイムズ1066号240頁は，旅行した職員の不当利得を認めるとともに，知事及び旅費の支出命令を専決した職員には当該職員としての損害賠償責任を肯定していたが，最高裁は，違法な旅行命令を前提にしてなされた支出命令であるとしつつ，知事にはそれを阻止すべき指揮監督上の義務に違反し故意又は過失により阻止しなかったとはいえないとし，また，専決職員にも故意又は重大な過失があったとはいえないとして，知事も専決職員も，ともに損害賠償責任を負わないとした。

[30] 議長の旅行命令に基づいて全国議員野球大会参加の旅費の支給を受けた議員の不当利得を肯定した裁判例がある。東京高裁平成12・4・26判例地方自治208号29頁は旅行命令及び旅費支出が違法な派遣決定に基づいたものであることを理由に法律上の原因を欠くとした。秋田地裁平成12・4・28判例タイムズ1061号170頁も，支出の違法を理由に不当利得を肯定している。最高裁平成17・3・10判例時報1894号3頁の原審・福岡高裁平成12・10・26判例タイムズ1066号240頁も，違法な支出に基づくものであることを理由に法律上の原因を欠くとしていた。これらの裁判例は，特に「無効」であることを強調していない。これに対して，福島地裁平成12・9・5判例タイムズ1061号155頁は，旅行命令が違法無効であるから旅費支出が法律上の原因を欠くもので議員の不当利得であるとした。

全国都道府県議会軟式野球大会及び北海道東北6県議会議員交流の軟式野球大会に県議会議員が参加し，職員が随行した場合の費用弁償・旅費を扱ったものである。議長（個人）は，旧4号前段の「当該職員」には該当しないが，地方公共団体の有する実体法上の請求権の相手方として4号後段請求の被告適格を有するという前提で，全国野球大会については参加議員らの相互の親睦とレクレーションの域を出るものではなく公費負担により派遣する合理的必要性があるとは認められないとし，議会の派遣決定は著しく妥当性を欠き裁量権を逸脱した違法があり，その決定に従って議長により発せられた旅行命令も違法であるとした。さらに，議会事務局職員に対する旅行命令も違法であるとした（北海道東北野球大会の件については，後に改めて紹介する）。

　以上のような違法な旅行命令を発した議長について，判決は，議長として議員及び議会事務局長に国内外への旅行命令を発し，また，議員の派遣に随行する職員の旅行命令を議会事務局等に要請する立場にあるのであるから，それらの際には，議員や職員を公務といえないものに派遣させないよう防止する注意義務があるというべきであると述べ，議員への旅行命令が議会の裁量に基づく判断であっても，この注意義務は影響を受けないとした。財務会計職員でない者も，一般の不法行為責任を負うことがあり，それを旧4号請求により住民訴訟により追及できることは当然である。

　常任委員会の調査目的の派遣　自治法109条4項は，「常任委員会は，その部門に属する当該普通地方公共団体の事務に関する調査を行い，議案，陳情等を審査する」と規定している。これを受けて地方議会の会議規則において常任委員会による議員の派遣について定めていることがある。たとえば，大阪府議会会議規則72条は，「委員会は，審査又は調査のため委員を派遣しようとするときは，その日時，場所，目的及び経費等を記載した派遣承認要求書を議長に提出し，あらかじめ承認を受けなければならない」としている（鳥取県議会会議規則67条も同趣旨）。また，大阪市会会議規則92条は，その前の91条の議員派遣の規定に続けて，「委員会は，審査又は調査のため委員を派遣しようとするときは，あらかじめ議長の承認を受けなければならない」と定めている。しかし，会議規則に特に規定を置かない地方議会もある（神奈川県，横浜市）。

そこで，自治法100条12項の規定は，議会委員会による委員派遣には適用がないのかどうかが問題になる。おそらく二つの解釈があろう。第一は，委員会による委員の派遣は，議会による議員の派遣に包摂されるのであるから，議会の会議規則で定めるべきであるとするものである。第二は，委員会による委員の派遣は，自治法100条12項の適用範囲外であるが，自治法111条に基づく「委員会に関し必要な事項」として，委員の派遣に関しては委員会条例において定めることが予定されているというものである。神奈川県は，前述のように県議会会議規則には委員の派遣に関する規定を置いていないが，神奈川県議会委員会条例17条の2が，「委員会は，審査又は調査のため，議長の承認を得て委員を派遣することができる」と定めている。この条文は，自治法に100条12項が追加挿入された直後に条例に追加挿入されたもののようであるから，第二の解釈に基づいていると見られる。

　第一の方法によっていた蕨市の議会総務常任委員会に属する委員が議長の承認を得て委員7名，随行員1名で実施された筑紫野市及び鳥栖市の視察の途中で，2名（そのうちの1名が議長職にある）の委員が旅程を変更して鳥栖市を訪問せずに福岡競艇場を訪問した後に他の視察参加者に合流した場合における旅費を扱った事案がある。さいたま地裁平成18・5・31（判例集未登載）である。判決は，その旅程変更が，あまりにも唐突であり，競艇開催のポスターを見て福岡競艇場で競艇が開催されていることを知り，地味な行政視察をする代わりに半日競艇に興じたといわれてもやむを得ないとし，競艇訪問は私的行動であって公務の範囲とはいえないと判断するのが相当であり，競艇場訪問に係る旅費については不当利得として返還義務を負うとした。なお，不当利得の金額は，視察の日数が2日であるので，その半額が不当利得に該当するとした。

　宿泊の必要性　　旅行先における視察等の公務性が肯定される場合であっても，宿泊を伴う旅行の必要性があるかどうかが問題になることがある。前橋地裁平成16・12・17（判例集未登載）は，群馬県議会景気対策・科学技術特別委員会及びこども未来特別委員会が，それぞれ1泊2日の県内調査を実施した場合の旅費等の適否を問題にした事件に関する判決である。いずれも1日目の宿泊先において県職員を交えた酒食を伴う懇談会が開催されている。

判決は，懇談会の実施を除いて考えると，2日間の視察を宿泊を伴って連日で行なう必要性があったとは認められない（別の日程で日帰りで実施することも，連日で行なう場合も日帰り視察が可能である）とし，宿泊が是認されるためには懇談会実施の必要性が認められなければならないところ，酒食を伴う懇談会を行なうためのみでホテルに宿泊する公務上の必要性があったとは認められないとした。このような方式の視察が，あまり疑問視されることなく実施されてきたと推測されるだけに，注目しておく必要のある判決であろう。

[4] 海外視察等

外国旅行の多様性　外国旅行は，国にあっては，政府間協議等のために日常的に行なわれている。しかも，各省庁の担当者レベルから始まって，局長級，大臣，さらに首相というように旅行者のレベルは多様である。一般論としては観光目的の旅行は公務性を有しないとする考え方があるにしても，首相が首脳会談の目的で海外を訪問し，その日程に観光を入れたからといって，公務性を欠くとはいえないであろう。また，天皇・皇后・皇太子等が海外を訪問し名所・旧跡を訪れたとしても「公務」にほかならないとされるであろう。このように，国にあっては，どのような立場の旅行者であるかによって公務性の判断基準が異なってくる。

地方公共団体の場合　地方公共団体の長や地方議会の議員の海外視察をめぐって違法な公金の支出であるとして争われ，判例として蓄積されつつある。

まず，議会が議員を海外に派遣することができるかどうかについては，すでに紹介したように，最高裁昭和63・3・10（判例時報1270号73頁）が，「普通地方公共団体の議会は，当該地方公共団体の議決機関として，その機能を果たすために必要な限度で広範な権能を有し，合理的な必要性があるときはその裁量により議員を海外に派遣することもできる」と述べて，市議会が東南アジア行政視察に議員6名を，米国行政視察に議員12名を派遣したことに違法はないとする原審の判断（大阪高裁昭和58・9・30行集34巻9号1718頁は，1審の大阪地裁昭和57・11・10行集33巻11号2269頁を引用している）を是認した。この判決は，議会による議員の派遣に関するもので，その

後の裁判例において引用されることになった判決である。長が議員を海外に派遣できるかどうかについて，静岡地裁平成6・9・16（判例地方自治137号9頁）は，傍論ながら，「市町村長は，当該市町村の行政目的を達成するために必要があるときは，当該市町村の職員のみならず，その議会に所属する議員を海外に派遣することもなし得るものであって，その派遣の要否，派遣する議員の人選，日程等については，議会側に対して相当の配慮をなすべきであるとしても，その決定は市町村長の裁量に委ねられているものと解すべきであり，市町村長が右目的のために議員を海外に派遣すること自体が直ちに違法となるものではない」と述べた[31]。正当というべきであろう。

姉妹都市交流関係の旅行，視察関係の旅行をめぐる訴訟事件が多く，その場合に，単なる観光にすぎないのかどうかが問題とされる。そのような事件のうち，吉野町の東南アジア議員研修旅行事件に関し，最高裁平成9・9・30（判例時報1620号50頁）は，外国の行政事情につき議員が知識を深め議会の活動能力を高めるために外国における産業・経済・文化に関する行政を視察するという研修目的にかかわらず，業者に旅行計画の立案を任せたうえ，その業者が前記行政目的に関係する行動計画を一切含めることなく遊興を主たる内容とし観光に終始する日程で旅行計画が出され，総議員20名のうち14名の参加議員は，このような事情を承知して実施を決定したもので，議会による旅行決定に裁量権を逸脱した違法があるとして，旅行参加者に旅費相当額の支払を命じた。旅行に参加した議員に返還を命じたのは，職員が上司の職務命令に忠実に従わなければならないのと異なり，議員が議会の意思決定に関与していたという事情によると思われる。

地方公共団体の事務といえるかどうかという点が争点とされた訴訟も見られる。東京地裁平成14・8・29（判例集未登載）の事案は，東京都の知事及び外務長が他の職員2名とともに中華民国総統就任式に出席するために台湾に出張したことが日本国の外交方針に反するなどとして提起された旧4号損害賠償請求住民訴訟である。判決は，地方公共団体である東京都固有の事務

---

[31] 具体的事案は，町が外国の町との姉妹都市提携に向けて友好関係を深めるために，それぞれの町に関係する鉄道の間の姉妹鉄道提携15周年を記念するレセプションに町の代表者を出席させるために副議長を派遣したことを適法としたものである。

としての外国の地域等との交流の範囲を逸脱し知事の裁量権の逸脱・濫用があったと断定することは困難であるとして，請求を棄却した。

姉妹都市提携の調印目的の海外旅行の公務性は肯定されている[32]。また，いわゆる観光ツアー旅行を利用したとしても，その一事によって観光目的の違法な旅行とされるものではない[33]。

公務性が認められるということと，実際に海外視察を実施するかは別問題である。住民の批判等を受けて，その見直しが行なわれることもある[34]。

公務性の判断方法　海外視察固有のことではないが，視察の公務性をどのように判断するかという視点が重要である。大阪高裁平成17・5・12（判例集未登載）は，議員の海外行政視察について次のように述べた。

> 「議員の海外行政視察が許されるのは，議決機関を構成する議員として，その職責を果たす上で合理的な必要性がある場合に限られるのであって，視察目的が議員の活動との関連で正当性が存在しない場合や，視察目的に合理性があっても，その目的に照らして，派遣計画が相当性を

32　徳島地裁平成5・11・12判例地方自治139号17頁は，姉妹都市関係の締結のための外国都市訪問について，地方公共団体として正当な目的のために行なわれたものというべきであるとし，市長夫人の同行についても，一般的な国際儀礼が考慮されるとともに市長夫人として訪問において一定の公的役割を果たしたもので，仮に予定の一部に観光が組み込まれていたとしても，そのことから直ちに公務性が失われるものではないとした。神戸地裁平成10・12・16判例タイムズ1042号124頁は，姉妹都市以外の各都市で参加者らが一般観光客と同様の観光地を訪れる行程であって観光的要素があることは否定できないが，単に著名な観光地や施設の見学が盛り込まれ観光的要素が含まれるからといって，各都市の訪問がもっぱら私的な観光旅行であると評することはできないとした。

33　静岡地裁平成6・9・16判例地方自治137号9頁は，ツアー料金の方が割安であるという判断によったものであり，目的地の町のほか主としてスイス各地の観光地を巡ることになっても，観光による町政振興を図る町が副議長を海外に派遣するに当たり，その機会を利用して観光先進国であるスイス各地の観光地を視察させるもので不相当とはいえないとした。

34　東京都は，批判を受けて一時期，議員の海外視察を中止していたが，その後平成13年に会派ごとの海外視察方式で復活した。調査団の報告が議会でなされることがある（たとえば，平成14・12・18平成14年第4回定例会，平成16・2・25平成16年第1回定例会，平成18・3・15平成18年度予算特別委員会など）。

有しない場合等には，裁量権の逸脱又は濫用が認められることになる。そして，派遣計画の相当性については，目的の正当性に関する議会の裁量の広範性と比べると，議会の裁量は制約されていると解すべきであって，視察目的との関連性を議会が積極的に示すことのできない視察旅行は，相当性を欠くものとして違法であると解される。」

　ここには，視察目的の正当性・合理性と派遣計画の相当性とが要件となること，また，後者に関する議会の裁量は前者の裁量に比べて制約されていることが示されている。視察目的に応じて派遣計画の相当性が判断されるのであるから，このように述べてもよいであろう。

　ただし，視察目的が抽象的であればあるほど派遣計画も緩やかになる，という問題点も含んでいると思われる。たとえば，都市政策・行政事情視察というような目的の場合は，各都市の観光地をめぐる派遣計画も，この目的の範囲内とされかねない[35]。また，観光により地方公共団体を振興させようとしている地方公共団体（観光立県，観光立町など）にあっては，観光地を巡る視察旅行も適法とされやすい。しかし，海外への観光旅行が一般化するにつれて，社会通念も変化しつつあるので，わざわざ観光地ばかりを訪問する視察にあっては，相当実りのある視察となるような計画と実際の行動が必要とされよう。人々の行動の変化が，単なる観光なのか視察なのかの判定にも微妙な影響を与えるというべきであろう。

　海外視察の場合に，国内の視察と同様に，どのような単位で公務性を判断するかという問題がある。一の旅行全体で判断すべきか（総体観察法），分解して判断すべきか（分解観察法），という点が一つの論点である。前記の大阪高裁平成17・5・12（判例集未登載）は，「派遣計画の相当性を検討するに当たっては，全体的な考察のみならず，個別の日程の検討も不可欠であると解

---

[35]　浦和地裁平成4・3・30判例時報1455号88頁。特別区が，介護保険制度の重点的調査研究のほか，商店街の活性化，災害救助，ゴミ問題，環境保護や歴史と文化を活かした街づくり等の調査を目的とする場合につき，東京地裁平成11・2・26判例地方自治199号31頁は，視察団の見聞調査を行なった場所がいずれも著名な観光地であっても，「一定の場所を見聞するについても，あらかじめ定められた調査目的をもって見聞する場合と単なる観光目的で見聞する場合とではおのずからその意味合いに違いがある」として，純粋な観光と断ずることはできないと述べている。

される。なぜならば、正当な視察目的のために、視察日程が組まれた場合、その一部が明らかに視察目的に合致しないと判断されるのであれば、正当な視察目的を加えておけば、観光のための無駄な公金が支出されることが抑制できないということになり、結果として、議員の派遣に関しては、法的な統制がほとんど及ばないということになりかねないからである」と述べている。そして、視察日程の一部ではあっても、観光目的など視察目的と何ら無関係に組まれ公金が支出されている場合には、当該日程部分についての公金支出は、裁量権の逸脱又は濫用に当たり違法であると解するのが相当である、とする見解を示している。この判決は、分解判断説を採用したものである。筆者も、分解判断説に賛成するものであるが、一見すると観光目的の外観を有する日程であっても、視察目的と関係するかどうかを慎重に判断する必要があると考える。

　また、長期間の視察において、全日程について一切観光が入ってはならないとする考え方には、直ちには賛成できない。前記の大阪高裁平成17・5・12は、10日間のアメリカ視察のうちの日曜日に同一都市（ニューヨーク）に滞在して視察目的と直接には何らの関連性も有しない美術館等市内見学をしているのであるから、その1日は観光目的と判断されてもやむを得ないので相当性を欠き裁量権の逸脱又は濫用があるとしているが、この程度の息抜きを公費で負担することを敢えて違法とするほどのことはないと思われる[36]。

　分解判断説に従う場合に、国内旅行と同じように、公費を充てうる金額について、残余説と按分説とがありうる。原則として残余説でよいと考える（所得税基本通達37－21は、必要経費性の判定について、按分説を原則としつつ、海外渡航の直接の動機が特定の取引先との商談、契約の締結等当該事業の遂行のためであり、その海外渡航を機会に観光を併せて行なったものである場合には、

36　ただし、この判決は、この日の宿泊費は公費負担を認めて、それ以外の費用のみを違法な公金支出としているので、その限りでは合理性を認めることができる。なお、この事件の1審の京都地裁平成16・9・22判例集未登載が、10日間の日程である以上、その期間内に土曜日及び日曜日が含まれるのは当然であって、このことから視察が主として観光目的で行なわれたと認めることはできないと述べているが、これは、総体判断説を前提にした答え方であるから、分解判断説との関係は明らかにされていないというべきであろう。

残余説によることとしている)。

　ところで，国際交流目的の海外出張の一部日程に公務性を欠く部分がある場合に，自治法2条14項や地方財政法4条1項による最小限度原則違反として処理する裁判例がある。大分地裁平成15・3・10（判例地方自治245号34頁）及び大分地裁平成14・12・16（判例地方自治245号41頁）は，いずれも大分県臼杵市が市制50周年記念事業の一環として市民を募集して中国の敦煌市を親善訪問する訪問団に，前者は市長，市議会議長，市議会議員5名及び市職員3名が参加し，また，後者は大分県出納長及び随行職員1名が参加した場合の旅費を問題とし，両判決とも，その一部がもっぱら観光を目的とするものであって，公務性を有しないとした。これに対して，前者の控訴審である福岡高裁平成16・5・27（判例集未登載）は，市長を含む公式訪問団の団員は一部を除いて常に市民とともに行動し市民の意見に耳を傾けることが可能な状態にあったことなどの事実から1審が公務性を欠くとした部分についても裁量権の逸脱・濫用はないとした。また，後者の控訴審である福岡高裁平成16・10・1（判例集未登載）も，県が観光立県として県下市町村を支援する立場から訪問団に出納長及び職員を参加させたことには合理性があり，旅程全体として一体性を有するもので敦煌市訪問を終えたからといって旅行日程を残して帰国させるのは参加した多数の市民らに対する社会通念上の儀礼に反するとして全体としての公務性が肯定されるべきであるとした。

　なお，後者の事件において出納長の職務との関係が問題とされた。また，出納長の職務との関係が問題とされた別の事件がある。大分地裁平成14・12・16（判例地方自治245号48頁）は，大分市のオースチンとの姉妹都市委員会から訪問を強く要請されていた知事の代わりに出納長が派遣されたことの適否が争われた事件に関する判決である。両判決ともに，出納長の本来的職務権限は，会計事務であるが純粋な会計事務以外の行為を一切行ない得ないというわけではなく，その職務内容や地位に付随する各種の事実行為を行なうことは，知事代理の立場で行なう場合を含め，予算執行機関と会計機関とを分離した趣旨に反しその趣旨を没却するものでない限り法令上許容されているとした。そして，臼杵市の訪問団事件への出納長の参加事件の1審判決は，知事が行なう予定であった歓迎行事への出席等儀礼的な事実行為がほ

とんどであったので前記自治法の趣旨に反するものではないとし[37]，オースチン訪問に係る事件の判決も，当該出張によるセレモニーへの出席や講演は知事代理としての儀礼的事実行為であるから自治法の前記趣旨に反するものではないとした[38]。

随行の必要性　地方公共団体の長や議員が海外旅行する際に，職員が随行することが多い[39]。その場合に，随行の必要性が問題とされることがある。

神戸地裁平成13・9・12（判例地方自治228号16頁）においては，日中友好議員連盟に所属する市会議員の訪中に市議会事務局職員が随行し公務出張扱いとしたことの適法性が争われた。判決は，事務局職員が随行できる行政視察等は，市議会議員の不正出張問題を契機に定められた市議会行政視察等取扱要領による行政視察等に限られるわけではないとしつつ，随行が認められるためには，「議員の行政視察，例えば，姉妹都市・友好都市との交流活動等に合理性（公務性，必要性，相当性）があり，しかも，その際の事務局職員の随行について，公務として随行する合理性（必要性・相当性）がなければならない」とした。そして，1日校長事件に関する最高裁平成4・12・15（民集46巻9号2753頁）を引用して，長と議会とは相互に独立し，長は議会を指揮監督する権限を有しない以上，議会ないし議長の支出を伴う決定については，それが著しく合理性を欠き，予算執行の適正を確保する趣旨から看過できない瑕疵が存する場合でない限り，同決定を尊重しその内容に応じた財務会計上の措置を採るべき義務があり，これを拒むことはできないと解するのが相当であると述べた。具体の事案に関しては，友好を深め国際交流を促進するものとして議会ないし議員の活動としての合理性が認められ

---

[37] この判断は，控訴審の福岡高裁平成16・10・1判例集未登載も維持した。

[38] この判断は，控訴審の福岡高裁平成15・8・20判例集未登載も維持した。

[39] 随行は国内旅行においても問題になる。たとえば，全国都道府県議員軟式野球大会参加に係る最高裁平成15・1・17民集57巻1号1頁の事案においても随行者旅費が含まれている。市議会議長会主催の野球大会に参加する議員に随行した職員に旅費を支給した場合について，千葉地裁平成12・9・20判例地方自治211号32頁は，支出負担行為をした助役及び市議会事務局長の損害賠償責任を肯定した。この事案においては，参加した議員には旅行命令が発せられず，参加議員及び随行者が野球大会と別の交流の機会がなかったとされている。

（議員の旅費を公費負担することも適法な場合であるとしている），事務局職員は，その随行業務を行なったもので，ことさら個人的な自由行動，私的な観光，遊興目的の行動を行なったわけではないと認定し，随行決定における相当性・必要性の判断に裁量権の逸脱・濫用の違法があるとはいえず，議長の行なった随行決定は適法であるとした。それを前提に，総務課長が行なった支出命令も適法であるとした。そうである以上，総務課長及び監督責任に基づく市長の損害賠償責任を生ずることはなく，かつ，随行した議会事務局職員の不当利得にもならないとした。この事件の2審の大阪高裁平成14・8・22（判例地方自治247号31頁）は，中国の一部都市の訪問先に随行を命令し研修を指示したことに合理性がないとして，旅費や日当の一部約20万円につき請求を認容したが，最高裁平成15・11・7（判例集未登載）は，徳島県議会野球大会旅費事件の最高裁平成15・1・17（民集57巻1号1頁）を引用して，議会が派遣を決めた以上，それが著しく合理性を欠く場合でない限り，市長は旅費支出を拒否できないとして，随行決定に違法はないとした[40]。

また，和歌山地裁平成15・10・28（判例集未登載）は，市の職員2名が，市長の海外旅行（民間人2名と私費で行なった旅行）に外国の大学及び都市の視察の研修旅行名目で随行した場合について，市長の私的な旅行と職員の出張とが一体となっていたもので，内容の多くの部分が一般の観光旅行と異なるものではなく，市立大学設置構想を担当していた職員が視察旅行としての側面を有すべき海外大学の視察についても，準備状況，実際の視察内容，出張後の報告状況に照らすと，形式を整えるためにされたもので，視察ないし研修名目でされた観光旅行にほかならないとし，市長個人及び出張した職員2名に対して損害賠償を命じた。

同じく，協会（市が中心となって設立された任意団体で，会員から徴収した会費と市からの補助金を財源として活動し，市と姉妹都市及び友好都市並びにその他の都市との交流を通じて，都市相互間における市民文化の向上につとめ，市民相互の理解と連帯を密にし，友好・親善の促進をはかり市民福祉の向上と世界平和に寄与することを目的とし，各種交流事業を行なうこととしている）の主催し

---

[40] 朝日新聞平成15・11・8による。

た国際交流目的の複数の旅行に市職員を随行させて旅費を支給したことの適法・違法が争われた事件がある。

1審の大阪地裁平成15・9・24（判例タイムズ1135号201頁）は、まず、地方公共団体と密接な関係をもった国際交流目的の任意団体主催の旅行に職員を随行させることについて、「住民の国際感覚を養成したり、国際的視点に立った施策を行い、ひいては住民の福祉を増進させる効果を有する場合もあることから、一律に違法であると解するべきではなく、旅行の趣旨、目的及び内容にかんがみて想定される相手方の対応に照らし、儀礼等の観点から職員の随行が必要と認められるときには、職員の随行も公務性を有するものといえ、これに要する費用の支出も適法というべきである。そして、旅行の趣旨、目的及び内容を検討するに当たっては、実際の旅行内容、随行職員が実際に果たした役割等客観的事情も重要な間接事実になるというべきである」と述べた。それぞれの旅行について検討を加えて、スポーツ訪中団については、一部に、旅行の趣旨、目的及び内容に鑑みて想定される相手方の対応に照らし儀礼等の観点から随行の必要が認められないとし、少年サッカーチーム、キャンプ訪問団については民間同士の交流であり市職員を随行させなければならない儀礼上の必要があったと認めることはできないとした。また、親善訪中団については、友好都市提携を行ない議定書を取り交わしている市が、相手方市との儀礼上の観点から市職員が全行程に随行して相手職員に対応することが必要と判断することには一定の合理性があるので、随行に公務性があるとした。なお、随行職員の不当利得の成否に関しては、職務命令である出張命令に従って出張した場合に、職員は、出張命令に重大かつ明白な瑕疵がない限り、旅費の支給を受けることができ、それが不当利得になるものではないとする最高裁平成15・1・17（民集57巻1号1頁）を引用して、当該事件において出張命令に明白かつ重大な瑕疵があったとはいえないので、不当利得とはならないとした。

この事件の控訴審・大阪高裁平成16・11・18（判例集未登載）は、まず、「地域における国際交流と地方公共団体の役割」の見出しを付して、現代においては、地域レベルの国際交流の拡大によって、①地域アイデンティティの確立、②地域の活性化、③地域住民の意識改革、④相互理解の深化等を図

ることが期待されているとし,「地域レベルの国際交流は，本来，地域住民，民間団体，学術研究機関，企業等の民間部門がその担い手として期待されており，その活発な展開が求められるところであるが，国際交流が人的，物的，経済的条件の整備を要するものである以上，民間主体の国際交流が直ちに実現するものではなく，上記諸条件が整備され，民間主導型の国際交流が実現するまでの過渡的な段階において，地方公共団体が民間部門に対し情報，組織，人材，資金等の面で協力し，これを支援，育成していくことが求められている」と述べ，かかる地方公共団体の事務は住民の福祉を増進する住民に身近な事務であり,「自治事務」として地方公共団体が行なう事務に該当するとしている。そして，民間部門の行なうべき国際交流を援助することも地方公共団体の事務に該当するが，財政出動を伴う援助が無条件かつ無制限に許容されるわけではなく，援助の趣旨，目的，動機やその態様等に照らして，それが社会通念上相当性を欠くと認められる場合には，公務性を欠くものとして違法となるとし，地方公共団体が他の団体が主催する住民参加の旅行に職員を派遣，随行させる場合に公務に該当するかどうかは，当該地方公共団体の施策方針，旅行の主催者の性質のほか，実際の旅行内容や，随行した職員が具体的に果たした役割等を踏まえて判断する必要があるとした。実際の旅行内容等を認定したうえで，スポーツ訪中団，少年サッカーチーム，キャンプ訪問団，親善訪中団の各行程のうちの一部は主に観光ないしレジャーの性質が濃厚でその随行に公務性を認めることができないとした。この判決は，それぞれの旅行の行程のうちの一部に公務性を欠く部分があるとする「分解観察法」を採用している。

　これらの事件から，単なる観光といえるかどうかの区別は，相手先との事前の準備及び滞在先における実際の行動を慎重に見極めるほかはないことが理解される。

　旅行のキャンセル　海外視察の計画をしていた議員等が，旅行開始の直前に旅行を取り止める場合は，所定のキャンセル料を支払わなければならない。旅行計画そのものが漫然と立てられたとか，合理的理由のない場合は別として，取り止めがやむを得ない理由によるときは，キャンセル料を公費負担することが違法になるものではない[41]。

[5] 旅費の額の算定・相当性

額の算定 旅費の額は、それぞれの規範に基づいて算定される。国家公務員に関して、旅費法は、鉄道賃、船賃、航空賃、車賃、日当、宿泊料、食卓料、移転料、着後手当、扶養親族移転料、支度料、旅行雑費及び死亡手当としたうえ（6条1項）、それぞれの支給額の尺度を定めている（6条2項～14項）。たとえば、「鉄道賃は、鉄道旅行について、路程に応じ旅客運賃等により支給する」（6条2項）のごとくである。そして、旅費計算については、「最も経済的な通常の経路及び方法により旅行した場合の旅費」によるとして（7条本文）、経路及び方法に関する経済性原則を謳っている（ただし、同条但し書きの例外がある）。そして、鉄道賃（16条）、船賃（17条）、航空賃（18条）等に関して、個別に定めている。

それらのなかで、航空賃は、「現に支払った旅客運賃」によることとされ、それを証明するために航空切符購入の領収書、航空切符半券の提出などの証明を求める手続がとられている。この規定を適用するに当たり、最も有利な割引等のある切符の購入を求めるのかどうかが問題である。同一行程の複数の旅行がある場合に回数券を支給する方式などが普及しており、航空賃についても、旅行者本人ではなく、職場において割引切符を用意するなどの方向に進みつつある（割引航空運賃については、後述する）。

日当は、別表第一の定額によることとし（20条1項）、一定の距離未満の旅行の場合は、公務上の必要又は天災その他やむを得ない事情により宿泊した場合を除くほか、定額の2分の1相当額とされる（2項）。宿泊料は、宿泊先の区分に応じた別表第一の定額による（21条1項）。

旅費の減額調整 何らかの理由により、旅行の実費が著しく下回る場合の処理が問題になるが、旅費法46条は、「旅行者が公用の交通機関、宿泊施設等を利用して旅行した場合その他当該旅行における特別の事情に因り又は当該旅行の性質上」法定の旅費を支給した場合には「不当に旅行の実費をこえた旅費又は通常必要としない旅費を支給することとなる場合」には、その

---

41 義父の看護を必要とする取り止めの場合について、大阪地裁平成18・8・23判例地方自治290号65頁。

超えることとなる部分の旅費又は必要としない部分の旅費を支給しないことができるとする減額調整規定を置いている（1項）。

たとえば，親戚・知人宅等に宿泊して宿泊代を支払わないで済む旅行をした場合の扱いが問題になる。鉄道の利用に代えて，家族・知人等の車による旅行をして，その鉄道賃相当額の支出をしないで済ませた場合も同様に問題になる。このような調整規定のない地方公共団体議員について，大阪高裁平成11・4・16（判例地方自治193号10頁）は，知人宅に宿泊し宿泊費を要せず格別謝礼等の金品の提供もない場合は，前記旅費法の規定及びその運用基準に照らせば，宿泊費の全額を支給しないものとするのが相当であるとして返還を命じた。運用方針は，公用の交通機関，宿泊施設，食堂施設等を無料で利用して旅行して法定の支給をすることが適当でない場合に，全額を支給しないとする扱いを示している（運用方針46条関係）。しかし，旅費法の調整規定は，実質的に公費による現物給付がなされていることに鑑みたものと解することも可能であって，これには親戚・知人宅等に無料で宿泊する場合や家族・知人等の車を無料で利用する場合を含まないとする解釈も可能である。調整規定の発動がどのようになされているのか，外部から知ることは必ずしも容易ではない。

単身赴任者が旅行先に自宅があって，その自宅に宿泊する際の扱いなどが問題になっている[42]。宿泊費について定額主義によるといっても，全く宿泊費を要しない場合にまで宿泊費分を支給することを意味するものではない。しかし，公務が実質的な内容である限り，たとえば前夜に自宅に宿泊するからといって，往路が私事旅行であると断定することは酷なように思われる。

なお，前記の運用方針は一応の基準であって，各省庁において実態に合わせて詳細な基準を定めることは差し支えないとされている[43]。

---

[42] 経済産業省において，単身赴任者が東京の会議に出席する際に，東京にある自宅に宿泊した場合に宿泊費が支給されたことをもって過払いとし，出張命令期間の前の休日に早めに東京の自宅に宿泊したような場合は，東京までの往路は私事旅行であるとして往路旅費を支給すべきでないのに支給されていたことがわかり（平成18・11・27事務次官等会議後の記者会見），調査のうえ，811件，過大支給額1,222万円について返納させたという（平成19・7・6記者発表）。

実費支給と定額支給　　旅費の定め方には，実費支給（実費弁償）方式と定額支給方式とがありうる。法律や条例が実費支給方式を定めている場合に，何らかの理由により通常よりも低額の旅費で済ませることができた場合は，当然その低額の実費で支給すべきものである[44]。

定額支給方式の下においては，特に航空運賃の場合に実費との差額を生ずることがある。ファースト・クラスの金額を受領しながらビジネス・クラスを利用した場合に，条例が「最上級の運賃」，すなわちファースト・クラス運賃を支給する旨を定め，実額弁償を定めていないことから，違法ではないとする裁判例（東京都の監査委員及び監査事務局長に関し，東京地裁平成10・1・30判例地方自治178号107頁，その控訴審・東京高裁平成10・7・29判例集未登載，東京都議会議員に関し，東京地裁平成11・3・31判例集未登載）[45]がある。同じく，市議会議員が所属する委員会委員として行なった行政視察の際に，実際にはグリーン車を利用していないのにグリーン車料金の支給を受けたので，同議員が返納を申し出たところ拒否されたため，このような支出をするのは違法であるとして提起された旧4号請求訴訟に関して，岐阜地裁平成11・9・30（判例集未登載）は，個別の事情に関係なく一定額の支給をすることに合理性があり，また，視察旅行におけるグリーン車使用も市議会議員の

43　旅費法令研究会編・詳解253頁。

44　町長等の船運賃について「1等実費（1等のないときは2等実費）」と定める条例の下において，町長が海運会社から交付を受けていた無料パスを使用して船運賃の支払をしなかった場合について，熊本地裁平成8・10・21判例タイムズ940号168頁は，船運賃の支給を受けた町長に損害賠償を命じた。県議会議員の海外視察に際して，ファースト・クラス運賃（ただし，支給限度額）を受領しながらエコノミー・クラスを利用した場合について，県監査委員が不当な公金の支出であるとして返還に必要な措置をとるよう知事に勧告した例がある（朝日新聞平成10・10・20）。

45　本文のように実体的判断と見られる判断を示しているものの，いずれも，秘密裏になされたものではないことを述べるための事情説明であって，事件自体は，監査請求期間経過を理由にした却下された。なお，東京都議会議員は，東京都知事等の給料等に関する条例の規定により副知事が受けるべき額に相当する額とされている（東京都議会議員の報酬，費用弁償及び期末手当に関する条例7条1項本文）。そして，現在の東京都知事等の給料等に関する条例別表（二）によれば，副知事の外国旅行の航空賃は「運賃の等級を2以上の階級に区分する航空路による旅行の場合は，最上級の運賃の範囲内の実費額」と定められているので，実費支給方式が採用されている。

職務上必要で議員の品位を守るものとも考えられるとして，違法とはいえないとした。しかし，差額を手にすることに対する批判も強くなって，実費支給方式に改めた地方公共団体が多い。

割引航空運賃の利用の場合　従来見逃されることの多かったのは，航空機の利用に当たり，割引運賃や宿泊とのパック料金を利用しながら普通運賃（正規料金）による旅費の支給を受ける方法であった。この点について，会計検査院が取り上げたこともあって，にわかに問題がクローズアップされた。たとえば，『平成16年度決算検査報告』は，財務省及び厚生労働省について，航空機を利用した出張等に係る旅費の支給が過大であったことを指摘した。税関の旅費についての説明によれば，航空賃には，普通運賃と割引運賃があり，割引運賃には，同一区間を往復することを条件とした往復運賃のほか，特定の便を利用することなどを条件とする特定便運賃，利用する一定期間前までに航空券を予約することを条件とする事前購入運賃，旅行サービス（主に宿泊）とセットすることなどを条件とする包括旅行運賃（通常は航空賃と宿泊代がセットになったパック料金で販売されるもの）などのものがあるとされる。そして，通常は，航空賃の種別に応じた記号（運賃種別の記号）が航空券から搭乗の際に切り離される搭乗券に印字されている。平成12年4月から，国家公務員の旅費支給規程（昭和25年大蔵省令第45号）により，旅費請求に必要な資料として支払いを証明するための資料，具体的には，航空賃を支払ったことを証明する領収証（航空券の写しでも可）及び搭乗券の提出を求めてきたという。しかし，平成12年度から16年度までに，函館税関と沖縄地区税関において，実際に支払った航空賃，パック料金以上の航空賃を請求したことによる過大請求があったという。これらの事案においては，旅行業者等から支払額よりも高額の領収証を入手する方法がとられたという[46]。このような不正は，論外である。

46　会計検査院『平成16年度決算検査報告』93頁-95頁。北海道労働局ほかについて，同・147頁-149頁。この検査報告を受けて，総務省が同省の全組織について平成13年4月から17年10月までの出張について調査を行なったところ，過大支給額1,976万円，過大支給件数1,380件，過大支給人員607名に及んだという（平成18・9・19総務省報道資料）。

今後は，それぞれの旅行目的に応じて，割引運賃等の利用が可能な場合には，旅行命令を発する側のイニシアティブにより，それを積極的に活用する方策がとられるべきであろう。他方，旅行者の職員から提出される領収書の金額が旅行業者により上乗せ記入されたものであるかどうかを，その都度確認するようなことを要求するならば，その確認コストが膨大になる虞もあり，かえって定額による一律支給の方がよいと判断される場合もありうる。

最少経費最大効果原則との関係　公務性が認められる場合であっても，どの程度の旅費とするかについては最少経費最大効果原則が適用される。その場合に，旅費等の支給基準を定める条例等の定めが最少経費最大効果原則に則っていなければならないというレベルの問題と，具体的旅行の目的との関係において同原則に適合していなければならないという次元の問題とは異なると思われる。前者にあっては，相当程度基準設定の裁量が認められるのに対して，後者の場合には，より厳しく審査されてもよいということである。

前者の問題で，たとえば，東京都議会議員は，外国旅行の航空賃につき「最上級の運賃の範囲内の実費額」と定められ，ファースト・クラスの利用も認められているのであるが，海外視察のような場合にファースト・クラス運賃を支給することが最少経費最大効果原則に反しないかどうかを吟味する必要があろう。神奈川県は，知事，副知事の外国旅行の場合の航空賃について，「最上級の直近下位の級の旅客運賃（現に支払ったものをいう。）」と定めて（「知事，副知事及び出納長の給与等に関する条例」別表），ビジネス・クラスによることとしている。議長，副議長，議員の外国旅行についても同様に定められている（「県議会議員の報酬，費用弁償及び期末手当に関する条例」別表）。

津地裁平成18・4・27（判例集未登載）においては，町主催の中学生訪米派遣事業に関し，同行した町長及び教育長の旅費が問題とされている。形式的には，訪米親善使節団に対する補助金で，町長が団長，教育長が副団長であった。判決は，旅費の支給が裁量の範囲内といえるかについて旅費の支給に関する定めを参考にすることが地方財政法4条1項の趣旨に照らして相当であるとし，町長及び教育長が韓国経由便のビジネス・クラスを利用したことについて，町の旅費等に関する条例に外国旅行に関する航空運賃について明文規定がない状態において，条例の定めがないまま最下級のエコノミー・

クラスではなくビジネス・クラスの航空運賃を支給することは，町長及び教育長の職にあることを考慮しても，自治法204条3項及び204条の2に照らして違法とされる可能性が高いと考えられる，と述べた。本件は，補助金であるから，このことが直接妥当するものではなく，「町長が地方公共団体の首長として企業誘致のために渡航する場合など，公務の性質等に照らして合理的な範囲内であれば，ビジネスクラスの航空運賃相当額を補助金として交付し，公費でビジネスクラスを利用することが許される場合もあり得る」としつつ，補助金交付の形をとる場合についても，町長及び教育長であるからといって当然にビジネス・クラスを利用できると解することはできず，「海外旅行に関する航空運賃の公費負担の程度に関しては，旅行目的や，公的行事への関与の度合い，議会や住民の意向を十分に踏まえて，町長において，合理的に裁量権を行使することが要請されていると考えられる」として，裁量権の行使には合理性の限界があるという考え方を示している。そして，ビジネス・クラス利用によって生じた航空運賃差額分を公費で負担することにつき，合理性を認めることはできないとした。

ただし，判決がこのような結論を出した背景には，町長らは生徒等と別行動をとって韓国経由で早期に帰国する機会を利用して韓国での滞在を楽しむという個人的な目的をあわせもっていたこと，派遣事業の期間9日のうち生徒等と同行した期間が4日で半分以下であったこと（米国への往復とも同行していないこと），全旅行期間6日のうちソウル滞在が約2日であったことなどの事情が強く影響している。完全に生徒等と行動をともにし，かつ，同じ航空機のビジネス・クラスを利用した場合に，合理的裁量の範囲内といえるかどうかは別問題として残ると思われる。

ファースト・クラスの航空運賃を受領しながらビジネス・クラス又はエコノミー・クラスを利用して差額分を手にすることは，また別次元の問題である。

旅費の増額調整　個別の旅行にあっては，特別に旅費を増額する必要性のある場合がある。

国にあっては，一般規定による旅費により旅行することが，その旅行における特別の事情に因り又は当該旅行の性質上困難である場合には，財務大臣

に協議して定める旅費を支給する（46条2項）。これは，増額調整の規定である。その旅行の用務内容，社会一般の旅行上の慣行，その他各般の事情を総合的に判断して適正な旅費額を定めなければならないとされている[47]。すべて財務大臣との個別協議によるような規定ぶりであるが，実際には，運用方針に掲げられている所定の事情のある場合には財務大臣協議を経たものと扱ってよいとされる[48]。

　地方公共団体にあっても，増額調整を要する場合がありうる。そこで，旅費条例において，同様に増額調整の規定が置かれていることが多い。

　東京都の旅費条例42条2項が，任命権者は，旅行者が旅費条例の規定により旅行することが当該旅行における特別の事情により又は当該旅行の性質上困難である場合には，人事委員会と協議して定める旅費を支給することができると定めている場合に，人事委員会との協議を経ないで増額の旅費が支給されたことが争われた住民訴訟判決が複数存在する。東京地裁平成14・3・5（判例時報1803号19頁）は，都議会議長，議員若しくはその妻又は都職員が知事を代表とするローマ市友好代表団とともに顧問団としてローマの友好都市提携の調印に臨むとともに，ミュンヘン及びベルリンにも出張した際の宿泊料，自動車雇上料及び通訳雇上料につき本来支給を受けるべき額よりも多額の支給を受けたことが違法であるとして提起された住民訴訟である。判決は，議員の旅費について定める費用弁償条例には，増額調整に関する規定がなく，「費用弁償の支給方法については，職員の旅費に関する条例の適用を受ける職員の例による」（11条）との定めがあるにとどまる場合に，仮に同規定が増額調整に関する規定の準用があると解するとしても，議員についても人事委員会[49]と協議して初めて増額調整が可能になると述べた。そして，具体の旅費の支給について，議長及び議員についての増額調整を行なったことは違法であるとした。また，随行職員に対する増額調整手続も手続の

47　旅費法令研究会編・詳解255頁。
48　その中には，内閣総理大臣，国務大臣，内閣官房副長官，副大臣，副長官，大臣政務官又は長官政務官に随行する秘書官及び警護官について，特別車両料金の鉄道賃を支給できること，あるいは，その随行対象者と同一の級の航空賃を支給できることなどが典型である。

前提を欠くから違法であるとした。

また，東京地裁平成18・6・16（判例時報1943号18頁）は，東京都知事[50]及びその秘書のアメリカ合衆国への出張に係る増額調整に関して判断している。東京都知事等の給料等に関する条例3条2項が，旅費の算定方法は同条例に定めるものを除き，旅費条例の例による旨を規定しているので，知事等の給料条例に定められた宿泊料を超える額の宿泊料を支給する場合には，旅費条例42条2項により任命権者は人事委員会との協議が必要であるとし，これを経ないで支給された増額分について不当利得が成立するとした[51]。

これらの判断は，一応納得できるものである。

[6] 行政協力者の視察等の実施費用

補助金との区別　地方公共団体がその行政に協力する者（議員については，すでに述べたので除外）の研修等の名目で旅行を実施し，その旅費を負担する場合がある。その方法には，行政協力者が個別に旅行することに補助金を交付する方式（個人補助金方式），行政協力者の団体が旅行を企画・主催し，地方公共団体はその団体に補助金を交付して支援する方法（団体補助金方式）及び地方公共団体自体が企画・主催して費用を負担する方法（地方公共団体主催方式）がある。これらのいずれの方式に属するか（たとえば，団体補助金

49　被告らが，人事委員会の権限は特別職に及ばないと主張したため，判決は，「特別職の公務員についても，政治的に中立で，人事行政に関する豊富な専門的知識を有する委員から構成される人事委員会が適切に関与し得る事項については，人事委員会に対し，その事務を行う権限を条例によって付与することも許容されていると解すべきである」とし，旅費条例42条2項が増額調整につき人事委員会との協議を必要とした趣旨は，政治的に中立的で人事行政に関する専門的知識を有する委員からなる人事委員会に増額の必要性について意見を求めて，決定に慎重を期し正当性を担保したものであり，議員の場合に協議を要しないとすると，議会が思うままに旅費を増額できる結果お手盛りの危険性を生じることとなり，地方財政の健全性を損なうことになることが明らかであって，不当な結果を招くと述べた。

50　知事夫人が同行しているが，判決は，知事及び秘書とは別扱いにしている。

51　この判決も，人事委員会が協議により関与することが妨げられないことを丁寧に述べている。なお，控訴審の東京高裁平成19・2・14判例集未登載は，監査請求期間の徒過を理由に訴えを却下した。

方式なのか地方公共団体主催方式なのか）が問題になる場合もある。また，団体補助金方式の場合に，特定の旅行等に使途を特定した補助金交付であるのか，団体の運営全般に交付する趣旨の補助金であるのかが問題になることもある。

　東京高裁平成15・2・27（判例集未登載）は，町が区長・区長代理50人の視察研修旅行に公金を支出したこと（区長らの参加費用1,456,000円，町職員の参加費用11万円余）の適否を扱い，区長会の主催で企画・実施された形式をとっているが，それは名ばかりで町の企画・実施によるものと判断したうえ，視察ないし研修的意味合いをもつのは防災館の見学程度で，宿泊の必要性があったとはいえず，公金支出の6割を超える部分が宿泊と懇親会に充てられていることなどから，公務に必要な相互理解・懇親の必要性を超え，区長に対する慰安の要素が強かったものとし，町長に許された予算執行上の裁量権を逸脱した違法な財務会計上の行為であるとした。この判決は，「地域社会において行政を補完する役割を果たす区長の業務からすれば，区長同士や区長と町の責任者が，相互に理解や懇親を深めることが円滑な区長の職務遂行につながる面があることは確かである」として，理解を示しつつ，公金を用いてまで，このような行事を実施する必要はないと判断したものである。

　団体に対する補助金等であっても，その交付が適法といえるかどうかが争われ，かつ，その団体の主催する旅行に職員が同行することの適法性が問題とされることがある[52]。

[7]　留学費用の償還

問題の所在　近年は，国及び地方公共団体が公務員を内外の大学院等に派遣して研修させることが多くなっている。人事院の派遣研修制度として，

---

[52]　奈良地裁平成15・2・26判例地方自治249号9頁において，市内の地区自治連合会相互の情報交換と親睦を図りながら，市政の発展のために行政と相互に協力し合い，住民の福祉増進を図ることを目的として各地区自治連合会の会長により組織されている任意団体である自治連合会に対する交付金及び自治連合会の実施した県外の他市への研修旅行に市職員が同行して職員に旅費を支給したことの適否が問題とされた。判決は，他市での研修を円滑に進め，かつ，他市の実態を何らかの形で市政に反映することについて必要性，相当性があるとして公務性を肯定した。

行政官長期在外研究員制度（各府省の職員を海外の大学院に派遣し，国際化する行政に対応するために必要な分野の研究に従事させることにより，国際活動に必要な行政官を育成する制度），行政官国内研究員制度の大学院コース（各府省の職員を国内の大学院（修士相当課程）において，研究に従事させることにより，複雑かつ高度化する行政に対応し得る専門的な知識，技能等を修得させる制度）などがある。このような派遣研修は公務として実施されるものであるから，所要の経費は公費負担とされている。ところが，公務員が公費の負担により大学院等に派遣されて，その人的資本（human capital）を高めた後に，派遣の途中又は派遣期間終了後間もなく離職してしまうことがある[53]。派遣後にその成果を職務に生かすことを目的としているのに，その目的を達成することなく，人的資本のみを高めて，「食い逃げ」することになる。大学院修了の資格と研究成果をもって，大学教員になる者も相当数存在する。こうした事態に対して，各方面から問題が提起されていた。そこで，人事院は，平成17年10月に，国家公務員法23条の規定に基づき，「一般職職員の留学費用の償還に関する法律の制定について」の意見の申出を行ない，それを基礎に，「国家公務員の留学費用の償還に関する法律」（平成18年法律第70号）（以下，「留学費用償還法」という）が制定された。

　国家公務員の場合　　留学費用償還法は，同法の目的を，「国家公務員の留学費用の償還に関し必要な事項を定めること等により，国家公務員の留学及びこれに相当する研修等について，その成果を公務に活用させるようにするとともに，国民の信頼を確保し，もって公務の能率的な運営に資すること」としている（1条）。成果の公務への活用，国民の信頼の確保，公務の能率的な運営といったキーワードが並んでいる。なお，この法律において，「職員」とは一般職国家公務員であるが（2条1項），外務職員の研修については特例があり（7条），また，裁判所職員及び防衛省職員への準用規定がある（10条，11条）。

　この法律における「留学」の定義に注意する必要がある。学校教育法に基

---

[53] 平成10年度から14年度までの人事院の行政官長期在外研究員の総数506名のうち53名が退職したという（人事院記者発表資料による）。1割を超える退職者があったことになる。

づく大学の大学院の課程（同法68条の2第4項2号の規定により大学院の課程に相当する教育を行なうものとして認められたものを含む）又はこれに相当する外国の大学（これに準ずる教育施設を含む）の課程に在学してその課程を履修する研修であって，国家公務員法73条の規定に基づき，職員の同意を得て，国が実施するもののうち，その内容及び実施形態を考慮して人事院規則で定めるもの，とされている（2条2項）。「留学」は，外国留学のみならず，内地留学をも含んでいることがわかる。前記委任を受けて，人事院規則10—12（職員の留学費用の償還）は，①公務外においても有用な知識，技能等の修得が可能なものであること，②国が必要な費用を支出するものであること，③職員の同意があらかじめ書面により行なわれるものであること，の3要件のいずれにも該当するものとして人事院が定める研修としている（2条）。

　償還の対象とする「留学費用」とは，旅費その他の留学に必要な費用として人事院規則で定めるものとされ（2条3項），人事院規則10—12によれば，旅費，留学先の大学等に対して支払う費用，及び，履修上当該教育を行なう教育施設に対して支払う費用とされている（3条）。したがって，旅費に限られるものではないが，便宜上，ここにおいて一括して扱うことにする。

　留学費用を償還すべき場合とその金額は，次のとおりである。

　第一に，当該留学の期間内に離職した場合は，国が支出した費用の総額である（3条1項1号）。

　第二に，当該留学の期間の末日の翌日から起算した職員としての在職期間が5年に達するまでの期間内に離職した場合は，その留学のために国が支出した留学費用の総額に，同日から起算した職員としての在職期間が逓増する程度に応じて，100分の100から一定の割合で逓減するように人事院規則で定める率を乗じて得た金額とされる。人事院規則10—12は，60月から在職期間の月数を控除した月数を60月で除して得た率としている（7条）。留学の終了の日の翌日から5年を経過する日までの月数に対する，離職の日の翌日から当該5年経過の日までの月数の割合ということになる。

　これにより，5年経過後以降の離職は，費用償還の対象としていないことがわかる。なお，「離職した場合」には，死亡により職員でなくなった場合を含まないものとされている（3条2項）。

適用除外規定（4条）のうち，特に注目したいのは，国家公務員法55条1項に規定する任命権者及び法律で別に定められた任命権者並びにこれらの任命権者から委任を受けた者の要請に応じ「特別職国家公務員等」となるため退職した場合（5号）が掲げられていることである。この条文のみでは内容を理解できないが，一定範囲の人事交流の場合に費用償還の対象外とする趣旨である。すなわち，「特別職国家公務員等」とは，国家公務員法2条に規定する特別職に属する国家公務員，地方公務員又は「公庫の予算及び決算に関する法律」1条に規定する公庫その他その業務が国の事務若しくは事業と密接な関連を有する法人のうち人事院規則で定めるものに使用される者，と定義されている（2条4項）。そして，人事院規則10—12は，公庫のほか，特定独立行政法人以外の独立行政法人，国立大学法人・大学共同利用機関法人を類型的に挙げたうえ，58の個別法人を列挙している。

この適用除外においては，「要請に応じて」の意味及び事実の認定が問題になろう。管理職ポストの不足に悩んでいる任命権者又はその委任を受けた者が，留学した特定の職員が大学の教員となることを望んでいることを知り，その職員を国立大学法人の教員として送り出すことで事態を解決しようとして，留学費用の償還を求めることを避けるために「要請」の形式をとることがありうる。このような場面においては，運用上のあり方が問われることになる。

なお，特別職国家公務員等となった者については，職員としての在職期間に特別職国家公務員としての在職期間を含め，また，特別職国家公務員等でなくなった場合には，その時に離職したものとみなすこととされている（5条）。

地方公務員の場合　　地方公共団体のなかには，従来から費用償還制度を有していたところがある。たとえば，東京都は，「東京都派遣学生規則」（同規則は平成19年4月に廃止されている）により，派遣学生（職員の人格，知識，技術及び教養を高め，都政の能率的及び民主的運営に寄与させるため，大学に学生として派遣する職員）の入学金，授業料及び実験実習費を都が負担することとしたうえ（8条），次の場合には，死亡，疾病その他やむを得ない事由がある場合を除き，都が負担した経費の全部又は一部を償還させることとして

いた（9条）。第一に，派遣学生を取り消されたときである（9条1号）。派遣学生の取消しは，派遣学生が職員の身分を失ったとき又は疾病，怠慢，不品行その他の理由により派遣学生として適当でないと認めるときになされる（6条）。第二に，卒業の日から2年以内に職員（引き続き特別区職員になった者にあっては特別区職員）の身分を失ったときである（9条2項）。

ところで，留学費用償還法12条は，留学に相当する研修を実施する地方公共団体は，当該研修を命じられた職員が同法3条1項各号に掲げる期間に相当する期間内に離職した場合に，その者に，当該研修の実施に要する留学費用に相当する費用の全部又は一部を償還させることができるとしたうえ（1項），償還させる金額その他必要な事項については，同法3条から6条までに規定する措置を基準として条例で定めるものとしている（2項）。

これに基づいて，たとえば，神奈川県は，「職員の大学院等派遣研修費用の償還に関する条例」（平成19年神奈川県条例第5号）を制定した。その内容は，ほぼ留学費用償還法に準じたものになっている。人事交流等を可能にするために，任命権者の要請に応じ「特別職地方公務員等」となるために退職した場合を適用除外としている点（4条5号）も同様である。「特別職地方公務員等」とは，地方公務員法3条3項に規定する特別職に属する地方公務員，他の地方公共団体若しくは特定地方独立行政法人の地方公務員，国家公務員又は地方公社（地方住宅供給公社，地方道路公社，土地開発公社[54]）その他その業務が県若しくは国の事務若しくは事業と密接な関連を有する法人のうち人事委員会規則で定めるものに使用される者と定義されている（2条4項）。これを受けた「職員の大学院等派遣研修費用の償還に関する規則」（平成19年神奈川県人事委員会規則第8号）4条は，公庫，独立行政法人，一般地方独立行政法人，国家公務員退職手当法施行令9条の2各号に掲げる法人，公益法人等への職員の派遣等に関する条例12条に規定する特定法人及びこれらに準ずる法人として人事委員会が定めるものを掲げている。

これらの中に，県条例の規定による「特定法人」が含まれていることに注目したい。「特定法人」は，「県から委託を受けて，又は県と共同して行う業

54　神奈川県土地開発公社は，平成18年6月に解散している。

務を実施する株式会社」又は「前号に掲げるもののほか，県の事務又は事業を補完し，又は支援すると認められる業務を実施する株式会社」のいずれかに該当し，かつ，「県がその施策の推進を図るため人的援助を行うことが必要であるもの」で，人事委員会規則で定めるものとされている（公益法人等への職員の派遣等に関する条例12条）。なお，職員派遣の取決めをしている公益法人等が列挙されていないのは，職員派遣によることができるので，退職の必要性がないという理解に立っていると思われる。あるいは，職員派遣を肯定する意思と退職形式の採用とが自己矛盾であると理解しているのであろう。

東京都は，前述した「東京都派遣学生規則」を平成19年規則第131号により廃止した。仮に条例を制定せずに，前記規則による措置を継続した場合，条例によらない措置として違法となるのかどうかが問題になる。本人の志望に基づいて派遣決定がなされる制度において，同規則の内容は本人との間の契約内容になっているとして，契約上の効力を肯定する余地が全くないとはいえないように思われる。これに関連して，留学費用償還法12条が「基準として」の文言を用いているときに，地方公共団体がどれだけの自主性を発揮しうるのかが問題になる。5年よりも短い期間（たとえば3年），逆に5年よりも長い期間（たとえば7年）とすることができるのか，留学期間中又は留学期間の満了と同時に離職した場合には留学中の給与の一部の返還を求めることを定めることができるのか，など解釈問題が残されている。立法論として，「基準として」という枠をはめる必要性の有無を問う必要もある。

2　費用弁償

［1］　地方議会議員に対する費用弁償

費用弁償とは　　自治法203条3項は，地方議会の議員，委員会の委員，非常勤の監査委員その他の委員等の同条1号に掲げる者が，職務を行なうために要する費用の弁償を受けることができると定めている。これが，法律の条文に着目した費用弁償である（形式的意味の費用弁償）。しかし，「職務を行うため要する費用の弁償」をもって費用弁償と定義するならば（実質的意

味の費用弁償)，前記の者のほか，長及びその補助機関たる常勤の職員，常勤の監査委員，委員会の常勤の委員，常勤の監査委員等自治法204条1項に掲げる者が職務を行なうために要する費用についての給付も，費用弁償である。したがって，地方議会の議員が公務の旅行をするために受ける給付は形式的意味の費用弁償であるが，議会事務局の常勤職員が公務旅行により支給される旅費（204条1項）は，実質的意味の費用弁償である。形式的意味の費用弁償のうち，公務の旅行をするために受ける給付は，すでに旅費の項目において扱ったところである。以下においては，形式的意味の費用弁償のうち，地方議会議員の会議出席等のための費用弁償について考察する。

なお，地方議会議員に対する費用弁償の見直しが進行中である。たとえば，横浜市は，従来は，「議員が議会の会議，常任委員会，市会運営委員会又は特別委員会に出席したときは，費用弁償として日額10,000円を支給する」とされていたが，平成19年条例第15号により，この規定が削除された。また，神奈川県は，従来は，「県議会の招集に応じ，又は委員会若しくは議長の招請に応じて会議に出席したときは，費用弁償として1万4,500円以内で規則で定める額に出席日数を乗じて得た額の旅費を支給する」とされていたが，平成19年条例第12号により，「鉄道賃及び運賃」による実費支給方式に改められた。このような見直し[55]は，さらに広がるものと予想される。したがって，以下の叙述に出てくるものは，必ずしも現状を示すものではないことに注意されたい。

費用弁償条例主義と会議出席費用の定め方　費用弁償の額及びその支給方法は，条例で定めなければならない（自治法203条5項）。すなわち，費用弁償条例主義が定められている。その定め方は，一様ではない。

まず，いかなる費用を対象とするかが問題になる。①交通費のみを対象にする，②宿泊費のみを対象にする，③交通費と宿泊費の双方を対象にする，④支給対象の内容を特定しない（「日当」と呼ぶことができよう），といった仕組みの違いがある。①から③までについては，実費支給方式と定額（概算）支給方式とがあり，④については定額（概算）支給方式が採用される。定額

---

[55] 朝日新聞平成19・3・26によれば，横浜市のほか，さいたま市，浜松市，大阪市が全廃したという。

支給方式にも距離等に応じた段階的定額方式と一律定額方式とがありうる。最高裁は，後述するように定額（概算）支給方式も許されるとしている。

　交通費のみを対象にする例として，静岡市がある。交通費及び宿泊費を対象にする例として鳥取県がある。鳥取県の「特別職の職員の旅費等に関する条例」は，議員が招集に応じて「旅行」する場合の費用を「応招旅費」と呼び，議会，委員会，全員協議会その他議長が開催する会議（「議会等」）に出席するとき，及び議会の会期中の議会等が開かれない日に議案調査等のため登庁するときに支払うこととし（4条1項），その金額は，現に支払った旅客運賃，急行料金，特別車両料金及び座席指定料金の額及び所定の宿泊料の額とし，自家用自動車を利用した場合は1km当たり16円を加算することとしていた（4条2項）。しかし，平成19年条例第47号「鳥取県議会議員の報酬，期末手当及び費用弁償に関する条例」により前記条例は廃止され，費用弁償を「旅費」（6条1号）と「議会の議員が職務を行うため要した費用（前号の費用を除く）」（6条2号）とし，旅費は，公務のための旅行，「招集に応じて，議会，委員会，全員協議会その他議長が開催する会議（以下「議会等という。」）」に出席するとき，議会開会中の議会等が開かれない日に議案調査等のために登庁するとき，としている。

　交通費，日当及び宿泊費を定める例として，島根県がある。議員が招集に応じて議会に出席したとき，招集に応じ委員会に出席したとき，議会の会期中の休会の日（休日を除く）に議案調査等のため登庁したときに，交通費（鉄道賃，船賃，航空賃及び車賃）のほか，日当及び宿泊料に代えて定額（宿泊を要する場合14,800円，宿泊を要しない場合7,400円）を支給され，食卓料（1夜につき3,000円）も支給される（議会の議員の報酬及び費用弁償支給条例5条1項〜3項）。休会の日については，議案調査のために登庁する場合を除き，この規定を適用せず，宿泊料7,400円が支給される（同条4項)[56]。

　④の方式の場合に，金額にもよるが招集地に居住する議員に対してまで1

---

[56] 同じ島根県が休会日に松江選挙区に居住する議員に対して旧条例の「議員が招集に応じ議会又は委員会に出席したとき」の要件の下で日当を支給したことを違法として議員に対する返還を命じた住民訴訟判決がある（松江地裁平成11・11・24判例集未登載）。

万円を超えるような金額の支給をなすことは[57]，たとえ概算であるとはいえ，「費用」の観念から著しく乖離しているといわざるを得ない。さらに，会期中は，議会又は委員会の招集日以外の日についても支給することも，容易には理解できない。

　議員の居住地から議会議事堂の所在地までの距離に応じた日額を定める例がある。岐阜県は，7段階に分けて，15 km未満8,900円から始まり，150 km以上19,500円までの広い幅にわたる日額を定めている。15 km未満8,900円，15 km以上30 km未満10,600円，30 km以上50 km未満12,400円，50 km以上75 km未満14,200円，75 km以上100 km未満16,000円，100 km以上150 km未満17,800円，150 km以上19,500円である（岐阜県議会議員の報酬，費用弁償等に関する条例4条2項による別表）。広大な北海道は，岐阜県に比べて区分を少なくして，「住所地と招集地の間の往復の旅行経路の距離」が，100 km以上の地域は20,000円，50 km以上100 km未満の地域は16,000円，50 km未満の地域は15,000円とされている（北海道議会議員の報酬及び費用の弁償等に関する条例別表第2）。そして，往復の旅行経路の距離に応じ，必要があると認められるときは，鉄道賃，船賃，航空賃又は車賃の額を併せて支給するとされている（3条3項第2文）。

　大阪府は，議員の住所地を次の4地域に分けて1日当たりの額を定めている（大阪府議会議員の報酬及び費用弁償等に関する条例4条3項による別表）。

大阪市	7,000円
豊中市，吹田市，守口市，八尾市，寝屋川市，松原市，大東市，門真市，摂津市，東大阪市	9,000円
堺市，岸和田市，池田市，泉大津市，高槻市，枚方市，茨木市，富田林市，河内長野市，和泉市，箕面市，柏原市，羽曳野市，高石市，藤井寺市，四條畷市，交野市，大阪狭山市，三島郡，豊能郡（豊能町に限る。），泉北郡，	

57　招集地以外の地域に居住する議員に対しては宿泊費を支給するという制度が考えられる。他方，招集地市町村に居住する議員に1日当たり8,000円の滞在手当を支給する条例は，その文言に照らして不合理というべきであろう。

南河内郡	12,000 円
貝塚市，泉佐野市，泉南市，阪南市，豊能郡（能勢町に限る。），泉南郡	15,000 円

　この例は，住所地と議会議事堂との距離に応じて交通費が異なるという考え方に基づいている。

　東京都にあっては，会議の招集に応じて出席した場合又は委員会（理事会を含む。）若しくは東京都議会情報公開推進委員会に出席した場合の費用弁償は，1日につき，特別区又は島部（大島支庁，三宅支庁，八丈支庁若しくは小笠原支庁の所管区域）に住所を有する議員には10,000円，それ以外の議員には12,000円を支給する（9条）。特別区の区域に住所を有する議員と三多摩の区域に住所を有する議員との間の金額の差異は，所要の交通費が一般的に異なることに配慮したものである。他方，島部に住所を有する議員には，別に住所地から議事堂までの往復に要する船賃若しくは航空賃又は宿泊料の額を支給することができるとされていること（10条）との関係において，日額の費用弁償額は，特別区の区域の議員と同じ扱いにしている。

　以上の，大阪府及び東京都の例から見て，一般的に要するであろう交通費の多寡に配慮する考え方と，宿泊を要する場合は，それに配慮する考え方とが組み合わせられているといえよう。

　この東京都の例に見られるように，費用弁償に関して，本会議，委員会以外に，どこまでの会議等を含めるかについては，微妙な場面があり，条例に規定もれを生ずることも起こりうる。また，費用弁償日額について，実費弁償の理念からかけ離れた額を定める条例が適法といえるかどうかという問題がある。これらの点については，後に検討する。

　条例で基本額を定めて規則に加算することを委任する条例もある。愛知県は，県内旅行一般の費用弁償として1日につき「1万5千円に規則で定める住所地の区分に応じ旅行の実費を考慮して規則で定める額を加算した額で支給することができる」としている（県議会議員の報酬及び費用弁償等に関する条例4条2項）。この規定に基づく「県議会議員の県内旅行の旅費の加算額等を定める規則」は，住所地の区分に応じて，最高4,900円の加算を定め，名古屋市については加算していない。

費用弁償条例主義をめぐる裁判例　費用弁償条例主義が問題とされた裁判例がいくつかある。東京都荒川区の費用弁償条例が「議員（議長，副議長，委員長及び副委員長を含む。）が招集に応じ，若しくは委員会に出席したとき又は公務のため特別区の存する区域内を旅行したときは，1 日につき 5,000 円の旅費を支給する」と定めていたときに，議会運営委員会理事会に出席した議員にこの金額の旅費の支給がなされたことについて，東京地裁平成 12・2・28（判例地方自治 223 号 32 頁〈参考〉）は，同理事会は，委員会条例に基づく委員会ではなく，かつ，同条例により設置が予定されている機関でもないので，費用弁償条例にいう「委員会に出席したとき」に該当せず，違法であるとした。そして，控訴審の東京高裁平成 12・6・28（判例地方自治 223 号 28 頁）も，理事会をもって議会運営委員会の一部と認定することはできないし，その活動をもって委員会活動とみることもできないので，その出席をもって公務ということはできず，費用弁償すべき場合に該当しないとした。この控訴審判決が，理事会活動を「公務」といえないと断定している点については，理事会が議会の活動において一定の役割を果たしていることが強く推測されるだけに，賛成することができないが[58]，条例に基づかない給付である点においては賛成することができる。

　次に，条例が包括的に委任している場合も，原則として費用弁償条例主義を満たすものとはいえない。名古屋市の費用弁償条例 5 条が，公務旅行の場合の費用弁償の支給（1 項），その場合の旅費について旅費条例における特別職員に対する支給額を準用する旨（2 項）を定めた後に，「前項に定めるものの外，議長，副議長及び議員が職務を行うについて費用を必要とするときは，その費用を弁償するものとし，その額は，予算の範囲内で市長が定める」（3 項）との条項が置かれていたときに，同条例 7 条が，同条例の施行について必要な事項は市長が定めるとしているのを受けて，「名古屋市議会議員費用

---

[58] 筆者は，条例の定めによるならば，たとえば「理事会に出席したとき」を費用弁償条例に定めて費用弁償をなすことは許されると考える（後述 299 頁を参照）。現に，荒川区の平成 15 年条例第 20 号による改正後の費用弁償条例 7 条 1 項には，「委員会（理事会を含む。）に出席したとき」の文言とされている。その前提として，平成 14 年条例第 26 号により委員会条例に理事会の規定が追加されている（6 条 4 項）。

弁償支給規程」が定められていた。その規程において，費用弁償条例5条3項の費用弁償の額は，日額15,000円と定められていて，それに基づく費用弁償の違法性が争われた訴訟があった。名古屋地裁平成14・11・18（判例集未登載）は，費用弁償条例5条3項は，費用弁償の額の決定を市長に一任し，かつその支給方法について何ら触れるところがなく，支給金額等を確定し得るものとはいえないから，自治法203条5項の趣旨に反し無効というほかはなく，違法な公金の支出であるとした。しかし，判決は，その後の改正条例により，条例自体で費用弁償として日額15,000円を支給する旨を定めるとともに，同条例の遡及適用を定めていることによって，前記費用弁償は条例上の根拠が与えられ遡及的に適法な支給となったと結論づけた。前段部分は賛成することができるが，後段部分の遡及適用による瑕疵の治癒の肯定については検討の余地があると思われる。議会が，その構成員である議員に対する過去の違法な支給を遡及的に適法化するための条例制定が有効といえるかどうかという問題が残るからである。なお，この事件の控訴審・名古屋高裁平成15・7・31（判例集未登載）も，同趣旨により結論として適法になったものとしている。

ところで，費用弁償について条例の定めを欠いて支給された場合に，それが常に違法となるかという点については，なお検討すべき点がある。なぜならば，明らかに公務のために費用を生じて，その実額を支給する場合には，手続的違法があるにしても，実質的違法性を欠くものとして，財務会計職員の損害賠償責任や支給を受けた議員の不当利得を生じさせないと解する余地があるからである。

費用弁償条例の規定の合理性　さらに，条例における費用弁償の定め方は，当然のことながら費用の性質に応じて合理的なものでなければならない。この問題が扱われたのが，最高裁平成2・12・21（民集44巻9号1706頁）である。昼食代，茶菓子代，筆記用具代等を含めて，市の特別職の職員の給与，旅費及び費用弁償に関する条例に基づき，議員に対して費用弁償として給付したことの違法性が主張された住民訴訟に関する判決である。問題の条例の定めは，議会の議員が，本会議，常任委員会又は特別委員会に出席したときは，費用弁償として日額3,000円を支給すると定める定額支給規定であった。

判決は，自治法203条3項及び5項に言及して，「費用弁償については，あらかじめ費用弁償の支給事由を定め，それに該当するときは，実際に費消した額の多寡にかかわらず，標準的な実費である一定の額を支給することとする取扱いをすることも許されると解すべきであり，そして，この場合，いかなる事由を費用弁償の支給事由として定めるか，また，標準的な実費である一定の額をいくらとするかについては，費用弁償に関する条例を定める当該普通地方公共団体の議会の裁量判断にゆだねられていると解するのが相当である」と述べて，具体の条例の規定について，議会に与えられた裁量権の範囲を超え又はそれを濫用したものであることを認めるに足りる事情はうかがわれないので，裁量権の範囲内のものと解するのが相当であるとした。この事件の1審判決は，議員が職務を遂行するために要した費用は議員ごとに異なるので，その弁償を厳密に実行することは実際上煩瑣であるばかりでなく，金額に差等を生ずる場合には不合理な結果にもなりかねないことをもって，あらかじめ費用弁償事由を定め標準的な実費を支給する方式の合理性として掲げていた。このような見方は，最高裁判決の基礎にもなっているであろう。

ただし，最高裁には，議会の裁量権の逸脱・濫用の場合は別であることが示されている。1審判決によれば，条例が費用弁償の対象とした費目は，議員が本会議，常任委員会又は特別委員会に出席した際に通常出費が予想される交通費，昼食代（外食代と自宅食代との差額），諸雑費であり，1審判決が本来費用弁償の対象とすべきでないとする昼食代を対象となりうる費目の試算額の合計額から控除した額は3,540円であり，条例の定める日額3,000円はこの範囲内にあると認定されている。この認定を前提にする限り，最高裁が，議会の裁量権の逸脱・濫用がないとする判断は相当であるといえよう。

このような相当な範囲内の定額支給方式が許容されるからといって，標準的な費用との対応関係を著しく逸脱するような高額の費用弁償をなすことは，裁量権の逸脱・濫用になると解すべきである。こうした観点から見ると，先に取り上げた名古屋市において日額15,000円とする旨を条例に定めたとしても[59]，「標準的な費用との合理的対応関係」を証明できるかどうかが問われる。もっとも，登庁の往復にタクシーを利用するならば平均的に同金額に近くなると主張されるかも知れない。そして，合理的対応関係といっても，

それは結局議会の裁量判断の問題に帰着すると主張されるかも知れない。しかし、最も経済的な経路と方法による通勤費の支給に甘んじ、かつ、住民税の負担に苦しむ給与所得者たる住民が、そのような議会による「合理的対応関係」の裁量論に納得できるであろうか。

このようなことが直接に争われた事件がある[60]。

堺市が、条例の規定に基づき、議会の本会議、常任委員会、議会運営委員会又は特別委員会に出席した議員に費用弁償として日額1万円を支給していた場合について、大阪地裁平成14・9・27（判例地方自治239号36頁）は、被告市長が費用弁償の費目として主張する交通費、日当、事務経費について検討を加えている。交通費は、公共交通機関を用いた場合の往復運賃は0円ないし1,520円であるが、議員の職責の重要性や議会の閉会時間が必ずしも公共交通機関を利用することが可能な時間であるとは限らないことから、議員がタクシー利用するための費用も不相当とはいえず、タクシー費用をも弁償し得る程度の額も不合理ではないとしている[61]。

一部事務組合である阪神水道企業団が、法定外の議員協議会等に出席した企業団議会議員に対して1日当たり14,000円を支給したことの適法性が争われた事件もある。神戸地裁平成15・12・12（判例集未登載）は、企業団の報酬並びに費用弁償に関する条例3条1項が「議長、副議長及び議員並びに監査委員が公務に従事したときは、費用弁償として1日について1万4000円を支給する」と定めていることについて、前述の最高裁平成2・12・21（民集44巻9号1706頁）を引用しつつ、前記条例が、自治法203条により企業団議会に与えられた裁量権の範囲を逸脱・濫用したものでないかどうかを検討した。他の地方公共団体との比較などを行なって、1日当たり

---

59 名古屋市は、その後費用弁償日額を10,000円とする改正を行なっている。
60 住民訴訟旧1号請求の要件の「回復困難な損害を生ずるおそれがある場合」の問題として扱われ本案について判断されていないが、高松高裁平成13・12・20判例集未登載の事案において、住民は、高知市選挙区選出の高知県議会議員が、県議会又は委員会等に出席するために滞在する必要がないから費用弁償として滞在手当を支給することは違法であるとして滞在手当の支出の差止めを求めた。
61 この判決は、控訴審の大阪高裁平成15・5・27判例集未登載によって維持された（判例地方自治の記事による）。

7,000円を超える部分は裁量権の逸脱・濫用があるとし，不当利得の返還を命じた。筆者には，議員が自宅から企業団事務所まで往復するのに必要な交通費が僅かであると認定している点が重要であると思われる。

　上記のような例からも，議会の会議等への出席に伴う費用弁償の額については，その趣旨が説明できるものでなければならないと思われる[62]。そして，時間のかかる列車を利用して会議に出席し，宿泊するのが当然であった時代と異なり，鉄道の高速化あるいは道路整備等により，宿泊の必要がなくなっている現在においても，宿泊を前提にした費用弁償を行なうことが合理的といえるかどうかも検討しなければならないであろう。例外的に審議が深夜に及び宿泊を余儀なくされることがあるからといって，そのような例外をもって原則的費用弁償の基礎とすることが合理的とは思われない[63]。

　費用弁償の対象となる会議等の範囲　　どのような会議等について費用弁償をなしうるのかが問題になる。

　前述の神戸地裁平成15・12・12（判例集未登載）は，法定外の議員協議会等の性質については，単に議員が事実上参集して開催したものではなく，企業団議会の正当な意思に基づく会議であることが認定されている。しかし，この事件の控訴審・大阪高裁平成16・6・30（判例集未登載）は，この協議会

---

[62] 熊本県の平成17年度包括外部監査結果報告書（包括外部監査人：山本修一）は，議員が同県の議会又は委員会に出席したときに，1日につき招集地（熊本市）居住者は12,000円としていることについて，その算定基礎が不明であると述べている（他方，その他の地に居住する者についての16,300円は，公務旅行の宿泊料13,300円と旅行諸費3,000円の合計に一致し合理性があるとしている）。招集日の金額が，熊本市以外居住の議員が増額されているのは，往復の交通費を加算する趣旨といえるが，その算定基礎が不明であるとしている。

[63] 宮城県の政務調査費の旅費に関し，実費に比べて著しく高額な金額としていることを違法とした仙台地裁平成19・11・13判例集未登載は，条例に直接定められている費用弁償額の違法性を導くことに直結するものではないが，問題の所在を浮き彫りにしている。熊本県の前記包括外部監査結果報告書は，条例別表の居住地区分が昭和28年の施行時から変更されていないことを指摘して，熊本市以外のすべての地域に宿泊料が必要だとは考えられないと述べ，区分の見直しを求めている。招集日の費用弁償に影響する別表3の地域の区分は，熊本市ほか10地域に及んでいる。金額は，熊本市の12,000円に始まって，たとえば，八代市は27,100円，牛深市は34,300円である。

等の扱いについて対照的な判断をした。すなわち、地方公共団体の議会は、法の規定する3種の委員会以外の委員会や会議を設置することはできない、というのである。その理由について、次のように述べている。

> 「地方公共団体の議会が法定の委員会以外の会議を設置することができるものとすると、当該会議には法の規制が及ばず、法定外の会議において上記の法の厳格な手続によらないで実質的に審理・議決がされ、それが議会や委員会の審理・議決と同視されたり、また、それに代替的役割が与えられる危険性を生じかねず、ひいては法の規定する議会制度の趣旨が潜脱されるおそれがある。また、法定外の会議を許すとすると、その範囲が際限なく広がる危険性があるし、合理的な範囲に限定するとしても、その判断は不明確なものとならざるを得ず、上記の弊害を阻止できないことは明らかであるから、この面からみても法定外の会議を許容するのは相当でない。」

判決は、以上のように述べて、協議会等は議会の意思に基づく公式の会議と見ることは相当でないとし、これらの会議に出席することは議員の職務ないし公務とはいえないとした。そして、協議会等に出席した企業団議員に対して費用弁償することは、金額如何にかかわらず違法であるとした。ただし、企業団の企業長及び総務部庶務課長に故意又は重過失があったとはいえないから、損害賠償責任はなく、企業団議員が不当利得返還義務があるから、その請求をせよと判示した。

思うに、自治法の委員会等の限定主義から、法定会議限定説により協議会等への出席の公務性を否定し、かつ不当利得返還義務を肯定する考え方には、直ちには賛成することができない。青森県の条例は、「県議会の招集に応じたとき」、「県議会の議決によって設けた委員会の招集に応じて出席したとき」及び「議長の招集する協議会等に出席したとき」を挙げている（6条1号～3号）。この点に関して、旧自治庁は、昭和33年に、各党代表者会議や全員協議会など議会の議決に基づかない閉会中の委員会の招集の場合は支給できないとする見解を表明した。しかし、これらの会議への出席は、私的なものでないことはもとより、単なる政党の活動でもなく、まさに議会運営のためである。費用弁償の金額の相当性やそもそも費用弁償を行なうことが適

切であるのかという次元の問題があることは別として，条例の規定により支給できないとする根拠は薄弱のように思われる[64]。少なくとも，条例又は条例の委任による規程に基づいて設置されている会議への出席は公務というべきであるから，費用弁償の対象となりうるというべきである（住民監査請求に対する大阪府監査委員の監査結果，平成19・8・17）。

議会の期間中であっても本会議や委員会が開かれない日には費用が生じていないはずである。しかし，その場合にも費用弁償をする地方公共団体がある。都道府県レベルで熊本など11道県がそのような扱いをしているという[65]。

公用車の利用と条例所定の費用弁償との関係　条例所定の費用弁償の支給を受けつつ，その費用弁償対象の交通に公用車を用いた場合に，不当利得ないし違法な公金支出とならないのかどうかが問題になる。東京地裁昭和63・10・25（行集39巻10号1300頁）の訴訟は，世田谷区議会議員の費用弁償条例に基づき日額旅費6,000円の支給を受ける議長が区「自動車の管理等に関する規程」に基づき専用の乗用車を議会等と自宅との交通に利用していた場合に，費用弁償により区に損害を与えたとして区長及び区議会事務局次長に損害賠償を求める住民訴訟であった。

判決は，費用弁償につき実額方式の手続の煩わしさ，経費の増大等の短所があることに鑑み，定額方式も，社会通念上実費を対象として弁償するとの費用弁償の本来の建前を損なうとはいい難いものであるかぎり自治法203条3項の費用弁償として採用することが許されるとし，支給の対象となる職務の内容，支給される金額，日額旅費には交通費だけではなく日当も含まれることに鑑みると，実費を対象として弁償するとの本来の建前を損なうとはいい難いとした。二重支給になるとする主張に対しては，定額方式において，何らかの事情で公用車を利用することなく，議会や委員会へ出席し，かつ，同日中に公務のため何箇所も特別区内を旅行し，交通費だけでも6,000円で

---

[64] 朝日新聞平成19・5・28は，30都道府県が法定外の会議に費用弁償していると報じた。そして，このような費用弁償について違法と主張する住民監査請求や住民訴訟が提起されている。

[65] 東京新聞平成19・3・10（共同通信の調査による）。

は賄えないような支出をした日であっても同額しか支給されないのであり，また，議会等に徒歩で登庁した日であっても同額しか支給されないのであるが，長い間には全体として不利益がなくなるうえ，区民も手続の簡便な分の経費節減があるので，費用弁償の本来の建前を失うことはないとした。この控訴審・東京高裁平成元・3・28（行集40巻4号293頁）も，この判断を是認した。

一般の議員に関し実額方式を排斥する簡便性の論理を，専用の公用車を用いる議長についてそのままに用いてよいものか疑問を感じるところがある。公務のため私費を支出する場合の可能性を指摘することは間違いではないが，専用の公用車を常に用いる実態がある場合に，その実態を無視して一般論で押し切ることが果たして合理的といえるであろうか。

費用弁償と所得税との関係　費用弁償が，その実質において，議会等への出席のためのもので，「通勤に必要な交通機関の利用又は交通用具の使用のために支出する費用に充てる」もので，「一般の通勤者につき通常必要であると認められる部分として政令で定めるもの」に該当するならば，「通勤手当」の名目でなくても，通勤手当に類するものとして非課税である（所得税法9条1項5号）。神奈川県条例平成19年第12号による改正後の「県議会議員の報酬，費用弁償及び期末手当に関する条例」が，「鉄道賃及び車賃」とし（6条1項），鉄道賃は「その現によった経路及び方法によって計算し，その額は，旅客運賃及び新幹線自由席特急料金で現に支払ったもの」として実費主義を採用しているので（6条2項），鉄道賃に関する限りは非課税とされると思われる。これに対して，車賃について，「その現によった経路及び方法によって計算し，その額は，一般乗合旅客自動車を利用した場合にあっては現に支払ったもの」によるとともに，自家用自動車利用の場合も1km当たり15円の割合の額及び高速自動車国道等の有料の道路の料金で現に支払ったものによるとしている（6条3項）。このうち，自家用自動車が明示されているので，これが所得税法施行令20条の2第2号にいう「通勤のため自転車その他の交通用具を使用することを常例とする者」に該当するかどうかが問題になる。

通勤手当相当額以外の趣旨による部分は，所得税の課税のうえで収入金額

から除外することは理論上困難である。これまで税務当局がどのような扱いをしてきたのか，それとの関係において源泉徴収をしてきたのか，外部には明らかでない。租税実務の実態を明らかにしてほしいものである。なお，所得税の扱いにおいて，議員という給与所得者の地位を包含する「政治家業」という包括的な事業所得者を観念することは難しいであろう。

[2] 地方議会議員以外の者に対する費用弁償

費用弁償を要する場面 公務員が職務を行なうために費用を生ずる場面は，それほど多いわけではない。また，通常は金額がそれほど多額になることも少ない。しかし，個別には弁償をすることが望ましい場合がある。たとえば，常勤の職員も含めて公務遂行のために通信費を要する場合がある。また，非常勤職員は，その職務を適正に遂行するために自宅等において準備のために書籍を使用する必要のある場合もある[66]。そのような場合に，その所属する国又は地方公共団体が現物支給する方法と費用弁償を行なう方法とがあり得るが，実際には，例外的に現物支給がなされるにとどまっている[67]。このような現物支給や費用弁償が少ないことは，「隠れ報酬」，「隠れ給与」[68]の防止の観点からは当然というべきかも知れないが，真に必要な場面に適切に対応することなく職員が自腹を切って負担していることもあると推測される。一定の職種にあっては，職種に適合する衣服等を要する場合があるので，現物の貸与[69]，現物給付あるいは費用弁償を行なうことが望ましいと思われる。国会議員に対する立法事務費，地方議会議員に対する手厚い政務調査費を考えると，そのアンバランスが気になるところである。

こうした状況において，鳥取県の「特別職の職員の旅費等に関する条例」は，「旅費及び応招旅費のほか，特別職の職員が職務を行うため要した費用

---

66 常勤職員でも問題になることがある。国立大学が法人化されたので本書において議論する対象から除外されているが，大学教員の場合に，講義等の準備は勤務先大学の研究室のみならず自宅においてもなされることは公知の事実である。最も重要な文献で研究室と自宅に重複して用意することの望ましいものは，自宅用も現物給付又は費用弁償することが望ましいが，そのような重複を認める大学は少ないであろう。

67 どのような例があるのかを把握することは難しいが，裁判官が自宅で仕事をすることも考慮して法令集の支給がなされているといわれる。

は，弁償するものとする」(6条)という包括条項を置いている。この条例は，知事，副知事等をも適用対象にしているので，たとえば，自宅の電話を用いて公務を行なった場合は，条例上は費用弁償の対象になりうる。しかし，実際の運用がどのようになされているのか外部から知ることはできない。

---

68 大阪市が職員に対して背広を現物支給していたことが報道されたことがある。また，大阪国税局の税務調査により教職員に対するトレーニング・ウエアの支給につき給与と認定された後に提起された住民監査請求に対して，神戸市監査委員は，貸与したうえ返還を求めない扱いであったことを認定しつつ，次のように述べた（平成17・8・29）。「トレーニングウエア等は，教職員が保育や授業，部活動指導の際に着用し，運動会，音楽会等の校内行事，校外学習などにおいて制服的な役割を果たし，また，清掃作業などにおいて作業服的な役割を果たすものとして貸与しているのであって，職務以外で活用することを意図して支給しているものではなく，職務遂行上の特別な必要に基くものである。したがって，教職員へのトレーニングウエア等の貸与は，給与その他の給付又はこれに基く条例に基かずに支給したものとは言えない。」これは，昭和31・9・28自治庁行政課長通知が「被服の現物支給が職務遂行上の特別の必要に基くものであれば給与その他の給付とは解されない」と述べていたことを援用して給与条例主義に違反しないとしたものである。なお，本書第3章4［3］を参照。
69 たとえば，北海道職員被服貸付規程，熊本県職員被服類貸与規程，東京都被服貸与規程など。

第5章　接待・交際費，食糧費

1　国の接待・交際の費用

[1]　国際社会と国の接待・交際

国の接待・交際行為の必要性　　国は，独立の存在でありながら，国際社会の中において，恥ずかしくない付き合いをしていかなければならない。こうした考え方から，国は，さまざまなレベルにおいて接待・交際行為を行ない，そのための支出をしている。

たとえば，典型的には，国賓等として招いた元首等に対する接遇がある[1]。国は，接遇目的の迎賓施設を所有している。洋風建築の「迎賓館」（東京赤坂）[2]は，もともとは明治42年に東宮御所として建てられた建物であるが，昭和49年に迎賓施設として用いられ，接遇目的で使用されている[3]。また，

1　宮内庁のホームページによれば，「国賓」とは，「政府が儀礼を尽くして公式に接遇し，皇室の接遇にあずかる外国の元首やこれに準ずる者で，その招へい・接遇は，閣議において決定され」，また，「公賓」とは，「政府が儀礼を尽くして公式に接遇し，皇室の接遇にあずかる外国の王族や行政府の長あるいはこれに準ずる者で，その招へい・接遇は閣議了解を経て決定され」るという。このほか，「公式実務訪問賓客」の接遇があるという。「皇室における国賓のご接遇には，両陛下を中心とする歓迎行事，ご会見，宮中晩餐，ご訪問」があるという。

2　赤坂迎賓館には，洋風の本館のほかに和風別館があり，その機能の拡充等について検討するため，平成18年に「迎賓施設整備等に関する構想懇談会」が開催され，同年4月には，「迎賓施設整備等に関する基本構想（中間報告）」をまとめている。それによれば，「日本らしいもてなし」の観点から検討し，日本文化が「混成文化」（日本固有の文化，アジアから流入した文化，近代西洋文化）であることに鑑み，迎賓館においても，日本の魅力といえる「伝統」と「現代性」を両面から総合的に発信していくべきである，としている。

3　迎賓館のホームページによれば，昭和49年開設以来平成17年12月末現在までの接遇回数は，253回であるという。各国元首の接遇のほか，過去3回の先進主要国首脳会議（東京サミット）の会場としても使用されたという。

平成17年に開館した「京都迎賓館」は、和風の迎賓館で、日本の歴史と文化を象徴する京都において賓客をもてなすための迎賓施設であるという。このような迎賓施設をどの程度に整備するかは、優れて政策的に決まる問題であって、法的に論ずる側面はほとんどない（平成19年度一般会計予算の予定経費要求書によれば、迎賓施設業務庁費は8億4,177万円である）。強いていえば、迎賓施設の有効利用を法的に規律する必要があるかも知れない。

このような施設の維持のみならず、個別の接遇経費を要することはいうまでもない。外務省には、儀典官室が設けられて、訪日する外国要人の接遇、皇室関係業務、外交官等の接受などの業務を行なっている。外務本省には、「招へい外国人滞在費」、「文化人等招へい費」、「政府開発援助文化人等招へい費」が計上されている。また、外務本省に「交際費」が計上されている[4]。

天皇・皇后をはじめとする皇族の外国訪問、内閣総理大臣、外務大臣等の要人の外国訪問にも経費を要する。外務省には、儀典長の下に、儀典官室と儀典外国訪問室が置かれて、後者は、総理大臣、外務大臣の交通手段、宿泊施設等の手配を行なっている。かつての「要人外国訪問支援室」は、廃止されている。

在外公館における交際 在外公館においては、公館の内外において頻繁に交際行為がなされている。それは常識でありながら、外部からは簡単には知ることができない。在外公館にも「交際費」が計上されている。しかし、在外公館関係者の交際行為には、実際は「報償費」も充てられているようである。報償費の本来の目的に使用されず、単なる宴席の費用に充てられているとするならば問題である。在外公館に勤務する外務公務員に対しては、「在外公館の名称及び位置並びに在外公館に勤務する外務公務員の給与に関する法律」に基づき給与が支給される（外務公務員法13条）。同法の定める「在勤手当」は、「在外職員が在外公館において勤務するのに必要な衣食住等

---

[4] 外務省の場合、いわゆる設宴経費には、交際費を充てる場合と報償費を充てる場合とがあり、「部外に対する一方的、儀礼的な行為」には交際費を、「部外の相手方に代償、対価を求める行為」には報償費を充てるようである。小黒純『検証　病める外務省』（岩波書店、平成14年）の巻末に収録されている外務省大臣官房会計課『在外公館経理と公館長、出納官吏の心得』（平成12年4月）による。

の経費に充当するために支給されるものとし，その額は，在外職員がその対面を維持し，且つ，その職務と責任に応じて能率を十分発揮することができるように在外公館の所在地における物価，為替相場及び生活水準を勘案して定めなければならない」とされている（5条）。在勤手当は，7種類からなり（6条1項），その一つは「在勤基本手当」であって，「在外職員が在外公館において勤務するのに必要な衣食住等の経費に充当するために支給する」ものとされている（6条2項）。そして，在勤基本手当の月額は，別表第二に定める基準額[5]の100分の75から100分の125の範囲内において在外公館の種類，所在国又は所在地及び号の別によって政令で定める額とされている（10条1項）。この在勤基本手当のなかには，日本国の外務公務員として恥ずかしくないような個人的交際行為ができるようにという趣旨も含まれているといえようが，実際には在外公館報償費などを同じ目的に使用することも多いようである。要するに，在外公館に勤務する外務公務員の場合は，公私の区別が必ずしも十分にはなされていないと推測される。あるいは，在外公館勤務者に，そのような公私の区別を期待すること自体が無理なのかも知れない。すなわち，情報収集のための飲食，公的な交際，私的な交際が混然となることは，ある程度やむを得ないという見方も成り立つ。

[2] 皇室の交際等

国の交際行為と皇室　皇室は，国の交際行為の重要な一翼を担っている。天皇の国事行為（憲法7条）には，「栄典を授与すること」（7号），「外国の大使及び公使を接受すること」（9号）及び「儀式を行ふこと」（10号）が含まれている。これらは，国事行為に着目したものであって，必ずしも国の経費支出に着目したものではない。平成19年度一般会計予算の予定経費要求書によれば，皇室費の中の宮廷費62億2,364万円の内訳は，諸謝金3,270万円，報償費2億2,845万円，外国旅費1,325万円，庁費18億7,428万円，招宴費7,684万円，各所修繕23億923万円，自動車重量税190万円，施設

---

[5]　基準額は，たとえば英国を例にとると，大使82万円，公使69万円，特号64万5,500円，1号61万9,700円，2号59万3,900円，3号51万6,400円，4号43万8,900円と続き，9号は25万8,200円である。

整備費16億4,064万円，交際費4,635万円となっている。これらのうち，どれだけが本章において扱う交際費に含まれるのか外部から確認することはできないが，招宴費のみならず，皇室としての広い意味の交際行為の経費は相当程度含まれていると思われる[6]。招宴費には国賓を接遇する宮中晩餐会や園遊会の費用が含まれるのであろう。また，外国公式訪問の経費は，主として報償費及び庁費が充てられる。航空機は，政府専用機を利用する。移動の経費は防衛省の負担であるという。「行幸」，「行幸啓」，「行啓」などの費用は，報償費及び庁費（天皇等の昼食は招宴費）で賄われるという。交際費として分類することは適当でないが，宮中晩餐会等を催す宮殿の管理費用も庁費が充てられる。なお，皇室の国内地方旅行の場合は，それ受け入れる道府県の支出が多いという。

栄典の授与に要する経費　「栄典」の授与は国事行為に含まれているが，勲章・褒章の所管は，内閣府賞勲局である。勲章は，春秋叙勲，危険業務者叙勲，高齢者叙勲，死亡叙勲，外国人叙勲（春秋叙勲に併せて行なうものと随時のものとがある）からなり，これと別に文化勲章がある。褒章（根拠は，褒章条例である）には，春秋褒章（春秋叙勲と同日付けで授与），紺綬褒章，遺族褒章がある。それぞれ要綱等の定める選考手続によっている。このうち，文化勲章（根拠は，文化勲章令）の受章候補者は，文部科学大臣が「文化の発達に関し勲績卓絶な者を文化功労者のうちから」選考し，内閣総理大臣に推薦する原則である。ただし，必要と認めるときは，その年度の文化功労者発令予定者を候補者とすることができる（「文化勲章受章候補者推薦要綱」2項）。平成19年度一般会計予算の予定経費要求書には，内閣本府に，褒賞金1,500万円，褒章品製造費28億5,059万円が含まれている。なお，文化功労者には終身にわたり年金350万円が支給される（文化功労者年金法，同法施行令）。

[3]　省庁の接待・交際費

予算にみる接待・交際の費用　省庁の歳出予算において計上されている

6　以下，主として，森暢平『天皇家の財布』（新潮新書，平成15年）によった。

「交際費」は極めて少ない。「交際費」は，「儀礼的，社交的な意味で部外者に対し支出する一方的，贈与的な性質を有する経費」である。大臣はもとより，省庁の次官，局長，課長等が，外部者の葬祭に際して弔意を表し香料を必要とするときに，すべてを個人負担とすることは合理的とは思われない。平成19年度一般会計予算によれば，内閣官房は1,151万円，総務本省は228万円，農林水産本省，経済産業本省，国土交通本省，環境省は219万円，防衛本省は581万5,000円である。これは，省庁における接待・交際行為の自粛の結果という意味もあろうが，庁費のなかには「会議費」（会議用及び式日用の茶菓弁当等の代価）が含まれているので，接待・交際目的に庁費を充てることもあろう。しかし，それで必ずしも省庁における接待・交際の費用を賄えているのかどうか外部から確認することができない。

省庁の資金確保策　そもそも，省庁の接待・交際行為が必要なのかという疑問もありうるが，かつては，たとえば他の省庁に根回しをするのにも接待が必要であったという話を聞いたことがある。

そこで，省庁は，さまざまな方法で飲食に充てる資金をプールしようとする。その方法として，しばしば省庁に関係する出版物の執筆料，編集料，監修料などを充てることがあるものと推測される。「○○研究会」のような名称の執筆や編集の場合にはもちろん，個人名の場合も，その者が独占するのではなく，組織において資金をプールすることにも用いられてきたものと推測される。そして，チームで仕事をした結果なのであるから，組織の飲食に充てることに問題はないという意識があるものと推測される。もちろん，執筆等は「公務外」で行なった旨が断られている場合も多く，その限りで，このような飲食代等の捻出が違法，不当とはいえないであろう。しかし，執筆等の情報源が省庁の内部ないし省庁が第一次的に保有する資料であることに鑑みると，適切な方策を確立する必要がある。また，省庁が公益法人等に交付する補助金等が，さまざまな方法で省庁に還流していることも，しばしば報道される。そのすべてとは言わないまでも，不適切なものが，しばしば報道される[7]。こうした事態を生じないように監視することが重要であるが，同時に，真に必要な経費であるならば，予算措置を講じることを自制すべきではない。予算措置をせずに無理な状況に追い込んでおいて，表面化した事

態だけを攻撃するのでは，抜本的な解決にはならないのである。

検査等と接待　国の機関が国の機関等の検査等をする際に，検査等を受ける側が接待するときには，検査等を受ける機関等の経費支出の適法性が問題となると同時に，検査等の公正さを疑われるという問題もある。会計検査院の外務検査の実地検査に際して，在外公館等による公費接待を受けていたことが明らかになり，会計検査院は平成7年に接待を受けない旨の内規を定めたという[8]。

2　地方公共団体における接待費，懇親会費用

［1］　外部との接待費，懇親会費

社会通念上の儀礼の範囲内　地方公共団体の接待費用の支出（市川市が県当局者との意見調整等をした際の接待）について最高裁昭和63・11・25（判例時報1298号109頁）が，社会通念上相当な範囲にとどまるものであって違法とはいえないとした原審の認定判断を是認できるとしたのに続いて，最高裁として自ら判断基準を示した最初の判決は，最高裁平成元・9・5（判例時報1337号43頁）ではないかと思われる。同判決は，次のように述べている。

　　「普通地方公共団体の長又はその他の執行機関が，当該普通地方公共団体の事務を遂行し対外的折衝等を行う過程において，社会通念上儀礼の範囲にとどまる程度の接遇を行うことは，当該普通地方公共団体も社会的実体を有するものとして活動している以上，右事務に随伴するものとして，許容されるものというべきであるが，それが公的存在である普通地方公共団体により行われるものであることに思いを致すと，対外的折衝等をする際に行われた接遇であっても，それが社会通念上儀礼の範囲を逸脱したものである場合には，右接遇は当該普通地方公共団体の事務に当然伴うものとはいえず，これに要した費用を公金により支出することは許されないものというべきである。」

7　たとえば，補助金等の交付先の公益法人が架空の領収書等により裏金をつくり，省庁に還流させることなどもありうる。

8　朝日新聞平成7・9・26。

接遇を「社会通念上儀礼の範囲」にとどめるべきであるという考え方は，財政法の基本原則としての「財政公共目的原則」の表れであるといってよい。

「社会通念上儀礼の範囲にとどまる」かどうかを問題にする判断方法は，市議会議員に対する記念品料を扱った最高裁昭和 39・7・14（民集 18 巻 6 号 1133 頁）[9] に見られたものである。本判決に示された考え方は，その後の裁判例に引き継がれて接待費が適法であるためには，社会的儀礼の範囲内にとどまるものでなければならないことが，繰り返されることになる。もっとも，これに先行する下級審判決には，社会通念を掲げるに際して「日本の社会的慣行」に言及するものがあった。神戸地裁昭和 63・12・14（判例タイムズ 710 号 157 頁）である。地方財政法 4 条 1 項違反の主張に対して次のように答えている。

「地方公共団体も，自然人と同様に法的に一個の人格を有して社会的に活動する以上，日本の社会慣行から考えて，当該団体の職員が，その職務遂行上，その活動を行うために必要な儀礼として，社会通念上相当と認められる範囲の会合又は接待を行うことは許されるべきものであり，その場合，いかなる程度の，いかなる内容の会合又は接待を行なうかは，それに要する費用の支出権限を有する職員の自由裁量に委ねられているものである。もとより，裁量行為といえども，地方公共団体の存立目的に照らして社会通念上著しく妥当性を欠くものであってはならず，その支出も地方財政法 4 条 1 項の規定に従い，必要最少限度を超えてはならないのは当然である。」

この判決にいう「日本の社会慣行」を重視して「社会通念」を理解するならば，過去ないし現状を追認する結果になる虞がある。しかも，「自由裁量」といったのでは，著しく弱い拘束になってしまう。この判決の当時の慣行や社会通念がどのようなものであったのかは，今となっては検証できないが[10]，おそらく「社会通念」は変化しうる性質のものであろう。過去にこだわらない社会通念の発見が必要なのかも知れない。オリンピック招致目的の接待などについては，国際社会の通念も考慮する必要がある。

9　儀礼の範囲を超えた給付であることを自治法 204 条の 2 違反の根拠とした。

最高裁判決にいう「社会通念」をどのように把握するのかがその後の課題となる。具体の事案は，料亭において，水防組合（出席者7名）が県知事，土木部長，開発企業局長ら計6名の出席を得て，長良川河口堰事業に関連して県が策定した開発事業計画に関する要望を伝え，意思の疎通を図るため接待したことの適否が争われたものであった。判決は，宴会による接待が行なわれるに至った経緯，宴会に要した費用の総額，そのなかに高額な芸妓花代も含まれること，二次会費用も負担していることなどの諸点に照らし，接待は組合が事務を遂行する過程で，社交儀礼の範囲にとどまる程度の接待を行なったという態様・内容ものであるとはいい難く，客観的にみて，県当局者に対する宴会による接待それ自体をその主たる目的とするものであると見られてもやむをえない態様・内容のものであって，組合が行なう接待として社会通念上儀礼の範囲を逸脱したものといわざるを得ない，と判断した。

同じ水防組合の幹部が，建設省係官が同水防区域内の堤防等を巡視した際に引き続いて地元の料亭で係官の労をねぎらい酒食をともにした事案に関して，最高裁平成元・10・3（判例時報1341号70頁）は，同一の小法廷で，一般論を展開することなく，接待に至る経緯，その態様・内容等に照らすと組合にとって社会通念上儀礼の範囲を逸脱したものとまでは断じ難いとした。

同小法廷は，二つの事案を比較検討しながら，費用の総額，高額な芸妓代，二次会費用の負担に着目して，前者について違法としたものである。費用の総額というときに，当然，参加者の人数で割った一人当たり金額も問題になろう。

10 　同判決は，県の整備局次長が当時の住宅・都市整備公団と共同で開発しようとするニュータウン建設事業の建設を図るため，県の他部局職員及び部内職員に住宅・都市整備公団職員を加えた複数回の会合に引き続いて，それぞれ料理店において飲食をした場合の公金支出について，食糧費の支出の態様として穏当を欠くとの誇りを免れないと述べつつも，ニュータウン建設事業の円滑な推進と早期完成の必要性，そのための関係各組織との連絡・協力の必要性に照らして，目的の達成のために会合が有益で，会合に要した飲食料金は当該料理店の通常の飲食代金に照らして特に高額なものではなかったことなどから，社会通念上著しく妥当性を欠き自由裁量の限度を逸脱した違法があるとまではいえないとした。その中には，整備局内部の幹部職員のみの会合で1人当たり9,137円に達するものも存在した。

相手方が公務員である場合（官官接待）の考慮　　地方公共団体の食糧費による接待の相手方は公務員であることが多かった。言葉は不正確であるが，「官官接待」と呼ばれてきた。先に紹介した，市川市の事件や，水防組合の事件も官官接待の事案であった。そこで，官官接待に着目した判断方法をとるかどうかが問題になる。奈良地裁平成13・8・8（判例タイムズ1074号167頁）は，「相当性の判断に際し，懇談等の相手方が中央官庁職員である場合には，本来，当該国家公務員である職員が，職務に関し，最も厳正な倫理を要求される立場にあるという特質にかんがみれば，接遇する側における上記相当性の判断も自ずと厳格さが要求されていると考えるべきである」と述べている。このことは，あまり強調されていないが，極めて重要な視点であろうと思われる。

　大阪高裁平成8・11・22（判例タイムズ927号115頁）は，市の空港対策課が関西国際空港に関する情報の取得及び南ルート架橋を推進する目的で複数回にわたり食糧費を用いて会食を行なった場合につき，一部は他の地方公共団体（市，大阪府）関係者，国の関係機関関係者，空港専門家及び関西国際空港株式会社関係者であることを示しつつ，相手方の地位，氏名などが不明で「不詳」もあるほか，会議内容も抽象的で具体的事項が明らかにされていない状況において，相手方は「通常人で一般職員」であると見るほかはないとしつつ，指定職国家公務員の食卓料，当該市職員の一般職の食卓料など諸般の事情に照らし，いくら多くても1人当たり6,000円までであるから，これを超えるものは裁量権の濫用であり，社会通念上相当な儀礼の範囲を逸脱した違法な支出であると述べた。ここにおいて，相手方のすべてが公務員であるわけではないが，公務員の食卓料が参考にされている点が注目される。

宮城県の食糧費執行基準　　「接待費」は，この言葉の一般に用いられている意味であるが，「食糧費」は，歳出予算執行上の科目の「節」の「需用費」の説明項目として登場しているものである（自治法施行規則別記「歳出予算に係る節の区分」）。予算執行上，「食糧費」を接待費に充てることが多いので，両者が同視されやすいが，食糧費は接待目的にのみ使用されるわけではない。宮城県の「食糧費執行基準」は，食糧費として執行できるものの範囲につき，次の経費を掲げている（執行基準1）。

(1) 警察留置人食糧，船舶航海中の食糧，災害等における食糧等購入の経費及び警戒警備活動等における補食提供に要する経費
(2) 県が主催又は共催で行う会議，説明会，催事等における茶菓及び昼食に要する経費
(3) 事務事業の推進上，特に必要性が認められるもので，例外的に行う飲食を伴う懇談会等に要する経費

これらのうち，(1)は接待の観念になじむものではない。最も接待の意味をもちやすいのが(3)である。最近は，食糧費についても執行基準を定める地方公共団体が登場している。宮城県は，前記の基準において，「懇談会等」の開催に関する基本的な考え方を示している。それによれば，第一に，「国の職員や都道府県の職員，市町村の職員等との間で行う『接待』という内容のいわゆる『官・官接待』については，一切行わないこと」，第二に，このほか公費による飲食を伴う懇談会や会合等についても原則として行なわないこととし，「県の事務事業を推進するための情報収集や意見交換，人的ネットワークの形成などのために，特に必要性が認められるものについて例外的に行うものとすること」としている。なお，食糧費の支出を伴う懇談会等については，出席者名及び会議の場所等の情報を「会議等に係る食糧費に関する公文書の開示基準」に基づき公開することも付記している（以上，執行基準2）。

そして，上記(3)の具体的事例を掲げている（執行基準4）。食糧費支出の実態及び考え方を知るうえで参考になると思われるので，全部を以下に記しておこう。
(1) 祝賀会，受賞式，記念式典に伴う懇談会等
（県として祝意や感謝の意が伝わる必要最小限で行うこと）
1 勲章受章者に対する記念祝賀会
2 宮城県スポーツ賞などの受賞者との会食
3 国の大会等に伴う歓迎レセプション等
(2) 各種団体等との交流や意見交換に伴う懇談会
1 地域づくりリーダーや団体等との交流
2 産・学・官との交流の集い

　　　　3　経済団体，婦人団体及び青年団体等との懇談会
　　　　4　経済界，法曹界，スポーツ界，芸術文化関係者等との意見交換に伴う懇談会
　　　　5　青年海外協力隊員等（県外・海外派遣事業への参加者）との意見交換のための懇談会
(3) 民間等との事務事業に関連した懇談会
　　　　1　観光PR等に伴う懇談会
　　　　2　空港，港湾等大規模施設（仙台空港，仙台港等）の利用促進のための懇談会
　　　　3　企業立地説明のための懇談会
　　　　4　誘致企業との懇談会
　　　　5　企業経営者等との懇談会
　　　　6　看護婦養成施設等における受入医療機関等との懇談会
　　　　7　人材確保のための要請に伴う懇談会
　　　　8　事業推進のための地権者などとの懇談会
(4) 外国からの訪問等に対する懇談会等
　　（1と2については，規模や対象者によりコンパニオン等を伴うこともできること）
　　　　1　外国との友好交流事業など国際交流を推進するための友好使節団との懇談会
　　　　2　外国等の視察団，調査団との歓迎レセプション
　　　　3　外国からの研修員等と意見交換を行うための懇談会
(5) 講演会，シンポジウム等の開催に伴う講師，パネリスト等との懇談会
(6) 審議会及び委員会等の会議に伴う懇談会
　　（審査の日程や委員の都合上，夕食時に及ぶ場合に限ること）
　　　　1　国の審議会等の現地調査に伴う懇談会
　　　　2　審議会，委員会等の会議に伴う懇談会
(7) 国会議員，大臣及び国の職員等との意見交換，情報収集を目的とした懇談会

（打合せ等は原則として日中に行うこととし，やむを得ず相手の都合上，夜に打合せをしなければならない場合でも，その必要性については慎重に判断すること）
　　　1　国会議員との意見交換のための懇談会
　　　2　大臣等（大臣，次官，局長等）が来県した場合の意見交換のための懇談会
　　　3　国と本県が連携して行う大型プロジェクト事業や国際的な事業に伴う意見交換のための懇談会
(8)　知事会の開催や他都道府県職員との意見交換，情報収集を目的とした懇談会（定期的に行われるブロック会議等）
　　（本県が主催（当番県）の場合は，出席者からの負担金及び食糧費をもって開催することとし，他団体の主催の場合は負担金（宿泊を伴う場合は，宿泊費相当分は自己負担として除く。）をもって会費とすること。また，1については，規模によりコンパニオン等を伴うこともできることとし，その場合には，所管部長の決裁を得ること）
　　　1　知事会開催に伴う懇談会
　　　2　全国会議や東北ブロック会議等の開催に伴う行政懇談会
　　　3　定期便就航記念行事等の実施に伴う行政懇談会
(9)　会費制により開催する懇談会等
　　（県が主催する場合は，出席相手からの会費及び食糧費により開催することとし，県以外が主催するものに出席するものに出席する場合は，負担金から会費として支出すること。なお，3において宿泊を伴う場合は，宿泊費相当分は自己負担とすること）
　　　1　報道機関との懇談会
　　　2　県議会議員との県政全般にわたる意見交換のための懇談会
　　　3　県議会常任委員会等の調査に伴う懇談会への出席
　　　4　地元県議会議員及び首長との県政運営に係る合同会議に伴う懇談会（ただし，懇談会だけを目的としたものは除く）
　飲食を必要としないように会議を設定することを強く求めているほか，一定の場合に自己負担を求めていることが注目される。公務により宿泊が必要

になるのに，なお自己負担を求める理由が必ずしも明らかでない。なお，基本的事項の一つとして，「懇談会等の目的や内容等によっては，経費の一部について負担を求めるなど可能な限り会費制の導入を図ること」としている（執行基準3（4））のも，同様の考え方である。職員に対して出席を義務づけながら会費制とすることが許されるかどうかは一つの論点となろう。出席はしても飲食をしないことにより会費負担をしないという行動が考えられるが，それは，極めて不自然な行動である。また，欠席は純粋に任意の懇談の場合にのみ可能なことであって，然るべく接しなければならない相手方がいるときに，職員が会費負担をしたくないが故に欠席するというような行動が，果たして職場において抵抗なく受け容れられるものか疑問なしとしない（少なくとも，勤務の評価が悪くなると怖れるのが普通であろう）。それが受け容れられないとすると，事実上の会費負担の強制に連なるであろう[11]。

　以上の項目を見ると，従来のものを相当程度踏襲しているような外観を有している。これだけを見ると，飲食を伴う懇談会の原則廃止という実感を覚えない。しかし，「官・官接待」の全廃及び飲食を伴う懇談会等の原則廃止に伴い，実施しないこととする接待・懇談等を例示的に別記していること（執行基準5）に意味があるのかも知れない。それらの中には，補助事業申請や説明に伴い国の職員との間で行なうもの，国所管の許認可事務の申請や説明に伴い国の職員との間で行なうもの，事務指導のために来県した国の職員との間で行なうもの，県の新しい事業を計画する際の情報収集のために国の職員との間で行なうもの，補助事業の採択，制度改正等の陳情，請願等に伴い国の職員との間で行なうもの，調査，視察のために来県した国，他都道府県職員及び市町村職員との間で行なうもの，審議会・委員会等の開催に伴う委員との顔合わせや打上げ，事業起工式・竣工式に伴う祝賀会，職員表彰等に伴う会食等，定例県議会の終了後などの，知事・部長等が出席して行なわれる打上げ的なもの，などが含まれている。かつての判決において適法とさ

11　筆者も依頼を受けた講演等の終了後に懇談会のお誘いを受けることがあるが，最近は会費の自己負担を申し出ている。そうした懇談の場において，講演等の延長上の貴重な意見交換がなされることもある。しかし，筆者の会費負担の申し出が逆に職員に経済的ないし心理的負担をおかけしていることもありはしないかと心配している。

れたものも自粛する趣旨が示されている。

ところで，この執行基準は，「原則」と「例外」とを区別しているが，例外を簡単に許容するならば，かけ声に終わってしまう。この点が最大の問題であろう。

前記の執行基準を見て，食糧費の使用が「懇談会」などに重点が置かれ，たとえば昼食[12]や夜食など，言葉の自然な意味の食糧費が登場しないのが気になる。自然な意味の食糧費こそが本来の食糧費というべきものであろう。その場合には，「接遇」の観念よりは，食糧費使用の「必要性」が全面にでるであろう。そのような一例として，福島地裁平成15・6・17（判例集未登載）を挙げることができる。3町の町議会議員による親善ソフトボール大会，講演会，懇親会と続いた行事において，町が議員に弁当代，懇親会経費分担金を食糧費として支出したことの適否が問題とされた事案である。判決は，講演は，議題等に照らして議員の見識拡大等の資質向上につながるとし，3町合同で行なうことも情報交換や広域的連帯に役立ち妥当なものであるとしつつ，ソフトボール大会は公務との関連性が肯定されないうえ，それにより講演による知識の獲得の効果が高まるものでもないし，懇親会は，相互親睦の域を超えるものではなく，研修目的の達成のために効果があったとも言い難いとして，弁当代の支給及懇親会費の負担は著しく妥当性を欠き，裁量権の行使の逸脱又は濫用の違法があるとした。従来は漫然と公費負担してきた費用について，厳しい審査がなされるようになったことを示している。

懇親会費用，「食糧費」　通常いわれる懇親会の費用を公金で賄う場合に，歳出予算の執行科目としては，自治法施行規則15条2項別記に定める予算科目の（節）「需用費」，（細節）「食糧費」を充てることが一般化している。

---

[12] 奈良地裁平成11・7・28判例集未登載は，会計検査院調査官に対する昼食の提供について，受検のための指示，打合せの時間を兼ねて土木事務所幹部職員と調査官とが共に昼食をとったものであり，会計検査の実効性を上げるため，監査対象事業が事前に明らかにされておらず，検査前日あるいは当日になって指示される関係上，検査当日にかなりの準備をせざるを得ないものであること，短時間に多数の事業を検査しなくてはならないことなどの事情を考慮すると，時間を節約しながら，その後の受検の準備を整え，円滑な事務遂行を図るために有益な方法であるから，打合せ目的で調査官と共に昼食をとること自体は，事務執行上必要なものであると認められるとした。

それは，行政事務及び事業の執行上直接的に費消されるものであるから，通常は「接遇」という目的で支出することを予定したものではないとされる。そこで，この予算執行科目を懇親会，特に外部者との懇親会に充てることができるかどうかが問題になるが，行政事務及び事業の執行上，外部者の参加を求めて会合をもつ必要があり，これと同時又は引き続いて会合自体では不十分なところを補ったり，あるいは外部者に対し，会合への出席及び情報・助言の提供に対する儀礼の趣旨の接遇を兼ねて食糧費というにふさわしい節度のある飲食を伴う懇談会を開催することは，なお食糧費の対象の範囲内である，とする裁判例が定着している[13]。食糧費を充てることが許されるのは，それが行政事務等の執行上直接に費消される経費であるという性質に鑑み，当該行政事務等の存在が明確であると同時に，支出と事務執行との間に直接的な関連性が認められることを要するとされる[14]。あるいは，「行政事務執行上の直接的必要性」（東京高裁平成14・1・22判例時報1800号17頁）と述べる方が適切かも知れない。このような限定により，節度ある使用を求めているのである。

　なお，もちろん，外部との懇親会の費用を，歳出予算の執行科目の「交際費」から支出する例もある[15]。

　町内会役員らとの懇親　　外部との懇親のなかには，町内会の役員らとの懇親の費用の適否が争われることがある。代表例として，岩沼市の事件を挙げることができる。市長以下の幹部職員と町内会の正副会長との懇親会を保養のために利用されることの多い温泉旅館で宿泊して開催した事案である。この事案において，予算執行上は食糧費ではなく報償費の支出として処理されている。

13　高知地裁平成13・2・23判例地方自治223号12頁，福岡地裁平成13・3・22判例タイムズ1126号129頁，その控訴審・福岡高裁平成14・9・20判例タイムズ1159号184頁，仙台地裁平成14・3・25判例地方自治238号105頁，津地裁平成16・1・15判例集未登載。

14　大阪高裁平成8・11・22判例タイムズ927号115頁，奈良地裁平成11・7・28判例集未登載，奈良地裁平成12・3・29判例集未登載，奈良地裁平成13・8・8判例タイムズ1074号167頁。

15　たとえば，大阪地裁平成10・12・10判例タイムズ1001号163頁。

仙台地裁平成7・2・23（判例タイムズ890号116頁）は，市民との行政上の意思疎通を図るのに，このような場所で酒食をともにする必要性を見出し難いとして，市の職務との関連性，必要性・有用性及び場所・内容・費用等を総合考慮すれば，市の広報・公聴活動としての裁量の範囲を逸脱したものであるとした。2審の仙台高裁平成8・3・25（判例時報1585号17頁）は，市政懇談会について問題を生ずるのは，その本来の目的を離れ又はそれにしゃ口して，徒な遊山，飲食・接待に変容する場合であり，その開催目的，開催に至る経緯，参加者，開催に要した費用，懇親会の内容等を総合して，社会通念上相当な範囲を超える場合には裁量権を逸脱するものとして違法な公金の支出に該当するという一般論を展開しつつ，具体の事案に関しては，胸襟を開いた寛いだ雰囲気を考慮して宿泊にするのも意味があること，費用額（参加者1人当たり14,900円で，うち自己負担が3,000円）等を総合勘案すると，社会通念上相当な範囲を超えてはいないとした。なお，この判決は，町内会長らは市政懇談会に出席するなどして市の広報・公聴活動の役務に従事していたものと評価できるので，1人当たり1万円余の金額を支給したことをもって報償費の支出目的を離れた違法・不当なものと見ることはできないと述べている。

しかし，報償費の金額の相当性の問題であるならば，懇談会が社会通念上相当な範囲内にあるかどうかを問う必要はないはずである。その場合には，当該市政懇談会のみならず，全体としてどれだけの市の役務に従事したといえるのかを明らかにする必要があろう[16]。

民生委員は，厚生労働大臣により委嘱される職であるから，町内会役員と同視するわけにはいかないが，地方公共団体との関係において，世間常識では町内会役員の延長上にあることは否定できない。徳島地裁平成13・9・14（判例地方自治238号48頁）は，民生委員の一斉改選に伴い，再任及び新任の民生委員と町関係者との懇親を目的として，料亭にて町長ほか町幹部職員7名及び民生委員46名の出席で懇談会を催し，食糧費から支出した事案

---

[16] この部分は，原告・被控訴人が報償費を用いることの違法性を主張したのに対して，報償費とみても違法ではないと答えたに過ぎないのであろう（碓井・住民訴訟と自治体財務222頁）。

を扱っている。判決は，食糧費による接遇の許容性一般論を展開したうえで，懇談会の有益性について，民生委員は市町村の福祉行政にとって必要な公共的機能及び行政補完機能を有する存在であること，同町における民生委員1人当たりの担当人数・世帯が多く負担が重くなっていることから民生委員になろうとする者が次第に減少していること，委員の一斉改選に伴う委員と町関係者との顔合わせを目的とするものであったことを認定して，懇談会は，町の幹部職員である町長らと民生委員が社会福祉の問題等について和やかな場で率直な意見交換をするなどして信頼関係を構築するとともに，町長らが新任又は再任された民生委員に対して改めて社会福祉活動に対する協力依頼をするものとして，町の福祉行政にとって有益な会合であったとみることができる，と述べている。そして，1人当たり飲食費6,263円は，いささか高額に過ぎ違法と見る余地がないわけではないとしつつも，このように有益な会合であったこと，消費税を控除した飲食費は5,965円であることからみて，裁量権の範囲を逸脱したものとまではいえないとした。有益性の強度が金額面の違法性を阻却させているというのであろうか。いずれにせよ，有益性をどのように測定するのか，その基準があるのかなど，問題が残されているといえよう。

　議員や幹部職員経験者を年に1度招いて飲食を伴う懇親会を開催して町政についての意見を聴取する行政推進懇談会について，開催目的が町政にとって有益な一面があるとして，1人当たり約7,500円の場合に，社会通念上許される範囲を逸脱しているとはいえないとした裁判例もある（松山地裁平成11・7・7判例タイムズ1046号137頁）。有益性との関係において許容される金額の限度も左右されるということであろうか。これらの裁判例により「有益性」が一つのポイントであることがわかる。

国庫補助金と食糧費との関係（補助金適正化法違反の問題）　国庫補助金を流用して官官接待が行なわれていたことが問題とされたことがある。会計検査院は，平成7年8月から9月にかけて，5府県を対象に立入調査を行ない，その結果の指摘を踏まえて，当時の建設，農林水産，運輸の3省は，平成7年11月に食糧費を使用した会食を原則として禁止する通達を都道府県宛に発するとともに，建設大臣は，禁止通達に違反した地方公共団体に国庫補助

また，札幌地裁平成9・10・14（判例集未登載）は，北海道が，国の補助金を使用して中央省庁の職員を接待したことが違法であるとして，旧4号請求を一部認容した。「補助事業執行上の必要性が認められない食糧費の支出は，補助金適正化法11条に違反し，違法になる」という考え方である。具体的事案に関して，カラ接待の存在や多数の虚偽の使用決定書に基づく食糧費の支出など，道の食糧費支出に重大な疑惑が向けられている状況では，被告らは，支出が適法であったことを積極的に明らかにするため，補助事業の内容及びその会食が補助事業の執行上必要であることにつき，具体的な主張立証を尽くすことが要求されているのに，必要性について具体的な主張は何らできていないのであるから，会食には補助事業の執行上の必要がなかったと推認できるとしたものである。

　これに対して，その控訴審・札幌高裁平成13・11・27（判例集未登載）は，補助金適正化法11条の目的外使用に当たるかどうかについて，各省庁通達による食糧費の使途の範囲が直接には「会議用茶菓子賄料」，「弁当代」等と定められているところ，この「会議用茶菓子賄料」等の意味がその語彙どおりに限定される趣旨であるのか明確でなく，当該事案における支出当時に「会食」をも含む趣旨に拡張解釈する余地があったとして，「食糧費としての他の要件，すなわち，行政事務執行上の必要から，関係機関の職員と会合を持ち，その会合の延長として，広い意味での情報収集，意見交換を兼ねて会

---

[17] 以上，札幌高裁平成13・11・27判例集未登載による。会計検査院『平成6年度決算検査報告』によれば，たとえば，農林水産省5補助事業者の食糧費計5億7,100万円余（うち国庫補助金相当額2億8,600万円余）のうち，4億9,800円余（うち国庫補助金相当額2億7,100万円余）を調査したところ，飲食を伴う懇談会に使用しているものが4億4,200万円余（国庫補助金相当額2億1,900万円余）で88.7％を占め，かつ，具体的な使用目的が明確となっていないもの，本省庁，他都道府県等からの視察に伴う懇談会に使用しているもの，予算要求のための懇談会に使用しているもの，など，国庫補助事業の実施のために直接必要であるか否か判然としないものがあったという。なかには，国庫補助事業の執行課ではない東京事務所が関係省庁等との懇談会を行なっていたり，執行課が上京して関係省庁等との懇談会を行なったものもあったという。

食を持つこと（儀礼としての接待の趣旨を含む場合もありうる）も，それが社会通念上相当と認められる範囲内であるならば，違法ということはできないというべきである」として，1審原告らの補助金適正化法11条の目的外使用に当たるとの主張を排斥した。しかし，一般的な食糧費の許容要件と国庫補助金を用いた食糧費の許容要件との間には，目的拘束性の程度の観点から違いがあるように思われる。具体の事案についての結論がどのようになるかはともかく，控訴審判決の一般論は，やや甘すぎるといわざるを得ない。

［2］　地方公共団体内部の懇親会

地方公共団体内部の飲食を伴う会食代　地方公共団体内部において会食を行ない，公費負担とすることがある。松山地裁平成11・7・7（判例タイムズ1046号137頁）は，次のように述べた。

> 「普通地方公共団体において，地方行政や議会運営を円滑に進めるため，当該団体の職員や議会議員らが，相互に打合せや懇談をすることによって意志疎通を図ることは，事務処理上からも一定の有益性が認められ，その際の会食代を公費から支出することについては，その目的，内容，出席者，回数，場所，金額等に照らし，社会通念上相当と認められる限度において許容されるものと解される。」

そして，内部の飲食に対する警戒感から，「飲食を伴う打合せや懇談については，ともすれば，これらの名目の下に，いわゆる公私混同といわれる，私的な色彩を帯びた遊興や親睦が行われるおそれがあることを否定できず，その費用を公金から支出することについては，社会通念上許される範囲であるか否かにつき慎重な判断が求められるといわなければならない」と述べた。そして，会議後の飲食を伴う懇談の後の二次会，三次会をスナックで行なった場合は，私的な遊興を主な目的としたものと見ている。常識的にみて是認できる判決である。

執行機関と議員との懇親会の費用負担　地方公共団体の長等の執行機関が議会の幹部等との懇親会を開き飲食費を公金で賄うことがある。このような公金の支出が住民訴訟で争われることがある。

代表的な裁判例として，東京地裁平成2・7・11（判例時報1365号48頁）

を挙げることができる。東京都足立区の区長が職員らと会派別に計3回にわたり，区議会議員を料亭に招いて「区政懇談会」と称する会合を開いて公金を充てた事案である。いずれも，当該年度の予算執行状況及び区政の進捗状況の報告を行ない，翌年度予算編成の基本的な考え方，重要課題，重点施策，新年度への抱負などを述べた後に，各会派の幹事長が予算執行状況への感想，新年度への希望などを述べ，次いで各議員からの質疑に執行機関側の職員が応答するという形で行なわれた。判決は，このような区政懇談会は，区の執行機関の幹部職員と区議会の議員との間の意思疎通と両者の円滑な関係を維持する目的で従来から行なわれてきたものを実施したもので，その席で実際に区政の重要事項について相互に実質的な意見交換が行なわれたものと認定している。そのうえで，次のような一般論を展開した。

「地方公共団体の議会と執行機関は，地方自治法に定められた諸種の権限を行使することによって相互に牽制し合う立場にあるが，その間においても，普段から十分な意思の疎通を図るべき必要があることは否定できないところであるから，地方公共団体の執行機関が，そのような目的のために区議会の議員を招いて意見交換を行い，また，その際にできるだけ率直に話合いができるように，社会通念上の儀礼の範囲内にとどまる程度の飲食等の接遇を行うことも許されるものというべきである。」

判決は，このように述べて，具体の区政懇談会が開催されるに至った経緯，その目的及び内容，双方の出席者の社会的立場，会合の行なわれる時刻，開催頻度などを総合して判断すれば，本件程度の待遇（1人当たり費用は，料理飲食代12,000円前後，土産代3,000円，車代2,000円）を行なうことが，社会通念上の儀礼の範囲を超えるものとは認められないとした。この事件の上告審・最高裁平成3・6・14（判例集未登載）も，この判断を是認した。

また，津地裁平成10・9・10（判例タイムズ1016号127頁）は，四日市市の議会定例会終了後の懇談会で，懇談会費，バス代，旅費の支出をした事案である。参加者は市議会議員39名中25名，市幹部（助役・部長等）23名，代表監査委員1名が参加し，鳥羽市のホテルにて開催された。判決の認定によれば，助役が議員らに対し感謝の挨拶をして，乾杯がなされ，すぐ料理が運ばれて飲食がなされた。決まった議題があるわけではなく，単に歓談され

たにすぎないという。コンパニオン8名も同席したという。判決は，次のように一般論を展開した。

　「地方公共団体の議会と執行機関は，権力分立の原則に基づいて相互に牽制し合う立場にあるものであるが，その間においても，普段から十分な意思の疎通を図ることが職務遂行上必要であることは否定できないところであるから，地方公共団体の執行機関が，そのような目的のために市議会議員を招いて意見交換を行い，また，その際にできるだけ率直な話合いをするため儀礼的な接遇を伴う懇談会を行うことも，地方自治体の職務に関連する行為として許されると解するのが相当である。しかし，かかる懇談会が本来の目的を離れ，或いはそれに藉口して，徒らな遊興や宴会に変容しているような場合には，もはやそれは地方自治体の職務と関連性を有する会合とは認められないから，このような懇談会へ公金を支出することは許されない。したがって，会の目的，内容，場所，行程，参加者の顔ぶれ，開催に要した費用等に照らし，当該懇談会が社会通念上儀礼の範囲を逸脱し，当該接遇が地方公共団体の職務遂行に伴うものとは認められない場合には，懇談会に要した費用を公金から支出することは許されない。また，仮に当該接遇が地方公共団体の職務遂行に伴うものと認められる場合であっても，各費目の支出ごとに検討し，当該職務の目的・効果との均衡を著しく欠く支出がある場合には，右支出は違法になるというべきである。」

この判決の冒頭部分は，明らかに前述の東京地裁平成2・7・11（判例時報1365号48頁）を参考にしたものと推測される。そして判決のポイントは，「儀礼的な接遇を伴う懇談会」は許されるが，「社会通念上の範囲」を逸脱してはならないこと，「当該職務の目的・効果との均衡を著しく欠く」支出は違法であることにあると思われる。この判決は，部外者の接待の適法性の判断方法とほとんど異ならない判断方法を採用していると思われる。判決は，参加者が現実に市政に関する意見交換を行なっていたかどうかは不明であるとし，市政に関する意見交換会という実質を伴っていたとは俄かに認めがたいとした。そして，伊勢神宮参拝という職務外行事が組み込まれていたことは懇談会全体が遊興目的なのではないかとの疑念を生じさせ，また，県内有

数の観光地で四日市市から約80キロメートルも離れた鳥羽市内のホテルを会場としたことに合理的理由がなく遊興・宴会目的を疑わせるものであり，金額も意見交換に付随する接遇の内容として高額に過ぎるとし，客観的にみれば，市幹部及び議員らによる宴会・遊興それ自体を主たる目的とするものとみられてもやむを得ないとして，支出全体が違法であるとした[18]。筆者は，この結論自体に反対するものではない。そして，前記東京地裁判決と結論を分けた決定的理由は，おそらく意見交換の実質を伴っていなかったことであろう。

　東京地裁平成10・11・24（判例地方自治190号51頁）も，長と議会とが普段から意思の疎通を図るべき必要があることは否定できないとし，「率直な話合いができるように飲食等を伴う接遇を行うことは，それが社会通念上の儀礼の範囲に止まる程度のものである限り，法上許されるものと解するのが相当である」と述べており，このような考え方がほぼ固まっているといえよう。問題は，「社会通念」をどのように認識するかにある。

　東京高裁平成12・1・31（判例集未登載）も，会議aは，信用組合の経営破たんに伴う都の対応策について各会派の思惑が微妙に交錯し円滑な議会運営に困難を来たしていたところ，正副議長の精力的な協力によって議会運営が促進され対応策が議決されたことから執行機関側が正副議長の活動に対する謝意を表する目的で開催されたこと，会議bは，信用組合の経営破たんに伴う都の対応策を中心とする困難な議案について，慎重な審議のもとに議決等が行われ，定例会が閉会し知事の任期満了が間近に迫ったこともあり，知事が提出議案に係る審議及び議決に対し謝意を表すること及びこれまでの都政運営に対する支援と協力に謝意を表すること等を目的として執行機関と議長との共催として開催され都議会議員128名と執行機関46名の合計174名で料理代（単価4,800円）の半額が公金で支出されたこと，会議cは，都議会自由民主党の役員改選に伴い執行機関側が旧役員に対し謝意を表し今後の議会審議及び都政運営に理解と協力を得る目的で開催されたものであり，会議dは，正副議長が交代したことに伴い，執行機関側が旧正副議長に対し過

18　控訴審の名古屋高裁平成11・10・27判例集未登載も，この判断を維持した。

去2年間の議会運営に対する謝意を表するとともに今後の議会審議及び都政運営に理解と協力を得る目的で開催されたこと，会議eは，執行機関側が新正副議長に対し，困難な議会運営に取り組むことに敬意を表するとともに今後の円滑な議会審議及び都政運営に対する協力を得ることを目的として開催されたこと，などを認定して，このような目的で相当の格式のある場所で会議を開催し，相当の接遇を行なうことは執行機関側の配慮としてあながち不適当であると評価することはできないとした。要するに社会通念上儀礼の範囲を逸脱したものであるとまでいえないとした。この判決を，執行機関側の対応としてみると違法視することには筆者も賛成できない。しかし，底流にある問題は，議員による不必要なブレーキや圧力であり，それらを避けるために執行機関側が議員を「重要な客」として遇するほかないという実態である。この点に何ともいえないやり切れなさを覚えてしまう。

　広島地裁平成15・7・29（判例集未登載）も，一般論部分は前記の諸判決と全く同趣旨であるが，具体の公金支出を違法とする結論に到達している。会合は急きょ決まったもので，知事，政策企画局長，商工労働部長，地域振興部長が執行機関から出席し，議員側の出席者の人選は議会側に任され，会合当日に人数，人選が決まったこと，会合用の文書類・配布資料はなく，会合開始後直ちに食事が始まり，執行機関側及び議員側からの特定の者が個別にまとまった発言をするとか特定の議題について全体でまとまった議論をすることもなかったこと，会の進行役もなく，議事録や成果についての文書等も一切ないなどの認定に基づいて，被告ら主張の「県の重要政策課題についてそれまでなされてきた意見交換の集大成として十分な意見交換を行うことを目的として」開催する必要性に乏しく，その態様もその目的にかなうものではなかったとして，出席者1人当たり34,412円もの公金支出を伴う酒食を提供して会合を開催すること自体，社会通念上儀礼の範囲内のものとして許容される余地はなく，地方公共団体の適正な事務の遂行ないしそれに伴うものとは到底いえず違法であるとした。金額もさることながら，必要性の欠如及び意見交換の実質がないという点が重視されているといえよう。

　津地裁平成16・1・15（判例集未登載）は，多数の食糧費支出について，市内部の者のみの出席で外部の者に対する接遇のためになされたものではな

いし，実際に話し合われた内容はおろか出席した市議会議員の名前すら不明であり，行政事務及び事業の執行上必要があるとは認められないなどとして，違法といわざるを得ないとした。「市行政事務事業推進打合せ」名目の食糧費支出等については，打合せを市庁舎外において食事を伴ってしなければならない合理的理由も存しないとしている。前記広島地裁判決をも併せ考えるならば，会合の内容を示す記録があって，それが真実を示すものであって，そのために必要と認められる食糧費支出でなければならないということになろう。要するに必要性を納得させるだけの資料がなければならないのである。

儀礼的な接遇の必要性・有用性の検討　ところで，これらの判決が，地方公共団体の内部において，「儀礼的な接遇」という言葉を用いることに不自然さを感じざるを得ない。むしろ，内部においては，儀礼ではないフランクな意見の交換こそが期待されているのである。

地方公共団体の内部における飲食等について，二つの場面を区別すべきであろうと思われる。

まず，実質的意見交換を行なうのに付随する飲食等については，「儀礼的接遇」などというべきではない。前橋地裁平成16・12・17（判例集未登載）の事案は，群馬県議会の特別委員会が実施した県内調査に際して，温泉に宿泊し懇談会を開催した場合の公金支出の適否が争われたものであるが，判決は，酒食を伴う夕食の席で特段の議題が定められることなく，議員らと県職員らが酒食をともにするなかで共通の話題として県政問題についても語り合ったという事実認定に基づいて，敢えて伊香保町や富岡市のホテルに宿泊する必要はなかったもので，宿泊・懇談会ともに公務上の必要性が認められないとした。議会特別委員会の県内調査の観点からみるならば，この判決は自然といえる。他方，次に述べる儀礼的懇親と県内調査を合体させたものであると理解するときに，ただちに違法といえるのかという問題は残るであろう。

判決は，次のように述べている。

「本件各委員会の委員らと県職員である担当部課長らとの初顔合わせの機会が設けられることや，その機会を酒食を伴う懇談会として執り行って，県政問題について語り合うことにより，委員会審議が円滑となるという効果が得られる可能性があることは否定できない。しかしながら，

地方自治体内部の者同士による懇談会について，各出席者が自費を投じて催すというならともかく，その費用を公金から支出するだけの必要性はないといわざるを得ない。」

この考え方は，後述する秋田地裁平成11・6・25（判例集未登載）を引き継ぐものといえよう。

実質的意見交換を伴わない儀礼的な懇親の機会を設けて一定の飲食を提供することも，その場面に応じて違法といえないこともあろう。たとえば，各種委員会委員の退任に当たり長が庁舎内で感謝の意を表し茶菓（ソフトドリンクやビール程度も含む）を提供することなどは許されよう。なお，議会の定例会終了時に慰労の意味でビールで喉を潤すようなことは，当然許されることであって，それは「儀礼」というほどのものではない。そして，実質的意見交換を伴うものと儀礼的な場合との間には，自ずと飲食の内容や金額についても差があってよいであろう。

儀礼としての接遇の必要性の観点からは，より深い考察が必要である。秋田地裁平成11・6・25（判例集未登載）が参考になる。県教育長等を被告とする損害賠償請求住民訴訟である。県議会の教育公安委員会や教育委員会が開催された際に行なわれた懇談会一次会の料理代金及び飲酒代金の支出の適否を判断するに当たり，最高裁平成元・9・5（判例時報1337号43頁）を参照（引用）しつつ，次のように述べた。

　　「県議会が設置するこれらの委員会等の開催に際して，教育庁等の県の行政執行機関が，その委員らに対して，社会通念上の儀礼としての接遇を行わなければならないというような関係にあるとは認められず，また，このような酒食を伴う懇談会が，委員同士や委員らと行政執行機関との円滑な意見交換や意思疎通を図るうえにおいて必要不可欠であるとまでは認められないうえ，前記認定の事実によれば，これらの懇談会における宴会料理代金及び飲食代金の合計額が，一次会に限ってみても，一人当たり1万2500円ないし1万6300円の高額に及んでいること，秋田県においては，平成7年10月以降，県の主催する国の省庁，他の都道府県，市町村等との酒席を伴う懇談会については原則的に廃止することとし，現在開催されている同種の懇談会についても会費制で実施され

ていることなどの事情をも勘案するならば，前記各懇談会における接遇は当該団体の事務に当然伴うものであると解することはできず，したがって，これに要した費用を公金により支出することは，社会通念上儀礼の範囲を逸脱した違法な支出であると解さざるを得ない。」

　この判決は，酒食を伴う懇談会における公金支出の必要性について述べている。長くなるが重要な論点であるので全文を引用しておこう。

　　「たしかに，委員会という公務としての意思疎通の場では形式や時間の制約があるのに対し，酒食を伴う懇談会の場における委員らや執行機関幹部の言動も，公人の公の場における言動として，様々な制約を受け得るものであって，全くのプライベートな場ではないことも否定できない。しかし，以上のことと，このような酒食を伴う懇談会を開催するについてその飲食費用に公費を支出しうるか，いいかえれば，このような酒食を伴う懇談会を公費で開催することが委員同士や委員らと行政執行機関幹部との円滑な意見交換や意思疎通を図る上において必要不可欠なものとして許容し得るかということは別異の判断を要するところであって，酒食を伴う懇談会が公務としての側面があるからといって，直ちにこれに要する費用を公費で賄うことが許容されることにはならない。そして，委員同士や委員らと行政執行機関幹部との意見交換や意思疎通は，本来，公式の委員会の場において行われるべきものであり，しかも，このような公式の委員会が開催された際に，会費制でもって懇談会を行うことまでをも制限する必要はないとしても，委員同士や委員らと行政執行機関幹部との円滑かつ効率的な意見交換や意思疎通を図ることを目的として，酒食の費用を公費から支出して懇談会を行うことが，所管事項の審査及び調査の円滑な遂行のために必要不可欠であることまでは認められず，また，本件各支出がなされた当時において，このような懇談会を開催することが社会通念上許された慣行であったと認めるべきような事情も認められない。」

　ここには，「酒食を伴う懇談会を公費負担で開催することが意見交換や意思疎通を図るうえにおいて必要不可欠であるか」という視点からの判断方法が採用されている。「必要不可欠性」を問題にするならば，対外的場面の儀

礼的接遇も「必要不可欠」なものとまではいえないはずであって，判決の引用する最高裁判決の趣旨にも合致しないと思われる。したがって，この判決は地方公共団体内部の執行機関と議会委員会との場面に限定して必要不可欠性を問題にしたものと解することもできる。このように二つの場面における視点を変えることには賛成したいが，その際に「必要不可欠性」まで要求することには，慎重でありたい。必要性ないし有用性・有益性が認められることで足りると思われる。

　また，この判決には，「意見交換や意思疎通は，公式の委員会の場において行われるべきものである」という見解が示されて，「公式の委員会の場」が重視されている。「公式の委員会の場」を重視することが追求されるべきことについては，誰も異論があるまい。公式の委員会を単なる儀式の場としたのでは，わざわざ議会を設けておく意味がないからである。そして，公費負担と私費負担とを完全に区別するには，公的懇談会と私的懇談の場とを明確に区別し，公的懇談会においては酒食を提供しないという方法が明確で疑念を招かないことはいうまでもない。しかし，「公式の委員会の場」を重視することから，およそ酒食の伴う懇談会の費用につき公費負担をすべきでないという結論につなげることには慎重でなければならない。真に有用な懇談会であるならば，たとえ委員会所属議員との懇談であっても，公費負担をなすことも許されるというべきである。しかし，それは「儀礼」などと呼ぶべきものではない。また，公費負担は，真摯な懇談を進めるために必要最小限の程度にとどめるべきものである。先に引用した判決に認定されているような高額の公費を負担して行なう必要性は通常考えられないところである。この事案についていえば，実質的意見交換がなされたかどうか及び公費負担の程度の観点から審査し，後者の高額な公費負担であることの1点のみにおいても違法とすべきであり，結論において判決に賛成することができる。

　なお，判決も言及している「会費制」ないし自己負担の点は，微妙な問題である。実質的意見交換がなされている懇談会の酒食の費用を出席者が全額負担することに合理性があるのか，あるいは職員にすればそのような懇談会への出席義務を負うのかといった問題も提起されよう。法的問題があることを承知のうえで，出席者に一部負担を求めることも許されると考えたい（判

決によれば，同種の懇談会について会費制で実施されているという）。

執行機関の内部の懇親　地方公共団体の執行機関が，その内部の懇親に公費を充てることがある。松山地裁平成11・7・7（判例タイムズ1046号137頁）は，監査を受ける立場にある地方公共団体が，監査委員の職務に不当な影響を与えると疑われるような利益提供をすることは許されず，過度にわたる飲食物の提供を伴う接遇は厳に慎むべきであるが，監査の際の飲食物の提供が一切許されないものではないとし，2日間の決算監査の終了後に監査委員と監査事務局職員とが意見交換を含む懇談を目的として会合を実施して飲食代を支出した場合について，会合の目的に一定の有益性が認められなくもない，として，6,000円程度の支出額につき，公費支出として決して望ましいことではないものの，社会通念上許される範囲を逸脱した違法な公金支出とはいえないとした。

監査委員と監査事務局職員との懇談について，監査を受ける立場の地方公共団体による接遇と見るのは，やや不自然である。監査委員こそが自治法上の執行機関であるから，監査委員のイニシアティブにより事務局職員との意見交換を実りあるものにする懇談の有用性が重要なのである。監査委員を「お客さん」のように見る発想が誤っているといわざるを得ない。そのような発想が広まっているとするならば，早急に払拭しなければならない。

[3]　全部違法・一部違法

全部違法の例　社会通念上儀礼の範囲を超えると判断する場合に，全体をみて，全額について適法性についての白黒をつけるという判断方法によるのか，一部違法の判断を認めるのかという問題がある。その場合にも，もっぱら金額的に一部違法（すなわち一人当たり金額又は全体で金何円を超える部分は違法）とする判断方法と，飲食等の個別の内容を吟味して社会通念上儀礼の範囲を超えるものを抽出して違法とする判断方法とがありうる[19]。

19　同じ日の会食で1次会の飲食費用を公金支出することが適法であっても，2次会，3次会の飲食費用，他の地方公共団体の議員，職員との懇談の会食の後に，一部の参加者のみでなす会食の費用については，私的なものと認定されることが多い（松山地裁平成11・7・7判例タイムズ1046号137頁）。

前述の秋田地裁平成11・6・25（判例集未登載）は，全体として違法な場合に，後になってから，一次会のみの適法性を認めることはできないとする趣旨を示唆することを述べている[20]。また，住民訴訟において違法性を基礎づける事実の主張立証責任は原告にあるとしつつ，違法性の判断の前提部分があまりに不明な場合には，各支出が行政事務執行上直接必要なものであり，社会通念上儀礼の範囲にとどまるものか否かを判断し得ないことになるとして，全額を違法と判断する大津地裁平成10・9・21（判例タイムズ1038号188頁）は，前記に続けて，次のように述べている。

「公金支出返還訴訟においては，実際上，その違法性の有無を判断し得る資料を所持しているのは被告側であり，右資料の作成が被告側においてのみ可能であることに鑑みると，違法性の判断に重要な点について，被告側があえて資料作成を行わなかったがために，これが不明となっているような場合にまで，違法性の有無を判断し得るだけの資料の提出がないことをもって，違法性の主張立証がないとして，原告の請求を棄却するのは相当でない。むしろ，明確に主張立証がなされた事実関係に照らして，なお当該支出行為が違法と判断される可能性が十分認められれば，右支出の違法性に関する主張立証は一応充足されており，特段の事情のない限り，支出の違法性が推認されると解するのが相当である。」

具体の事案は，滋賀県東京事務所が情報収集活動として食糧費を用いて接待した事案で，判決は東京事務所長に全額の損害賠償を命じた[21]。

大阪高裁平成9・5・22（判例タイムズ964号133頁）は，飲食を伴う協議・懇談について，稟議書，報告書等の文書を一切作成しないだけでなく，

---

20 同判決は，後になってから，一次会から三次会までのすべての飲食費用を公費で支出することは不適正であるとして，一次会の飲食費用に限って支出することに変更したとしても，祝賀会に要した飲食費用の一部に対する公費の支出部分に限ってこれを適法とすることは相当でない，と述べている。

21 奈良県東京事務所が中央官庁の職員を接待した場合について，奈良地裁平成13・8・8判例タイムズ1074号167頁も，すべて社会通念上相当な範囲を超えており，裁量権を逸脱した違法なものであるとした。なお，同判決は，県職員が全国知事会職員ないし他の都道府県職員との意見交換や情報収集のためになされたと主張されるものについても，飲食そのものが目的であったと認めるほかはないとして違法とした。

会計文書にも実際に開催された協議・懇談内容を記載しないで，開催されていない虚偽の協議・懇談内容を記載する事務処理をしていたという異常な事態を前提にして，各支出は，主張されている各会合に見合うものとして実際に存在しない会合のために支出されたか，仮に会合があったとしても，関係者を接遇したうえで行政目的を達成しなければならない必然性があったものと認めることはできないとして，すべての支出を違法とした。実質的に見て，主張を裏付ける立証がなされていないという判断方法である[22]。

県東京事務所の食糧費支出　道府県の東京事務所の食糧費の支出が問題とされることが多い。省庁の職員を接待することが多かったようである[23]。

高知県の東京事務所の食糧費支出に関して，高知地裁平成13・2・23（判例地方自治223号12頁）は，中央省庁の官僚を招待して行なった協議・懇談に際して支出したものであるという主張を踏まえて，次のような認定の下に，東京事務所の事務・事業に必要な情報の収集や提供と無関係とはいえないものの，情報の収集・提供という目的から遠くはなれ，人間関係の形成・維持を主な目的とするものになっていたというほかなく，酒食を提供してこのような会合を開催すること自体，社会通念上儀礼の範囲を逸脱したものというのが相当である[24]，と述べて全額を違法とした[25]。これまでの道府県東京事

22　この事件の上告審判決は，最高裁平成11・4・22民集53巻4号759頁である。本文に述べた点については，「原判決挙示の証拠関係に照らし，正当として是認することができ」るとしているのみで，被告変更許可の許否及びその場合の損害賠償請求権の時効中断に関する判断に重点が置かれている。

23　平成5年度の和歌山県東京事務所の例について，朝日新聞平成7・7・27によれば，16省庁で，総額2,496万円，他に贈答品代1,049万円があり，食糧費接待は，農水省の45回568万余円，自治省の41回453万余円，建設省の45回413万余円，大蔵省の29回302万余円，厚生省の31回221万余円などであったという。また，1回の接待の最高額は，築地の料亭で自治省・大蔵省との会合（出席者28人）に使った105万余円であったという。

24　他の都道府県において，競って同様の協議・懇談を行ない，多数の飲食店における協議・懇談を実施しているところが存在したとしても，何ら変わるところはない，と述べている。

25　ただし，判決は東京事務所次長の職にあった者は，手続違反について重過失が認められるものの，本文に述べた内容の違法に関して重過失が認められないとして損害賠償責任を負わないとした。

務所の活動の一端を示すと思われるので，敢えて引用しておこう。

「東京事務所の担当者らは，東京事務所の目的を達成するためには，中央省庁の役人，それに付随する特殊法人，関係団体などと人脈を作ることが大切で，そのためには，これらの情報源となる中央省庁の関係職員とできるだけ多く協議・懇談をして，相談を持ちかけたり，情報の提供を受けたりしやすい人間関係を形成しておかなければならないという考えから本件支出に係る多数の協議・懇談を実施したものであるところ，これらの協議・懇談は，いずれも，夜間，飲食店で実施されたもので，ほとんどの場合，最初から酒食が提供され，挨拶をした後，酒を酌み交わしながら会話がもたれ，会話の内容についても，具体的なテーマについて意見交換をすることもないではないが，大ざっぱな一般的なことが話題になることが多く，更には出身地や趣味の話もされるなど，人間関係の形成などの趣旨の占めるウエイトが高いものであったというほかはない。」

判決は，各担当者は，概ね2日に1度のペースで協議・懇談を実施し，1人で極めて多数の被招待者に対応していたこと，1人平均支出額が 12,000 円を超えていたことも認定している。協議・懇談の具体的な記録も残されていないという。こうした状況において，全額を違法とする判断は，一応常識に合致するものであろう[26]。各担当者が概ね2日に1度というのは，あまりにも頻繁な夜間の協議・懇談目的の酒食であったといわざるを得ない。ただし，二つの点で，敢えて確認しておきたい。

第一に，地方行政において国の省庁との不断のパイプを築くことが重要で

---

[26] 同じ判決が，県の商工労働部次長，商工観光課班長，同主事の3名が上京した際に，観光行政の方法として積極的にマスコミを活用する方針で，高知県の観光，地場産品等のPRに関連する記事を書いてもらうためにマスコミ関係者を招待してこれらの情報を提供した際などの支出に関しては，観光行政や商工行政などに関連する有用な事務に付随する支出であるから社会通念上儀礼の範囲を逸脱したものではないとした。1人当たり金額は，7,000円台から 13,000 円台の範囲内であった点について，判決は，著しく高額とはいえず不相当な贅沢品を飲食していることもないとした。中央省庁の役人等との協議・懇談と比較すると，目的が明確であるところから，金額をあまり重視していない様子が窺える。

あると一般に認識されて，東京事務所は，いわば前線部隊としてその役割を果たそうとしてきたと見ることもできるが[27]，判決は，そのようなことに公金を支出することを否定したといえる。もしも，人間関係の形成・維持が重要であるとするならば，「東京事務所勤務手当」のような特殊勤務手当を支給することになろうか。

第二に，これと関連して，国レベルにあっては，在外公館において日常的に情報収集と称して飲食を公費で賄っているのに対して，地方公共団体の前線部隊である東京事務所はそのような目的に公金を支出できないことを意味する。国家間の付き合いと，地方公共団体相互間の付き合いとを同視できないことはいうまでもない。しかし，これまでの東京事務所が国の省庁を向いた活動をしてきたのに対して，今後，地方公共団体の役割が増大し，地方公共団体相互間の意見調整などの活動が重視されるようになった場合にも同じ論理でいくのか，それとも各地方公共団体を「代表する顔」に相応しい交際行為が期待され，そのための相応の食糧費支出も容認されるようになるのか，社会通念の動向に注目する必要がある。

企業誘致目的の懇談会　県の商工労働部商工政策課が老舗の料亭で「誘致企業との懇談会」を開いて飲食代を公金から支出した場合について，金沢地裁平成13・5・17（判例地方自治227号37頁）は，全額を違法とした。高額な費用を要する酒宴をもってする接遇・接待が企業誘致の実現・確保ないし円滑な実施の事務遂行上必要であるとも，費用に応じた意義・効果を有するとも到底いえず，事務遂行に必要・有意義な範囲を大きく逸脱しているとする点がポイントになっている。企業が一定の地域に進出するか否かの決定的判断基準は企業の経営にとって経済的に合理性・有利性を有するか否かであるから，誘致には企業立地の条件整備，進出企業に対する優遇措置・支援措置，地域の利点・適性や条件整備・各種措置等の説明・説得を行なうことが本来のあり方であるから，対象企業の経営幹部等に接遇・接待を行なうこと自体は企業誘致の実現に対しさほど意義のある影響を与えるものではなく，また，高級料亭における高額接待であるからといって格別の差異を生ずるも

27　東京事務所に関係する判決には，他に，奈良地裁平成12・3・29判例集未登載及び奈良地裁平成13・8・8判例タイムズ1074号167頁がある。

のではないと述べている。さらに進出を決めた企業に感謝・歓迎の意と熱意・期待を表明し相互の意思疎通を図ること自体は意義があるとしても，高級料亭における酒宴接待が必要であるとはいえないし，費用に応じた意義・効用があるとも解されないと述べている。結論として，当該懇談会による接遇・接待は，企画当初から，その全体が不可分の一体として，社会通念上儀礼の範囲を大きく逸脱しており，地方公共団体の事務に当然伴うものとは到底いえず，公金により支出することは違法であるとした。

　この判決は，費用に応じた効果があるかを重視したものであり，いわば「無益な接遇・接待」と断じたものと理解することができる。接遇の程度と効果との間の比例関係ないし均衡を要求したものと理解することもできる。

　一部違法の例　しかし，むしろ一部違法を認める裁判例が多数認められる。

　まず，金額的一部違法の判断例がある。

　神戸地裁平成12・10・31（判例地方自治212号9頁）は，兵庫県土木部のした食糧費支出について，他の地方公共団体職員などの接待のためのものについては1人当たり8,000円，第三セクターや県の外郭団体などの職員の接待のためのものは1人当たり6,000円を，それぞれ超える部分において裁量権の濫用であり，社会通念上相当な儀礼の範囲を逸脱した違法があるとした。このような金額基準によるときに，どこまで厳格に金額基準を硬いものと考えるのかという問題が提起される。前者にあっては，阪神・淡路大震災の発生から1年2か月程度しか経っておらず復興途中の時期であることに鑑みて，1人当たり8,837円のうち8,000円を超える部分を違法とするという細かい判断を必要とするのか，金額基準を設定しても，大幅に超えない場合は違法とまでいえないとするのか，検討を要すると思われる。

　次に，福岡地裁平成13・3・22（判例タイムズ1126号129頁）を挙げることができる。同判決は，結論を下す前に，予算費目との関係を重視した説示を展開している。北九州市予算規則の施行細目（助役通知）における「食糧費」と「交際費」との区別に着目して，「交際費」が外部折衝経費であるのに対して，食糧費は普通地方公共団体の事務及び事業に直接的に費消される経費であって，通常は接遇という場で支出することを目的としたものではな

いと述べつつ,「行政事務及び事業の執行上,外部者の参加を求めて会合をもつ必要があり,これと同時に又は引き続いて,会合自体では不十分なところを補い,あるいは外部者に対し,会合への出席及び情報・助言の提供に対する儀礼の趣旨の接遇を兼ねて食糧費というにふさわしい節度のある会食をすることは,なお食糧費の対象の範囲内である」と述べている。そして,「この接遇は,対外的折衝を目的とした交際費によるものとは異なり,本来は会議用,式日用,接待用の茶菓及び弁当等を対象とした食糧費によるものであるから,食糧費としての節度を失い,又は社会通念上儀礼の範囲を逸脱したものである場合には,その接遇は当該普通地方公共団体の事務に当然に伴うものということはできず,これに要した費用を食糧費から支出することは許されない」と述べている。接遇の相手方を明かしていない状況において,予算費目からスタートさせた議論には,それなりの意味があるが,通常は,判決も述べる「行政事務及び事業と会合との関連性,接遇の必要性,接遇の相手方の身分及び地位,接遇の内容等から判断する」ことになろう。この判断基準が「交際費」の場合にも妥当するものであるのかどうかは明らかでない。

　判決は,相手方の氏名,身分及び地位等が不明で会議内容等も抽象的で具体的な事項が明らかにされていない状況にあって,「食糧費の意義に照らして,相手方の地位に関わらず,社会常識的な飲食としての１人当たり一定の金額を超える場合は,原則として支出権者の裁量権の濫用となり,被告らにおいて,相手方の地位,職務内容等に照らし基準となる一定金額を超える飲食を要する特段の事情を主張,立証しなければならない」とする見解を展開した。そして,国家公務員倫理法及び同倫理規程が5,000円を超える贈与等を受けた場合に報告義務を課していることを手掛かりに,１人当たり5,000円を基準にすることが合理的であるとして,この基準を超える部分について違法となるとした。この5,000円基準は一つの考え方であるが,相手方や会合の内容等が明らかでない場合に,私的な飲食であったといわざるを得ないという処理をすることなく,基準額にとどめたのは,公務たる会合であったという心証が形成されていたからなのであろう。この事件の控訴審・福岡高裁平成14・9・20（判例タイムズ1159号184頁）も,このような判断方法を

是認し,「食糧費の支出の違法性を判断するに当たり,その基準をどこに求めるかについては,相当数の裁判例があるものの,その基準は帰一するところを知らない上,いずれも客観性に乏しいものであり,倫理法等を基準にするのが合理的であると解される」と述べ,「公務員が5000円を超える贈与等を受けた場合には,公正な公務に対する国民の信頼が揺らぎかねないとの認識を示したものにほかならず,この基準は,食糧費の支出が裁量権を濫用した違法があるかの判断をするに当たっても,有用なものというべきである」と述べた[28]。この5,000円基準を適用した裁判例は他にもある[29]。しかし,6,000円基準を採用した裁判例もある[30]。

相手方が公務員であることが多いという過去の経験に鑑みると一応理解できる基準であるが,絶対的な基準であるというわけではない[31]。たとえば,市長が姉妹都市の関係にある相手都市をかつて訪問し歓待を受けたような場合に,逆に当該市を訪問した相手都市の長等を市が接遇するのに,5,000円基準でというわけにいかない事情のことも多いと思われる(「食糧費」と「交際費」との区別の問題ではなく,実質が問題とされるであろう)(相互対応)。

議会事務局が県議らと行なった懇親会について,名古屋高裁平成16・3・

---

[28] この事件について上告されて,最高裁平成17・12・15判例時報1922号67頁が,監査請求期間を徒過したことについて正当な理由がないとして,訴えを却下すべきものとしたため,この判決の判断は,消滅したことになる。

[29] 外務省職員を温泉の一流旅館で接待した場合につき,金沢地裁平成15・2・24判例集未登載は,1人当たり5,000円を超える部分を違法とした。地方分権推進に関して,行政を担う公務員の意見や助言を聞く目的で自治労や市職労の委員長ら公務員の意見や要望を十分に理解している者と会食をもった場合について,津地裁平成16・1・15判例集未登載は,社会通念上儀礼の範囲内,本件では1人当たり5,000円までは接遇することも許されるとした。

[30] 監査委員事務局の懇談会費用としての食糧費支出について,出席者の職務や社会的地位等に鑑み,社会通念上の儀礼,接遇の範囲を越えない飲食を伴った夕食会の程度にとどめるべきものであり,消費税等を含めて1人当たり費用は概ね6,000円程度のものとすべきであるとした裁判例(東京高裁平成14・1・22判例時報1800号17頁),市の三役ほか幹部職員と自治会の学区自治連合会長との懇談会について,1人当たり単価6,000円までをもって相当な支出とし,それを超える部分について前記限度を超える飲食を要する特段の事情の存在が認められないとして違法とした裁判例(大津地裁平成15・12・15判例集未登載)がある。

9（判例集未登載）は，1審の岐阜地裁判決を維持して，1人当たり8,000円が限度であるとして，それを超える部分は違法であるとして返還を命じた[32]。

次に，個別の内容を吟味して一部違法を判断した例が二つみられる。いずれも東京地裁の富越裁判官を裁判長とする部の判決である。

まず，東京地裁平成9・4・25（判例時報1610号59頁）は，関東甲信越監査委員協議会の局長会及び委員協議会に係る支出の適否が争われた事件で，委員協議会に引き続く懇親会に関して，「接遇が当該普通地方公共団体が遂行する事務に当然伴うものと認められる場合であっても，当該接遇に要した各費目の支出ごとに，接遇が行われるに至った経緯，当該接遇に要した費用の総額及び当該接遇の態様等を検討し，当該事務の目的，効果と関連せず，又は右目的，効果との均衡を著しく欠き，裁量権の逸脱が認められる場合には，右支出は違法というべきである」として，各費目の支出ごとに検討する手法を採用している。そして，音響照明料，和風カウンター，カラオケ，ハーブ演奏料，司会料，コンパニオンについて，地方財政法4条1項の趣旨に照らし，社会通念上予算執行職員に認められた裁量を逸脱した違法があるとした。

また，東京地裁平成9・12・18（判例時報1634号69頁）は，東京都水道局が主催した大都市水道事業管理者会議に伴う懇親会等の経費の適否を扱っている。懇親会の酒類のうち大吟醸酒の分について懇親会の趣旨，目的に照ら

---

31 食糧費の性質につき全く同趣旨を述べる仙台地裁平成14・3・25判決判例地方自治238号105頁は，宮城県警本部が警察以外の外部者との間で行なわれた懇談会であると推認されるとする前提の下に，1人当たり8,000円を基準にするのが相当であるとして，それを超える部分の支出を裁量権の濫用として違法となるとした。同じ判決は，警察庁審議官との協議に続き料亭で開催された意見交換と懇談会（1人当たり14,628円），警察庁教養課長との協議に引き続く料亭における意見交換と懇談会（1人当たり13,035円），警察庁装備課長との協議・打合せに引き続く割烹店における意見交換と懇談会（12,808円）に関して，警察業務全般に係る意見や情報の交換が行なわれていると認められるので警察業務に関連する行為であり，社会通念上儀礼の範囲内の節度ある懇談会である限り公費により支出することができるとしたうえ，やはり8,000円を基準とすることが相当であるとした。この判決は，不当利得返還請求を認容したものである。

32 判例地方自治251号125頁の訴訟情報による。

し特別に単価の高い酒を出すことについて納得のできる説明はなく，趣旨，目的との均衡を欠き違法であるとし，参加者の夜食等についても公務と離れた私的な時間に費消され会議の趣旨，目的と関連しない費用であることが明らかであるから違法であるとした。土産品（東京産の佃煮及び山梨県産のわさび）も，会議の趣旨，目的との間に合理的関連性が認められず違法な支出であるとした。これらの判決は，懇親会の1人当たりの金額を問題にしていないのであるが，そのような判断方法を必ずしも排斥したものとみる必要はないであろう。個別費目ごとの判断方法との併用をしたとしても不合理とはいえないと思われる。

　さらに，一部違法の判断にあたり，金額基準と項目ごとの判断を併用した例もある。大阪地裁平成10・12・10（判例タイムズ1001号163頁）は，市が旧国鉄の操車場跡地の利用問題について旧国鉄清算事業団の理事長以下の関係者と料亭で協議を行ない飲食をし，かつ，手土産をつけた場合について，会合の開催自体及び料亭で行なうこと自体には違法性を見出すことはできないが，飲食について1人あたり1万円を超える部分は接遇として社会通念上儀礼の範囲を逸脱しており（金額基準），また，手土産を交付することまでは公費で賄われる儀礼の範囲を逸脱しているとした（項目による判断）[33]。このような判断方法が許されることはいうまでもない。

3　地方公共団体における交際費

[1]　交際費の意義・執行基準

交際費の意義　交際費は，歳出予算執行上の科目の節として登場する（自治法施行規則別記「歳出予算に係る節の区分」）。宮城県の「交際費執行基

---

[33]　なお，同じ判決が，市長等が別の料亭で有識者（私立大学理事長・学長，前北海道東北開発公庫副総裁，元中国管区警察局長，財団法人理事長）を招いて開いた懇談会の費用に関しては，懇談会の内容が，市の事務とは無関係に各招待客に対する飲食の提供により純然たる懇親を図ることそのものに主たる目的があったものといわれても仕方がないとし，費用負担全体について社会通念上儀礼の範囲を逸脱したもので違法であるとした。

準」は，執行の範囲として，交際費は，「県を代表して社会通念上必要と認められる接遇，儀礼，交際等に要する経費」であるとし，その範囲は，①各種贈呈経費等（香典，餞別，見舞金品，祝儀，土産，花輪（生花），花束及び賛助（協賛）），②各種催事等に出席する場合の会費及び負担金，③接遇，儀礼，交際等のための飲食を伴う懇談会等に要する経費，を挙げている。ここで，「県を代表」するという点に注目する必要がある。県を代表する立場にない者が交際費の執行者になることはないということを言外に含んでいる。「接遇，儀礼，交際等」の意味は，「おつきあい」と考えればよいであろう。

以上の典型に該当するかはともかく，地方議会の議員であった者又はその団体に対する金品の給付は，交際費と同様の判断基準によって適否が判断される。県の元議員会に対する補助金の事案を扱った最高裁平成18・1・19（判例時報1925号79頁）は，元議員に対する礼遇として社会通念上是認し得る限度を超えるものといわざるを得ないと述べた。また，神戸地裁平成19・1・19（判例集未登載）は，市議会議員退職者等に対して市営バス及び地下鉄に無料で乗車できる優待乗車証を交付した場合について，議員等在職中の功績に対する礼遇として説明し得る限度を逸脱し違法であるとした[34]。感謝状の贈呈，式典・行事への招待，議員待遇者記章の交付，死亡時の弔意など（堺市議会議員待遇規則）であれば問題ないが，それ以上の待遇が行なわれている可能性がある（たとえば，「仙台市議会議員待遇規則」は，市議会議員としての在職期間が12年以上ある者で現に市議会議員でない者（議員待遇者）には，終身，一定の待遇を行なうものとし，その中には「市長が定める市の施設の使用に関する特別の待遇」が含まれている）。

交際費は資金前渡が認められているが，そのような趣旨に合致しない支出であるとして違法とされることがある。東京地裁平成14・3・29（判例集未登載）及びその控訴審・東京高裁平成14・12・24（判例集未登載）は，公明新聞，赤旗，聖教新聞の購読契約及び支払について，特別区長としての交際

34　優待乗車証の交付は，「市会議員待遇者等」に対して行なわれ，「神戸市市会議員待遇規則」により市議会議員に満8年以上在職した者及び「元町村長及び町村会議員待遇規則」により元町村長で市への編入に際し功労のあった者及び元町村会議員で満8年以上その職にあった者等をいう。

と何ら関係がなく，交際費として資金前渡された趣旨に反するとした。正当といえよう。

交際費執行基準の必要性　交際費に関しては内部的な執行基準の必要性が認識されるようになった。多くの地方公共団体が執行基準を設けている。いくつかの例をみよう。

宮城県の執行基準は，前述の執行範囲を前提にして，執行者の範囲について，①知事，副知事，出納長（自治法改正により改められているであろう＝筆者注），公営企業管理者，病院事業管理者，議会議長，教育委員会委員（教育長を含む），公安委員会委員，選挙管理委員，人事委員会委員，監査委員及び地方労働委員会委員（以上を「特別職」と総称），②知事部局本庁各部（局）長，企業局長，病院局長，議会事務局長，警察本部長並びに各種委員会及び委員事務局長（以上を「部長相当職以上の者」と総称），③本庁の次長，課（室）長及び地方公所長，を掲げている。この列挙が合理的なのかどうかは明らかでない。「執行者」が，交際費の県側の名義人であるとするならば，たとえば，収用委員会事務局長は執行者となりうるが，収用委員は，たとえ会長であっても執行者になりえないことを意味する。各種贈呈経費等については，特別職を除き，別に定めるもののほか，1万円を限度としている。

そして，「交際費執行基準細則」により，それぞれの経費区分に応じた「具体的な事例」と「具体的な執行者」とを示している。たとえば，香典についていえば，「本県選出国会議員の場合」は，「全部局長，東京事務所長，選出地域を所管する公所長の代表としての地方県事務所長」を執行者としている。また，餞別に関しては，「国際交流の一環として海外から本県へ来られた方の帰国に対して（外国人英語指導助手，宮城県国際交流員等）」は「担当部局長，課長のうち原則として1人」をもって執行者としている。餞別の具体的事例には，他に，「本県を代表して全国大会等に出席される方に対して」及び「本県の重要課題の解決及び重要事業の推進に多大な貢献があった方に対して」が掲げられている。経費区分のなかには「その他」もあって，必ずしも限定列挙の意味をもっているわけではない[35]。

大阪府は，対象者を「府政との関係が密接な外部の者並びに個人にあっては原則としてその配偶者及び一親等親族」で所定の「交際を行うことが府政

の円滑な推進に資すると思慮される者」とし，支出項目及びその限度額（消費税額を除く）を定めている[36]。

次に，北海道警察本部の通達「交際費及び食糧費の執行について」によれば，交際費は，「警察の行政執行のために必要な外部との交際に要する経費」であり，その範囲は懇談会経費及び各種贈呈経費であるとされ，さらに執行者の範囲が定められている。その執行基準によれば，懇談会経費は，地方税法113条1項の「カフェー，バーその他これらに類する場所における懇談，料理店，貸席，飲食店その他これらに類する場所における懇談のうち，接待行為を伴うもの及びその他交際上特に必要と認められる懇談」であるとし，たとえば，執行者が本部長又は道側指定者[37]の場合は，次のように広い範囲の者と懇談するときに執行できるとされている。①国の関係各省庁の課長相当職以上の者（公安委員又は本部長が特に必要があると認めた者を含む），②他の地方公共団体の特別職の職員，③国会議員及び地方公共団体の議会議員，④各種関係団体・法人の役員等，⑤外国の来訪者（関係者），⑥その他警察行政の円滑な推進上特に必要と認められる者。⑥には，報道機関関係者，大学の教授も含まれている。冒頭に「カフェー，バー」が登場していることに，違和感を覚える。警察本部の場合は，それが自然であるために冒頭に出ているのであろうか。しかも，「接待行為を伴うもの」とは，「客の相手をしてその酒食のあっせん，取り持ち等をし，客をもてなすこと」であるというから，相当な程度の「もてなし」を想定していると見てよい。

---

[35] 細かいことであるが，名刺に関して，公用で年間200枚を超える名刺を必要とする職員に，200枚までの個人支払いの領収書を添付し，200枚を超える部分のみを需用費で支出するとしている。

[36] 弔慰（供花又はきしみ）は地域の慣習により，見舞いは1万円，祝は2万円，賛助3万円，会費は会費相当額とされている（知事交際費の執行及び公開に関する基準）。

[37] 「道側指定者」は，公安委員及び本部長が，一定の場合に限り指定する者である。三つの場合にのみ指定できるとして限定的な姿勢のように見えるが，「公安委員及び本部長が不在等のため，道側交際当事者として懇談会に出席させる必要がある場合」以外に，「道側指定者が懇談会に出席することにより，警察行政の円滑な執行が図られると認められる場合」や「相手方との関係で，道側指定者が懇談会に出席することが適当と認められる場合」も含んでいるのであるから，実際は極めて緩やかである。

交際費執行基準等の存在意義　　交際費執行基準やその細則（以下，「執行基準等」という）は，どのような存在意義を有しているのであろうか。二つの意義を有しているものと思われる。

　第一は，いうまでもなく，当該地方公共団体の執行機関等の自主規律の意味である。財政状況の厳しさを勘案して，金額基準を引き下げるようなこともある。あるいは，一定の交際行為を廃止することもある。このような執行基準等に反する交際行為のために公金を支出した場合には，少なくとも政治的批判を甘受しなければならない。

　第二に，執行基準等に違反する交際行為を行なったことが，当該公金支出の違法性判断に影響することがある。執行基準等は，法規ではないし，相手方の不当利得を肯定する場合を除いて，信頼保護の必要性もないので，公金の支出が，それに違反することをもって直ちに違法であるとすることはできない。しかしながら，裁判例には，執行基準等違反をもって違法性の結論を導く一要素として言及しているものがある。

　たとえば，東京地裁平成14・2・21（判例時報1818号119頁〈参考〉）は，特別区のブロック別区議会野球大会の区分担金10万円のうちの一部3万円，及び同野球大会の納会への出席の要請を受けて区長，助役，収入役及び教育長の出席分として各7,500円，計3万円を，それぞれ区長交際費から支出した場合（合計6万円）を扱ったものである。判決は，野球大会が議員相互の親睦とレクレーションの域をでるものではないこと，納会においても，特別区の行政に関する意見交換や情報収集を期待することは困難であるとし，社会通念上儀礼の範囲にとどまる程度の儀礼的行為をするための支出とはいい難く，支出額は社会通念上認められる範囲でかつ必要最小限でなければならないとされている支出細則に鑑みても，裁量権の逸脱があるとした。しかし，控訴審の東京高裁平成14・9・24（判例時報1818号114頁）は，「社会通念上認められる範囲でかつ必要最小限」の範囲内にあり，適法とした。

　また，さいたま地裁平成17・6・15（判例地方自治282号16頁）は，執行基準は，贈答につき合理的理由が認められる場合等「特別の必要がある場合に行われることが予定されている」と理解して，議員等に対する中元の趣旨で交際費を用いて缶ビールセット等を贈答することは，執行基準上予定され

ていないとして，社会通念上相当と認められる儀礼の範囲を超えると判断する一要素としている。

このように，執行基準は，違法性判断にも少なからぬ意味を発揮している。

個人的交際との区別の必要性　交際費として処理されていても，地方公共団体の経費としてではなく，その執行者個人の交際目的の支出と見るべき場合がある。そのような場合は，個人的交際目的の経費を公費に付け回したものとして，違法な行為の評価を受ける。

典型例として，町長が公用で出張し，その帰途に旧知の友人に出会い，スナックで同人と飲食した費用を公金から支出したことの適否が争われた事件がある。秋田地裁昭和58・10・28（判例地方自治59号29頁）は，「交際費は地方公共団体の長やその他の執行機関が職務執行上必要となる対外的活動について，外部との交際上要する経費であり，交際費の予算科目から支出されるものであって，当然のことながら職務執行との関連性を客観的に欠くような交際に要した経費の支払にあてるため，これを支出することは許されないと解するのが相当である」という一般論を展開した。職務執行との関連性を欠く場合は，もはや「社会通念上の儀礼」をもちだすまでもないということであろう。そして，具体の事案に関して，当該飲食は，被告の町長としての職執行上必要となった外部との交際であったとは認め難く，むしろ個人的関係に基づく私的付き合いというものであったと認められるから，その交際の内容・程度・経費の多寡を問うまでもなく，交際費から支出することは許されず，違法な公金の支出であるとした。この事件は，最高裁昭和61・3・13（判例地方自治18号14頁）によって是認されている。当然というべきであろう。

最高裁平成18・12・1（民集60巻10号3847頁）は，交際費を使って，①市長が市内のライブハウスの新店主披露祝賀会に列席した際の祝金，②市部課長会の研修後の懇親会に市長・助役及び収入役が列席するに際し交付した3万円の祝金，③市長が市内所在の寺の住職継承披露祝賀会に列席するに際して住職に交付した1万円，④市長がB大学出身の市議会議員及び市職員からなる市役所B会の懇親会に列席するに際して交付した1万円，⑤市長が市議会の会派であるCクラブの忘年会に列席するに際して交付した祝金1

万円，⑥市長が宮崎県内の全焼酎製造業者により結成された同県の特産品の消費拡大等を目的とする団体の定例会に列席するに際して交付した祝金5,000円について判断するに当たり，次のような一般論を展開した。

「普通地方公共団体が住民の福祉の増進を図ることを基本として地域における行政を自主的かつ総合的に実施する役割を広く担うものとされていること（法1条の2第1項）などを考慮すると，その交際が特定の事務を遂行し対外的折衝等を行う過程において具体的な目的をもってされるものではなく，一般的な友好，信頼関係の維持増進自体を目的としてされるものであったからといって，直ちに許されないこととなるものではなく，それが，普通地方公共団体の上記の役割を果たすため相手方との友好，信頼関係の維持増進を図ることを目的とすると客観的にみることができ，かつ，社会通念上儀礼の範囲にとどまる限り，当該普通地方公共団体の事務に含まれるものとして許容されると解するのが相当である。しかしながら，長又はその他の執行機関のする交際は，それが公的存在である普通地方公共団体により行われるものであることにかんがみると，それが，上記のことを目的とすると客観的にみることができず，又は社会通念上儀礼の範囲を逸脱したものである場合には，当該普通地方公共団体の事務に含まれるとはいえず，その費用を支出することは許されないというべきである（前掲平成元年9月5日第三小法廷判決参照）。」

この一般論を踏まえて，判決は，①から③については，前記のことを目的とすると客観的にみることができないので違法とし，他方，④ないし⑥については，上記のことを目的とすると「客観的にみることのできるものといえないではない」として，回りくどい表現ながら目的の点で違法となるものではないと判断している。そして，飲食を伴うもので市の列席者の人数等に応じた金額を支払うこととされ，それぞれの金額等の事情を考慮すれば，社会通念上社会的儀礼の範囲内にとどまるということができる，と結論づけた。

この最高裁判決は，特定の事務を遂行し対外的折衝等を行なう過程のもの（調整交渉的交際）のみならず，地方公共団体が相手方との友好，信頼関係の維持増進を図ることを目的とすると客観的に認められる交際（儀礼的交際）も地方公共団体の事務に属すると見ているが，地方公共団体の事務に属しな

いもの（①ないし③）は違法となることを示している。

　横浜地裁平成15・3・19（判例地方自治246号26頁）は，交際費支出の適否に関する判断基準として，①職務との関連性の有無，②支出先の団体等の性格，③支出対象となる行事等の性格，の3点を挙げ，①については，長が「支出先団体と個人的な関係がある場合に，支出先団体との交際が長の私人としての立場のものではないか，それを公人としての立場のものとして公金を支出していないか」，②については，「当該団体等と普通地方公共団体が係わることが許されるか，当該団体構成員の数等，個人的集まりにすぎないのではないか，普通地方公共団体とどのようにかかわっているのか」など，③については，「当該行事に公金を支出することがふさわしいか，主催団体からみて広く一般市民に開放された行事等なのか，また住民の立場からみて広く受け入れられている行事等なのか，特定の主義・主張を標榜する行事なのではないのかなど」，をそれぞれ考慮すべきであると述べている。

　さらに，「私的交際との峻別」を強調して，「各団体の行事への地方公共団体の長の参加については，長の立場としての参加と，個人としての参加，特に将来における個人の選挙運動を目的とした参加とを区別することが重要である」[38]と述べている。地方公共団体が日頃から交流している団体が，選挙となると現職の長を応援する役割を果たすことが確実に予想される場合もあるだけに，極めて微妙な問題を内在させている。要するに，団体にしても，地方公共団体の協力団体たる立場をもち，その限りで長の交際行為も公的性質を肯定されるが，同時に，選挙との関係においては，当該現職の長の応援団体たる立場の団体であり，長も立候補予定者であるという，双方が二重の性質を有していることがあるからである。このような場合に，裁判の場面において慎重な判断を要することはもちろんであるが，そもそも，そのような事態（疑い）を招かないような自粛が求められるといえよう。

　この判決は，前記の判断基準に基づいて，業界団体・特定個人・特定企業の親睦会・忘年会・新年会，市長出身高校の同窓会及び市内在住演歌歌手の

38　さらに，はっきりと，「いわゆる組織選挙として特定の団体を通じた票固めが行われることがあり，交際費の支出に名を借りた，自らの選挙対策活動は許されないことはいうまでもない」と述べている。

新曲発表パーティーに関する支出について違法とした。いずれも私的交際と見られるものである。

[2] 交際費をめぐる裁判例

議員との交際　地方公共団体の内部者に対する餞別の違法性が問題となることがある（不適正経理により捻出した裏金を餞別に充てた例については，本書第2章3［2］を参照）。甲府地裁平成9・2・4（判例タイムズ964号146頁）は，知事と県議会とが合同で行なった海外視察に際し，それまで議員の海外視察のときに餞別を贈る慣例があったこともあり，参加議員に知事が餞別を贈ったことについて，「せん別は旅立つ者に対して別れのしるしとして贈られるものであって，本件せん別金のように同行者の間で授受された場合，せん別の本来の意義，目的が希薄になることは否定できず，本件せん別金の交付は通常一般の社交の範囲内のものとみることは困難である」と述べ，必要性及び相当性の両面において甚だ疑問があり，知事と議会との間の牽制関係についても配慮が見られないとし，違法と判断した。この判決は，種々の理由を挙げているので，違法とする決め手がはっきりしない。もしも，知事と議会との間の緊張関係を配慮することを強調するならば，およそ知事が議員に対して餞別を贈ることは違法とされるであろう。また，同行者の間の餞別[39]であることにポイントがあるとするならば，同行しないケースの結論は別ということになるであろう。あるいは，漫然と慣例により交付することは違法となるが，当該議員の海外旅行が特別の意味をもつ場合を拘束するような判断ではないという理解も可能である。かくて，極めて一般化の難しい判決である[40]。

この判決に見られる「執行機関と議会との牽制関係」が交際費の支出の適

40　朝日新聞社の調べによれば，この事件とほぼ同時期の平成6年6月時点においては，山梨，神奈川，静岡など8県が，議会の海外視察の際に知事交際費などから餞別を支出していたが，平成9年2月時点においては廃止の回答を得たという（朝日新聞平成9・2・5）。しかし，同じ年に，神奈川県内の市町村議員の視察旅行に際して，市町村議会の議長交際費や議会交際費から餞別が支払われている慣例が報じられた（朝日新聞平成9・4・19）。

否に関する判断において考慮されることがある。東京地裁平成7・4・27（判例タイムズ920号186頁）は，次のように述べている。

　「地方公共団体の議会と執行機関とは，自治法に定められた各種権限を行使することにより，相互に牽制し合う立場にあるが，その間の円滑な意思疎通を図ること自体は，行政の適正円滑な運営を期するために支出される交際費の目的を逸脱するものではなく，議会に対する交際費の支出が，その内容，金額等に照らして，議会と執行機関との適正な牽制関係を阻害しない程度の社会通念上相当な範囲内の支出にとどまる場合にまで，一切許容できないものとはいえないというべきである。また，地方公共団体の議会と執行機関とは，同じ地方公共団体の内部機関ではあるが，右のとおり，両者は，相互に牽制し合う立場にあり，良好な緊張関係を維持しつつ，その間の円滑な意思疎通を図ることが必要とされるのであって，その限度で一種の対外的関係にあるということもできるのであるから，その間の交際費の支出が一切許されないともいえないというべきである。」

これに続けて，特別区議会の議会運営委員会が視察を行なう際に，視察先の議会関係者との懇談時の経費等として使用されることを予定して，視察の際の餞別の意味で区長交際費から3万円を支出したことについて，判決は，これをもって直ちに区議会ないし議員の有する区長に対する適正な牽制関係を阻害する結果を生ずるようなものとはいえず，社会通念上相当と認められる範囲を超えたものであるとまで断定することはできない，とした。金額からみても違法と断定することが難しいにしても，区長交際費として支出されることに不自然さを感じざるを得ない。このことは，執行機関にとって議員ないし議会を外部とみるのか内部とみるのかという問題にかかわっている。有名な武蔵野市事件の控訴審・東京高裁平成14・12・24（民集60巻10号3901頁参照）も，傍論的に，「外部には，市議会関係も含まれると考えられる」と述べている点にも，共通している。このような理解に賛成することはできない。なお，議員又は元議員の病気見舞，死亡に際しての香料などが交際費から支出されることがあるが，これらは，職務遂行に当たっていることに着目するものではないので，一定の金額以内であれば，特に問題にする必

要はないであろう[41]。

外部者との交際　交際費の想定する交際行為は，本来外部者とのものである。

奈良地裁平成14・5・15（判例地方自治233号19頁）は，国営事業所の次長，警察署長，県農林部長，小学校長，土地改良区事務局長らに対して村が贈った餞別について，それ自体が直ちに公益性が認められるものでないことに加え，地方公務員について自治法及び地方公務員法により給与等条例主義が採用されていること，国家公務員について倫理保持の観点から利害関係者からの餞別の給付が禁止されていること（国家公務員倫理規程3条1項1号）に鑑みると，国，県及び村の職員が異動，退職した場合に村長が自身の裁量によって公金から金銭を交付することは，前記各法及び規程に反するので，裁量権を著しく逸脱したものとして違法であるとした。この判断方法は，国や他の地方公共団体の職員の受ける給付に関する制限をもって，餞別の支出の違法に結び付けている点が注目される。

しかし，この事件の控訴審・大阪高裁平成14・12・25（判例集未登載）は，村の行政に関与し，あるいは勤務した公務員に謝意を表し，惜別のしるしとして交付されたもので，在職中の労務等の対価として支払われたものではなく，金額も一律に1人当たり1万円にとどまっているのであるから，長とその職員との交際，交誼の一環として，自然な社交的儀礼の範囲内のものとみることができ，餞別の支出が裁量権の逸脱，濫用とはいえないとした。そして，餞別の交付が社交的儀礼の範囲内にとどまる限り，給与条例主義の規定等に違反するものではないとして，1審判決と対照的な判断を示した。また，国家公務員についても，国家公務員倫理規程5条1項が「通常一般の社交の程度」の範囲内の財産上の利益供与を容認していると解されることに照らすと，餞別の交付が同規程に違反しているとはいえないとした。

地方公共団体が関係する外部者に御中元や御歳暮の贈答を行なうことは，批判はあろうが社会通念上儀礼の範囲内にとどまる限り一律に違法というべ

---

[41] 東京地裁平成15・1・16判例地方自治255号23頁は，特別区において，区議会議員及び元区議会議員の病気見舞金として，1人につき1万円を支出したことを適法とした。

きではない（熊本地裁平成15・11・13判例地方自治257号21頁は，5,000円相当の果物の贈答を適法とした）。もっとも，東京地裁平成14・4・25（判例集未登載）は，東京都下の市が東京都又は国の機関に対して年末年始の挨拶回りの際にビール券（1ダース分4,040円相当）を交付したこと（合計10ダース分44,040円）について，反対給付をすべき特別な事情は認められずビール券を贈与すべき必要性は特段認められないとし，次のように述べている。

「一般に，行政における決定が公正になされるべきであることはいうまでもなく，本件のように贈与の相手方が当該普通地方公共団体に対する特別の配慮を求める趣旨で金銭又はこれに準ずる物品を贈与することは，行政の公正性，中立性を害するおそれを生じさせる点において，これに伴う弊害は一層大きくなる懸念が否定できず，特段の事情がない限り，社会通念に反し，許されないと考えられるところ，本件においては，このような特段の事情も見当たらない。」

そして，同判決は，金銭に準ずるビール券の贈与は，その額面金額の多寡を問わず許容されないとして，ビール券が金銭に準ずることが強調されている。そして，市長の過失についても，本件に20年以上先立つ昭和54年11月26日付け自治事務次官通知として，「官公庁間の接待及び贈答品の授受は行わないことはもとより，官公庁間の会議における会食についても必要最小限にとどめる」との国の方針が示されていたことが認められること，本件ビール券購入及び配付のわずか10か月後の決算特別委員会において本件ビール券購入及び配付が問題とされたときに，時節柄今後は認識を改めるべきである旨述べていることから，行為時点において「普通地方公共団体及び国の機関という公的機関の間で合理的理由のない金員に類するものの贈与を行うことが違法となることを認識すべきであった」として，肯定している。

果物とか地元の特産品であれば許されるとする裁判例と区別されるのは，金銭に準ずるものであるという点であろう。贈答についての問題は，前記判決の認定にもかかわらず，市長は，たとえ望ましくないことを認識していても，10年以上続いて慣例化して繰り返されてきた贈答を廃止する勇気をもつことが実際上難しいであろうということである。このような交際行為に限らず，地方公共団体の公金支出には同様のことがある。長たる者は，苦しい

決断により慣例を破らなければならないのである。もっとも，ビール券の贈呈については，大阪地裁平成15・10・15（判例地方自治258号44頁）のように，社会通念上相当な儀礼的行為と見る裁判例もあるので，判例として定着しているわけではない（同判決は，清酒の贈呈も適法としている）。

東京地裁平成19年1月30日判決　このような反復的交際と区別される例もある。東京都知事の交際費により対外的折衝等を行なうための外部者に対する複数の接遇について争われた東京地裁平成19・1・30（判例時報1973号23頁）を素材にして，若干の検討をしよう。判決は，まず，次のような一般論を展開する。

> 「普通地方公共団体の長が，当該普通地方公共団体の事務を遂行し対外的折衝等を行う過程において，社会通念上儀礼の範囲にとどまる程度の接遇を行うことは，当該普通地方公共団体も社会的実体を有するものとして活動している以上，上記事務に随伴するものとして許容されるものというべきであるが，対外的折衝等をする際に行われた接遇であっても，それが社会通念上儀礼の範囲を逸脱したものである場合には，上記接遇は当該普通地方公共団体の事務に当然伴うものとはいえず，これに要した費用を公金により支出することは許されない。」

この部分は，「社会通念上儀礼の範囲内」にとどまるとする一般論を繰り返しているにすぎない。判決は，社会通念上儀礼の範囲に属するか否かは，「接遇が行われるに至った経緯，出席者，接遇に要した費用の合計額及びその内訳などの具体的事情に照らして判断することとなるが，接遇の要否や参加者，参加人数等については，都政の運営に責任を持つ知事等の判断に委ねるべき部分があることは否定できないのであるから，上記の判断に当たっても，このような裁量権の存在を踏まえるべきものであると解される」と述べて，裁量権を重視している。そして個別具体的に判断を進めている。

①東京都の広報番組の制作現場担当プロデューサーを接遇するのに，知事及び番組とかかわりのない特別秘書が同席して，銀座の高級飲食店において1人当たり19,355円の飲食をしたことについて，地方公共団体の事務に当然伴うものとして正当化することはできないとした。

②横田基地問題について米国大使館員と意見交換をするために，特別秘書

が個室のある飲食店で夜間に会合を開き，1人当たり2万円弱の支出をしたことについては，軍民共同化の政策課題があったことなどを理由に適法とした。政策課題の存在により，金額が高額であっても適法とされたのである。同様にして，東京大都市マラソンの実現に向けて陸連や既存マラソン大会関係者との調整に関して専門的知識や経験を有する外部者と寿司店において特別秘書等が行なった会食の費用，都の文化政策を推進するために知事等が海外出身の芸術家と率直な意見交換をするために行なった会食の費用については，いずれも適法とした。

③これに対して，羽田空港国際化の政策課題に取り組むために行なった会食の費用については，老舗料亭で都側3名（知事，副知事，参与），相手側5名の計8名にのぼり，1人当たり単価は42,636円で，都側の出席者に都市計画局関係者の出席がないことから，実質的目的は，意見交換よりもむしろ老舗料亭を利用した単なる接待と疑われてもやむを得ない側面をもつものであるとし，このような接遇の必要性や相当性については相応の説明が不可欠であるところ，相手方5名は航空関係者の中でも相当の地位にある者であるという以外，一切説明しようとしないことなどから，高額の接遇を正当化することは困難であり，長による接遇として社会通念を逸脱するものであり，違法であるとした。

④これと対照的なのが，中小小型ジェット旅客機の開発促進のための意見交換をする目的で，知事が大学教授N及び航空関係者5名との会合をもち1人当たり22,000円を要したことについては，若干高額ではあるものの会合の内容や相手方の属性に照らして社会通念を逸脱するほど高額のものであるとは認め難いとした。この項目については，N教授以外の相手方は航空機関関係者とされ，それ以上のことは明らかにされていないが，判決はN教授の存在を重視して，同教授の社会的地位や同教授が座長を務める検討委員会の構成員に照らすと，航空機開発促進に関し知見を有し相当の社会的地位にあった者であったと推測することができるとし，会合の具体的内容に関しても，都の政策を推進するうえで有益な情報の提供を受けることを目的としていたものであったと考えられるとしている。この辺りは，裁判官の心証形成の問題であろうか。

⑤さらに注目される項目は，都の航空政策，東京大都市マラソン実現，アジア大都市との交流事業，東京の治安回復を含む都政の重要課題の解決策について幅広く意見交換を行ない，相手方から政策実現のための意見や情報提供を受ける目的で行なわれた会合に係る支出である。相手方出席者9名のうちのE（民間会社のITセンターの最高顧問）の社会的地位に照らして，その余の8名についても著名な経営者その他の各界の著名人や専門家であり，高い社会的地位を有するものと推認することができるとし，料亭で1人当たり35,000円余の費用を要しているが，相手方の属性や人数に照らすと社会通念を逸脱したものであるとまで断定することはできないとした。ここでも出席者Eが明らかにされていることが会合の性質の認定に大きく影響している。

以上の判断方法自体に賛成することができるが，④や⑤を参考にして，世間や裁判所を説得できる者が1名含まれていれば，全体として説得可能であるとして，実体を伴わない会合を実体があるかのように見せかけることが横行するならば，忌々しき事態となろう。なお，控訴審・東京高裁平成19・9・26（判例集未登載）は，①及び③についても，相当高額ではあるが，出席者の地位などに照らすと，社会通念を逸脱するとまではいえないとした。

外部の各種の会合への出席と交際費　外部の会合（懇親会等を伴うもの）に出席を求められた執行機関が，交際費を用いて主催者に金員を交付することがある。

まず，一般の参加者の会費を超える金額の支出をした場合に適法といえるのかどうかが問題とされることがある。市の助役が民間団体（清掃奉仕活動をしている団体）の開催する会合に出席した際に，祝儀として1万円を市長交際費から支出して場合について，会員の出席会費が5,000円であったことから，原審が5,000円を超える部分の5,000円を市長が損害賠償すべきであるとしたのに対して，最高裁平成17・11・15（判例時報1922号64頁）は，二つの理由で審理不尽があるとして差し戻した。第一に，懇親会の費用には，出席会員各自が支払った懇親会費のほか，当該団体の年会費から拠出された金員も充てられたというのであるから，懇親会の会費相当額は1人当たり5,000円を超えるものであったということができるところ，原審は，超過額はわずかであると判断するにとどまり具体的に確定していない。第二に，当

該団体は無償で市の管理する墓地の草刈りをしている団体であるというのであるから，本件金員は単に懇親会の会費としての性質を有するにとどまらず，当該団体による労働奉仕に謝意を示す性質も有していたのではないかということが窺われる。したがって，このような事情の有無を検討しなければ，会費相当額として社会通念上相当と認められる範囲を逸脱するものであるか否かを判断することができない，というものである。この事件の１審・神戸地裁平成15・4・18（判例地方自治254号30頁）は，支出の金額が１万円であり，当該団体の会員の懇親会費が5,000円であり，なお不足する部分については会員の年会費の中から賄っていることからすると，市長交際費から支出した１万円は，社交的儀礼の範囲内の金額であると判断していた。差し戻し後の控訴審・大阪高裁平成19・2・28（判例集未登載）は，ほぼ１審判決と同趣旨で，会員が支払った懇親会費が5,000円で，不足分につき会員の年会費の中から18,000円が補てんされており，本件支出は，単に懇親会の会費としてのみならず，市管理の墓地の清掃奉仕活動に対し謝意を示すものとして支出されたものであり，優に社交儀礼の範囲内にあって相当であると認められるとした。事情を詳しく認定する必要のあることを示す事案であった。

議員等の祝賀も，地方公共団体自体が祝賀会を開催するのでなく，交際費を使用して外部の祝賀会に出席することは，社会的儀礼の範囲内とされることが多い。東京地裁平成15・1・16（判例地方自治255号23頁）は，特別区の区長が，区議会議員の褒章受章祝賀会への出席に当たり１万円を支出したことについて社会的に相当範囲内の儀礼に当たるとしたうえ，区選出都議会議員幹事長就任祝賀会に出席（支出額２万円）したことについて，次のように述べた。

「特別区の区長が，特定の国会議員若しくは都議会議員又はその議会内会派が主催する会合に招待を受けた場合，特別区の区政と国政及び都政が密接な関連を有し，区長として相応の儀礼を尽くすことが区政の執行上必要性を有することにかんがみれば，区長がこのような会合に出席し，その際社会的儀礼として公金を支出することは，当該会合への出席が専ら特定の議員，会派ないしは政党を支援することを目的として行われるものでなく，かつ，当該支出が当該会合への出席のために社会的儀

礼の範囲として相当な程度の金額にとどまる限りにおいては，許容されるものというべきである。」

　この判決は，国会議員による国政報告会，都議会議員による都政報告会，区議会議員在職10周年記念祝賀会への出席に伴う支出についても，ほぼ同様の判断を示した。さらに，区議会会派との懇談会についても，社会通念上許容される範囲を超えたものであるとはいえないとした。

　長野地裁平成11・3・19（判例地方自治199号33頁）の事案は，市長が，①市内にある高校同窓会から総会の案内状を受けて，多数の来賓から市政上の諸問題や課題等を聞くことは公聴の目的に合致し，市政の現状や取組状況を説明することは市政運営に対する市役所職員の理解を深め，ひいては市民サービスにも繋がるものと考え，出席が公務に関連するものと判断して出席を決定し，懇親会を伴うことを踏まえ，飲食等の実費相当分及び祝酒に代わる金員の趣旨で1万円を支出したこと，②市内にある別の高校の同窓会会長からの同窓会常任理事会への招待を受けて，同高校創立80周年記念事業の協議等が常任理事会の議題とされ，記念事業の一環として，体育館及びプールの改築問題が取り上げられることから，それは市の第6次基本計画における「高等学校の老朽校舎解消と施設整備の促進」構想とも関連するとともに，懇親会において同構想に対する市の取組状況等を説明することは住民に対する市政への理解を深めるのに有益であると考えて公務に関連すると判断したものであり，懇親会に出席し飲食費の実費相当分及び祝金の趣旨で1万円を市長交際費から支出したことの適法性を扱っている。①にあっては，総会には出席できなかったが懇親会に出席し，市長として挨拶し，市政の状況や市政への理解・協力等を依頼するなどし，1万円を「御祝」と表書きされた熨斗袋に入れて交付した。②にあっては，懇親会において市政の状況説明等，前記記念事業と市の施策との関連を話題とする挨拶をし，「御祝」と表書きされた熨斗袋に入れて交付した。

　判決は，市長就任後，市役所内の他の高校出身者による職域同窓会や同市内の学校関係の諸団体の会合にも数多く出席し，来賓として挨拶するなどしており，市長交際費から概ね数千円から1万円程度の祝金が支出されたり，祝酒が提供されていることも認定した。そして，交際費の一般論を展開した

後に，主催団体が市内の高校の同窓会であって住民の社会生活上の活動の一つである同窓会活動を行なうために設立されたものであること，同窓会への出席が市長として市政の現状等を他の出席者に説明し，理解及び支援を求めるなどの目的のために行なわれたものであること，事前に会合の趣旨，出席の意義等について調査し前例等も考慮していること等の諸点に照らすと，各支出は社会通念上相当と認められる範囲を超えたものであるということはできない，と結論づけている。

判決の認定による限りは適法とされてよいであろう。なお，各種の公的な行事の主催者から市長夫人へも出席の要請が多くあることに鑑み，市の秘書課が市長夫人の名刺（氏名のみで肩書きなし）を印刷し，秘書課内で保管し，必要なときに手渡していた事案で，熊本地裁平成15・11・13（判例地方自治257号21頁）は，市長交際費から名刺作成費用を支出したことにつき，市長夫人が各種行事に出席したとしても，それは，あくまで市長の配偶者として出席しているにすぎず，市を代表して交際事務を行なっているものではないとして，違法とした。しかし，もしも名刺の使用が公務出席の市長に同伴する場合にのみ限定されているのであれば適法とされるべきであろう。

[3] 記念行事等

祝金，記念行事，記念品等をめぐる裁判例　交際費を扱った重要判決の一つは，最高裁昭和39・7・14（民集18巻6号1133頁）である。自治法204条の2といえども「地方公共団体が，記念行事に際し，関係議員に記念品等を贈呈することは，それが社会通念上儀礼の範囲にとどまる限り，禁止するものではない，と解するのが相当である」と一般論を述べて，市が競輪事業開始10周年を記念して市会議員30名全員に1人当たり10,000円を贈呈するために特別会計の競輪事業費追加予算に「報償費，10周年記念，30万円」と計上して議会の議決を経て，うち240,000円が交付済みの事案について，「その支給の趣旨，態容，金額，人数等の点からみて」儀礼の範囲を超えるものとした。この事件に関する限り，なぜ「報償費」であるのかという疑問があるが，当時の貨幣価値からみて10周年記念としての10,000円は高額であることが明らかであり，しかも全員に記念品ではなく「記念品料」を交付

したことも社会的儀礼を超えると判断した一つの事情であろう[42]。

このように，地方公共団体の記念行事における記念品に係る公金支出の適否が争われることがある。最高裁平成 15・3・27（判例時報 1819 号 48 頁）は，町の新庁舎竣工式において来賓 148 人に記念品として 1 人当たり 5,000 円相当の商品券（町の商工会が発行し，町内の商店においてのみ利用できる商品券）を贈った場合を扱っている（後に 1 人は返還）。招かれた来賓は，町民を代表する立場の人，関係自治体の代表等（県内選出の衆参両院議員，県知事，町と関係の深い県の役職者，県議会議員及び国等の出先機関の代表，近辺市町村の代表，町議会議員，町の各委員会の代表，前町長，前助役，町内各区の区長，町内各公的団体の代表，新庁舎の敷地の地権者，施工関係者，報道関係者等）であった。1 審判決及びそれを是認した原審判決は，記念品は町内において現金に準ずる役割を果たし，来賓 148 人のみに贈られたもので，記念品の贈呈が新庁舎完成の喜びの気持や来賓の日頃の功労に感謝の意を表することにあったからといって，招待した来賓のみに贈ることが相当であったということはできず，社会通念上相当な範囲を超えた違法なものであるとしていた。これに対して，最高裁は，前記の最高裁昭和 39・7・14（民集 18 巻 6 号 1133 頁）を引用したうえで，来賓 148 人は，いずれも新庁舎の建設に尽力した，長年にわたり町に貢献してきた，町民を代表する立場又は町と関係の深い自治体等の役職にあるなどの事情から招待された者であったこと，商品券は町商工会が発行し町内の商店のみで利用できるもので費用は合計 74 万円にとどまったこと，を挙げて，記念品の贈呈が社会通念上儀礼の範囲を逸脱したものとまでいうことはできないとした。

この事案において，1 審及び原審と最高裁とが結論を異にすることになった視点は何であろうか。前者は，2 万 2,000 人を超える町民には記念品が贈呈されず，また，新庁舎完成記念の一般公開に来庁した約 600 人の町民に対しては広報資料等が配布されたにすぎないのに，選択して招待した来賓のみに 5,000 円もの商品券を交付したことをもって，社会通念上相当な範囲を超

---

[42] 最近の報道によれば，一定の勤続年数に達した議員に高額の記念品を贈呈することも報道されているが，現金給付方式の方が社会的儀礼の範囲を超えるとされやすいであろう。

えると判断する根拠にしていた。「新庁舎完成の喜びの気持ち」や「来賓に対する日頃からの功労に対する感謝の意」を表するにしては，突出しているという見方なのであろう。これに対して，最高裁は，招待された来賓には，それなりの扱いをする合理的理由があり，しかも，その扱いも相当な範囲に止まるという判断であったといえよう。商品券を町内の商店において利用できることを特に挙げているのは，商品券の利用が町内商店の活性化につながるという意味を込めているのかも知れない。いずれにせよ，現金 5,000 円を記念品料（最高裁昭和 39・7・14 前出を参照）として交付するのとは異なっているという認識があることは明らかである。

特別区の区長が町会の記念行事に際して区長交際費で購入した清酒 4 本を祝儀として渡したと主張されている事案につき，1 審の東京地裁平成 14・2・21（判例タイムズ 1104 号 180 頁〈参考〉）は，贈答の相手方たる町会名が明らかにされていない以上，使途が不明なものとして，違法といわざるを得ないとした。これに対して，2 審の東京高裁平成 14・6・27（判例タイムズ 1104 号 177 頁）は，2 審の段階で町会の名前が明らかにされたことに伴い，「区政協力団体の行事に係る儀礼的経費の支出として，社会通念上相当な範囲を逸脱したものとはいえず，適法なものというべきである」とした[43]。1 審判決は，使途不明の交際費を違法としたもので，2 審判決と矛盾するものではない。特別区の区長が，いわゆる機密費としての交際費支出をなすことが許されるかどうかは，別個に検討すべきであろうが，地方公共団体の長には，原則として完全な機密費の使用は許されないとみるべきであろう。

給与等条例主義との関係　　先に紹介した最高裁 39・7・14 が言及した自治法 204 条の 2 の定める給与等条例主義違反となるような交際費を用いた行為は違法である。同条を根拠にして，褒章を受けた県議会議員に記念品料を交付したことを違法とした裁判例がある。名古屋地裁平成 10・3・27（判例時報 1672 号 54 頁）である。まず，国家褒章を受けた県議会議員に対する祝金の支給は，同様の祝金が一般の県民に支給されたとは認められないから議員の地位に関連して支給されたものと認められるという認定に基づいて，社

---

[43] この判決に対して上告がなされたが，上告の許される事由に該当しないとして却下された（最高裁平成 14・12・19 判例集未登載）。

会通念上儀礼の範囲内のものと認められない限り，自治法204条の2に違反するところ，具体の支給は，「現金でされたものである上，金額も一人当たり20万円と決して低額ではなく，国家褒章の受章者に対して地方公共団体が支給する祝金としては，社会通念上儀礼の範囲内のものということはできない」とした。議長，副議長が議会の内外においてその職務を果たし，県に貢献したことに対し，その退任に当たって慰労する趣旨で支給された記念品料についても，議長，副議長という地位に関連して支給されたものであるという認定に基づいて，「現金でされたものである上，金額も一人当たり20万円，10万円と決して低額ではないことからすると，この支給は，実質的に退職手当に他ならず，社会通念上儀礼の範囲内のものということはできない」とした[44]。また，高額の町政功労者表彰記念品料及び退職記念品料について自治法204条の2に違反するとしつつ，返還により損害がないとされた事例がある（神戸地裁平成17・11・2判例地方自治281号47頁）。

これに対して，「優れた教育活動の実践によって，教育活動の充実や広く教育の振興発展への貢献が認められる者の功績を称えて表彰し，教員のさらなる意欲喚起及び人材の育成を図り，活力ある学校教育の実現を図る」目的の教育実践功績者の表彰（要綱に基づく表彰）について，京都地裁平成19・

---

[44] 判決は，知事の責任については，社会通念上儀礼の範囲内のものかどうかという判断は，いわば常識的なもので，特別の知識がないと判断することができないというものではないから，本件支給が少なくとも社会通念上儀礼の範囲を超える疑いがかなりの程度あることを知ることができたというべきであるから，専決権者に対し社会的儀礼の範囲内のものと認められるか，自治法に違反することはないかなどの検討を指示することができ，指示があれば自治法204条の2違反が比較的容易に判明したと考えられるとして，指揮監督上の義務に違反し過失により違法行為を阻止しなかった責任があるとした。他方，総務部財政課総務予算担当課長補佐の職にあった者（専決により支出負担行為及び支出命令を行なった者）については，知事から支給額を知りながら何らの指示がなく，本来権限を有する知事が是認していると考えたとしても不自然ではない状況にあったこと，過去に適法性が問題になったこともなかったことから，重過失があるとはいえないとして責任を否定した。出納事務局出納課課長補佐の職にあった者（支出を行なった者）についても重過失がないとした。なお，議長及び副議長の職にあった者で支給を受けたものは，支給が自治法204条の2に違反し無効であり不当利得返還義務があるとした。

3・22（判例集未登載）は，地方公務員法 25 条違反の主張に対して，「表彰」の実質を有することを前提に，特に表彰の副賞として贈られる図書カードについては，使途が表彰の制度趣旨に合致し，金額も 2 万円で常識を逸脱するほど高額であるとはいえないとし，その他の換金性の乏しい品物も含めて，表彰のために行なわれたものとして社会通念を逸脱するものとはいえず，地方公務員法 25 条に違反するということはできない，と判断した。

このような表彰（たとえば，東京都職員表彰規則を参照）に問題はない。

政治的中立性との関係　町が地元出身国会議員の大臣就任祝賀式典を行ない公金を支出したことについて，最高裁平成元・7・4（判例時報 1356 号 78 頁）が，社交儀礼の範囲を逸脱しているとまでは断定することができず違法とはいえないとした原審の認定判断は是認できるとした。原審の大阪高裁昭和 61・3・28（行集 37 巻 3 号 528 頁）によれば，現物寄付によるもの以外に，パーティー費用 2,639,700 円，打上げ花火 24 万円，芸人謝礼（提灯行列先導）230,200 円など合計 3,262,930 円が公費から支出された。原審は，いささか時代錯誤ともいえる伝統的な義理人情に流れすぎた嫌いがあるとはいえ，「町民に自信と自覚を与えひいては住民自治への関心を高めるという副次的効果があることも否定できないこと」，町議会が祝賀式典費用を計上した予算案を圧倒的多数で可決していること，などを根拠に社交儀礼の範囲を逸脱しているとまでは断定することはできない，としたものである。

この最高裁判決に付された伊藤正己裁判官の反対意見を見ておこう。

まず，次のような一般的判断方法を提示した。

「一般に功労者等のために記念式典を挙行し，公金を支出することが社交儀礼の範囲内と認められるかどうかは，諸般の事情によって総合的に判断されるほかはないが，考慮されるべき事情としては，当該記念式典の目的，効果，内容，規模，公金の支出額，当該地方公共団体の財政規模，従前の慣行，関係者と当該地方公共団体とのつながりの程度，住民の意識などを挙げることができる。」

次いで，このような式典については，政治的色彩をもつことは避けられず，企画や挙行に大臣の政治的支持者のグループの意向がつよく反映するだけに，内容，規模及び公金支出金額に慎重な配慮と抑制が要請されること，式典の

内容が全体として行きすぎたもので，配慮と抑制を欠いていること，町費からの支出が年間の町長交際費とほぼ同額で歳出予算額の0.16％に当たり，現物寄付の額を加えると700万円近くなり，町の財政規模からみて一政治家の大臣就任を祝う式典に対する支出としては過大なものと評価されること，立食パーティーの飲食費用が式典費用の約80％を占めるが，このような費用は各参加者が支出すべき筋合いであり多数の参加者の飲食費をすべて公費でまかなうことは著しく妥当でないことを挙げて，式典費用の支出は，全体として社交儀礼の範囲を逸脱したものとして違法といわざるを得ないとした。伊藤裁判官が，全部違法の判断方法を採用した点にも注目すべきであろう。

政治的中立性違反・公職選挙法との関係の裁判例　長は，交際費の使用に当たっては，財政公共目的の原則を貫徹させるために，中立性を疑われることのないようにする義務を負っているとみるべきである。

そこで，まず，明らかに政治的中立性に反する交際費支出が違法とされることはいうまでもない。公職の選挙の出陣祝・当選祝，就任祝，政党の新春祝賀会・政党の定期大会への支出，パーティー券の購入を違法とした奈良地裁平成14・5・15（判例地方自治233号19頁）は，次のように述べている。

　「地方公共団体の執行機関が，行政の政治的中立性を堅持することは，日本国憲法上の基本的な要請である。すなわち，日本国憲法は，国民の自由，法の下の平等及び政治活動の自由を前提とした代表民主制をその政治の基本原理としており，したがって，国の機関や地方公共団体若しくはその執行機関は，一党一派，特定の政党に対し便宜を供与し，これを支持，支援してはならないものである。そうして，上記便宜供与や支持，支援は，特定の政党に公金を支出することを当然に禁止していると解される。」

このあまりにも当然のことが，しばしば守られていないことに驚きを禁じえない。控訴審の大阪高裁平成14・12・25（判例集未登載）も，出陣祝・当選祝・就任祝について，「選挙は，対立する党派なり政治的信条を異にする者が，住民ないし国民の『候補者への投票』を獲得すべく争い，その競争を経て議員や首長の地位を獲得するという，最も政治的対立が表面化する場面である。したがって，地方公共団体の長が特定の候補者の出陣（立候補）を

祝ったり，その当選や就任を祝うことは，行政の中立性を害する行為といわなければならず，当該行為に公金を使用することは，もはや社交的儀礼の範囲内にとどまるものとはいい難く」，村長としての裁量を逸脱した違法なものというべきであるとした。政党の新春祝賀会会費及び政党の第3回定期大会への支出は特定の政党に対するものであることが明白であり，議員の出版祝も特定の政治家に対する支持，支援を表明するものとして，行政の政治的中立性の要請に反するとし，パーティー券購入も裁量を逸脱した違法なものであるとした。この判決を受けて，秋田県内の22市町村の長は，政治資金パーティーなどへの公費支出が不適切であったとして，返還することを決めるなど（朝日新聞夕刊平成18・11・22），適正化に向けた動きが見られる。

市町村長が近隣の市の市長選挙の当選者に対して当選祝を贈呈することについては，「特定の政党」という意識もなく，交際費執行者としては，まさに最低限の社会的儀礼の範囲内のことと受け止められているのか，実際には相当数の例があると推測される[45]。海老名市の事案に関する住民監査請求に対する監査委員の判断（平成17・6・15海老名市監査委員告示第7号）が注目される。

まず，県内市長の当選祝に関して，いずれの市も同一県内の自治体として，また県市長会のメンバーとして広域的な協力関係を保ちながら行政の運営に努めており，首長間における協力関係はもとより，職員間における事務レベルの調査・研究や情報交換などが行なわれているという認識に基づいて，「祝い金は，日頃の市政への理解と協力に対する謝意を込め，当選を祝して支出したもので，平素の協調関係を考えると，市として当選を祝すのは一般的慣行や意識に照らし，社会通念上の範囲を逸脱したものとはいいがたい」と述べている。県内首長間の「協調関係」が根拠になっていると理解される。

また，白石市長選立候補予定者に対する「激励金」に関して，2市は前年に姉妹都市10周年を迎えており現白石市長が姉妹都市交流協会理事として

---

[45] 朝日新聞平成9・3・18，同平成9・3・24。後者によれば，神奈川県内の11市長が交際費から当選祝金を贈っており，その趣旨は，市議に対するものは「市政に貢献してほしい」という願望，県会議員や国会議員に対するものは，「県や国とのパイプ役として貢献してもらっている」ことに対する配慮などであるという。

交流事業に参画し，以来積極的に両市の交流に尽力したことに対する謝意を込めて支出したものであるとして，他の候補者もいるなかで激励金を支弁することは特定の候補者を支持していると見られかねない面があり，慎重な判断を要するところであったとしつつも，社会通念上いまだ違法というまでには至らないと述べた。当選祝に関しても，白石市の現市長に対し友好，信頼関係の維持増進を目的に支出したものであり，市民を主体とした相互交流をさらに深めていくために，市としても有益であり，社会通念上儀礼の範囲を逸脱したものとはいいがたい，と述べた。

さらに，参議院議員の当選祝に関しては，3名について，神奈川選挙区の当選者全員に支弁したもので，「国等とのパイプ役となる，国会議員との連携を深めることが目的であり，今後のことも含め総合的に判断すると，一定の関係を保っておくことは，市政運営において有益な面があることは否定できない」と述べ，特定の政党又は政治家を支援することではなく，社会通念上の範囲を逸脱したものとはいいがたい，と述べた。ここには，「国等とのパイプ役」として一定の関係を保つことが有益であるとする「社会通念」が示されている。また，他の参議院議員1名の当選祝に関しては，「神奈川県在住の経済産業省出身議員で，議員当選以前から，市の産業政策や駅周辺のバリアフリー化，環境政策推進にあたり助言を受けており，現在は，経済産業省に係わる中心市街地活性化事業等の促進のため，国とのパイプ役になっている」との認識を下に，「今後のことも含め総合的に判断すると，国会議員，中央政党との接触を持つことは市政運営において有益な面があることは否定できない」とし，社会通念上相当と認められる範囲を逸脱したものとはいいがたい，とした。ここでは，パイプ役としての国会議員との接触のみならず，「中央政党との接触」も語られている。

以上に紹介した監査委員の判断には，一部ではあれ，地方公共団体関係者に通用していると見られる「社会通念」の尺度が示されているように思われる。県内の首長間の協力関係，姉妹都市の友好・信頼関係，国会議員を通じた国等とのパイプ役に着目して，それぞれ当選祝をすることは何ら社会通念を逸脱するものではないというのである。そこで，交際費の使用に関する尺度としての「社会通念」は，単に「現に存在する社会通念」ではなく，「あ

るべき社会通念」であるということに思いを致さなければならない。

この事案に関して，住民訴訟が提起されて，横浜地裁平成18・10・18（判例集未登載）は，前記の各支出をすべて違法とした。なお，同判決は，同時に争われた県内市長の実父や県議会議員の実父の葬儀香料，衆議院議員懇談会会費，政党県本部「新春の集い」お祝，衆議院議員新春賀詞交換会会費，県議会議員県政報告会・新春の集い会費等については違法とはいえないとした。横浜地裁判決は，選挙に際しての交際費支出と，それ以外の経常的な儀礼との間に差異を認めているのである。

しかし，政治的中立性は，選挙以外の場面における交際行為についても求められているというべきである。仙台高裁平成19・3・29（判例集未登載）が，市水道局において地元選出の衆議院議員が政党の県連会長に就任したこと，県議会議員が県議会議長，副議長にそれぞれ就任したことを祝す趣旨の企画広告を新聞の全県版に掲載し広告料を支出したことについて，地方公営企業の政治的中立性を害するとみられる支出であり，たとえそれが社交儀礼上の行為で額がわずかであっても，社会通念上相当と認められるとはいえないと判断したのは，正当と思われる。

さらに，特定の場面においては，「中立性に反する疑いがあること」をもって違法な交際費支出とみるべきであろう[46]。

いわゆる選挙の陣中見舞として飲食物を贈ることは，中立性違反と同時に，公職選挙法の飲食物提供の趣旨にも反し，金額の多寡にかかわらず，違法とされている。

大阪高裁平成12・5・12（判例タイムズ1046号130頁）は，市が議長交際費で購入したビール券を隣接する複数市の各市長選の立候補者に陣中見舞として交付した場合について，ビール券をもってする陣中見舞は公職選挙法139条（飲食物提供の禁止）の規定の趣旨に照らし著しく相当性を欠くとし，特定の候補者の選挙事務所だけに公然と贈呈される陣中見舞はその候補者の選挙運動によい効果をもたらすものと受け取られるおそれが大きいといわざるを得ないから相当性を欠くもので，金額の多寡を問わず，議長が公金をもって行ない得る儀礼の範囲を超え，違法であると結論づけた。

選挙がらみの場合と異なり，地方公共団体として一定の政策を推進するた

めに特定の政治的団体に対する賛助金等を交付できるかどうかは，微妙な問題である。東京地裁平成7・4・27（判例タイムズ920号186頁）は，東京の中野区が北方領土返還運動に対する賛助金として平成5年中に計3回，合計6万円を支出したことの適否を扱っている。この訴訟において，原告住民は，「地方公共団体が国民共通の願いの名目のもとに，地方公共団体の利益のために運用されるべき公金を支出することは許されないというべきであり，こうした政治運動，政治理念等が地方公共団体の長のそれと一致していたとしても，それは個人の支出によってまかなわれるべきものである。また，本件賛助金は，その支出先である政治結社が，中野区以外の遠方に存在し，その運動内容，実態についても明らかでないにもかかわらず，極めて杜撰な手続で支出されているのであり，その支出が違法であることは明らかである」と主張した。

判決は，「地方公共団体も，実在する一つの社会活動の主体として，外部の者との間で社会通念上相当と認められる範囲内の交際をすることが許されているというべきであり，その交際の内容，程度等をどのようなものとするかについては，基本的には当該地方公共団体の裁量にゆだねられているものと解すべきである」という一般論を展開して，北方領土返還運動が区政の方針（区議会において「北方領土の返還に関する意見書」が全会一致で採択され，

---

46 さいたま地裁平成17・6・15判例地方自治282号16頁は，町長が公費で購入した缶ビールセットを町議会議員等に中元として贈答した事案（1人3,150円相当）を扱っている。判決は，当時実施されていた交際費執行基準の趣旨から贈答品の支出は無制限ではなく，特別の功労や一定の記念行事，祝い事等に際して功労者，関係者らに町を代表して町長から贈答品を贈るのに合理的理由が認められる場合等，特別の必要がある場合に行なわれることが予定されているのであるから，特別の機会でもないのに単に議員等に対する中元の趣旨で交際費を用いて缶ビールセット等を贈答することは執行基準上予定されているとは必ずしも認め難いとしたうえ，町長選挙を約3か月後に控えた時期に町長が個別に議員等の自宅を訪問し，一人一人に配布したというのであるから，「公職選挙法が選挙地盤の培養に結びつく行為を防止し選挙の公正を確保しようとした趣旨にそぐわない面があるともいい得るのであり，行政に要求される信用保持，中立性等の観点からも，上記贈答費用を公金から支出することは，その相当性に疑問がある」として，社会通念上相当と認められる儀礼の範囲を超えるものと結論づけた。

東京と，同区を含む特別区，都内市町村その他の団体等を構成員とする「北方領土の返還を求める都民会議」に参加している）や国の要請（国から「北方領土の日」における北方領土問題に対する国民世論の啓発促進に関する協力要請がなされている）等にも合致することから北方領土返還運動を行なう団体に賛助金を支出したものであり，賛助金の支出及び金額の決定に当たって総務課長が趣意書の提出や申出人との面談等の調査を行なうなどして判断したこと，金額が1団体当たり1万円から3万円の範囲内であることなどを，北方領土返還運動への賛助という目的自体や支出金額等に照らしても，社会通念上相当と認められる範囲を超えたものであるとまで断定することはできないとした。もっとも，この判決は，違法とはしないものの，遠隔地に本拠を有する政治結社と称する特定の団体を援助する一面のあることを否定しがたいのであり，当該団体の具体的活動方針や具体的活動内容を調査し，区政の方針や考え方に沿うものであるか否か，当該団体に賛助金を支出することによる影響などを慎重に検討することが望ましく，調査等が十分でないとの非難もなしえないわけではないとする問題を提起している。売込みの団体に安易に応じて賛助金を拠出することに対する警告といえよう。

皇室関係の行事等と地方公共団体の公金支出　皇室関係の行事等に関連して地方公共団体が公金の支出を伴う行為をする場合がある。そのような公金の支出の適法性が争われた訴訟がいくつかある。

まず，昭和天皇の病気見舞いの記帳のための出張及び県庁前に記帳所設置等に要した費用の適否が争われた事案がある。福岡地裁平成2・3・23（行集41巻3号748頁）は，「普通地方公共団体も一つの社会的実体を有する地域団体として活動しているものであるから，他の公共的団体の関係者等との間で社会通念上相当と認められる範囲での交流活動を行うことや普通地方公共団体の長が当該普通地方公共団体を代表して社交儀礼を行うことも」普通地方公共団体の事務に当然含まれることを根拠に，知事としてなした記帳は，「その目的が日本国の象徴たる天皇に対する病気見舞いであり，職員一人を同行して1回だけ行われたものであって，支出された公費の額もさほど多額ではないから，社会通念上著しく不相当なものとはいえない」とした[47]。同行する職員が極めて多数に及び大々的な記帳旅行になるとか，支出される公

金の額が著しく多額に達するような場合には，社会通念上不相当なものとして違法となりうることを言外に示していると理解される。この判決は，控訴審の福岡高裁平成3・9・30（行集42巻8・9号1547頁）によって維持された。

天皇の即位関係の行事に参列するための支出等については主として憲法との関係で争われ[48]，また，皇太子成婚関係の記念行事等に係る支出について争われた事件もあるが[49]，いずれも適法とされた。

以上のような事案は，いずれも皇室関係の大きな行事等に際して，地方公共団体が支出をしたものであって，象徴天皇制の下における自然な行為として是認できると思われる。

なお，皇室関係では，皇族が地方を訪問する際に，道府県等が多額の費用負担をしているといわれる。個別の経費を検討してみなければならないが，国費負担すべきものが転嫁されていないかどうか検証する必要がある。しかし，不十分な検証のままに支出されている部分があるとしても，そのことの故に当該公金支出が直ちに違法の評価を受けるべきものではない。

功労者等の表彰等　地方公共団体の行政には町会役員等が協力していることが多い。そこで，長年にわたり町会等の役員を務めた者を功労者として表彰することがある。そのような表彰のための公金支出が争われることもある。東京地裁平成3・2・27（判例タイムズ771号129頁）は，町会等の役員について，功労者として表彰したり，感謝状を贈呈することは，それが社会通念に照らし妥当性を欠くと認められない限り，その裁量に委ねられている

47　なお，記帳所設置等についても，「天皇に対する見舞いの記帳を望む県民の利便を図るためになされたものであるが，天皇は日本国の象徴としてまた一つの国家機関としての地位も認められているのであるから，その地位にある者への県民の見舞いのために利便を図ることは地域住民へのサービス活動として普通地方公共団体の事務に含まれるものと解することができ，本件記帳所設置の態様，支出金額からみて，これが県知事の裁量の範囲を超えるものとはいえない」とした。天皇の病気見舞いの記帳所設置等の費用の支出が適法とされた例として，他に，千葉地裁平成2・4・23判例タイムズ756号185頁がある。

48　東京地裁平成11・3・24判例時報1673号3頁，その控訴審・東京高裁平成16・4・16判例集未登載。

49　東京地裁平成16・4・23判例集未登載。

とし，具体の事案について社会通念に照らし妥当性を欠くものといえないことは明らかであるとした。

地方公共団体による表彰等に続いて飲食を伴う祝賀会を開催した場合の費用が問題とされることがある。交際費というよりは，食糧費，接待費の問題であるが，交際費の延長上の事柄である。秋田地裁平成11・6・25（判例集未登載）は，「平成6年度秋田県教育功労者表彰式」の後に行なわれた祝賀会を扱う事案であった。教育功労者といっても県の教育関係者であるというから，広い意味の内部であるといってよい。

判決は，教育功労者として表彰し，祝賀会を開催してその業績を賞賛することは，教育関係者の日々の教育実践のための意欲を向上させることにも資するものであるから，表彰式の後に祝賀会を開催することが不合理とまでいえないが，祝賀会が公的存在である地方公共団体により行なわれるものであることから，社会通念上の儀礼を失しない程度の簡素なものであってしかるべきであるとして，具体の祝賀会は社会通念上儀礼の範囲を逸脱した違法なものであるとした。一人当たりの飲食費用は，一次会のみで12,800円余，一次会から三次会まで合計すると18,700円余であった。祝賀目的にしては，社会通念上の儀礼の範囲を逸脱したものと見たものである。

なお，判決は，一次会の飲食費用に相当する部分に限って適法とすることは適当でないとして，全部違法説を採用している。この判決が全部違法説を採用する理由は必らずしも明らかでない。

誘導措置としての表彰制度との区別　以上述べてきた表彰や祝賀と連続線上にありながら区別すべきものとして，各種の行政施策を促進するために，一定の行動をした企業・住民に対する表彰制度が存在する。そのような制度は，国と地方公共団体を通じて無数に存在する。子ども・子育て支援推進者の表彰（神奈川県子ども・子育て支援推進条例20条），優良納税貯蓄組合の表彰（横浜市納税貯蓄組合表彰規程），優良工事施工請負業者及び技術者の表彰（横浜市優良工事表彰要綱）のごとくである。このような表彰は，誘導措置としての表彰制度であり，行政の行為形式として検討する必要があると思われる。その費用は，もはや交際費ではない。

［4］　内部者，関係者による会合への出席と交際費の使用

執行機関による会合への出席　地方公共団体内部の会合（懇親会）出席の費用が問題とされることもある（役所内の懇親会出席費用については，本節［1］に紹介した最高裁平成18・12・1民集60巻10号3847頁等を参照）。

さいたま地裁平成15・9・3（判例地方自治255号31頁）は，市長が市選挙管理委員会主催の新年会に出席した際に会費として1万円を支出したことの適否を扱っている。まず，選挙管理委員は同一の地方公共団体内部関係者ではあるが，行政委員会は長から独立した権限をもつ執行機関であり，その行使に対して長の指揮監督権は及ばず，また，長は執行機関相互の権限につき疑義が生じたときに調整に努めるとともに，執行機関の多元化による縦割行政の弊害を防止するためにも，地方公共団体内部での統合を維持・強化を図る必要がある，とする認識を述べた。そして，「普通地方公共団体の長が，行政委員会の委員と意見交換や意思疎通を行い，その際にできるだけ率直な話合いが可能となるよう，社会通念上の儀礼の範囲にとどまる程度の飲食相当費用を交際費から支出することは，長の職務に関連するものとして許容されるというべきである」と述べた[50]。市長として招待を受けて，委員会との意見交換や意思疎通を行なうことを目的として出席したものであって，もっぱら私人として他の参加者との個人的な親交を深めたり，酒宴を行なうこと自体を目的としたものではなく公務であり，金額も予め選挙管理委員会から会費として伝えられていた金額で，社会通念上の儀礼の範囲にとどまる程度の額であって，特に高額とはいえないことなどから，市長交際費支出として許容される範囲内であるとした[51]。特に異論を唱えるべき内容ではないが，小規模な市の執行機関相互間において「社会通念上の儀礼」のための公金支出を必要とする状況が残念というほかはない。

50　判決は，市長交際費の取扱基準が，対外的に地方公共団体の長が行政執行のために必要な外部との交渉上要する経費としていることとの関係に触れて，交際の内容を調整交渉的交際と儀礼的交際としており，この事件のような会合参加がその範囲外とは断じ難いし，同基準においても議員，三役，市職員に対する香料等が市長交際費とされているのであるから，地方公共団体内部の者に対する市長交際費の支出も予定されているとして，同基準に照らしても許容されるとした。

51　控訴審の東京高裁平成15・12・17判例地方自治257号9頁も，1審判決を是認した。

職員の懇親会への出席　有名な武蔵野市事件の交際費支出には市の部課長会が開催する研修会の後の懇親会（会場はホテル）に招待された市長，助役（2名）及び収入役の4人分の祝金として交際費として公金を支出したことの適否の問題が含まれていた。その控訴審・東京高裁平成14・6・21（民集60巻10号3901頁）は，「交際費とは，一般的には，対外的に活動する地方公共団体の長その他の執行機関が，行政執行上，あるいは当該団体の利益の為に当該団体を代表し外部とその交渉をするために要する経費であり，その中には，特定の事務の円滑，適正な遂行を図ることを目的とするのではなく，交際それ自体，すなわち，一般的な友好，信頼関係の維持増進自体が目的であるものも含まれる」と述べたうえ，「その外部には，市議会関係も含まれると考えられるが，自らの指揮監督下にある行政事務部門の職員との関係は，原則として外部には当たらず，交際費の性格上，内部職員の会合に出席するために交際費を支出することは，社会通念上相当な範囲にとどまるとはいえず，基本的に違法であると考えられる」とした。部課長会の構成員はすべて市長の指揮監督下にある内部職員であるうえ，その研修も実質的には職務の一環と考えられるとし，「客観的に見て地方公共団体の長としての対外的活動とはおよそいい難いものであるから，このような会への出席に交際費を支出することは，社会通念上相当な範囲を明らかに逸脱したものといわざるを得ない」とした。この上告審・最高裁平成18・12・1（民集60巻10号3847頁）も，住民の福祉の増進を図ることを基本として地域における行政を自主的かつ総合的に実施する役割を広く担う地方公共団体が，その役割を果たすため相手方との友好，信頼関係の維持増進を図ることを目的とすると客観的に見ることのできるものとはいい難い，として，違法な支出であるとした。控訴審判決の強調した対外的活動といえないとする点は，明示されているわけではない。しかし，黙示的に控訴審判決の考え方を維持したと見ることができるであろう。

　ところで，同じ武蔵野市事件においては，武蔵野市職員と同市議会議員のなかの早稲田大学出身者で構成する親睦団体である「稲門会」の開催した懇親会に来賓と会員との二つの立場で出席した市長が個人の立場の会費1万円と別に来賓の立場で1万円の祝金を公金から支出したことの適否も問題とさ

れた。控訴審判決は，稲門会は早稲田大学出身者で構成する親睦団体であるから，市長の指揮監督下にある内部職員だけの組織ではなく，むしろ社会活動の一つである同窓会活動を行なうために設立されたものであって，「市からみれば一応の外部性があり，客観的にみて地方公共団体が，儀礼的行為を行うことによって行政の円滑な運営を図ることができるという公益に資するものと認められ，その支払額も１万円と社会通念上常識の範囲内であり，それ自体には，公務性や行政上の有益性が乏しいとしても，社会通念上相当と認められる必要かつ最小限度の範囲内の儀礼を尽くすためにされたものというべきであるから」違法とまではいうことはできない，とした。他の親睦団体とも同様の交際行為をしているのであれば，このように判断してもよいが，この団体のみであるとするならば，個人的交際費に公金による交際費を上乗せしたと見るのが自然であろう（最高裁は，この支出に限定した理由を詳しく述べることなく適法とした）。そして，判決も一応触れている公務性や有益性の観点からするならば，職員の懇親会への出席の方が，より公金支出の正当性を認めることができるように思われるが，いかがであろうか。

　職員組合の大会への出席　　職員組合の定期大会となると，形式的には外部であるが，完全な外部ともいえない。横浜地裁平成15・3・19（判例地方自治246号26頁）は，市職員組合定期大会に招請された市長が祝金１万円を交際費から支出したことについて，社会通念上相当と認められる範囲内のことであり，適法であるとした。職員組合との良好な関係を維持することは市長の重要な役割であり，そのために相応の支出をすることは何ら違法とすべきものではない（原告住民は，公職選挙法違反や労働組合法違反を主張したが，それら違反を認めることもできないとされた）。

　議員の主催する懇談会等への出席　　議員との関係は微妙である。議会内の会派の開催する懇親会等への出席が問題になることがある。武蔵野市事件で，会派の忘年会に市長として招待され，祝金として公金から１万円を支出したことについて，控訴審・東京高裁平成14・6・21（民集60巻10号3901頁）は，市議会議員との意見交換の場として，市政を運営する市長にとって極めて有効な会であるとして，市議会の会派から招待があれば出席し，内外の市政の情報を交換しているという認定に基づいて，「市長は，市政の運営のた

め，市議会及びこれを構成する市議会の会派や市議会議員と交流することは，市の事務の円滑，適正な遂行を図る上で必要なことであるから，そのような会合に出席し，交際費を使用することは，前記の交際費の本来の目的にかなったものというべきであるし，その金額も1万円と社会通念上常識の範囲内である上，忘年会への出席も社会通念上相当と認められる必要かつ最小限度の範囲内の儀礼を尽くすためにされたと認められるから」違法とはいえない，と述べた（最高裁は，詳しく述べることなく，この判断を是認した）。

　食糧費を用いた接待と共通のことであるが，議員を客として扱う姿勢には違和感を覚えざるを得ない。もし，このような交際費を認めるのであれば，職員の懇親会に公金から祝金を支出することも適法とするのが自然のように思われる。

　東京地裁平成15・1・16（判例地方自治255号23頁）は，区議会議員区政報告会及び区政懇談会に招待を受けた特別区の区長が，会場が都心型ホテルの場合は1万円，公的施設等の場合は5,000円とする基準に従い，交際費から会費相当額（受付に渡す際は「お祝い」又は「会費」の名目）として5,000円又は1万円を支出したことの適否を判断している。判決は，まず，次のような一般論を展開した。

　　「地方公共団体の執行機関と議会は，相互に牽制し合う立場にある反面，区政の円滑な運営のために，日ごろから十分な意思の疎通や意見の交換を図るべき必要があることも否定できないところであるから，区長としては，区政の執行上必要と認められる場合には，区議会議員又は区議会内会派との間で，社会通念上相当と認められる範囲内の交際を行い，その際に会費，祝い金等を支払うべき必要があれば，儀礼の範囲として社会通念上相当な程度にとどまる限り，これらの金員を公金の交際費の中から支払うことも，許容されるものと解される。」

　そして，国政，都政報告会に区長として招待を受けて出席し，当該議員に対する儀礼としての意味を有するほか，当該議員や国会議員，都議会議員，さらには一般有権者等の出席者との間で，区政に関する意見や情報の交換が行なわれることも期待することができることに照らせば，区政の執行上必要がないとはいえない，と述べた。さらに，同判決は，区議会議員在職10周

年記念祝賀会に出席し，交際費から会費相当額を支出したことについても，同趣旨の判断を示した。

　このような場を利用した意見や情報の交換が有益であろうこと（区政へのプラス効果）は，筆者も容易に想像することができる。しかし，そのことと，公金を使用してよいかどうかは別問題のようにも思われる。なぜならば，判決も認めるように，「品川区議会議員○○君を励ます会」のように，特定の議員を支援する趣旨で開催されたものであることは否定できないというのである。区議会議員にとっての政治活動の一環としての会合に出席することの有益性を理由に，公金を使用してよいということにはならないはずである。この点について，判決は，区長が複数の議員の同種会合に出席しており，特定の会派以外の議員から招待された際，これを断るなどの事情も認められないこと等を考慮すれば，会合に出席し儀礼的な挨拶を行なうこと自体が，もっぱら特定の議員等を支援する目的で行なわれた交際であると断ずることはできないと述べて，適法とする結論への補強をしている。しかし，区長の出席する「目的」ばかりでなく，区長の出席及び挨拶のもたらす「効果」にも配慮する必要があると思われる。明らかに当該議員を支援するという政治的効果をもたらしており，それはマイナス効果である。そして特定の区議会議員に偏ったものでないとする理解についていえば，現職の区議会議員でない者について「○○君を励ます会」のような会合には出席しないこともありうるとすれば，公平性をもって適法性の根拠とすることには，いささか疑問がある。前述の「区政へのプラス効果」が，極めて大きい場面においてはともかく，抽象的有益性をもって，前記のマイナス効果を払拭できるとはいえないと思われる。

　なお，同判決は，区議会会派との懇談会等についても判断している。区議会会派の幹事長，副幹事長の交代期に挨拶と意見交換を目的として行なわれる政党役員会懇談会に出席した際に交際費から支出したもの，会派の所属議員の宿泊研修会に招待を受けながら出席できなかったため宿泊費相当分を交際費から支出したもの，毎年開催される会派所属議員の懇談会に招待を受けて区長及び助役が出席し会費相当額として各自分5,000円を交際費から支出したもの，特定政党の国会，都議会及び区議会議員並びにその後援者の主宰

により開催された講演会及び懇談会に，同政党の区議団から招待を受けて区長，助役及び収入役が出席し，1人1万円の会費とされていたことに鑑み区長分2万円，助役及び収入役分各1万円を交際費から支出したもの等について，次のような一般論を展開した。

> 「地方公共団体の執行機関と議会は，区政の円滑な運営のために，意思の疎通や意見の交換を図る必要があることから，区長その他の役職員が，区議会内会派との間で，区政に関する意思の疎通，意見や情報の交換，区政に関する研究等を目的として，区議会会派の懇談会等の会合への出席などの活動を行い，その際に会費，祝い金等を支払うべき必要があれば，社会通念上相当な儀礼の範囲内で，これらの金員を公金の交際費の中から支払うことも，このような交際が特定の議会内会派との間にのみ偏って行われるなどの事情がない限り，許容されるものと解される。」

判決は，具体の事案に関して，前記の要件を満たしているとして，社会通念上相当と認められる範囲を逸脱した交際であるということはできないとした。この判断に賛成したい。

さて，以上のように1件当たり5,000円とか1万円の交際費支出が多いのであるが，それらのほとんどは，首長としての出席の招待なり要請を受けるものである。首長としては，公費であれ私費であれ，出席を断るわけにいかない状況に置かれている。1件としての金額が少なくても，多数の交際行為をせざるを得ないのであるから，年間では相当な金額となるであろう。このような「首長として余儀なくされる交際費」は，一面において当該地方公共団体の施策に対する理解・支援を得る意味があると同時に，一面においては，政治家としての首長の宣伝にもなっている。このような交際行為の「社会通念」は公費肯定説につながると思われるが，「社会通念」は，固定的なものではなく，変化し得るものであることにも注意したい。

[5] 交際の施設費

地方公共団体の迎賓施設　　地方公共団体は，表立って迎賓施設を有しているわけではない[52]。しかし，知事公邸（公舎）[53]を実質的な迎賓施設とし

て利用することがあるようである。逆にいえば，迎賓施設機能を備えるために豪華な公邸（公舎）を整備したこともあったといわれる。災害時の緊急本部機能[54]や予算編成時等における利用が強調されることもある。しかし，その必要性について疑問の投げかけられることも多い。建築費のみならず維持管理費[55]を無視することができないからである。いったん建築したものについては，まずは有効活用を図るほかはない[56]。古い時代に建築された知事公舎は，その文化財的価値が強調されることが多いようである。

庁舎内の迎賓目的の応接室等　地方公共団体の庁舎内には，長等が来客を応接するための場所が用意されることがある。長の執務室自体が応接目的で使用される場合もあれば，執務室と別に応接室が用意されることもある。このような応接室等は，一般職員の事務室とは異なり，豪華な内装と調度品等により，特別の雰囲気を醸し出そうとすることも多い。ときには，高価な絵画や置物も用意される。それらが財産的価値を有する以上，そのための公金の支出により地方公共団体が損害を被るとはいえないが，長の好みにより高額な絵画を買い替えるような場合は，違法な公金の支出と評される場合もあり得よう。

52　かつて，徳島市が市長の接待用の庁舎を密かに建設していると報じられたことがある（朝日新聞昭和58・7・9）。

53　知事公舎には，公邸部分と私邸部分とがあり，迎賓施設としては，公邸部分が想定されている。

54　このような機能を重視する場合に，私邸と公邸とが一体化していることを重視するのか，本庁舎から近いこと（本庁舎の補充機能）を重視するのか，さまざまな議論がありうる。

55　維持管理のために人件費が典型であるが，たとえば樹木の管理等にも相当な経費を要する。

56　平成9年建築の東京都の知事公館は，石原慎太郎氏が知事になってから入居しなかったため，民間に貸し出していたが，その後空き家になり，売却の方針という（朝日新聞平成20・1・19）。宮崎県は，平成19年7月から，知事公舎（会議室及び和室）を芸術・文化活動などのために有料貸出し（平日のみ）を開始した。

第6章　政治と政府経費

1　政治と政府経費の概要

[1]　選挙費用

選挙費用の仕組み　民主主義は，多大なコストを要する。特に選挙を実施するのにかかる費用は相当なものである。次のような費用をかけなければならない。

まず，選挙公報の発行費用がある。衆参両院の選挙，都道府県知事の選挙については，選挙公報の発行が義務づけられ（公職選挙法167条），各世帯に配布することとされている（170条）。この公報発行費用は，選挙人名簿調製費用などと並んで国が財政措置を講ずるものとされている（262条）。また，都道府県議会議員，市町村議会議員又は市町村長の選挙においては，その事務を管理する選挙管理委員会は選挙公報を発行することができる（172条の2）。これは，「任意性の発行」といわれる。

次に，衆参の議員選挙の管理費用国庫負担の対象経費が，公職選挙法263条に列挙されている。それらのなかには，候補者の選挙活動について公費で負担するものが含まれている。

① 　衆参の議員選挙運動用自動車の使用に要する費用（5号の4）。これは，141条7項により，衆議院小選挙区選出議員及び参議院議員選挙において政令で定める範囲内で選挙運動用自動車を無料で使用することができるとされているのに対応するものである。

② 　選挙運動用通常はがき等の費用（6号）。これは，142条1項の規定により許容されている選挙運動用通常はがき及びビラについて同条10項の規定により無料で作成することができるとされているのを受けたものである。

③ 　ポスター作成等の費用（6号の2）。これは，143条14項において，選

挙運動用の立て札，看板の類，ポスターを無料で作成することができるとされているのを受けたものである。

④　新聞広告費用（8号）。これは，149条において選挙運動用新聞広告が許容され（1項ないし4項），無料で新聞広告をなすことができるとされていること（6項）を受けたものである。

⑤　個人演説会費用（10号，11号）。個人演説会関係の費用（164条の2第6項により無料で作成することができるとされている立札・看板の類等）も公費負担の対象である。

以上のうち，地方公共団体の議会の議員又は長の選挙に関する②及び⑤の費用は，当該地方公共団体の負担とされる（264条1項）。地方公共団体は，「○○市議会議員及び○○市長の選挙運動の公費負担に関する条例」のような条例を制定している。たとえば，選挙運動用ポスターについては，1枚当たりの作成単価の限度額に当該選挙運動用ポスターの作成枚数を乗じて得た金額の範囲内で選挙運動用ポスターを無料で作成できる，などと定めるのが普通である。このような場合に，ポスター作成費用につき，特に標準額により交付する旨の規定がないのであるから，実支出額に基づき請求し交付を受けるべきものであることはいうまでもない[1]。

候補者の負担ではなく公営選挙の趣旨による費用の議論と別に，国と地方公共団体との負担関係も，公職選挙法の定め及び地方財政法の定めによるこ

---

[1]　京都地裁平成13・11・30判例集未登載。同判決は，ポスター作成契約は候補者と作成業者との契約によるものであり，市からポスター作成事業者に作成費用が支払われているが，これは便宜的措置であって，契約当事者である候補者の代金債務の第三者弁済としてなされるものと解すべきであるとした。なお，大阪地裁平成15・10・23判例地方自治260号61頁は，ポスター費用の水増し請求に関して，それが許されるべきでないことはいうまでもないが，第一次的には候補者及び契約業者のモラルに期待すべきことであり，候補者と契約業者との契約の自由を前提としつつ，負担限度額以外の客観的基準がなく，費用が虚偽のものであることを明らかに推測させる特段の事情も認められない場合に，支出負担行為を行なった者及びこれを監督すべき市長に損害賠償責任を問うことはできないとした。

実支出額を負担する趣旨の条例の下において，ポスター代，燃料代などについて水増し請求が横行し，返還が相次いでいる旨が報道されたことがある（朝日新聞平成19・11・19，同平成19・11・22など）。

ととされている（261条）。地方財政法10条の4第1号は,「国会議員の選挙,最高裁判所裁判官国民審査及び国民投票に要する経費」を,「専ら国の利害に関係のある事務を行うために要する」経費の一種として, 地方公共団体はそれを負担する義務を負わないと定めている。負担に関係する経費には, 前記以外の選挙管理費用の典型的なものとして, たとえば, 投票管理者等に対する報酬及び費用弁償に要する費用（263条5号, 264条1項2号）などがあることはいうまでもない。そして, 地方公共団体の選挙管理委員会が国政選挙の事務を執行しなければならないことに関係して,「国会議員の選挙等の執行経費の基準に関する法律」が制定されている。同法は, 経費の種目を掲げたうえ（3条）, それぞれの経費の基本額等を掲げている（4条以下）。総務大臣は, それらの規定によって算出した各都道府県の選挙管理委員会及び当該都道府県の区域内にある市区町村の選挙管理委員会において要する経費並びに不在者投票管理者において要する経費で予算をもって定められたものを都道府県に交付し, 都道府県は, 当該都道府県にある市町村及び不在者投票管理者において要する経費として交付を受けた額を市町村及び不在者投票管理者に交付するものとされている（18条1項）。都道府県は, 市町村及び不在者投票管理者に対する国の負担金交付の経由機関とされているのである。

　ところで, この「国会議員の選挙等の執行経費の基準に関する法律」は, 国の交付すべき負担の基準額を定めるものであって, 交付額が具体の選挙に関して地方公共団体が要する費用の実際の金額と一致するとは限らない。その乖離が生じて, 実支出額が交付額を上回る場合に, 国との関係において, 地方財政再建促進特別措置法24条（2項＝当時）が禁止する地方公共団体の国に対する「寄附金, 法律又は政令の規定に基づかない負担金その他これらに類するもの」（寄附金等）に該当するのか否かが問題とされた訴訟がある。宇都宮地裁昭和61・7・24（行集37巻7・8号989頁）及びその控訴審・東京高裁昭和61・12・24（行集37巻12号1543頁）は, 地方財政法10条の4及び公職選挙法263条の規定の趣旨は, 国会議員の選挙の執行事務は本来的に国の事務であるからその経費も国が負担することとし,「地方公共団体にその負担を転嫁することにより地方財政の自主的かつ健全な運営を阻害することを防止することにあり, 地方公共団体が独自の判断で自主的に国会議員の

選挙に対し公金を支出することまでも禁止するものではない」と述べている。ただし，「全く無制限に支出できるものではなく，選挙事務の執行に必要であり，かつ，国庫負担の原則や当該地方公共団体の財政基盤等からみて著しく不相当でないと認める範囲内でその支出をなしうる」とした[2]。この部分は，国に対する寄附金等に該当するかどうかの問題よりも，経費性原則の適用というべきであろう。この事件の上告審・最高裁昭和62・10・30（判例時報1264号59頁）は，「法律の定める経費の基準が著しく不合理であって到底経費の全額の国庫負担を定めたものとはいえないというのであれば格別，そうでない限り」，前記法律による基準額以上の経費の支出をもって直ちに地方財政再建促進特別措置法24条2項の「負担金」の支出に当たるものということはできないとした。

基準額交付方式の問題が平成19年7月の参議院議員選挙の際に露呈した。当初予定された投票日を記載した案内状等を印刷してしまってから，投票日が1週間延期されたために，多額の追加費用を負った市町村も見られた。

衆議院の解散による衆議院議員の選挙がなされるときには，想定外の支出を要することになり，予備費の使用を余儀なくされることもある。衆議院の解散が想定されるときに，解散を前提にする予算編成をして予め選挙経費として計上することも法的に問題になるわけではないが，予算審議において，首相が政治的に解散権を行使するつもりであるのかを追及されるなど無用の議論を招くことから，結果的に予算に計上することなく予備費に頼ることになる。年明け早々に解散風が吹き始めるような場合には，財政当局は，その財源の有無に神経を尖らせることになる。

---

[2] 控訴審判決は，さらに，公職選挙法には地方公共団体が国会議員の選挙に対し公金を支出することを禁止する規定は存在せず，むしろ18条1項の趣旨からすると，基準額以上の公金支出の場合のありうることを前提して，その場合であっても，「基準額（又は場合によっては追加額を含む）までは補償するが，それ以上は補償しないと定めているものと解することができる」とする判断を追加している。選挙管理研究会編『選挙執行経費基準法解説（平成19年版）』（ぎょうせい，平成19年）8頁も同趣旨である。

[2]　国会経費・地方議会経費

国会経費と予算との関係　国会法 32 条 1 項は,「両議院の経費は,独立して,国の予算にこれを計上しなければならない」と規定している。この条項にいう「独立して」の意味が問題になる。「両議院」の語と「独立して」を組み合わせることにより,各院の経費が独立計上されることを意味するという解釈もありうるが,裁判所に関して,「裁判所の経費は,独立して,国の予算にこれを計上しなければならない」（裁判所法 83 条 1 項）という同趣旨の規定が置かれていることからみて,国会が内閣から独立した機関であることに鑑みて,行政府予算と独立に国の予算に両議院の経費が計上される意味であると解するのが自然であろう。実際には,両院の予算は各別に計上されている。そして,国会は,最高裁判所及び会計検査院と並んで「独立機関」として,予算編成において財政法により特別の扱いがなされる。すなわち,独立機関の歳入歳出の見積もりは,行政府の場合と異なり,財務大臣ではなく内閣に送付される（17 条 1 項）。予算の概算閣議決定に先立って,内閣は,独立機関の長（国会の場合は衆議院議長及び参議院議長）に対し意見を求めることとされている（18 条 2 項）。そして,内閣が独立機関の歳出見積もりを減額した場合は,内閣は,その詳細を歳入歳出予算（案）に附記するとともに,国会が歳出額を修正する場合における必要な財源についても明記しなければならない（19 条）。これが「二重予算制」と呼ばれる制度である。

国会の予算制度に関して,「国会予備金」という特別の制度が存在する。両議院の経費中に予備金を設けることを要する（国会法 32 条 2 項）。国会予備金は,国会の各議院に置かれて,各院の議長がそれを管理する（国会予備金に関する法律 1 条）。予備金が,憲法上の「予備費」であるとするならば,「内閣の責任でこれを支出する」という憲法 87 条 1 項に抵触するようにみえる。しかし,憲法は,権力分立に対して財政面からどのようにバックアップするかに関して十分な配慮をすることができなかったために,法律レベルで権力分立に配慮し,権力分立の実効性を保障するための制度を設けたものと理解することができる[3]。したがって,憲法上の予備費ではないと解すべきである[4]。そして,憲法上の予備費（ないし財政法上の予備費）を国会経費に充てることが国会予備金制度により禁止されているわけでもない。

二つの手続が要求されている。第一に，予備金を支出するには，「事前に，時宜によっては事後に」その院の議院運営委員会の承認を経なければならない（2条）。第二に，予備金の支出については，議院運営委員会委員長が次の常会の会期の初めにおいてその院に報告して承諾を求めなければならない（3条）。この手続においても，「事後に国会の承諾を得なければならない」という憲法87条2項と異なる扱いがなされている。そして，決算において予備金がどのように扱われるかが気になるところである。決算においても，単に「予備金」としての使用が表示されるのであれば，国民との関係において具体の使途が明らかにされないブラック・ボックスを生ずるからである。

国会経費の概要　国会は，衆議院と参議院とが独立であるという考え方により，衆議院と参議院とが独立に予算が編成されている。歳出についてみると，それぞれ立法府特有の経費が見られる。主要なものを挙げると，議員歳費，議員秘書手当，議員文書通信交通滞在費，議員会館管理等運営庁費，国政調査活動費，立法事務費などがある。なお，議案類印刷費が意外に大きな金額に上っている。立法活動を支える経費として，なお充実すべきであるとする見解もありうるが，しばしば問題があるとされることもある。両院の経費のほかに，組織別に，国立国会図書館，裁判官訴追委員会，裁判官弾劾裁判所の各経費がある。

これらについては，必要に応じて順次検討を加えるが，このところ議員宿舎の建設費とその使用の家賃が話題となっている。まず，衆参の正副議長，衆参の事務総長，衆参の法制局長には，公邸を予算の範囲内で設置し無料で貸与することとされている（国家公務員宿舎法10条）[5]。衆参の議員宿舎は，それ自体が国家公務員宿舎法に明示されているわけではないが，国家公務員宿舎法の適用を受けている。議員会館は，議員の職務の遂行の便に供するた

---

[3]　裁判所についても，裁判所法83条2項及び「裁判所予備金に関する法律」により裁判所予備金が設置され，最高裁判所長官が管理し（同予備金法1条），その支出には，事前に，時宜によっては事後に，最高裁判所裁判官会議の承認を経なければならないこととされている（2条）。

[4]　碓井光明「財政法上の予備金に関する立法政策」金子宏先生古稀祝賀『公法学の法と政策　下巻』（有斐閣，平成12年）569頁・592頁。

めに設けられ，各議員に「事務室」として提供される（国会法132条の2）。

国会議員の歳費等　国会議員の歳費については，憲法49条が「法律の定めるところにより，国庫から相当額の歳費を受ける」と定めているのを受けて，「国会議員の歳費，旅費及び手当等に関する法律」の定めるところによる（詳しくは，本章4［1］を参照）。

議院の公務により派遣された場合の旅費（8条）については，すでに述べた（本書第4章1［1］）。各議院の役員及び特別委員長並びに参議院の調査会並びに各議院の憲法調査会の会長は，国会の開会中に限り，予算の範囲内で「議会雑費」を受けることとされている。ただし，日額6,000円を超えてはならない（8条の2）。これを受けて，日額6,000円とし，予算経理上の必要があるときは，両議院の議長が協議してこれを減額支給することができるとする扱いである（「国会議員の歳費，旅費及び手当等支給規程」10条）。「文書通信交通滞在費」（9条1項）等については，後述する（本章2［3］）。

なお，この法律は，最後に，「この法律に定めるものを除く外，歳費，旅費及び手当等の支給に関する規程は，両議院の議長が協議してこれを定める」（13条）という条項を置いている。「支給に関する規程」の意味が支給の方法に関する規程の意味であるならば，手続規定であるから委任することに問題はないが，支給の内容に関することで，同法に定めのない手当等を創設できる趣旨であるならば問題とされるべきであろう。

国会職員給与　国会職員の給与に関しては，その給与の種類，額，支給条件及び支給方法は，国会職員法及び同法の規定に基づく国会職員の給与等に関する規程によることとされている（11条）。別に，国会議員の秘書の給与に関しては，後述のように「国会議員の秘書の給与等に関する法律」及び同法の規定に基づく国会議員の秘書の給与等に関する規程の定めるところによる（12条）。そして，国会職員法は，国会職員の給料，手当その他の給与の種類，額，支給条件及び支給方法並びに旅費については，別に法律（これに基く命令を含む）で定めるものを除く外，両議院の議長が，両議院の議院

5　同条が定める公邸を無料貸与する職は，他に，内閣総理大臣・国務大臣，最高裁判所裁判官，会計検査院長，人事院総裁，国立国会図書館長，宮内庁長官・侍従長，検事総長，内閣法制局長官，在外公館の長である。本書第3章4［5］を参照。

運営委員会の合同審査会に諮ってこれを定めることとされている（25条3項）。両議院の議院運営委員会の合同審査会に諮る手続により，財政民主主義が満たされているとみることができるかどうか，論点として残されよう。国会議員と国会職員が日常の活動を通じて密接な関係にあると仮定して，国会の内部で決定するという印象を受けるが，いかがなものであろうか。

このような方式で決定されている国会職員の給与について，自由民主党行政改革推進本部は，「国会事務局等改革に関する提言」（平成18・2・10）において，「給与等の見直し」の見出しの下に，次のような指摘を行なった。

> 「職員が任命されている両院事務総長や両院法制局長，国立国会図書館長が，国民の代表である国会議員よりも俸給表上では上位に位置付けられ，両院事務次長，両院法制次長，国立国会図書館副館長等と各省庁のトップである事務次官とが同格とされている。こうした幹部職員の給与体系は，行政機関の本省幹部職員等の職責，格付け等と著しくバランスを失しており，抜本的見直しを行うべきである。（事務総長・次長，専門員，館長・副館長，専門調査員，法制局長・次長等）
>
> ① 両院事務総長，常任委員会専門員や国会図書館専門調査員などの特別給料表適用者については，そのほとんどが内部職員から任用されている実態に鑑み，特別給料表を廃止して，給与体系を一本化する。
>
> ② 職員に占める幹部職員等の管理職の割合が著しく高いことから，その割合を行政機関の本省幹部職員並みの比率に引き下げる（別表2）。
> （幹部職員　173人⇒48人，課長職　371人⇒207人）
>
> ③ また，各種手当のうち国会特別手当など国民の理解が得られないものについては，18年度をもって廃止する。」

これらの指摘については，その理由を含めて，すべてに納得できるわけではない。たとえば，両院事務総長等が「国民の代表である国会議員よりも俸給表上では上位に位置付けられ」ていることをもって，批判することは必ずしも正当ではない。衆参の事務総長の職が国権の最高機関である国会の各院の事務方の総元締めとして，国会運営に極めて重要な役割を果たしているとするならば，国会議員より高い俸給表を適用しても不思議ではない。むしろ問題は，そのほかに多数の幹部職員を置き，その俸給水準が国民の目に届き

にくいところにある。国民の納得を得て，それぞれの職の重要度に応じた俸給水準が設定されなければならないのである。

なお，前記の指摘のうち，国会特別手当は，「国会開会中において勤労の強度が著しい事務に従事した国会職員には，予算の範囲内で，国会特別手当を支給することができる」（国会職員の給与等に関する規程8条）という定めによる手当を指しており，正当な指摘と思われる。そのほか，管理又は監督の地位にある国会職員のうち両議院の議長が協議して指定する職にある者に対する特別調整額（6条の2），管理職員特別勤務手当（7条の2）などは，一般職国家公務員と同じような体裁をとりながら，両院の議長が協議して定める仕組みを採用しており，身内において決定する印象を拭うことができない。

地方議会経費　地方議会は，地方公共団体の機関として多様な権限を有する。そのための議会経費が計上される。神奈川県議会局予算をみると，主要なものとして，議員報酬（平成19年度当初予算（以下，同じ）は12.5億円），議員期末手当等（議員共済費，議員公務災害補償費を含めて6億円），議員費用弁償旅費（1.3億円），政務調査費交付金（6.8億円），給与費（7.5億円），議会かながわ発行事業費（1.5億円）などが並んでいる[6]。全国議長会等分担金1,493万円も無視できない。政務調査費交付金の金額に比較して，議会図書室運営費は，わずか492万円である（ただし，これと別に議会図書室管理システム費1,377万円がある）。議会事務局職員の給与費の額を見て，議会を支える人件費が大きいことがわかる。主要な経費については，後に順次検討する（費用弁償については，本書第4章2［1］を参照）。

2　政党交付金等

［1］　政党交付金

政党交付金とは　議会制民主政治における政党の機能の重要性にかんがみ，政党に対して政党の活動を助成するために国が交付している交付金が政

---

[6]　なお，平成18年度には，金額は低いが，議会友好訪問団等交流事業費1,213万円が，メリーランド州（アメリカ）友好提携25周年，ペナン州（マレーシア）共同声明15周年の旅費として計上されていた。平成19年度は，計上されていない。

党交付金である（政党助成法1条参照）[7]。「政党」とは，政治資金規正法3条1項に規定する政治団体のうち，当該政治団体に属する衆議院議員又は参議院議員を5人以上有するもの（1号政治団体），1号政治団体に所属していない衆議院議員又は参議院議員を有するもので直近において行なわれた総選挙における小選挙区選出議員の選挙若しくは比例代表選出議員の選挙又は直近において行なわれた参議院議員の通常選挙若しくは当該通常選挙の直近において行なわれた通常選挙における比例代表選出議員の選挙若しくは選挙区選出議員の選挙における当該政治団体の得票総数が当該選挙における有効投票の総数の100分の2以上であるもの（2号政治団体）のいずれかに該当するものである（2条1項）。1号政治団体は人数要件を，2号政治団体は得票率要件を，それぞれ満たすことにより，政党とされる政治団体ということになる。そして，政党交付金は，「政党交付金の交付を受ける政党等に対する法人格の付与に関する法律」4条1項の規定による法人である政党に対して交付される（3条1項）。政党交付金は，議員数割及び得票数割よりなる（3条2項）。政党要件においても，政党交付金の金額においても，議員数又は得票率という選挙における実績を基礎にする仕組みになっている。

　政党交付金の総額は，基準日における人口に250円を乗じて得た額を基準として予算で定めることとされている（7条1項）。実際には，総務本省予算に計上されている。平成19年度の総額は，319億円であった。これと別に，政党助成事務委託費1.6億円が計上された。毎年分の議員数割総額及び得票数割総額は，政党交付金総額の各2分の1相当額とされている（7条2項）。

　政党交付金の特色は，政党の政治活動の自由を尊重するために，使途について制限してはならないとされていることである（4条1項）。「政党は，政党交付金が国民から徴収された税金その他の貴重な財源で賄われるものであることに特に留意し，その責任を自覚し，その組織及び運営については民主的かつ公正なものとするとともに，国民の信頼にもとることのないように，政党交付金を適切に使用しなければならない」（4条2項）という定めも，訓

---

[7]　政党交付金に関する解説書として，自治省選挙部政党助成室編『逐条解説　政党助成法　法人格付与法』（ぎょうせい，平成9年）がある。

示的な意味を有しているにすぎない。結局，次に述べる使途報告等を通じて国民の政治的批判に委ねられているのである[8]。

政党交付金の記録・使途の報告等　政党の会計責任者は，政党交付金に係る収支の状況を明らかにするため，会計帳簿を備え，①交付を受けた金額及び年月日，②政党交付金の支出について，これを受けた者の氏名及び住所（団体である場合には，その名称及び主たる事務所の所在地）並びにその目的，金額及び年月日並びに当該政党交付金による支出に充てた政党交付金の金額又はこれに充てるために取り崩した政党基金の金額，③政党基金については，その名称及び目的，積み立て又は取り崩した金額及び年月日，その運用により収受した果実の金額及び収受の年月日並びに残高，を記載しなければならない（15条1項）。政党の会計責任者は，1件5万円以上の政党交付金による支出をしたときは，その事実を証すべき目的，金額及び年月日を記載した領収書その他の書面を徴さなければならない。ただし，社会慣習その他の事情によりこれを徴し難いときは，この限りでない（15条2項）。「社会慣習その他の事情によりこれを徴し難いとき」の解釈が問題になるが，会計責任者の主観的判断に委ねる趣旨ではなく，明らかに客観的に「徴し難い」事情があると認められる場合でなければならない[9]。政党の会計責任者は，政党基金について，総務省令で定めるところにより，残高を証する書面（「残高証明等」）を徴さなければならない（15条3項）。これらについては，31条による報告書の要旨が公表された日から5年を経過する日まで保存しなければならない（15条4項）。さらに，政党の会計責任者は，その支部に対して支部政党交付金を支給するときは，併せて当該支部の会計責任者に対してその旨及び金額を通知しなければならない（15条5項）。政党支部の場合も，ほぼ

---

[8] 江島晶子「政治資金の公的助成——政治資金規正における政党助成法の役割」明治大学政治資金研究会『政治資金と法制度』（日本評論社，平成10年）235頁・251頁は，政党助成の使途は政党の自由に任せるべきであるとしつつ，「選挙民の目を気にして，政党が自主的に使途制限を設けるような方向で進むべきである」と述べている。

[9] 自治省選挙部政党助成室編・前掲書65頁は，「例えば電車代や慶弔費の支払等の場合をいうものと解されるが，いずれにせよ具体的事実に即して客観的に判断されるべきものであると考えられる」と述べている。

同様に会計責任者の義務が定められている（16条)[10]。

　政党交付金については報告書の提出が義務づけられている。会計責任者は，12月31日現在の所定の事項を記載した報告書を，その翌日から起算して3か月以内（その間に総選挙又は通常選挙の公示の日から選挙の期日までの期間がかかる場合は4か月以内）に総務大臣に提出しなければならない（17条1項）。所定事項は，ほぼ会計帳簿記載事項に対応している（17条1項各号）。報告書を提出するときは，政党交付金による支出に係る領収書の写し（社会慣習その他の事情によりこれを徴し難いときは，その旨並びに当該政党交付金による支出の目的，金額及び年月日を記載した書面又は当該政党交付金による支出の目的を記載した書面並びに金融機関が作成した当該政党交付金による支出に係る振込みの明細書であって支出の金額及び年月日を記載したものの写し）及び政党基金に係る残高証明等の写し，支部報告書等である（17条2項各号）。支部の会計責任者は所定の事項を記載した支部報告書等を政党の会計責任者に提出するとともに，当該支部の主たる事務所の所在地の都道府県の選挙管理委員会に提出しなければならない（18条）。政党の報告書及び支部報告書の提出の際には，監査報告書を併せて提出しなければならない（19条）。報告書等については，要旨の公表（31条），情報の公開（32条の2）などの説明責任に関係する規定がある。ただし，使途について国民の批判に委ね，その監視可能性に期待する制度であることからすれば，公表や情報公開が，そのような要請に応えるものであるか，吟味する必要があろう[11]。

　総務大臣は，政党が政党助成法に違反して政党交付金の交付決定を受けたものである場合で，全部又は一部の交付を受けていないときは全部又は一部の交付の停止，全部又は一部の交付を受けているときは全部又は一部の返還

10　支部政党交付金につき支部報告書等を提出するに当たり共犯者の会計責任者らに架空領収書等の手配や虚偽記入の指示をした国会議員が政党助成法違反で有罪とされた事件として，東京地裁平成11・7・14判決時報1690号35頁，その控訴審・東京高裁平成12・9・28判例タイムズ1044号300頁がある。

11　江島晶子・前掲252頁は，報告書内容の整理・分析と効果的な情報提供の役割をメディアに期待するとともに，情報のデータ・ベース化やオン・ライン検索が可能になれば，公表をより実質化することができるとしている。

を命ずることができる（33条1項）。法律違反以外で所定の場合の返還命令も用意されている（33条2項）。政党助成法違反を理由とする交付の停止・返還と別に、報告書の提出、政党分領収書等の写し又は残高証明書等の写し、支部報告書、監査意見書等を提出しないときは、当該報告書等の提出があるまで、その年分として当該政党に交付すべき政党交付金の全部又は一部の交付を停止することができる（34条）。この交付停止規定は、「できる」規定であって裁量性があるように読めるうえ、提出済みの領収書等の写しが真正なものでないことが判明した場合は、33条1項による交付停止・返還の対象になるのか、34条の交付停止によるべきなのか、必ずしも明らかでない。

政党交付金の憲法問題 政党交付金に関しては、憲法学のサイドから憲法問題があることが指摘されてきた。憲法学に疎い筆者は、それらの議論に加わる資格がないし、それらの議論の詳細に立ち入ることもできない。代表的な見解を紹介しておこう。

上脇博之教授は、政党助成は、政党、それも特定政党に対する特権の付与であり、「規制」であるという意味において政党への干渉という本質的性格をもち、政党の財政的自律権（＝収入の自由）に対する侵害であり、さらに国民の意思形成の民主制原理に違反するとされる[12]。合憲的政党助成の存続の余地はないとされる。この見解は、「政党の自由」を中核とする見解である。そして、同教授は、第一に、受給資格における政党・「国民」の機会均等（平等原則）違反について、①無所属の立候補者が排除されていること、②議会外政党が排除されていること、③議会内政党であっても、たとえば国会議員1人で得票率2％のものに交付金が交付される一方、国会議員4人で得票率1.9％のものには交付されないという不合理があることを挙げて、候補者間の機会均等原則及び政党間の機会均等原則（憲法14条）に違反しているとする。しかも、受給資格を有する「政党」に投票した有権者とそうでない者（その中には棄権者や選挙権を有しない者を含む）との間の機会均等違反があるとする（「国民」の間の機会均等違反）。第二に、配分基準における政党・「国民」の機会均等（平等原則）違反があるとする。議員割及び得票割

---

[12] 上脇博之『政党助成法の憲法問題』（日本評論社、平成11年）120頁以下。上脇博之『政党国家論と憲法学』（信山社、平成11年）461頁以下も同趣旨。

を基準に各2分の1の割合で配分する配分方式は，大政党に有利なものであり平等原則に反するとし（政党間の機会均等原則違反），かつ，選挙結果を基準とすることは，どのような投票をしたかによって配分上勘案される有権者とそうでない者との間に機会均等違反の状態を生んでいるとする（「国民」の間の機会均等原則違反）[13]。

　これに対して，林知更教授は，政党助成に対する憲法的統制は，「政党の自由」ではなく，政党間の平等にあるとし，平等原則に関する「目的・手段」の二段階審査の考察を行なっている。「目的」に関しては，政党間の「政権をめぐる競争」（それは政党を通じた政治的意思の統合の機能をもつ）と「代表をめぐる競争」（それは政治的競争の自由で開かれた性格を志向する）との適正な調整の見地から憲法上正当化することができる，とされる。「代表をめぐる競争」を不当に脅かすことなく，「政権をめぐる競争」を担える政党の育成を図ることに合理性があるとする見解である。しかし，「手段」に関しては，議席数を尺度とした配分基準は，国民の政党支持に比べて多数党に有利な配分結果に帰結する可能性が高いこと，配分対象（受給政党の要件）の限定が厳格に過ぎ，たとえば1地域から出発した十分に真剣な新政党などに平等な機会を不当に拒絶する危険があること，を指摘されている[14]。

　こうした学説状況において，政党交付金をめぐる憲法訴訟も提起された。宮崎地裁平成7・3・20（訟務月報42巻11号2557頁）の事案は，国庫から支出される政党交付金には原告が納付した税が含まれているのであるから，原告の支持しない政党に対する献金を強制され，原告の思想良心の自由を侵害し，憲法19条違反であるとして，政党助成法制定時の連立与党代表者A，自由民主党代表者B，衆議院議長Cに対しては民法709条に基づき，また，国に対しては国家賠償法1条1項に基づき，精神的損害の賠償を請求したものである。判決は，政党交付金を正当化できる理由について，次のように述べた。

　　「日本国憲法が採用している議会制民主制度においては，国民各層の

---

[13] 以上，上脇博之『政党助成法の憲法問題』前掲・131頁以下。
[14] 林知更「政治過程の統合と自由——政党への公的資金助成に関する憲法学的考察——（5・完）」国家学会雑誌117巻5・6号481頁，519頁以下（平成16年）。

間に存在する多種多様な利害，価値観を代弁し，その組織的活動を通じて国民意思を形成することを目的とする政党は不可欠の存在であるといっても過言ではない。この意味において政党には公的側面が存することは否定できないというべきところ，政党の有するこのような公的側面からするならば，政党がその活動のために必要とする経費の一部を公費をもって助成することに合理的理由がないとはいえない。

……現代における議会制民主政治の円滑な運営のためには政党が不可欠の存在であることを考慮し，また，政党助成法が，個々の政党への援助ではなく，政党制度そのものを支え，政治腐敗を防止することを目的として制定されたものであること，政党交付金の配分基準は抽象化されたものではあるけれども，国民意思にほぼ重なるように設定されており，特定の政党に有利に働くような事由はないこと，政党交付金の使途は公表され，国民による批判が可能な制度となっていることの諸事実からすると右法律の目的及び手段内容が明らかに不合理なものであるとはいえない。」

そして，判決は，政党助成法の内容は，原告の思想・良心に制約を加えるものではなく，政党交付金の中に原告の納める税の一部が含まれている可能性があっても，憲法19条の一義的な文言に違反しているとまでいうことはできない，とした。

同じく，政党交付金の差止めとともに，政党交付金の交付により精神的損害を被ったとして国家賠償を請求した事案について，大阪地裁平成9・2・20（判例タイムズ1037号133頁）は，政党交付金の交付は，個人に何らかの作為又は不作為を強いるものではなく，また，自己の政治信条に基づいて政党を支持する意思の形成，維持に具体的かつ直接に何らかの影響を与えるものでないことはいうまでもないと述べ，原告らが被ったという政党交付金の執行による危惧，不快感ないし憤りといった内心の感情を害されたという精神的苦痛は，間接民主制に基づく法律の制定が多数決原理を基礎としていることに不可避的に伴うものであり，そのような精神的苦痛が生じたとしても，国家賠償において保護されるべき利益ということはできないとし，請求を棄却した。国家賠償請求に関して，控訴審の大阪高裁平成10・6・19（訟務月

報45巻3号646頁）も，ほぼ同趣旨を述べて控訴を棄却した[15]。

[2] 国会会派立法事務費・国政調査活動費

国会会派立法事務費とは　国会の会派は，立法権に関与する前提としての準備費用を要する。そこで，「国会における各会派に対する立法事務費の交付に関する法律」（昭和28年法律第52号）が制定されている。同法は，「国会が唯一の立法機関たる性質にかんがみ，国会議員の立法に関する調査研究の推進に資するため必要な経費の一部」として，各議院の各会派に立法事務費を交付するとしている（1条1項）。議員に対しては交付しないとしつつ（1条2項），各会派に交付する月額は議員1人につき65万円の割合で算定した金額とされている（3条）。各会派は，立法事務費経理責任者を定めるものとされている（6条）。立法事務費に関する規程は両議院の議長が協議して定めるとして（8条），両院議長に大幅な委任がなされている。しかし，これに基づく規程には，毎月交付する旨のほかは，さしたる内容の規定は存在しない。外部から使途を確認することは容易でない。

国政調査活動費　立法事務費とは別に，国会の両院の歳出予算には，国政調査活動費が含まれている。人件費，議員文書通信交通滞在費，議員会館管理等運営庁費，立法事務費には及ばないが，立法事務費に次ぐ金額が計上されてきた。その使用実態は外部からは必ずしも明らかでない。国会には情報公開制度がないため，会計検査院に対する情報公開を活用して，その一端が報じられたことがある。その結果，料亭やスナックにおける懇談に充てられたものもあったという[16]。もともとは，飲食に使えるのは，議長交際費のみであったところ，その金額が少なすぎるとして衆議院事務局が当時の大蔵

15　上脇博之教授は，この訴訟の1審及び2審の各段階で意見書を提出され（「政党助成の合憲性の問題」北九州大学法政論集24巻2・3号1頁（平成8年），「政党助成の具体的権利侵害性——『定住外国人の参政権』問題にも言及のうえ『政治的自己決定権』の侵害を中心に」——北九州大学法政論集25巻4号1頁（平成10年）），それらの成果を基礎に，『政党助成法の憲法問題』（前掲）の刊行に至っている。なお，別件についての同氏の鑑定意見書が北九州大学法政論集31巻2・3・4合併号99頁（平成16年）に収録されている。

16　朝日新聞平成18・5・25，同平成18・5・26。

省と協議し，交際費の増額はできないので庁費の使用を認めるとの言により，庁費を飲食に使用するようになり，その後，庁費の飲食分が目立つようになったので，国政調査活動費を流用するようになったという[17]。国会が自ら襟を正して，国民に説明のつく「国政調査活動」に充てることを期待したい。

[3] 国会議員秘書費・議員文書通信交通滞在費

国会議員秘書費 国会議員の活動には，人的援助が必要である。両院の事務局が支援することはもちろんであるが，その職員を個別議員の専属とすることはできない。そこで，国会法132条1項は，各議員に，その職務の遂行を補佐する秘書2人を付するものとし，「国会議員の秘書の給与等に関する法律」（平成2年法律第49号）を制定して，秘書給与の支給により，議員の活動を支援している。議員秘書の受ける給与は，給料，住居手当，通勤手当，期末手当及び勤勉手当である（2条）。給料表は，第一秘書及び第二秘書の別で，「級」及び「号級」により定められており，その「級」及び「号級」の別は，議員秘書の在職期間及び年齢によるものとし，その基準は両議院の議長が協議して定めることとされている（3条）。昇給も定められている。

両院議長の協議により，「国会議員の秘書の給与の支給等に関する規程」が制定されている。それによれば，第1秘書（別表第1適用）については，3年未満の1級1号級から始まって，20年以上23年未満からは年齢が49歳未満であるか49歳以上であるかによって差を設け，最高は，25年以上の場合における，年齢49歳未満の2級8号級，年齢49歳以上の3級3号級となっている。第2秘書（別表第2適用）については，3年未満の1級1号級から始まって，14年以上17年未満及び17年以上20年未満のところで前記と同様に差を設けて，20年以上になると再び年齢の差を設けることなく，最高は25年以上の3級5号級となっている。また，いわゆる政策担当秘書（国会法132条2項）についても，別表第1が適用されるが，3年未満は1級2号級で，17年以上20年未満から年齢による差を設けて，最高は，25年以

---

[17] 朝日新聞平成18・7・7による平野貞夫氏の証言。同紙によれば，衆議院は，平成2年ごろに，会計検査院から多額の国政調査活動費を飲食に流用しないよう口頭で注意を受けていたことがわかったという。

上の場合の年齢49歳未満は2級9号級，年齢49歳以上は3級4号級となっている。同じ別表第1の適用であるが，第1秘書に比べて常に1号だけ高くなっている。

政策担当秘書として採用した事実がないのに，採用し勤務させたかのように装って，国会議員秘書給与を詐取するという論外の刑事事件も散見される[18]。

議員文書通信交通滞在費　衆参の経費には，それぞれ議員文書通信交通滞在費が計上されている。これは，「国会議員の歳費，旅費及び手当等に関する法律」9条1項が，議長，副議長及び議員は，公の書類を発送し，及び公の性質を有する通信をなす等のため，文書通信交通滞在費として月額100万円を受けると定めていることに基づくものである。そして，給付に対して租税その他の公課を課することができない（同条2項）。この条文において，「公の性質を有する通信をなす等のため」として，「等」の文言が含まれていることに注目しないわけにはいかない。なぜならば，国会議員が選挙区との間を往復し，あるいは，選挙民に対する通信費が嵩むというときに，それは，必ずしも公の書類の発送とか公の性質を有する通信に該当するわけではないが，「等」の文言により，目的を詮索することなく，とにかく100万円を給付する制度になっていると理解するほかはない。要するに，「政治家としての活動目的」一般に用いても，違法になるものではないということになる。「公」の文字がある以上，「等」の内容についても自ずと制約があるという解釈があり得ないわけではないが，筆者には，むしろ，「等」の語により使途の詮索を封ずることにこそ，立法者の意図があったものと思われる。そのような立法者の意思を尊重する限り，前述の結論にならざるを得ない。そして，それを弁護する立場からは，政治家としての国会議員の「公」の活動は広汎に及んでいるのであって，100万円では，到底賄うことができないという反論さえも出されるであろう。なお，議員文書交通滞在費とは別に，JR各社の鉄道及び自動車に無料で乗車できる特殊乗車券又は国内航空会社の航空券引換証の交付も受ける（10条）。

18　東京地裁平成11・7・14判例時報1690号35頁，その控訴審・東京高裁平成12・9・28判例タイムズ1044号300頁，東京地裁平成16・2・12判例集未登載。

3　地方議会の政務調査費

［１］　平成12年改正前

平成12年改正前の状態　このところ話題を呼んでいるのが，地方公共団体の議会の政務調査費である[19]。政務調査費は，平成12年の自治法改正前は，主として補助金支出の問題として扱われた。また，議会派遣の議員調査旅行は，費用弁償（そのなかには旅費等が含まれる）の対象とされてきた。

後に紹介する諸裁判例は，政務調査費に関する立法の経緯を述べている[20]。それによれば，昭和22年制定の自治法203条1項，2項は，地方公共団体の議員に対して，報酬を支給し費用弁償を行なう旨を規定していたところ，地方公共団体の中には，自治法に明文の規定がない通信費，交通費，調査研究費，退職金，弔慰金などの支給をしていたところがあり，一般職と特別職を通じて，給与の実態がまちまちで混乱を生じていたので，その状況を解消すべく，昭和31年の法改正により，204条の2が追加されて，法律又はこれに基づく条例に基づかずには，給与その他の給付を支給することができない旨が規定された。これにより，議員個人に対して定額の調査研究旅費を支給することができなくなり，「従来の調査研究旅費にかわるものとして，県議会各会派に対し調査研究費を支給することは，その内容が実質的に従来どおりであると認められる限り，できないものと解する」との自治省の見解（昭和31・9・6自丁行発第59号・自治省行政課長回答）も発せられた。

自治法232条の2の適用　このような状況において，地方公共団体のなかには，自治法232条の2の補助金規定を活用して，会派の調査等の活動に補助金を交付する方式が広まっていた。

19　金子昇平「地方議会における政務調査費」日本財政法学会編『地方財政の変貌と法（財政法講座3）』（勁草書房，平成17年）189頁。監査請求や住民訴訟事案などを中心に政務調査費を扱った文献として，宮沢昭夫『政務調査費～その使用実態と問題点～』（公人の友社，平成17年），勢籏了三『地方議会の政務調査費』（学陽書房，平成19年）がある。

20　本文の叙述は，名古屋地裁平成17・5・26判例集未登載，名古屋地裁平成17・5・30判例集未登載（以上の2件は同一裁判官の構成による部の判決）によった。

平成12年改正前の法状態における裁判例は，ほとんどが補助金交付の要件である公益上の必要性を満たしているかどうかをめぐるものであった[21]。

まず，浦和地裁昭和55・12・24（行集31巻12号2679頁）は，研修図書購入費1人当たり12万円（1月につき1万円）が議員個人に，また，会派に対して所属議員1人当たり1月につき1万円の積算根拠で各派研修費が支給されたという認定に基づいて，両者について別の判断をした。

研修図書購入費に関しては，その交付が議員の資質能力の向上に役立つものであったとしても，市及び市民にとっては間接的なもので，交付する合理的理由がなく使途も明らかでないこと，市の補助金等の支出に関する規則所定の手続を履践しなかったことなどから補助金であると認めることはできないとして，自治法204条の2，203条の条例主義に違反するとした。この判決は，「補助金とは，公益上の必要に基づき特定の団体，特定の事項又は事業の経費に充てるために交付される金銭である」ところ，そのような補助金に該当せず，議員個人が自由な使途に充てることができるものであると認定したといえよう。議員個人に対する定額の支給についての一つの判断方法であった。

各派研修費については，「政治的思想を同じくする議員が相集って結成した会派において，互に研鑽を加えることはより効果的な面があり，また，市の政策などについて検討を加えることは，有意義なことであるから」，市にとって好ましいことであるばかりでなく，ひいては市民に利益をもたらすとし，補助金の支出を基礎づける公益たりうるとした。各派研修費支給の目的に着目するならば，このように述べることにそれほど抵抗があるわけではない。しかし，そのような目的で使用されていたかどうかこそが，次の問題である。

ところが，この点について判決の述べるところは，極めて歯切れが悪い。すなわち，当該年度における研修予定の有無，回数，場所及び費用など研修に要するであろう経費を基準とせずに，議員一人当たり1か月1万円という不合理な積算根拠に基づいて多額の金員が各会派に交付されたほか，使途が

---

[21] 碓井・公的資金助成法精義121頁以下を参照。

必ずしも明らかでないなど，不明確，不明朗な点もないではないが，他に使用されたとの事実を認めるに足りる証拠がないから，公益上の必要性を欠くものと断ずることはできない，と述べている。

この不明確，不明朗にもかかわらず，公益上の必要性を欠くとはいえないとした判決の背景には，この訴訟が公金支出の責任者である市長個人を相手方とする損害賠償請求の住民訴訟であったことが影響しているものと推測される。公金支出の責任者の観点から見たときに公益上の必要性を欠くとは断定できないというのである。もしも，会派を被告とする旧4号後段の損害賠償請求であったならば，使途が直接に争点になったはずであり，このような不明確，不明朗さがあるならば，被告会派が使途を説明しなければならなかったものと推測される。このように，交付の責任者である長を被告とする損害賠償請求については，明白な目的外使用が認められるなどの場合を除いて違法とすることが困難であることが示されている[22]。

次に，神戸地裁昭和59・3・7（判例時報1120号30頁）は，市議会の会派に対し調査研究費を補助金として交付することについて，市が，議員が市政に関する調査研究を行なうことは単に議員の議会活動が円滑かつ効率的に行なわれるにとどまらず，その利益は議員の議会活動を通して究極的には住民一般にも及ぶという判断によったものであると認定し，国会の各会派に立法事務費が交付されていることを考えれば，市会の各会派に調査研究費を支出することは市民一般の利益につながるもので，公益に資するものであるとした。さらに，使途については，市会が自主的に定めた経理要綱により，政党本来の活動に属する経費に充ててはならない旨を定めているほか，公正な経理が行なわれるよう支出手続及び事後の検査体制が一応整備されているので，

---

[22] 神戸地裁平成3・11・25判例時報1442号88頁も，会派に対する調査研究費の交付により会派の市政に関する調査研究が活発になり，議会の権限行使が有効適切に行なわれることを期待でき，ひいては市政全体の適切な運営も期待できるので，国会の立法事務費と何ら異なるところがなく，公益性を認めることができるとし，交付要綱による補助金使用状況報告，使用目的違反や使用しない場合の返還の定めなどがあり，現実の運用においても特別の違法を認めることはできない，とした。これは，事実認定の問題であるが，やや表面的に問題を処理しているのは，やはり長を被告とする損害賠償請求であることによっていると推測される。

調査研究費が政治資金に流用されるおそれがあるともいえない，と述べている。

　金額を増額することは，通常は裁量権の範囲内とされるが，金沢地裁平成14・8・19（判例集未登載）は，金沢市が月額18万円から25万円へと7万円もの大幅な増額をしたことについて，その経緯が明らかでなく，「お手盛りによる増額ではないかとの疑惑ないし批判を容易には免れない」と指摘しつつも，議員定数の減少等によって増額後の総額は前年度の総額にほぼ見合うこと，平成13年9月現在の都道府県の政務調査費1人当たりの月額は，最高が東京都の60万円，最低が沖縄県ほか2県の25万円で，北陸3県においてはいずれも30万円であるとして，都道府県の最低額を超えるものではないこと，市の実質収支は黒字であり，公債費比率は高いものの起債に当たって交付税措置を選ぶことによって起債制限比率が8.4％に抑えられて一応健全財政を維持していたといえることを挙げて，増額幅の点について裁量権の逸脱や濫用があったと断ずるのは困難であるとした。

　ある意味において建前論で請求を棄却したのは，この事件が，機関としての市長を被告として提起された1号請求であることによると推測される。この事件で争点となっている政党の活動に充てられるという危惧は，会派に対して交付されるこの種の補助金につきまとう問題である。政党の政治活動と市会会派の市政の研究とを明確には区別できないからである。

　領収書等の提出等・保存義務等との関係　　政務調査費が，使途の特定された補助金であるとするならば，その使途に使用されていることを証明するために領収証等の提示ないし提出を求めることが有効である。しかし，そのような手続のとられないことが多い。

　まず，奈良地裁平成14・1・30（判例地方自治231号49頁）は，「およそ公金を支出する以上，その使途は目的に沿ったものでなければならず，事後的にも支出権者が使途を確認のうえ支出することが原則というべきである」と述べ，政務調査研究費名目で交付された金員の実際の使途を事後に確認しうる手段は皆無であったから，実際上は議員が自由に自己の支出に充当している可能性があるという原告らの主張は全く理由のないものともいえないとしつつ，「議員としての活動のなかには，一般に公にすることを望まないもの

もあると考えられるところ，かかる活動の費用を専ら議員の個人的費用により支弁させることは妥当ではない。このような活動を可能とするため，議員に対し，その性質上議員を信頼し，同金員の使途の詳細を具体的に明らかにしないこともやむをえない」と述べた。さらに，各会派が知事に対し交付金の使途の詳細を具体的に明らかにしないこともやむをえない，と述べた。

確かに，会派の活動の詳細を予算執行権者である知事に知られることに問題がないとはいえない。しかし，他方，実際にどのように使用されたかを確認する手立てがないことは，公金支出のあり方として問題がある。この点は，平成12年改正法に基づく政務調査費の場合も同様である。

名古屋地裁平成15・1・31（判例地方自治245号29頁）は，平成12年改正後の制度下において，平成13年3月現在で，愛知県内26市のうち使途に関する領収書等を公開していないのは，名古屋市ほか1市のみであるとし，政務調査費に関する条例を制定し又は予定している全国646市のうち領収書を収支決算書に添付することを義務づけていないのは276市あるが，領収書添付などの手続を設けているのは規模が中小で交付額も低額な市が多く，交付額が高額（年間1人当たり100万円以上）な都道府県，政令指定都市，県庁所在地などにおいては領収書添付が義務づけられていないし，名古屋市の要綱，要領においても定められていないので，研究費が本来の目的に沿って使用されることの保証は，基本的には各会派の自主的なチェックに委ねられていると述べた。しかし，判決はそれだけで審理を拒絶しているわけではない。研究費が本来の目的以外に使われたことを推認させる一般的，外形的事実が立証されているか否かを取り上げて，会派における研究費の支給方法[23]から，それが本来の目的外に使用されたことを推認することはできないとした。

この判決で，交付額が高額な地方公共団体ほど領収書添付が要求されていないと述べられている点は，まことに皮肉なことである[24]。高額であるから事務が煩瑣になるという理由が一応考えられるが，逆に，それだけ多額の公金が他の使途に使用される危険性があることも意味している。

領収書保存義務等の有無が問題とされた事件もある。名古屋高裁平成17・8・24（判例集未登載）は，三重県の議員団に交付された県政調査研究費について，要綱が概算払によって交付された研究費について翌年度の4月

30日までに精算すべきことを明記しているのであり，この「精算」は，会派として支出した研究費を事後に審査し，研究費の目的に適合したものを積算の上，金額を確定し精算することを内容としていると理解し，この基準は，「各会派の代表者と経理責任者により適正に審査及び実績報告書の作成が行われている限りは，領収書等の添付を要しないことを許容するものであり，他に目的外に使用されていることをうかがわせる一般的，外形的な事情がない限りは，本来の目的に使用されたことを推認できるとするものである」とし，議員団としては，基本的に適正な審査及び実績報告書の作成が行なわれていたことを主張・立証すれば足りると同時に，そのような主張・立証が行ない得ない場合には，領収書等の提示によって直接その支出目的の適正を明らかにするほかない，と述べた。具体の事案[25]について，目的外に使用されていることをうかがわせる一般的，外形的な事情に当たるとはいえないとした[26]。

収支報告書への領収書添付問題は，平成12年改正後の法状態の下において，次第にクローズ・アップされるようになる。

23　①自民市議団は，年度直前に当該年度の「調査研究活動実施方針」を策定し，そこに記載された活動目標に重点を置いて研究費を使用する旨の共通認識の形成に努め，各議員に対する50万円入りの封筒の交付は，50万円分以上の領収書及びその使途を説明した報告書の提出と引き換えになされ，会派の財務委員長がその内容をチェックし，使途不相当と判断された場合は，他の領収書との差し替えを求めるなどして研究費から排除する措置を講ずるなどの事実が認められること，②民主市議団は，各議員から提出された領収書等と引き換えに支給がなされ，団長，幹事長及び財務委員長らが内容についてチェックしていたこと，③公明市議団は，各議員が報告書に領収書（支払証明書で代用することもある）を添付して月末までに財務委員長に提出し団長の決裁があった研究費が支払われること，などが認定されている。

24　平成12年改正直後の神奈川県及び県内市町の政務調査費についてみると，交付月額が議員1人換算45万円を超える県（53万円），横浜市（55万円），川崎市（45万円）は，いずれも領収書の添付が不要とされていた。他方，10万円未満の市や町のほとんどが領収書の添付を求めていた（朝日新聞平成13・4・1参照）。

25　問題とされたのは，①団長が領収書等を徴求せずに各議員に交付する研究費が月額24万円にのぼり，そのうち事務費名目が16万円と一般に「事務費」が意味するところからすると相当程度高額といわざるをえないこと，②当初提出し精算確定を受ける前提となった実績報告書と後の訂正書と大きな隔たりがあること（特に，資料購入費の額が5分の1程度に減少したこと）であった。

政務調査費による調査旅行　政務調査費を使用した調査旅行が問題とされた訴訟もあった。たとえば，徳島地裁平成16・1・30（判例地方自治267号19頁）は，要綱による徳島県議会の県政調査研究費を①シドニー及びシンガポールへの旅行，及び②イタリア旅行の費用に充てたことの適否を扱うものである。判決は，「地方議会の議員は，当該地方公共団体の議決機関の構成員として，地方行政全般にわたる広範な領域においてその機能を十分に発揮すべく，不断の研修及び調査研究が期待されており，海外事情を視察するための旅行も，そのような研修及び調査研究活動の手段として，その目的や地方行政との関連性に照らして合理的な必要性がある限り，公益性を有するものといえる」とする肯定的総論に続けて，「しかしながら，旅行の目的が地方行政との関連において合理性を欠き，あるいは旅行計画ないし旅行内容が旅行目的との関連性を有さず又は手段として不相当である場合には，そのような旅行は公益性のないものであり」，これに県政調査研究費交付金を使用することは違法であるとして，旅行目的及び旅行内容の両面から限界のあることを明らかにした。

そして，①の旅行は，酪農，BSE，高齢者福祉及び港湾に関する実情の調査研究を一応の目的としており，旅行目的が地方行政との関連において合理性が認められ，また，旅行内容も旅行目的に沿ったものであり，社会通念上相当な範囲を超えて高額であるとまでは言い難いとして，適法であるとし

26　この事件の1審・津地裁平成16・2・26判例集未登載は，ほぼ同様の論旨を展開させたうえで，「各会派の代表者と経理責任者により適正に審査されていることを窺わせる一般的，外形的な事情が存する場合には，原則どおり，領収書等で支払うべき金額が確定されなければならず，これにより確定できない部分については違法というほかない」と述べて，自民党議員団について，次の4点を挙げて，実績報告書につき団長及び経理責任者による適正な審査があったとは認められないとしていた。4点とは，①団長が領収書等を徴求せずに自民党議員団の各議員に交付する研究費が月額24万円で，そのうち事務費名目分が月額16万円と高額であること，②定額分の金額について，これを算出した経緯や根拠が不明であること，③当初自民党議員団が提出し知事により精算（確定）を受ける前提となった実績報告書と訂正書とはその費目の数字に大きな隔たりがあること，④その隔たり，特に資料購入費の額が5分の1程度に減少したことについての合理的な説明がないことである。

た。他方，②の旅行は，調査項目は，市町村の町づくりの取組みや町並み保存のための施策，観光行政等の調査研究を一応の目的とし地方行政との関連において合理性が認められるものの，行程をみると，各都市の地方自治体，その他都市計画や観光行政に関連する施設を訪れることもなく，通訳をつけて市街地，遺跡等のいわゆる観光地とされる場所を見物したにとどまるもので，旅行内容が目的に沿ったものとはいえないとした[27]。かくて，旅行②は，実質的に遊興目的ではないかという疑念を生じさせかねないもので，「合理的必要性があったとは認められず，合理的必要性を欠くものといわざるを得ない」と述べて，これに県政調査研究費交付金を充てたことは違法であるとした[28]。

剰余金の繰越しの適法性　ある年度において生じた政務調査費の剰余金を繰り越すことができるのかどうかが問題とされることがある。金沢地裁平成14・8・19（判例集未登載）は，金沢市の市政調査研究費について，要綱のみからは精算確定と剰余金の返還を要するのか明らかでないとしつつ，およそ市議会議員であれば市政に関する調査研究に当然使用する費用の範囲内の金額であれば，確定金額として交付することにも合理性があるが，増額前の議員1人当たり月額18万円は議員の市政に関する調査研究のために真に必要な金額を超える金額ではないかと疑うに足りる状況にあったのであるから，その制度趣旨に必要な金額を超える可能性のある金銭を確定債務として支出することは不合理であり，これを確定債務とするのであれば，ひいては公益上必要がある交付金といえるか否かすら疑問になってくると述べ，調査研究費の交付は，交付額以上の支出をしても追加払いをすることはないが，剰余金が出れば返還を要する「金額未確定の債務の概算払」と解するのが制度の趣旨・目的に合致するとした。そして，市長であった被告が剰余金の返還請求を怠ったことは違法であるとして，市長であった者個人に対して54万余円の損害賠償を命じた。

---

[27]　判決は，議員のうち2名が途中で所用のため帰国するなど，旅行の必要性についても疑問があると述べている。

[28]　会派に対して知事が損害賠償金の請求を怠っていることの違法を確認するとともに，会派に対しては損害賠償を命じた。

これに対して，その控訴審・名古屋高裁金沢支部平成 16・6・21（判例集未登載）は，前金払の場合は，精算を要するものではないとするとともに，市政調査研究費の対象事務は各会派の事務であって市の事務ではないから，市は各会派に交付することで完了するのであって，会計年度独立の原則に反するものではないとした。そして，市政調査研究費は使途が特定されているものの，それが当該年度の市政調査研究のために必要な経費に限ることは明記されておらず，年度末における剰余金を翌年度に繰り越して使用することを許す旨が要綱に定められているのであるから，翌年度以降の費用をも対象とするものとして支出されていると述べて，違法ではないとした。

通常の補助金にあっては，当該年度内に補助事業の完了を求められる。前記名古屋高裁判決から，通常の補助金と同様のことが政務調査費の使用についても妥当するのかどうかが問題として浮かんでくる。この点について，青森地裁平成 16・11・9（判例集未登載）も，広報活動の報告書が年度内にできていない場合について，「必ずしも現実の広報活動が当該年度において行われなくても，規則の定める使途基準及び趣旨に合致していれば，交付を受けた政務調査費を広報費として支出することは許されると解するのが相当である」と述べ，自治法 208 条の会計年度独立主義の原則は地方公共団体に対するものであって，個々の議員に対するものではないとした。この判決が，「議員の調査研究活動等は，その性質上，必ずしも年度ごとに完結するものばかりではなく，むしろ，その任期中継続的に行われるものと考えられるから，ある年度に行われた活動について，住民に報告等をするのが翌年度以降に渡る場合も当然あるものと想定される」と述べている点には共感を覚える。しかし，交付時点で会計行為が完了し，その後に使用するか否かは交付を受けた会派又は議員の自由であるというのでは，未使用のまま資金が滞留することもありうる。それは政務調査費の趣旨に反するであろう。適法とするには，政務調査費使用の広い意味の原因行為は年度内に完了していることが原則とされるべきであろう。

[2] 平成 12 年改正後の政務調査費
平成 12 年改正（平成 13 年 4 月施行）の概要　それまでの政務調査費にま

つわる問題について，法律により一定の規律をするために，平成12年法律第89号により自治法100条に12項及び13項（現行の13項及び14項と同一内容）が追加された。以下，現行法に合わせて，13項及び14項として述べておく。

　まず，13項は，条例の定めるところにより，議員の調査研究に資するため必要な経費の一部として，議会における会派又は議員に対し，政務調査費を交付することができる（第1文）とし，その場合に，当該政務調査費の交付の対象，額及び交付の方法は条例で定めなければならない（第2文）としている。

　政務調査費の制度化の趣旨については，地方分権推進関係法の施行により「地方公共団体の自己決定権や自己責任が拡大し，その議会の担う役割がますます重要なものとなってきていることにかんがみ，議会の審議能力を強化し，議員の調査研究活動の基盤の充実を図るため，議会における会派又は議員に対する調査研究の費用等の助成を制度化し，併せてその使途の透明性を確保しようとしたものである」[29]と説明されている。

　「できる」規定であるから，政務調査費を交付する制度を設けるかどうかは地方公共団体の裁量に属する。ある地方公共団体が条例を制定せず政務調査費を交付しなかったとしても違法ということはできない。ただし，議会の指示により議員が行なう調査は「議会の調査研究」であるから，それに必要な経費を議員個人に負担させるべきではない。

　この規定により，いくつかのことが理解できる。

　第一に，政務調査費は，「議会の議員の調査研究に資するため必要な経費」である。調査研究に資するといえない内容の経費は政務調査費とはいえない。しかしながら，「議員の調査研究に資する」とは，にわかに内容を画することのできない漠然とした価値であるから，どのような内容の経費が調査研究に資するとはいえず違法とされるべきかについては，慎重な検討が必要である。この点については，項目を改めて裁判例も参照しながら詳細な検討を加

29　最高裁平成17・11・10民集59巻9号2503頁。田谷聡「議会事務局及び図書室の設置と政務調査費」井川源三編『議会』（ぎょうせい，平成15年）498頁-499頁も同趣旨。

えることとしたい。

　第二に，調査研究に資するため必要な経費の「一部」である。この「一部」とは，常識的には全部ではない。法律用語としては，全部を含む場合は，「全部又は一部」という表現を用いるのが通常だからである。しかし，結果的に全部をカバーしたとしても，それだけのことで直ちに違法とすべきではない。

　第三に，政務調査費の交付は，「会派又は議員」に対してなされる。したがって，会派に交付する方式を定めるか，議員個人に直接交付する方式を定めるか，又は両方を併用する方式を定めるかは，地方公共団体の裁量に属する。議員個人に対して定額を交付する旨を定める条例もある[30]。併用方式の例として，大阪市は，会派に対する政務調査費の月額について，60万円又は10万円のうちから各会派（所属議員が1人の場合を含む）が選択した額に，各月の1日（基準日）における当該会派の所属議員の数を乗じて得た額とし，議員に対する政務調査費は，前記10万円方式を選択した会派の所属議員に交付することとし，その月額は50万円と定めている[31]。また，大阪府は，会派に対するものと議員に対するものの2本立てとして，会派（所属議員が1人の場合を含む）に対する政務調査費の額は，月額10万円に当該会派の所属議員数を乗じて得た額，議員に対する政務調査費の額は，月額49万円としている[32]。

　ただし，裁判において，会派が主体となって行なわれる調査研究活動のみが対象となるのかどうかが争われた例がある。たとえば，名古屋地裁平成17・5・26（判例集未登載）において，原告住民が「会派又は議員」と定められたのは，会派としての実態を有しているか疑問の余地のある1人会派に対して支給することの問題点を立法的に解決するためであって，政務調査費は，会派に属する議員個人の調査活動を補助するためのものではなく，議会にお

---

[30]　奈良地裁平成16・12・15判例集未登載は，そのような条例の下における政務調査費を用いた調査旅費について，市政との関連性を実質審査して違法な使用ではないとした。通常の旅費・費用弁償における公務性に準ずる判断方法が採用されている。

[31]　大阪市会政務調査費の交付に関する条例2条，3条1項・3項。

[32]　大阪府政務調査費の交付に関する条例3条1項，4条1項。

ける会派活動としての調査研究活動を助成するためのものであると主張した。裁判所は立法の経緯をたどったうえで，100条13項は，「会派が主体となって行われる調査研究活動のみに政務調査費を充てることを予定した規定とは考えられず，議員個人に対して直接政務調査費を交付することも，また，会派を通じて所属の議員に対して政務調査費をその使途に従って支給することも禁止する趣旨のものではないと解するのが相当である」とした。前述したように，少なくとも自治法レベルの解釈としては，議員個人に対する支給も適法であると解される（さいたま地裁平成15・10・1判例地方自治255号17頁は，条例が議員に交付する旨を定めている場合に，それを会派が発行する会報誌の発行費に充てたことを適法とした）。ただし，会派の企画による活動に充てる場合は，調査研究に資するのに必要な経費であるという推定[33]が働くのに対して，議員個人の企画による場合は，私的経費との区別の必要性から厳しい目で判断しなければならない。

　これに対して，条例において会派の行なう活動に着目した定め方がなされている場合に問題が顕在化した事案がある。

　まず，札幌市の条例が，政務調査費の交付対象について，市議会における会派（所属議員が1人の場合を含む）に交付すると定めていることについて，札幌高裁平成16・10・20（判例タイムズ1208号167頁）は，札幌市議会は，条例の制定にあたり，自治法が予定している議員，会派，「議員及び会派」という対象のうち，会派のみに限定したものであるとし，会派が政務調査費の支給を受けた後に，当該会派所属の議員が負担した調査研究に資するため必要な経費に充てるため政務調査費を配分することは，従前の調査研究費の時と同様に可能であるとの認識は誤りであるとし，次のように述べている。

　　「政務調査費が，基本的に住民の税金であり，公金であることに鑑み，その使途の透明性，公正性を会派に要求していることからすれば，交付対象が会派に限定された政務調査費を会派を通じて議員の調査研究費に充てること，すなわち議員が負担した調査研究に資するための必要な経費であっても，会派の行う調査研究でない場合には，本件条例において

---

[33] これは推定であるから，たとえ会派主催の会合の体裁をとっていても，単なる遊興に充てられていることが証明された場合は，政務調査費の違法な使用となる。

は認められないものと解するのが相当である。政務調査費は，第2の議員歳費であってはならないのである。」

具体的な事案は，議会の会派が，平成14年3月1日に会派所属議員26名に政務調査分担費として1人当たり50万円，合計1,300万円を，同月29日にも各議員の調査研究活動の内容に応じて21名の議員に対して合計242万165円の政務調査分担費を支払ったことが争われたものである[34]。ここには，議員個人の調査研究と区別された「会派の行う調査研究」のみに充てられるべきであるという見解が示されている。次に述べる札幌高裁判決と併せて，このような考え方で条例を読まなければならないとするならば，他の地方公共団体の議会の会派において，運用を改めなければならないところも多いのではないかと推測される。

函館市は，後述する使途基準において「会派が行う」という表現をしているので，その意味が問題とされた。函館地裁平成17・8・22（判例集未登載）は，「会派が行う調査研究」，「会派が行う調査研究活動」には，「会派内で意思統一が図られ，会派が主体となって行う調査研究に加え，会派の承認の下に当該会派に所属する議員が個別に行う調査研究活動も含まれるものと解するのが相当である」と述べた。この使途基準の制約の下においては，「会派の承認の下に」といわざるを得なかったのである。

この事件の控訴審・札幌高裁平成19・2・9（判例集未登載）は，まず，「会派」を加えた意図について，次のように述べた。

---

[34] この事件の1審・札幌地裁平成15・10・28判例タイムズ1208号172頁は，条例が会派に対して交付するとしているのは，議員数が多数にのぼり，議会運営上会派の存在がその前提とされていることから，会派を受給権者とし，会派に当該政務調査費にかかる収入及び支出の報告や適正な経理処理及び保管を義務づけるのが相当であると考えられたことによるとし，政務調査費の経理の適正及び保管について会派が責任をもって行なうとの前提の下に，当該会派に属する個々の議員の調査研究活動に必要な経費に充てる目的で政務調査費を使用することは許容されていると解するのが相当であるとした。そして，各議員が支出した調査研究活動の経費の内容に応じて政務調査分担費として各議員に対し交付したことは違法ではないとした。被告会派が主張したように，3月1日交付分が概算であるとするならば，全体として，調査研究活動に要した経費の実額の範囲内で交付されたと理解することは可能であろう。完全な頭割りの場合にいかなる判断になるかは別問題である。

「単に議員個人がばらばらに活動を行うよりも，いわゆる会派に集う多種多様な専門性，経験，背景等をもつ議員がそれぞれの知識経験に基づき，市政に関連する様々な問題を集団により多角的に討議した方がより良い調査活動が期待でき，その結果，地方議会の審議能力が強化され，その活性化も図られると考えられたものと解される。」

政務調査費の交付先を「会派」としたことを受けて，たとえば，調査旅費についてみると「会派が行う調査研究に必要な先進地調査または現地調査に要する費用」とされ，調査旅費以外の使途区分以外の使途内容についてもすべての項目について「会派が行う」という限定が付されているのであるから，政務調査費の支出に当たっては「会派が行う」ものでなければならず，この要件を満たさない政務調査費の支出は違法となる，と解されるとした。

そして，「会派が行う」とは，政務調査費の支出が，本件使途基準の使途区分に従い，会派としてなされること，言い換えると，会派としての意思統一がなされ，当該調査活動が，「会派」として行なうものであるとの会派の了承が存在することが必要であり，このような実態を伴わない政務調査費の支出は，本件使途基準に違反した違法な支出というべきである，と述べた[35]。「会派としての意思統一や了承」を要することは，一人会派の容認により左右されるものではないとする見解を示している[36]。また，調査報告書の作成や保存は事後的なもので政治責任の範疇に属するにすぎず，会派性の有無を左右するものではないとも述べている。判決は，このような考え方にたって，いくつかの調査活動について「会派の行う」調査活動の要件を欠き違法であ

---

35 判決は，札幌高裁平成 16・10・20 が傍論として述べた「政務分担費として，会派を通じて各議員に交付された場合であっても，交付を受けた各議員において，地方公共団体の条例に基づく使途基準に適合した経費に充てた場合には，実質的に当該条例に適合するものと言えるから，違法と評価することはできない」とする見解は変更されなければならない，と述べた。

36 一人会派の存在を認めていることについて，「会派の構成は固定的なものではなく，構成員の入れ替わりや合従連衡が行われることがあるから，ある時点で 1 人会派であったとしても，将来的には構成員が複数になる可能性もあり，その時に備えて体制を整えている必要があると考えられるから，1 人会派を含めた『会派』への交付を『議員』への交付と異なるものと考えることができる」と述べている。

るとした。

　この事件で気になるのは，どんなに市政のためになる調査であっても個人のものは違法であるのに対して，会派の調査活動であれば広い裁量が認められるとしている点である。「市政との関連性の判断基準」[37]の見出しの下に，次のように述べている。長くなるが，直接引用しておきたい。

> 「調査研究の市政との関連性の要件を検討するについては，会派が，議会の中で，政治的な1つの主体となって活動していること，会派の活動は，様々な政治課題や市民生活に係わり，会派の構成員が，議会の議員であり，その専門性や関心も多様であって，議員が全人格的活動を行い，議員活動について政治責任を負っていることを考えれば，その調査対象は極めて広範なものにならざるを得ず，調査活動の函館市政との関連性，その目的，日程，訪問先，調査方法，必要性等も極めて広範な裁量の下に行われるものであると認められる。
> 　そうすると，会派としての意思統一がなされ調査活動をすることが了承された以上は，市政との関連性の要件も，原則として，その裁量権が尊重されなければならないから，飲食費であるとか家族旅行の旅費等のように一見明らかに市政と無関係であるとか，極めて不相当な日程や著しく高額なもの等以外は，これを認めるのが相当である。そして，その裁量権の逸脱がある場合についてのみ，違法の問題が生じると言うべきである。」

　この広い裁量権を肯定することができるかどうかは，個別具体の事案の積み重ねによるほかないであろう。

　第四に，条例主義が採用されている。「条例の定めるところにより」，かつ，交付の対象，額及び交付の方法は条例で定めなければならない。どのような条例の定め方が考えられるかについては，項目を改めて考察しよう。

---

[37]　この基準は，判決が，政務調査費は自治法100条の規定によるものであって，232条の2に基づく補助金ではないから「公益上必要がある場合」の要件が及ぶものではないとしつつ，それに代えて，「会派が行う調査活動が市政と無関係に行われることは許されない」として「市政との関連性」が必要であり，この関連性を欠く調査活動は，使途基準に反する違法なものとなるとする前提に立ったものである。

14項は，政務調査費の交付を受けた会派又は議員は，条例の定めるところにより，その政務調査費に係る収入及び支出の報告書を議長に「提出するものとする」とされている。この提出義務違反がどのような法効果をもたらすか，また，虚偽報告書の提出の場合はどうか，なども法解釈問題である。

条例等による規定の仕方　この法改正により政務調査費に関する条例を制定した地方公共団体が多い。ただし，条例のみで完結しているのではなく，細部を規則や議長決定に委ね，あるいは，議会が自主的に「政務調査費の手引き」を作成していることもある。

政務調査費の適否が訴訟で争われた前述の函館市の条例は，次のようなものである。

まず，第1条は，自治法100条13項及び14項の規定に基づき，市議会議員の調査研究に資するため必要な経費の一部として，議会における会派に対し政務調査費を交付することに関し必要な事項を定める，として，条例の趣旨を定めている。

第2条は，政務調査費は，議長を経由して市長に代表者，経理責任者等を記載した会派結成届を提出した会派（所属議員が1人の場合を含む）に対して交付する，と定める。この条文は，会派単位で，かつ，会派結成届をした会派単位に交付する趣旨である。「所属議員が1人の場合を含む」としている点については，文理的には1人の場合も会派結成届を提出しなければならないように見えるが，いずれの会派にも属していないことを示すことで足りると解すべきであろう。

第3条1項は，会派に対する政務調査費は，各月1日における当該会派の所属員数に月額7万円を乗じて得た額を半期ごとに交付する，と定めている。1人当たり7万円という金額と会派所属員数の基準時及び交付時期が定められている。

第5条は，政務調査費の使途について規定している。すなわち，規則で定める使途基準に従って使用するものとし，市政に関する調査研究に資するため必要な経費以外のものに充ててはならないとして，目的外使用を禁止している。これを受けた「函館市議会政務調査費の交付に関する条例施行規則」6条は別表方式で，使途基準を定めている。これについては，すぐ後に検討

する。

　第6条1項は，政務調査費の交付を受けた会派の代表者（会派が消滅したときは，代表者であった者）に，その政務調査費に係る収入及び支出の報告書を作成し議長に提出する義務を課している。この条例の解釈としては，どの程度の報告書でなければならないのかがすぐに問われる。また，報告書は，あくまで「報告」であるから，政務調査費の使用の証拠である領収書等の添付を要しないことになりそうである。この点は，報道を通じて問題とされている点である。最近の動きについては後述する。

　第7条は，返還に関する規定である。まず，第1項は，会派は，政務調査費の交付を受けた年度において，交付を受けた政務調査費の総額から当該会派がその年度において市政に関する調査研究に資するため必要な経費として支出した総額を控除して残余がある場合には，当該残余の額に相当する額の政務調査費を市長からの交付額の確定の通知があった日から起算して14日以内に返還しなければならない，としている。この規定は，「市政に関する調査研究に資するため必要な経費として支出した総額」を控除して残余がある場合の返還を定めているのであるから，費用の「全部」につき政務調査費を充てることを許容する考え方であるといってよい。第7条2項は，市長は，政務調査費の交付を受けた会派が第5条の使途基準に反して政務調査費を支出したと認めるときは，当該支出した額に相当する額の政務調査費の返還を命ずることができる，と定めている。ここに初めて市長が登場するのは，返還命令は，予算執行権を有する市長の権限であって議長の権限ではないことによるものである。ただし，この条例で欠落がある事項は，議長から市長への手続である。返還命令を出すには，通常は，政務調査費報告書が手がかりとなって，その内容を検討して使途に問題があるときに，調査のうえ返還命令に及ぶのが自然である。報告書の内容の調査を議長の権限として封じ込めるならば，市長が返還命令権限を行使する前提としての調査をなすことの支障になると思われる。報告書の原本を議長の下に置かなければならないとしても，その写しを市長に送付する程度の手続を用意する必要があろう。

　金額の問題　会派に交付する方式の場合の政務調査費の金額は，条例において1月につき1人当たりの金額に会派所属議員数を乗じる方式が採用さ

れている。この1人当たりの金額は、地方公共団体によって相当な開きがある。

ところで、政務調査費について、会派所属議員には1人当たり月額1万円、無会派議員には同じく7,000円と定めている例があるという[38]。会派の結成、ないし会派加入を促進するという政策によるものと理解できないわけではない。しかし、地方議会において、政務調査費の1人当たり金額に差を設ける合理性があるのか疑わしいと思われる。平等原則違反というべきである。

政務調査費の使途基準　使途基準については、まず誰が定めるのかが問題になる。使途基準[39]は、政務調査費の交付の対象に関する定めであるから、理論的には、条例自体に定めることも考えられる。しかし、多くの条例は、その定めを規則等に委任している。委任の仕方として、長の制定する規則に委ねるもの、議長に委ねるものがある。大阪市のように規則に委ねる条例の下においても、さらに、自治法104条に規定する議長の権限に基づき、議長が政務調査費の取扱いの細目について定める例もみられる。大阪市の「大阪市会政務調査費の取扱いに関する要綱」がそれであって、手続規定のほかに、支出制限規定を置いている。すなわち、次に掲げる経費に政務調査費を支出することができないとしている（ただし、政務調査に資する経費部分についてはこの限りでない）。①慶弔、見舞、餞別等の交際的経費、②会議等に伴う飲食以外の飲食経費、③選挙活動に属する経費、④政党活動に属する経費、⑤後援会活動に属する経費、⑥私的活動に属する経費、⑦その他政務調査の目的に合致しない経費。

大阪市の場合は、さらに議会の定めた「政務調査費の手引き」において、「使途基準の運用指針」を詳細に定めている。

---

[38] 木津川市において、訴訟が提起されているという（判例地方自治294号101頁の訴訟情報による）。

[39] 大阪地裁平成18・7・19判例タイムズ1248号167頁等によれば、使途基準のモデルは、全国都道府県議長会の「政務調査費の交付に関する規程（例）」（平成12・11・10役員会決定）及び全国市議会議長会政務調査費の交付に関する標準条例等検討委員会「政務調査費の交付に関する規則案（例）」（平成12・10・30同委員会決定）に示されているようである。

次に使途基準の内容について考察しよう。

函館市の規則による使途基準は，次のようになっている。

〔区分〕	〔内容〕
研究研修費	会派が行う研究会および研修会の実施に要する経費ならびに他の団体が開催する研究会，研修会等への参加に要する経費
調査旅費	会派が行う調査研究に必要な先進地調査または現地調査に要する経費
資料作成費	会派が行う調査研究に必要な資料の作成に要する経費
資料購入費	会派が行う調査研究に必要な図書，資料等の購入に要する経費
広報公聴費	会派が行う調査研究活動，議会活動および市の政策について市民に報告し，および広報するために要する経費ならびに会派が市民からの市政および会派の政策等に対する要望および意見を聴取するための会議の開催等に要する経費
事務費	会派が行う調査研究活動に係る事務遂行に要する経費

また，神奈川県の使途基準は，次のように定められている（神奈川県議会政務調査費の交付等に関する条例施行規程（議長告示）5条2項に基づく別表）。

〔経費〕	〔使途〕
調査研究費	会派及び議員が行う県の事務及び地方行財政に関する調査研究及び調査委託に要する経費
研修費	会派が開催する研修会，講演会等の実施に要する経費並びに団体等が開催する研修会，講演会等への議員並びに会派及び議員の雇用する職員の参加に要する経費
会議費	会派が開催する各種会議及び議員が開催する県民の県政に関する要望，意見等を聴取するための各種会議に要する経費
資料作成費	会派及び議員が議会審議に必要な資料を作成するために要する経費

資料購入費	会派及び議員が行う調査研究に必要な図書，資料等の購入に要する経費
広報費	会派及び議員が行う議会活動及び県政に関する政策等の広報活動に要する経費
事務所費	会派及び議員が行う調査研究活動のために必要な事務所の設置及び管理に要する経費
事務費	会派及び議員が行う調査研究に係る事務遂行に必要な経費
人件費	会派及び議員が行う調査研究を補助する職員を雇用する経費

　これらの内容のすべてについてコメントすることはできないが，法律の定め方自体の問題点が露呈されているように思われる。それは，政務調査費が，その名称のとおりに純粋な「調査研究」の費用ではなく，「調査研究に資するため必要な経費」であって，「調査研究に資する」ならば広く政務調査費に含まれてしまうという点である。この点は，従来法律の明文規定なしに交付されていた政務調査費を適法なものとして存続させるには，弾力的規定にする必要があるという立法者意思が働いていたことを推測させるものである。

　その結果，たとえば，全国的政党の主催する大会への出席費用も函館市の「研究研修費」，神奈川県の「研修費」になる場合があろうし[40]，街で見かける「市政報告会」や「県政報告会」の開催費用も「広報公聴費」（函館市）や「広報費」（神奈川県）として明示されている。それらの報告会は，次の選挙の準備の色彩の強いものが少なくない。したがって，会派や議員の政治活動費と政務調査費とを峻別することが著しく困難である。また，あらゆる経験が，議員の調査研究活動にいくばくかは資するであろうから，繁華街の安全を政策課題としているときには，しばしば繁華街の飲食店において飲食することも「調査研究に資する」ことになってしまう。

　具体的裁判例をみておこう。

　広報費が自治法100条の政務調査費に該当しないと主張された事件で，宇都宮地裁平成15・10・15（判例地方自治266号31頁〈参考〉）は，「調査研究に資するために必要な経費」とは，調査研究に直接用いられる費用に限られ

るものではなく,「議会の活性化を図るため議員の調査活動基盤を充実させその審議能力を強化させるという観点からみて,調査研究のために有益な費用も含まれるというべきで」であるとし,「県民の意思を収集,把握することは議員の調査研究の一つとして重要であるところ,議会活動及び県政に関する政策等を県民に知らせることは,県政に対する県民の意思を的確に収集,把握するための前提として意義を有するものということができる」のであるから,広報費は,調査研究に直接用いられる費用ではないとしても,調査研究のために有益な費用ということができる,と述べた。この判断は,東京高裁平成 16・4・14(判例地方自治 266 号 29 頁)により維持されている。

使途基準に「人件費」が掲げられている場合に,会派が雇用している職員について,会派の調査研究活動に係る事務を全般に補助するために必要な人員の雇用であるとし,また,日刊紙「赤旗」が使途基準に掲げる「新聞」に該当するとした裁判例もある(京都地裁平成 17・8・25 判例集未登載)。議員が雇用している職員が,もっぱら市政や県政のための議員の活動を補助していると断定することはできない。また,「事務所」も,同様である。地方議会議員が日夜研鑽することは奨励されるべきであるが,会派に多額の政務調査費を交付して支援する必要があるのか,再検討すべきである。国と地方公共団体の情報公開の進展やインターネット情報の充実により,会派や議員の

---

40 ただし,裁判例には,「会費(△△党全国連合内自治体議員団全国会議)3,000 円」は政党活動に伴うものであって,使途基準の定める「研究会,研修会に参加するため要する経費」に該当しないとしたものがある(青森地裁平成 18・10・20 判例タイムズ 1244 号 149 頁)。同判決は,「個人会費(原水爆禁止 L 市民会議)1,000 円」について社会通念上調査研究活動に資するために必要な経費であるとしているが,前記の自治体議員団全国会議の方が地方行政のあり方に直結する会議であり,後者の方が世界の原水爆禁止を推進する会議であったとする見方も可能であるから,「社会通念」をこのように理解してよいのか疑問があろう。なお,平成 12 年改正前の事案で,名古屋地裁平成 15・1・31 判例地方自治 245 号 29 頁は,「公明党市議団」の名称の機関誌作成費につき,その一部には国政あるいは県政レベルの公明党関連記事が掲載されているものが見受けられ,研究費の使途として疑問がないわけではないが,発行主体が「公明党名古屋市会市議団」であり,市政が国政ないし県政と無関係であるとまではいえないことに照らすと,研究費を充てることが本来の趣旨に反するとまでは断じ難いとした。

県政や市政に関する調査研究は従来に比べて格段に容易になっていることも考慮に入れる必要がある。

　使途基準を定める条例において，使用することのできない経費（充当禁止経費）を掲げている条例もある。たとえば，岡崎市条例5条但し書きは，「党費その他政党活動に要する経費」（1号），「慶弔費，見舞金その他の交際的活動に要する経費」（2号）及び「前2号に掲げる経費のほか，議長が政務調査費の使途に適さないものと認める経費」については使用することができないとしている。これを受けた市議会政務調査費交付取扱要領は，議長が使途に適さないと認める経費として，選挙及び後援会活動に関する経費，会議を伴わない飲食のみに要する経費，及び私的経費を掲げている。

　なお，調査研究目的の旅行に政務調査費を充てる場合に関しては，使途基準等において費用弁償条例における旅費規定を準用することとしていることが多い。そして，奈良地裁平成16・12・15（判例集未登載）は，議会の権能が広範にわたることを根拠に，これを適正に行使するための議員の調査研究活動も多岐にわたるとして，「その調査対象の選定や調査方法や内容につき，議員としての調査研究の範囲を逸脱しない限り，議員のある程度自由な裁量に委ねられている」として，裁量の範囲の逸脱・濫用がある場合，あるいは裁量権の濫用等がない場合であっても使用した政務調査費の額が相当な範囲を超える場合に限り，政務調査費の使用が違法又は法律上の原因がないことになると述べた。裁量論と同時に金額の相当性による限度があることが明示されている。

　ところで，使途基準に適合するからといって，当然に適法といえるわけではない。使途基準が違法の評価を受ける場合もあるからである。それぞれの政務調査費は，自治法の要請する調査研究に資するための必要性と，その範囲内で定められている使途基準の双方を満たすものでなければならない。

　政務調査費による交通費等と費用弁償との重複問題　　これまで裁判等において必ずしも問題とされていないが，費用弁償の対象となる日に開催された会派の会合への出席のための交通費[41]や会合費に政務調査費を充てた場合には，観念上，政務調査費と費用弁償とが重複することがありうる。なぜならば，多くの地方公共団体は，会議出席のための費用弁償について1日当たり

の定額で定めており，実際にどのような支出がなされたのかを問うことがないからである。もしも，会議出席のための費用弁償に交通費や昼食代が含まれるというのであれば，少なくとも，その日について同一の場所（議事堂内）にて開催された会派の会合への出席の交通費やそこでの昼食費に政務調査費を充てることはできないと解すべきである。逆に，政務調査費制度により，会議出席に係る費用弁償制度の見直しも必要となるといえよう。

必要性・使途基準適合性の判断基準　地方公共団体の補助金交付に関しては「公益上必要がある」ことが要件であって，公益上の必要性の有無を判断した裁判例の集積が見られる。その場合には，地方公共団体にとっての公益上の必要性である。これに対して，政務調査費の場合の必要性は，議員の調査研究に資するための必要性である。その必要性を具体化しているのが使途基準である。

まず，必要性の判断は第一次的に会派又は議員に着目すべきである。しかし，そのことは，会派又は議員の恣意的判断もすべて許容されることを意味するものではない。その必要性については，裁判例によれば，「社会通念」によるフィルターによる制約がある。あるいは，社会通念を基礎にして，「通常必要といえるかどうか」による判断を受けなければならないというべきである。議会の自律性が主張されることがあるが，裁判所が審査できることはいうまでもない。個別に詳細な判断を進める方法が定着している（たとえば，函館地裁平成17・8・22判例集未登載）。

特に問題とされるのは飲食費である。会派による飲食費の支出を特別区の政務調査費で賄うことができるかどうかの問題について，東京地裁平成18・4・14（判例集未登載）（品川区自由民主党区議団事件）は，「区政に関連する調査研究又は会議に伴い，社会通念上必要かつ相当と認められる範囲において，区政に関連する調査研究又は会議に伴う一種の経費として，政務調査

41　大阪府個別外部監査結果に関する報告（平成19・6・8）は，政務調査費として認められる会派会合に参加するための費用弁償について，原則実費とし，公共交通機関を利用するものとしている。タクシーの利用はやむを得ない事情がある場合に限られるものとし，定額の場合には，当該監査対象の3会派の議員の交通費の平均額に照らし1,000円としている。

費の使途による支出と認められると解するのが相当であり，このような必要性，相当性の有無を判断するに当たっては，当該会議又は調査研究の目的，内容と当該飲食の場所及び内容，支出金額，回数等を考慮し，調査研究又は会議に伴うものとして社会通念上適切なものとして許容されることが必要というべきである」と述べた[42]。ここにいう「社会通念上適切なものとして許容される」と述べられている「許容される」の意味は，法的に許容されることの前提となる社会通念上の許容性を指していると理解してよいであろう。議会の自律性を理由に目的外支出に当たるとして返還を求めうるのは当該支出が領収書の記載等から一見明白に目的外支出に当たると認められる場合であることを要する旨の被告（特別区長）の主張に対しては，目的外支出の疑念が生じた場合に，被告においてその解明に必要な限度で調査を行なうことは政務調査費の適正な使用の確保の見地から必要なことであり，会派所属議員の適正な活動を不当に阻害したり萎縮させたりするものではない，と述べている。正当というべきであろう[43]。

　飲食費に関しては，その金額が問題とされる。大阪府個別外部監査報告（平成19・6・18）は，会派の会議における昼食，夜食は府庁の所在地に飲食店が少ないことを勘案し，各会派の支給実績を検討して，昼食弁当は1,500

---

[42] 判決は，店舗の種類ごとに飲食をする必要性があったかどうかを検討する方法をとり，バー・クラブ・スナック・パブについては，通常，顧客が女性ホステス等を交えて飲食，軽食，カラオケなどに興じる場所として利用されており，社会通念上「区政に関する調査研究」のための会合を行なうのに適切な場所といえないことは明らかであるとして飲食の必要性を否定した。居酒屋・ビヤガーデンについても，通常，顧客が飲食を伴う食事をし，歓談に興ずる場所として利用されており，社会通念上，「区政に関する調査研究」のための会合を行なうのに適切な場所といえないとし飲食の必要性を否定した。割烹・懐石料理・うなぎ・しゃぶしゃぶ・すし・ふぐ・かに・そば・うどん・お好み焼きその他の和食の店，及び，てんぷら，とんかつ，中華料理，韓国料理，焼肉店，洋食レストランにおける飲食についても，その性質は多様であるが，結論として飲食の必要性，社会通念上の相当性があったとはいえないとした。

[43] 区議団は，この判決に従い平成18年11月に返還するとともに，さらに不適切な政務調査費として批判を浴びたのを受けて，平成19年3月には，会議を伴わない飲食費用，官能小説や幼児対象の「知育ドリル」購入費用など約1,778万円を区に返還したという（朝日新聞平成19・3・3）。

円まで，夜食弁当は 3,000 円までとし，調査研究を伴う飲食を伴う会合は 1 人 5,000 円まで（調査研究よりも飲食を主とすると認められるものは認めない）としている。5,000 円基準が広まりつつある[44]。

地方議会の議員が，住民が行政に期待していることを吸収するのは，重要な「政務調査」ともいえる。そこで，「町会，商店会，社会教育団体の総会，新年会等の会費についても，政務調査のために必要であることが明らかであれば，社会通念上妥当性のある範囲において使用することは許容される」とする見解が登場する[45]。地方議会のことに造詣の深い野村稔氏は，大会に引き続き開催される懇親会について，「我が国の社会通念では，大会での情報は建前のもの，その根底にある本音の情報は懇親会で，お互いの顔を見ながら話をするところで得られる」として，その参加経費は，「社会通念上認められる程度の金額であれば政務調査費から実質的な情報入手経費として認めてもよい」とされる[46]。

これに対しては，同じ会合等に出席している一般住民が自腹を切って会費を負担しているのに，なぜ議員は公費を使用できるのかという自然な疑問もあろう。こうした会合に出席した議員が壇上に立って挨拶することが多く，その場合には，実質的に見て次の選挙に向けた運動であるともいえる場合がある。それを公費で支える必要があるのかという疑問もあろう。住民の要望等の吸収の必要性と政治家としての運動との関係をどのように整理して，政務調査費を充てることの許否を判断するのか，極めて微妙な問題である。

調査研究に資する経費であっても，社会通念上私的に負担するのが相当と

---

[44] 墨田区監査委員「墨田区職員措置請求監査結果」（平成 19 年 4 月）（これは個別外部監査人の判断を是認したものである），平成 15 年度長野県外部監査報告書（平成 16 年 3 月）。

[45] 渋谷区長の諮問機関として設置された「渋谷区政務調査費検討委員会」の答申（平成 19 年 2 月）は，このように述べたうえ，その理由につき，「議員は，地域の様々な会合に参加する中で，区民や区民団体の生の情報を手に入れ，政務に活かしており，こうした会費への支出をすべて認めないとすると政務調査活動の制約になると考えるからである」と述べている。この叙述の真意ではないと思われるが，自己負担による支出が認められないわけではないから，会合への出席ができなくなることを意味するものではない。

[46] 野村稔『議会改革の条件』（ぎょうせい，平成 19 年）53 頁。

される経費がある。自己の能力を高めるための費用は，直接に調査研究に必要な場合を除き，必要性を否定すべきであろう。たとえば，議員が議会活動を適切に行なうために公共政策大学院等において学ぶことが必要であると主張しても，それは通常は自己負担すべきものとされよう[47]。

このような場合を除き，一般に必要性を満たすかどうかは微妙な場合が多い。裁判例によれば，「調査研究活動として合理性ないし必要性を欠くことが明らかであると認められない限り」使途基準に反するものとはいえず，法律上の原因を欠くとまではいえないなどとして，司法審査段階における「明白性の判断基準」が採用される傾向にある。

名古屋地裁平成17・5・26（判例集未登載）は，前記の結論を導く理由につき，「会派等による政治活動の自由は，普通地方公共団体における住民自治を支える根幹として重要な機能を果たしているものであるから，岡崎市議会の会派等が，いかなる事項を対象に，いかなる態様で調査研究活動を行うかについては，基本的には会派等の良識に基づく判断にゆだねられているといわざるを得ない」と述べている。この判決に対する疑問は，「会派等による政治活動の自由」を根拠にして，調査研究活動に関する会派等の判断の尊重を述べていることである。政務調査費は，会派等の公の立場における調査研究活動を支援する目的のものであって，けっして会派等による政治活動を支援するものではない。筆者には，この点に政務調査費に関する根本的問題が示されているように思われる。すなわち，政務調査費の使用を会派又は議員の政治活動と峻別することができないとして，政務調査費を使用する対象に関する会派又は議員の判断を尊重するのか，それとも，政治活動との峻別を求めるのかという点である。そして，前者の見方によるときは，たとえば，

47　さいたま市議の例について，朝日新聞平成19・12・28。函館地裁平成17・8・22判例集未登載は，英会話教材の購入費について複数の外国の姉妹都市等との間で交流の推進を図っている市の議員の英会話能力向上の目的と市政との関連性は薄く，それは個人の資質能力の向上を図り「調査研究」に役立てるための道具であって使途基準にいう「調査研究に必要な図書，資料等」には該当しないとした。判決は，さらに，学習によって身についた英会話は私生活の分野でも活用されることが明らかであるから，そのような能力を身につけるための道具の購入費を政務調査費から支出することは社会常識的に疑問があると述べた。

「観光地の視察」と称される政務調査費の使用の適否を判断するに当たり，私的活動と区別することも困難になることを忘れてはならない。

仙台地裁平成18・10・16（判例集未登載）も，市議会の政務調査費の適法性を判断するに当たり，支出の対象となった活動に調査研究の実質があると認められることが必要であって，それを欠くときは当然に違法であり，また，調査研究の実質があっても，支出の対象となった活動が市政と関連性を有することや，必要かつ合理的なものであることなども求められていると述べたうえ，「支出の対象となった活動に調査研究の実質があると認められる場合であっても，当該活動が市政との関連性を欠くことが明らかであったり，必要性・合理性を欠くことが明らかである場合には，結局，当該支出は市政に関する調査研究に資するために必要な経費に充てられたといえず，違法になると解すべきである」としている。そして，この「明白性」が要求される理由に関して，自治法，条例，規則が調査研究活動の対象や支出額について何ら限定を加えていないことを指摘しつつ，「支出の対象となった活動に調査研究の実質があると認められる限りは，政務調査費をどのように使用するかについては会派の自主性及び自律性を尊重し，当該会派の裁量に委ねられる」ことが，自治法及び条例の趣旨から導かれるとしている（仙台地裁平成19・4・27判例集未登載もまったく同趣旨である）。

しかし，これらの裁判例が共通に「明白性」を要求しているにもかかわらず，相当異なる観察方法がみられる。すなわち，前出の名古屋地裁平成17・5・26（判例集未登載）は，数ある項目のうち，たとえば，愛知県岡崎市の議員が秋田県大曲市で新交通システム（巡回バス）を視察したことにつき，岡崎市でも巡回バスが試験的に運行されているから巡回バスの視察が岡崎市政と関連していることは明らかであり，また，角館町で歴史的景観保護の現況を調査する目的で武家屋敷を視察したことについても，「寺町通り」としての整備を調査しているとして岡崎市政と関連していないとはいえないとした。裁判所にどれだけの証拠が提出されているかにもよるが，もっともな理由を付すると市政との関連性が肯定されてしまうおそれがある。

他方，前出の仙台地裁平成19・4・27（判例集未登載）は，①会派Ａの全員が作並温泉の旅館において平成13年度の会派としての調査研究の集中点，

議会活動の方針を討議し，同旅館に宿泊して酒食を伴う宴会を開催し温泉に入浴したこと，②会派Ａは全員で秋保温泉に出張し，里センター，工芸の里等を見学し温泉組合役員から産業廃棄物処分場建設反対の取組みについて事情聴取し，ホテルにて予算に係る会派の要望及び市政への政策提言を検討し，同ホテルに宿泊して酒食を伴う宴会を開催し温泉に入浴したこと，などについて検討し，①及び②等の出張は会派全員で会議を行なうことを主たる目的として行なわれたものであり，会議の開催は客観的にみて調査研究の実質があったとしつつ，単に旅館やホテルに宿泊して酒食を伴う宴会を開催したり，温泉に入浴するなどのこと自体は，態様において客観的にみて調査研究の実質があるとはいいがたいとし，各出張は，各会議を開催した限度においてのみ調査研究の実質があったと認めるのが相当であるとして，市政との関連性，必要性・合理性について次のように判断した。

> 「上記各会議は仙台市の観光事業等の施策に関連するものであるから，それらの開催が市政との関連性を欠くことが明らかであるとはいえない。
> 　しかしながら，上記各会議は旅館やホテルへの宿泊を伴っているところ，宿泊先が仙台市中心部から自動車で数十分の場所に位置するところからすると，上記各出張のために支出された本件政務調査費のほとんどは旅館やホテルの宿泊代であると推認できる。そして，一般に，会議の開催に当たって参加者が旅館やホテルへ宿泊することが必要であるとはいえないし，本件においても，参加者が宿泊を要しない仙台市中心部などで会議を開催することは十分可能であったと考えられる。そうだとすると，補助参加人（会派Ａ）が上記各会議の開催のために旅館やホテルに宿泊したことは，会議の開催という調査研究活動を行う上で必要性・合理性を欠くことが明らかであるというべきである。」

この判決は，以上のように述べて，会議のための経費を区分することなく，全額について市政に関する調査研究に資するため必要な経費に充てられたものということはできない，とした。旅館，ホテルにおける宿泊及び宴会費用がほとんどであったことに着目したものである。先の岡崎市の事案も，仔細に検討すると，仙台市の上記事案と相当接近するのかも知れないが，ほぼ同様の原則論からスタートしながらも，訴訟における立証の程度に左右された

のか，両判決は，完全に結論が分かれているのである。

また，訴訟段階において，帳簿書類等との関係において「説明」を求める裁判例がある。

青森地裁平成18・10・20（判例タイムズ1244号149頁）は，政務調査費の交付に関する条例施行規則に政務調査費の細目にわたる使途基準が定められ，同規則が交付を受けた議員に対して政務調査費に係る会計帳簿の調製や領収書等の支出を明らかにする書類の整理並びに当該会計帳簿及び書類の保管を義務づけており，具体的な使途や金額を最もよく把握しているのは議員自身であることからすると，「議員が政務調査研究活動に資するために必要な費用として支出したことについて資料を提出せず，これを補足する具体的な説明も行わない場合には，その金額や使途等からみて資料の提出やこれを補足する説明を行うまでもなく政務調査費であろうと社会通念上推認されるような支出（例えば，政務調査活動に資する費用とされ得る社会通念上相当な範囲内の金額の電話料金，文房具代金，郵便代金等）を除き，これを正当な政務調査費の支出であると認めることはできない」と述べている。ここには，通常いわれる意味と異なるかも知れないが，政務調査費であることについての「説明責任」を果たしていないときは，政務調査費と認めることができないとする見解が示されているように思われる。

青森地裁平成19・5・25（判例集未登載）も，ほぼ同趣旨を述べている。

一体的支出の按分の可能性　前記の青森地裁の二つの判決は，同一名目の相当額の支出について政務調査費の使途基準に合致する部分とそうでない部分とを合理的に区分することが可能であるにもかかわらずそれをせず，金額や使途等からみて大半が政務調査以外の活動に使用されていると社会通念上推認されるような場合は，その名目の支出額全体が使途基準に合致しないものと認めるのが相当であるとしている（大半基準)[48]。同時に，合理的な区

48　青森地裁平成16・2・24判例集未登載も，ガソリン代のうちには広報活動を行なう際の交通に使用された部分も存在することを認めつつ，広報活動部分を特定して報告する責任は当該議員にあるとし，広報活動部分がごく僅かで，広報活動部分と私的使用部分とを区分することが困難であるとして，全体が広報費の使途基準に合致しないとした。

分が困難な場合には，社会通念上相当な割合による按分をして政務調査活動に資するために必要な費用の金額を確定するのが相当であると述べている。この前段部分と後段部分との関係が明らかではない。

按分が肯定された事例には，社会通念上疑問の感じられるものがある。前記の青森地裁平成18・10・20（判例タイムズ1244号149頁）は，「事務所費」の判断に当たり，自宅敷地内にある妻所有の建物で後援会事務所として使用されている建物の「賃料」として妻に支出したとする22万円（月額2万円）の2分の1，同事務所における「その他の経費」（書棚やいす等の購入費）64,664円の2分の1を調査研究活動に資するための事務所に伴う経費として認めている[49]。ここには，法律が「調査研究に資するために必要な経費」という弾力的定め方をした結果であるとはいえ，社会通念との間には大きな乖離があると思われる。もっとも別の議員の事務所賃料については，後援会事務所と政務調査活動のための事務所とを兼ねていたと推認されるとして，その2分の1を政務調査に資するために必要な費用と認めている。また，前出の青森地裁平成19・5・25（判例集未登載）も，母親所有建物の賃料について政務調査活動分2分の1，それ以外の議員活動分2分の1に按分している。

社会通念からするならば，これらは，当該議員個人の政治活動に通常必要な経費であると認められるとしても，当該地方公共団体の「議員としての調査研究に資するために上乗せ的に必要な経費」とはいい難いのではないかと思われる。社会通念を反映させた使途基準とすることが望まれよう[50]。

この「上乗せ的経費」の考え方によれば，青森地裁平成18・10・20（判例タイムズ1244号149頁）が，「陸奥新報」及び「毎日新聞」の購読料につき，また青森地裁平成19年判決が東奥日報，陸奥新報，読売新聞，朝日新

---

[49] 同判決は，別の議員が自宅を事務所としている場合には，事務所費「電気料金，水道料金」として支出したとするものについては，全額が使途基準に合致しない支出であるとしている。この場合は，電気料及び水道料の大半が自宅使用分及び家具販売店分が含まれていることによる「大半基準」の適用によるものである。ところが，同じ議員が，同一電話番号で事務所用と家具店用の電話料金を支払った場合について，判決は，その4分の1が政務調査費であるとした。

聞，毎日新聞，全国農業新聞の購読料につき，それぞれ議員としての調査研究活動に資するために必要な費用（資料購入費）ということができると述べていることは，到底社会通念の認めるところではない。なぜ，議員は，一般の人々が購読している日刊新聞等の購読に政務調査費を充てることができるとされるのであろうか。あるいは，平成19年判決が，「当該支出が政務調査費の使途基準に合致するかどうかを判断するに当たっては，各議員活動の自主性を尊重する観点から，できる限り調査研究活動の内容に立ち入ることがないように，本件規則7条により整理保管を義務付けられているところの会計帳簿及び領収書の記載事項を基礎的な判断材料として，可能な限り一般的，外形的に判断をするのが相当である」と述べて，外形的判断方法によるべきであるとしていることに関係するのかも知れない。すなわち，日刊新聞についていえば，一般的政治経済情報，スポーツ等の趣味・娯楽関係，本人の投資や事業に有益な情報などに加えて，政務調査に役立つ情報等が混在しており，個々の議員が，新聞を実際にどのように利用しているかについて立ち入った調査ができないため，領収書等により支出が証明される限り，政務調査費に該当するとしているのかも知れない。しかし，政務調査費を充てた日刊新聞を家族も読むことができるとするならば，そのような経費を支給されることのない一般人との間の不公平感は大きなものがある。

親族に対する支出と政務調査費　地方議会の議員が，親族がその政務調査活動を補助する役務を提供したこと，あるいは親族（又は同族会社）の財産を賃借したことに対し賃料を支払うことなどが禁止されるものではない。しかし，そのような経費に政務調査費を充てることができるかどうかは別の問題である。

先に紹介した青森地裁平成18・10・20（判例タイムズ1244号149頁）は，妻に対し支払う家賃に政務調査費を充てることを許容している。青森地裁平成19・5・25（判例集未登載）は，母親に対する賃料に充てることを肯定している。また，大阪地裁平成18・7・19（判例タイムズ1248号167頁）の扱

50　「渋谷区政務調査費検討委員会」の答申（平成19年2月）は，「事務所費については，主として議員個人の政治活動，選挙活動のために使用されるものと考えられるため，引き続き対象としないことが望ましい」としている。

っている政務調査費使用対象には，①父親との間で父親所有建物の一部を事務所として使用する目的で賃貸借契約を締結して父親に支払った賃料，②議員の父親との間で，父親が所有し同人が代表取締役を務める株式会社として使用している建物の1室を事務所として使用する目的で賃貸借契約を結び，父親に支払った賃料が含まれている。政務調査費をこれらの賃料の一部に充てたことについて，判決は，いずれも，当該部分が議員としての調査研究活動のための事務所の実態を有する限り賃貸借契約を締結すること自体は不自然ではないとし，事務所としての実態を欠くものと推認することもできないので，返還義務ないし損害賠償義務を負わないとした。

　このような考え方をするならば，議員の配偶者などの親族を政務調査活動の事務のために雇い，政務調査費をその報酬に充てることもできることになる。自治法，条例等に禁止する規定がない以上，違法とするわけにいかないとする判断に同調せざるを得ないが，禁止規定を置かなくてよいのか，問題として指摘しておきたい。

　なお，この事件において，市議会の議長及び副議長並びに各幹事長で組織する幹事長会が使途基準に係る具体的な取扱いに関する参考資料として策定した「使途基準の取扱要綱」は，人件費の項目において3親等内の親族の雇用はできないとしているところ，判決は，雇用者たる議員と3親等内の親族とは経済的に同一体であることが多く，当該親族に政務調査費の支出を認めると，政務調査費が当該議員の収入となり得るおそれがあるので，そのような事態を避けるため一律に禁止する趣旨にでたものであるとし，この趣旨に反しない限り，親族又は同族会社に対する政務調査費の支出が禁止されるものではないとした。判決は前記要綱が法規性をもつとみて判断しているのか，要綱が自治法等の法規範を確認したものとみているのか確認できないが，いずれにせよ，賃料の場合も，「経済的に同一体」である場合は雇用と同様の事態が生じうるといわなければならない[51]。

51　この問題に対する解答の根拠となるものではないが，所得税法56条を参照。

[3] 報告書・使途確認をめぐる問題点

不十分な報告書作成等の場合の処理　自治法100条14項は，政務調査費の交付を受けた会派又は議員は，条例の定めるところにより，その政務調査費に係る収入及び支出の報告書を議長に「提出するものとする」と定めている。この報告書をめぐる法的問題点がある。報告書が不十分であるとか，虚偽の記載がなされている場合に，後日その補正をすることにより瑕疵が治癒されるのかどうかが問題になる。また，補正がなされないときに，返還義務があるのかどうかが問題になる。

　まず，津地裁平成16・2・26（判例集未登載）は，平成12年改正前の事案であるが，精算（確定）の違法性判断に当たり次のように述べた。

> 「概算交付後の精算に当たっては，原則として領収書等により支払うべき金額が確定されるべきものではあるが，議会の会派への研究費の交付は，政治活動の自由とも密接に関連するため，各会派の代表者と経理責任者により適正に審査されて実績報告書が作成されている限りにおいて，精算に当たっての実績報告書に領収書等の添付を要しないとすることも許容されるものと解すべきである。そして，各会派の代表者と経理責任者により適正に審査されて実績報告書が作成されている以上，研究費が目的外に使用されていることを窺わせる一般的，外形的な事情のない限り，その精算（確定）は適法であって，その研究費は本来の目的に使用されたものと推認されるというべきである。もっとも，各会派の代表者と経理責任者により適正に審査されて実績報告書が作成されていないとか，研究費が目的外に使用されていることを窺わせる一般的，外形的な事情が存する場合には，原則どおり，領収書等で支払うべき金額が確定されなければならず，これにより確定できない部分については違法というほかない。」

　この判決は，このような一般論に基づいて具体的事案において，会派の代表者及び経理責任者による適正な審査があったとは認められないとした。会派の代表者と経理責任者による適正な審査に着目した判断方法に特色がある。この判決は，一部会派について違法としたが，控訴審の名古屋高裁平成17・8・24（判例集未登載）は，議員1人当たり事務費16万円，管内調査費

8万円とし，その他については必要に応じて実績に基づき議員が団長に請求する旨の申合わせがあり，概算交付を受けた研究費につき，定額分24万円について領収書24万円を徴求することなく交付していたことについて，①研究費月額24万円のうち事務費名目が16万円と一般に「事務費」が意味するところからすると相当程度高額といわざるをえないこと，②議員団が知事により精算（確定）を受ける前提となった実績報告書と訂正書との間に費目に数字に大きな隔たりがあることなどから，①について定額部分が事務費として過大といえない理由や根拠，金額の算出の経緯等を，②については大きな隔たりが生じることとなった合理的な理由（経緯）等を主張・立証しない限り「目的外に使用されていることをうかがわせる一般的，外形的な事情」に当たるとしつつ，①及び②について検討して，結論として，「目的外支出をうかがわせる一般的，外形的事情」に当たるということはできず，精算（確定）が適法になされ，研究費も本来の目的に使用されたものと推認されるというべきであるとした。

　この控訴審判決（及び1審判決）の考え方の特色は，精算（確定）手続のあり方に連動させて，訴訟段階においても，「目的外に使用されたことをうかがわせる一般的，外形的な事情」の有無を問題にしていることである。1審判決の述べたように，研究費が政治活動の自由と密接に関係していることとの関係において，結果として，会派あるいは議員について「性善説」に立った処理がなされているといえる。この点は，通常の補助金の場合に，仮に交付手続（精算手続）において詳細な使途を明かすなり領収書の提出が要求されないとしても，ひとたび疑念が生じた場合には，調査されることが当然であるのに対して，この調査研究費に関しては，「政治活動の自由」によるガードが働いていることがわかる。このような「性善説」が，国民一般の支持を得られることなのか，慎重な検討が必要であろう。

　定額方式の許容性　　ところで，精算を要しない仕組みで一律の金額が交付されている場合の扱いが問題になる。

　大阪地裁平成18・7・19（判例タイムズ1248号167頁）は，自治法100条12項（現行13項），204条の2，当該条例及び施行規則の趣旨に鑑みると，政務調査費の支給額を一定額としたうえ，当該議員が実際に費用として支弁

した額が当該支給額を下回ったときも，精算を要しないとする扱いは，原則として許されない，と述べつつ，次のように例外を許容している。

「当該経費の内容，性質等に照らし，実際に費用として支弁した実額の把握が社会通念上著しく困難であるなど実際に費用として支弁した額による清算をするのが社会通念上適当とはいい難いような場合には，当該経費の内容，性質等に照らして社会通念上実額を上回るものではないと考えられる一定額を支出ないし支給するものとして，実額との清算を要しないものとする取扱いをすることは，上記法令の規定の趣旨に反しないものと解される。」

この部分は傍論であるから，どの程度の意味があるかは問題となろう。この判決は，事務所費に関して，議員が自宅に事務所を設置する場合など，事務所の管理に要する経費の実額による把握が困難な場合も少ないことに鑑みると，「当該事務所において行われる調査研究活動の実情等に照らして，事務所の設置及び管理の具体的態様いかんにかかわらず，その管理に要する費用として社会通念上実額を上回るものではないと考えられる一定額を事務所費として各議員に支給する取扱いをすることは」，上記法令の趣旨に反しないと述べている。しかし，具体の事案は，事務所費として1人年額50万円を，清算を前提とせずに一律に支給したものであり，自宅に事務所を設置している者が少なからず存在していることにも照らすと，月額換算4万1,000円強は，事務所の設置及び管理に要する費用として社会通念上考えられる金額を上回るものでないとは到底考え難いとした。そして，個別議員ごとの事務所費の内容を認定し，年額50万円を超えているかどうかを判断する方法をとっている。

他方，旅費について「実費」によるべきであるとする仙台地裁平成19・11・13（判例集未登載）が波紋を呼んでいる。宮城県において政務調査費の旅費につき独自の算定基準がなく，議員の応招旅費基準（宿泊を前提に，移動距離が50キロ未満の場合は18,000円）を準用して交付していたことについて，宿泊を伴わなくても一律に宿泊料を含む金額とし，かつ，著しく高額であるとし，当時の県職員の基準（1キロあたり37円のガソリン代プラス車の維持管理費）によるべきであるとした。

思うに，旅費を含めて，すべての経費について完全な実費主義を貫くことは容易ではない。概ね一定額以上の支出を生ずる類型の経費について，固めの算定基準による定額を支給することは許されてよいと思われる。前記の仙台地裁判決も，現実に要した実費相当の費用を厳密に算出することは，費目の種類・金額，支出の頻度等により事務処理手続が煩雑となり，支障を生ずるとして，「標準的な実費である一定額を支給する定額方式」をとること自体は許容したうえで，著しく高額な「標準的な実費」の額によることを違法としたものである。もっとも，「1円以上」に領収書の添付を義務づけるようになると，標準的実費方式も否定されるようになろう。

立証責任の問題　政務調査費が目的外に使用されたかどうかは住民訴訟において争われることが多い。裁判例には，性善説に従って処理するものが多く，議員に対して立証の必要を認めないものがある。たとえば，京都地裁平成16・9・15（判例集未登載）は，後援会事務所の電話料金は使途基準にいう「事務費」に該当するとし，「通話のうち，政務調査に関係のあるものは半分を超えることはない」旨の原告の主張につき，そのような事実を認めるに足りる証拠はないとして使途基準に反しないとした。しかし，常識的には，後援会事務所は，議員の後援活動をする場所であって，むしろ政務調査といえない活動の推定を受けるのであるから，政務調査に用いられていることは議員が立証する必要があると思われる。前記の判決は，電話代と対照的に，事務費として支出されている議員団車の軽自動車税，車検代及び保険料について，使途基準が「事務費」の内容を「調査研究活動に必要な事務に要する経費」とされていること，例示項目（事務用品購入費，備品購入費，事務機器のリース料，通信費，燃料費等）に照らせば，事務費とは，「調査研究活動そのものに伴う事務に要する経費」をいうものであって，問題の軽自動車税等は車両の維持管理等に当たって必要となる費用にすぎず，その車両の維持管理が調査研究活動そのものに伴う事務ということはできないとして，使途基準に違反するとした。同じ議員団車のガソリン代[52]については「事務

---

[52] 「燃料費」が事務費に例示されているが，ただちに車のガソリン代を含むと解されるわけではない。事務所用の暖房の燃料費を指すという限定的解釈もありえよう。

費」に該当するとして，異なる扱いをしている。しかし，議員団車の使用実態が調査研究活動目的であれば，このような区別をすることにそれほど合理性があるようには思われない。

　最も難しい問題は，会議費について，通常は会議の内容に立ち入って判断することが困難なことである[53]。前記京都地裁判決に典型例が示されている。判決は，わずか2名の議員が団会議と称して，市からやや離れた地にあるリゾートホテルまで赴き，必ずしも割安とはいえない費用を支払っていると認定し，必要性や会議の実体の有無等について疑念を抱かせるものといわざるを得ないとしながら，「団会議が実体のないものであるなど，上記費用が議会の活性化に資する会議その他の会合と全く無関係の支出であると認めるに足りる証拠はない」として，相当性については問題になりうるとしても，使途基準に反するとまではいえないとした。

　同じく，国会議員や選挙民との会合費などの扱いも微妙なものが多く，決め手がないために使途基準違反とはいえないとされることがある。たとえば，前記の京都地裁平成16・9・15（判例集未登載）は，「衆議院議員Ｚを励ます議員連盟」が開催した研修会について，京都南部地区の地方議会の議員が地元選出の衆議院議員であるＺを招いて各自治体が抱える課題等の意見交換等を行ない，また，同議員から国政の報告を受けるものであったとする証言がなされていることから，「研究会」ないし「研修会」に該当しないとする理由はないとした。しかし，証人がどのような立場の人物であるかにより，ま

---

[53] ただし，会議の場所等により目的外支出であることが推認されることもありうる。カラオケバー，キャバレー，クラブ，ライブハウスで行なわれた会合費が目的外かどうかが争われた事件に関して，東京地裁平成16・4・13判例地方自治265号25頁は，これらの場所は，女性店員による接客が行なわれるか，大きな音響が常に響いているかのいずれか又は両方に該当するものであって，外観等も考慮すると各会合を開催し意見交換や会議を行なうにそぐわないばかりか，通常は遊興のみを行なう場所であることが一見明白であるとして，「その場所と目的との乖離があまりに大きいことにかんがみれば，現に区政に関する調査研究に用いられたことを示す具体的な主張立証がなされない限り，本件支出は政務調査費の目的外のものであったと推認すべきところ」，裁判所の再三の要望にもかかわらず具体的な主張立証をしなかったのであるから，目的外のものであったと認定せざるを得ないとした。

ったく異なった評価になると思われる。そして，このような政治家の会合には，意見交換と次の選挙に向けての政治的意思の疎通を図ることが混在しているのが普通であって，そのような混在目的の会合参加費を政務調査費により支援することが適切であるのか真摯に検討する必要があると思われる。

立証の困難さに鑑みると，収支報告書との関係において一定の事情の認められるときは，むしろ逆に違法性を推定することの合理性が認められよう。名古屋地裁平成19・3・22（判例地方自治297号11頁）は，まず，条例等の規定が，使途基準を定めたうえ，会派に経理責任者を置くこと，収支報告書の提出，会計帳簿の調製と領収書等の証拠書類の整理，保管を義務づけ，議長の調査権を定めているのは，政務調査費の実際の使途が使途基準に適合し市政に関する調査研究に資するため必要な経費として認められるものであることを担保し，その透明性を確保する趣旨目的によるとして，次のように述べた。

「収支報告書の収支の記載内容が，実際の政務調査費の支出内容と大幅に相違していたり，その支出内容が使途基準に適合しているかどうかを確認することができないような場合は，収支報告書の作成を義務付けて政務調査費の適正な支出とその透明性を確保しようとしている上記各規定の趣旨目的を満たすものとはいえず，当該部分の支出は政務調査費の適正な支出と認めることはできないので，これは法律上の原因を欠く不当利得として市に返還すべきものと解される。」

そして，立証との関係について，次のように述べた。

「政務調査費に関する不当利得の返還については，返還請求を求める側において，政務調査費の使途について相当な根拠をもって疑義が存することを主張，立証した場合には，会派ないし市側において，合理的な疑いを容れない程度にその疑義を解消するに足る主張と反証を行う必要があり，それがなされない場合には，政務調査費の適正な支出がなされなかったものと推認されるというべきである。」

同判決は，会派の共通経費及び余剰金に相当する部分を不当利得とした。
不当利得の返還を求める訴訟に関しては，一般に返還を求める者において受益者が「法律上の原因なく」当該利益を得た事実を主張立証すべきである

としつつも，具体的な事実及び証拠との距離を考慮しつつ，当該事案において通常考えられる程度に利得の保持を正当化する原因が存在しないことを主張立証した場合には，相手方においてこれを正当化する具体的事情につき反証する必要を生ずるというべきである」とする仙台地裁平成19・4・27（判例集未登載）の考え方が妥当するであろう。

　このような一般論が妥当するとしても，具体の事案について，どのような出発点を置くかについて，裁判所により相当異なるアプローチがとられている。たとえば，旅行を伴う調査研究活動に関して，仙台地裁平成19・4・27（前出）は，出張先における行動を詳細に認定したうえで，「調査研究の実質」があると認めるに足りる証拠の存在を強く求めている。その際には，出張に先立って調査項目等を準備したとか有益な情報を聴き取り又は入手したとか，出張によって得られた結果をその後の利用に供するため保存したかどうかについても目配りしている。そして，客観的に見て調査研究の実質があったものと評価できる出張について，さらに進んで，市政との関連性・必要性・合理性について検討するという判断方法を採用している。これに対して，名古屋地裁平成17・5・26（判例集未登載）は，「市政と関連していないとはいえない」という程度をもって，政務調査費の使用を適法としている。

　文書提出命令との関係　　政務調査費をめぐる住民訴訟を提起する場合に，住民は報告書を手にして違法性を主張・立証したいのであるが，報告書について情報公開請求による開示がないときには，住民訴訟を提起した後に報告書につき民事訴訟法220条による文書提出命令を求めて，政務調査費の使用が違法であることを立証したいところである。そこで，報告書が文書提出命令の対象になるかどうかが問題となる。

　この問題を扱った判決として，最高裁平成17・11・10（民集59巻9号2503頁）を挙げることができる。調査研究報告書とその添付書類の提出を求めていた事案である。判決は，条例及びその委任を受けた要綱の定めは，調査研究報告書をもって当該議員から所属会派の代表者に提出すべきものとするにとどめ，これを議長に提出させたり，市長に送付したりすることは予定していないとし，その趣旨について，「議会において独立性を有する団体として自主的に活動すべき会派の性質及び役割を前提として，調査研究報告書

の各会派内部における活用と政務調査費の適正な使用についての各会派の自律を促すとともに，調査研究報告書には会派及び議員の活動の根幹にかかわる調査研究の内容が記載されるものであることに照らし，議員の調査研究に対する執行機関等からの干渉を防止するというところにあるものと解される」と述べている。そして，判決は，この調査研究報告書は，もっぱら各会派の内部にとどめて利用すべき文書であって，会派が議長に提出すべきものとされている収支状況報告書及び執行状況報告書については，使途の適正及び透明性の確保のために議長の検査が予定されているのとは，その性質，作成目的等を異にするとしている。調査研究報告書が開示された場合には，所持者である会派及びそれに所属する議員の調査研究が執行機関，他の会派等の干渉等によって阻害されるおそれがあるものというべきであること，調査研究に協力するなどした第三者のプライバシーが侵害されるおそれもあることを指摘し，調査研究報告書及びその添付書類は，もっぱら会派の内部の者の利用に供する目的で作成され，外部の者に開示されることが予定されていない文書であるとして，民事訴訟法220条4号ニ所定の「専ら文書の所持者の利用に供するための文書」に当たるので，文書の提出義務がなく文書提出命令の申立てを却下したことを相当であるとした。この判決には，横尾和子裁判官の反対意見が付されている。調査研究報告書は，会派の外部の者である議長の検査の対象となり得る文書として規定されているというものである。

思うに，自治法100条14項にいう「当該政務調査費に係る収入及び支出の報告書」が単なる包括的な収入・支出の金額のみの数字であって，その使用内容は，すべて会派内部の事柄であり，会派内部におけるものが本件の調査研究報告書及びその添付書類であるというのであれば，法廷意見に賛成できるであろう。しかし，果たして自治法100条14項の報告書がそれで足りるという趣旨であるのかは慎重な検討が必要である。この最高裁判決によれば，結果としての数字のみの確認ないし審査はできるが，それ以上に内容にわたる審査は議長も予算執行権者もできないことになりそうである。果たして，政務調査費に関して，会派の独立性ないし自律性を根拠にして，このようなブラック・ボックスを認めてよいのか大いに疑問がある。

情報開示の必要性　　政務調査費に関しては，会派がそれを受け取り，使

途の制限を課されている以上，使途を明らかにする条理上の義務を負っていると解すべきである。それに不都合があるならば，不都合な場面においては政務調査費を使用しないことで足りるというべきである。会派の所持する文書であっても，開示を義務づける法制度の整備が望まれる[54]。使途を明らかにする義務が，一般の補助金と同様に，単に予算執行権を有する長との関係における義務（自治法221条2項）[55]にとどめられてよいかどうかこそが問題である。政務調査費に関しては，長の予算執行権に基づく調査権が必ずしも適正に行使されないところに問題があるのである。したがって，住民との関係における開示の義務づけが望まれる。

収支報告書については，条例において，議長が保存し，住民等による閲覧請求権を規定する方式が定着している。たとえば，神奈川県は，県内に住所を有する者，県内に勤務する者，県内に在学する者，県内に事務所又は事業所を有する法人その他の団体，そのほか収支報告書の閲覧を必要とする理由を明示する者に閲覧請求権を認めている（神奈川県議会政務調査費の交付等に関する条例14条2項）。また，横浜市は，何人も収支報告書の閲覧を請求することができるとしている（横浜市会政務調査費の交付に関する条例7条2項）。なお，川崎市は収支報告書を一般の閲覧に供し，写しの請求があったときは写しを交付しなければならないとしつつ（川崎市議会の政務調査費の交付等に

---

[54] 平成12年改正前の法状態において，横浜地裁平成13・3・7判例地方自治221号21頁は，会派政務調査研究費交付金要綱が政務調査研究費に係る収入及び支出を明らかにした現金出納簿及び証拠書類について会派の経理責任者が整備保管しなければならないと定めている場合に，その現金出納簿は会派が作成した文書であり，証拠書類である領収書等は会派が取得した文書で，その後も会派が管理する文書であることを理由に公文書に該当せず，県の情報公開の対象にならないとした。条例との関係では，このように判断するほかはないであろう。

[55] 横浜地裁平成13・3・7判例地方自治221号21頁は，要綱において，知事が会派に対して政務調査研究費の実績報告書（決算書のみで証拠書類の添付を要求していない）の提出を義務づけているにとどまる場合に，政務調査研究費の交付目的に反した支出がないかどうかの検査は知事による状況報告を求める権限と調査権限（補助金交付規則10条，要綱11条）の行使次第になるとし，茅ヶ崎市議会のように証拠書類の写しの添付を要求するところもあるので，解釈論と別に検討すべき余地もあると指摘している。

関する条例 15 条 1 項），それにより得た情報を適正に用いなければならないとしている（同条 4 項）。

そして，たとえ制度化されていないとしても，会派は自主的に開示すべきであろう。もしも，会派が開示を拒み続けようとするならば，そのような政務調査費は廃止する勇気をもつべきであろう。

どのような文書が備えられるかにより情報開示の意味も左右される。年度ごとの収支報告書のみならず，報告書に領収書を添付することを義務づけて，公開する動きも強まっている[56]。

使途基準違反の使途に充てた場合の処理　使途基準に違反する使途に充てた場合には，「目的外使用」として，政務調査費の違法な使用となる。そして，条例等が長が返還命令をなし得る旨を定めている場合であっても，返還命令を待つことなく直ちに返還義務が生ずると解すべきである（返還義務当然発生説）[57]。返還命令の行政処分性の有無には影響されないと考えてよい。

ところで，実績報告書に記載されていた使途が使途基準に反するものであった場合に，住民訴訟段階において，他に使途基準に合致する経費があった旨を立証することにより，地方公共団体の損害，ないし交付を受けた会派の不当利得となる損失がないといえるのかどうかが問題となる（使途の転換の許否）。所定の手続をとったもののみについて交付を受ける権利があるという手続重視説と，実態に着目すればよいとする実質重視説とがありうる。京都地裁平成 16・9・15（判例集未登載）は，実質重視説に従い，違法使途分から新たに証明された実質分を控除した残額についてのみ不当利得の対象となる損失があったと認定している[58]。同じく，大阪地裁平成 18・7・19（判例タイムズ 1248 号 167 頁）は，傍論として，収支報告書に記載された使途と

56　都道府県レベルにおいて，長野，岩手，宮城，鳥取，新潟などが収支報告書への「1 円」以上の領収書の添付を求め，その全面公開を実施し又は実施を決めている（朝日新聞平成 19・7・26，毎日新聞平成 19・11・27）。さらに，大阪府も，金額の多少にかかわりなく領収書の添付を義務づけて，他の提出書類とともに，情報公開請求によらなくても府議会事務局にて自由に閲覧できるようにし，議長の諮問機関として外部の有識者と府議で構成される常設の検査機関を設けて収支報告書や添付書類のチェックをすることとする方針を固めたという（朝日新聞平成 19・7・26）。

57　京都地裁平成 16・9・15 判例集未登載。

異なる使途に支出した場合においても，当該支出が市政の調査研究に資するため必要な経費に充てられたと認められるときには，自治法，条例等に違反し違法ということはできないと述べている。

使途基準に合致するか微妙な経費について判断を誤ったのみで，他に政務調査費に該当する経費を支弁しているときに実質重視説によりたい気持は十分に理解できるが，雑な処理をしておいて，訴訟により返還や損害賠償を求められたときに，他の政務調査費に該当する経費を必死で探し出してなされる適法性の抗弁を受け容れることには，抵抗を覚える。適正な政務調査費の交付を実現するには，手続重視説も十分採用できるように思われるが，いかがであろうか。

4　議員の歳費・報酬・年金負担

[1]　国会議員の歳費・地方議会議員報酬等

国会議員の歳費　両議院の議員は，「法律の定めるところにより」，国庫から相当額の歳費を受けるものとされている（憲法49条）。これは，国会議員の歳費請求権及び歳費法律主義を定めるものである。そして，国会法は，歳費の水準について，「一般職の国家公務員の最高の給与額（地域手当等の手当を除く。）より少なくない」ことを求めている（35条）。国会議員の具体的歳費等は，「国会議員の歳費，旅費及び手当等に関する法律」により定められている。歳費月額は，議長が218万2,000円，副議長が159万3,000円，議員が130万円である（1条）。

法律主義の観点から注目されるのは，期末手当に関する規定である。議長，副議長及び議員で6月1日及び12月1日（「基準日」）に在職する者及び基準日前1月以内に辞職し，退職し，除名され，又は死亡した者は，期末手当を受けることとされているが（11条の2第1項），その額については，基準

58　この判決は，選挙により会派が消滅している場合において，会派自体は権利義務の帰属主体となるものではなく，会派に交付された政務調査費は，会派構成員に不可分的に帰属すると解されるから，不当利得返還債務も会派構成員に不可分的に帰属すると解されると述べた。

日現在（それ以前の退職者等は，退職等の時点）において受けるべき歳費月額及び歳費月額に100分の45を超えない範囲内で両院議長が協議して定める割合を乗じて得た額の合計額に「特別職の職員の給与に関する法律」1条の1号から43号までに掲げる者の例により一定の割合を乗じて得た額とされている（同条2項）。

　割合の限度は法定されているものの「両院議長が協議して定める割合」が登場している。この趣旨が，当該期末手当対象期間中における国会議員の国会活動を勘案して，十分活動したと認められる場合とそうではない場合とを見極める趣旨で両院議長の協議で割合を定めるのであれば，それなりに意味があるが，単に国民から見えなくしているのみであるとするならば，内部的決定に委ねたものであって問題であろう。また，期末手当に関しても，憲法49条の歳費法律主義が及んでいるとするならば，両院議長へのこの程度の委任が許されることなのかどうかが問われるであろう。両院議長の協議により決めることと国会が法律で定めることとは，決定的に異なるのである。

　弔慰金の支給も制度化されている。議長，副議長及び議員が死亡したときは，歳費月額16月分に相当する弔慰金が遺族に支給される（12条)[59]。また，職務に関連して死亡した場合には，普通弔慰金のほか歳費月額4月分の特別弔慰金が支給される（12条の2）。「公務上の災害に対する補償等」は，両院議長の協議により定めるところに委任されている（12条の3）。

　地方議会議員報酬　　自治法203条1項は，議会の議員等に対して報酬を支給しなければならないと定めている。議員の報酬の額及びその方法は条例で定めなければならない（203条5項）。これを受けた条例は，月額で報酬の額を定めるのが普通である（福島県矢祭町は日当制を検討しているという）。たとえば，「大阪府議会議員の報酬及び費用弁償等に関する条例」は，議長1,170,000円，副議長1,030,000円，議員930,000円と定めている（3条）。このような金額水準が妥当であるかどうかについての判断は，それぞれの地方公共団体の裁量の問題である。ただし，議員がお手盛りで高水準の報酬を

---

[59] 不祥事の疑惑を追及されていた議員が自殺した場合も，この弔慰金の支給対象であることに変わりなさそうである。

定める虞があることにかんがみ，附属機関として特別職報酬等審議会に諮問しその答申を得て条例の改正を行なう方法が一般化している。

　議員が刑事事件の被疑者となって身柄を拘束されていた場合に，議員報酬を支給することができるかどうかが争われた事件がある。横浜地裁平成13・8・29（判例集未登載）は，自治法203条5項が，議員の報酬の支給方法及び額は，条例で定めるとしているので，自治法は，議員が議員として活動できない場合において報酬を減額するか否かの決定も条例に委ねられていると解して，その理由として3点を列挙している。第一に，活動できない状態も一定期間に限定されるうえ，一定の場合の辞職や失職がありうること，第二に，議員活動の繁忙度，議員以外の活動の必要性・可能性の程度等は，地域の規模等地域における諸般の事情により異なり議員の勤務に対し対価的要素よりも給与的な要素を多く認めなければならないこともあること，第三に，議員として活動できない原因・理由，期間，活動できる状態への回復の可能性等の諸要素を適切に考慮して，どのようにするかを各地域における条例の定めに任せる方が現実的な対応が可能であること，を挙げた。そして，条例の特別の規定がない場合には，長は，議員としての身分を有する者に対して議員報酬を支給する義務を負うのであって，自由に議員報酬を減額することはできない，と述べた。自由に減額できるとするならば条例主義の趣旨を没却するからであると説明している（判決は，期末手当の減額についても，同様の判断をした）。条例の規定がない場合には，このように解さざるを得ないであろう。減額する定めを設けるときに，たとえば被疑者として身柄を拘束されているような場合には，支給の保留などの暫定措置を媒介にする方法を定めることが合理的であろう。

　ところで，議員に当選した後に公職選挙法違反容疑で逮捕され，実質的に議員活動ができず，当選無効が確定した場合に，すでに支払われた報酬等について不当利得として返還すべきものとする裁判例がある。東京高裁平成13・11・28（判例時報1780号86頁）である。判決は，当選無効の場合は遡及的に当選の効果が失われ初めから議員としての地位を取得しなかったことになるのであるから，そのような者が議員報酬及び期末手当を取得する法律上の根拠はないとした。そして，その者が，新任期中に実質的な議員活動を

行ない，これにより市に利益をもたらしたことがあるとは到底認められず，全額が不当利得になるとした。この事実認定に基づく限り正当といえようか。

地方議会議員期末手当　自治法203条4項は，条例で，その議会の議員に対し，期末手当を支給することができる旨を規定している。したがって，期末手当支給制度を設けるかどうかは，地方公共団体の選択に委ねられている。同条第1項が，「報酬を支給しなければならない」として報酬支給義務を定めているのと対照的である。そして，議員に対する期末手当の支給については慎重にすべきであるという意見もあるとされる。すなわち，「そもそも期末手当とは，現在の給与体系からすれば国又は地方公共団体から生活給的色彩を持つ給与を受けている職員，たとえば，給料を受けて自己及び家族の生計を維持している常勤職員についてなじむものであり，純然たる勤務に対する反対給付としてのみの意味をもつ報酬を受けている非常勤職員については」，額の決定その他について慎重に考慮を払うべきであるとする意見があるとされる[60]。この点については，おそらく議員の職業化の進展により議員の報酬自体も生活給と化す傾向があり，それを頼りにますます職業化が進展するという循環のなかで，報酬の水準が高ければ高いほど，相当手厚い期末手当が支給されていることが多いと推測される。そのような循環現象を断ち切ることも考えるべきであろう。

しかし，実際には，議員報酬条例に期末手当に関する規定も置かれるのが普通である。たとえば，大阪府の前記条例は，基準日（6月1日又は12月1日）現在における報酬の月額の1.2倍相当額[61]に，6月支給分については100分の210，12月支給分については100分の230を乗じた期末手当[62]を支給するとしている（5条2項）。基礎にする金額が，報酬月額ではなく報酬月額の1.2倍相当額とされている理由は明らかではない。大阪府の一般議員に

60　松本・逐条645頁。

61　実際の条文は，報酬の月額及びその報酬の月額に100分の20を乗じて得た額の合計額という表現である。

62　基準日前6か月以内における在職期間に応じて，5か月以上6か月未満は100分の80，3か月以上5か月未満は100分の60，3か月未満は100分の30を乗じることとされている（5条2項）。

当てはめると，年間の期末手当合計額は4,910,400円となる。

神戸地裁平成3・11・25（判例時報1442号88頁）は，「期末手当の支給割合は，経済状況，財政状況，他の普通地方公共団体との比較等を考慮しつつ決せられる政策的判断である」と述べ，訴訟で問題となっている時点における他の市と比較して，1市を除く他の市と一致し当該市のみが突出しているわけではないとし，かつ，同じ時期の国会議員の期末手当の支給割合と比べても特段多いものではないと述べ，市議会に与えられた裁量権を越え又は濫用したものではないことが明らかであるとした。法律論としては批判できないが，横並びで高止まりする可能性があることに加えて，地方議会の議員に対する期末手当の性質をいかに考えるかという問題があろう。

退職時等の給付　議員に対する退職手当の規定は存在しない。そこで，地方公共団体のなかには，退職議員に記念品又は功労金等を交付するところがある[63]。少額の記念品の交付は，給与等条例主義に違反しないと考えられる。

［2］　議員年金

国会議員の年金　これまで国会議員であった者には，国会議員互助年金法による互助年金及び互助一時金が給付されてきた。互助年金には，普通退職年金（9条），公務傷病年金（10条），遺族扶助年金（19条）があり，普通退職年金は在職10年以上で退職した議員に支給された。互助一時金は，退職一時金（10条の2）及び遺族一時金（19条の3）に分かれ，退職一時金は，在職3年以上10年未満で退職した議員に在職期間に納入した納付金総額の100分の80を支給するものであった。納付金率は，当初は100分の3であったが，数次の改正を経て100分の10まで高められた。納付金は，一般会計の衆議院及び参議院の歳入とされる一方，給付費は，国庫負担とされ（24条），総務省歳出予算の「恩給費」に計上されている。

国会議員厚遇の批判を受けて，「国会議員互助年金を廃止する法律」（平成

63　神奈川県は，連続2期以上在職して退職した議員に100万円の県政功労者指定功労金を支給してきたが廃止することにした（朝日新聞平成18・12・5）。旧三原町の退職記念品料については，自治法204条の2違反であるが返還により損害額がないとされた（神戸地裁平成17・11・2判例地方自治281号47頁）。

18年法律第1号)[64]により同法は廃止された。しかし，附則7条1項により，同廃止法施行の際に国会議員である者で施行日の前日に退職したとしたならば旧法9条1項の規定により在職期間10年以上で普通退職年金を受ける権利を有するものが退職したときは，普通退職年金を給するとされている。そして，在職期間は平成18年3月をもって終わり（附則8条），旧法の例による場合の額の100分の85とされている。また，普通退職年金の支給を受けない者は，退職一時金として納付金総額の100分の80に相当する額の支給を受ける。

地方議会議員の年金　地方議会議員の年金制度は，昭和36年に地方議会議員互助年金法に基づく任意加入の互助年金として創設され，翌37年に地方公務員共済組合法を制定する際に，同法に移行された。同法11章「地方議会議員の年金制度」において詳細が定められている。都道府県議会議員共済会，市議会議員共済会，町村議会議員共済会が設けられ（151条），退職年金，退職一時金，公務傷病年金，遺族年金及び遺族一時金の各給付制度がある（158条）。

　退職年金は，在職12年以上で退職したときに支給され（161条1項），在職12年以上13年未満につき平均標準報酬年額の150分の35に相当する金額とし，12年以上1年を増すごとに1年につき平均標準報酬年額の150分の0.7に相当する金額を加算した金額とされる（161条2項）。在職期間30年超は30年として計算される（161条3項）。退職一時金は，在職3年以上12年未満で退職した場合に支給され（161条の3第1項），その金額は，在職期間の掛金総額に次の割合を乗じて得た額とされる。3年以上4年以下は100分の49，4年超8年以下は100分の56，8年超12年未満は100分の63である（161条の3第2項）。

　以上のような給付を行なうための財源はどのようになっているのであろうか。地方議会議員は，各共済会の定款で定めるところにより掛金及び特別掛

---

[64] この廃止法制定に至る過程において，衆参両院の議長の下に，その諮問を受けて調査する「国会議員の互助年金等に関する調査会」が設置された。両院議長から諮問を受けた機関の設置は，憲政史上初の試みであったという。調査会は，中島忠能前人事院総裁を座長とする6名で構成され，国会議員をまったく含まない調査会であった。

金を納めることとされている（166条1項）。掛金の額は，地方議会議員の報酬の額に定款で定める率を乗じて得た金額であり（166条2項），特別掛金の額は，期末手当の額に定款で定める率を乗じて得た金額である（166条3項）。これら以外に，地方公共団体の負担金も財源として組み込まれている。毎年度において地方公共団体が負担すべき金額は，共済会の収支の状況を勘案して総務省令で定める（167条2項）。

かくて，地方公共団体は，全国の収支状況のなかで総務省令の定める割合の負担を求められることになる。負担金の割合は，実際には，地方公務員等共済組合法施行規則15条により定められている。この地方公共団体負担分が省令で定めるとされていることについては，若干の問題がある。なぜならば，給付に必要な資金総額から掛金率及び特別掛金率により確保される分を控除した残額を地方公共団体負担とするのであるから，裁量が働かないような外観を呈しているが，各共済会の定款の定めといっても，それは実質的に総務省のリーダーシップによって決まるものであるから，同一の主体（総務省）が議員及び地方公共団体負担分を裁量により決めているといってもよい。また，建前論として，共済会の定款が代議員会により決められること（155条2項1号）[65]を重視するならば，そのような定款の定めによる掛金・特別掛金負担分を控除した残額を，なぜ地方公共団体が受身の立場で負担することを甘受しなければならないのか，明確ではない。

ところで，地方議会議員の退職年金制度が，市町村合併や議員定数の削減により大きな影響を受けつつある。それは，議員年金を支える共済会の会員数が減少するからである。前記の年金水準は，このような状況を踏まえた「地方議会議員年金制度検討会報告」（平成18年2月）に基づいて改正されたものである。そして，一定期間は，激変緩和のため地方公共団体の負担金により調整する政策が採用された。

平成19年3月まで及び同年4月以降の各負担の仕組みは，次のとおりである。

　　　　　　　　　　（平成19年3月まで）　　（平成19年4月以降）

---

[65] 代議員会に関する事項も，定款事項である（152条1項4号）。

掛金率	標準報酬月額の	標準報酬月額の
都道府県議会議員	12％	13％
市議会議員	13％	16％
町村議会議員	15％	16％
特別掛金率	期末手当の	期末手当の
都道府県	2％	2％
市・町村	5％	7.5％
負担金率	標準報酬月額の	標準報酬月額の
都道府県	10％	10％
市（特別区を含む）	10.5％	12％
町村	11％	12％

なお，年金，退職一時金ともに，従来の水準の12.5％引き下げることとされた。地方議会の議員も，次第に厳しい状況に置かれつつあるといえよう。

第7章　政府経費の外延

1　政府経費の性質論

[1]　政府経費の多様性

プラスの政府経費　政府経費の内容は，極めて多様である。本書において第3章以下において一応の類型別の考察を行なったが，政府経費はこれらに限られるものではない。列挙された経費を含めて，政府が日々活動するための経費の多くは，それによる「見返り」があるものである。経費性原則を述べた際のメルクマールに従えば，「必要性」ないし「有益性」を備えて，究極において国民・住民の福祉に貢献する公金支出をもって政府経費と考えるのが普通である。接待費や交際費も，経費性を認められるのは，本来，国民・住民の福祉を充実させるためのものに限られるのである（逆に，単なる浪費といわざるを得ないような接待費，交際費は，捨て金であって経費性を有しない）。このような国民・住民の福祉に貢献する経費は，「プラスの政府経費」と呼ぶことができる。もちろん，政府経費の「見返り」の程度を測定する尺度が明確でないことが，政府経費を論ずる際における最大の弱点である。あるいは，尺度がないことを奇禍として，接待費や交際費の経費性を主張しようとすることがある。

ところで，必要性ないし有益性，そして「見返り」は，国民・住民にとってのものでなければならない。それが，時として，政治家個人，地方公共団体の長個人，幹部職員等にとっての必要性・有益性と誤解し，あるいは誤解させようとすることがある。たとえば，公金をもって行なう官官接待において，しばしば接待者のステータス，威信を示すことをもって，必要性・有益性と受け止める向きがないとはいえない。

マイナスの政府経費　プラスの政府経費に対して，一見すると国民・住民の福祉に直接貢献することがないと受け止められる公金支出が存在する。

たとえば、国又は地方公共団体が支払う損害賠償金は、その受領者にとっては、損害を償われるという意味があるが、支払う国又は地方公共団体及びそれを支える国民・住民にとっては、財産の減少要因であって、マイナスの結果をもたらすにすぎない。このような経費は、その意味において「マイナスの経費」である。しかし、マイナスの経費であっても、それが国又は地方公共団体の法律上の義務の履行である限りは、その履行自体について非難されることはないはずである。非難されるべきは、そのような義務履行を必要とする事態を招いたことである。法的問題としては、損害賠償を負う事態を招いたことについて責任を有する者に対する求償権の行使が残される。そのこと自体は、本書の政府経費法の検討範囲外にある。

　マイナスの経費であっても、法的義務の履行である限り、なお政府経費たる性質を失わないのであるが、法的義務以上の金額を損害賠償名目で支出することは、もはや捨て金であって、経費性を有するものではない。損害賠償とまでいえないが、国又は地方公共団体の一定の事業遂行に対して国民、住民が不利益を被ると主張して「補償」を迫られることがある。経験的に見て、政府活動を継続する過程において、賠償や補償は一定の確率で必然的に生ずる。この場合にも、補償義務があるのであれば、その履行のための公金支出は政府経費である。しかし、相手方の強い主張に押されて、義務がないのに補償名目で公金を支出する場合は、経費性を失う可能性がある。もっとも注意を要するのは、法的義務の存否のみにより限界線を引くことはできないことである。厳密な義務がないとしても、円滑な事業推進のために必要であることが客観的に認められる補償は、なお経費性を有するというべきである。

[２]　マイナスの経費に関する問題性

裁判等によるものと行政段階のもの　　マイナスの経費としての支出を要するかどうか、どれだけの金額にすべきかについて、たとえば国家賠償請求についての判決に基づくようなものについては、公平な裁判所の審理を経て、その法的義務が確定されている以上、公金支出の違法性が問題とされることはない。また、公共事業目的の土地の収用についても、土地収用法に基づき収用委員会の裁決により支払うもの、あるいは、裁決に続く補償額に関する

訴訟の判決に基づくものについては，同様に経費性を問われることはない。

これに対して，私人から賠償や補償をするよう求められて，行政段階で了承して支払う場合には，その支払額が果たして適正といえるか，逆にいえば，支払う必要のない分の支払いがなされていないかどうかが問題になる。行政段階では，さまざまな力学により，公正な決定が歪められ，適正額を超える金額が支払われることがあり得るからである。ただし，このような問題があるからといって，常に相手方による訴訟の提起を受け，その裁判結果（土地収用の場合は少なくとも収用委員会の裁決）を待つべきであるということにはならない。訴訟に持ち込もうとすること自体が，行政の不誠実な対応として非難され，以後の事業の推進等に深刻な悪影響を与えることもあり得る。深刻な被害を受けている者に対しては，なるべく早期に賠償又は補償し，一刻も早くその生活の確保を図ることこそが行政の責務といわなければならない。このことは薬害訴訟や公害訴訟により広く知られているところである。

行政段階のものについての統制　行政段階のものについては，公正性を確保し，適正額の範囲内の金額にとどめる必要がある。収用委員会のように行政委員会組織を設けて，慎重な手続により判断をするのも一つの方法である。もっとも，よく知られるように，収用委員会に係属する案件は，強制収用であって，多くの用地取得は，むしろ任意買収によっている。任意買収の場合であっても，損失補償基準及び地価公示制度により，客観性を担保する制度の構築が模索されてきた。土地収用のように制度が用意されている場合を別にすると，法律自体が手続を用意していることは少ない。そのような場合に，行政が自主的に公正決定のための制度を整備し，適正額の支払をするよう努めることも考えられる。要するに，いかにして適正額の支払を確保するかが大きな課題である。

適正額という意味においては，契約における適正な対価の設定と似た問題である。会計法や自治法の「契約」の規定の適用を受ける契約[1]にあっては，競争入札等によって適正な対価の設定を確保しようとしているのであるが，マイナスの経費については，それに相当する仕組みが容易に見つからない点

1　「契約」の意義については，碓井・公共契約法精義21頁以下を参照。

に，問題の難しさがある。

2　紛争解決のための政府経費

[1]　政府経費としての損害賠償

判決等によらない損害賠償　国又は地方公共団体が被告となって損害賠償請求を受け，敗訴して支払う損害賠償金の支払自体は，財政法の観点から問題にすべきではない。

これに対して，被害者との交渉を経て和解に至って支払う損害賠償金については，そもそも真に損害賠償をなすべき場合であるのか，また，その金額が適正であるのか，という点が問題になる。そして，このような支払金は，決して好ましい事態ではないが，すでに述べたように，これを「政府経費」に含めることも，あながち誤りではない。しかも，国民又は住民の負託を受けて財政運営をすることを求められる国又は地方公共団体は，その適正な支払に努めなければならない。

問題は，国又は地方公共団体が明確な損害賠償と必ずしも言い切れない場面において，どのような行動をとるべきかである。そのような場面は，さまざまである。

たとえば，小規模住宅用地に対する固定資産税の課税標準の特例規定の存在を知らずに課税してしまい，後に課税誤りが見つかったときに，当初の賦課決定についての不服申立てがなく（したがって取消訴訟も提起されていない），もはや減額賦課の除斥期間が経過し，かつ，賦課決定が無効であるとしてもその還付請求権も時効により消滅している場合に，損害賠償金の位置づけにより実質的に返済すべきであるとする見解がある。もし国家賠償説に従うならば，時効に関しては，国家賠償法4条を媒介にして，民法724条により，被害者又はその法定代理人が損害及び加害者を知った時から3年間損害賠償請求権を行使しないときは時効により消滅することになる。3年は短い期間であるが，「知った」時点が遅れることがあり，その場合には，「不法行為の時から」20年の除斥期間により，ようやく安定する。国家賠償肯定説と，不服申立期間（行政不服審査法14条，45条）及び出訴期間（行政事件訴訟法

14条），減額賦課決定の除斥期間（地方税法17条の5第1項）還付請求権の消滅時効期間（同法18条の3）による安定化を図る法制度との間には大きな開きがある。こうした状況において損害賠償金の位置づけにより返還することができるかどうか自体が一つの論点である[2]。確定判例のない段階において，市町村は，そのとるべき行動について迷ってしまうであろう。還付請求権の消滅時効については，時効の利益を放棄することができないと解されているところ，国家賠償説の場合においては，通常の国家賠償と同様に時効の利益を放棄できることになるのかも問題となる[3]。もし，時効の利益を放棄できるとして，相手方により個別に放棄するかどうかの態度を変えてよいのかも問題となる。確定判例のない場合に行政が対応することには，著しい困難がある。

損害賠償責任の任意の履行　国又は地方公共団体が損害賠償責任を負う場合には，被害者救済の観点からは，できるだけ早期に損害賠償債務を履行することが望ましい。被害者からの訴訟提起を待って，かつ，判決を待たなければならないとするならば，被害者にとって時間と経費が重荷になる。しかしながら他方において，公金が不当に流失することを避けるには真に損害賠償責任を負う場合でなければならない。そのためには，すでに述べたように，裁判手続あるいはそれに代替する手続により確定されることが望ましい。この二つの要請を同時に満たすことは容易ではない。このような矛盾のなかで，住民訴訟で争われる事態も発生する。

民事調停等に簡単に応ずることが違法とされたことがある。大阪高裁平成15・2・6（判例地方自治247号39頁）は，ゴルフ場建設予定地として山林を買収した業者が，ゴルフ場開発に関して市が不許可としたのは違法であるとして市を相手に80億円の損害賠償を求める民事調停の申立てを行ない，そ

---

[2] この問題について，碓井光明「租税法における実体的真実主義優先の動向——更正の請求の拡充及び固定資産税課税誤りの救済」山田二郎先生喜寿記念論集『納税者保護と法の支配』（信山社，平成19年）19頁及びそこに掲げた文献を参照。

[3] 地方税法18条の3第2項は，18条2項の規定を還付金の消滅時効に準用しているので，還付金の消滅時効である限りは，時効の援用を要せず，また，その利益を放棄することができない。

れを受けた調停裁判所が，市が代金約43億円で買取ることを骨子とする民事調停法17条決定を行ない，市長がこれに異議を申し立てずに決定を確定させた場合について，同金額が適正価格でないとして市長個人に対する損害賠償を求めた旧4号請求住民訴訟事件である。判決は，市が土地を取得する際に代金をどの程度にすべきかについて原則として市長に裁量権はなく，特段の事情がない限り取得代金が適正価格を上回るだけで違法になるとし，調停に至る経過があまりに性急であり，市は調停裁判所に対し適正金額を評価するための資料を提出せずに17条決定を得て，議会に対して，裁判所による決定であるから信用しうるという説明を繰り返すなどして，当初から17条決定を「悪用する意図を有していたと思われる」と述べて，違法性を否定すべき特段の事情は認められないとした。さらに，議会も，土地の買取価格が適正であるかについて，当然なすべき実体的な調査や審議を尽くさず，手続的にも内規に違反したうえで議決を行なった点に違法があったとした。適正価格認定のために尽くすべき手段を講じなかったこと，議案を議会の閉会間際に提出して議会の議案審議期間を極めて短期間にしたこと，及び，審議に際して当然なすべき議会に対する説明や資料の提出等を怠り審議の充実を図るべき義務を怠ったことから，17条決定に異議を申し立てなかったことは，財務会計法規上の義務に違反する違法なものであったとした[4]。この認定に基づく限り，やむを得ない判断というべきであろう。

　損害賠償金の支払を違法であるとして提起される住民訴訟が稀に見られる。札幌地裁平成16・2・12（判例集未登載）は，次のような事案である。市が，ホテル機能，商業機能及び業務機能からなる複合施設である活性化拠点施設の整備を主要事業とする駅周辺地区市街地総合再生基本計画を策定して，出店申出のあった株式会社をホテル事業の出店企業（施設内の必要面積を賃借してホテル業務を行なう者）として選定したが，活性化拠点施設の施行主体を決めることができなかった。前記株式会社がホテル出店の申出を白紙撤回したため，市が，議会の議決を経て同株式会社に損害賠償金787万余円を支払

---

[4]　暴利行為を理由にする業者に対する不当利得返還請求に関して，判決は，土地の価格は適正価格の概ね2倍程度にとどまるから，売買が暴利行為に当たるとはいえないとして，排斥した。

ったことの適否が争われた。住民訴訟を提起した原告は，行政計画遂行の過程で計画変更は常にあるのであって，本件は，単なる企業の通常の事業展開に伴い自己責任で行なう投資としての支出にすぎず，社会通念上看過し得ないほどの積極的損害であったとは到底いえないので損害賠償する義務はなかった（併せて損害額の算定が客観的合理的根拠に基づくとはいえない）と主張した。

判決は，まず，地方公共団体が施策として定めた計画は，その後の社会経済情勢の変動等に基づき施策内容が変更され，ときには施策自体が廃棄されることがあるのは当然であって，原則としていったん決定した原施策に拘束されるものではないから，原施策の変更・廃棄を含めて事業基本計画の決定は，政策判断における裁量権の濫用又は逸脱にわたらない限り，当然に違法となるものではないとしつつ，「もっとも」という書き出しで，次のように述べた。

「原施策の変更廃棄によって，これを信頼し協力し，地方公共団体と直接の契約関係に準じる密接な協力，提携関係を形成し，これに基づき各種の負担や支出を行ってきた者に社会通念上看過し難い程度の損害が生じるときには，損害を賠償するなどの措置を講ずるものでない限り，当事者間に形成された信頼関係を不当に破壊するものとして，当該地方公共団体が不法行為責任を負う余地があるものというべきである。

ところで，地方公共団体が原施策の変更廃棄を決定する際，原施策の実現を信頼し，地方公共団体との間で密接な協力，提携関係を形成してきた者が，その被った損害のてん補あるいは賠償を求めて不法行為責任を追及することを想定して，予め損害賠償措置を講じる決定をし，議会の議決等必要な手続を経てそれを実行することは，紛争の未然の防止という政策的な観点からは望ましいものであって，当然に違法となるものではない。もっとも，原施策の変更廃棄の原因，地方公共団体と事業参画者との間で形成された法律関係，信頼関係の内容や程度，原施策の変更廃棄によって事業参画者に生じた損害の内容や程度などの諸要素に照らし，地方公共団体が不法行為責任を追及される一定程度の蓋然性すらない場合，事業参画者に対して損害賠償措置を講じることは違法性を帯

びる余地があるものと解するのが相当である。」

　工場誘致施策の変更に伴う地方公共団体の損害賠償責任を肯定した最高裁昭和56・1・27（民集35巻1号35頁）が，一定内容の将来にわたって継続すべき施策の決定が，「単に一定内容の継続的な施策を定めるにとどまらず，特定の者に対して右施策に適合する特定内容の活動をすることを促す個別的，具体的な勧告ないし勧誘を伴うものであり，かつ，その活動が相当長期にわたる当該施策の継続を前提としてはじめてこれに投入する資金又は労力に相応する効果を生じうる性質のものである場合」には，信義衡平の原則に照らし，信頼に対する保護が与えられなければならないとして，施策の変更により，勧告等に動機づけられて活動に入った者が，その信頼に反して所期の活動を妨げられ「社会観念上看過することのできない程度の積極的損害を被る場合」に，地方公共団体が損害を補償するなどの代償的措置を講ずることなく施策を変更することは，「やむを得ない客観的事情によるのでない限り，当事者間に形成された信頼関係を不当に破壊するものとして違法性を帯び，地方公共団体の不法行為責任を生ぜしめるものといわなければならない」と述べたことが想起される[5]。

　前出の札幌地裁判決は，この最高裁判決を引用していないのであるが，申出前は具体的な勧告・勧誘とまではいえず，また申出の撤回という株式会社の自主的行動によるものであるから，前記最高裁判決は本件の直接の先例性がないと考えたものと推測される。しかし，この最高裁判決の趣旨に照らしても，損害賠償金を支払うことが違法とはいえないであろう。札幌地裁判決は，事実認定を踏まえて，「契約が成立するに至らなかったことについて契約の相手方に契約締結上の過失があった場合に賠償される信頼利益と同視される余地が十分ある」とし，また，損害額も，相応の客観的合理的な根拠に基づいて算定されたものであるとした[6]。議会の議決を経る手続により，損害額の合理性についての議会審査を経ていると解されることも適法視する一つの要因である。

---

[5] 町の誘致を受けてゴルフ場等の開設をしようとした業者に町が協力を怠るなどしたことについて，町の不法行為責任を認めた事例として，福島地裁郡山支部平成17・2・22判例地方自治269号84頁がある。

損害賠償請求に対する応訴の要否等　　国又は地方公共団体が，被告とされて損害賠償請求を提起されたときに，必ず最後まで応訴して訴訟を続行すべきものかというと，必ずしも，そのようには考えられていない。その限りで，訴訟を続行すべきかどうかについては，判断の余地がある。国又は地方公共団体の損害賠償責任が明らかであり，その金額にも納得のいく場合に，早期に被害者救済を図ることを躊躇すべきではない。また，応訴して1審判決において敗訴したときに，その判決内容に納得できる場合には，敢えて控訴すべきものではない。担当者の面子を重視して，勝訴の見込みのない訴訟を継続することこそ，財政の観点からも非難されるべきである。したがって，1審で請求を認諾し，又は敗訴判決に控訴せずして1審判決を確定させて，損害賠償金を支払ったとしても，そのことの故に違法な公金の支出として咎められることはない。しかし，相手方と結託して，敢えて訴訟を提起させて真摯な損害賠償請求であると見せかけて損害賠償金を支払うような事態に対しては，精査する必要がある。

訴訟提起後の和解　　国又は地方公共団体が損害賠償請求を受けている場合に，しばしば和解に応じている。和解に至るまでに相当な期間にわたる忍耐強い交渉が続けられることが多い。特に大気汚染公害訴訟において多くみられたところである[7]。

たとえば，東京都内のぜんそく患者らが国，都，自動車メーカーなどに損害賠償等を求めた「東京大気汚染公害訴訟」に関しては，1審裁判所は，国

6　仙台地裁平成15・12・15判例タイムズ1167号202頁は，「行政主体が，損害を補塡するなどの代償的措置を何ら講じずに事業計画を変更して契約の締結を中止し，そのために契約成立に向けて緊密な信頼関係にあった相手方に損害を被らせた場合には，その計画変更が，天災事変等のやむをえない客観的事情によるのでない限り，行政主体の不法行為責任を生じさせるものというべきである」と述べて（そこで最高裁昭和56・1・27を引用），臨港道路等の開設のための計画の見直しにより用地買収が中止となった場合について，土地の買収を信じて建物を賃貸しなかったことによる賃料相当損害金の請求を認容した。

7　西淀川公害訴訟につき平成10年に国及び公団，川崎公害訴訟につき平成11年に国及び公団が，尼崎公害訴訟につき平成12年に国と公団が，さらに，名古屋南部公害訴訟につき国が和解に応じている。

と東京都が各3分の1，自動車メーカー及び被害発生当時の首都高速道路公団（現・首都高速道路会社）が各6分の1を負担して医療費助成制度を設ける和解案を提示したという[8]。そして，平成19年8月に控訴審の東京高裁で和解が成立した。その和解内容は，国及び都の損害賠償を直接に表現しているわけではなく，国，都，首都高速道路会社，自動車メーカー7社が資金を拠出して（国は60億円，メーカーが33億円），200億円規模の医療費助成制度を創設するというものである。これと別に，自動車メーカー7社が解決金12億円を支払うことも含まれている[9]。

このような和解の場合には，社会保障と損害賠償の混合した内容ともいえる。この例のように，被害者救済のためにどのようなスキームを提案していくかが政策課題となる場合がある。単なる過去の損害の救済にとどまらない将来に向けた政策的側面を兼ね備えた解決策として和解が模索されることがある。このような場面に，財政法的観点からの議論が立ち入ることは極めて困難である（平成20年のC型肝炎をめぐる訴訟の和解をも参照）。

複数責任者間の協議　東京大気汚染公害訴訟のように，国又は地方公共団体が，複数の被告の一員として応訴し，裁判所から和解の勧めがあったときに，国又は地方公共団体がいかなる行動をとるかが問題となる。ことに，国又は地方公共団体が，自らに責任はなく企業に責任があると主張してきたような場合で，裁判所が被害者救済の観点から国又は地方公共団体を巻き込んだ解決を期待しているようなときに，国又は地方公共団体が，どこまで積極的に救済に乗り出すべきかは，難しい判断である。

この場合に，国又は地方公共団体は二つの立場を併有していることに注意する必要がある。一つは，被告の一員としてなるべく賠償を免れようとする立場である。もう一つは，被害者を救済して生活を保障するという国民を保護する立場である。後者の立場があるからこそ，損害賠償金の支払を違法とすることは困難である。そして，複数責任者のうち，主要な責任を負うべき企業の経営が極めて厳しい場合に，国又は地方公共団体の責任を上回る賠償

8　朝日新聞平成18・9・29，同平成19・1・16，同平成19・1・18。
9　朝日新聞平成19・7・3。

をなすことも許容されるのかどうかが問題となる[10]。

和解に応じたことの適否　地方公共団体が和解に応じて紛争解決金を支払った場合に，住民訴訟において，その適法性が問題となることがある。

たとえば，福島地裁平成7・9・4（判例時報1573号25頁）は，「和解は，執行機関による和解交渉と議会による意思決定という協同行為によって成立すると考えることができ，それぞれに裁量権が与えられていると解される」とし，「当該紛争の経緯と内容，争いの対象となった利益，両当事者や関係者の利害状況，紛争解決の経済性など諸般の事情に応じて，各事案毎にその時期，方法，内容等について異なるものであることは言うまでも無いが，このような和解の性質に照らすならば，議会と長に与えられた裁量権の範囲は，かなり広範なものと言うべきである。従って，和解内容に重大な法令違反が存するものであったり，議会や長が，相手方と通謀して専ら相手方の利益を図るような和解を成立させるなど，明らかにその裁量の範囲を逸脱していると認められる特段の事情が存しない限り，議会の議決を経ている和解は原則として適法と考えるべきである」とする一般論を展開した。そして圃場整備事業に端を発した諸問題をめぐる紛争を解決するための具体の和解について，和解を成立させることが当該紛争解決のために最も適切な方法であり，まして和解金の支出が違法不当な公金支出と糾弾される点などが含まれるはずがないと認識していたこと，議会においても承認議決がなされたこと，現実に和解後村政が円滑に実施されるようになったとの行政効果の生じている事実が認められるとし，議会及び長の有する裁量権の範囲を明らかに逸脱していると認められる特段の事情は窺われないから，和解は適法であると述べた。

この判決が和解について一定範囲内の裁量を認める趣旨を述べていることについては，法による拘束を緩めて解釈していると同時に，完全な意思の自

10　水俣病について，国は直接賠償金を支払ったわけではないが，熊本県に対する財政措置を通じて，チッソの賠償金支払いをバックアップしたことがよく知られている。酒巻政章＝花田昌宣「水俣病被害補償にみる企業と国家の責任論」原田正純＝花田昌宣編『水俣学研究序説』（藤原書店，平成16年）271頁以下，永松俊雄『チッソ支援の政策学』（成文堂，平成19年），務台俊介編『政策課題と地方財政（地方税財政の構造改革と運営3）』（ぎょうせい，平成19年）266頁以下（執筆＝日向弘基）などを参照。

由を認めているわけでもないことに注目したい。

　岡山地裁平成14・1・30（判例地方自治238号12頁）の事案は，町が建設した建物（町民センター）の敷地，進入路用地及び駐車場用地をめぐる紛争を解決するために議会の議決を経て解決金を支払ったことについて，町長であった者に対して，そのうちの不相当な部分の額を町に支払うよう求めたものである。判決は，和解に関する議会の議決があったからといって，長は，必ずこれに従うべきものではなく，議決は「長に財産処分の権限を付与するにすぎない許可的なものであると解するのが相当である」とし，「議会の議決が明らかに法令に違反する場合には，これを再議に付すべきであって，これを看過して同議決に基づいて契約を締結し，公金を支出することは，違法の評価を免れないと解すべきである」と述べた。さらに，議会の議決により長に和解をなす権限が与えられた場合でも，その後に事情が変更する場合もあり得るので，実際に和解契約を締結するか否かは長の裁量に委ねられ，議会の議決によって長が和解契約を締結すべき義務まで負うに至ると解するのは相当でないとした。

　この判決の述べる裁量は，議会の議決との関係における長の裁量であって，具体的事情を法に当てはめたときの裁量に主眼を置いたものではない。しかし，前述の部分に続けて，「和解は，当該紛争の経緯と内容，争いの対象となった利益，両当事者や関係者の利害状況，紛争解決の経済性などの諸般の事情に応じて各事案毎にその時期，方法，内容等について異なるものである」から，和解につき長に与えられた裁量権の範囲はかなり広範なものというべきであり，議会の議決を経ている和解は原則として適法と考えるべきである，とした。この部分は，具体的事情を法に当てはめた場合の裁量論である。そして，「当該和解内容に重大な法令違反が存するものであったり，議会が相手方と通謀して専ら相手方の利益を図るような和解を成立させるなど，明らかにその裁量の範囲を逸脱していると認められる特段の事情が存する場合に」和解をなすことは，裁量権の範囲を逸脱した違法なものとなると述べた。

　判決は，具体の事案に関しては，和解契約の内容が，解決金1,200万円の支払，別訴係争土地部分の無償譲渡，同土地使用料の放棄，土地の等価交換，

賃貸借契約の締結であるから，町が得た財産的利益は，別訴係争土地部分の所有権と使用料相当損害金の債務免除及び賃借権であると認定し，それを評価した金額（最大177万余円）に比べて1,200万円はあまりにも高額であるとし，「和解契約に基づいて支出された解決金の額及びその決定の経緯には不可解な点や不合理な点が多くあり，検討が不十分であったと認められる」としつつも，次のような認定をした。

すなわち，町が強い態度で交渉に臨むことが非常に困難であり，かつ，同人に対して最初に提示する和解案が同人の納得を得られなければその後の交渉が全くできなくなるおそれが強かったことが認められ，1,200万円の額の算定方法も町民センターの取壊し・修復という最悪の事態を想定してなされたものであって，全く理由がないわけではない。町民センターへの進入路を塞いでいる相手の態度を軟化させる必要性があった。また，公金の支出は，すべての問題を一括して解決するための解決金であって，単純に町が取得した財産的利益の対価の性質を有するものではなかった。このような認定に基づいて，1,200万円の解決金を支払ったとしても，町長が明らかに裁量権を濫用し若しくは逸脱して行使したとまではいえないとした。

この一般論は是認できるであろう。問題は，前記のような事情を評価する裁判官の認定にかかっている。そして，裁判所により違法判断を受けない限界がどのようなところにあるのかを執行機関が判断することの難しさを示していると思われる。

見舞金等　公立の学校において児童・生徒が事故等により傷害等を負った場合には，その設置主体が国家賠償責任を負う場合がある[11]。その場合には，設置主体は，国家賠償責任の履行のための公金支出を迫られる。しかし，国家賠償責任の履行であることを明示しない「見舞金」等の名目の金員を被害者に贈ることが見られる。見舞金のなかには，交際費の使用による見舞いの「気持」を示す程度の支出も見られる。これは，通常用いられる用語によれば，「社会的儀礼」の範囲内のものである[12]。要綱による見舞金制度の例もあるが[13]，地方公共団体によっては，条例の規定に基づいて見舞金を支給している。

たとえば，座間市は，「座間市学校災害見舞金条例」を制定して，児童・

生徒の学校管理下における災害を受けた場合に，医療見舞金，医療付加見舞金，障害見舞金，死亡見舞金を支給している。死亡見舞金は，200万円である。災害の認定及び障害等級の認定は，独立行政法人日本スポーツ振興センター法による認定に基づいて行なうこととしている（8条）。この認定方法は，他の地方公共団体における同種見舞金に係る災害の認定においても採用されている。この条例における見舞金支給制限規定を見ると，①故意に負傷，病気又は障害の程度を高めたと認められるとき，②第三者が，災害について損害賠償を行なうとき，③災害の原因が，風水害，震災その他の非常災害によるとき，が掲げられている（9条）。

このような見舞金制度について，そのカバーする範囲の限定からする問題点も存在する。

第一に，今日，学校における「いじめ」を原因として学校管理下外で自殺する事例が見られ，「学校管理下」を要件とする見舞金制度の問題点が指摘されている。

第二に，学校内において児童・生徒が自殺を図るなど自傷行為を行なった場合には，前記①の消極事由に該当するように見える。

11　学校の管理下において災害が生じて児童・生徒・学生に被害が生ずる場合に備えて，独立行政法人日本スポーツ振興センターによる災害共済制度がある。共済掛金は，義務教育諸学校にあっては，その4割から6割を，それ以外の学校にあっては6割から9割を保護者が負担して，差額を学校設置者が負担する仕組みになっている。また，高等学校の運動競技大会の競技中の負傷，障害，死亡に対しては，各県の高等学校体育連盟の見舞金規程による給付がなされている。負傷等の種類に応じ傷病見舞金，障害見舞金，死亡弔慰金等の名称による給付がなされる。体育連盟は，県とは独立の主体であるから，このような見舞金は政府経費ではない。しかし，体育連盟の会計の収入には，加盟している学校の分担金が含まれているのであるから，一種の保険事業が実施されているといってもよく，公立学校の分担金が政府経費であることはいうまでもない。なお，公立の義務教育児童・生徒の学校管理下外の事故等については，各県単位のPTA団体による見舞金給付事業も実施されている。

12　たとえば，東京都教育長の交際費のなかには，児童生徒の怪我に対する1人当たり1,000円から3,000円程度の見舞金が見られる。

13　たとえば，宝塚市は，宝塚市公立学校管理下における児童，生徒等災害見舞金給付要綱により，重大な後遺症をもたらすか又は障害を招いた場合，死亡に至った場合に見舞金を給付することとしている（3条）。

第三に，学校管理下における災害であっても，たとえば，前記②を例外の許されない消極事由として定めるならば，第三者が学校に乱入し児童・生徒を殺傷したような場合は支給されないことになるであろう[14]。

　要するに，座間市の条例を見ると，異常事態を想定した見舞金制度ではないことがわかる。今日においては，むしろ，異常事態に対していかに対応するかが政策的課題である。

　損害賠償・和解・見舞金等と地方議会との関係　以上において検討してきた諸給付について，地方公共団体の場合には，議会の議決を要する場合がある。

　まず，「法律上その義務に属する損害賠償の額を定めること」については，議会の議決事件とされている（自治法96条1項13号）。

　この趣旨については，「賠償額の決定が地方公共団体にとって異例の支出義務を負うものであるとともに，その責任の所在を明らかにし，賠償額の適正を図るため」であるとされている[15]。すでに紹介した裁判例は，議会の一応の審議を踏まえて議決を経たことをもって損害賠償金の支払の適法性を示す一要素として掲げ，審議を尽くさない状況のもとにおいて違法性を導く事情としている。議会審議にあたり，提案する執行機関がどの程度の詳しい議案説明をするかによって，議会審議の密度も異なることから，提案者である執行機関の議会に対する態度が適法・違法を分けることになる。虚偽説明はいうに及ばず，虚偽でないにしても，敢えて重要な事情を説明しない場合も，違法性判断の一事情としてカウントされよう。

　この規定との関係において問題となるのは，「見舞金」等の名目であっても，実質的に損害賠償と認められるものについては，議会の議決を要すると解される点である[16]。とするならば，ある事故に対して，執行機関が「見舞

14　ただし，座間市の場合には，「第三者が，災害について損害賠償を行うとき」に「支給しないことができる」という規定であるから，第三者が現実に損害賠償をしないときは支給制限の対象にならないという解釈も可能であるし，「支給しないことができる」の反対解釈として，支給してもかまわない，という趣旨と解することもできる。

15　松本・逐条343頁。ただし，判決により，支払うべき損害賠償額が確定している場合は，議決を要しない（昭和36・11・27自治丁行発71号）。

金」の名目で，地方公共団体の責任はそれほど重大ではなく，しかし，地方公共団体としての「見舞いの誠意」を示すことによって，事態を沈静化させようとするときに，議会の議決事項との関係において，「損害賠償」であることを明示しなければならないという運営上の矛盾を生ずることになる。一定金額までのものは，予め委任による専決処分を認めておくことにより，議会の審議を要しないようにすることができるが（180条），それでも「損害賠償の額を定める」旨の専決処分をしなければならないことには変わりがない。ここには，法律の世界と体面を重視する執行機関の意向との矛盾が存在する。

　次に，和解，あっせん，調停及び仲裁に関することも，議決事項とされている（自治法96条1項12号）。

　和解について専決処分でなされた事案について，違法性が問題となった事案として，東京地裁平成13・2・28（判例地方自治240号16頁）がある。判決は，東京都が応訴した事件に係る和解について，事件の種類や訴訟の目的物の価額の多寡を問わず，すべて知事の専決処分によることができるという委任は，自治法96条1項12号を空文化するものであって，自治法180条1項がそのような委任を許しているものとは考えられないとし，「軽易な事項」とはいえない事項までも一律に委任した点において自治法180条1項に違反する違法なものであるとした。さらに，違法な議決を前提としてなされた財務会計上の行為は，当該議決の違法が一義的に明白でないなどの特段の事情のない限り違法なものといわざるを得ないのであって，知事としては専決することを差し控え逐一議会の議決を求めることも可能であったのであり，都が85億円という巨額の金員を支出することとなる事案は「軽易な事項」とはいい難いことなどから，和解につき議会の議決を経ることなく行なわれた公金の支出は，財務会計上の義務に違反するとした。そして，和解の権限が補助職員である部長に委任されていたとしても，知事は指揮監督上の義務に

16　神奈川県が平成2年度に，部活動中などに死亡した県立高校生3人の遺族に対して県議会の議決を経ないで計1億1,000万円を「見舞金」として支払っていたことが問題となり，県は，平成3年に新運用方針を定め，見舞金の額を1,000万円までに限定し，そのうち相当高額になるケースや社会的な問題になるケースは議会に報告することにしたという（朝日新聞平成3・12・13）。

違反したもので少なくとも過失があり賠償義務を負うとした。しかし，判決は，和解による権利状態の変更（交換契約の解消）により都が損害を受けているとはいえないとして，知事個人に対する損害賠償を求める請求は棄却された。この判決は，委任による専決処分についての要件である「軽易な事項」は，決して訓示的なものではなく，実質要件であることを示したものであって賛成することができる。

控訴審の東京高裁平成13・8・27（判例時報1764号56頁）も，専決処分への委任については，あまりに広範囲の和解を専決処分に委ねるものであって，自治法180条1項の趣旨に反し，議会に委ねられた裁量権の範囲を逸脱し，その議決は無効であるとした。しかし，専決処分に委ねる旨の議決から約34年間にわたって専決処分の扱いがなされ，議会，歴代知事及び住民から疑義が出されたことがなく，専決処分によったことにより住民に不利益を及ぼした形跡も存しないので，知事個人の損害賠償責任を生じるものではないとした。

この例に見られるように，損害賠償請求事件に係る裁判所の勧告に基づく和解に関しては，住民訴訟が係属している裁判所においても損害がないと認定されることが多いであろう。厳密に損害額の認定をするならば，あるいは損害額が和解内容と異なるかも知れないが，当初の損害賠償請求事件訴訟を続行させた場合のコスト（その中には，裁判費用のみならず，被害者等の信頼を失うことも含む）を考慮に入れるならば，損害額が和解額に比べて低いからといって直ちに住民訴訟事件における損害額となるものではない。

これとは別に，東京都という日本を代表する地方公共団体が約34年間にわたり，特に疑義がだされたことのないような状態で一律に応訴事件の和解を専決処分に委ねてきたという事態が重大である。全国の地方公共団体に委任による専決処分の総点検を迫る事件であった。

[2] 損失補償等

損失補償等の交渉　「損失補償」というときに，任意買収における用地補償のようなものは，土地取得の対価の適正性の問題である。対価の問題及び手続の問題を含めて，公共契約法の一領域である[17]。用地補償のような場面

以外で，国又は地方公共団体が活動しようとすると，住民等がそれによる損失を被ると主張して補償金等の支払いを迫ることが多い。その補償金等の金額が何人の目から見ても疑う余地のない場合には問題がない。他方，裏交渉を含めて長い交渉の過程を経て決着する例も多いので，国民，住民は，それが果たして公正な公金の支出であるのか疑問を提起したくなることもある。ということは，事後的にみると，当該補償金等が真に経費性を有するかどうかについての問題を含んでいることになる。真に損失を被る者には補償しなければならないと同時に，ある事業に付け入って，損失がないのに補償金等を手に入れようとする人を許すこともできない。交渉がベールに包まれていればいるほど，その適正性を確認することに困難を伴う。

以下においては，目にした若干の事例を紹介しておこう。

高松市食肉センター事件　高松市がと畜場である食肉センターの設置に関連して漁業組合との間で5億5,000万円を支払う漁業損失補償の契約を締結し，それに基づき公金を支出したことが違法であるとして提起された住民訴訟に関して，1審は請求棄却，2審は請求認容，最高裁は請求棄却と，判断が変転した。1審の高松地裁平成12・8・7（判例タイムズ1177号170頁〈参考〉）の認定によれば，前記金員は，漁協及び所属組合員が漁業権を一切放棄し漁業を廃止するとともに漁協を解散するのに伴い，漁協及び組合員が受ける一切の漁業損失の補償金として支払うとの覚書に基づくものである。1審判決は，次のように述べた。

　「本件のごとく，地方公共団体が周辺関係者の同意を得ていわゆる迷惑施設を建設しようとする場合，施設周辺関係者の同意を得るため補償契約を締結することがあるが，契約である以上相手方の承諾が必要であるから，一定の補償の必要性があり，これに従って地方公共団体が適正と考える補償額等を提示しても，相手方の承諾が得られないかぎり補償契約の締結には至らないし，同施設建設の同意は得られない。かかる場合，地方公共団体の長としては，同施設建設の遅延ないし中止を甘受するか，又は相手の要求を受入れても同施設の建設の早期円滑な着工をめ

17　碓井・公共契約法精義387頁以下。

ざすかは優れて政策的な判断事項であり，地方公共団体の長において後者を選択したとしても直ちに違法となるものではなく，同施設建設の公益上の必要性，施設周辺関係者の同意を得る必要性，施設周辺関係者が被る損失の程度，及び損失補償契約の内容等に照らし，補償契約を締結したことが著しく不当でないかぎり，地方公共団体の長の裁量に委ねられていると解するのが相当である。」

判決は，具体的事案に関して，新食肉センターの有用性，早期建設の必要性，用地の適地性及び漁協の同意を得る行政上の必要性が認められるうえ，漁場の風評被害の発生が推認され，また，毎年影響補償を行なう方が漁業補償金を下回るともいえないこと，補償金額が過大であるとまでいえないこと等の諸般の事情を考慮すると，漁業補償契約の締結が違法であるとはいえないとし，それに基づく支出も違法とはいえないとした。

これに対して2審の高松高裁平成15・2・27（判例タイムズ1177号160頁）は，地方公共団体が「事前の損失補償契約を締結し，その補償金を公金から支出することが許容されるためには，損害ないし損失の発生が相当程度の蓋然性をもって予測されることが必要であると解すべきである。そして，そのような蓋然性が認められる場合に初めて，行政目的の実現等の観点からの考慮をも加えて事前補償契約を締結するか，それとも現実の検証を待ち，被害が発生した場合にのみ，適正な金額を算出することが可能な事後の補償を行うかの判断が，地方公共団体の長の政策的な裁量判断に委ねられているものと解すべきである」と述べた。そして，具体的事案に関して，排出水による漁業への直接損害発生の蓋然性，のり等に対する消費者の抽象的嫌悪感やイメージの低下により本件漁場における漁業の継続が不能ないし著しく困難となり組合員が廃業せざるをえなくなることまで相当程度の蓋然性をもって予測されるとはいえないとし，本件漁業補償契約は，漁業補償を要するような漁業損失の生じる相当程度の蓋然性が認められないにもかかわらず行なわれたもので，漁業補償金の支出は裁量権の逸脱であると結論づけた。なお，市長は漁業補償金の支出が違法であることを認識し得なかったとは考え難いとした。

この事件は，上告され，最高裁平成18・3・10（判例地方自治283号103

頁）は，6点を挙げて，漁業補償契約を締結したことをもって市の裁量権の範囲を逸脱したものということはできない，とした。すなわち，①用地取得後も地元の同意が得られないため建設着手の見通しが立たない状況にあったこと，②漁協が建設に強く反対し，漁業権を消滅させることを前提として漁業補償をするのでなければ漁協及び組合員の同意を得ることが困難であったこと，③のり等について風評被害が発生するおそれがあることは否定できないこと，④県から周辺地域住民の同意を得ておくよう行政指導を受けていたこと，⑤金額は漁協から提示された金額そのものであるが，市も過去の平均的な漁獲額を基に漁業権を消滅させる場合の補償額を試算して提示額を妥当な金額と認めたものであること，⑥執行機関の判断のみで行なったものではなく予算の議決を通じて議会の承認を得ていること，の6点を総合勘案したうえの結論である。

しかし，これだけ多数の事実を列挙すると何がポイントになっているのか，必ずしも明らかではない。②と⑤のみでも十分なように思われるがいかがなものであろうか。いずれにせよ，漁業補償は，これまでにも苦労のあった領域である。

ダム建設協力感謝金　ダムの建設も，生活再建補償など金額算定の困難な補償を伴いやすい。次のような事件がある。

下流域の受益団体を代表する県及び財団法人形態の水源地域対策基金が，ダム建設推進地権者4団体との間において，「協力感謝金」等の交付に関する協定を締結し，それに基づき同感謝金（水没世帯1世帯あたり500万円とし，現に居住しない水没世帯は1世帯あたり250万円，河川予定地指定の日の翌日から損失補償基準提示の日までの間に水没予定地内に生活の本拠を設け，現に居住している水没世帯にあっては125万円）が支払われたことの適否が争われた住民訴訟がある。この協力感謝金の協定は，国（建設省）と地権者4団体との間における損失補償基準協定の締結と同時に締結された。交付事務は水源地域対策基金に担当させることとし，県及び市が同基金にその交付のための負担金を支出した。岡山地裁平成8・12・17（判例地方自治167号14頁）は，洪水予防や水道水の安定的確保等は市及び県の事務ということができ，「協力感謝金」の交付が地権者からの土地買収を促進し，それがダム建設の推進

に寄与し，ひいては市及び県の洪水予防や水道用水の安定的確保が図られるので，本件公金支出は，市及び県の事務の処理のために必要な経費と認めるのが相当であるとした。また，仮にそうでないとする余地があるとしても，その性質上少なくとも自治法232条の2の寄附金又は補助金に該当し，「公益上必要がある場合」に該当しないとは認められないとした。損失補償の上乗せであるかのような外観を呈しているが，その点については，ダムの事業主体は建設省で損失補償は国が行なうのであり，県及び市は単に受益団体として損失補償とは別の観点から「協力感謝金」の負担金を支出したものであるから，損失補償基準要綱違反の問題を生じないとした。

この判決においては，厳密な損失補償とは別個に，ダム建設の推進の費用ないし寄附・補助として適法とする考え方を示したものである。地方公共団体の役割を考えると，このような公金の支出も適法というべきであろう。

迷惑の補てん　国又は地方公共団体が一定の事業等を実施する場合に，一定地域の住民等に不快や不安を与えることが少なくない。いわゆる「迷惑施設」は，そのようなものであると一般に考えられている。そのような事業等を実施しようとする場合には，住民等から一定の金銭の支払を求められることがある。また，反対運動があるときに，担当者は，金銭給付により進捗を図りたいと考えることも多い。法的に補償義務のある場合以外に，なお迷惑を補てんする金銭給付をなしうるかどうかが問題となる。若干の裁判例を素材に考察しよう。

大津地裁平成15・11・10（判例集未登載）は，次のような事案である。滋賀県内の大津市を含む6市13町を関係市町とする琵琶湖流域下水道湖南中部処理区の下水処理施設として供用された浄化センターの設置等に関する「環境対策負担金」として，同下水道推進連絡協議会（同下水道の推進と諸問題の連絡調整を図ることを目的として関係市町から構成された任意団体で，関係市町の一部の市町長が役員をし，知事が顧問となっている）に支払い，連絡協議会は，これをβ島対策協議会（本件浄化センター及び公園整備並びに施設整備に伴い地元地区の地域住民の意志を反映させセンター設置等に伴う諸問題の解決を図ることを目的に設立された任意団体で，地元住民により構成されている）に支払った事案である。対策協議会は，浄化センターの建設に反対してきた団

体である。

　本件環境対策負担金は，もともとは，県，草津市及び対策協議会とが協議を重ねた浄化センター設置に係る「条件」の一環をなすもので，浄化センター設置による広域からの汚水の流入に伴って関係地域が強いられる犠牲に対する協力費として年間一定額を支払うことの覚書に基づくものであった。判決の認定によれば，昭和49年度から51年度までは毎年500万円（うち県負担額200万円），52年度から54年度までは毎年750万円（うち県負担額300万円），55年度から57年度までは毎年1,000万円（うち県負担額400万円）であった。また，昭和58年から60年度までは毎年500万円，昭和61年度から63年度までは毎年600万円，平成元年度から3年度までは毎年700万円，平成4年度から13年度までは毎年800万円であった。住民訴訟が提起されて，平成11年度から13年度の支払が許容されるかどうかが争われた。

　判決は，負担金は，県の管理に係る流域下水道事業の円滑な遂行の目的の下に，地元住民の協力を得るために支出されたもので自治法232条1項の事務処理経費の性質を有するものであって，232条の2の寄附又は補助金に該当するものではないとした。このような事務処理経費の支出が違法というには，その必要性の判断について知事としての裁量の逸脱ないし濫用が認められなければならないと述べつつ，問題の平成11年度から13年度までの各時点において，浄化センターの稼動及び存在等によって，地元地区に環境悪化のリスクが存し，地元住民が施設の存在と稼動による負担感，不公平感を強いられるという事情はなく，県が対策協議会との間にこれら年度における負担金の支払を約した事実もないとして，知事の裁量権の逸脱又は濫用があったうえ，過失もあったとして，知事個人が2,400万円の損害を賠償すべきであるとした。過失に関しては，覚書や協力費に関する条件の内容，過去に支払われた金額や対策協議会との協議の経過，浄化センターの稼動状況等を調査・検討し，対策協議会との間で具体的な協議を行う等して支出の必要性を慎重に吟味すべき注意義務があるのに，対策協議会との間で協議を行なう等公金支出の必要性について慎重に吟味しないまま必要なものと判断したのであって，過失があるとした。

　地方公共団体は，このような「慣例」により支出する例が多いだけに，こ

の判決の考え方が通用するならば，地方公共団体の長は，慣例であっても，必要性を改めて検証するという慎重な厳しい対応を迫られよう。慣例に従った場合でも，過失がある以上全額の損害賠償を命じられる現行の制度を存続させることについては，法律論以前の素朴な疑問を禁じ得ない。そこで，過失の認定にあたり，慣例の存在を考慮に入れる方法が登場する。それが，控訴審の処理方法であった。

　控訴審の大阪高裁平成17・7・14（判例集未登載）は，1審と同様に，自治法232条1項の事務処理経費であるとし，平成11年度以降において見込まれる処理量の増加やこれに伴う増設工事により環境が悪化し地元住民らに被害が生じる危険があるとは認められないこと，地元住民の嫌悪感・不公平感も次第に収まっていくものと考えられることなどから，平成11年度以降における負担金の支出は違法であるとした。しかし，知事に故意過失がなかったとして，1審の判断を覆した。従前の支払の実績や対策協議会をはじめとする地元住民の意識を考えると，支払を打ち切るに当たっては，対策協議会や地元の自治会，関係市町等との事前の十分な協議を必要とすると認められること，建設時に強硬な反対があったこと，浄化センターに対する地元住民の嫌悪感・不公平感などに鑑みると，下水道計画課長が違法な支出命令を発することを阻止すべき指揮監督上の義務に違反して阻止しなかったとまではいえない，というにある。

　知事が多数の案件の処理について細部まで指揮監督することが事実上不可能であることに鑑みると，この点は自然な判断である。そして，請求棄却ではあっても，今後は，阻止すべき義務があるといえようから，この判決は将来に向けた支出禁止の事実上の力を発揮するであろう。いわゆる「警告判決」である。いずれにせよ過失の認定方法が長の賠償責任を左右した事例である。

終章　政府経費法の将来
―― あとがきに代えて ――

本書を終えるにあたり，政府経費法の将来について述べておきたい。

[1]　政府経費の規律の限界

法律による規律の密度　政府経費に対する法律の規律は，それほど細部にわたるわけではない。明示的な法律の条文は極めて少ないのである。地方公共団体についていえば，自治法 232 条の経費性原則程度である。もっとも，法律主義や条例主義の採用される経費に関しては，それらの法律・条例に従う必要があるので，その限りで法律・条例の規律は強力である。典型は，給与等や政務調査費を挙げることができる。今後は，経費の性質を十分に踏まえて，必要があるものについては，法律主義，条例主義の適用範囲を拡大させるべきであろう。もっとも，そのような法律や条例を拘束する憲法規範が希薄であるために，不合理な法律・条例をもって違憲・違法ということができない点が問題である。典型的には，地方議会の議員に対する費用弁償や第 6 章で扱った多くの経費に見られる。

歳出予算審議の限界　政府経費を規律しようとするときに，すぐに思い浮かぶのは，予算審議を通じた規律である。しかし，歳出予算審議による規律には限界がある。国と地方公共団体とは歳出予算の規模が異なることもあって，歳出予算の個別費目に関する審議の密度が異なることも多いと推測される。国会は，花形の予算委員会が，政治家の倫理など，あらゆる事項を審議の対象にする結果，かえって個別の経費についての細部の議論が展開されないことが多い。これに対して，地方議会は，長の提案した歳出予算のうちの特定経費について重点的な審議を行なうことがある。しかし，それでも，概して予算執行の細部まで審議されることは少ない。その結果，国も地方公共団体も，歳出予算により，ある経費について総額としての限度額を設定していても，その執行の際にどのような基準によるかは，法律の定めがない場

合には，予算執行権者の裁量に委ねられていることが多いのである。これは，歳出予算は，マクロの統制をしているものの，ミクロの統制まではできないことを意味している。この点は，議会統制の限界の問題であるといってもよい。

予算審議資料の意味　もっとも，予算審議の資料として出されたものは，予算案と一体のものとして，歳出予算を支えるものである。したがって，たとえば，提出資料と異なる予算執行をした場合には，議会における虚偽説明に準じて，そのような予算執行の違法性を認定できる場合が登場するであろう。ただし，法律や条例に基づく経費に関して，法律案，条例案が可決されないと，細部にわたる予算執行の方針等を作成すべきではないという形式論から，内部において相当程度詰めてある場合でも，議会等には示さないことが多いものと推測される。ここには，予算審議の矛盾があるといわなければならない。すなわち，予算執行の細部に関する相当程度の方針が明らかにされてこそ，法律案・条例案に賛成すべきかどうかを判断できるというのに，法律案・条例案の可決・成立前には，勝手に予算執行上の方針を決めるわけにはいかないというのである。

[2]　裁量・「社会通念」の有用性と限界

経費性原則と裁量　国も地方公共団体も経費性のある支出のみが許されることは，第2章において述べたとおりである。しかしながら，それ以上細部にわたり法律により規律することは容易ではない。特定の経費について公金を充てる範囲を法律，条例等により画定することができるが，それはむしろ例外である（政務調査費についても，平成12年改正を踏まえて使途基準が設けられて，使途基準の規範性が発揮されるようになって，ようやく実質的統制が可能になったといえる）。たとえば，憲法問題を抜きにして総理大臣や地方公共団体の長が靖国神社を参拝することが，経費性原則の範囲内にあるかどうかというような問題は，第一次的には予算執行権を行使する責任者の裁量判断に委ねられている。歳出予算による統制の観点からも，前述のように，予算執行権者の裁量に委ねられている面が多い。地方公共団体における接待費（予算執行上は食糧費とされることが多い）・交際費の使用なども，地方公共団

体の長の裁量とされるのが普通である（内部的な執行基準が設けられつつあるが、それは、政務調査費と異なり、法律・条例に基づくものではない）。

　予算執行権者の裁量と政府主体の裁量　本書において、地方公共団体の経費支出について、長の裁量権を強調する裁判例が頻繁に登場していることが示された。しかしながら、「予算執行権者である長の裁量」と、「地方公共団体の裁量」とは次元が異なることに注意しなければならない。地方公共団体の経費支出について、法令が一義的に定めることなく地方公共団体の裁量を認めている事柄は多い。本書の検討対象ではないが、補助金の交付に関する自治法232条の2は、公益上必要があるときは、地方公共団体の裁量により寄附又は補助をなしうるものとしている。しかし、そのことは、当然に長の裁量権を肯定するものではない。本書において扱った給与に関して、自治法は、「地方公共団体の裁量」を肯定しつつ、条例主義により「長の裁量」を排除している（一定の細部の事柄について条例が長に委任できる余地があることは別である）。

　社会通念による統制　法律が条例による規律を求めていない場合に、財務事項規則専管主義の考え方にたち、条例による規律を行なうことができないと考えられている向きがある。その場合には、直接に長の裁量権の問題になってしまい、裁量権の逸脱・濫用がある場合に限り経費支出が違法とされる。その裁量権の逸脱・濫用の有無を判断する際に登場するのが、「社会通念」である。もし、本書について、「裁量権の逸脱・濫用」及び「社会通念」の語を検索するならば、数え切れない使用頻度であることは疑いない。本書は、この二つの語の反復使用により出来上がっているといっても過言ではない。

　社会において通用すべき「社会通念」と「役所内の常識」　「社会通念」の語について注意すべきは、それは決して現状において広く行なわれている「役所内の常識」による処理を適法なものとして認めるべきであるという意味ではないことである。もしも現状を追認することが「社会通念」に即した判断であるというのであれば、地方公共団体の職員が「預け」により造成した裏金を用いて宴会費に充てることも、その役所において疑われることなく広く横行しているならば「社会通念」に合致し、適法であるということにな

ってしまう。「社会通念」により裁量権を統制しようとするときには，それは「あるべき経費支出」に関し，「社会において通用すべき通念」である。社会通念と役所内に通用している常識との乖離はときに深刻な状態にある。

「社会通念」は，役所内の現状の処理を，むしろ批判的に観察するための規範を発見する「ものさし」である。「あるべき経費支出」に関する社会通念は，役所内の常識を打破する道具なのである。国民・住民は，この「社会通念」という道具が錆びないように心がけて，常に磨いておく必要がある。このことは，本書を執筆した筆者の率直な感想である。

裁判例にみる社会通念　社会通念に関する裁判例の動向は，おおむね納得のいくものであるが，なかには疑問に感じられる判断も登場する。

たとえば，東京都が羽田空港の国際化問題を中心とする都の航空政策の推進策について意見交換を目的として，老舗料亭において，都側3名（知事，副知事，参与）が出席して航空関係者5名を相手方に接遇して，飲食代金341,092円（1人当たり42,636円）を要したことの適否が問題とされた訴訟がある（本書第5章3[2]を参照）。東京地裁平成19・1・30（判例時報1973号23頁）は，都側の出席者に当該施策を担当している都市計画局関係者が含まれていないことからすると，会合の実質的な目的は，意見交換よりも老舗料亭を利用した単なる接待と疑われてもやむを得ない側面をもつとし，相手方5名について航空関係者のなかでも相当の地位にある者であること以外一切説明せず，会合において取り上げられた事項についても一切明らかにしない状況において，「どのような事項について，どのような立場で関与する地位にある者であるかといった点を，もう少し具体的に説明」するのでなければ，高額の接遇を正当化することは困難であるとした。そして，長による接遇として社会通念を逸脱するもので違法であると結論づけた。これに対して，控訴審の東京高裁平成19・9・26（判例集未登載）は，相当高額であることは否定できないが，出席者の地位などに照らすと，社会通念を逸脱するとまでは認められないとして，この部分の支出を適法であるとした。

この事件において，1審も2審も「社会通念」といいながら，なぜ両者が結論を異にしたのであろうか。筆者には，1審判決が「あるべき経費支出」に関する社会通念を基準にしようとしたのに対して，2審判決は，出席者の

これまでの常識的な金額と離れていないということをもって「社会通念」と見ているように思われる。これまで2審判決の前提にするような接遇がなされてきたとしても，今日において高級の老舗料亭で「公費」をもって，しかも前記のような金額で接遇しうるのは，例外的な場合でなければならない。知事が「私費」により交際する際に高額の飲食代を費消するのが常であるとしても，そのことが「公費」による高額の接遇を肯定しうる根拠になるものではない。知事が都の幹部とともに外国元首や外国政府首脳等を接遇するというのであれば，「あるべき経費支出」の社会通念の範囲内にあるといえよう。これに対して，たとえば，航空行政に携わる国土交通省航空局の局長，次長，官房審議官などを接遇する場合は，いわゆる官官接待自粛の動向と国家公務員倫理法の下において，到底許されるべきことではない。やはり，1審判決の述べるように，このような接遇をすることを説得できる相手方とその必要性を明らかにしなければならないと考える。

[3] 政府経費の規範定立と批判可能性の確保

多様な規範の組合せ　政府経費の支出を予算執行権者の一存に委ねることはできない。予算執行権者も拘束を受ける規範が必要である。しかし，それは，法律や条例のみによることでは不十分である。法律や条例は，授権するのみで，その細部にわたる要件を定めるには，必ずしも適していないこともある。そうであるとするならば，国にあっては，政令，省令，規則，地方公共団体にあっては，規則といった正式な規範形式を活用することが考えられるほか，法律や条例の授権により，「告示」の形式も活用されてよい。さらに，要綱も，予算執行権者を自己拘束する規範として，その有用性を十分認めることができる。

国民・住民による批判可能性の確保　そして，要綱も含めて，規範や基準が公表されているならば，その予算執行の仕方について「国民・住民による批判可能性」を確保することができる。政府経費については，単に議会による事前の民主的コントロールのみならず，この「国民・住民による批判可能性」を確保することが極めて重要であると思われる。接待費や交際費の執行基準が定められ，公表されるようになったことは大きな前進である。

批判可能性の確保のために，情報公開制度が不可欠である。最高裁判所の判例も，徐々に情報公開の門を広げる方向に向かいつつある。

[4] 政府経費の財源は国民・住民のもの

公金の原点の確認　政府経費は公金の支出により賄われる。財政法の基本原則として，「公金・公財産尊重主義」がある。予算を執行する立場にある公務員は，公金が「国民・住民の財産」であるという当然のことを予算執行の原点として確認しなければならない。しかし，本書を執筆してみて，歳出予算は，「執行機関にある幹部職員のもの」，「国会や地方議会に配分されたものは議員のもの」といった潜在的意識が蔓延していることを強く感じざるを得なかった。「預け」や「書き換え」による裏金の造成は，配分された組織単位の「自分たちのもの」という意識であろう。政務調査費の不適正な使用，実費からかけ離れた費用弁償も同様である。このような意識を打破しない限り，政府経費の適正な執行は確保できない。

公益通報（内部告発）制度の整備の必要性　政府経費と称して不適正な支出がなされていても，外部からはわからないことが多い。これまでに発覚した事案の多くは，内部の者が匿名で報道機関に不適正支出を通報したことなどがきっかけになっている。近年の複数の県における警察報償費や「預け」などの不適正支出を目にすると，組織的な不適正支出がなされていると受け止めざるを得ない。そのような場合に，当該行政部門は，必死で組織防衛を図ろうとするものである。これを打破するには，内部者からの告発を真摯に受け止める窓口及びそれを調査する組織がなければならない。いくつかの地方公共団体がそのような体制を整備しつつあることは，好ましい動きである（本書第2章4［3］を参照）。

地方公共団体の場合に，既存の機関である監査委員が，そのような告発を受け止める体制をとることができないことは，まことに残念である。監査委員が当該地方公共団体のOBである場合は当該監査委員の過去のつながりで，また，事務局職員は通常の人事異動により，いずれも長の部局と通じているので，仮に内部告発を受けたとしても，監査委員が適切な対応をとることを期待できない状況にあるのかも知れない。監査制度との関連を考慮しながら，

内部告発制度の整備に努める必要があろう(本書第2章4［3］を参照)。

事項索引

あ　行

アカウンタビリティ　44
預け　76
委員等の報酬　199
依願退職　209
１日校長事件　215
一部違法　333, 338
一貫性原則　15
一般職国家公務員の給与　133, 150
祝　金　359, 361
イン・カメラの審理方式　108
裏　金　50, 74, 76
栄典の授与　309
応招旅費　293
応接室　378
大阪市財政局食糧費事件　111
大阪府知事交際費訴訟　102
オリンピック招致　253, 312

か　行

海外視察　268
会議規則　261
会議出席費用　292
会計検査院　46, 53, 100
会計年度独立の原則　405
外交機密費　55
会合への出席　356
概算払　251
会　派　407
外部監査人　101
外務公務員　307
外務省プール金　79, 88
外務省報償費　48, 55
外務本省報償費　55
書き換え　76
架空経費　75
架空経費処理　74
確定払　251
隠れ給与　227
隠れ報酬　227
瑕疵の治癒　140, 297
学校災害見舞金　459
簡易証明　47, 53
官官接待　314
監査委員　95, 100
監査委員監査　100
勧奨退職　211
官房秘密費　51
管理職手当　192
議員宿舎の建設費　384
議員待遇者　343
議員等の祝賀　357
議員との交際　350
議員との懇親　324
議員年金　443
議員の互助組合　232
議員の主催する懇談会　374
議員の派遣　251, 258
議員秘書　395
議員文書通信交通滞在費　396
議会の幹部等との懇親会　324
機会均等原則　391
議会の議決　461
議会の議決への委任　142
議会の予算修正権　71

事項索引

企業誘致　109，337
議決科目　69
規則への委任　141
機動的に使用する経費　48
寄附金　381
記念行事　359
記念品　359
岐阜県の不正プール金　80，89
期末手当　138，148，195，439
機密費　44
給付事業　223
給与準則　134
給与等条例主義　66，135，137，144，189，231，361，443
給与抑制条例　149
給料　136
行政減量化　41
行政上の秘密　45
業務委託　37
漁業損失補償の契約　464
儀礼的交際　349
儀礼的な接遇　329
均衡原則　157
勤続期間の計算　204，207
勤務期限の延長　197
勤務実態　200
勤務実態を欠く場合の給与支給　164
国の交際　306
国の接待　306
勲章　309
警告判決　173，242，469
経済性　39
経済性原則　278
警察職員　114
警察報償費　57，128
計算証明　53
刑事事件等と退職手当　203
刑事責任　96

経費原則　10
経費性原則　18，382，447，471
経費膨張法則　16
迎賓館　306
迎賓施設　306，377
月額報酬方式　199
元気回復措置　225
健康保険組合　144，221
検察官の俸給等　133
検察庁調査活動費　56
けん銃110番報奨金　60
憲法89条　65
公安調査庁調査活動費　56
公益通報　121，475
公益通報者保護法　121
公益通報窓口　123
公共サービス改革法　38
公共目的原則　8
公金・公財産尊重主義　475
公金支出手続時点の透明性　47
公金支出の必要性　19
公金受領者の使途の透明性　47
航空運賃　250
交際事務　106
交際の施設費　377
交際費　102，306，338，342
交際費執行基準　342，344
交際費執行者　344
公私混在旅行　257
皇室関係の行事　369
皇室の交際　308
公職選挙法　367
公職の候補者　149
皇族の外国訪問　307
公邸　234
広報経費　35
公務員　110
公務員宿舎　233

公務員の社会保険料　220
公務災害の補償　219
公務災害見舞金　220, 224
公務上の必要性　329
公務性　166, 252, 268
公用車の利用　254, 302
功労者等の表彰　370
国際社会　306
国際社会の通念　312
国政調査活動費　394
国民財政主義　43, 45
国有林野職員　151
互助組合等活用方式　94
個人的交際　347
国会会派立法事務費　394
国会議員　248
国会議員互助年金　443
国会議員の歳費　132, 385, 439
国会議員の選挙等の執行経費　381
国会議員秘書費　395
国会経費　383
国会職員給与　385
国会特別手当　387
国会予備金　383
国家機密　45
国家公務員宿舎　233
国家公務員の退職手当　152
国家公務員倫理法　339
国庫補助金の返還　96, 322
国庫補助金と食糧費　322
個別外部監査　130
雇用保険　220
懇親会　372
懇親会の会費　357
懇親会の費用負担　324
懇親会費用　319

さ 行

在外公館における交際　307
在外公館における渡切費　64
在外公館報償費　55
在勤手当　307
最高裁判所裁判官の退職手当　205
歳出予算　66, 68
歳出予算審議　470
歳出予算の拘束力　69
最少経費最大効果原則　23, 282
在職期間　204
財政公開主義　44
財政公共目的原則　312
裁判官の報酬　132
歳費法律主義　439
財務事項規則主義　67
財務事項規則専管主義　67
裁量権の逸脱濫用　41
裁量権の逸脱濫用論　24
時間外勤務手当　184
資金前渡　57, 343
事後の条例制定による違反の遡及的是正　140
視察目的　270
支出負担行為　68
自主的返還　88, 93
失業手当　221
執行科目　70
執行機関と議会との牽制関係　350
実額方式　247, 431
実費支給　247, 280
実費弁償　247, 280
執務時間　164
指定管理者制度　37
私的流用　87
使途基準違反　438
使途特定原則　44

支部政党交付金　389
資本的支出　5, 19
社会通念　8, 26, 27, 102, 312, 419, 472
社会通念上儀礼の範囲　311
社会保険料負担　220
祝　儀　356
収入金支弁　152
住民監査請求　127, 130
住民訴訟　126, 130
祝賀会　371
宿泊の必要性　267
出勤猶予　165
招宴費　308
昇　給　175
昇給短縮措置　175
常勤職員　136
証拠方式　247
省庁の接待・交際費　309
消費的経費　5
情報開示　436
情報公開　61, 78, 102
情報公開審査会　109
剰余金の繰越し　404
条例主義　66, 137, 249
職員組合　374
職員互助組合　146, 228
職員互助組合補助金　229
職員住宅　233
職員定数条例　150
職員派遣　166
職務給原則　134, 150, 155
職務＝責任対応原則　134
職務専念義務　166
職務専念義務の免除　169
職務命令　264
食糧費　107, 314, 338
食糧費執行基準　314

人件費　135
人事院　151
人事院勧告　134
人事院規則　151
真実経理原則　74
親族に対する支出　427
陣中見舞　367
随行の必要性　274
政教分離　65
生計費確保・均衡原則　150, 155
成功報酬　196
政策担当秘書　395
精算払　251
誠実管理執行義務　70
政治的中立性　363, 364
制定法主義　8
政党間の平等　392
政党交付金　387
政党助成法　388
政党の会計責任者　389
政党の財政的自律権　391
政党の自由　391
政府経費実体法　1, 2
政府経費の内容の転換　3, 37
税務事務特別手当　191
政務調査費　67, 397
政務調査費の使途基準　414
政務調査費の報告書　429
接　遇　108, 306
接遇の必要性　330
接待・交際行為　306
接待費　107
説明責任　43, 425
節約の原則　14
選挙費用　379
専決処分　141, 462
潜在的待機状態　166, 199
全庁的組織責任　92

事項索引　v

全部違法　333, 364, 371
餞別　350, 352
捜査関係費の文書　115
捜査特別報奨金　60
捜査報償費　57, 117, 241
総体観察法　271
送別会費用　227
遡及適用　297
組織的償還方式　90
組織的不正経理　77, 99
組織的流用　87
損益相殺　86, 164
損害賠償　86, 450
損害賠償責任の任意の履行　451
損失補償　463

た　行

対価の適正性　30
退職時特別昇給　215
退職手当　152, 202
退職手当組合　147, 205
退職手当債　206
退職手当の支給制限　209
退職手当の支給率カーブ　153
退職手当の調整額制度　154
退職手当の返納　203, 210
滞納徴収手当　188
タクシー券　34, 257
ダム建設協力感謝金　466
地域手当　151, 157, 178
地域手当補正後のラスパイレス指数　157
知事交際費　102
知事公舎　236
児童手当費用の負担　222
地方議会議員　342
地方議会議員期末手当　442
地方議会議員の年金　444

地方議会議員報酬　440
地方議会経費　387
地方共同法人　219
地方公営企業職員　193
地方公営企業職員の給与　144
地方公共団体相互間の付き合い　337
地方公共団体の職員住宅　236
地方公共団体の接待費用　311
地方公務員給与等条例主義　135
地方公務員給与の均衡原則　157
地方公務員健康保険組合　221
地方公務員災害補償基金　219
地方公務員の給与　155
地方公務員派遣法　174
地方事務官　242
懲戒処分　95
懲戒免職　209
超過勤務手当　184
調査研究旅費　397
調査文書の開示　77
調整交渉的交際　348
調整手当　178
町内会　320
諜報経費　47
通勤手当　303
通報対象事実　121
手当限定列挙主義　138, 178, 187
定額支給　247, 280, 298, 430
定年延長　196
適正の担保　97
東京事務所　109, 335
投資的経費　5
当選祝　364
透明性原則　43
独自条例　122
徳島県議会野球大会旅費事件　262
特殊勤務手当　140, 141, 185
特別昇給　175, 215

特別職職員の給与　135

な 行

内閣官房報償費　47, 48, 51
内部監査　97
内部告発　121, 475
内部の懇親　324, 333
長崎県物品調達の裏金　82, 90
二重予算制　383
日　当　250
ノーワーク・ノーペイの原則　165

は 行

派遣計画　270
派遣職員　167
犯罪捜査報償費　57
判例法　8
PFI方式　40
非違行為　204, 209
非常勤職員　148, 159
非常勤嘱託員報酬　161
非正規職員　157
必要性　329, 447
批判可能性　474
被服貸与　227
被服等の支給　226
表　彰　35, 362, 370, 371
費用弁償　249, 291, 418
費用弁償条例主義　292, 296
昼窓手当事件　185
福利厚生費　85, 135, 219
不祥事　149
不正経理　76
不正経理疑惑　63
不正経理資金の返還　86
不正経理と国庫補助金　96
附属機関　125
附属機関条例設置主義　201

普通昇給　175
プラスの政府経費　447
フリンジ・ベネフィット　227, 238
分解観察法　271, 277
文化勲章　309
文化功労者　309
分限免職　209
文書提出命令　435
紛争解決のための政府経費　450
報　酬　135
褒　章　309
報償金　49
報償費　47, 48, 238, 307
法定会議限定説　301
補助金　285, 397
補助金適正化法　322
ポスト・リレー方式　89

ま 行

マイナスの政府経費　447
見舞金　459
宮崎県の裏金　84, 93
民間委託　36
無益な接遇・接待　338
無料宿舎　234
迷惑施設　467
迷惑の補てん　467
目・節間の流用　71
目的・効果との均衡　25, 35

や 行

役所内の常識　472
やみ給与　145
有益性　322, 332, 447
誘導措置　371
有料宿舎　235
要人の外国訪問　307
予算科目違反　69

予算執行権限　67
予算修正権　71
予算審議資料　471
予算の流用　69
予備費　48, 71, 383

ら 行

ラスパイレス指数　157
立法事務費　394
留学費用償還法　287
留学費用の償還　286
流用　69
領収証等　400
旅行のキャンセル　277

旅行の公務性　252
旅行命令　264
旅費　246
旅費の減額調整　278
旅費の増額調整　283
臨時職員　159
類型別考察方法　105

わ 行

和解　455, 457
わたり　155
渡切費　64
割引航空運賃　281
割増退職金　212

判例索引

最高裁昭和 30・11・18（刑集 9 巻 12 号 2470 頁）　96
仙台高裁昭和 33・4・15（行集 9 巻 4 号 713 頁）　69
最高裁昭和 39・7・14（民集 18 巻 6 号 1133 頁）　312, 359, 360, 361
前橋地裁昭和 42・4・20（行集 18 巻 4 号 510 頁）　142
津地裁昭和 45・2・26（行集 21 巻 2 号 379 頁）　245
最高裁昭和 46・6・24（民集 25 巻 4 号 574 頁）　172
松山地裁昭和 48・3・29（判例時報 706 号 18 頁）　69
水戸地裁昭和 48・8・23（行集 24 巻 8・9 号 828 頁）　68
最高裁昭和 49・12・12（民集 28 巻 10 号 2028 頁）　172
最高裁昭和 50・10・2（判例時報 795 号 33 頁）　149
最高裁昭和 52・7・13（民集 31 巻 4 号 533 頁）　65, 209
東京高裁昭和 52・8・9（行集 28 巻 8 号 823 頁）　68
青森地裁昭和 52・10・1（判例時報 895 号 65 頁）　141
最高裁昭和 53・3・30（民集 32 巻 2 号 485 頁）　130
東京地裁昭和 53・7・4（行集 29 巻 7 号 1249 頁）　142
東京高裁昭和 53・12・19（行集 29 巻 12 号 2092 頁）　142
札幌地裁昭和 54・11・29（行集 30 巻 11 号 1995 頁）　213, 214
浦和地裁昭和 55・12・24（行集 31 巻 12 号 2679 頁）　398
最高裁昭和 56・1・27（民集 35 巻 1 号 35 頁）　454, 455
福岡地裁昭和 56・2・24（行集 32 巻 2 号 253 頁）　192
鹿児島地裁昭和 56・4・24（行集 32 巻 4 号 654 頁）　212
神戸地裁昭和 56・12・25（行集 32 巻 12 号 2337 頁）　140, 176
大阪地裁昭和 57・4・21（行集 33 巻 4 号 825 頁）　68
大阪高裁昭和 57・8・20（行集 33 巻 8 号 1685 頁）　140, 176
大阪地裁昭和 57・11・10（行集 33 巻 11 号 2269 頁）　268
熊本地裁昭和 58・1・31（行集 34 巻 1 号 162 頁）　150
横浜地裁昭和 58・2・14（行集 34 巻 2 号 191 頁）　212
千葉地裁昭和 58・2・18（行集 34 巻 2 号 246 頁）　28
大阪高裁昭和 58・6・29（行集 34 巻 6 号 1106 頁）　68
横浜地裁昭和 58・6・29（行集 34 巻 6 号 1116 頁）　192
最高裁昭和 58・7・15（民集 37 巻 6 号 849 頁）　166
大阪高裁昭和 58・9・30（行集 34 巻 9 号 1718 頁）　268
秋田地裁昭和 58・10・28（判例地方自治 59 号 29 頁）　347

神戸地裁昭和 59・3・7（判例時報 1120 号 30 頁）　232, 399
岐阜地裁昭和 59・4・25（判例タイムズ 534 号 206 頁）　71
名古屋地裁昭和 59・6・13（判例集未登載）　215
福岡高裁宮崎支部昭和 59・8・29（行集 35 巻 8 号 1323 頁）　212
京都地裁昭和 59・9・18（行集 35 巻 9 号 1366 頁）　71
福岡高裁昭和 59・9・26（行集 35 巻 9 号 1403 頁）　192
東京高裁昭和 59・12・24（行集 35 巻 12 号 2320 頁）　193
京都地裁昭和 60・6・3（行集 36 巻 6 号 789 頁）　145
最高裁昭和 60・9・12（判例時報 1171 号 62 頁）　209
千葉地裁昭和 60・10・30（判例時報 1173 号 3 頁）　164
最高裁昭和 61・3・13（判例地方自治 18 号 14 頁）　347
大阪高裁昭和 61・3・28（行集 37 巻 3 号 528 頁）　363
宇都宮地裁昭和 61・7・24（行集 37 巻 7・8 号 989 頁）　381
東京高裁昭和 61・12・24（行集 37 巻 12 号 1543 頁）　381
岡山地裁昭和 62・2・25（労民集 38 巻 1 号 74 頁）　206
京都地裁昭和 62・7・13（行集 38 巻 6・7 号 550 頁）　146, 228
最高裁昭和 62・10・30（判例時報 1264 号 59 頁）　382
最高裁昭和 63・3・10（判例時報 1270 号 73 頁）　252, 263, 268
山口地裁昭和 63・3・31（行集 39 巻 3・4 号 205 頁）　140
東京地裁昭和 63・10・25（行集 39 巻 10 号 1300 頁）　302
京都地裁昭和 63・11・9（判例時報 1309 号 79 頁）　206
最高裁昭和 63・11・25（判例時報 1298 号 109 頁）　8, 311
神戸地裁昭和 63・12・14（判例タイムズ 710 号 157 頁）　312
大阪高裁平成元・1・27（行集 40 巻 1・2 号 50 頁）　145
奈良地裁平成元・3・15（行集 40 巻 3 号 164 頁）　187
浦和地裁平成元・3・20（判例時報 1316 号 52 頁）　176
東京高裁平成元・3・28（行集 40 巻 4 号 293 頁）　303
東京高裁平成元・4・18（判例地方自治 57 号 10 頁）　165
大阪高裁平成元・4・28（判例時報 1322 号 63 頁）　206
最高裁平成元・7・4（判例時報 1356 号 78 頁）　363
最高裁平成元・9・5（判例時報 1337 号 43 頁）　8, 36, 311, 330
最高裁平成元・10・3（判例時報 1341 号 70 頁）　313
名古屋地裁平成元・10・27（行集 40 巻 10 号 1476 頁）　26, 30
広島高裁平成 2・3・13（行集 41 巻 3 号 395 頁）　140
福岡地裁平成 2・3・23（行集 41 巻 3 号 748 頁）　369
千葉地裁平成 2・4・23（判例タイムズ 756 号 185 頁）　370
大阪高裁平成 2・5・31（行集 41 巻 5 号 1094 頁）　188
最高裁平成 2・6・5（民集 44 巻 4 号 719 頁）　127

東京地裁平成 2・7・11（判例時報 1365 号 48 頁）　　324, 326
名古屋高裁平成 2・7・25（行集 41 巻 6・7 号 1266 頁）　　26, 31
最高裁平成 2・12・21（民集 44 巻 9 号 1706 頁）　297, 299
名古屋地裁平成 2・12・21（判例タイムズ 753 号 115 頁）　206
東京地裁平成 3・2・27（判例タイムズ 771 号 129 頁）　370
岡山地裁平成 3・4・24（判例時報 1431 号 125 頁）　146
最高裁平成 3・6・14（判例集未登載）　325
和歌山地裁平成 3・9・11（判例タイムズ 773 号 137 頁）　150
福岡高裁平成 3・9・30（行集 42 巻 8・9 号 1547 頁）　370
東京高裁平成 3・10・15（行集 42 巻 10 号 1627 頁）　177
神戸地裁平成 3・11・25（判例時報 1442 号 88 頁）　399, 442
浦和地裁平成 4・3・2（判例時報 1454 号 73 頁）　166
浦和地裁平成 4・3・30（判例時報 1455 号 88 頁）　271
高知地裁平成 4・10・13（判例タイムズ 853 号 127 頁）　211
東京地裁平成 4・10・15（判例時報 1436 号 6 頁）　103
最高裁平成 4・12・15（民集 46 巻 9 号 2753 頁）　183, 216, 274
横浜地裁平成 5・4・28（判例タイムズ 827 号 123 頁）　170
最高裁平成 5・5・27（判例時報 1460 号 57 頁）　140, 141
徳島地裁平成 5・11・12（判例地方自治 139 号 17 頁）　270
最高裁平成 6・1・27（民集 48 巻 1 号 53 頁）　102
最高裁平成 6・1・27（判例時報 1487 号 48 頁）　102
最高裁平成 6・2・8（民集 48 巻 2 号 255 頁）　107
大阪地裁平成 6・2・18（行集 45 巻 1・2 号 113 頁）　75
岡山地裁平成 6・3・22（労働判例 658 号 75 頁）　169
神戸地裁平成 6・3・30（判例タイムズ 861 号 240 頁）　28
徳島地裁平成 6・4・15（判例タイムズ 897 号 99 頁〈参考〉）　237
東京高裁平成 6・8・24（判例地方自治 134 号 22 頁）　170
静岡地裁平成 6・9・16（判例地方自治 137 号 9 頁）　269, 270
神戸地裁平成 6・11・30（判例タイムズ 884 号 183 頁）　24
京都地裁平成 6・12・19（判例タイムズ 883 号 167 頁）　32
仙台地裁平成 7・2・23（判例タイムズ 890 号 116 頁）　321
宮崎地裁平成 7・3・20（訟務月報 42 巻 11 号 2557 頁）　392
高松高裁平成 7・3・20（判例タイムズ 897 号 96 頁）　237
最高裁平成 7・4・17（民集 49 巻 4 号 1119 頁）　185
東京地裁平成 7・4・27（判例タイムズ 920 号 186 頁）　351, 368
福島地裁平成 7・9・4（判例時報 1573 号 25 頁）　457
大津地裁平成 7・10・9（判例地方自治 147 号 24 頁）　69
京都地裁平成 7・10・27（判例タイムズ 904 号 72 頁）　107

京都地裁平成 7・10・27（判例タイムズ 904 号 65 頁）　103
京都地裁平成 7・12・22（判例地方自治 153 号 56 頁）　140
神戸地裁平成 7・12・25（判例タイムズ 901 号 181 頁）　229
東京地裁平成 8・2・28（判例地方自治 150 号 33 頁）　70
仙台高裁平成 8・3・25（判例時報 1585 号 17 頁）　321
大阪地裁平成 8・3・27（判例時報 1577 号 104 頁）　66
東京地裁平成 8・5・10（判例時報 1579 号 1035 頁）　66
仙台地裁平成 8・7・29（判例時報 1575 号 31 頁）　110
熊本地裁平成 8・10・21（判例タイムズ 940 号 168 頁）　280
大阪高裁平成 8・11・22（判例タイムズ 927 号 115 頁）　240, 242, 314, 320
岡山地裁平成 8・12・17（判例地方自治 167 号 14 頁）　466
大阪地裁平成 9・1・23（判例タイムズ 970 号 173 頁）　146, 184
甲府地裁平成 9・2・4（判例タイムズ 964 号 146 頁）　350
浦和地裁平成 9・2・17（判例時報 1596 号 45 頁）　108
大阪地裁平成 9・2・20（判例タイムズ 1037 号 133 頁）　393
東京高裁平成 9・2・27（判例時報 1602 号 48 頁）　108, 110
大阪地裁平成 9・3・25（判例時報 1615 号 29 頁）　111
最高裁平成 9・4・2（民集 51 巻 4 号 1673 頁）　65
東京地裁平成 9・4・25（判例時報 1610 号 59 頁）　24, 35, 341
東京高裁平成 9・5・13（判例時報 1604 号 39 頁）　103, 104
大阪高裁平成 9・5・22（判例タイムズ 964 号 133 頁）　334
大阪地裁平成 9・7・17（判例地方自治 173 号 51 頁）　258
鹿児島地裁平成 9・9・29（判例地方自治 173 号 9 頁）　111
最高裁平成 9・9・30（判例時報 1620 号 50 頁）　269
大阪高裁平成 9・10・7（判例地方自治 179 号 15 頁）　24
松山地裁平成 9・10・8（判例地方自治 172 号 8 頁）　30
札幌地裁平成 9・10・14（判例集未登載）　75, 323
東京地裁平成 9・10・28（判例タイムズ 995 号 152 頁）　140, 142
広島地裁平成 9・11・19（判例タイムズ 972 号 156 頁）　147
大分地裁平成 9・12・16（判例地方自治 174 号 62 頁）　24
宇都宮地裁平成 9・12・18（判例タイムズ 981 号 93 頁）　130
東京地裁平成 9・12・18（判例時報 1634 号 69 頁）　341
東京地裁平成 10・1・30（判例地方自治 178 号 107 頁）　280
長野地裁平成 10・2・13（判例タイムズ 995 号 180 頁）　138
名古屋地裁平成 10・3・27（判例時報 1672 号 54 頁）　361
甲府地裁平成 10・3・31（判例地方自治 181 号 30 頁）　261
最高裁平成 10・4・24（判例時報 1640 号 115 頁）　170, 173
東京地裁平成 10・5・28（判例タイムズ 983 号 224 頁）　257

大阪高裁平成 10・6・19（訟務月報 45 巻 3 号 646 頁）　394
東京地裁平成 10・6・29（判例地方自治 188 号 35 頁）　193
東京高裁平成 10・7・29（判例集未登載）　280
熊本地裁平成 10・7・30（判例地方自治 185 号 42 頁）　111
津地裁平成 10・9・10（判例タイムズ 1016 号 127 頁）　325
横浜地裁平成 10・9・16（判例地方自治 187 号 86 頁）　144，222
大津地裁平成10・9・21（平成8年（行ウ）第6号）（判例タイムズ1038号188頁）　334
大津地裁平成 10・9・21（平成 8 年（行ウ）第 9 号）（判例地方自治 189 号 12 頁）　240
松江地裁平成 10・9・30（判例タイムズ 1061 号 203 頁）　168
千葉地裁平成 10・10・9（判例地方自治 187 号 33 頁）　183
名古屋地裁平成 10・10・30（判例集未登載）　201
東京地裁平成 10・11・24（判例地方自治 190 号 51 頁）　327
大阪高裁平成 10・12・1（判例地方自治 199 号 22 頁）　210
大阪地裁平成 10・12・10（判例タイムズ 1001 号 163 頁）　320，342
神戸地裁平成 10・12・16（判例タイムズ 1042 号 124 頁）　270
東京地裁平成 10・12・18（判例地方自治 192 号 70 頁）　191
東京地裁平成 11・2・26（判例地方自治 199 号 31 頁）　271
福岡地裁平成 11・3・18（判例集未登載）　79
長野地裁平成 11・3・19（判例地方自治 199 号 33 頁）　358
東京地裁平成 11・3・24（判例時報 1673 号 3 頁）　370
東京高裁平成 11・3・31（判例時報 1677 号 35 頁）　171
東京地裁平成 11・3・31（判例集未登載）　280
大阪高裁平成 11・4・16（判例地方自治 193 号 10 頁）　259，279
最高裁平成 11・4・22（民集 53 巻 4 号 759 頁）　335
東京高裁平成 11・4・28（判例時報 1714 号 50 頁）　109，111
秋田地裁平成 11・6・25（判例集未登載）　330，334，371
松山地裁平成 11・7・7（判例タイムズ 1046 号 137 頁）　25，322，324，333
東京地裁平成 11・7・14（判例時報 1690 号 35 頁）　390，396
高松地裁平成 11・7・19（判例集未登載）　144，178，195
奈良地裁平成 11・7・28（判例集未登載）　69，319，320
大阪地裁平成 11・9・7（判例タイムズ 1046 号 134 頁）　211
東京高裁平成 11・9・8（判例時報 1716 号 40 頁）　104
岐阜地裁平成 11・9・30（判例集未登載）　280
福岡地裁平成 11・10・22（判例タイムズ 1037 号 149 頁）　264
名古屋高裁平成 11・10・27（判例集未登載）　327
松江地裁平成 11・11・24（判例集未登載）　293
徳島地裁平成 11・11・26（判例タイムズ 1037 号 141 頁）　262
高松高裁平成 11・11・30（判例タイムズ 1058 号 163 頁）　29

東京地裁平成 11・12・24（判例集未登載）　191
東京高裁平成 12・1・31（判例集未登載）　327
東京地裁平成 12・2・28（判例地方自治 223 号 32 頁〈参考〉）　296
福岡高裁平成 12・3・1（判例集未登載）　79
奈良地裁平成 12・3・29（判例集未登載）　320, 337
東京地裁平成 12・3・31（判例時報 1750 号 80 頁）　254
高知地裁平成 12・3・31（判例集未登載）　243
名古屋地裁平成 12・4・14（判例地方自治 207 号 9 頁）　262
東京高裁平成 12・4・26（判例地方自治 208 号 29 頁）　265
秋田地裁平成 12・4・28（判例タイムズ 1061 号 170 頁）　265
大阪地裁平成 12・4・28（判例集未登載）　197
大阪高裁平成 12・5・12（判例タイムズ 1046 号 130 頁）　367
東京高裁平成 12・6・28（判例地方自治 223 号 28 頁）　296
高松地裁平成 12・8・7（判例タイムズ 1177 号 170 頁）　464
大阪地裁平成 12・8・10（判例地方自治 211 号 44 頁）　188
名古屋高裁平成 12・8・25（判例集未登載）　21
福島地裁平成 12・9・5（判例タイムズ 1061 号 155 頁）　265
千葉地裁平成 12・9・20（判例地方自治 211 号 32 頁）　274
福島地裁平成 12・9・26（判例地方自治 214 号 26 頁）　120
東京高裁平成 12・9・28（判例タイムズ 1044 号 300 頁）　390, 396
高松高裁平成 12・9・28（民集 57 巻 1 号 66 頁）　263
山形地裁平成 12・10・17（判例タイムズ 1061 号 72 頁）　167, 168
福岡高裁平成 12・10・26（判例タイムズ 1066 号 240 頁）　265
山形地裁平成 12・10・31（判例タイムズ 1105 号 151 頁）　255, 265
神戸地裁平成 12・10・31（判例地方自治 212 号 9 頁）　338
和歌山地裁平成 12・12・12（判例集未登載）　256
浦和地裁平成 13・1・22（判例地方自治 223 号 55 頁）　230
高知地裁平成 13・2・23（判例地方自治 223 号 12 頁）　320, 335
高松高裁平成 13・2・26（判例集未登載）　244
東京地裁平成 13・2・28（判例地方自治 240 号 16 頁）　462
横浜地裁平成 13・3・7（判例地方自治 221 号 21 頁）　437
福岡地裁平成 13・3・22（判例タイムズ 1126 号 129 頁）　320, 338
最高裁平成 13・3・27（民集 55 巻 2 号 530 頁）　102, 103
東京地裁平成 13・2・28（判例地方自治 240 号 16 頁）　462
金沢地裁平成 13・5・17（判例地方自治 227 号 37 頁）　28, 337
最高裁平成 13・5・29（判例時報 1754 号 63 頁）　105
東京地裁平成 13・6・14（判例集未登載）　189
大阪高裁平成 13・6・28（判例集未登載）　198

判 例 索 引

奈良地裁平成 13・8・8（判例タイムズ 1074 号 167 頁）　314, 320, 334, 337
東京高裁平成 13・8・27（判例時報 1764 号 56 頁）　463
さいたま地裁平成 13・8・27（判例地方自治 226 号 104 頁）　29
横浜地裁平成 13・8・29（判例集未登載）　441
神戸地裁平成 13・9・12（判例地方自治 228 号 16 頁）　274
徳島地裁平成 13・9・14（判例地方自治 238 号 48 頁）　321
さいたま地裁平成 13・10・15（判例集未登載）　175
福井地裁平成 13・10・27（判例地方自治 229 号 19 頁）　252
東京高裁平成 13・11・6（判例集未登載）　190
福岡地裁平成 13・11・8（判例タイムズ 1091 号 231 頁）　2
札幌高裁平成 13・11・27（判例集未登載）　76, 323
東京高裁平成 13・11・28（判例時報 1780 号 86 頁）　441
仙台高裁平成 13・11・28（判例集未登載）　252
京都地裁平成 13・11・30（判例集未登載）　380
神戸地裁平成 13・12・19（判例地方自治 231 号 21 頁）　239
高松高裁平成 13・12・20（判例集未登載）　299
盛岡地裁平成 13・12・21（判例集未登載）　19
熊本地裁平成 13・12・21（判例地方自治 229 号 30 頁）　30
東京高裁平成 14・1・22（判例時報 1800 号 17 頁）　320, 340
さいたま地裁平成 14・1・30（判例集未登載）　201
奈良地裁平成 14・1・30（判例地方自治 231 号 49 頁）　400
岡山地裁平成 14・1・30（判例地方自治 238 号 12 頁）　458
札幌地裁平成 14・2・15（判例集未登載）　253
東京地裁平成14・2・21（平成12年（行ウ）334号）（判例タイムズ1104号180頁〈参考〉）　361
東京地裁平成14・2・21（平成12年（行ウ）336号）（判例時報1818号119頁〈参考〉）　346
最高裁平成 14・2・28（民集 56 巻 2 号 467 頁）　105
東京地裁平成 14・3・5（判例時報 1803 号 19 頁）　284
仙台地裁平成 14・3・25（判例地方自治 238 号 105 頁）　320, 341
東京地裁平成 14・3・29（判例集未登載）　70, 343
大津地裁平成 14・4・22（判例集未登載）　22
東京地裁平成 14・4・25（判例集未登載）　353
福島地裁平成 14・5・14（判例集未登載）　28
奈良地裁平成 14・5・15（判例地方自治 233 号 19 頁）　352, 364
東京高裁平成 14・6・21（民集 60 巻 10 号 3901 頁）　373, 374
岡山地裁平成 14・6・26（判例地方自治 241 号 55 頁）　200, 240
東京高裁平成 14・6・27（判例タイムズ 1104 号 177 頁）　361
名古屋地裁平成 14・7・10（判例地方自治 239 号 50 頁）　32
さいたま地裁平成 14・8・7（判例集未登載）　239, 254

金沢地裁平成 14・8・19（判例集未登載）　400, 404
大阪高裁平成 14・8・22（判例地方自治 247 号 31 頁）　275
東京地裁平成 14・8・29（判例集未登載）　269
東京地裁平成 14・8・30（判例地方自治 254 号 28 頁〈参考〉）　70
大津地裁平成 14・9・19（判例地方自治 244 号 84 頁）　29
福岡高裁平成 14・9・20（判例タイムズ 1159 号 184 頁）　320, 339
東京高裁平成 14・9・24（判例時報 1818 号 114 頁）　346
福岡地裁平成 14・9・24（判例集未登載）（平成 13（行ウ）25 号）　201
福岡地裁平成 14・9・24（判例集未登載）（平成 13（行ウ）42 号）　201
大阪地裁平成 14・9・26（判例地方自治 237 号 55 頁）　34, 258
大阪地裁平成 14・9・27（判例地方自治 239 号 36 頁）　299
津地裁平成 14・11・7（判例集未登載）　215
名古屋地裁平成 14・11・18（判例集未登載）　297
大分地裁平成14・12・16（平成13年（行ウ）第9号）（判例地方自治245号41頁）　34, 273
大分地裁平成14・12・16（平成13年（行ウ）第12号）（判例地方自治245号48頁）　34, 273
最高裁平成 14・12・19（判例集未登載）　361
東京高裁平成 14・12・24（平成 14 年（行コ）第 122 号）（判例集未登載）　70, 343
東京高裁平成14・12・24（平成14年（行コ）第185号，218号）（民集60巻10号3901頁）　351
大阪高裁平成 14・12・25（判例集未登載）　352, 364
仙台地裁平成 15・1・16（判例タイムズ 1185 号 189 頁）　63, 115
東京地裁平成 15・1・16（判例地方自治 255 号 23 頁）　352, 357, 375
最高裁平成 15・1・17（民集 57 巻 1 号 1 頁）　262, 274, 275, 276
名古屋地裁平成 15・1・31（判例地方自治 245 号 29 頁）　401, 417
大阪高裁平成 15・2・6（判例地方自治 247 号 39 頁）　451
金沢地裁平成 15・2・24（判例集未登載）　340
奈良地裁平成 15・2・26（判例地方自治 249 号 9 頁）　22, 26, 34, 254, 286
東京高裁平成 15・2・27（判例集未登載）　253, 286
高松高裁平成 15・2・27（判例タイムズ 1177 号 160 頁）　465
福岡高裁平成 15・3・7（判例地方自治 252 号 15 頁）　30
大分地裁平成 15・3・10（判例地方自治 245 号 34 頁）　34, 273
高知地裁平成 15・3・18（判例集未登載）　195
横浜地裁平成 15・3・19（判例地方自治 246 号 26 頁）　349, 374
福島地裁平成 15・3・25（判例集未登載）　256
最高裁平成 15・3・27（判例時報 1819 号 48 頁）　360
京都地裁平成 15・3・27（判例タイムズ 1131 号 117 頁）　34
横浜地裁平成 15・3・31（判例地方自治 247 号 58 頁）　33
神戸地裁平成 15・4・18（判例地方自治 254 号 30 頁）　357
奈良地裁平成 15・5・21（判例地方自治 253 号 46 頁）　198

大阪高裁平成 15・5・27（判例集未登載）　299
那覇地裁平成 15・6・6（判例地方自治 250 号 46 頁）　28
福島地裁平成 15・6・17（判例集未登載）　319
仙台地裁平成 15・7・24（判例集未登載）　147
広島地裁平成 15・7・29（判例集未登載）　328
名古屋高裁平成 15・7・31（判例集未登載）　297
福岡高裁平成 15・8・20（判例集未登載）　274
さいたま地裁平成 15・9・3（判例地方自治 255 号 31 頁）　372
大阪地裁平成 15・9・24（判例タイムズ 1135 号 201 頁）　276
さいたま地裁平成 15・10・1（判例地方自治 255 号 17 頁）　408
宇都宮地裁平成 15・10・15（判例地方自治 266 号 31 頁〈参考〉）　416
大阪地裁平成 15・10・15（判例地方自治 258 号 44 頁）　354
大阪地裁平成 15・10・23（判例地方自治 260 号 61 頁）　380
最高裁平成 15・10・28（判例時報 1840 号 9 頁）　105
札幌地裁平成 15・10・28（判例タイムズ 1208 号 172 頁）　409
和歌山地裁平成 15・10・28（判例集未登載）　253, 275
大阪地裁平成 15・10・30（判例地方自治 258 号 49 頁）　30
最高裁平成 15・11・7（判例集未登載）　275
大津地裁平成 15・11・10（判例集未登載）　467
最高裁平成 15・11・11（民集 57 巻 10 号 1387 頁）　111
熊本地裁平成 15・11・13（判例地方自治 257 号 21 頁）　353, 359
最高裁平成 15・11・21（判例時報 1847 号 24 頁）　109, 111
岐阜地裁平成 15・11・26（判例集未登載）　165
大阪地裁平成 15・11・27（判例集未登載）　28
東京高裁平成 15・12・10（判例時報 1849 号 37 頁）　70
大阪地裁平成 15・12・11（判例集未登載）　198
神戸地裁平成 15・12・12（判例集未登載）　299, 300
仙台地裁平成 15・12・15（判例タイムズ 1167 号 202 頁）　455
大津地裁平成 15・12・15（判例集未登載）　239, 340
東京高裁平成 15・12・17（判例地方自治 257 号 9 頁）　372
最高裁平成 15・12・18（判例時報 1848 号 69 頁）　112
最高裁平成 16・1・15（民集 58 巻 1 号 156 頁）　171, 173
津地裁平成 16・1・15（判例集未登載）　320, 328, 340
鹿児島地裁平成 16・1・26（判例集未登載）　166
名古屋地裁平成 16・1・29（判例タイムズ 1246 号 150 頁）　29
徳島地裁平成 16・1・30（判例地方自治 267 号 19 頁）　403
札幌地裁平成 16・2・12（判例集未登載）　452
東京地裁平成 16・2・12（判例集未登載）　396

名古屋地裁平成 16・2・19（判例地方自治 263 号 97 頁）　208
最高裁平成 16・2・24（判例地方自治 258 号 22 頁）　110, 112
大阪高裁平成 16・2・24（判例地方自治 263 号 9 頁）　232
青森地裁平成 16・2・24（判例集未登載）　425
前橋地裁平成 16・2・25（判例集未登載）　213
津地裁平成 16・2・26（判例集未登載）　403, 429
最高裁平成 16・3・2（判例時報 1870 号 8 頁）　171, 172, 173
名古屋高裁平成 16・3・9（判例集未登載）　340
東京地裁平成 16・4・13（判例地方自治 265 号 25 頁）　433
東京高裁平成 16・4・14（判例地方自治 266 号 29 頁）　417
東京高裁平成 16・4・16（判例集未登載）　370
東京地裁平成 16・4・23（判例集未登載）　370
東京地裁平成 16・4・28（判例集未登載）　71
青森地裁平成 16・5・11（判例地方自治 269 号 72 頁）　166
福岡高裁平成 16・5・27（判例集未登載）　273
鳥取地裁平成 16・6・15（判例地方自治 260 号 107 頁）　114
津地裁平成 16・6・17（判例地方自治 268 号 59 頁〈参考〉）　214
名古屋高裁金沢支部平成 16・6・21（判例集未登載）　405
大阪高裁平成 16・6・30（判例集未登載）　300
横浜地裁平成 16・7・28（判例集未登載）　31
最高裁平成 16・9・10（判例時報 1874 号 65 頁）　78
京都地裁平成 16・9・15（判例集未登載）　432, 433, 438
京都地裁平成 16・9・22（判例集未登載）　272
大阪地裁平成 16・9・27（判例集未登載）　144
福岡高裁平成 16・10・1（判例集未登載）　273, 274
札幌高裁平成 16・10・20（判例タイムズ 1208 号 167 頁）　408, 410
青森地裁平成 16・11・9（判例集未登載）　405
最高裁平成 16・11・11（判例集未登載）　79
大阪高裁平成 16・11・18（判例集未登載）　276
最高裁平成 16・11・25（民集 58 巻 8 号 2297 頁）　127, 128
最高裁平成 16・12・7（判例時報 1886 号 36 頁）　128
奈良地裁平成 16・12・15（判例集未登載）　407, 418
前橋地裁平成 16・12・17（判例集未登載）　267, 329
東京高裁平成 16・12・21（判例集未登載）　71
札幌地裁平成 16・12・22（判例集未登載）　61
名古屋高裁平成 16・12・27（判例地方自治 268 号 56 頁）　214
名古屋地裁平成 17・1・26（判例時報 1941 号 49 頁）　149
名古屋地裁平成 17・1・27（判例タイムズ 1191 号 242 頁）　183

大津地裁平成 17・1・31（判例タイムズ 1216 号 133 頁）　63
福島地裁郡山支部平成 17・2・22（判例地方自治 269 号 84 頁）　454
大阪地裁平成 17・2・24（判例地方自治 271 号 103 頁）　23
最高裁平成 17・3・10（判例時報 1894 号 3 頁）　265
大阪地裁平成 17・3・25（判例タイムズ 1227 号 224 頁）　144
大阪高裁平成 17・5・12（判例集未登載）　270，271，272
名古屋地裁平成 17・5・26（判例集未登載）　397，407，422，423，435
高知地裁平成 17・5・27（判例タイムズ 1237 号 217 頁〈参考〉）　63，118
名古屋地裁平成 17・5・30（判例集未登載）　397
さいたま地裁平成 17・6・15（判例地方自治 282 号 16 頁）　346，368
仙台地裁平成 17・6・21（判例集未登載）　128，242
名古屋高裁平成 17・7・13（判例集未登載）　33，184
最高裁平成 17・7・14（判例時報 1908 号 122 頁）　105
大阪高裁平成 17・7・14（判例集未登載）　469
熊本地裁平成 17・7・29（判例地方自治 283 号 83 頁〈参考〉）　227
福岡高裁平成 17・8・9（判例タイムズ 1195 号 135 頁）　127
函館地裁平成 17・8・22（判例集未登載）　409，419，422
名古屋高裁平成 17・8・24（判例集未登載）　401，429
京都地裁平成 17・8・25（判例集未登載）　417
福岡高裁平成 17・10・17（判例タイムズ 1206 号 187 頁）　166
仙台高裁平成 17・10・27（判例集未登載）　63
福岡高裁平成 17・10・27（判例集未登載）　110
神戸地裁平成 17・11・2（判例地方自治 281 号 47 頁）　363，443
最高裁平成 17・11・10（民集 59 巻 9 号 2503 頁）　405，435
最高裁平成 17・11・15（判例時報 1922 号 64 頁）　356
最高裁平成 17・12・15（判例時報 1922 号 67 頁）　340
最高裁平成 18・1・19（判例時報 1925 号 79 頁）　343
大阪高裁平成 18・2・10（労働判例 910 号 12 頁）　150
東京地裁平成 18・2・28（判例時報 1948 号 35 頁）　55，120
最高裁平成 18・3・10（判例地方自治 283 号 103 頁）　465
大阪地裁平成 18・3・15（判例集未登載）　253
神戸地裁平成 18・3・23（判例地方自治 293 号 74 頁〈参考〉）　225，226
福岡高裁平成 18・3・24（判例地方自治 283 号 76 頁）　228
大阪高裁平成 18・3・29（判例集未登載）　63
東京地裁平成 18・4・14（判例集未登載）　419
津地裁平成 18・4・27（判例集未登載）　282
京都地裁平成 18・5・19（判例タイムズ 1230 号 158 頁）　230
さいたま地裁平成 18・5・31（判例集未登載）　255，267

判例索引

最高裁平成 18・6・1（判例地方自治 247 号 58 頁）　34
岡山地裁平成 18・6・13（判例集未登載）　138, 196
東京地裁平成 18・6・16（判例時報 1943 号 18 頁）　285
京都地裁平成 18・6・30（判例集未登載）　63
大阪地裁平成 18・7・7（判例タイムズ 1247 号 186 頁）　165, 199
大阪地裁平成 18・7・19（判例タイムズ 1248 号 167 頁）　414, 427, 430, 438
東京地裁平成 18・7・28（判例集未登載）　63, 115
大阪地裁平成18・8・23（平成16年（行ウ）第66号）（判例地方自治290号65頁）　278
大阪地裁平成18・8・23（平成16年（行ウ）第75号）（判例タイムズ1247号168頁）　216
大阪地裁平成 18・9・14（判例タイムズ 1233 号 211 頁）　144
岐阜地裁平成 18・9・28（判例集未登載）　21
宇都宮地裁平成 18・9・28（判例タイムズ 1237 号 207 頁）　233
高松高裁平成 18・9・29（判例タイムズ 1237 号 211 頁）　64, 120
仙台地裁平成 18・10・16（判例集未登載）　423
横浜地裁平成 18・10・18（判例集未登載）　367
青森地裁平成 18・10・20（判例タイムズ 1244 号 149 頁）　417, 425, 426, 427
最高裁平成 18・12・1（民集 60 巻 10 号 3847 頁）　347, 372, 373
大阪高裁平成 18・12・26（判例集未登載）　231
福井地裁平成 18・12・27（判例時報 1966 号 40 頁）　75, 86, 87, 128
神戸地裁平成 19・1・19（判例集未登載）　227, 343
東京地裁平成 19・1・30（判例時報 1973 号 23 頁）　354, 473
青森地裁平成 19・2・2（判例集未登載）　62, 117
札幌高裁平成 19・2・9（判例集未登載）　409
大阪地裁平成 19・2・9（判例タイムズ 1246 号 129 頁）　161
東京高裁平成 19・2・14（判例集未登載）　285
大阪高裁平成 19・2・16（判例地方自治 293 号 59 頁）　226
広島高裁岡山支部平成 19・2・22（判例集未登載）　196
大阪高裁平成 19・2・28（判例集未登載）　357
千葉地裁平成 19・3・9（判例集未登載）　141
名古屋地裁平成 19・3・22（判例地方自治 297 号 11 頁）　434
京都地裁平成 19・3・22（判例集未登載）　35, 362
大阪地裁平成 19・3・22（判例タイムズ 1254 号 118 頁）　165
名古屋高裁金沢支部平成 19・3・26（判例集未登載）　142
東京高裁平成 19・3・28（判例集未登載）　175
大阪高裁平成 19・3・28（判例地方自治 295 号 30 頁）　218
仙台高裁平成 19・3・29（判例集未登載）　367
最高裁平成 19・4・17（判例時報 1971 号 109 頁）　113
仙台地裁平成 19・4・27（判例集未登載）　423, 435

青森地裁平成 19・5・25（判例集未登載）　　425, 426, 427
神戸地裁平成 19・5・25（判例集未登載）　　226
大阪高裁平成 19・5・30（判例集未登載）　　165
大阪地裁平成 19・9・6（判例タイムズ 1257 号 104 頁）　　176
松山地裁平成 19・9・11（判例集未登載）　　121
東京高裁平成 19・9・26（判例集未登載）　　356, 473
仙台地裁平成 19・11・13（判例集未登載）　　300, 431
京都地裁平成 19・12・26（判例集未登載）　　145
最高裁平成 20・1・18（判例集未登載）　　33
大阪地裁平成 20・1・30（判例集未登載）　　160, 177

〈著者紹介〉

碓 井 光 明（うすい・みつあき）

1946年　長野県に生れる
1969年　横浜国立大学経済学部卒業
1974年　東京大学大学院法学政治学研究科博士課程修了（法学博士）
現　在　東京大学大学院法学政治学研究科教授

〈主要著書〉

『地方税条例』（学陽書房，1979年）
『地方税の法理論と実際』（弘文堂，1986年）
『自治体財政・財務法』（学陽書房，初版1988年・改訂版1995年）
『公共契約の法理論と実際』（弘文堂，1995年）
『要説 自治体財政・財務法』（学陽書房，初版1997年・改訂版1999年）
『要説 住民訴訟と自治体財務』（学陽書房，初版2000年・改訂版2002年）
『要説 地方税のしくみと法』（学陽書房，2001年）
『公共契約法精義』（信山社，2005年）
『公的資金助成法精義』（信山社，2007年）

政府経費法精義

2008年（平成20年）2月26日　初版第1刷発行

著　者	碓　井　光　明	
発行者	今　井　　　貴	
	渡　辺　左　近	
発行所	信山社出版株式会社	
〔〒113-0033〕東京都文京区本郷6-2-9-102		
電　話　03（3818）1019		
FAX　03（3818）0344		

Printed in Japan

©碓井光明，2008.

印刷・製本／暁印刷・渋谷文泉閣

ISBN978-4-7972-2524-2 C3332